AF545699

CLV

David Gooding

DIE APOSTEL-GESCHICHTE

Botschaft, Aufbau und Ziel

Soweit nicht anders vermerkt, sind die Bibelzitate der Elberfelder Übersetzung 2003, Edition CSV Hückeswagen, entnommen. Hervorhebungen in den Bibelzitaten sind in der Regel hinzugefügt worden.

Manche Buchtitel, die zumeist in den Fußnoten erwähnt werden, erscheinen in Kurzform, insbesondere nach der erstmaligen Erwähnung, bei der zumeist der volle Titel erscheint.

Es ist ferner zu beachten, dass der Begriff »Satz« immer dann, wenn er im Sinne einer Gliederungshilfe für die Apostelgeschichte gebraucht wird, die vom Autor beabsichtigte Sonderbedeutung hat.

Darüber hinaus ist zu berücksichtigen, dass der Ausdruck »Religion« und davon abgeleitete Begriffe im Englischen anders als im Deutschen auch das umfassen können, was wir in unserer Sprache unter »wahrer Frömmigkeit« bzw. »schriftgemäßem Glaubensleben« verstehen.

Es ist möglich, dass in theologischen Nuancen die Ansichten des Autors von den Anschauungen des herausgebenden Verlags abweichen.

1. Auflage 2024

Originaltitel: True to the Faith –
The Acts of the Apostles: Defining and Defending the Gospel

First published in English 1990 by Hodder and Stoughton.
Published by The Myrtlefield Trust, 180 Mountsandel Road,
Coleraine, N Ireland, BT52 1TB.
www.myrtlefieldhouse.com

Christliche Literatur-Verbreitung e. V.
Ravensberger Bleiche 6 · 33649 Bielefeld
www.clv.de

Übersetzung: Silke Morgenstern, Dorfen (bis Seite 209)
Satz: EDV- und Typoservice Dörwald, Steinhagen
Umschlag: Lucian Binder, Marienheide
Druck und Bindung: CPI books GmbH, Leck

Artikel-Nr. 256689
ISBN 978-3-86699-689-2

Für Michael und Elizabeth Middleton

Inhalt

Vorwort des Autors

Ein Ausleger der Apostelgeschichte, auch wenn er das letzte Glied in der Kommunikationskette ist, kann sich der starken Macht der Anweisung des obersten Herrschers nicht entziehen, die ursprünglich den 12 Aposteln gegeben wurde: »Geht … stellt euch hin … redet … alle Worte dieses Lebens!« (Apg 5,20). Der auferstandene Herr, der sie beauftragt hat, ist auch heute der Lebendige. Seine Ziele sind dieselben, seine Kraft ist unvermindert da. Der Heilige Geist, der die Apostel während der apostolischen Zeit in die Grundlagen des christlichen Evangeliums einführte, erwartet auch heute noch von allen Nachfolgern des lebendigen Herrn dieselbe Treue gegenüber genau diesen Grundlagen. Aufgrund der Zeit haben sich weder die Worte dieses unvergänglichen Lebens abgenutzt, noch hat sich die Hoffnung, die sie verkündigen, getrübt. Auch hat sie nicht die Bedeutung für unsere moderne Welt verringert, die zwar viele Errungenschaften nutzen kann, aber hinsichtlich ihrer Anschauungen und ihres Verhaltens immer mehr der Welt des ersten Jahrhunderts ähnelt, in dem das Christentum entstand. Während die modernen wissenschaftlichen und technischen Entdeckungen ständig zunehmen, nimmt das Aufnahmevermögen der Menschen, wenn es um Wissen aus der Vergangenheit geht, paradoxerweise immer mehr ab. Sie stehen deshalb in der Gefahr, sich in historischer Hinsicht auf ein absolutes Minimum zu beschränken, wobei ihr Verständnis der geschichtlich überlieferten Grundlagen des Christentums auf derart unsicheren Fundamenten beruht, dass ihnen das Herzstück fehlt, wenn sie unbeabsichtigt gewisse Formen des christlichen Glaubens als das Evangelium betrachten. Der Autor hofft, dass diese neue Betrachtung der Apostelgeschichte vielen Lesern helfen wird, die Herrlichkeit, den Reichtum und die Hoffnung des Evangeliums, das der auferstandene Herr der Welt durch das inspirierte Werk des Lukas immer noch verkündigt, zu entdecken. Vielleicht müssen sie all dies auch neu entdecken und darüber (neu) ins Staunen geraten.

Das vorliegende Buch ist nicht für Gelehrte geschrieben, die als Neutestamentler tätig sind, sondern für die allgemeine Leserschaft, die neue Einsichten gewinnen und dabei gründlich nachdenken will. Es gründet sich auf die Überzeugung, dass die Apostelgeschichte ein historisch zuverlässiger Bericht ist, und aufgrund der Argumente im Anhang 2 halte ich es nicht für notwendig, diese Frage hier zu diskutieren. Auf drei Werke habe ich immer wieder zurückgegriffen: *Acts* von Professor I. Howard Marshall[1]; *The Book of Acts* von Professor F. F. Bruce[2]; und das in jeder Beziehung fachkundige Buch *The Book of Acts in the Setting of Hellenistic History* des kurz vor der Herausgabe der englischsprachigen Originalausgabe verstorbenen Colin J. Hemer[3]. Einer besonderen Erwähnung wert ist die überaus erfrischende, genaue und lebendige Übersetzung durch Professor Bruce, die er für die überarbeitete Ausgabe seines Kommentars angefertigt hat.

Viele hervorragende Kommentare über die Apostelgeschichte haben ihr Augenmerk auf den Bericht des Lukas gelegt, in dem es um die Ausbreitung des Evangeliums geht. Sie haben ihren Lesern geografische, archäologische und historische Informationen mitgegeben, die hilfreich für die Erläuterung und Veranschaulichung des Berichts des Lukas sind. Als Quellen für diese Art von Informationen sind sie nach wie vor empfehlenswert. Die vorliegende Auslegung konzentriert sich eher auf die Vorgehensweise des Lukas bei der Auswahl und Zusammenstellung seines Materials. Sie kommt dabei zu dem Schluss, dass Lukas einerseits daran interessiert ist, die Verbreitung des Evangeliums zu beschreiben. Andererseits ist ihm noch mehr daran gelegen, für uns zu definieren, was das sich damals so rasch auf der Welt ausbreitende Evangelium war und was es auch heute noch sein sollte.

Es gibt einen betrüblichen Teil in der Apostelgeschichte: den Bericht über die ersten Konflikte zwischen Judentum und Christentum. Heute kann man etwas Derartiges nicht lesen, ohne an das Entsetzen des Holocausts zu denken. Deshalb habe ich mir die Freiheit genommen, Anhang 1 meiner persönlichen Stellungnahme bezüglich dieser leidvollen Dinge zu widmen.

Viele Menschen verdienen meinen Dank, einmal mehr Stewart Hamilton, Prof. John Lennox, Dr. Roderic Matthews, Michael Middleton und Dr. Arthur Williamson, die alle auf verschiedene Weise bei der

---

1 I. Howard Marshall, *Acts*, Leicester: IVP, 1980.

2 F.F. Bruce, *The Book of Acts, New International Commentary on the New Testament*, 2nd ed. (2. Auflage), Grand Rapids: Wm. B. Eerdmans, 1988.

3 C.J. Hemer, *The Book of Acts in the Setting of Hellenistic History*, Hrsg. Conrad H. Gempf, Tübingen: J.C.B. Mohr, 1989. A.d.Ü.: Svw. *Das Buch der Apostelgeschichte im Kontext der hellenistischen Geschichte*.

Abfassung dieses Buches mitgewirkt haben. Barbara Hamilton hat hart und lange – oft unter erheblichem Druck – gearbeitet, um ein technisch fehlerfreies und ansprechendes Manuskript zu erstellen. David Mackinder hat das Buch lektoriert und viel zur sinnvollen Gliederung der Überschriften und Untertitel sowie zur Erklärung ansonsten unverständlicher Ausdrücke beigetragen. Ihnen allen möchte ich meinen aufrichtigen Dank aussprechen.

David Gooding
Belfast, 2013

Diesen Jesus hat Gott auferweckt, wovon wir alle Zeugen sind. Nachdem er nun durch die Rechte Gottes erhöht worden ist und die Verheißung des Heiligen Geistes vom Vater empfangen hat, hat er dies ausgegossen, was ihr seht und hört.

Apostelgeschichte 2,32-33

Und nun stehe ich vor Gericht wegen der Hoffnung auf die von Gott an unsere Väter ergangene Verheißung, zu der unser zwölfstämmiges Volk, unablässig Nacht und Tag Gott dienend, hinzugelangen hofft; wegen dieser Hoffnung, o König, werde ich von den Juden angeklagt. Warum wird es bei euch für unglaubhaft gehalten, wenn Gott Tote auferweckt?

Apostelgeschichte 26,6-8

Einführung

Warum sollte man die Apostelgeschichte studieren?

Der erste und meiner Meinung nach offensichtliche Grund für das Studium der Apostelgeschichte könnte sein, einige eindeutige und unverfälschte Fakten über die Anfänge des Christentums und über die antike Welt, in der es seinen Anfang genommen hat, zu erhalten. Und heute ist dieses Anliegen notwendiger als je zuvor.

Man kann freilich nicht leugnen, dass der moderne Mensch heute bestimmte Merkmale des Christentums nicht mehr anziehend findet. Nicht die Lehre über die Liebe und die Aussage, dass Gott unser Vater ist. Auch nicht das Beharren auf sozialen Anliegen, nicht das Bemühen, für kleine Kinder und die Alten zu sorgen, und das Anliegen, den Nächsten und die Feinde wie sich selbst zu lieben, auch wenn die Menschen in ihren Bart murmeln, dass Letzteres auf einen Idealzustand abziele und in der Praxis nicht umzusetzen sei.

Nein, bei den für den modernen Menschen wirklich anstößigen Punkten geht es als Erstes um das übernatürliche Wesen des Christentums: um den Anspruch, dass Jesus menschgewordener Gott ist, dass er leibhaftig aus dem Grab auferstanden und in den Himmel aufgefahren ist und dass er tatsächlich wiederkommen wird. Der zweite Punkt ist der lehrmäßige Exklusivismus[4]: der Anspruch, dass in keinem anderen als in Christus Rettung zu finden ist, dass es keinen anderen Namen unter dem Himmel für die Menschen gibt, in dem sie errettet werden müssen (4,12). Deshalb bringen heute in vielen westlichen Ländern die Menschen dem herkömmlichen Christentum, das auf diesen Punkten besteht, eindeutig immer weniger Sympathie entgegen. Und die Mitgliederzahlen der christlichen Kirchen sind rasant gesunken.

Kein Christ kann diesen Zustand ohne Sorge betrachten. Aber besonders besorgniserregend dabei ist, dass ein Tipp zur Erneuerung,

4 A. d. H.: Hier und im Folgenden Vorstellung, dass der eigene Glaube der einzig wahre und richtige ist und andere Glaubensrichtungen keinen Anteil an der Wahrheit oder zumindest an heilsentscheidenden Wahrheiten haben.

der heute häufig gegeben wird, nicht von außerhalb der Christenheit kommt, sondern von innen. Man hört zunehmend Theologen und führende Persönlichkeiten aller Gemeinderichtungen, die uns die Anregung weitergeben wollen, dass das Evangelium wieder in die moderne Welt hineinwirken könne, wenn nur die Christen bereit wären, es in zeitgemäßer Art und Weise weiterzusagen. Außerdem sollten sie Begriffe verwenden, die im heutigen Denken keine unüberwindbaren Schwierigkeiten hervorrufen.

Die Vertreter dieser Ansicht geben uns die Zusicherung, dass dies möglich sei, ohne dass man Risiken eingehe. Diejenigen Dinge, die der moderne Mensch am Evangelium nicht annehmbar findet, umfassen ihrer Argumentation nach gar nicht die wesentlichen Aussagen des Evangeliums. Sie würden – so ihre Behauptung – auf das »Larvenstadium« des Christentums zurückgehen. Sie seien ein fester Bestandteil der vorwissenschaftlichen intellektuellen Welt der Antike mit ihren primitiven Gedankengängen gewesen und hätten die natürliche – und vielleicht notwendige – äußere Schale gebildet, die die darunter liegenden ersten, bescheidenen Anzeichen wahren christlichen Lebens und Denkens schützte und nährte. Aber sie seien nie ein wesentlicher Bestandteil dieses Lebens gewesen. Sie könnten nun beiseitegelegt werden, ohne dieses Leben zu beeinträchtigen. Und wir müssten sie auch beiseitelegen, denn für den modernen Menschen würden sie alle Kennzeichen des religiös unreifen Entwicklungsstadiums eines vorwissenschaftlichen Umfelds tragen. Zudem sei zu jener Zeit das Wissen über die große weite Welt sehr begrenzt gewesen, und die Menschen seien der Meinung gewesen, ihre eigene Religion sei die einzig zulässige. In etwa so, wie ein Kind glaubt – und zu seiner eigenen Sicherheit muss ihm das auch zugestanden werden –, dass sein Vater der einzig vertrauenswürdige Vater auf der ganzen Welt sei.

Aber wenn das Christentum bei dem modernen Menschen Anklang finden soll, so behaupten sie, müsse es sich der unwesentlichen, übernatürlichen Hüllen seines »Larvenstadiums« entledigen und sich als Schmetterling erheben, allseitig angepasst an das wissenschaftlich-säkulare Umfeld in der modernen Welt.

Außerdem, so sagen sie, müsse es sich mit der Tatsache abfinden, nicht mehr der einzige Schmetterling im Garten zu sein. Die Erweiterung unseres Wissens hinsichtlich der Welt habe den Menschen die Augen geöffnet für die anderen, gleichermaßen ansprechenden Religionen, die ihren Nektar aus anderen Quellen ziehen würden. Sie fordern, dass wir deshalb aufhören sollten, Menschen anderer Glaubensrichtungen zu bekehren. Stattdessen sollten wir durch den Dialog von den jeweiligen Erkenntnissen profitieren und die maßgeblichen Überzeugungen miteinander kombinieren, das Christentum eingeschlossen. Eines würde und könne der moderne Mensch nicht länger tolerieren, so warnen sie: den Anspruch eines unzeitgemäßen, fundamentalistischen Christentums, den einzigen Weg zum Heil zu verkündigen. Es war in der Antike erfolgreich; in der modernen Welt könne es nicht überleben.

Bevor wir diesen scheinbar einleuchtenden Einwand akzeptieren, sollten wir sinnvollerweise nochmals die historische Darstellung lesen, die Lukas hinsichtlich der Entstehung des Christentums gibt. Und sei es auch nur, um uns selbst vor einer spektakulären Selbsttäuschung zu bewahren, verursacht durch bloße Unwissenheit bezüglich der Fakten oder Achtlosigkeit ihnen gegenüber. Wenn wir die Darstellung des Lukas einsichtsvoll und aufmerksam lesen, wird uns mindestens eine Sache – und vielleicht noch mehr – klar: Unsere moderne Welt mit all ihrem wissenschaftlichen und technischen Fortschritt unterscheidet sich im Wesentlichen nicht von der Antike, in der das Christentum entstanden ist. Wer diesbezüglich anders denkt, unterliegt einem grundlegenden Irrtum. Tatsächlich unterscheidet sich unsere westliche, nachchristliche Welt grundsätzlich keineswegs von der Welt des ersten Jahrhunderts, sondern wird ihr jeden Tag noch ähnlicher.

»In der wissenschaftlichen Welt von heute kann niemand daran glauben, dass Tote aus dem Grab auferstehen«, sagt jemand. Als ob sich die moderne Welt darin irgendwie von der antiken unterscheiden würde.

Tatsächlich haben die meisten Menschen in der Antike auch nicht daran geglaubt. Die Epikuräer[5], an die sich Paulus in Athen wandte (17,18), waren der Auffassung, dass die Welt aus Atomen entstand, und vertraten eine Theorie der Evolution. Sie glaubten an die Existenz von Göttern, aber sie glaubten (aus verschiedenen Gründen) nicht, dass die Götter in unsere Welt eingegriffen haben, noch dies jemals tun würden. Darin stimmten sie mit den Theologen überein, die vor Jahren das Buch

5 A.d.H.: Da die Elb 2003 diese Namensform gebraucht, wird hier und im Folgenden von der Duden-Variante (Epikureer) abgewichen.

The Myth of God Incarnate[6] geschrieben haben. Die auf Philosophie zurückgehende Theorie der Epikuräer besagte, dass die Seele eines Menschen ebenso wie der menschliche Körper aus Atomen – den kleinsten Bestandteilen der Materie – bestehe, die sich beim Tod voneinander trennen würden. Die Seele zerfalle augenblicklich, der Körper später. Nichts bleibe bestehen, außer einzelnen Atomen. Auf wissenschaftlicher Grundlage lehnten sie die Möglichkeit der Auferstehung ab. Paulus verkündigte ihnen natürlich trotzdem die Auferstehung Christi (17,31).

Die meisten Griechen glaubten an ein Weiterleben der Seele nach dem Tod. Das hatte bereits Platon – vielleicht sogar schon Homer – gelehrt (wenn die Griechen eine Belehrung dazu überhaupt nötig hatten). Aber keiner von ihnen glaubte an die leibliche Auferstehung. Ihr großer klassischer Dichter Aischylos hatte ausgeführt, dass es etwas Derartiges nicht gebe. Als nun Paulus in Athen griechischen Zuhörern die leibliche Auferstehung Christi verkündigte, lachten einige laut auf. Das war nicht gerade höflich (17,30-32).

Aber es waren nicht nur Heiden, die nicht an eine Auferstehung des Leibes glaubten, nicht glauben konnten oder glauben wollten. Lukas sagt uns, dass der erste geballte Widerstand gegen das Evangelium aus dem Judentum kam – ja, vonseiten der höchsten Amtsträger, die im Tempel Gottes in Jerusalem Dienst taten. Auch sie glaubten nicht an die leibliche Auferstehung! Sie waren ausnahmslos Sadduzäer (4,1-7; 5,17-18; 23,6-8). Sie glaubten weder an die leibliche Auferstehung oder an die Existenz von Engeln noch an das Fortbestehen des menschlichen Geistes nach dem Tod. Aber damit nicht genug: Sie haben versucht, ihre Argumentation mit der Bibel zu belegen!

Ich weiß, dass es Amtsträger im kirchlichen Dienst gibt, die zwar die Bibel in der Hand haben, aber nicht nur die Menschwerdung, die leibliche Auferstehung und Himmelfahrt Jesu, sondern sogar auch die Möglichkeit leugnen, dass derartige Dinge stattfinden. Dies scheint ein heutiges Phänomen zu sein. Auf viele übt es tatsächlich eine Anziehungskraft aus, zeitgemäß und fortschrittlich zu sein und mit dem modernen Denken Schritt zu halten. Im Grunde ist es aber so alt wie das Christentum selbst. Der einzige Unterschied ist, dass damals (wenn auch nicht sehr lange; siehe 1Kor 15) diese Menschen außerhalb der

6 John Hick (Hrsg.), *The Myth of God Incarnate*, London: SCM Press, 1977, S. 4.

Reihen der Gläubigen und nicht innerhalb der Christenheit zu finden waren.

Wir müssen deshalb unbedingt die von Lukas wiedergegebene Entstehungsgeschichte des Christentums lesen, um an die Fakten der damaligen Situation erinnert zu werden. Was die Weigerung anbelangt, an die leibliche Auferstehung des Herrn Jesus zu glauben – ungeachtet dessen, ob aus religiösen, philosophischen, wissenschaftlichen oder rein kulturellen Gründen –, unterscheidet sich die antike Welt nicht sonderlich von der modernen.

Wenn die Apostel auf solche Ratschläge gehört hätten, wie wir sie von unseren heutigen »fortschrittlichen Denkern« erhalten, und es aufgegeben hätten, weiterhin beharrlich an die leibliche Auferstehung Christi zu glauben, dann wäre es in Bezug auf das Christentum ganz anders gekommen: Es hätte nämlich von Anfang an überhaupt keine christlichen Gemeinden gegeben (vgl. 1Kor 15,12-20).

Oder nehmen wir den Anspruch des Christentums, dass das Heil nur in Christus allein zu finden ist, nicht in einer Religion oder Philosophie (4,12). Zugegebenermaßen missfällt er vielen modernen Menschen. Ihrer Meinung nach ist er auf Dummheit, wenn nicht sogar auf Arroganz, zurückzuführen. Sie sagen, einen solchen Anspruch zu erheben, sei damals ganz natürlich gewesen: Das Christentum sei damals die offizielle Religion einer in sich geschlossenen Kultur gewesen, in der die Menschen sehr wenig über die restliche Welt wussten und ohnehin alles von außerhalb Kommende als fremd betrachteten und ihm gegenüber feindselig eingestellt waren. Sie behaupten, dass wir nicht mehr in einer Welt wie der damaligen leben würden. Wir befänden uns auf dem guten Weg in eine Welteinheitskultur. Außerdem würden wir heute mehr über die Weltreligionen wissen, als es bei den Menschen damals der Fall war. Deshalb dürften wir nicht länger beanspruchen, dass das Christentum der einzige Weg zum Heil sei, wie es die Menschen damals taten, die von der großen weiten Welt nichts wussten.

Ein weiteres Mal beruht das Argument auf einem Irrtum. Seine Verfechter denken vielleicht an die Situation im »finsteren Mittelalter«. Aber im ersten Jahrhundert wusste der griechische oder römische Christ aus persönlicher Erfahrung oder aufgrund des täglichen Kontakts weitaus mehr über die heidnischen Religionen als der Durchschnittschrist (in der westlichen Welt) unserer Tage. Erinnern wir uns an die prägnante Beschreibung, die Lukas im Blick auf Athen mit seinen unzähligen Altären für unzählige Götter und Göttinnen gegeben hat. Anhand dessen sollten wir bedenken, dass es in der Welt, in die das Christentum hineingeboren wurde, Religionen und Philosophien jeder Art in großer Zahl gab. Da fand man die klassische Religion der Götter des Olymps in der griechischen und römischen Version, wobei prächtige Tempel und offizielle Zeremonien noch hinzukamen. Es gab die Mysterienkulte, die ihren Anhängern anboten, sie in Verbindung mit ihrem Gott zu bringen und durch wundervolle, ekstatische Erfahrungen in Verzückung zu versetzen (1Kor 12,2). Dann gab es, zumindest als gängige Praxis, den Mythos der Seelenwanderung, des Fegefeuers und der Reinkarnation – Vorstellungen, die aus dem Hinduismus in die griechische Religion und Philosophie durch die Pythagoreer und Platon mit hineinspielten. Es gab streng asketische Religionen (Kol 2,20-23) und sich durch laxe Grundsätze auszeichnende Religionen, die Unzucht und Homosexualität als Lebensstil duldeten (2Petr 2; Jud 7-8). Es gab Religionen nach Art der Philosophie der Stille (Kol 2,8), und es gab andere, bei denen der Fanatismus ganz leicht die Form von Verfolgung Andersgläubiger, Aufruhr und Mord annehmen konnte (Apg 9,1-2; 19,21-40). Es gab Religionen, die an Christus als den Großen Weltgeist glaubten, aber leugneten, dass Jesus der Christus war (1Jo 2,18-22; 4,2-3). Darüber hinaus gab es in vielen Städten der antiken Welt, woran wir in der Apostelgeschichte häufig erinnert werden, jüdische Synagogen, oft mit einer Menge heidnischer Anhänger. Angesichts dieser verwirrenden Fülle an Religionen war das Christentum in den ersten zwei Jahrhunderten natürlich *nicht* die offizielle Religion einer in sich geschlossenen Kultur, sondern eine kleine, ringende und oft verfolgte Minderheit innerhalb eines gigantischen Reiches, das große Teile der damals bekannten Welt umfasste.

Es war also nicht auf die Unkenntnis anderer Religionen zurückzuführen, dass Christen den Herrn Jesus Christus als den einzigen Retter der Welt verkündigten. Vielmehr lag dies daran, dass sie die heidnischen Religionen genau kannten. Sie wussten, dass keine der Religionen wirkliche Reinigung des Gewissens, echten Frieden mit Gott, Heilssicherheit und eine feste Hoffnung bezüglich der Zukunft jedes einzelnen Menschen und der Welt bot. Sie verkündigten Jesus als den einzigen Retter – nicht aus Engstirnigkeit oder religiösem Größenwahn, sondern weil sie sich einfach darüber freuten, die Frohe Botschaft weitersagen zu dürfen: Gott hatte in Jesus Christus alles für die Erlösung aller Menschen getan. Keine andere Erlösung war wirksam; kein vergleichbares Opfer wurde jemals irgendwo dargebracht, aber es war auch kein anderes Opfer oder keine andere Erlösung notwendig. Friede mit Gott war ein Geschenk, für jeden zugänglich – unmittelbar und ohne Vorleistung.

Jemand sagt vielleicht: »Ja, es ist in Ordnung, wenn die Christen dies innerhalb ihrer eigenen Gemeinschaft glaubten. Aber heutzutage leben wir in der westlichen Welt in einer pluralistischen Gesellschaft, wo es nicht im christlichen Sinne ist, umherzugehen und die Menschen anderer Glaubensrichtungen zum Christentum zu bekehren. Das könnte zur Beeinträchtigung der Beziehungen auf kommunaler oder nachbarschaftlicher Ebene führen, wenn nicht gar zu bürgerkriegsähnlichen Unruhen.«

Diese Gefahr ist nur zu real. Und die Gewalt, die an vielen Orten noch immer im Namen der Religion verübt wird, widert jeden vernünftigen Menschen an. Wenn wir die entsprechenden Ursachen untersuchen möchten, müssen wir uns vor einer oberflächlichen Diagnose hüten. Heutzutage wird diese Gewalt normalerweise einer »fundamentalistischen« religiösen Haltung zugeschrieben. Aber ein Begriff, der auf die kleinen bibeltreuen Gemeinden unter den Amischen oder Mennoniten, deren Mitglieder alle Pazifisten sind, genauso angemessen angewendet werden kann wie auf Millionen von militanten Muslimen, ist für eine Analyse wertlos. Soweit es das Christentum betrifft, war es nicht die treue Befolgung der grundsätzlichen biblischen Lehren, die die viel zu häufig praktizierte Intoleranz und politische Diskriminierung sowie das Blutvergießen im Namen der Religion verursacht hat. Vielmehr war es der völlige Ungehorsam gegenüber Christi Verbot, das Schwert zu gebrauchen oder Gewalt jeglicher Art anzuwenden – ungeachtet dessen, ob man die Sache Christi propagieren oder verteidigen wollte, ob man das Kirchenwachstum vorantreiben oder »Ketzern« bzw. Ungläubigen Einhalt gebieten wollte. Aber früherer Ungehorsam kann heute kaum durch die Abtrünnigkeit wiedergutgemacht werden, die die souveränen Ansprüche Christi herunterspielt oder diesbezüglich Kompromisse schließt, weil man fürchtet, diese könnten Anstoß erregen.

Doch hier kommt uns erneut die Apostelgeschichte zu Hilfe. Um festzustellen, wie die wahre christliche Haltung aussehen sollte, können wir das Verhalten der Apostel der frühchristlichen Gemeinde nicht außer Acht lassen. Wir wissen aufgrund der vielen Erwähnungen in der Apostelgeschichte, dass die römischen Beamten und Statthalter z.B. oft durch ihre ersten Begegnungen mit dem Christentum verunsichert waren. Unruhen brachen in Gebieten aus, für die sie als Vertreter der Obrigkeit verantwortlich waren. Und aufgrund ihrer Nachforschungen schienen nur allzu oft die Christen dahinterzustecken. Manchmal, wie in Philippi (16,16-40) und Ephesus (19,23-40), waren es die Anhänger verschiedener heidnischer Religionen, die durch die Christen aufgebracht worden waren. Häufiger waren es die Juden, wie in Antiochien in Pisidien (13,50), Lystra (14,19), Thessalonich (17,5-9), Beröa (17,13), Korinth (18,12-17) und Jerusalem (21,27–23,22).

Die Römer waren im Großen und Ganzen anderen Religionen gegenüber ziemlich tolerant. Sie wurden allerdings sehr ungehalten, wenn die Unterschiede hinsichtlich der Glaubensgrundsätze oder deren Ausübung zu Unruhen führten. Lukas berichtet uns (18,2), dass Kaiser Claudius einmal alle Juden aus Rom ausweisen ließ. Vom späteren Historiker Sueton[7], der über diesen Vorfall berichtet, erfahren wir den Grund für Claudius' Zorn, nämlich »Streit und Unruhen unter den Juden Roms, die dadurch hervorgerufen wurden, dass das Christentum in einer oder mehreren Synagogen der Stadt bekannt gemacht wurde«[8].

Angesichts dieser Sachlage musste Lukas einiges erklären, als er über »die Ursprünge des Christentums« schrieb und dieses Werk einem gewissen Theophilus widmete. Wir wissen nicht genau, wer Theophilus war. Dass Lukas ihn im Prolog seines Evangeliums mit dem Titel »vortrefflichster« (Lk 1,3) anredet, lässt auf eine Person von gewissem Ansehen schließen. Er könnte »ein Vertreter der klugen Mittelschicht von Rom«[9] gewesen sein – am Christentum interessiert, aber nicht bekehrt. Er könnte aber auch bereits ein Gläubiger gewesen sein. In jedem Fall wollte Lukas ihm unbedingt zeigen, dass es nicht die Christen gewesen waren, die die Unruhen begonnen hatten. Christen gingen nicht umher, um die Religion anderer Menschen zu schmähen oder sich in deren Tempel anstößig zu verhalten (19,23-40; 21,27-29; 24,10-13).

---

7 *Life of Claudius*, XXV, 4.

8 F.F. Bruce *Acts*, a.a.O., S. 347, in Anlehnung an Suetons *Life of Claudius*, XXV, 4 (A.d.H.: Vgl. das lateinische Originalzitat von Sueton auf folgender zweisprachiger Website: https://www.gottwein.de/Lat/suet/claud21.php [abgerufen am 11.1.2024].)

9 Siehe die entsprechende umsichtige Erörterung bei F.F. Bruce *Acts*, a.a.O., S. 28-30.

Auch wenn viele Christen verfolgt wurden, so verfolgten sie doch selbst niemanden. Paulus hat zwar vor seiner Hinwendung zu Christus einige seiner jüdischen Landsleute gewaltsam verfolgt, weil er ihre Glaubensüberzeugungen ablehnte (7,58; 8,3; 9,1-2), aber danach hat er niemals mehr jemanden verfolgt. Und er übte keine Vergeltung gegenüber seinen beständigen Verfolgern (28,17-22 [besonders das Ende von V. 19]).

Aber wenn Theophilus ein gründlich nachdenkender Mann war, wovon wir ziemlich sicher ausgehen können, verbarg sich dahinter eine Frage, die Lukas ihm beantworten musste. Selbstverständlich hatten die Christen die Unruhen nicht in dem Sinne angezettelt, dass sie den ersten Stein warfen oder ihre Feinde körperlich angriffen. Aber warum gingen sie dann umher, indem sie fortwährend Dinge predigten und öffentlich lehrten, von denen sie wussten, dass sie damit sowohl die Juden als auch die Heiden aufbringen würden? Warum mussten Petrus und Paulus ständig nachdrücklich behaupten, dass Jesus von den Toten auferstanden und der Messias sei, auch wenn sie vor jüdischen Zuhörern bzw. in jüdischen Synagogen predigten, wo sie wussten, wie umstritten dieses Thema war? Warum konnten sie sich nicht darauf beschränken, seine Lehre in moralischer Hinsicht und seine wunderbaren Erkenntnisse darüber, Gott als Vater zu haben, zu verkündigen, denen sowohl die Christen als auch die Juden zustimmen konnten?

Warum musste Stephanus darauf beharren, dass der Tempel in Jerusalem nie mehr war als ein unvollständiges und vorübergehendes Mittel, das die Gemeinschaft mit Gott ermöglichte und das infolge des Werkes Jesu Christi im Grunde hinfällig geworden war?[10] Und das, obwohl er erkannt haben musste, in welch erheblichem Maße seine Worte für das religiöse Feingefühl und die in hohen Ehren gehaltenen Glaubensüberzeugungen der anderen Juden anstößig sein mussten (6,8–8,3). Und warum mussten die Apostel ihre jahrhundertealte und hochgeachtete Zeremonie der Beschneidung als völlig unwirksam bezüglich der Erlösung brandmarken – sowohl für Heiden als auch für Juden (Kap. 15)?

Einer der führenden Wahrsagegeister in Philippi (16,16-39), dessen Wirken so vielen Menschen in dieser Stadt so viel bedeutete, gab in Bezug auf Paulus und sein evangelistisches Team öffentlich Richtiges

10 A. d. H.: Etwa 40 Jahre später würde dieses Mittel bei der Tempelzerstörung auch äußerlich verschwinden.

weiter und behauptete, dass sie alle viel gemeinsam hätten, da sie in Wirklichkeit auf dasselbe Ziel hinstrebten. Warum um alles in der Welt wandte sich Paulus dagegen, wieso lehnte er eine Zusammenarbeit ab, indem er diese Form der Religion als böse verurteilte und infolgedessen eine große Feindschaft in der Stadt hervorrief?

Die führenden Denker jener Zeit hatten längst behauptet, dass alle Religionen auf dasselbe hinausliefen, welchen Namen sie auch immer für das höchste Wesen hatten – ob sie es nun Zeus, Jahwe, Jupiter, Baal oder *den Einen*[11] nannten. Warum konnten die Christen nicht akzeptieren, dass alle Religionen einfach nur unterschiedliche, aber dennoch gleichwertige Wege zu demselben Gott waren? Warum mussten sie die Traditionen und die Kultur so vieler Menschen angreifen, eine solche Bitterkeit hervorrufen und eine so gewaltige religiöse Feindschaft und innere Unruhe auslösen, indem sie ständig versuchten, Menschen anderer Glaubensrichtungen für ihre eigene zu gewinnen?

Seit Julius Cäsar haben die jeweiligen, ihm folgenden Obrigkeiten spezielle Gesetze zum Schutz der jüdischen Religion erlassen, auch wenn sie diese als merkwürdig ansahen. Lukas bezeugt, dass römische Statthalter im Normalfall (wenn der Betreffende nicht korrupt war wie Felix [24,26-27]) auf dem Recht der Christen bestanden hätten, ihre Anschauungen zu verbreiten (26,31). Aber jemand wie Paulus, der überall seine eigenen lehrmäßigen Standpunkte vertrat und dadurch seine jüdischen Landsleute aufbrachte und sowohl von Juden als auch Heiden grob behandelt wurde, schien in ihren Augen ziemlich verrückt zu sein (26,24).

Warum also handelten die Apostel so? Christen können zumindest nicht sagen, dass die von Christus erwählten Apostel – mit dem Heiligen Geist getauft und erfüllt und von Gott gebraucht, um die Gemeinde zu gründen – auf eine unchristliche Weise ans Werk gingen. Wie sollte Lukas dem Theophilus ihr Verhalten erklären und rechtfertigen, um ihn vom christlichen Glauben zu überzeugen, falls er noch kein Gläubiger war? Wie sollte er anderenfalls seinen Glauben stärken und ihn anspornen, ihrem Beispiel zu folgen? Die Antwort auf diese Fragen beinhaltet nichts Geringeres als die ganze Apostelgeschichte. Wir werden hier einige wenige Beispiele anführen.

11 A. d. H.: Hervorhebung hinzugefügt.

Petrus gab vor dem Mitgliedern des Hohen Rats eine Erklärung, warum er weiterhin predigte im Namen dieses Jesus, den sie getötet hatten. Dabei ließ er erkennen, dass seine Motivation nicht Rache oder religiöse Intoleranz war: Es ging um die Errettung aller Menschen an jedem Ort. Jesus ist Gottes Retter für alle Menschen (4,12). Wegen der Erlösung der Menschen musste Petrus weiterhin Jesus verkündigen – ungeachtet dessen, wen er damit in Verlegenheit bringen würde.

Petrus und Jakobus bemühten sich darum, den anderen Gläubigen zu erklären, warum sie den christlichen Gemeinden Briefe senden mussten. Darin brandmarkten sie öffentlich die falschen Sichtweisen derjenigen »Gläubigen« (vgl. 15,5), die lehrten, dass die Beschneidung und das Halten des Gesetzes für die Errettung nötig seien. In den Briefen ging es nicht darum, dass eine christliche Sondergemeinschaft sich hinsichtlich einer untergeordneten theologischen Frage gegenüber einer anderen Gruppe halbwegs als Sieger erwiesen hatte. Es sei nochmals gesagt: Es ging um die Errettung von Menschen. Petrus zufolge bedeutete die Lehre, dass die Erlösung von einer rituellen Handlung oder dem Halten des Gesetzes abhänge, die Menschen in unerträglicher geistlicher Knechtschaft zu halten (15,10-11), obwohl sie befreit werden könnten und müssten. Keine religiöse Tradition, wie heilig sie auch immer sein mag, darf Menschen in Gebundenheit halten. Das hieße, Gott selbst zu versuchen (15,10).

Philosophen behandeln ihre eigenen erkenntnistheoretischen, materiellen, moralischen und politischen Systeme mit der gebotenen Zurückhaltung. Bei näherem Hinsehen bieten sie uns bestenfalls nur ein unvollständiges logisches System, das letztendlich auf willkürlich gewählten Grundannahmen basiert. Paulus beharrte auf dem Areopag in Athen deshalb mit einer kompromisslosen lehrmäßigen Bestimmtheit auf der Auferstehung Christi, weil diese keine philosophische Theorie sondern eine historische Tatsache war bzw. ist. Dadurch hat Gott allen Menschen bekannt gemacht, dass Christus ihr Richter sein wird (17,30-31). Die Menschen können nicht aus einer Menge an Richtern wählen – je nachdem, welches philosophische System sie sich auf der Erde zu eigen gemacht haben. Alle werden Christus gegenübertreten müssen. Das ist absolut sicher. Indem Paulus an alle Menschen an jedem Ort appelliert, Buße zu tun und sich bereit zu machen, ihrem Richter zu begegnen, stellte er nicht ehrerbietig einen Antrag für eine philosophische Diskussion: Vielmehr gab er ein Gebot des allmächtigen Gottes bekannt, dem es zu gehorchen galt.

Das war auf jeden Fall das Kraftzentrum, das die Apostel unseres Herrn Jesus Christus motivierte und sie bevollmächtigte. Die Apostelgeschichte wird in der nötigen Ausgewogenheit erkunden, ob wir an dasselbe Kraftzentrum angeschlossen sind.

Der andere Weg

Zwei Punkte sind in der Apostelgeschichte offensichtlich. Erstens, das Christentum ist aus dem Judentum hervorgegangen, und zwar in dem Sinne, dass die ersten Christen Juden waren – egal, welcher speziellen Gruppierung des Judentums sie angehört hatten.[12]

Zweitens sei angemerkt, dass das Christentum nicht als vollständig ausgearbeitetes System mit Lehrsätzen und Verhaltensregeln eingeführt wurde, verbunden mit einer Anweisung, dass am nächsten Sonntag ab 14 Uhr alle an den Herrn Jesus Gläubigen nicht mehr als Juden leben dürften und sich fortan als Christen verhalten müssten. Nein, das Christentum ist gewachsen und hat sich entwickelt. In einem Samen ist das gesamte Erbgut für die ausgewachsene Pflanze enthalten. Aber die Pflanze entwickelt ihre Erbeigenschaften nur dadurch, dass sie in der Erde wächst, in die sie eingepflanzt wurde – durch den Einfluss von Sonne, Wind und Regen. Ebenso erwuchs das Christentum aus dem Judentum, indem es unter der Anweisung und Leitung des Heiligen Geistes auf die Probleme und Herausforderungen reagierte, die sich ihm auf seinem Weg zu einem weltweiten Zeugnis im Namen Christi stellten.

Das haben wir möglicherweise nach dem erwartet, was unser Herr im Obersaal den Aposteln gegenüber ankündigte (Joh 16,12-13): »Noch vieles habe ich euch zu sagen, aber ihr könnt es jetzt nicht tragen. Wenn aber jener, der Geist der Wahrheit, gekommen ist, wird er euch in die ganze Wahrheit leiten.« Er kam zu Pfingsten, und sein Kommen war plötzlich (2,2). Aber das Leiten war ein Prozess. Lukas möchte in der Apostelgeschichte die aufeinanderfolgenden Phasen in diesem Prozess erfassen.

12 Streng genommen ist es ein Anachronismus, die Jünger Christi vor der Gründung der Gemeinde in Antiochien (11,26) als »Christen« zu bezeichnen. Aber damit keine Verwirrung entsteht, überwiegt die Zweckmäßigkeit gegenüber der Genauigkeit.

Zuerst musste sich das Christentum geografisch ausbreiten, wie es Christus in seiner Anweisung an seine Apostel angedeutet hatte (1,8). Aufgrund dessen ist die Apostelgeschichte natürlich auch eine Aufzeichnung der geografischen Ausbreitung des Evangeliums. Ein ernsthaftes Studium der Apostelgeschichte betrifft deshalb auch immer sehr stark die geografischen Fragen. Und das zu Recht. Denn die zahlreichen, detaillierten, konkreten und erstaunlich genauen geografischen Aufzeichnungen des Lukas zeigen, dass er nicht einen religiösen Mythos oder eine Legende schreibt, sondern den tatsächlichen Verlauf von Ereignissen, die an bestimmten Orten stattgefunden haben, welche man auf einer Landkarte genau bestimmen kann.[13]

Das Evangelium verbreitete sich auch zahlenmäßig durch die stets wachsende Zahl derer, die daran glaubten, sowie qualitativ durch das geistliche Wachstum und die Standfestigkeit der entstandenen Gemeinden. Lukas selbst betont dies triumphierend, indem er am Ende jedes der sechs großen Abschnitte der Apostelgeschichte kurz zusammenfasst:

6,7	»Und das Wort Gottes wuchs, und die Zahl der Jünger in Jerusalem mehrte sich sehr; und eine große Menge der Priester wurde dem Glauben gehorsam.«
9,31	»So hatte denn die Versammlung durch ganz Judäa und Galiläa und Samaria hin Frieden und wurde erbaut und wandelte in der Furcht des Herrn und mehrte sich durch die Ermunterung des Heiligen Geistes.«
12,24	»Das Wort Gottes aber wuchs und mehrte sich.«
16,5	»Die Versammlungen nun wurden im Glauben befestigt und mehrten sich täglich an Zahl.«
19,20	»So wuchs das Wort des Herrn mit Macht und nahm überhand.«
28,30-31	»Er aber blieb zwei ganze Jahre … und predigte das Reich Gottes und lehrte mit aller Freimütigkeit ungehindert die Dinge, die den Herrn Jesus Christus betreffen.«

Tabelle 1: Zusammenfassungen der großen Abschnitte der Apostelgeschichte

13 Eine hilfreiche kurze Einleitung findet sich bei F.F. Bruce, *The New Testament Documents*, Leicester: IVP, 1960. Eine sehr detaillierte und aktuelle Betrachtung der geografischen und historischen Themen geht auf Colin J. Hemer zurück: *The Book of Acts in the Setting of Hellenistic History* (a. a. O.).

Wir werden gleich sehen, dass die Ausbreitung des Evangeliums nicht das einzige Interesse von Lukas war. Wenn dem so wäre, würde er uns dann nicht auch etwas über die evangelistischen Reisen der anderen Apostel berichten? Haben sie das Evangelium nicht auch verbreitet? Immer wieder betont Lukas zusammenfassend, wie das Wort Gottes sich mehrte (6,7; 12,24; 19,20). Aber mehrte sich das Wort Gottes nicht auch dadurch, dass Johannes es ebenso verkündigte wie Paulus? Warum lesen wir dann kein einziges Wort von den Predigten des Johannes, sondern nur etliche Beispiele der Predigten und Reden des Paulus?

Es muss deshalb neben der Verbreitung des Evangeliums noch etwas anderes geben, was Lukas genau dieses Material auswählen ließ. Woher können wir wissen, was das war?

Zumindest eines davon können wir leicht entdecken, denn ein bemerkenswertes Muster von Ereignissen wiederholt sich in allen sechs großen Abschnitten der Apostelgeschichte.

Nehmen wir den ersten Abschnitt (1,1–6,7). Bevollmächtigt durch den Heiligen Geist, der vor Kurzem vom Himmel herabgekommen war, führten die Apostel das Gebot Christi eifrig aus und waren seine Zeugen. Alles hatte gut begonnen. Tausende bekehrten sich, als eine Wende eintrat: Der Hohe Rat untersagte jegliches Predigen im Namen Jesu. Der Hohe Rat war zu jener Zeit für das maßgebliche Judentum die höchste religiöse (und bis zu einem gewissen Maß zivilrechtliche) Autorität. Und die Apostel waren sicher keine geistlichen Anarchisten. Dem Hohen Rat nicht zu gehorchen und sich ihm zu widersetzen, war ein schwerwiegender Schritt, der mit vorhersehbaren und nicht vorhersehbaren Konsequenzen verbunden war. Aber es war unmöglich, dem Hohen Rat zu gehorchen, ohne das Herzstück, den Kern und das Zentrum des christlichen Glaubens zu verleugnen – das, was ihn im Grunde ausmachte. Die Gottheit und Messiasstellung des lebendigen Herrn zu verschweigen oder in Abrede zu stellen, wäre eine Treulosigkeit gegenüber Christus gewesen. Damit hätten sie ihn verleugnet und sich dem Heiligen Geist Gottes unmittelbar widersetzt, der gekommen war, um sie als Zeugen Christi zu bevollmächtigen. Ein Kompromiss war unmöglich. Ohne zu zögern, widersetzten sich die Apostel dem Hohen Rat. Das war der erste Schritt, mit dem sich das Christentum vom offiziellen Judentum entfernte. Er war darin begründet, dass Christus Gott und zugleich der Messias war bzw. ist.

Ähnliches sehen wir im zweiten Abschnitt (6,8–9,31). Stephanus war der erste Märtyrer. Er begann – erleuchtet durch den Heiligen Geist –, als Erster zu erkennen, welche Konsequenzen das Opfer Christi auf Golgatha, seine Auferstehung und sein Eingang in die unmittelbare Gegenwart Gottes im Himmel mit sich brachte: Der jüdische Tempel in Jerusalem war letztlich überflüssig geworden. Dazu gehörten auch die aufwendige Ordnung des Priestertums, die Opfer und die gottesdienstlichen Handlungen. Da er diese Sicht vertrat und in öffentlichen Diskussionen und Wortgefechten beibehielt, wurde Stephanus schließlich vor dem Hohen Rat der Prozess gemacht. Selbst als er sah, dass alles sich gegen ihn wandte, unternahm er keinerlei Versuche, seine Sichtweise zu widerrufen oder infrage zu stellen. Offensichtlich verstand er als Gläubiger sehr gut, wie der Mensch durch das Werk Christi Gott nahen konnte. Dies war für ihn ein so wesentlicher Bestandteil des Evangeliums, dass ein Kompromiss nicht möglich war. Deshalb ging Stephanus in den Tod, und das Christentum entfernte sich einen weiteren großen Schritt vom offiziellen Judentum.

Gleichermaßen im dritten Abschnitt (9,32–12,24), als es für Petrus an der Zeit war, das Evangelium zu dem Heiden Kornelius zu bringen, und er sich zuerst weigerte. Kornelius das Evangelium zu verkündigen, würde bedeuten, dass er mit ihm in seinem Haus Tischgemeinschaft haben würde. Das wiederum würde gegen die Gesamtheit der jüdischen Heiligkeitsgesetze verstoßen, besonders gegen die Speisevorschriften, wie Petrus sie verstand. Gott schritt deswegen ein und lehrte Petrus, dass die von ihm selbst ursprünglich angeordneten alttestamentlichen Speisegesetze nun aufgehoben seien. Petrus war es fortan gestattet, mit den Heiden zu essen. Daraufhin ging Petrus also los, doch indem er das Haus des Kornelius betrat, wurde ein weiterer Schritt vollzogen, mit dem sich das Christentum vom Judentum entfernte. Diesmal ging es um das grundlegende Thema der Heiligkeit – darum, wie sie in Theorie und Praxis aussieht.

Das Muster wiederholt sich im vierten Abschnitt (12,25–16,5). Die Beschneidung wurde im Judentum als unerlässlich für die Zugehörigkeit zum Volk Gottes angesehen und von vielen als hilfreich, wenn nicht sogar als notwendig, für die Errettung betrachtet. Deshalb waren diese gläubigen Männer bereits alle beschnitten, bevor sie Christen wurden, und sie mussten bisher nicht darüber nachdenken, in welchem

Verhältnis die Beschneidung zu der von Christus geschenkten Errettung stand. Aber als Tausende Heiden zum Glauben an Christus fanden, kam diese Frage zwangsläufig auf. Einige Christen dachten damals, dass die Beschneidung weiterhin für die Errettung notwendig sei und deshalb die Gläubigen aus den Heiden beschnitten werden mussten. Aber bei einer Versammlung der Apostel und Ältesten in Jerusalem, die zur Klärung dieser Streitfrage einberufen wurde, verkündeten Petrus und Jakobus den offiziellen, verbindlichen apostolischen Beschluss: Die Beschneidung war für die Errettung nicht notwendig und trug nichts dazu bei. Und das galt nicht nur für die Heiden, sondern ebenso auch für die Juden. Man kann die Bedeutung dieses bahnbrechenden Schritts nicht genug hervorheben, mit dem sich das Christentum zu diesem Zeitpunkt vom Judentum wegbewegte.

Halten wir an dieser Stelle kurz inne, indem wir über das Geschehene nachdenken. Als Lukas diese Krisen, Entscheidungen und Lösungen der Apostel und der frühchristlichen Gemeinde aufzeichnet, berichtet er uns nicht in erster Linie, wie sich das Evangelium ausgebreitet hat, sondern worin das Evangelium bestand und wie man es letztendlich definieren konnte. Lukas legt unser Augenmerk eher auf die Punkte, hinsichtlich derer sich das Christentum und das Judentum auseinanderentwickelten. Er tat das nicht deshalb, weil er ein engstirniger Sektierer war, sondern weil er als Historiker ein feines Gespür für das Wesentliche hatte. Es waren keine Nebensächlichkeiten, derentwegen sich das Christentum vom Judentum wegbewegte. Sie stellten vielmehr das Herzstück des Christentums dar. Sie waren von einer derart grundlegenden Bedeutung, dass Kompromisse Untreue gegenüber Christus bedeutet hätten und demzufolge das Christentum – wenn es überhaupt weiter bestanden hätte – ohne Evangelium geblieben wäre.

Wenn dem so ist, hat das weitreichende Folgen. Wenn wir die Abweichungen und die damit verbundenen Punkte betrachten, können wir definieren, worin das Christentum der Apostelzeit bestand bzw. besteht. Es wird uns das Wesentliche des Evangeliums zeigen, bezüglich dessen wir, die in einer viel späteren Zeit Lebenden, keine Kompromisse eingehen dürfen, wenn wir dem Herrn Jesus treu sein und in unserer Zeit am Evangelium festhalten wollen. In der Theorie ist es immer einfacher, der Pflicht zum Festhalten am Evangelium zuzustimmen, als ihr tatsächlich nachzukommen. Und besonders in diesem Punkt ist die Apostelgeschichte aufschlussreich hinsichtlich der nachfolgenden Entwicklung des Christentums. Durch alle Jahrhunderte hindurch zeigte sich im Christentum eine deutliche Tendenz, in gewisse Formen des Judentums zurückzufallen und das Evangelium mit genau den Dingen zu vermischen, von denen es den Aposteln zufolge klar getrennt bleiben sollte.

Der viktorianische Gelehrte[14] Dr. F.J.A. Hort beschrieb dieses Zurückfallen als …

> … eine ebensolche Anpassung an das Judentum vonseiten des Christentums, wie sie auch entsteht bei der Anerkennung der Autorität des Alten Testaments ohne eine klare Erkenntnis der wahren Beziehung zwischen Altem und Neuem Testament. … Dieser Prozess begann im dritten Jahrhundert und ging [später] mit großer Dynamik weiter, nachdem im Römischen Reich das Christentum zur Staatsreligion erklärt worden war. Die Folgen umgeben uns nach wie vor. Dabei ging es um eines der Elemente der mittelalterlichen Ordnung, das am wenigsten von der Reformation berührt wurde. Dies hatte offensichtlich damit zu tun, dass die führenden Reformatoren selbst nur eine unvollkommene Einsicht in den Offenbarungsfortschritt innerhalb der Heiligen Schrift hatten. Sie erfassten nur unvollständig die unterschiedlichen Arten der Unterweisung, die wir in ihren verschiedenen Teilen im Einklang damit finden, dass Gott Zeiten und Zeitpunkte gibt, wie dies von den Aposteln dargelegt wird.[15]

Das Lesen der Apostelgeschichte lädt uns ein, das Christentum, zu dem wir uns heute bekennen und das wir praktizieren, zu überprüfen und zu erkennen, ob es mit dem christlichen Glauben übereinstimmt, wie er in der Apostelzeit vollständig vorgestellt wurde. Wir sollten fragen, ob es immer noch durch die Folgen des jahrhundertelangen Zurückfallens belastet ist, oder ob es derzeit vielleicht erstmalig in der Gefahr steht, Kompromisse hinsichtlich der wesentlichen Punkte einzugehen, an denen die Apostel derart unbeirrt festhielten.

14 A.d.H.: D.h. der im 19. Jahrhundert lebende irisch-britische Gelehrte dieses Namens.

15 F.J.A. Hort, *Judaistic Christianity*, London, Macmillan, 1898, S. 1-3.

Aber die Apostelgeschichte lehrt uns weitere diesbezügliche Sachverhalte, wenn wir ihrer Linie im fünften Abschnitt folgen (16,6–19,20). In Philippi (16,16-18) beschreibt Lukas, wie der Heilsweg in Gefahr war, im öffentlichen Bewusstsein mit Spiritismus in Verbindung gebracht zu werden. Er zeigt, wie Paulus auf dem Unterschied zwischen den beiden bestand und deshalb letztendlich ins Gefängnis kam. Zur Frage nach dämonischer Besessenheit in 19,13-19 berichtet uns Lukas, dass in Ephesus sogar die Welt der Geister nachdrücklich den Unterschied zwischen Jesus und Paulus einerseits und jüdischen Möchtegern-Geisterbeschwörern andererseits bezeugte. In 17,7-9 berichtet uns Lukas, wie einige Juden versuchten, in Thessalonich vor den Obersten der Stadt aufzuzeigen, dass es sich bei dem von Paulus verkündigten Evangelium in Wirklichkeit um eine politische Botschaft handelte, die darauf abzielte, die Obrigkeit des Römischen Reiches zu stürzen. Die Aufzeichnung der Verkündigung von Paulus an dieser Stelle zeigt sehr deutlich den Unterschied zwischen dem Christentum in seiner eigentlichen Bestimmung und jeder Form der Politik.

Auch die Rede des Paulus auf dem Areopag in Athen (17,16-34) zeigt uns den wesentlichen Unterschied zwischen dem Evangelium und der heidnischen Religion wie auch der griechischen Philosophie. Und schließlich ist es Lukas wichtig, über ein Ereignis in Ephesus zu berichten (19,1-7), das den Unterschied hinsichtlich der geistlichen Erfahrung zwischen den Jüngern von Johannes dem Täufer und den an den Herrn Jesus Christus Gläubigen aufzeigt.

Es ist nicht nötig, dass wir uns jetzt damit aufhalten, all diese Unterschiede zu untersuchen. Es geht vielmehr darum: Indem die Ereignisse berichtet werden, die diese Unterschiede aufdecken, zeigt uns Lukas nicht nur die Verkündigung der Apostel: Er lädt uns auch ein weiteres Mal ein, das Christentum in seinem Selbstverständnis zu betrachten, wodurch diese starken Gegensätze zum heidnischen Spiritismus, zur Politik, Religion und Philosophie deutlich werden.

Dasselbe geschieht im letzten und längsten Abschnitt dieses Buches (19,21–28,31). Dieser unterscheidet sich in mancher Hinsicht deutlich von den ersten fünf, da Paulus darin nicht so häufig das Evangelium predigt, sondern es öffentlich verteidigt, und zwar oftmals vor Gericht. Er muss fortwährend Rechenschaft ablegen – nicht darüber, was das Evangelium ist, sondern darüber, was es nicht ist. Aber für unseren momentanen Zielgedanken spielt das keine Rolle. Der Bericht des Lukas fährt mit der Klarstellung fort, dass die Vorstellungen geistlich unwissender Menschen in Bezug auf Paulus und das Evangelium nicht der Wirklichkeit entsprachen. Er zeigt auch, wie Menschen sowohl ihn als auch die Heilsbotschaft in böswilliger Absicht dargestellt haben. Lukas fährt deshalb fort, durch Gegensätze aufzuzeigen, was das Christentum wirklich ist.

Paulus ist also weder ein Tempelräuber (19,37) noch jemand, der den jüdischen Tempel verunreinigt (21,28-29; 24,12) oder aus der Religion Profit zu schlagen versucht (20,33-35), noch ein ungehobelter politischer Aktivist oder ein Anführer von Terroristen (21,37-39). Das Evangelium ist auch keine gefährliche kleine sektiererische Irrlehre, die von einem theologisch ungebildeten Demagogen (22,3-5) oder von einem geistig verwirrten Gelehrten (26,24-26) in Umlauf gebracht wurde. Und es gründet sich nicht auf einige absurde Prinzipien, die keine bedeutende Schule des Judentums und kein gebildeter Laie glauben könnte, ohne geistigen Selbstmord zu begehen (23,6-10; 24,14-25; 26,8). Das christliche Evangelium gründet sich auf Gottes Selbstoffenbarung durch Mose und die Propheten; es erhebt den glaubwürdigen Anspruch, die Verwirklichung der Errettung zu sein, die in den inspirierten Schriften Israels aufgezeichnet und verheißen ist. Es wirkt sich dahin gehend aus, dass die Betreffenden geistlich befreit und erlöst sowie in den Stand von Erben erhoben werden (26,18). Es plädiert für moralische Rechtschaffenheit und stellt sich gegen Korruption (24,24-27). Es verkörpert einen Gegenentwurf zum damaligen Judentum, das von Enge und Beschränkung auf die eigene Volksgruppe geprägt war (26,17), und bietet eine echte sowie erhabene Hoffnung für alle Menschen (24,15; 26,6-7.23).

Es liegt auf der Hand, dass in den Folgejahren das Evangelium oft mit heidnischer Politik und Philosophie vermischt wurde. In manchen Ländern wurden heidnische Bräuche und Feste im Rahmen einer missionarischen Strategie als »christliche« Elemente bewusst in die Kirche übernommen. Und in der heutigen Zeit sind okkulte Besessenheit und die Begeisterung für verschiedene Praktiken und Formen des Hinduismus weit verbreitet. Das gilt auch für die Versuchungen, sich geheimen Vereinigungen (bis hinein in die Geschäftswelt) anzuschließen, die bei ihren Zeremonien im Grunde dieselben alten heidnischen Götter anbeten wie in der Antike. Oder man verlegt sich auf das andere Extrem, indem man das Evangelium mit den populären Ideologien verbinden will, um es in eine starke politische Macht zu verwandeln.

Angesichts all dieser Strömungen ermahnt die Apostelgeschichte uns alle auf eine deutliche, unausgesprochene Weise, uns ehrlich zu prüfen, ob das von uns praktizierte Christentum und das durch uns verkündigte Evangelium kompromisslos dem entsprechen, was die Apostel unseres Herrn Jesus Christus vorgestellt, gelehrt und verbreitet haben.

ABSCHNITT 1

Das Christentum und die Wiederherstellung aller Dinge (1,1 – 6,7)

Vorausgehende Beobachtungen

Drei gewaltige Höhepunkte beherrschen den ersten Abschnitt der Apostelgeschichte: die Himmelfahrt Christi am vierzigsten Tag nach der Auferstehung (1,9), das Kommen des Heiligen Geistes am Pfingsttag (2,4) und das Zweite Kommen Christi (1,11; 3,20), das den großen und herrlichen Tag des Herrn einläutet (2,20).

Eine ungeheuer große Herrlichkeit findet sich im Umfeld dieser erhabenen Höhepunkte. Der Mensch Jesus, befreit von den Wehen des Todes (2,24), hat uns den Weg des Lebens gezeigt und ist erfüllt mit der Freude in der Gegenwart Gottes (2,28). Durch seine Auferstehung hat er für alle Menschen Leben und Unvergänglichkeit ans Licht gebracht.[16] Er wird dargestellt als *Archēgos*, der Urheber des Lebens (3,15), derjenige, der vollständige Errettung all denen gibt, die auf ihn vertrauen (4,12). Die Glaubwürdigkeit des alttestamentlichen messianischen Heilsplans hinsichtlich der Wiederherstellung der Menschen, der Erde und des Universums ist nun ohne jeden Zweifel verbürgt (1,6; 3,20-21.24-25). Die Zeit wird kommen (1,6-7; 3,10-21), in der körperlich Beeinträchtigte sich nicht länger auf den Stufen vor dem Tempel des Schöpfers niederlassen und auf Almosen hoffen; in der sowohl ihre Gesundheit als auch die Funktionen ihres Körpers vollkommen wiederhergestellt sein werden (3,16). Einen Vorgeschmack darauf haben wir bereits erhalten (3,1-16). Christus selbst ist der Eckstein eines neuen und erhabeneren allumfassenden Tempels geworden (4,11). Von den Toten auferweckt und in den Himmel aufgefahren, hat er bereits den Heiligen Geist als Gabe ausgegossen und damit ein neues Zeitalter beginnen

16 A. d. H.: Obwohl nicht alle Menschen diese Heilsgüter annehmen, stehen sie für alle bereit. Das Gleiche gilt sinngemäß im übernächsten Satz, in dem es u. a. um die Wiederherstellung der Menschen geht.

lassen (1,4-5; 2,16-18.33-36.38-39). Darin sieht der Glaube bereits eine beträchtliche Anzahlung, was die Einlösung der alttestamentlichen Verheißungen betrifft. Durch den Ablauf der menschlichen Geschichte ist das ewige Erbe im Himmel als volle und letzte Erfüllung dieser Verheißungen einen gewaltigen Schritt näher gekommen.

Vielleicht können wir es schon nicht mehr erwarten, die gewaltigen Höhepunkte im Detail zu betrachten, aber es zahlt sich aus, zuerst deren Umgebung zu erkunden. Wenn unsere Annahme richtig ist, dass der erste Abschnitt der Apostelgeschichte in 6,7[17] durch die Zusammenfassung beendet wird, dann wird dieser Abschnitt aus acht Unterabschnitten gebildet. Thematisch geordnet, ergeben sich vier Paare.

1. Die Zeit zwischen Auferstehung und Pfingsten wird in zwei Absätzen behandelt (1,1-14 und 1,15-26). Im ersten bereitet Christus selbst seine Apostel auf das weltweite Zeugnis vor, indem er ihnen wiederholt als der Auferstandene begegnet ist und sie im Blick darauf unterweist, welches Konzept und welchen Zeitplan er für ihr Zeugnis vorgesehen hat. Im zweiten bereiten sich die Apostel und eine Gruppe von etwa 120 Gläubigen auf dieses Zeugnis vor, indem sie anstelle von Judas Iskariot einen Apostel als Zeuge der Auferstehung Christi bestimmen (1,22).

2. Als Nächstes wird die gewaltige Auswirkung des Kommens des Heiligen Geistes in zwei Wundern berichtet (2,1-47 und 3,1–4,4): als Erstes das Reden der Gläubigen in fremden Sprachen und als Zweites die Heilung eines Mannes, der von Geburt an lahm war. Nach jedem Wunder erklärt Petrus der Menge die Bedeutung und hält eine Predigt. Außerdem wird jeweils eine ungefähre Zahl der Bekehrten erwähnt. Beide Wunder geben Zeugnis für Christus, aber das erste galt den Gläubigen, das zweite der Allgemeinheit. Das erste lenkt die Aufmerksamkeit auf die übernatürliche Kraft, durch die die Christen reden, und bestätigt dadurch ihre Botschaft. Das zweite illustriert die Rettung, die Jesus denen zueignen kann, die die Botschaft hören.

Bis jetzt finden wir vier Berichte in zwei Paaren vor. Aber jetzt haben wir den Wendepunkt in der Mitte des Abschnitts erreicht. Nun verändert sich die Situation: Die führenden Priester und der Hauptmann

---

17 »Und das Wort Gottes wuchs, und die Zahl der Jünger in Jerusalem mehrte sich sehr; und eine große Menge der Priester wurde dem Glauben gehorsam.«

des Tempels versuchen, das aufkommende Christentum im Keim zu ersticken. Dennoch bekehren sich aufgrund der Verkündigung der Urgemeinde weiterhin zahlreiche Menschen (5,14; 6,7), wobei die Gläubigen die Achtung des Volkes genießen (5,13). Aber jetzt müssen sie sich über die Verbote, die ihnen der Hohe Rat auferlegt hat, hinwegsetzen.

3. Die vier Berichte in der zweiten Hälfte lassen sich ebenso in zwei Paare aufteilen. Zwei davon handeln vom Widerstand des Hohen Rats (4,5-31 und 5,17-42). In beiden werden Apostel festgenommen, in Gewahrsam gesetzt und vor den Hohen Rat gebracht: beim ersten Ereignis zwei Apostel (Petrus und Johannes), beim zweiten alle zwölf (siehe 5,29). Lukas berichtet natürlich immer über die Entscheidung des Gerichts und beschreibt, wie die Apostel und die Christen auf die Drohungen und Bestrafungen reagierten.

4. Die verbleibenden zwei Absätze haben, wie alle anderen Paare, ein gemeinsames Thema: Beide gewähren Einblick in das Leben der ersten christlichen Gemeinschaft in Jerusalem. Der erste Absatz (4,32–5,16) erzählt uns, wie von Zeit zu Zeit wohlhabende Christen ein Haus oder Feld verkauften und den Aposteln den Erlös gaben, um die notleidenden Gemeindeglieder zu unterstützen. Der zweite (6,1-7) beschreibt die Vorkehrungen der Apostel für eine gerechte Verteilung der so erhaltenen Geldmittel und Vorräte.

Um ein vollständiges und ausgewogenes Verständnis der von Lukas uns hier vorgelegten geschichtlichen Darstellung zu erhalten, sollten wir sowohl die Gemeinsamkeiten und – was noch wichtiger ist – die Unterschiede dieser Paare sorgfältig studieren. Gleichzeitig wird der Sinn des Lukas für Ausgewogenheit nicht nur in dieser formalen »paarweisen Gegenüberstellung« der Absätze deutlich, sondern auch durch die entsprechende Ausgewogenheit. Indem er sein Material auswählt, behandelt er die zwei Hauptthemen, die in annähernd demselben Maß durch diesen ersten Abschnitt führen, in ausgewogener Weise: die Wichtigkeit geistlicher Dinge auf der einen Seite und die Wichtigkeit materieller Dinge auf der anderen.

Dieser Abschnitt umfasst Pfingsten und die aufsehenerregende Freisetzung geistlicher Kraft, die durch Pfingsten eingeleitet wurde. Deshalb war es unabdingbar, dass Lukas geistliche Dinge deutlich und fortwährend betont: Er hebt die Person, die Macht und das Wirken des

Heiligen Geistes hervor, die tief greifenden geistlichen Erlebnisse derjenigen, die ihn empfangen haben, und das kraftvolle Zeugnis, zu dem sie durch den Heiligen Geist bevollmächtigt wurden. Was man in diesem Abschnitt nicht unbedingt erwartet hätte, ist die annähernd gleiche Betonung materieller Dinge, indem Nahrung und Geld, Kaufen und Verkaufen, Häuser, Felder, Güter und Besitz hervorgehoben werden. Nicht weniger als drei der acht Stellen in diesem Abschnitt widmen sich in weiten Teilen oder sogar ganz diesem Thema.

In 2,43-45 berichtet Lukas uns von dem ersten und offensichtlich spontanen Ergebnis der Bekehrungen, die auf die erste Predigt des Petrus folgten: »Alle aber, die glaubten, waren beisammen und hatten alles gemeinsam; und sie verkauften die Besitztümer und die Habe und verteilten sie an alle, je nachdem einer irgend Bedarf hatte.« Lukas begnügt sich nicht damit, über dieses Phänomen einmal zu berichten; in 4,32-37 lesen wir in fast denselben Worten erneut davon – nur detaillierter, indem zusätzlich über einen gewissen Joseph berichtet wird: Er, »der einen Acker besaß, verkaufte ihn, brachte das Geld und legte es zu den Füßen der Apostel nieder«.

Diese sogenannte »Gütergemeinschaft« verschwindet am Ende des ersten Abschnitts aus dem Blickfeld, und wir lesen in den restlichen Kapiteln der Apostelgeschichte nichts mehr davon. Deshalb könnten wir voreilig die Schlussfolgerung ziehen, dass es sich um einen zeitlich begrenzten und untergeordneten Nebeneffekt handelte, der in der ersten Zeit durch die außergewöhnliche Begeisterung hervorgerufen wurde. Das Ganze würde naturgemäß in dem Maße aufhören, wie die Gärung neuen Weins nachlässt. Weiterhin könnten wir annehmen, dass Lukas diesem Phänomen den Raum eingeräumt hat, weil er einfach einen wahrheitsgetreuen Bericht dessen abgeben wollte, was tatsächlich geschah, ohne notwendigerweise andeuten zu wollen, dass dieses Phänomen von großer Bedeutung gewesen sei oder einen wesentlichen Bestandteil des Christentums bilde – im Grunde kaum mehr als ein vorübergehendes, nebensächliches Detail.

Aber wenn man dies mutmaßen will, müsste man ein weiteres äußerst wichtiges Merkmal im Bericht des Lukas ignorieren. Lukas hat bezüglich der Themen Nahrung und Geld, Kaufen und Verkaufen, Häuser, Felder und Besitz drei Beispiele ernsten Fehlverhaltens von Jüngern Jesu aufgenommen. Betrachten Sie diese außergewöhnliche Auflistung:

> Dieser nun hat sich zwar von dem Lohn der Ungerechtigkeit einen Acker erworben und ist, kopfüber gestürzt, mitten entzweigeborsten, und alle seine Eingeweide sind ausgeschüttet worden. Und es ist allen Bewohnern von Jerusalem kundgeworden, sodass jener Acker in ihrer eigenen Mundart Akeldama, das ist Blutacker, genannt worden ist (1,18-19).

> Ein gewisser Mann aber, mit Namen Ananias, mit Sapphira, seiner Frau, verkaufte ein Grundstück und schaffte von dem Erlös etwas beiseite, wovon auch die Frau wusste; und er brachte einen gewissen Teil und legte ihn zu den Füßen der Apostel nieder.
>
> Petrus aber sprach: Ananias, warum hat der Satan dein Herz erfüllt, dass du den Heiligen Geist belogen und von dem Erlös des Feldes beiseitegeschafft hast? … Als aber Ananias diese Worte hörte, fiel er hin und verschied. … Sie [Sapphira] fiel aber sogleich zu seinen Füßen nieder und verschied … (5,1-11).

> In diesen Tagen aber … entstand ein Murren der Hellenisten gegen die Hebräer, weil ihre Witwen bei der täglichen Bedienung übersehen wurden (6,1).

Auf den ersten Blick muss es merkwürdig erscheinen, dass Lukas diese hässlichen Schandflecke in seinem Bericht über die erste christliche Gemeinschaft so heraushebt. Bei näherer Betrachtung erkennt man, dass Lukas von diesen falschen Haltungen und Praktiken nur berichtet, um aufzuzeigen, dass die Christen diese unverzüglich und von Grund auf ablehnten. Schon die Tatsache, dass er von diesen Vorfällen vollständig berichtet, obwohl er das überhaupt nicht hätte tun müssen,[18] ist auf jeden Fall bedeutsam. Es legt nahe, dass in den Augen der ersten Christen eine echte Neuorientierung bezüglich der Einstellung zu

18 Zweifellos hätte Lukas, wenn er so geführt worden wäre, auf die Ernennung von Matthias als Ersatz für den Verräter Judas hinweisen können, ohne Judas' schändlichen Gewinn zu erwähnen, mit dem er das Feld kaufte, und ohne in Bezug auf sein grausames Ende ins Detail zu gehen. Er hätte das normale Verhalten der Christen bezüglich ihres Besitzes erwähnen können, ohne derart lang den Ausnahmefall von Ananias und Sapphira zu beschreiben. Und er hätte darüber berichten können, wie die sieben Diakone berufen wurden, um eine gerechte Verteilung der täglichen Mittel und die entsprechende Versorgung zu gewährleisten, ohne der Welt kundzutun, dass diese Ernennung nötig war, weil erstmalig eine christliche Gruppe durch eine andere zurückgesetzt worden war.

Besitztümern eine notwendige Auswirkung des wahren Glaubens an Jesus als Messias war. Nachdem sie den Heiligen Geist empfangen hatten, zeigt sich darin die von ihm gewirkte Frucht. Wenn dem so ist, werden wir kein wirkliches Verständnis des von Lukas dargestellten Frühchristentums erlangen, wenn wir seine Ausgewogenheit zwischen den geistlichen Überzeugungen auf der einen und den materiellen Dingen auf der anderen Seite außer Acht lassen.

Schließlich erfordert eine weitere formale Besonderheit in der Darstellung des Lukas unsere Aufmerksamkeit, bevor wir fortfahren. Als zweiter Teil eines Doppelwerkes beginnt die Apostelgeschichte natürlich mit einer Zusammenfassung des ersten Teils. Beachten wir, wie Lukas seine Zusammenfassung aufbaut:

> Den ersten Bericht habe ich verfasst, o Theophilus, von allem, was Jesus anfing, sowohl zu tun als auch zu lehren, bis zu dem Tag, an dem er aufgenommen wurde, nachdem er den Aposteln, die er sich auserwählt hatte, durch den Heiligen Geist Befehl gegeben hatte (1,1-2).

Die Zusammenfassung ist erstaunlich kurz; in eineinhalb Versen fasst Lukas alles zusammen, was er uns im ersten Teil über die Geburt, das Leben, den Dienst, den Tod und die Auferstehung unseres Herrn erzählt hat, wobei seine Himmelfahrt mit einbezogen ist. Es wird außer einer einzigen Sache nichts hervorgehoben. Und dieses Alleinstellungsmerkmal deutet auf seine Wichtigkeit hin. Bevor Christus in den Himmel aufgenommen wurde, hatte er den Worten des Lukas zufolge »den Aposteln … durch den Heiligen Geist Befehl gegeben«. Den Bericht über diese Befehle lesen wir in Lukas 24,46-49. Sie sollten hier in besonderer Weise erwähnt werden, weil die gesamte Apostelgeschichte in gewissem Sinne die Ausführung dieser Befehle ist.

Da die Verse 1-2a das Leben und den Dienst Christi bis hin zu seiner Himmelfahrt zusammenfassen, denken wir vielleicht, dass in den folgenden Versen ein neuer Abschnitt mit den Ereignissen nach der Himmelfahrt beginnen würde. Aber dem ist nicht so. Statt voranzugehen, nimmt uns Vers 2b mit zu Ereignissen und Geschehnissen, die vor der Himmelfahrt stattfanden. Und wenn wir am Ende des ersten Abschnitts (V. 14) angekommen sein werden, werden wir noch keinen Schritt weiter sein als am letzten Punkt, der im Lukasevangelium abschließend behandelt wurde – die Rückkehr der Jünger nach Jerusalem unmittelbar nach der Himmelfahrt (vgl. Lk 24,52-53 mit Apg 1,12-14). Die Zusammenfassung nimmt uns daher mit in die Zeit zwischen der Auferstehung und der Himmelfahrt, um bestimmte Merkmale auszuwählen, die uns bewusst sein müssen und die wir verstanden haben müssen, um dem sich anschließenden Bericht angemessen folgen zu können. Einige dieser Merkmale sind im Evangelium detailliert beschrieben worden. Lukas nimmt an, dass wir mit den Einzelheiten vertraut sind: Ein zusammenfassender Verweis reicht aus, um uns an sie zu erinnern. Einige Merkmale wurden vorher noch nicht erwähnt. Und die Tatsache, dass sie nun an dieser Stelle erstmalig erwähnt werden, bedeutet vermutlich, dass sie von wesentlicher Bedeutung für das Verständnis der Apostelgeschichte sind. Wir sollten ihnen besondere Aufmerksamkeit widmen.

Eine Übersicht von Abschnitt 1 findet sich in Tabelle 2.

Die Sätze

1. Christi Heilsplan zur Wiederherstellung aller Dinge (1,1–4,4)
2. Widerstand gegen diesen Heilsplan (4,5–6,7)

Satz 1
Christi Heilsplan zur Wiederherstellung aller Dinge (1,1–4,4)

I. Von der Auferstehung bis zur Himmelfahrt (1,1-14)
Christus unterweist seine Apostel, was das weltweite Zeugnis für ihn betrifft.

1. 40 Tage, in denen durch »viele sichere Kennzeichen« bewiesen worden ist, dass Jesus nach seinem Leiden wieder lebendig ist (1,3).
2. Er gab ihnen Anweisungen (1,2); er befahl ihnen (1,4): »… ihr werdet meine Zeugen sein, sowohl in Jerusalem als auch … bis an das Ende der Erde« (1,8).
3. »… ihr werdet Kraft empfangen, wenn der Heilige Geist auf euch herabkommt; und ihr werdet meine Zeugen sein …« (1,8).
4. »Diese alle verharrten einmütig im Gebet …« (1,14).

II. Von der Himmelfahrt bis Pfingsten (1,15-26)
Die durch Judas' Verrat entstandene Lücke im apostolischen Zeugnis wird geschlossen.

Judas »hatte das Los dieses Dienstes [den Aposteldienst] empfangen. (Dieser nun hat sich zwar von dem Lohn der Ungerechtigkeit einen Acker erworben und ist, kopfüber gestürzt, mitten entzweigeborsten, und alle seine Eingeweide sind ausgeschüttet worden. Und es ist allen Bewohnern von Jerusalem kundgeworden, sodass jener Acker … Akeldama, das ist Blutacker, genannt worden ist.)« (1,16-19).

»Du, Herr, Herzenskenner aller, zeige von diesen beiden den einen an, den du erwählt hast, das Los dieses Dienstes und Apostelamtes zu empfangen, von dem Judas abgewichen ist, um an seinen eigenen Ort zu gehen« (1,24-25).

»… von diesen muss einer mit uns ein Zeuge seiner Auferstehung werden« (1,22).

III. Das Wunder der Sprachenrede (2,1-47)
Petrus erklärt die Bedeutung des Wunders: Etwa 3000 bekehren sich daraufhin.

1. Die Auferstehung Jesu aus dem Grab: »Den hat Gott auferweckt, nachdem er die Wehen des Todes aufgelöst hatte, wie es denn nicht möglich war, dass er von ihm festgehalten wurde … Du [Gott] hast mir kundgetan Wege des Lebens« (2,24-28).
2. »Tut Buße …, und ihr werdet die Gabe des Heiligen Geistes empfangen« (2,38).
3. »… durch die Rechte Gottes erhöht … (hat) Gott ihn sowohl zum Herrn als auch zum Christus gemacht …, diesen Jesus, den ihr gekreuzigt habt« (2,33-36).
4. »Als sie aber das hörten, drang es ihnen durchs Herz … Petrus aber spricht zu ihnen: Tut Buße … Lasst euch retten von diesem verkehrten Geschlecht!« (2,37-40).
5. »Sie verharrten aber in der Lehre der Apostel« (2,42).

IV. Das Heilungswunder (3,1–4,4)
Petrus erklärt, in welcher Kraft dieses Wunder bewirkt worden ist: Die Zahl der Bekehrten steigt auf etwa 5000 Männer an.

1. Ein Lahmer wird täglich an die Pforte des Tempels gesetzt, damit er dort um Almosen betteln kann (3,2-3).
2. Die Apostel können ihm finanziell nicht helfen, aber sie schenken ihm stattdessen etwas Besseres, nämlich die vollständige Heilung im Namen Jesu (3,4-10).
3. »… die Priester … legten die Hände an sie [an Petrus und Johannes] und setzten sie in Gewahrsam …« (4,1-3).

Satz 2
Widerstand gegen den Heilsplan (4,5–6,7)

V. Erste Gerichtsverhandlung vor dem Hohen Rat (4,5-31)
Es geht darum, Näheres über die Heilungswunder zu erfahren und das Predigen im Namen Jesu aufzuhalten.

1. Die Heilung eines von Geburt an lahmen, über 40-jährigen Mannes stellt einen nicht zu leugnenden Beweis dafür dar, dass Gott Jesus aus den Toten auferweckt hat (4,9-10.14.22).
2. »… dass wirklich ein offenkundiges Zeichen durch sie geschehen ist, ist allen offenbar, die in Jerusalem wohnen … Aber damit es nicht weiter unter dem Volk verbreitet werde …, geboten sie ihnen, sich durchaus nicht in dem Namen Jesu zu äußern noch zu lehren« (4,16-18).
3. Es »erbebte die Stätte, wo sie versammelt waren; und sie wurden alle mit dem Heiligen Geist erfüllt und redeten das Wort Gottes mit Freimütigkeit« (4,31).
4. »Sie … erhoben einmütig ihre Stimme zu Gott« (4,24).

VI. Ein Blick auf die christliche Gemeinschaft (4,32–5,16)
Das Gericht an zwei unehrlichen Gliedern hat das Zeugnis der Gemeinschaft gestärkt.

»Auch nicht einer sagte, dass etwas von seiner Habe sein Eigen wäre … so viele Besitzer von Feldern oder Häusern waren, verkauften sie und brachten den Erlös … und legten ihn zu den Füßen der Apostel nieder« (4,32-37).

Ananias und Sapphira verkauften ein Grundstück und gaben vor, den gesamten Erlös den Aposteln zu überlassen. Aber sie behielten etwas für sich zurück. Weil sie den Heiligen Geist belogen hatten, fielen beide tot zu Boden. »... warum hat der Satan dein Herz erfüllt, dass du den Heiligen Geist belogen ... hast? ... Und große Furcht kam ... über alle, die dies hörten« (5,1-11).

»Und mit großer Kraft legten die Apostel das Zeugnis von der Auferstehung des Herrn Jesus ab« (4,33).

VII. Zweite Gerichtsverhandlung vor dem Hohen Rat (5,17-42)
Es geht darum, die Apostel dafür zur Rechenschaft zu ziehen, dass sie das Verbot missachtet und weiterhin im Namen Jesu gepredigt haben.

1. Die wundersame Befreiung der Apostel aus dem Gefängnis: »Ein Engel des Herrn aber öffnete ... die Türen des Gefängnisses und führte sie hinaus ... Geht ... und redet ... zu dem Volk alle Worte dieses Lebens« (5,19-20).
2. »Und wir sind Zeugen ..., und der Heilige Geist, den Gott denen gegeben hat, die ihm gehorchen« (5,32).
3. »... Gott ... hat Jesus auferweckt, den ihr ermordet habt ... Diesen hat Gott durch seine Rechte zum Führer und Heiland erhöht« (5,30-31).
4. »Sie aber wurden, als sie es hörten, durchbohrt und beratschlagten, sie [die Apostel] umzubringen ... aber ... Gamaliel ... [sagte]: Steht ab von diesen Menschen« (5,33-39).
5. Sie »hörten ... nicht auf, zu lehren ...« (5,42).

VIII. Ein weiterer Blick auf die christliche Gemeinschaft (6,1-7)
Ein weiteres Unrecht wird in Ordnung gebracht, ohne dass sich die Apostel von ihrem Dienst am Wort abbringen lassen.

1. Bestimmte Witwen werden bei der täglichen Bedienung übersehen (6,1).
2. Die Apostel weisen darauf hin, dass sie selbst sich auf den Dienst am Wort beschränken müssen, auch wenn der Dienst der materiellen Unterstützung wichtig sei (6,2-4). Sieben Diener werden berufen, damit sie die Aufgaben der täglichen Bedienung wahrnehmen können (6,3-6).
3. »... eine große Menge der Priester wurde dem Glauben gehorsam« (6,7).

Tabelle 2: Abschnitt 1: Das Christentum und die Wiederherstellung aller Dinge (1,1 – 6,7)

SATZ 1

Christi Heilsplan zur Wiederherstellung aller Dinge (1,1-4,4)

Unterweisung im Blick auf das weltweite Zeugnis (1,1-14)

Jesus war also lebendig! Wir können diese fassungslose Freude und überwältigende Ehrfurcht nicht einfangen, die dieser Feststellung folgte! Aber wir können zumindest unsere Aufmerksamkeit auf die vielen überzeugenden Beweise richten, die die Apostel zu dieser Überzeugung brachten.

Christus, die Erstlingsfrucht der kommenden Wiederherstellung

Zunächst erschien der Herr den Aposteln unregelmäßig, aber wiederholt über einen Zeitraum von 40 Tagen. Es ging nicht um ein einmaliges, einzelnes Erscheinen, sondern um eine wiederkehrende Folge, bis diese Erscheinungen, die zuerst jede ihnen bis dahin bekannte Regel zu sprengen schienen, im Grunde zur Normalität wurden (1,3).

Dann ließ er erkennen, was es bedeutet, auferstanden zu sein. Weder die Apostel noch sonst irgendwelche Menschen hatten natürlich jemals zuvor etwas Derartiges gesehen; und als Jesus zum ersten Mal plötzlich in ihrer Mitte im Obersaal erschien, dachten sie naheliegenderweise, es sei sein Geist (Lk 24,36-39). Und sie fürchteten sich.

Deshalb zeigte Jesus, dass er kein körperloser Geist war. Sein Leib befand sich nicht länger im Grab: Sie sahen ihn vor sich. Er war wahrhaftig auferstanden! Als solcher war er wieder in die Fülle des göttlichen Lebens eingetreten. Der Tod war endgültig besiegt, er war hinweggetan worden. Der Herr Jesus hatte den Leib, den er vor seinem Tod während seines Erdenlebens besaß, nicht zurückgelassen. Vielmehr war es nun ein Auferstehungsleib; er wurde nicht ausgetauscht, sondern verherrlicht.

Er forderte die Apostel auf, seine Hände und Füße anzurühren, denn sie trugen die Wundmale von Golgatha (siehe Joh 20,27) und stellten damit eindeutig unter Beweis: Er war derselbe Jesus, der gekreuzigt worden war. Aber damit nicht genug. Er sagte: »… Seht meine Hände und meine Füße, *dass ich es selbst bin*; betastet mich und seht, denn ein Geist hat nicht Fleisch und Gebein, wie ihr seht, dass ich habe« (Lk 24,38-40).

Damit gab er sich ihnen nicht nur als derselbe Jesus zu erkennen, den sie zuvor gekannt hatten, sondern er lehrte sie eine Grundwahrheit hinsichtlich des Menschen. Er stellte nicht in Abrede, dass die Seele und der Geist eines Menschen über den Tod hinaus bestehen bleiben. Das ist natürlich der Fall. Aber er deutete damit an, dass der Mensch nach dem Tod, um im vollen Sinne unter Wahrung seiner Identität aufzuerstehen, einen Körper braucht, der Merkmale der Leiblichkeit aufweist und angerührt werden kann – nicht irgendeinen Körper, sondern einen, der dem vorigen ähnelt, aber wiederhergestellt und verherrlicht ist. Genau das ist es, was Lukas mit »lebend« meint, wenn er sagt (Apg 1,3), dass Jesus sich seinen Aposteln lebend dargestellt hat.

Er wollte ihnen dadurch nicht bisher unbekannte Informationen über die jenseitige Welt vermitteln, die in ihren Augen derzeit vielleicht irrelevant waren. Der heilige Leib, der vor ihnen stand, war sowohl die Erstlingsfrucht als auch das Muster für die große Wiederherstellung aller Dinge, hinsichtlich derer sie gegenwärtig in die Welt hinausgingen und die sie als Herzstück ihres Evangeliums verkündigten. Eines Tages würde die gesamte Schöpfung wiederhergestellt sein. Eines Tages würde jeder Gläubige einen verherrlichten Leib haben, der dem Auferstehungsleib des Herrn gleichen würde. Aber in Bezug auf den Menschen Jesus Christus hatte Gott seinen Wiederherstellungsprozess des Universums bereits verwirklicht. Die Apostel mussten hinausgehen und diese Wiederherstellung verkündigen – nicht als bloße Theorie, sondern als Gewissheit, denn sie hatten den Erstling mit ihren eigenen Augen gesehen und mit ihren eigenen Händen betastet.

Der Herr legte noch etwas anderes dar. Sein Auferstehungsleib war nicht nur ein wirklicher Körper, sondern er konnte auch nach Belieben mit unserer sichtbaren Welt in Verbindung treten. Und zwar mit unserer momentanen Welt, wie wir sie kennen, und nicht nur mit der Welt, wie sie künftig einmal sein wird – die Welt musste nicht endgültig und völlig umgestaltet sein, bevor er sie aufsuchen und mit Menschen dieser Welt in eine Beziehung treten konnte. Er bat die Apostel um etwas zu essen. Sie gaben ihm gebratenen Fisch, und er aß vor ihren Augen.[19] Das brannte sich in ihr Gedächtnis ein und bestimmte, was sie meinten, wenn sie über seine Auferstehung sprachen. Hören wir, was Petrus einige Zeit später zu Kornelius sagt und wie er ihm die Zusicherung der Realität der Auferstehung Christi gibt: »… wir sind Zeugen«, sagt Petrus (10,39), und fügt hinzu: »… die wir mit ihm gegessen und getrunken haben, nachdem er aus den Toten auferstanden war« (10,40-41).

Die wiederholten Erscheinungen des Herrn lehrten die Apostel, dass der Leib Jesu nicht in jeder Hinsicht dem vorherigen glich. Er war umgestaltet worden und gehörte bereits zur jenseitigen Welt, zu einer neuen Ordnung. Er konnte unsere Welt aufsuchen, sie an jedem Ort sofort betreten, an ihren Angelegenheiten teilhaben und sie ebenso unmittelbar wieder verlassen. Später bezeichnete der Apostel ihn als »geistlichen« Leib (1Kor 15,44 [Schlachter 2000]).[20]

Es wäre müßig darüber zu spekulieren, wie die Funktionen dieses Körpers ablaufen könnten, wie er zusammengesetzt und wie er gestaltet sein könnte. Ebenso wäre es unwissenschaftlich zu behaupten, dass »die Wissenschaft« das Ganze für unmöglich erklärt habe. Wahre Wissenschaft versucht, das Normale zu verstehen und zu beschreiben. Es ist Aufgabe der Geschichte, uns zu sagen, ob etwas Ungewöhnliches, das die Wissenschaft noch nicht erklären kann, tatsächlich geschehen ist. Wissenschaft ist nicht allwissend (sie kann noch nicht einmal alle Dinge erklären, die sie beobachtet); sie kann nicht im Voraus eine solche

19 Vgl. den Bezug zwischen Lukas 24,41-43 (als Christus mit den Aposteln aß, bevor er sie unterwies), und der Zusammenfassung in Apostelgeschichte 1,4 (wo *synălizomenos* [»als er mit ihnen zu Tisch lag«] die Lesart des Originals zu sein scheint, und nicht *synalizomenos*, das Passiv von *synālizō* [»zusammenbringen mit«, d.h. »sich versammeln«], oder *synaulizomenos* [»zusammensein mit«]). A.d.H.: In Lukas 24,43 wird nicht ausdrücklich gesagt, dass er *mit* ihnen aß.

20 Manche argumentieren, dass Paulus, wenn er den Auferstehungsleib Christi als geistlichen Leib bezeichnet, dem Anspruch des Evangeliums völlig widerspreche, dem zufolge er physischer und materieller Art sei. Aber das Argument greift nicht und beruht auf dem Missverständnis dessen, was Paulus mit dem Ausdruck »geistlich« meint. Hinsichtlich einer ausführlichen Erörterung siehe: William Lane Craig »The Bodily Resurrection of Jesus«, in: R.T. France und David Wenham (Hrsg.), *Gospel Perspectives*, Bd. 1, Sheffield: JSOT Press, 1980, S. 47-74; online unter: https://www.reasonablefaith.org/writings/scholarly-writings/historical-jesus/the-bodily-resurrection-of-jesus/ (abgerufen am 11.1.2024).

Möglichkeit verwerfen. Wenn die Geschichte den überwältigenden Beweis dafür geliefert hat, dass in der Auferstehung Christi die großartige erlösende und wiederherstellende Macht Gottes in die Gesetzmäßigkeiten unserer gefallenen Welt eingebrochen ist, dann wird wahre Wissenschaft dem Rechnung tragen und ihre Weltanschauung entsprechend anpassen.

Aber zurück zur Zusammenfassung. Das wiederholte Kommen und Gehen Christi beweist zwei weitere Punkte, die dem christlichen Evangelium zugrunde liegen. Erstens ist sein Weggehen nicht gleichbedeutend mit einem unumkehrbaren Prozess: Er konnte wiederkommen, und das geschah auch in diesen 40 Tagen. Und zweitens kam er in demselben Leib wieder. Bei der Himmelfahrt wurden die Apostel deshalb bereits darauf vorbereitet, dass dieses Zweite Kommen ebenfalls die Rückkehr des Herrn im wörtlichen Sinne umfasst, als die Engel ihnen sagten: »Dieser Jesus, der von euch weg in den Himmel aufgenommen worden ist, wird ebenso kommen, wie ihr ihn habt auffahren sehen in den Himmel« (1,11). Und als sie anschließend die Wiederkunft des Herrn als wesentlichen Teil des Evangeliums verkündigten (z.B. 3,20), versuchten sie nicht, das Unbeschreibliche zu beschreiben, indem sie apokalyptische Fachausdrücke verwendeten, die erst »entmythologisiert« werden müssen, bevor die Menschen unserer Zeit sie ansatzweise verstehen können. Sie sagten es vielmehr geradeheraus, dass Christus in unsere Welt zurückkehren wird – gerade so, wie er während der 40 Tage mehrmals zu ihnen zurückgekehrt war –, und zwar mit unvorstellbar größerer Herrlichkeit als in diesem Zeitraum. Er würde nicht länger nur einzelnen Personen erscheinen, sondern so, dass die ganze Welt es wahrnehmen würde (Offb 1,7), und genauso real und leibhaftig.

Und es gab für die Apostel einen weiteren überzeugenden Beweis für die Realität der Auferstehung des Herrn. Es ging nicht nur darum, dass er ihnen über einen Zeitraum von 40 Tagen erschien: Er sprach auch mit ihnen über das Reich Gottes (Apg 1,3). Bis zum Tag ihres Todes würden sie diese Gespräche nicht mehr vergessen, bei denen ihre falschen Gedanken zu diesem Thema korrigiert wurden, diese falschen Gedanken, die fast ihren Glauben zugrunde gerichtet hatten, als sie sahen, wie Jesus gekreuzigt wurde.

Der besondere Aspekt des Reiches Gottes, der sie früher interessiert hatte, war natürlich nicht die Tatsache, dass Gott in seiner Vorsehung der souveräne Weltenherrscher war. Sie hatten immer an Gottes Reich in diesem Sinne geglaubt und setzten voraus, dass es ununterbrochen existieren und die irdischen Abläufe fortwährend beeinflussen würde. Sie glaubten, dass es von diesem – wenn auch unsichtbaren – Reich aus unvermittelte Eingriffe in das Weltgeschehen gab, sodass ein böser Pharao hier ins Verderben gestürzt werden oder ein hochmütiger Nebukadnezar dort gestraft werden konnte. Das Problem dabei war nur, dass das Reich Gottes in diesem Sinne immer noch eine ungeheuer große Menge an bösen Dingen in der Welt ungehindert geschehen ließ.

Nein, sie interessierte das Kommen des Reiches Gottes in dem Sinne, dass der Messias kam, um sein Messianisches Reich hier auf der Erde aufzurichten. Sie hatten darüber in den Prophetien in ihrem Alten Testament gehört, die vor langer Zeit gegeben worden waren. Und sie verstanden, dass nicht nur ein verstockter Pharao hier oder ein stolzer Belsazar dort ins Verderben gestürzt werden würde, wenn der Messias in diesem Sinne sein Reich empfangen würde. Das Böse *in seiner Gesamtheit* würde ausgetilgt werden; alle irdischen Herrschaften würden vernichtet oder beiseitegestellt werden; und der Messias selbst würde sein weltweites Messianisches Reich sichtbar aufrichten (Dan 7). Mit dieser festen Hoffnung im Hinterkopf hatten sie die Überzeugung gewonnen, dass Jesus der Messias war, und deshalb war ihr größtes Interesse logischerweise auf den Zeitplan für die Errichtung seines Reiches ausgerichtet. Wann würde dies geschehen?

Als unser Herr letztmalig auf dem Weg nach Jerusalem war und sich der Stadt näherte, waren sie sich sicher, dass das Reich Gottes im messianischen Sinne unmittelbar bevorstand (Lk 19,11-27). Er sagte ihnen etwas anderes, aber das wollten sie nicht hören. Er sagte, dass er zuerst »in ein fernes Land« ziehen müsse, in den Himmel. Und erst danach, wenn er wiederkommen würde, würde er zunächst seine Diener für ihre Treue in der Zwischenzeit belohnen und danach alle seine Feinde unterwerfen und sein Reich aufrichten. Aber seine Worte trafen auf Ohren, die diese Worte nicht verstanden. Infolgedessen erlitten sie beinahe Schiffbruch im Glauben, als er am Kreuz starb (Lk 24,18-21).

Sie würden niemals vergessen, wie, wann und durch wen ihr Glaube wiederhergestellt wurde. Das geschah nicht dadurch, dass sie den Eindruck gewannen, durch den Glauben an Gott könne sich der menschliche Geist gegen jedes Unheil erheben, wie verheerend es auch immer sein mochte. Auch nicht dadurch, dass sie hörten, Jesus sei wieder lebendig (Lk 24,1-11). Vielmehr geschah es dadurch, dass sie dem auferstandenen Herrn begegneten und er ihnen anhand des gesamten Alten Testaments persönlich Gottes Heilsplan ausführlich darlegte und erklärte, welche Geschehnisse in welcher Reihenfolge erfolgen mussten, damit Gottes Reich aufgerichtet werden konnte: Zuerst musste der Messias leiden, um dann – und zwar erst dann – in seine Herrlichkeit einzugehen (Lk 24,26).

Dieses Leiden war nun Vergangenheit. Jesus, der Herr, war wiederauferstanden. In Kürze würden sie ihn in den Himmel auffahren sehen, fortziehen in das ferne Land. Was würde nach Gottes Plan als Nächstes geschehen, wenn es um die Wiederherstellung aller Dinge ging? Ihre Taufe mit dem Heiligen Geist (Apg 1,5). Aber was war das?

Die Erstlingsfrucht des Heiligen Geistes

Mit dem Kommen des Heiligen Geistes am Pfingsttag geschah etwas, was in der bisherigen Menschheitsgeschichte noch nicht eingetreten war. Ja, die Christen kamen später zu der Erkenntnis (1Kor 12,12-13), dass damit ein Organismus entstand, der vorher nirgendwo im Universum existierte: der Leib Christi.

Was die Apostelgeschichte betrifft, so hilft sie uns, die überragende Bedeutung dieses Ereignisses zu erfassen. Zuerst dadurch, dass uns die Ankündigung unseres Herrn bezüglich dieses Kommens berichtet wird und dass sich dort seine strikte Anweisung an die Apostel findet, Jerusalem bis zu diesem Geschehen nicht zu verlassen.

Zweitens dadurch, dass uns mitgeteilt wird, wie Christus das beschreibt, was sie erwarten sollten. Er wies sie an, »auf die Verheißung des Vaters zu warten – die ihr … von mir gehört habt« (Apg 1,4). Hätte er nur gesagt »die Verheißung des Vaters«, hätte er sich lediglich auf die Stellen im Alten Testament beziehen können, in denen Gott zusagte, seinen Heiligen Geist auszugießen (z. B. Joel 3,1-2; vgl. Apg 2,16-18). Aber er fügte die Wendung »die ihr von mir gehört habt« hinzu, um darauf hinzuweisen, was er selbst zu diesem Thema gelehrt hatte – besonders in der Nacht vor der Kreuzigung, wie Johannes es uns überliefert.[21]

Johannes überliefert uns die Lehrrede Christi im Obersaal. Dort spricht er viermal vom »Kommen« des Heiligen Geistes (Joh 15,26; zweimal in 16,7-8; 16,13). Dabei einmal sogar davon, dass er selbst erst weggehen müsse, anderenfalls würde der Heilige Geist nicht kommen (16,7). Jetzt, da er von den Toten auferstanden ist und sein Weggehen kurz bevorsteht, erinnert er seine Apostel an die Verheißung, dass der Heilige Geist bald kommen würde.

Aber »kommen« in welchem Sinn? Der Heilige Geist wirkte schon lange auf der Erde, indem er die vom Alten Testament her bekannten Heiligen und Streiter Gottes bevollmächtigte. Wie konnte Christus sagen, dass er nur »kommen« würde, wenn er selbst zuvor weggehen würde? Was bedeutete dieses offensichtlich andersartige und noch nie da gewesene Kommen?

Eine Analogie wird uns helfen, das zu verstehen. Als unser Herr in Bethlehem geboren wurde, war es nicht das erste Mal, dass die zweite Person der Dreieinheit auf die Erde gekommen war. Die vielen Theophanien in der alttestamentlichen Geschichte waren Erscheinungen des Sohnes Gottes vor seiner Menschwerdung.[22] Aber es gab einen gewaltigen Unterschied zwischen den vielen »Kommen« in den Theophanien vor der Menschwerdung und dem einzigartigen Kommen nach Bethlehem, als »das Wort« unwiderruflich Fleisch wurde. In gleicher Weise musste es sich zwischen den vielen »Kommen« des Heiligen Geistes auf die Menschen zur Zeit des Alten Testaments und dem Kommen des Heiligen Geistes zu Pfingsten verhalten, als er in den Gliedern des Leibes Christi beständig Wohnung nahm. Ein neues und völlig andersartiges Zeitalter von Gottes Handeln auf Erden würde anbrechen.

Und das ist verständlich. Die Menschwerdung war ein bisher noch nie da gewesenes Ereignis in der gesamten Geschichte seit der

---

21 Manche sind der Meinung gewesen, Lukas könne keinen Bezug zu der Abschiedsrede (Obersaalrede) im Johannesevangelium beabsichtigt haben, sondern nur zu den Lehren in seinem eigenen Evangelium, wie z. B. in Lukas 11,13. Aber Lukas hat sich den Hinweis unseres Herrn auf das, was er früher schon gelehrt hatte, *nicht ausgedacht*, sondern nur aufgeschrieben, dass er solch einen Hinweis gab. Der auferstandene Herr beschränkte sich in seiner Lehre allerdings nicht auf einen allgemeinen Hinweis, sondern entfaltete die Lehre in all ihren Einzelaspekten. Dies passt zu den beiden Teilen in seiner Anweisung, der zufolge sie warten sollten (»die Verheißung des Vaters« und »die ihr … von mir gehört habt«), vgl. Johannes 14,16.26; 15,26; 16,7.13-15.

22 Siehe z. B. 1. Mose 32,25-31; Richter 13,15-23; 2. Mose 14,19 und 1. Korinther 10,4.

Schöpfung. Auch Golgatha war einzigartig. Niemals zuvor war die Erde Zeuge eines Geschehens gewesen, bei dem ihr Schöpfer an ein Kreuz genagelt worden war. Die folgende Auferweckung von den Toten war die erste in der Menschheitsgeschichte, die mit Adam begonnen hatte. Und niemals zuvor hat die Ewigkeit des Himmels miterlebt, was geschah, als der Mensch Jesus Christus in den Himmel auffuhr und unmittelbar in die Gegenwart Gottes trat. Was dies alles letztlich ermöglicht hat, war verständlicherweise nicht eine einfache Steigerung dessen, was vorher schon ganz alltäglich war, sondern etwas Beispielloses und bisher Unmögliches: das Kommen des Heiligen Geistes, um im einzelnen Gläubigen (1Kor 6,19) und in der Gemeinde (1Kor 3,16-17) Wohnung zu nehmen.

Drittens hob Christus überdies hervor, dass das bevorstehende Zeitalter von seiner Art her völlig neu sein würde, indem er die Einzigartigkeit im Blick darauf betonte, wie es eingeleitet werden sollte. Er erinnerte die Apostel daran: »… Johannes taufte zwar mit Wasser, ihr aber werdet mit Heiligem Geist getauft werden nach nunmehr nicht vielen Tagen« (Apg 1,5).

Johannes hatte – so erinnern wir uns – die ganze Nation in Erregung versetzt, als er das erste Mal öffentlich auftrat. Seine Stimme brach das jahrhundertelange Schweigen, seit der letzte göttlich bevollmächtigte Prophet geweissagt hatte. Er war die vorausgesagte »Stimme eines Rufenden in der Wüste«, der als Wegbereiter die Ankunft des lange verheißenen Messias ankündigen würde (Jes 40,3; Lk 3,1-6).

Johannes war unserem Herrn zufolge der größte unter den Menschen (Lk 7,28). Dennoch räumte Johannes selbst ein, dass zwischen ihm und Jesus ein unermesslich großer Unterschied bestand. Johannes konnte auf das Lamm Gottes hinweisen: Jesus war dieses Lamm. Johannes konnte das bevorstehende Opfer für die Sünde der Welt ankündigen: Jesus war dieses Opfer. Johannes konnte über Vergebung predigen: Jesus hatte die Autorität, sie dem Betreffenden persönlich zu gewähren. Johannes konnte zur Buße aufrufen und als Zeichen dafür mit Wasser taufen. Er räumte selbst ein (Lk 3,16), dass er bußfertige Sünder, denen vergeben worden war, nicht mit Heiligem Geist taufen konnte, wodurch der Mensch in innige Gemeinschaft mit Gott trat. Aber der Herr Jesus war dazu imstande, und er stand schon im Begriff, dies zu tun. Wenn der Herr es zu Pfingsten erfüllen würde, würde er etwas tun, was seit

Erschaffung der Welt nie jemand – egal, wie heilig oder wie hoch erhoben er war – getan hatte. Zu Pfingsten würde ein neues Zeitalter beginnen: Gottes Erlösungswerk würde eine völlig neue Ebene erreichen.

Zuletzt weist Christus auf das Wesen des kommenden Zeitalters hin, indem er die Apostel belehrt, dass sie in ein paar Tagen mit Heiligem Geist getauft werden würden, und befiehlt ihnen dann, auf Pfingsten zu warten. Das zeigt, dass für das Kommen des Heiligen Geistes Pfingsten bewusst gewählt wurde. Aber warum?

Eine mögliche Antwort ist die größtmögliche öffentliche Aufmerksamkeit. Das Pfingstfest war eines der großen gottesdienstlichen Feste. Wenn es die Absicht Gottes war, das Kommen des Heiligen Geistes in dem Wunder der Sprachenrede kundzutun, stellt sich die Frage: Welcher Zeitpunkt wäre besser dafür geeignet gewesen als ein Fest, wenn ganz Jerusalem voller Besucher aus fremden Ländern sein würde, die diese fremden Sprachen kennen und verstehen würden?

Aber dieser Sachverhalt war nicht der einzige Grund. Betrachten wir dazu ein anderes bekanntes jüdisches Fest, das Passahfest. Das jährliche Feiern dieses Festes sollte an die ursprüngliche Befreiung des Volkes Israel aus Ägypten erinnern, ein historisches Ereignis, das für sich genommen weiterhin gültig, wirksam und von Bedeutung war. Das Passah umfasste offensichtlich keine Prophetie, die noch erfüllt werden musste. Aber die Geschichte seit seiner Einsetzung zeigt, dass es eine Vorschattung von etwas Größerem war. Kurz vor seinem Leiden hat der Herr Jesus darauf hingewiesen, dass durch seinen Tod das Passah »erfüllt« werden würde (Lk 22,15-16). Und geistlich gesinnte Menschen kamen schließlich zu der Erkenntnis, dass der Tod Jesu während des Passahfestes kein Zufall war. Er geschah gemäß der Vorherbestimmung Gottes, der vor Grundlegung der Welt bestimmt hatte, dass Christus als unser Passahlamm geschlachtet werden sollte (1Kor 5,7), um uns von einer härteren Sklaverei als der des Pharao zu befreien.

Pfingsten war ursprünglich eines von zwei Festen, die zusammengehörten und auf die landwirtschaftlich geprägten Verhältnisse zurückgingen.[23] Man feierte den Beginn der ersten Ernte des Jahres. Bevor das Korn ganz reif und bereit zur Ernte war, wurde eine Garbe geschnitten

23 A.d.H.: Der Autor sieht hier das Fest der Erstlinge (das typologisch für die Auferstehung des Herrn steht) und das Fest der Wochen (Pfingstfest) in der Zusammenschau. Das Verbindende zwischen beiden Festen ist die Darbringung der Erstlingsgarbe bzw. der Erstlingsbrote.

und Gott als Erstlingsfrucht dargebracht (3Mo 23,9-11). 50 Tage später (am Pfingsttag) wurden aus dem ersten Mehl, das aus Körnern des frisch geernteten Getreides gemahlen wurde, zwei Laibe Brot gebacken und ebenfalls als Erstlingsfrucht Gott dargebracht (3Mo 23,15-17). Erntezeit ist in jeder noch so einfach wirtschaftenden Gesellschaft eine freudige Angelegenheit. In Israel war die Freude sowohl natürlicher als auch geistlicher Art. Die Israeliten glaubten, dass Gott ihnen das Land Kanaan als ihr Erbe gegeben hatte, wobei die Ernte das Einbringen der Segnungen dieses von Gott gegebenen Erbes war. Im weiteren Verlauf des Jahres würden sie alles andere ernten, die Trauben und die sonstigen Früchte. Und sie würden dazu andere Feste feiern. Aber nichts war vergleichbar mit der Freude dieser ersten zwei Feste, wenn die Kargheit und Dunkelheit des Winters dem wunderbaren Geschmack der Erstlingsfrucht wich, die bei der ersten Ernte des Jahres eingebracht wurde.

Israel feierte diese beiden landwirtschaftlich geprägten Feste seit Jahrhunderten. Aber in dem Jahr, in dem Jesus aus dem Grab auferstand, gab es größere Dinge zu feiern. Seine Auferstehung war der erste Aufbruch nach einem schrecklicheren Winter, als es ihn je gegeben hatte, und sein verherrlichter Leib war die Erstlingsfrucht einer mächtigeren Ernte als je zuvor (1Kor 15,23). Fünfzig Tage später, am Pfingsttag, kam der Heilige Geist als Erstlingsfrucht eines größeren Erbes, als Vorgeschmack und Unterpfand der endgültigen Wiederherstellung der Schöpfung (Röm 8,18-23; 2Kor 5,1-5; Eph 1,13-14). Dass damit etwas völlig Neues und Freudiges vollbracht worden war, durchzieht immer noch die Darstellung des Lukas.

Die Zeit der völligen Wiederherstellung

Als unser Herr das nächste Mal seinen Aposteln erschien, hatten sie eine Frage an ihn (1,6): »Herr«, wandten sie sich an ihn, »stellst du in dieser Zeit für Israel das Reich wieder her?« Man könnte meinen, das sei eine sehr vernünftige Frage gewesen. Das Alte Testament hatte verheißen, dass Gott vieles durch den Messias wirken würde, wenn dieser käme. Und der Herr Jesus hatte bereits einiges davon getan, insbesondere war er gestorben und wiederauferstanden. Er kündigte nun die verheißene Ausgießung des Heiligen Geistes an, was ein paar Tage später geschehen sollte. Aber die vollständige Wiederherstellung, von der das Alte Testament sprach, beinhaltete noch viel mehr. In der bekannten Stelle im Buch Joel beispielsweise, die Petrus in Kürze zu Pfingsten zitieren würde (Joel 3,1-5), folgt auf die Verheißung der Ausgießung des Geistes die Ankündigung, dass der große und furchtbare Tag kommen wird, an dem Gott »das Geschick Judas und Jerusalems wenden« (Joel 4,1 [RELB]), die Nationen mit einem apokalyptischen Gericht heimsuchen, ihre Herrschaft über Israel brechen und Jerusalem als Mittelpunkt seiner Gegenwart wiederherstellen wird (Joel 4,1-21).

Das warf logischerweise die Frage auf: Wann würden diese anderen Punkte erfüllt werden? Gemäß dem jüdischen Verständnis des Alten Testaments gab es nur ein Kommen des Messias. Wenn Christen nun an zwei Kommen desselben Messias glauben sollten, war es für die Apostel natürlich sehr wichtig, dass sie genau wussten, wann jeder Teil des verheißenen Heilsplans Gottes erfüllt werden würde. Immerhin waren sie diejenigen Männer, die hinausgehen und diesen Heilsplan verkündigen würden. Und dasselbe gilt natürlich auch für uns. Wenn wir an die zwei Kommen des Herrn, das Erste und das Zweite Kommen, glauben und davon weitersagen sollen, müssen wir genau wissen, welche Aspekte der verheißenen großen Wiederherstellung bei seinem Ersten Kommen erfüllt wurden, welche beim Zweiten Kommen in Erfüllung gehen und welche in die Zeit dazwischen fallen. Ein falsches Verständnis dieser Dinge wird in unserer Erwartung und in unserer Verkündigung zu Verwirrung führen. Solche Verwirrungen waren unter den ersten Christen tatsächlich manchmal zu finden. Das führte dazu, dass einige von ihnen dachten, dass der große und furchtbare Tag des Herrn, wie er im Buch Joel prophezeit wird, bereits vor dem Zweiten Kommen Christi eingetreten sei (2Thes 2,1-12).

Deshalb dürfen wir dankbar sein, dass die Apostel ihre Fragen gestellt haben. In einigen Kreisen werden sie jedoch dafür streng getadelt, und bis heute werden sowohl die Bedeutung ihrer Fragen als auch die Antwort des Herrn ausführlich diskutiert. Betrachten wir deshalb zunächst die betreffenden Stellen im Bericht des Lukas:

Sie nun, als sie zusammengekommen waren, fragten ihn und sagten: Herr, stellst du in dieser Zeit für Israel das Reich wieder her? Er sprach aber zu ihnen: Es ist nicht eure Sache, Zeiten oder Zeitpunkte zu wissen, die der Vater in seine eigene Gewalt gesetzt hat. Aber ihr werdet Kraft empfangen, wenn der Heilige Geist auf euch herabkommt; und ihr werdet meine Zeugen sein, sowohl in Jerusalem als auch in ganz Judäa und Samaria und bis an das Ende der Erde (Apg 1,6-8).

Die Kritiker der Apostel mildern ihre missbilligenden Worte etwas ab, indem sie eine verständnisvolle Entschuldigung vorbringen: Der Heilige Geist – so ihre Erklärung – war noch nicht gekommen, um sie besser zu unterweisen. Dennoch meinen sie, dass das Gespräch aufgrund der Frage der Apostel leider zu einem Tiefpunkt gelangt sei. Der Herr hatte vor Kurzem über das Kommen des Heiligen Geistes gesprochen, um den Seinen das richtige geistliche Verständnis der alttestamentlichen, vom Vater gegebenen Verheißungen zu vermitteln (1,4). Und die Reaktion der Apostel bestand darin, eine Frage zu stellen, die auf einer streng wörtlichen Deutung der Verheißungen beruhte. Der Herr war gerade dabei, das neue Zeitalter des Heiligen Geistes einzuführen, in dem geisterfüllte Zeugen Christi ein geistliches Reich in der ganzen Welt aufrichten und die geistlichen Segnungen zu allen Nationen bringen würden (1,8), nicht nur zum auserwählten Volk Israel. Und alles, womit die Apostel beschäftigt waren, war die fleischliche, begrenzte und auf die eigene Volksgruppe beschränkte Hoffnung, dass in Israel ein irdisches Reich als politisches Gemeinwesen wiederhergestellt würde.

Ihre Frage, so wird unterstellt, sei deshalb töricht gewesen, aber unser Herr habe sie mit Nachsicht korrigiert. Zuerst habe er ihre Annahme verworfen: Es würde niemals zur Wiederherstellung eines Reiches – in welcher Form auch immer – für Israel als Nation kommen. Dann habe er schnell und unvermittelt (1,8) ihre Gedanken in eine bessere Richtung gelenkt. Die »Wiederherstellung des Reiches«, von Gott durch die Propheten verheißen, habe sich auf Christi gegenwärtiges geistliches Reich bezogen, das bereits durch seinen Tod und seine Auferstehung eingeführt worden sei. Und das sollte durch die missionarischen Bemühungen und den Hirtendienst der Gemeinde in dem gegenwärtigen Zeitalter in der ganzen Welt errichtet werden (1,8). Es würde ein paar Tage später mit dem Kommen des Heiligen Geistes beginnen.

Aber die Kritiker der Apostel haben am Ende anerkennende Worte für sie oder vielmehr dafür übrig, dass der Heilige Geist kam, der ihren

Blick in eine andere Richtung lenkte. Professor E.M. Blaiklock sagt: »Es gehört zu den größten Beweisen des Pfingstwunders, wie der Heilige Geist die Frage, die er in Vers 6 niederschreiben ließ, zu dem hin veränderte, was Petrus allen vom Herrn Berufenen über Buße und Vergebung [der Sünden] predigte (2,38-39).«[24]

Aber bei dieser Auslegung gibt es erhebliche Schwierigkeiten. Als Erstes geht es um das Grundverständnis des Gedankengangs, der im Gespräch zwischen dem Herrn und den Aposteln deutlich wird. Angenommen, Christus wollte wirklich sagen, dass das Reich für Israel nie wiederhergestellt werden würde. Schauen wir, wie sich das im Gesprächsverlauf auswirken würde:

> *Jünger:* »Herr, stellst du in dieser Zeit das Reich für Israel wieder her?«
>
> *Christus:* »Der Zeitpunkt, zu dem die Wiederherstellung des Reiches stattfindet, kann euch nicht gesagt werden, da der Vater sich diesen und dergleichen vorbehalten hat. Und das Reich wird für Israel sowieso nicht wiederhergestellt werden.«

Aber das würde keinen Sinn ergeben. Würde das Reich sowieso nicht wiederhergestellt werden, gäbe es keine Notwendigkeit, einen Zeitpunkt zu wissen, nicht einmal für den Vater.

Versuchen wir es noch einmal. Nehmen wir an, unser Herr wollte Folgendes sagen: »Ja, ich werde das Reich wiederherstellen, aber nicht in dem eingeschränkten Sinn, wie ihr vermutet. Die verheißene Wiederherstellung des Reiches für Israel bezieht sich – richtig verstanden – auf das Aufrichten meines geistlichen Reiches von Pfingsten an.« Betrachten wir, wie sich das auf den Gesprächsverlauf auswirken würde:

> *Jünger:* »Herr, stellst du in dieser Zeit das Reich für Israel wieder her?«
>
> *Christus:* »Ich kann euch den Zeitpunkt, zu dem die Wiederherstellung stattfinden wird, nicht nennen, weil der Vater den Zeitplan sich selbst vorbehalten hat. Eigentlich bezieht sich die

24 E.M. Blaiklock, *The Acts of the Apostles. Tyndale New Testament Commentaries*, London: Tyndale Press, 1969, S. 50. Zitiert aus: J. Rawson Lumby, *The Acts of the Apostles*, *Cambridge Greek Testament for Schools and Colleges*, Cambridge: Cambridge University Press, 1894, S. 83.

> Wiederherstellung des Reiches für Israel auf das Errichten meines geistlichen Reiches hier und jetzt. Und natürlich kann ich euch sagen, wann dies stattfinden wird. In ein paar Tagen beim Kommen des Heiligen Geistes zu Pfingsten.«

Das würde ebenfalls keinen Sinn ergeben. Aber es ist wichtig, den Gedankenfluss logisch richtig zu erfassen, da es um größere Fragen geht. Die Verheißung der Wiederherstellung des Reiches wird nirgends deutlicher verkündet als in Micha 4,8. Der entsprechende Kontext ist einer der bekanntesten Abschnitte des Alten Testaments. Lesen wir die Verheißung in ihrem Zusammenhang:

> Und es wird geschehen am Ende der Tage, da wird der Berg des Hauses des HERRN feststehen auf dem Gipfel der Berge und erhaben sein über die Hügel. Und Völker werden zu ihm strömen; und viele Nationen werden hingehen und sagen: Kommt und lasst uns hinaufziehen zum Berg des HERRN und zum Haus des Gottes Jakobs! Und er wird uns belehren aus seinen Wegen, und wir wollen wandeln auf seinen Pfaden. Denn von Zion wird das Gesetz ausgehen und das Wort des HERRN von Jerusalem; und er wird richten zwischen vielen Völkern und Recht sprechen mächtigen Nationen bis in die Ferne. Und sie werden ihre Schwerter zu Pflugscharen schmieden und ihre Speere zu Winzermessern; nicht wird Nation gegen Nation das Schwert erheben, und sie werden den Krieg nicht mehr lernen. Und sie werden sitzen, jeder unter seinem Weinstock und unter seinem Feigenbaum, und niemand wird sie aufschrecken. Denn der Mund des HERRN der Heerscharen hat geredet. … An jenem Tag, spricht der HERR, werde ich … das Vertriebene zusammenbringen und den, dem ich Übles getan habe. … und der HERR wird König über sie sein auf dem Berg Zion, von nun an bis in Ewigkeit. Und du, … du Hügel der Tochter Zion, zu dir wird gelangen und zu dir wird kommen die frühere Herrschaft, das Königtum der Tochter Jerusalem (Mi 4,1-8).

Hier findet sich also, für alle deutlich erkennbar, die Verheißung der wiederhergestellten Herrschaft. Diese wird aber im Moment von größeren und dringenderen Fragen verdrängt.

Was sollen wir von dieser überschwänglichen Verheißung halten, der zufolge eines Tages die bewaffneten Konflikte aufhören werden und Gerechtigkeit herrschen und die Welt einen allumfassenden Frieden kennen wird? Ist es nur der poetische Ausdruck einer Idealvorstellung, die man immer anstrebt, aber niemals erreicht? Oder ist es eine konkrete Verheißung Gottes? Und wenn es eine der Realität entsprechende Verheißung ist, die mit Sicherheit in Erfüllung gehen wird, was bedeutet sie dann genau? Wie muss man sie auslegen? Und vor allem, wann beabsichtigt Gott, sie zu erfüllen?

Wir scheinen nun wieder zu der Frage der Apostel zurückgekehrt zu sein, zumindest teilweise: »Ist jetzt die Zeit gekommen …?« (NASB). Erst jetzt stellen wir die Frage in einem veränderten und äußerst praxisnahen Kontext. Als verantwortungsvolle Zeugen des Herrn Jesus müssen wir so genau wie nur möglich wissen, welche Verheißungen des Herrn für das Zeitalter des Heiligen Geistes gelten und welche nicht, und welche Ergebnisse wir in Verbindung mit unserem evangelistischen und sozialen Anliegen zu Recht erwarten dürfen und welche nicht. Wir dürfen die Hoffnung, die Gott gegeben hat, nicht abschwächen, aber wir dürfen auch nicht irgendwelchen Illusionen nachjagen. Wie nun sollen wir diesen Abschnitt auslegen?

Versuchen wir es mit einer geistlichen Erklärung: Ihr zufolge bedeutet die Verheißung der Wiederherstellung der Herrschaft der Tochter Zion (Mi 4,8) das Aufrichten des geistlichen Reiches Christi in der Gemeinde zu Pfingsten. Micha 4,6 sagt, dass diese Wiederherstellung *»an jenem Tag«* geschehen wird, was im Kontext betrachtet der Tag sein wird, an dem viele Nationen bewaffnete Auseinandersetzungen beendet haben werden. Offensichtlich kann das nicht buchstäblich gemeint sein – welcher bedeutende Staat hat vor oder nach Pfingsten bzw. während dieses Festes abgerüstet? Man muss die Aussage daher bildlich verstehen. Das Ganze hat zu Pfingsten begonnen und erfolgt seitdem immer noch im Leben jedes Einzelnen, der dem Evangelium glaubt und mit Gott versöhnt wird. Die Betreffenden haben »ihre Waffen der Rebellion gegen Gott niedergelegt«, führen ein friedliches Leben in der Gemeinde und kämpfen nicht gegen ihre Geschwister in Christus.

Es gilt also der Gemeinde, denn die Nationen bekämpfen sich auch nach Pfingsten unvermindert weiter. Außerdem gilt es nicht für Christen, wenn es um ihr Leben außerhalb der Gemeinde geht. Im letzten

Weltkrieg haben beispielsweise Tausende von wahren Gläubigen als Teil der alliierten Streitkräfte oder der Truppen der Achsenmächte gegeneinander gekämpft und einander getötet, wie es Millionen in ähnlichen Situationen all die Jahrhunderte hindurch taten und immer noch tun.

In dieser Hinsicht bietet uns Micha 4,1-8 mit all seinen großartigen Verheißungen wenig Hoffnung für unsere vom Krieg zerrüttete Welt. Und wie viel Hoffnung gibt es für die Gemeinde? Gab es keine Religionskriege in der Christenheit? Wir müssen gar nicht fortfahren. Wenn diese »geistliche« Erklärung alles ist, was Michas Verheißungen bedeuten, werden viele von uns nicht motiviert sein, den anderen biblischen Verheißungen zu glauben, und sicherlich kein Herzensanliegen haben, Gottes Heilsplan zu verkündigen, weil er der Hoffnung entspricht, die wir zu Recht für die Welt haben dürfen.[25]

Versuchen wir es mit einer komplexeren, differenzierteren Auslegung. Damit würden wir meinen, dass die verheißene Wiederherstellung der Herrschaft das Aufrichten des geistlichen Reiches Christi durch die Gemeinde zu Pfingsten betreffe. Die Errichtung des alle Hügel überragenden Tempels/Hauses des Herrn (Mi 4,1) würde sich demnach auf die Gemeinde und auf den beherrschenden Einfluss in der Welt beziehen, den sie seit Pfingsten schrittweise erreicht habe. Deshalb seien die Verse in Micha 4,2-5 eine von Gott kommende Prophetie, der zufolge die Völker als ganze Nationen immer dankbarer kommen würden, um auf die Lehren der Gemeinde zu hören. Das würde wiederum zu wachsendem Gehorsam gegenüber Gottes Gesetz unter den Nationen und zu einer immer umfassenderen Beendigung bewaffneter Kämpfe führen. Deshalb sei das die Zukunftsperspektive des Herrn, als er seinen Aposteln Anweisungen bezüglich ihrer weltweiten Mission gegeben habe.

Wenn es aber das ist, was Gott uns durch Micha sagen wollte, müssen wir dann nicht fragen: Wie passt das Ergebnis zur Verheißung? Und wenn es wirklich das ist, was Christus seinen Aposteln zugesagt hat, was hält uns jetzt davon ab, in Hoffnungslosigkeit zu verfallen? Seit Pfingsten geschah es nicht ein einziges Mal, dass durch

25 A. d. H.: Damit ist gemeint, dass es überall dort, wo Menschen das verkündigte Evangelium annehmen, Hoffnung für sie gibt.

die Verkündigung des Evangeliums und der Aufrichtung des geistlichen Reiches Christi eine bedeutende Nation ihre Waffen vernichtet hätte, ganz zu schweigen von einer weltumfassenden Abrüstung. Ja, die sogenannten christlichen Nationen sind vielmehr führend in der Produktion tödlicher Waffen. Sogar in der Zeit, in der es in den Beziehungen zwischen Ost und West glücklicherweise eine beginnende Abrüstung gegeben hat,[26] ist das weder die Antwort auf das Evangelium Christi noch das Ergebnis davon gewesen, dass die Nationen es sich zur Aufgabe gemacht hätten, Gottes Gesetz besser zu kennen und zu halten. Die Hoffnung, Michas Prophetie würde durch das Verkündigen des Evangeliums erfüllt werden, hat sich bisher offensichtlich als Trugschluss erwiesen. Sie lässt sich nur noch durch eine drastische Abwertung von Michas »prophetischer Münze« retten.

Das bedeutet nicht, dass wir als Christen zynisch werden sollen. Es findet zu Recht unsere Anerkennung, dass die Vereinten Nationen auf Michas Prophetie als ihr Ideal zurückgegriffen haben.[27] Wir begrüßen und unterstützen jede ehrliche Bemühung um Frieden und beten dafür. Und wir erkennen mit Dankbarkeit Gott gegenüber jeden aufrichtigen Fortschritt an, der in verschiedenen Regionen auf der Welt in Richtung Frieden und Abrüstung unternommen wird.

Aber wir dürfen uns nicht selbst täuschen. Die Geschichte zeigt, dass die Durchsetzung des Weltfriedens der Aufgabe des Sisyphus gleicht: Immer kurz vor dem Gipfel entglitt der Felsblock seinen müden Fingern und rollte den Hang hinunter. Außerdem scheint uns die Bibel davor zu warnen, dass eines Tages eine Art Weltfrieden, gepaart mit äußerer Sicherheit, erreicht werden wird. Aber es wird ein falscher Friede sein, bevor der furchtbare Gerichtssturm am Tag des Herrn über eine unbußfertige Welt hereinbricht (1Thes 5,1-3).

Das ist alles sehr bedrückend, aber wir haben keinen Grund zu verzweifeln. Wir haben die wahre Botschaft der Hoffnung für unsere durch Kriege zerstörte Welt, unsere von Terroristen beherrschten Städte und

---

26 A. d. H.: Der Beginn dieser Phase wird im Allgemeinen mit der Auflösung des Ostblocks (um 1990) gleichgesetzt. Obwohl ihr Ende verschieden festgelegt wird, ist sie spätestens mit dem Ausbruch des russischen Angriffskriegs gegen die Ukraine im Februar 2022 einer neuen Phase der Aufrüstung gewichen.

27 A. d. H.: Im Garten des UNO-Hauptgebäudes in New York steht eine Statue, die das Motiv aus Micha 4,3 darstellen soll. Außerdem wird dort mit einer entsprechenden Inschrift an dieses Bibelwort erinnert.

unsere von Hungersnöten geplagten Länder. Gott hat die Verheißung durch Micha gegeben, und sie wird sich auf jeden Fall erfüllen, obwohl es offensichtlich gegenwärtig so schwer ist, dies zu glauben, weil so vieles dagegenspricht. Gerechtigkeit, Abrüstung und Friede werden weltweit vorherrschen. Alles, was Gott verheißen hat wiederherzustellen, wird wiederhergestellt werden (Apg 3,21) – einschließlich des Reiches für Israel, wie Gott es beabsichtigte. (Wir sprechen nicht vom zionistischen Staat Israel. Es wird keine bleibende Wiederherstellung irgendeines auf Israel bezogenen Aspekts oder irgendeines diesbezüglichen Menschen geben, der vom Messias losgelöst ist.) Aber wenn wir uns selbst vor falschen Erwartungen und der daraus resultierenden Enttäuschung bewahren möchten, müssen wir den Ablauf der Wiederherstellung richtig verstehen. Kommen wir nochmals auf die Frage der Apostel und die Antwort des Herrn zurück.

Zuerst stellen wir fest, dass ihre Frage offensichtlich nicht lautete: »Herr, stellst du das Reich für Israel wieder her?« Dieser Frage wäre als direkte Antwort entweder ein »Ja« oder ein »Nein« gefolgt.

Sie stellten eine völlig andere Frage. Diese setzte voraus, dass Christus das Reich für Israel wiederherstellen würde. Bei ihr ging es nur um den zeitlichen Ablauf. Im Griechischen findet sich ein ausdrucksstarkes Wort, und zwar folgendermaßen: »Herr, *ist es zu dieser Zeit*, dass du das Reich für Israel wiederherstellst?«[28]

Der Herr beantwortete ihre präzise Frage folgendermaßen: »Es ist nicht eure Sache, Zeiten oder Zeitpunkte zu wissen, die der Vater in seine eigene Gewalt gesetzt hat« (oder »in seiner eigenen Vollmacht festgesetzt hat«[29]). Er bestritt nicht, dass er das Reich für Israel wiederherstellen würde. Er stellte lediglich fest, dass er ihnen den genauen Zeitpunkt nicht nennen könne, da der Vater sich das Wissen um den Zeitpunkt vorbehalten hatte.

Aber die Antwort des Herrn findet einen Widerhall an anderer Stelle. In seiner bekannten prophetischen Rede hatte er bezüglich des Zeitpunkts des Zweiten Kommens eine ähnliche Sprache verwendet: »Von

28 Vgl. Alford, »The Acts of the Apostles«, *The Greek New Testament*, Bd. 2, London: Rivingtons, 1871, ad loc.: »Die Betonung dieser Frage liegt auf den Worten, die als Schwerpunkt vorangestellt sind: *en toi chronoi toutoi*. Es war klar, dass dieses Reich *in gewissem Sinn* und *zu einer gewissen Zeit* für Israel wiederhergestellt werden würde. Diese Schussfolgerung bestreitet der Herr auch nicht.«

29 A. d. H.: Vgl. RELB und Schlachter 2000.

jenem Tag aber und jener Stunde weiß niemand, auch nicht die Engel in den Himmeln, auch nicht der Sohn, sondern der Vater allein« (Mt 24,36 [RELB]).

Ähnlich wie in dem Abschnitt, den wir bereits weiter oben betrachtet haben, in dem Paulus von den »Zeiten und … Zeitpunkten« spricht (1Thes 5,1-3), redet er vom Kommen des Tages des Herrn, also von seinem Zweiten Kommen.

Daher liegt die Vermutung nahe, dass in Christi Antwort auf die Frage der Apostel die Wiederherstellung des Reiches für Israel zu dem nicht weiter bekannten Zeitpunkt des Zweiten Kommens gemeint ist. Diese Vermutung wird zwei Kapitel später bestätigt, als Petrus in einer Predigt zeigt, dass er die Antwort des Herrn genau so verstanden hat. Seine Zuhörer waren Juden und würden – wie er selbst – verstehen, dass die »Wiederherstellung aller Dinge, von denen Gott durch den Mund seiner heiligen Propheten von jeher geredet hat«, die Wiederherstellung des Reiches für Israel einschließt. Folgendes sagte er seinen Zuhörern:

> So tut nun Buße und bekehrt euch, damit eure Sünden ausgetilgt werden, damit Zeiten der Erquickung kommen vom Angesicht des Herrn und er *den euch zuvor bestimmten Christus Jesus sende, den freilich der Himmel aufnehmen muss* ***bis*** *zu den Zeiten der Wiederherstellung*[30] *aller Dinge, von denen Gott durch den Mund seiner heiligen Propheten von jeher geredet hat* (Apg 3,19-21).

Als Nächstes sollten wir beachten, dass unser Herr in 1,8 das Interesse der Jünger an der Wiederherstellung des Reiches für Israel nicht unvermittelt abtut und sich etwas anderem zuwendet, das nichts mit der

30 »Zeiten der Wiederherstellung«: fig., »des messianischen Zeitalters«, vgl. dazu: Walter Bauer, *A Greek-English Lexicon of the New Testament and Other Early Christian Literature*, übersetzt und bearbeitet von William F. Arndt und F. Wilbur Gingrich, 2. Auflage, überarbeitet und erweitert durch F. Wilbur Gingrich und Frederick W. Danker unter Verwendung von Bauers 5. Auflage, 1958, Chicago: University of Chicago Press, 1979. »Über die Messianische Glückseligkeit, die durch die Wiederkunft Christi vom Himmel her eingeführt wird« (Thayer, siehe unter der griechischen Entsprechung für »recovery« [»Wiederherstellung«], S. 43, Strong-Nummer 403). Vgl. dazu: Joseph Henry Thayer, *Thayer's Greek-English Lexicon of the New Testament*, 4. Auflage, Edinburgh: T&T Clark, 1896; Nachdruck: Peabody, MS: Hendrickson Publishers, 1996. A. d. H.: Es ist möglich, dass sich die Angabe der Strong-Nummer auf eine gesonderte Quelle bezieht, da sich in einer digitalisierten Version des Werkes von Thayer offenbar keine Strong-Nummern befinden.

Wiederherstellung zu tun hat. Wie Petrus seine jüdischen Zuhörer darauf hinwies (3,19-26), mussten sie Buße tun, wenn sie sich auf das Zweite Kommen des Messias vorbereiten und an den Segnungen der großen Wiederherstellung zusammen mit allen anderen Nationen teilhaben wollten. Das weltweite, durch den Heiligen Geist bevollmächtigte Zeugnis der Gemeinde für den Messias hat das Ziel, alle Menschen überall – Israel eingeschlossen – zu dieser notwendigen Buße und dem Glauben an Christus zu führen.

Das Grundgerüst des weltweiten Zeugnisses der Gemeinde

Christi prägnante und recht bekannte Unterweisung seiner Jünger hinsichtlich ihres weltweiten Auftrags war nun beendet. Während die letzten Worte noch nicht verklungen waren, blickten sie unverwandt auf ihn (wie Menschen jemanden anschauen, an dessen Lippen sie hängen), und unvermittelt …

> … wurde er emporgehoben, indem sie es sahen, und eine Wolke nahm ihn auf von ihren Augen weg. Und wie sie unverwandt zum Himmel schauten, als er auffuhr, siehe, da standen zwei Männer in weißen Kleidern bei ihnen, die auch sprachen: Männer von Galiläa, was steht ihr da und seht hinauf zum Himmel? Dieser Jesus, der von euch weg in den Himmel aufgenommen worden ist, wird ebenso kommen, wie ihr ihn habt auffahren sehen in den Himmel (1,9-11).

In diesem Moment erhielten sie die vollständige Antwort auf die Frage, die den Herrn zu seiner Unterweisung veranlasst hatte: »Stellst du in dieser Zeit für Israel das Reich wieder her?« Seine Himmelfahrt gab die Antwort: »Nein, nicht zu diesem Zeitpunkt.« Nun musste er weggehen. Jetzt würde der »hochgeborene Mann« in das ferne Land ziehen (Lk 19,11-27).

Zum Zeitpunkt der Himmelfahrt des Herrn standen zwei Engel bei den Aposteln (1,10), um ihnen zu versichern, dass der Herr gewiss zurückkehren würde. Der hochgeborene Mann würde wiederkommen. Diese beiden Dinge vervollständigten die Antwort auf ihre Frage, und sie erhielten auf anschauliche Weise das Grundgerüst für ihren Auftrag des weltweiten Zeugnisses. Die vollkommene Wiederherstellung würde nicht jetzt stattfinden: Es würde keine »Wiederherstellung des Reiches« vor dem Zweiten Kommen Jesu, das zu einem unbekannten Zeitpunkt erfolgen würde, geben. Aber dieses Kommen war gewiss; die völlige Wiederherstellung würde dann geschehen. In der Zwischenzeit sollte nicht das Reich für Israel wiederhergestellt werden, sondern das weltweite Zeugnis für Christus aufgerichtet werden.

Dem zufolge, was Lukas selbst berichtet, war das Kommen und Gehen des Herrn während der 40 Tage oft unvermittelt. Diesmal war es anders. Er zog es vor, zuerst eine gewisse Wegstrecke sichtbar in den Himmel aufzufahren, bevor die Schechina, die Wolke der Herrlichkeit Gottes, ihn umhüllte und er in die unsichtbare Welt hinüberüberging (durch Vorgänge, die für uns ebenso unbegreiflich sind wie für die Apostel damals).

Diese allererste leibhaftige Himmelfahrt diente mindestens drei Zielen. (1) Sie kennzeichnete das Ende der früheren Erscheinungen: Diese würde es fortan nicht mehr geben. (2) Sie stellte auch eine schlichte und dennoch Ehrfurcht einflößende und aussagekräftige Handlung dar, die durch ihren symbolischen Ablauf die unendlich höhere Realität abbildete: Der Sohn Gottes, Jesus von Nazareth, hatte das Anrecht, wieder über alle Himmel in die Herrlichkeit erhoben zu werden, die er vor Grundlegung der Welt hatte, und seinen Platz zur Rechten des Vaters einzunehmen. (3) Schließlich diente sie als Vorbild für das Zweite Kommen. Die Engel nannten keinen Zeitpunkt für dieses Zweite Kommen, denn sie wissen auch nicht mehr als andere. Diesen Zeitpunkt kennt nur der Vater. Aber die Engel machten auf die Art und Weise aufmerksam, wie der Herr von der Erde gegangen war, und versicherten den Aposteln, dass sein Wiederkommen auf dieselbe Art und Weise erfolgen würde: »Dieser Jesus … wird ebenso kommen, wie ihr ihn habt auffahren sehen in den Himmel« (1,11).

Dieser Jesus, das fleischgewordene Wort Gottes, in dem und durch den Gott zu uns Menschen in Zeit und Raum gekommen ist, war kein doketischer[31] Christus, der nur den Anschein erweckte, Mensch zu sein,

31 A. d. H.: Doketismus = »Scheinleiblichkeit«: Lehre, wonach Christus während seines Erdenlebens keinen wirklichen menschlichen Körper besaß.

ohne dass dies tatsächlich zutraf. Er war wahrhaft Mensch und wahrhaft Gott. Sein Menschsein war auch keine vorübergehende Phase in der Selbstoffenbarung Gottes, die dann durch eine »höhere« Form der Offenbarung ersetzt wurde. Die Art und Weise der Himmelfahrt sagt uns vielmehr, dass er derselbe Jesus blieb, als er in die Dimensionen der Wirklichkeit Gottes zurückkehrte. Das galt ebenso für sein Leben auf der Erde und auch für die Erscheinungen nach der Auferstehung, als er seine Jünger aufforderte, ihn anzurühren und zu erkennen, dass er es wirklich war. Und wenn wir glauben, dass Gott in Jesus in Raum und Zeit zu den Menschen kommen kann und es bereits einmal getan hat, so dürfen wir den Engeln glauben, dass er es auch erneut tun wird. Und zwar genauso in leiblicher Gestalt und sichtbar – wie damals, als er in den Himmel aufgefahren ist. Um uns zu erlösen, wurde die zweite Person der Dreieinheit wahrer Mensch, was er zuvor niemals gewesen war. Und dies wird er in Ewigkeit bleiben.

Nach der Himmelfahrt kehrten die Apostel in den Obersaal zurück, wo sie gemeinsam mit Maria, der Mutter Jesu, den anderen Frauen und den Brüdern Jesu[32] auf das Kommen des Heiligen Geistes warteten, der sie dazu bevollmächtigen würde, Zeugen für den Herrn zu sein. Während sie warteten, beteten sie (1,12-14).

Das zu Bezeugende (1,15-26)

Es waren noch keine sieben Wochen vergangen, seit der Herr Jesus hingerichtet worden war, und in ein paar Tagen mussten die Apostel ihren Auftrag wahrnehmen und in der Stadt öffentlich Zeugnis für ihn ablegen. Dass diejenigen, die den auferstandenen Herrn gesehen, angerührt und mit ihm geredet hatten, das Vertrauen ihrer Mitmenschen verdient hatten, stand außer Frage. Aber sie hatten ein Problem.

Die Bedingungen ihres Auftrags waren klar: Sie sollten Zeugnis von Christus ablegen (1,8). Sie sollten im Besonderen seine Auferstehung bezeugen (1,22). Aber das war noch nicht alles. Die Auferstehung eines beliebigen Menschen wäre ein erstaunliches Ereignis gewesen. Aber

32 A.d.H.: Damit sind hier und im Folgenden die vier Halbbrüder Jesu gemeint (in Mt 13,55 und Mk 6,3 erwähnt).

Jesus Christus war nicht irgendein Mensch. Die Bedeutung seiner Auferstehung lag zum größten Teil in dem, was er vor seiner Kreuzigung getan und beansprucht hatte. Deshalb musste ein apostolischer Zeuge von seiner Dienststellung her jemand sein, der ein enger Begleiter des Herrn und der Apostel gewesen war, und zwar schon seit dem Zeitpunkt, da dieser von Johannes getauft worden war, bis hin zur Himmelfahrt (1,22). Ein Apostel musste ein unmittelbarer Zeuge all dessen gewesen sein, was Christus getan hatte und wofür er stand. Er musste alles bezeugen, was sich nun durch seine Auferstehung bewahrheitet hatte.

Dem Evangelium des Lukas zufolge (19,45-48) gab es etwas, was Jesus in seiner letzten bedeutsamen Woche in Jerusalem unter größtmöglicher Aufmerksamkeit getan hatte: die Tempelreinigung. Dadurch wurde sein Tod wie durch nichts anderes sonst herbeigeführt (siehe Mk 11,17-18).

Es war die zweite Tempelreinigung Jesu.[33] Beim ersten Mal hatte er hinreichend Betroffenheit bewirkt – aber den Tempel von dem zu reinigen, was seiner eigentlichen Bestimmung widersprach, war etwas, was man vom Messias erwarten konnte. Viele gewöhnliche Israeliten werden dem zugestimmt haben. Aber beim zweiten Mal hatte er gewissermaßen die Verantwortlichen des Tempels in Gegenwart des Volkes beschuldigt, regelrechte Diebe und Räuber zu sein, die ihr heiliges Amt dazu missbrauchten, Geld zu verdienen. Das brachte das Fass zum Überlaufen: Diese Leute beschlossen, ihn zu töten, bevor er ihre Macht über das Volk untergraben und ihre auf Eigennutz bedachten Bestrebungen zunichtemachen würde.

Die Antwort unseres Herrn bestand darin, ein Gleichnis zu erzählen, das die Bedeutsamkeit dessen, was sie hinterhältig planten, zeigte. Israel war Gottes Weinberg, und die Hohenpriester sowie die religiösen Führer waren die von Gott eingesetzten Pächter, deren heiliger Auftrag es war, den Weinberg zu bebauen, sodass er zur Freude des Eigentümers

33 Bezüglich der ersten Tempelreinigung siehe Johannes 2,13-22 (besonders V. 22). Hinsichtlich der zweiten siehe Lk 19,45-48. Craig L. Blomberg (*The Historical Reliability of the Gospels*, Leicester: IVP, 1987, S. 171-173) listet sechs beeindruckende Gründe für die Annahme auf, dass Christus den Tempel zweimal zu unterschiedlichen Gelegenheiten gereinigt hat – einmal zu Beginn und einmal am Ende seines öffentlichen Dienstes.
A. d. H.: Deutsche Ausgabe des erwähnten Werkes: Craig L. Blomberg, *Die historische Zuverlässigkeit der Evangelien*, Nürnberg: VTR, 1998.

Frucht hervorbringen konnte. Viele Jahre lang hatten die Pächter den Ertrag unterschlagen. Aber nun war zu guter Letzt der Sohn des Eigentümers gekommen, gesandt von seinem Vater, um das ihm Zustehende einzusammeln. Die Sünde, zu der die Hohenpriester und religiösen Führer sich entschlossen hatten, war, den Erben des Weinbergs zu töten, damit sie nicht nur den Ertrag für sich selbst hätten, sondern ebenso den Weinberg selbst (Lk 20,9-18).

Und das entspricht genau dem, was sie tatsächlich taten. Nun waren keine zwei Monate nach dem Tod des Erben vergangen, und die Apostel sollten zum Tempel gehen, um genau diesen Pächtern und den Volksmengen, die den Weinberg bildeten, gegenübertreten. Sie sollten ihnen verkündigen, dass Jesus von den Toten auferstanden sei und sich dadurch als der rechtmäßige Erbe erwiesen habe, sodass er Anspruch auf ihre Liebe und Treue hätte.

Sie standen also vor einer Schwierigkeit, und dabei ging es nicht in erster Linie um Angst. Es ging um Judas. Einer von ihnen war derselben Sünde schuldig geworden wie die Hohenpriester. Ja, er hatte etwas unendlich Schlimmeres als sie getan. Er wurde zu dem hohen und heiligen Dienst berufen, ein Gefährte des Messias zu sein, ein Bevollmächtigter des Sohnes und des Erben. Aber als der Sohn und Erbe kam, um die Forderungen geltend zu machen, war Judas nicht nur zu den Pächtern übergelaufen, sondern hatte sein Wissen, das er während seines heiligen Dienstes gesammelt hatte, missbraucht und sie zu dem Aufenthaltsort Jesus geführt, damit sie ihn verhaften konnten. Er hatte sich dies außerdem bezahlen lassen und sich von seinem erbärmlichen Gewinn einen Acker gekauft (Apg 1,16-19).

Es war nicht schwer, dass die Apostel sich auf einen anderen Mann einigten, der den heiligen Dienst übernahm, von dem Judas abgewichen war: Es gab keinen Mangel an entsprechend geeigneten Männern, die dem Herrn Jesus treu geblieben waren. Aber das allein würde die Schwierigkeit nicht lösen. Diese makabre Geschichte war in Jerusalem weithin bekannt, und aufgrund des verbreiteten Spottnamens, den die Menschen dem Acker des Judas gaben, blieben all die entsetzlichen Details seines Endes in ihrem Gedächtnis lebendig (1,19). Man kann sich gut vorstellen, was der einfache Mann auf der Straße – oder zumindest so mancher Mann auf irgendeiner Straße – darüber sagte: »Das ist vielleicht eine Religion, kann ich dir sagen! Es spielt keine Rolle, ob es sich um das religiöse Establishment oder um eine kleine fanatische Sekte handelt. Wenn du der Sache auf den Grund gehst, erkennst du, dass sie letztlich alle auf dasselbe bedacht sind. Auf Geld. Auf große Häuser. Auf Äcker.«

Ein nachdenklicher Mensch würde eine weitaus ernstere Frage aufwerfen: »Du sagst, Jesus sei der Sohn Gottes und Israels Messias – derjenige, der rettet und wiederherstellt, um unsere Fehler in Ordnung zu bringen und den Missstand der Priester aufzudecken, die ihr heiliges Amt auf verwerfliche Weise missbrauchten, um Geld zu verdienen? Und dann fiel ihm nichts Besseres ein, als einen Mann wie Judas zu erwählen, damit dieser zu seinen ständigen Begleitern und Bevollmächtigten gehörte und – wenn man so will – Kassenführer seines Jüngerkreises wurde (Joh 12,6)? Dafür hat Jesus am Ende teuer bezahlt, indem er verraten und getötet wurde. Wenn er wirklich der Sohn Gottes war, hätte er wissen müssen, wer Judas war, und diesen nicht erwählen sollen. Wenn er am Ende nicht wusste, wie man bessere Kandidaten für den Dienst auswählt, welche Hoffnung sollte er dann haben, Israel wiederherzustellen und das Reich Gottes herbeizuführen?«

Als Petrus sich schließlich erhob, um seine Worte an die inzwischen auf 120 Jünger angewachsene Menge zu richten, betonte er nachdrücklich, dass die Lösung dieser Schwierigkeit in den Weisungen des Heiligen Geistes über Judas in den Psalmen 69 und 109 liege. Wir fragen uns: Woher hatte Petrus den Gedanken, dass sich diese Psalmen irgendwie auf Judas beziehen oder dass ihre Einzelheiten eine maßgebliche Anweisung dafür abgeben würden, wie mit seiner Abtrünnigkeit umzugehen sei?

Das hat Lukas uns bereits berichtet (Lk 24,27.44-47). Petrus wusste es nicht aufgrund seiner Vorkenntnis der rabbinischen Grundsätze der alttestamentlichen Auslegung noch durch den Heiligen Geist, der erst zu Pfingsten ausgegossen wurde, sondern vom Herrn Jesus selbst. Es ist undenkbar, dass Christus bei seinem Überblick über das Gesetz, die Propheten[34] und die Psalmen jeden Bezug zu David übersprungen haben sollte, der als Regent das Urbild der Königslinie von Juda war. Aus seiner Nachkommenschaft war nämlich der Messias, in dem sich

34 Der Ausdruck »Propheten« im hebräischen Alten Testament schließt neben den großen und kleinen Propheten die historischen Bücher (Josua, Richter, 1. und 2. Samuel und 1. und 2. Könige) mit ein.

all die entsprechenden Verheißungen erfüllten, seiner irdischen Herkunft nach hervorgegangen. Es ist ebenso undenkbar, dass Christus vergessen haben sollte aufzuzeigen, wie David König geworden war, wo doch der Überblick über das Alte Testament das Vorbild zeigen sollte, dem zufolge der Messias zuerst leiden musste, bevor er in seine Herrlichkeit eingehen konnte (Lk 24,25-26).

David, im göttlichen Auftrag gesalbt und durch seinen Sieg über Goliath und in den nachfolgenden Schlachten mit den Philistern als Retter Israels ausersehen, wurde trotzdem – oder vielleicht gerade deshalb – von König Saul gehasst, verfolgt und erbarmungslos gejagt und gezwungen, zu den Heiden zu fliehen. Dort wurde er allerdings von Gott bewahrt, bis er schließlich zurückkehrte und als König anerkannt wurde, zuerst durch Juda und dann durch Israel. Während der Rebellion Absaloms wandte sich nicht nur ein Großteil des Volkes gegen ihn, insbesondere viele der Obersten von Juda, sondern auch der allseits hochgeachtete Ahitophel, sein Ratgeber, wurde zum Verräter. Er schloss sich den Verschwörern an und wurde zu Absaloms Berater, als es darum ging, wie David am besten ausfindig gemacht und getötet werden konnte (2Sam 17,1-4). So verhielt sich auch Judas, als er die Hohenpriester darüber informierte, wie sie Jesus finden und verhaften konnten.

Unser Herr musste seine Jünger lehren, dass diese auffälligen Übereinstimmungen zwischen Davids Erfahrungen und dem, was ihm selbst widerfuhr, kein Zufall waren: Sie waren die eindeutige Bestätigung dafür, dass sich der letztendliche Plan und Ratschluss Gottes durch die gesamte geistgewirkte Heilsgeschichte zieht. Und ganz gewiss hatte er sie gelehrt, dass Davids Erfahrungen zwar nicht selbst Prophetien waren, aber sozusagen Vorschattungen, die auf einer höheren Ebene erfüllt werden mussten, als der Messias litt und als letztendlich seine Ehre wiederhergestellt wurde. Ebenso war das Passah Israels für sich genommen keine Prophetie, aber durch den Tod und die Auferstehung des Messias mussten die damit verbundenen Bilder ihre Erfüllung finden (Lk 22,16). Außerdem hatte er sie ohne jeden Zweifel darauf hingewiesen, dass einige der Erfahrungen, die David in den Psalmen beschrieb, weit über das hinausgingen, was David erlebt hatte. Das, was dem Messias widerfuhr, überstieg weit das von David Erlebte: Es handelte sich um konkrete Voraussagen, denn David war ein Prophet und redete, weil der Heilige Geist ihm die entsprechenden Worte eingab (siehe die Anmerkung von Petrus in Apg 2,29-31). Die Unterweisung durch unseren Herrn führte Petrus zu seiner Überzeugung, was die letztendliche Bedeutung und die richtige Anwendung der Psalmen 69 und 109 betraf.

»Brüder«, begann Petrus, als er sich erhob, um die wegen des Verrats des Judas aufgeworfene Frage anzusprechen (Apg 1,16), »die Schrift musste erfüllt werden, die der Heilige Geist durch den Mund Davids über Judas vorausgesagt hat, der denen, die Jesus griffen, ein Wegweiser geworden ist.« Es heißt hier *musste*. Beachten wir, dass hier die Vergangenheitsform vorliegt. Petrus denkt an die gesamte Begebenheit: dass es überhaupt einen Judas gegeben hatte, der das hohe Amt eines Apostels innehatte und dann in die furchtbare Tiefe gefallen war, den Herrn für Geld zu verraten. Es musste geschehen? Warum? Weil die Heilige Schrift es angekündigt hatte. Und die Schrift musste sich unweigerlich erfüllen.

Das war natürlich kein Fatalismus. Petrus drückte dasselbe aus wie Christus, als er sagte: »*Musste* nicht der Christus dies leiden und in seine Herrlichkeit eingehen?« (Lk 24,26). *Musste*, weil Mose und die Propheten es auf vielfältige Weise durch ihr Vorbild und ihre Vorschattungen oder durch konkrete Prophetien vorausgesagt hatten, dass er es tun würde. Und die Heilige Schrift musste erfüllt werden. Was Judas anging, so handelte dieser aus freien Stücken. Gott zwang ihn nicht dazu, ebenso wenig, wie er die Obersten Israels zwang, Jesus zu kreuzigen, als er ihn nach seinem eigenen Ratschluss und seiner Vorkenntnis hingab (Apg 2,23). Judas trug die Verantwortung für sein Tun. »… der Sohn des Menschen geht zwar dahin, wie es beschlossen ist; wehe aber jenem Menschen, durch den er überliefert wird!«, sagte Jesus im Beisein von Judas (Lk 22,22; vgl. Joh 13,18-19).

Wenn wir dies in der Rückschau betrachten, wird deutlich, dass das Ereignis zu dem Vorbild passte, und zwar in jeder Beziehung. Schauen wir uns an, was das bedeutet! Es ging darum, dass einer der Apostel, den unser Herr selbst auserwählt hatte, seine ganze Treulosigkeit erkennen ließ und den Herrn verriet. Doch dies war kein Schwachpunkt aufseiten der Apostel. Hier wurde nicht der Anspruch untergraben, dass Jesus der von den Propheten des Alten Testaments verheißene und in dessen geschichtlichen und poetischen Büchern vorgeschattete Messias war.

Nein, das komplette Gegenteil war der Fall! Diese Tatsache bekräftigte vielmehr seinen Anspruch.

Dasselbe traf auf den Acker zu, der vom Geld des Verräters gekauft wurde. Die Apostel brauchten weder zu hoffen, dass die Bewohner Jerusalems die ganze Sache mit Judas und seinem Blutacker vergessen würden, noch hatte Lukas Grund dazu, jeden Hinweis auf diese Begebenheit diskret wegzulassen. Nein! Tut es vielmehr kund! Stellt sicher, dass sich alle daran erinnern, warum an die Stelle des Judas ein anderer treten musste! Ja, erinnert sie daran, wenn sie in Gefahr stehen zu vergessen, dass das Grundstück, das vom Geld des Verräters gekauft wurde und auf dem er sein grausiges und blutiges Ende fand, zu einem Friedhof wurde. Weil der Heilige Geist David die entsprechende Worte eingab (»Verwüstet sei ihr Zeltlager, in ihren Zelten sei kein Bewohner« [Ps 69,26]), waren zweifellos die obersten Priester und Führer des Volkes mit eingeschlossen (durch die wiederholte Verwendung des Plurals), mit denen Judas sich zusammengetan hatte, was die Verschwörung gegen Jesus und den damit verbundenen Verrat anging. Und die Voraussage sollte in einem weiteren Sinn erfüllt werden, denn ihr Tempel in Jerusalem würde tatsächlich zerstört werden und jahrhundertelang eine verwüstete Stätte bleiben (Mt 23,38). Aber in Bezug auf Judas und seinen Acker, dem eine neue Bestimmung als Friedhof zugedacht worden war, hatte sich die Voraussage bereits erfüllt – ganz Jerusalem konnte es sehen, wenn es dies wollte –, und zwar mit einer Beredtheit, die voller Ironie und furchtbar war.

Aber wir wollen den Aposteln – und letztlich dem Herrn Jesus – nicht Unrecht tun. Wir wollen nicht annehmen, dass diese Verse, die die Apostel als Weisung des Heiligen Geistes betrachteten, im Grunde willkürlich aus dem Originalkontext gerissen wurden, der nur wenig oder gar nichts mit dem Messias und seinem Verrat durch Judas zu tun hatte. Die beiden Zitate sind vielmehr eine Aufforderung, sich nochmals intensiv mit dem Psalm zu beschäftigen und den ursprünglichen Kontext zu erforschen.

In Psalm 69 ist David in tiefer und anhaltender Not. Er bittet Gott, ihn daraus zu erlösen – allerdings bis zu diesem Zeitpunkt ohne Erfolg (V. 2-4). Ihm ist der Hass unzähliger starker Feinde entgegengeschlagen, die darauf bedacht gewesen sind, ihn zu töten, ohne einen triftigen Grund dafür zu haben (V. 5). Zumindest zum Teil dürfte ihr

Hass daher rühren, dass er vom Eifer um das Haus des Herrn gleichsam verzehrt worden ist. Das hat dazu geführt, dass David den Hass, der bisher dem Herrn gegolten hatte, auf sich gezogen hat (V. 10). Sein Eifer ist so stark und die Reaktion darauf so heftig gewesen, dass selbst seine eigene Familie kein Mitleid mehr mit ihm hat und er für sie zu einem Fremden geworden ist (V. 9).

Aber jetzt kommt das Herzzerreißende: Gott selbst hat ihn geschlagen (V. 27). Und dies verdientermaßen: David bekennt offen seine Sünden und seine Torheit (V. 6). Aber das hat dazu geführt, dass sich eine Flutwelle von Verachtung und Schande über ihn ergossen hat (V. 8.13.21-22). Es war sinnlos, Mitgefühl oder Trost zu erwarten: Galle und Essig ist alles, was er bekommen hat (V. 21-22). Sie haben den einen verfolgt, den Gott selbst geschlagen hat (V. 27).

Und so betet er: »Lass nicht durch mich beschämt werden, die auf dich harren, Herr, HERR der Heerscharen! Lass nicht durch mich zuschanden werden, die dich suchen, Gott Israels!« (V. 7). Scheinbar hat es einige gegeben, deren Glaube an Gott sich mit ihrem Vertrauen an David und mit allem, was er getan hat und wofür er als Gottes Gesalbter stand, verbunden hat. Nachdem nun Gott ihn zur großen und schändlichen Freude seiner Feinde geschlagen hat, sind diejenigen, die auf seiner Seite stehen, in der Gefahr, sich enttäuscht und verlassen zu fühlen und ihr Vertrauen zu David und vielleicht auch ihren Glauben an Gott zu verlieren. Deshalb betet er, dass Gott ihn retten (V. 2) bzw. ihn wegen seiner Feinde retten und erlösen (V. 19) und sein Angesicht nicht länger vor ihm verbergen, sondern seine Ehre wiederherstellen und seinen Feinden angemessen vergelten möge (V. 23-25), die Verwüstung ihrer Wohnstätten[35] mit eingeschlossen.

Keiner der 120 Jünger im Obersaal konnte dieses Klagelied Davids lesen, ohne die unmittelbare Bedeutung der Situation zu erkennen, in der sie sich befanden. Sogar bei der ersten Tempelreinigung wurden bereits einige der Jünger an die Aussage erinnert: »… der Eifer um dein Haus hat mich verzehrt« (Ps 69,10). Damals hatten sie beobachtet, wie Jesus mit seinen feurigen Augen und seiner geschnürten Geißel den Zorn der Tempelaufseher auf sich gezogen hatten (Joh 2,17). Seine Angehörigen dachten, er sei außer sich (Mk 3,21). Und seine Brüder

35 A.d.H.: Vgl. Vers 26.

hatten nicht an ihn geglaubt (Joh 7,5), auch wenn sie nun zusammen mit den 120 Jüngern (Apg 1,14) anders dachten und die Betrachtung dieses Verses bzw. Psalms ihren Glauben stärkte (Joh 2,22).

Kurz bevor Christus litt, hatte er den Vers 5 dieses Psalms zitiert, um seine Apostel darauf vorzubereiten, was vor ihnen lag. Seinem Hinweis zufolge hatte sich Davids Erfahrung, dass ihn einige »ohne Grund … [hassten]«, in seinem eigenen Leben viele Male erfüllt (vgl. Joh 15,25). Und er machte sie nachdrücklich darauf aufmerksam, dass sie dieselbe Behandlung erfahren würden, wenn sie nach seinem Weggehen anfangen würden, ihn zu bezeugen (Joh 15,18-25; 16,1-4). Aber jetzt, als sie im Obersaal über diesen Psalm nachsannen, werden sie sich mit vor Scham geröteten Wangen daran erinnert haben, dass sie sich entsetzlich geschämt hatten, als er verurteilt und gekreuzigt worden war. Sie werden den Sturm der Verhöhnung im Geiste nochmals durchlebt haben, der auf Golgatha über Christus hereinbrach, als die Hohenpriester diesen »Tempel-Reformer« verspotteten, der den Anspruch erhob, Gottes Sohn zu sein (Mt 27,39-43). Sie dachten an Galle[36] und Essig, die bei David nur im übertragenen Sinn erwähnt wurden (Ps 69,22), die aber Christus im tatsächlichen Sinn gekostet bzw. zu sich genommen hatte. Der Gedanke daran wird bei ihnen einen Erschaudern hervorgerufen haben. Und dann das überwältigende Entsetzen darüber, dass die zynischen Hohenpriester am Kreuz ungerührt vorbeistolzieren konnten, während Jesus ausrufen musste, dass Gott ihn geschlagen und verlassen hatte, was ihren Glauben nicht nur an Christus, sondern auch an Gottes Gerechtigkeit wie ein dunkler Schatten zugrunde zu richten drohte. Verachtung, Schande, Schmach, Erniedrigung, hasserfüllte Verfolgung des einen, den Gott geschlagen hatte – sie wussten alle nur zu gut, was in Psalm 69 beschrieben wurde.

Sicherlich verstanden sie nun, dass Jesus, im Gegensatz zu David, nicht aufgrund seiner eigenen Übertretungen, sondern für ihre Sünden geschlagen wurde. Christus hatte die Sünden vieler getragen und sein Leben als Lösegeld für sie gegeben. Sie schämten sich nicht länger seinetwegen (Ps 69,7). Die Wasser der Flut hatten ihn nicht überströmt

36 A.d.H.: Matthäus erwähnt, dass der Jesus angebotene Wein mit Galle vermischt war (vgl. Kap. 27,34).

bzw. verschlungen, die Grube hatte ihren Mund nicht für immer über ihm verschlossen (Ps 69,16).

Aber in ein paar Tagen mussten die Apostel hinausgehen und nicht nur den Menschenmengen in Jerusalem gegenübertreten, sondern auch genau den Verantwortlichen des Tempels, die Jesus ans Kreuz gebracht hatten. Deshalb mussten sich die Apostel auf ihr Zeugnis vorbereiten. Sie konnten nicht öffentlich in Erscheinung treten, solange die Lücke, die durch die Abtrünnigkeit des Judas entstanden war, nicht geschlossen war. Das würde den Eindruck erwecken, sie hätten keinen geeigneten und fähigen Zeugen, der seinen Platz einnehmen könnte. Sie ließen sich deshalb durch die Anweisung des Heiligen Geistes in Psalm 109,8 leiten: »… sein Amt empfange ein anderer!« »Es muss«, sagte Petrus, indem er zum zweiten Mal das Verb *dei* gebrauchte (diesmal im Präsens [Apg 1,21]), »nun von den Männern, die mit uns gegangen sind in all der Zeit, in der der Herr Jesus bei uns ein- und ausging, … einer mit uns [d.h. mit den Aposteln] ein Zeuge seiner Auferstehung werden.«

So viel also zum Beweis, dass Psalm 69 Christi Verwerfung durch die Führer des Volkes und das Schicksal seines Verräters vorschattete. Auch wenn Judas abtrünnig geworden war, war der Glauben der Apostel nicht geschwächt. Vielmehr stärkte die Erfüllung der Voraussage, der zufolge Jesus der verheißene Messias war, ihre Eintreten für seine Sache. Betrachten wir nun den anderen Psalm.

Der weitaus bedeutsamste Prozess der Geschichte

David hat den Bericht seiner Leiden in Psalm 109 in der Sprache des Gerichts verfasst. Dreimal spricht er von denen, die ihn vor Gericht angegriffen und angeklagt haben, als von seinen Feinden und Widersachern (hebr. *satan* [V. 6.20.29]). Sein Gegner hat ihm »Böses für Gutes erwiesen und Hass für meine Liebe« (V. 5). David bittet deshalb Gott darum, einen Gottlosen über diesen Menschen zu stellen, wenn die Zeit des Gerichts kommt, und einen Widersacher zu seiner Rechten, um als Vertreter der Anklage vor Gericht zu erscheinen (V. 6-7).[37]

37 Vgl. die Verwendung des hebräischen Wortes *satan* in der in Sacharja 3,1-5 geschilderten Gerichtsszene.

Dieser Psalm ist gleichsam ein Prototyp und lädt uns ein, die Auseinandersetzung zwischen Jesus von Nazareth und dem religiösen Establishment des Judentums in Form eines Gerichtsverfahrens zu betrachten. Und das ist auch angemessen, ist es doch der weitaus bedeutsamste Prozess in der ganzen Menschheitsgeschichte. Jesus wurde natürlich im buchstäblichen Sinne vor den Hohenpriester und den Hohen Rat gestellt, aufgrund der Aussagen falscher Zeugen schuldig gesprochen, zum Tode verurteilt und den Römern zur Hinrichtung übergeben. Aber die Auferstehung hat den Fall neu aufgerollt. Oder besser gesagt: Sie zeigte, dass die oberste und allerhöchste gerichtliche Instanz den Fall neu aufgegriffen hat und ihr nicht anfechtbares Urteil zugunsten von Jesus gefällt hat. Den Worten von Psalm 109,25 zufolge war der Spott seiner Ankläger auf ihn gerichtet. Als sie am Kreuz vorbeigingen, »schüttelten [sie] ihre Köpfe« über ihn (Mk 15,29-32 [RELB]). Aber Gott »stand [zu seiner] Rechten«[38], wie der Verteidiger in einem antiken Gerichtshof. Er hatte ihn vertreten, den Sieg davongetragen und auf triumphale Weise seine Ehre wiederhergestellt, indem er ihn von den Toten auferweckte. Damit hatte er allen klargemacht, »dass dies deine Hand ist, dass du, HERR, es getan hast« (Ps 109,25-31). In wenigen Tagen würde der Heilige Geist kommen und das Urteil des obersten Gerichts öffentlich bekannt geben (Joh 16,8-11). Er würde die Menschen dieser Welt von ihrer grundlegenden Sünde überführen, die darin bestand, dass sie sich weigerten, dem fleischgewordenen Sohn Gottes zu glauben. Er würde ihnen beweisen, auf wessen Seite in diesem Rechtsstreit das Recht lag. Christus war »zum Vater aufgefahren« (Joh 20,17 [Menge]), Gott hatte seine Ehre wiederhergestellt. Das bedeutet, dass er im Recht war und die obersten Priester als seine Richter sich geirrt hatten. Jesus war letztendlich doch der Sohn und Erbe des Besitzers des Weinbergs.

Außerdem würden die Apostel in dem Maße, wie der große Sachwalter, der Heilige Geist, seinen Auftrag ausführte, auch die große Ehre haben, das ihnen Aufgetragene in Christi Namen weiterzusagen, wie Christus verheißen hatte, weil sie »von Anfang an bei [ihm]« gewesen waren (Joh 15,26-27; vgl. Apg 1,21-22). Judas hätte diese Ehre ebenfalls haben können. Aber er entschied sich dafür, Jesus zu verraten.

38 A. d. H.: Vgl. Psalm 109,31.

Durch seine Treulosigkeit wurde gleichzeitig die Schrift erfüllt, und dies war ein weiterer Beweis für die Richtigkeit der vom Heiligen Geist eingegebenen Prophetie.

Der große Verrat

Aber der Fall ist hier noch nicht zu Ende. Denn wie es bisher dargestellt wurde, wirft er nur eine grundsätzlichere Frage auf. Zugegebenermaßen sah Gott voraus, dass Judas Christus verraten würde, und er hat es in der Heiligen Schrift vorgeschattet, damit man erkennen kann, dass alles, was geschieht, nach Gottes festgesetztem Ratschluss und nach seiner Vorkenntnis abläuft. Aber warum brauchte es bei dem ganzen Geschehen überhaupt einen Verräter? Hätte Christus nicht einen Verräter erwählt, wäre die Voraussage gar nicht nötig gewesen. Oder anders ausgedrückt: Wenn die Schrift nicht im Voraus darauf hingewiesen hätte, dass einer der Apostel zum Verräter werden würde, wäre die Erwählung des Judas durch Christus nicht nötig gewesen, wobei Judas dann verlorenging, damit die Schrift erfüllt würde (Joh 17,12).

Die Antwort auf die eben gestellte Frage scheint in Folgendem zu bestehen: Soweit es Gott betrifft, sollte dadurch offenbar das grundlegende Wesen der Sünde aufgedeckt werden. Es war ein entsetzlicher Skandal, dass die jüdischen Hohenpriester den Sohn Gottes töten wollten – des Gottes, den sie anbeteten –, um ihren unredlich erworbenen Gewinn zu bewahren. Es war ein noch schrecklicherer Skandal, dass ein Apostel aus denselben Motiven (aber für eine wesentlich geringere Summe) den Erben des Universums verraten sollte.[39] Aber diese Handlungen waren nicht der Ausdruck eines Herzenszustandes, der sehr selten vorgekommen, völlig unbekannt und in jeder Beziehung außergewöhnlich gewesen wäre. Gott hatte diese ganze Episode in Davids Geschichte und in der entsprechenden inspirierten Aufzeichnung vorgeschattet. Wenn das Ereignis eintreten würde, sollte man sehen, dass es nicht nur um eine bloße Wiederholung oder einen Zufall ging, sondern

39 Die Korruption auf finanziellem Gebiet innerhalb der Christenheit war durch alle Jahrhunderte hindurch mit Sicherheit schlimmer als alles, was im Judentum bekannt war, und sie ist es bis in unsere Zeit geblieben.

um etwas, was der grundlegend falschen Haltung des Menschen gegenüber der Welt[40] und Gott entsprang.

Der Apostel Judas verriet den Sohn Gottes. Die jüdischen Hohenpriester ließen den Sohn Gottes festnehmen. Und Pilatus stand unter einem gewissen Druck und ließ ihn kreuzigen. Dieses Kreuz, das auf der Erde stand, offenbarte, was seit dem Sündenfall als Fluch auf der Erde lag – und immer noch liegt! Golgatha ließ zu einem bestimmten Zeitpunkt in der Geschichte erkennen, wie groß die Abtrünnigkeit der ganzen Welt gegenüber ihrem Schöpfer war: »Er war in der Welt, und die Welt wurde durch ihn, und die Welt kannte ihn nicht. Er kam in das Seine, und die Seinen nahmen ihn nicht an« (Joh 1,10-11).

Das ist die Ursache für die Schwierigkeiten der Welt. Die Welt, das Universum, hat einen Besitzer. Die Menschen sind nur Pächter und Verwalter, aber damit geben sie sich nicht zufrieden. Sie leben so, als hätte der Besitzer kein Recht darauf, von ihnen in irgendeiner Form Liebe, Gehorsam, Hingabe und Dienst zu erwarten. Sie leben so, als gäbe es keinen Besitzer. Noch schlimmer, sie streben – und zwar jeder Einzelne von ihnen – danach, Besitzer zu sein, als stände ihnen das zu. Sie haben keine Liebe gegenüber dem Sohn des Besitzers, für den das Universum im Grunde erschaffen wurde und der zugleich der Urheber der Schöpfung ist. Er ist der Erhalter der gegenwärtigen Stabilität des Universums, der Erlöser und letztlich derjenige, der alles wiederherstellt (Kol 1,16-20). Solange er auf Distanz bleibt, kümmert sich die Welt natürlich nicht um ihn. Die Menschen können sogar ein gewisses nachvollziehbares Maß an Religiosität erkennen lassen. Aber wenn Christus ihnen näher kommt, auf seinem Eigentumsrecht besteht und seinen Anteil einfordert – dann beginnt der Widerstand. Die Menschen haben sich daran gewöhnt, so zu leben, als gehörte ihnen ihr Leben. Sie brandmarken Christi Ansprüche als Absolutismus. Sie kämpfen für ihre Unabhängigkeit, notfalls um den Preis der vollkommenen Verwerfung des Sohnes Gottes. Das ist es, was »Weltförmigkeit« ausmacht.

Christus ist jetzt der Auferstandene. Eines Tages wird er das Universum wiederherstellen, dessen Erbe er ist. Aber während er darauf

40 A.d.H.: Hier ist im Sinne des anschließend Ausgeführten wohl gemeint, dass sich der Mensch fälschlicherweise als Besitzer der Welt ansieht. Ansonsten ist zu beachten, dass insbesondere das Johannesevangelium die Welt als »von Gott abgefallene Welt« versteht (vgl. den nächsten Absatz).

wartet, vom Vater »die Enden der Erde zum Besitztum«[41] zu erhalten, und der Heilige Geist in der Welt für ihn eintritt, bietet er uns die Ehre an, in diesem Rechtsstreit seine Zeugen zu sein. Auch Judas hätte diese heilige Ehre zuteilwerden können, aber er hat sich anders entschieden. Er zog das Geld vor, er wollte einen Acker besitzen.

Er starb auf genau diesem Acker einen grausamen Tod. Sein Acker verödete, und die obersten Priester, denen sein Angebot des Verrats überaus willkommen war, machten ihn zu einem Friedhof. Sein mit überaus traurigen Ereignissen in Verbindung stehender Blutacker ist nach wie vor ein Mahnmal. Wenn wir unsere eigenen kleinen Äcker in dieser Welt schützen wollen, dann verwerfen, verraten oder verkaufen wir den Schöpfer und Erhalter der Welt, ja, den Urheber des Lebens (Apg 3,15). Wie sollten dann unsere kleinen Äcker nicht unser Tod sein und uns nicht in eine Trostlosigkeit stürzen, aus der es keine Rettung gibt?

Natürlich nehmen auch einige bewusst die andere Seite in diesem Streitfall ein. Sie leugnen, dass es einen Besitzer des Weinbergs gibt. Sie stellen in Abrede, dass Jesus von den Toten auferstanden ist. Jede Verbesserung oder Wiederherstellung der Erde, jede Hoffnung für die Zukunft der Menschheit auf diesem Planeten ruht ihnen zufolge einzig auf der Menschheit selbst.

Auch sie könnten gewinnbringend über die Verödung des Ackers von Judas nachdenken. Es heißt, dass es ein Akt religiöser Wohltätigkeit vonseiten der obersten Priester war, den Acker des Judas als Begräbnisstätte für Fremde zur Verfügung zu stellen (Mt 27,7). Nach heutigem Verständnis wurde diesen Fremden dadurch das große Vorrecht zuteil, genau im Zentrum zu sein, wenn das messianische Zeitalter beginnen, die Auferstehung stattfinden und der Messias als König in Jerusalem eingesetzt werden sollte. Aber wenn Jesus Christus nicht der von den Toten auferstandene Sohn Gottes ist, dann ist jegliche Hoffnung auf eine weitere Auferstehung vergeblich (1Kor 15,12-19). Denn unser Planet ist dazu bestimmt – so die Aussagen der Wissenschaftler – nicht nur der Friedhof der Menschheit zu sein, sondern auch den Hitzetod zu erleiden.

41 A.d.H.: Vgl. Psalm 2,8.

Pfingsten und der Tag des Herrn (2,1-47)

Wenn es stimmt, dass Jesus Christus der Sohn des Besitzers des Weinbergs und zusätzlich der Erbe des gesamten Universums war bzw. ist und er tatsächlich von seinen Geschöpfen aus seinem eigenen Weinberg geworfen und gekreuzigt wurde, ist das, was zu Pfingsten geschah, der Ausdruck einer fast unglaublichen Barmherzigkeit. Es wäre viel einfacher und glaubhafter gewesen, hätte es geheißen, dass die vom Himmel herabkommenden »Zungen wie von Feuer« gesandt wurden, um die Steine Jerusalems und alles Sonstige in dieser Stadt aufzulecken und zu verzehren. Aber unter den gegebenen Umständen kamen die Feuerzungen, um den Mördern Jesu zu verkünden, dass er von den Toten auferstanden und zur Rechten Gottes aufgefahren war. Sie sollten bezeugen, dass dieser Jesus, den sie getötet hatten, dadurch sowohl zum Herrn als auch zum Messias gemacht worden war. Deshalb – und jetzt kommt das Unglaubliche – wurden ihnen und allen anderen Menschen nun Gnade und Vergebung angeboten, zusammen mit einem bisher einmaligen Geschenk neuen Lebens und einer neuen Gottesbeziehung.

Damit soll nicht geleugnet werden, dass irgendwann eine völlig andere Art von Feuer herabfallen wird. Als Gottes Sohn und Erbe hinausgeworfen wurde, hat dies die Erde nicht in eine abgeschlossene Wohnung verwandelt, noch weniger in eine uneinnehmbare Festung, in der sich die Menschheit erfolgreich gegen jedes Eindringen oder gar jeden Einfluss von außen abschotten könnte. Die Menschen leben vielleicht, als wären sie die Besitzer der Welt, aber sie sind immer noch nur Pächter. Und der Verpächter hat Pläne für eine Neugestaltung. Er wird nicht ewig warten, bis sein Sohn und Erbe seinen Besitz übernimmt und die Erde zu dem umgestaltet, was er ihr zugedacht hatte.

Gott macht kein Geheimnis aus seinen herrlichen Gedanken. Die Unterwerfung der Natur unter Nichtigkeit, Verwesung und Schmerz ist nur vorübergehend: Sie soll letztlich frei gemacht werden und zu einer großartigen Neuschöpfung erstehen (Röm 8,20-21). Aber da es ebenso unnütz wie unmöglich wäre, die Natur von ihrer Gebundenheit an das Verderben zu befreien und sie weiterhin unter der Macht sündiger, rebellischer Menschen zu belassen, muss zuerst kommen, was die Heilige Schrift den »Tag des Herrn« nennt. Dieser Tag, dem kosmische Erschütterungen großen Ausmaßes vorausgehen, wird ein verheerendes

Gericht über alle unbußfertigen und widerspenstigen Pächter einleiten, sodass ihr Widerstand gebrochen wird und sie weggenommen werden.

Die Propheten des Alten Testaments waren die Ersten, die von diesem Tag des Herrn mit den ihm vorausgehenden kosmischen Erschütterungen sprachen, aber Christus gebrauchte dieselbe Sprache, um die Geschehnisse, die seiner Wiederkunft vorausgehen werden, zu beschreiben:

> Und es werden Zeichen sein an Sonne und Mond und Sternen, und auf der Erde Bedrängnis der Nationen in Ratlosigkeit bei dem Tosen und Wogen des Meeres; indem die Menschen vergehen vor Furcht und Erwartung der Dinge, die über den Erdkreis kommen, denn die Kräfte der Himmel werden erschüttert werden. Und dann werden sie den Sohn des Menschen kommen sehen in einer Wolke mit Macht und großer Herrlichkeit (Lk 21,25-27).

Und der Apostel Paulus hat auf ähnliche Weise geschrieben, dass der Tag des Herrn zusammenfällt mit der …

> … Offenbarung des Herrn Jesus vom Himmel her, mit den Engeln seiner Macht, in flammendem Feuer, wenn er Vergeltung gibt denen, die Gott nicht kennen, und denen, die dem Evangelium unseres Herrn Jesus Christus nicht gehorchen; die Strafe erleiden werden, ewiges Verderben vom Angesicht des Herrn und von der Herrlichkeit seiner Stärke (2Thes 1,7-9; vgl. 2,1-2).

Andererseits hatte Gott bereits durch den alttestamentlichen Propheten Joel vorausgesagt, dass dem großen und herrlichen Tag des Herrn nicht nur ein Ereignis, sondern zwei Ereignisse von weltweiter Dimension und Bedeutung vorausgehen würden. Auf das ausführliche Zitat durch Petrus, mit dem wir uns gleich beschäftigen werden, können wir uns durch das Lesen dieser Stelle vorbereiten:

> Und danach wird es geschehen, dass ich meinen Geist ausgießen werde über alles Fleisch; und eure Söhne und eure Töchter werden weissagen, eure Greise werden Träume haben, eure Jünglinge werden Gesichte sehen. Und sogar über die Knechte und über die

> Mägde werde ich in jenen Tagen meinen Geist ausgießen. – Und ich werde Wunder geben im Himmel und auf der Erde: Blut und Feuer und Rauchsäulen; die Sonne wird sich in Finsternis verwandeln und der Mond in Blut, ehe der Tag des HERRN kommt, der große und furchtbare. – Und es wird geschehen: Jeder, der den Namen des HERRN anrufen wird, wird errettet werden (Joel 3,1-5).

Joel sagt, dass zwei Ereignisse dem Kommen des Tages des Herrn vorausgehen werden. Beide spektakulär, beide weltumfassend in ihrer Auswirkung, aber andererseits so völlig unterschiedlich, dass es unmöglich ist, sich vorzustellen, dass beide gleichzeitig stattfinden. Joels Worten zufolge würde das Zweite Kommen mit furchtbaren Störungen kosmischer und irdischer Abläufe einhergehen. Wie lange vor dem großen Tag diese Störungen geschehen werden, hat Joel nicht konkret genannt, aber es ist offensichtlich, dass sie einen Vorgeschmack liefern sollen für die Gerichte, die am Tag des Herrn hereinbrechen würden.

Das andere erwähnte Ereignis, das dem großen Tag vorangehen wird, ist ebenfalls ein übernatürlicher Eingriff in die Gesetzmäßigkeiten auf der Erde, allerdings nicht in äußerlicher, sondern in geistlicher Hinsicht. Nicht eine unvorstellbare Flut von Gottes Zorn, sondern eine bisher noch nie da gewesene Ausgießung von Gottes Geist. Keine weltweite Zerstörung, sondern eine weltweite Errettung. Nicht ein Auftakt zu den Schrecken des großen Tages des Herrn, sondern ein Vorgeschmack und eine Erstlingsfrucht der endgültigen Wiederherstellung.[42]

Und es war dieses erste herrliche Ereignis, hinsichtlich dessen Petrus den Menschen in der erstaunten Menge mitteilte, dass sie in den Straßen Jerusalems seinen Beginn mit ihren eigenen Augen gesehen hatten. Sie hatten den Sohn Gottes und Erben getötet, aber sein Tod hatte

---

42 Erneut nennt Joel nicht den Zeitraum, der zwischen der Ausgießung des Geistes Gottes auf alles Fleisch und den Störungen der kosmischen Abläufe liegt. Ja, in seiner Prophetie folgt das zweite Ereignis auf das erste ohne jeglichen Hinweis auf eine Zeitspanne zwischen diesen beiden. Was Joel betrifft, werden beide Ereignisse zugleich erwähnt, eines nach dem anderen. Das geschieht einfach deshalb, weil sie beide »danach« (d.h. »in den letzten Tagen«) geschehen sollen, und beide kündigen den »großen und furchtbaren Tag des Herrn« an, das Ende der »Gefangenschaft« Israels und seine endgültige Wiederherstellung (Joel 4,1.18-21). Vergleiche die Erwähnung im Buch Jesaja, bei der zuerst auf »das Jahr des Wohlgefallens des HERRN« und dann auf »den Tag der Rache unseres Gottes« (Jes 61,2) Bezug genommen wird, ohne einen kleinsten zeitlichen Abstand dazwischen anzudeuten. Und dennoch verkündete unser Herr, dass das erste sich bereits zu seiner Zeit erfüllt hatte. Er ließ aber gleichzeitig offen, wann das zweite in Erfüllung gehen würde (Lk 4,19-21).

die Verheißung des Geistes nicht aufgehoben: Er hatte vielmehr deren Erfüllung ermöglicht. Die Verheißung galt ihnen und ihren Kindern und sogar allen, die der Herr auf der ganzen Welt herzurufen würde (Apg 2,39). Und die Verheißung galt immer noch. Einige hatten bereits das Geschenk der Gnade angenommen, und auch sie als seine Zuhörer konnten es erhalten, wenn sie wollten, denn das Geschenk war für sie völlig kostenlos. Es war die höchste Gabe – der Heilige Geist. Nicht einfach eine der Gaben des Heiligen Geistes, mit der er die Angehörigen des Volkes Gottes ausrüstet, damit sie ihm dienen, sondern der Heilige Geist selbst. »Tut Buße, und jeder von euch werde getauft auf den Namen Jesu Christi zur Vergebung eurer Sünden, und ihr werdet die Gabe [beachte: Singular] des Heiligen Geistes empfangen« (2,38). Sie hatten Gottes Sohn getötet, und er bot ihnen seinen Geist an. Sie hatten Gott den Sohn gekreuzigt, und er bot ihnen Gott den Geist an. Sie hatten Gottes Sohn aus dem Weinberg geworfen, indem sie hofften, dadurch selbst den Weinberg erben zu können, aber nun wurden sie eingeladen, den Geist Gottes anzunehmen. Dabei ging es nicht um ihren Weinberg, sondern um ihre Herzen. Gott selbst wollte ihnen ewiges Leben zueignen, wobei ihnen das Unterpfand des Geistes angeboten wurde, in dem ihnen ein ewiges und unvergängliches Erbe verbürgt war.

Und Gott hat die Gabe allumfassend angeboten, denn er sagte, dass er von seinem »Geist ausgießen werde auf alles Fleisch« (2,17). Zur Zeit des Alten Testaments war der Heilige Geist auf Menschen gekommen und hatte sie befähigt, mächtige oder außergewöhnliche Taten zu vollbringen oder Worte von prophetischer Vollmacht weiterzugeben. Aber das waren nur einige wenige Auserwählte. Nun wurde der Heilige Geist ausnahmslos allen angeboten: Männern und Frauen, Jungen und Alten, ohne Unterschied.[43]

Überdies brauchte keiner von ihnen das Kommen des großen und herrlichen Tages des Herrn mit all seinen entsetzlichen Zeichen und Gerichten zu fürchten. Der Weg der Rettung bestand immer noch in dem, was Gott durch Joel gesagt hatte, und war auch nach wie vor allgemein gültig: »Jeder, der irgend den Namen des Herrn anruft, wird errettet werden« (2,21). Nun war es aber so, dass der Herr, den sie jetzt

43 A. d. H.: Dazu kam im großen Unterschied zum Alten Testament der Aspekt der Dauerhaftigkeit (vgl. Joh 14,16).

anrufen mussten, genau dieser Jesus war, den sie gekreuzigt hatten. Er war auferstanden, und er war erhöht und verherrlicht worden. Gott hatte ihn sowohl zum Herrn als auch zum Christus gemacht (2,36). Und die Hauptabsicht des Kommens des Heiligen Geistes war, sie davon zu überzeugen, dass dies den Tatsachen entsprach.

Das Zeugnis des Heiligen Geistes für Christus

Jede Einzelheit am Pfingsttag offenbart, dass die Hauptabsicht des Kommens des Heiligen Geistes das Zeugnis für den Herrn Jesus war. Das wird letztendlich sichtbar im kraftvollen Höhepunkt der Predigt von Petrus: »Das ganze Haus Israel wisse nun zuverlässig, dass Gott ihn sowohl zum Herrn als auch zum Christus gemacht hat, diesen Jesus, den ihr gekreuzigt habt« (2,36). Aber es war bereits offenbart worden in dem Wunder, das dem vorangegangen war und den Weg für diese Predigt bereitet hatte. Es war ein Sprachwunder.

Das vorherrschende Merkmal des Zeugnisses des Heiligen Geistes würde immer das gesprochene Wort sein. Er würde gewiss die Apostel dazu befähigen, von Zeit zu Zeit viele Zeichen und Wunder zu tun, um das Gesagte sowohl zu beglaubigen als auch zu verdeutlichen (2,43; 3,6-10; 4,29-30; 5,12-16). Aber ohne das Wort, das ihre Bedeutung erklärte, würde niemand diese kennen oder erfassen, wovon die Wunder zeugten. Ohne das Wort würde niemand zum Glauben an Jesus als den Christus kommen und weder die eigentlichen Begriffe verstehen noch erfassen, was die von ihm ermöglichte Errettung wirklich beinhaltete. Daher musste das Wort im Vordergrund stehen; und weil dieses Wort durch den Mund von Menschen gesprochen werden würde, würde es zuerst nötig sein, diesen Weg der Weitergabe der diesbezüglichen Botschaft zu beglaubigen.

Das erste große Pfingstwunder bestand also nicht in einer zusätzlichen äußerlichen Handlung – die wie bei dem folgenden Wunder an dem Lahmen (3,1-10) zur Botschaft und zu den Verkündigern der Botschaft hinzukam. Es bestand lediglich im Weitergeben der Botschaft. Wesentlich für seine Wirksamkeit als Wunder war nicht nur, dass die Jünger die Wunder Gottes in Sprachen verkündigen sollten, die sie nie gelernt hatten und die sie auch nicht verstanden. Vielmehr ging es auch darum, dass das, was sie sagten, von den Menschenmengen verstanden wurde, weil sie deren Muttersprache gebrauchten. Die zahlreich Versammelten konnten daran erkennen, dass sie gerade ein unleugbares Wunder erlebten und dass die Botschaft, die sie noch hören würden, für sie bestimmt war und ihnen galt – egal, aus welcher Region der Erde sie kamen. Hätten die Jünger in Sprachen geredet, die weder sie selbst noch sonst irgendwelche Menschen verstanden hätten oder die für alle nur Kauderwelsch gewesen wären, wäre dies von den Menschen in der Menge nicht bereitwillig als Wunder aufgenommen worden, sondern sie hätten dies als Zeichen geistiger Umnachtung oder Schlimmeres gedeutet. Man beachte, dass manche, die zu der wachsenden Menschenmenge stießen, zunächst den Eindruck hatten, sie würden zusammenhangloses Gebrabbel hören, das sie auf übermäßigen Alkoholkonsum zurückführten. Aber wenn beispielsweise Phrygier[44] in die Menge drängten, hörten sie kurz darauf jemanden klar und deutlich auf Phrygisch reden. Doch weil der Sprecher offensichtlich ein Galiläer war, der kein Phrygisch beherrschte (2,7), handelte es sich um ein augenscheinliches Wunder. Und dasselbe galt für alle anwesenden Sprachgruppen.[45]

Das Thema, worüber die Jünger in den verschiedenen Sprachen redeten, waren die großen Taten Gottes (2,11). Vielleicht hätten einige in der Menge normalerweise dazu geneigt, die Berichte über Gottes große Taten dem religiösen Eifer und der Fantasie der Redner zuzuschreiben, und nicht den sachlichen historischen Berichten. Aber nun war genau dieser Vorgang, bei dem es um diese großen Taten ging, selbst eine große Tat. Vor den Augen der Zuhörer drang die reale übernatürliche Kraft Gottes in die alltäglichen Gesetzmäßigkeiten ihrer Welt ein. Was hatte all das zu bedeuten?

---

44 A.d.H.: Aus dem Zusammenhang geht eindeutig hervor, dass es sich entweder um jüdische Pilger aus Phrygien oder um Juden handelte, die früher dort gewohnt hatten und im Alter aus der Diaspora nach Jerusalem zurückgekehrt waren.

45 Manche haben 2,8 (»Und wie *hören* wir sie, jeder in unserer eigenen Mundart, in der wir geboren sind?«) dahin gehend gedeutet, dass die Jünger tatsächlich in ihrem schlichten Aramäisch geredet haben, aber Gott das Wunder wirkte, sodass die Zuhörer statt der Originalsprache Aramäisch jeweils ihre eigene Sprache hörten, als es durch das Ohr in die Gedanken drang. Aber 2,4 verdeutlicht, dass die Jünger *angefangen hatten, in anderen Sprachen zu reden*, wie der Heilige Geist ihnen gab auszusprechen, *bevor die Menschenmenge zusammenkam*. Das Wunder geschah in den Sprechern – nicht in den Hörern –, und es sollte zeigen, dass der Heilige Geist die Sprecher erfüllt hatte, was (zumindest bis jetzt) noch nicht für die Zuhörer galt.

Daher stand Petrus auf und erklärte, worum es sich handelte und was es zu bedeuten hatte. Sogleich[46] erinnerte er die Anwesenden an die kürzlich geschehenen großen Taten. In den vergangenen drei Jahren waren die Gesetzmäßigkeiten der Natur immer wieder außer Kraft gesetzt oder sogar umgekehrt worden, als Jesus, der Nazaräer, im ganzen Land große Taten, Wunder und Zeichen vollbracht hatte (2,22). Viele der Einheimischen werden von diesen Wundern aus erster Hand gehört haben. Und diejenigen, die zum Zeitpunkt seines Todes nur als Besucher des Passahfestes vor Ort waren, werden von ihm in den endlosen Unterhaltungen und Debatten gehört haben, die im Tempel und in der Stadt vor der Kreuzigung geführt wurden (siehe z.B. Joh 11,56; 12,9.17-18). Im Grunde hatte jeder davon gehört, welches diese Wunder waren und worin ihre Merkmale bestanden. Bei keinem davon ging es um eine bizarre Manipulation der Naturgesetze, um eine bloße Zurschaustellung von Macht oder um ein Feuerwerk des Übernatürlichen. Jedes einzelne Wunder war vielmehr ein Wirken der Barmherzigkeit, das Leben und Frieden, Gesundheit von Seele und Körper, Befreiung von Angst und Gebundenheit und Freude sowie Zuversicht hervorbrachte, sodass die Betreffenden volle Genüge hatten. Die einzige offenkundige Ausnahme war die Verfluchung des Feigenbaumes, die aber niemandem Schaden zufügte, sondern nur eine gesunde geistliche Lektion enthielt. Die Macht, mit der Jesus von Nazareth in die Naturgesetze eingriff, war keine außerirdische Macht. Bei seinen Wundern ging es darum, dass »nicht einfach nur irgendein Gott, sondern der Gott der Natur in diese eindringt: eine Macht, die außerhalb ihrer Rechtsprechung steht, die nicht als Fremder daherkommt, sondern als Souverän«[47]. Der vom religiösen Establishment unternommene Versuch, die Wunder Jesu als durch die Macht Satans bewirkte Täuschung zu brandmarken, war völlig absurd (Lk 11,14-20). Es waren nicht nur machtvolle Wunder, sie waren auch Zeichen von Gottes Größe, Liebe, Gnade und Erbarmen – Wunder, bei denen körperliche Bedürfnisse gestillt wurden sowie Rettung und Heilung erfolgte. Sie waren gleichzeitig Gleichnisse hinsichtlich der geistlichen Rettung, die Jesus als

46 A. d. H.: Dies bedeutet, dass Petrus *nach* dem Joelzitat darauf zu sprechen kam.

47 C.S. Lewis, »Miracles«, S. 20, in: *God in the Dock*, London: Collins Fount, 1979. A.d.H.: Deutsche Ausgabe: C.S. Lewis, *Wunder – ... möglich, wahrscheinlich, undenkbar?*, Basel: Fontis-Verlag, 6. Taschenbuchausgabe 2022, S. 219. Vgl. eine ähnliche Wiedergabe in: derselbe, *Gott auf der Anklagebank*, Basel und Gießen: Brunnen Verlag, 4. Taschenbuchauflage 2005, S. 26.

Erlöser der Welt den Menschen anbot, weil diese sich durch ihre rein menschlichen Kräfte nicht selbst retten konnten. Im gesamten Leben Jesu konzentrierte sich gleichsam die Tatsache, dass Gottes übernatürliche Macht und seine rettende Gnade sich fortwährend ihren Weg in unsere gefallene, zerrüttete und sündige Welt bahnten. Mit welcher barmherzigeren Geste hätte Gott gegenüber den Angehörigen des Volkes Israel die Bevollmächtigung seines Sohnes bestätigen können, als er ihn, den rechtmäßigen Messias und Herrscher, zu ihnen sandte?

Und dennoch hatten sie ihn getötet. Die Beschreibung, die Petrus davon gibt, zeugt von ihrem gewalttätigen Vorgehen: »… durch die Hand von Gesetzlosen an das Kreuz geschlagen und umgebracht« (Apg 2,23). Warum hatten sie das getan? Die Hohenpriester taten es aus Sicherheitsgründen. Sie behaupteten, dass Jesu Wirken eine Gefahr für die Stabilität des Landes darstellte. Der römische Statthalter Pilatus wies diese Behauptung als Unsinn zurück, und Herodes ignorierte sie, als er trotz ihrer fortwährenden Anklagen auf keine einzige davon einging (Lk 23,1-15). In Wahrheit stellten seine Lehre, seine Ansprüche und seine Aktivitäten ihre geistliche Autorität bezüglich des Volkes und die Wahrung ihrer durch den Tempel erworbenen finanziellen Interessen infrage.

Einige der Pharisäer taten es aus Sicherheitsgründen auf einer anderen Ebene. Mit unermüdlichem Eifer hatten sie sich selbst ein enormes Ansehen hinsichtlich ihrer Heiligkeit aufgebaut. Jesus entlarvte jedoch vieles davon als reine Oberflächlichkeit. Mit manchem davon wollten sie wahre Heiligkeit nachahmen, die die innere moralische Verderbtheit überdecken sollte. Manches umfasste herzlose Grausamkeit gegenüber anderen, und vieles war tatsächlicher Ungehorsam gegenüber Gottes Wort und eine Entstellung seiner Wesensart (Lk 6,6-11; 11,14–12,12; 13,10-17; 14,1-6; 20,45-47). Das ließ ihre Illusion geistlicher Überlegenheit zerplatzen, sodass die Annahme bei Gott, die sie sich dadurch erhofft hatten, infrage stand. Auch ihre angesehene Stellung unter dem Volk war dadurch gefährdet.

Was die Angehörigen des Volkes betraf, so hatten sie die kostenlosen Mahlzeiten genossen, die er bei seinen Wundern hatte verteilen lassen. Wäre er bereit gewesen, als ihr König aufzutreten und sie weiterhin unaufhörlich zu versorgen, so hätten sie ihn unterstützt. Aber sie waren weder an der geistlichen Bedeutung der Wunder interessiert, noch wollten sie herausfinden, wer er wirklich war. Das menschgewordene Brot des Lebens, das vom Himmel herabgekommen war, um eine ewige Beziehung zwischen ihnen und Gott herzustellen, übte keine Anziehungskraft auf sie aus (Joh 6). Sie waren der Meinung, dass man *durchaus* vom Brot allein leben konnte; und letzten Endes ließen sie sich dazu überreden, den politische Aktivisten Barabbas zu fordern, weil dieser ihren Zielen besser dienen würde.

Sie alle kamen aus verschiedenen Gründen zu der Überzeugung, dass es besser und sicherer für sie wäre, Jesus aus ihrer Welt zu verbannen. Also öffneten sie die Tür des Todes, stießen ihn durch diese Tür und schlugen sie hinter ihm zu.

Aber Gott hat ihn aus den Toten auferweckt (Apg 2,24). Er hat ihn nicht durch die Tür zurückgebracht: Im Falle Jesu hat er die Tür beseitigt. Sie mussten lernen, dass der Tod nicht die Sicherheitsbarriere war, die er in ihren Augen gewesen war. Das war der Grund, warum Gott dies zugelassen hatte. Ja, er hatte es sogar geplant. Petrus sagt, dass dieser [Jesus von Nazareth] »nach dem bestimmten Ratschluss und nach Vorkenntnis Gottes« hingegeben worden war (2,23). Natürlich entschuldigt das ihr Verbrechen nicht. Was sie taten, taten sie aus freiem Entschluss. Sie hätten sich nie vorstellen können, dass dies letztlich die Gottessohnschaft Jesu beweisen würde.

Aber es stellt sich dabei die Frage: Wenn Jesus tatsächlich Gottes Sohn war, warum hat Gott nicht durch ein weiteres aufsehenerregendes Wunder eingegriffen, um ihn vor dem Tod zu retten und so jeden Zweifel an seiner göttlichen Bevollmächtigung auszuräumen? Die Antwort ergibt sich aus dem folgenden Geschehen: Gott wollte in Jesus nicht nur Israel, sondern die ganze Menschheit eine grundlegende Tatsache lehren, die das Universum betraf: Der Tod ist keine letztgültige, unumstößliche, unumkehrbare Gesetzmäßigkeit der Natur. Der Tod ist folglich weder eine endgültige Katastrophe für das Gute noch ein unüberwindbarer Schutzwall für das Böse. Die Sadduzäer glaubten nicht an die Auferstehung. Sie glaubten, dass mit dem Tod alles vorbei sei. Gott erlaubte deshalb den Sadduzäern bewusst, ihre letzte Waffe zu benutzen, aber sie zerbrach in ihren Händen. Sie töteten Jesus, aber Gott erweckte ihn aus den Toten (Apg 2,24).

Hier war also die mächtigste aller Taten für die Menschen, die die Botschaft aller vorangehenden mächtigen Taten abgelehnt hatten. Und ihre Botschaft war das wahrhaftige Evangelium. Paulus sollte später schreiben: »… Jesus Christus, der den Tod zunichtegemacht, aber Leben und Unverweslichkeit ans Licht gebracht hat durch das Evangelium« (2Tim 1,10). Nicht Leben und dann Fortbestehen nach dem Tod, sondern Leben und Unsterblichkeit. Gott hatte ihm die Wege des Lebens kundgetan und ihn mit Freude vor seinem Angesicht erfüllt (vgl. Apg 2,28).

Die Auferstehung Christi hat das Erscheinungsbild des Universums verändert. Das betrifft auch den Punkt, dass der Tod seinen Schrecken verloren hat, weil ihm die Macht genommen und er nicht endgültig ist. Wenn er im Falle des einen Menschen – Jesus Christus – aufgehoben, zunichtegemacht und beseitigt wurde, kann dies unter bestimmten Voraussetzungen für alle anderen auch gelten. »… denn da ja durch einen Menschen der Tod kam, so auch durch einen Menschen die Auferstehung der Toten. Denn wie in dem Adam alle sterben, so werden auch in dem Christus alle lebendig gemacht werden« (1Kor 15,21-22).

Das Zeugnis der Heiligen Schrift für die Auferstehung und Verherrlichung Christi

Die überführende Kraft, die von den bisherigen Worten des Petrus ausging, kam selbstverständlich direkt vom Heiligen Geist, der durch ihn redete. Aber nun führte der Heilige Geist Petrus dahin, sich auf die weitere beständige Quelle der Autorität zu berufen, das geschriebene Wort Gottes. Beide Quellen der Autorität sind für ein wirksames Zeugnis notwendig. Indem sich Petrus an dieser Stelle auf die Heilige Schrift berief, hatte er als guter Prediger außerdem im Voraus den Einwand entkräftet, der womöglich bei seinen Zuhörern aufkam: »Was ist das für eine unerhörte, ungewöhnliche und unglaubliche Geschichte – Jesus ist von den Toten auferweckt worden?«

»Nein, nicht unerhört und unglaublich«, sagt Petrus, »denn eine Prophetie, die Gott durch David in Psalm 16 gegeben hat, kündigte Jahrhunderte vorher bereits an, dass Gott den Leib des Messias nicht im Grab der Verwesung überlassen, sondern ihn aus den Toten auferwecken würde. Jeder, der das wollte, hätte davon hören können. Und da Gott diese Prophetie gegeben hatte, war es unmöglich, dass der Tod den Messias festhalten konnte. Jesus, der gekreuzigt wurde, ist dieser Messias. Und Gott hat ihn, wie er es vorausgesagt hatte, von den Toten auferweckt.«

»Was aber«, sagt jemand, »wenn David in Psalm 16 einfach nur von sich selbst gesprochen und sein Vertrauen zum Ausdruck gebracht hat, dass Gott ihn nicht sterben lassen würde. Wie kann man dann sagen, dass David nicht sich selbst meint, sondern den Messias?«

»Es liegt auf der Hand«, sagt Petrus, »dass sich Davids Vertrauen, wenn er sich selbst gemeint hätte, letztlich als unangebracht erwiesen hätte. Er starb – und damit wurde seine Seele dem Hades übergeben; er wurde begraben – und damit wurde sein Leib dem Grab übergeben. Und Gott hat ihn dort gelassen!

Dort ist sein Grab; entfernt den Stein am Eingang und ihr werdet es selbst sehen. Wohingegen ihr das Grab Jesu leer vorfinden werdet. David hat nicht von sich gesprochen, sondern vom Messias.«

»Aber es sei nochmals gefragt: Wie wahrscheinlich ist es, dass David vom Messias spricht?«

»Durchaus wahrscheinlich. Erstens war er nicht nur König, sondern auch Prophet (2,30). Und Propheten sagen normalerweise die Zukunft voraus.[48] Zweitens, worüber sollte er als Prophet wohl mehr sprechen als über seinen erhabensten Nachfahren, den Messias selbst? Und drittens hatte er durch einen Schwur von Gott die Verheißung erhalten, dass Gott seiner königlichen Linie auf dem Thron ewigen Bestand verleihen würde (Ps 132,11). Es ist deshalb das Natürlichste von der Welt, dass der Heilige Geist David zu dieser Prophetie inspiriert hat. Um seine Verheißung zu erfüllen, würde Gott eingreifen und den Messias aus dem Grab befreien und ihn für alle Ewigkeit auf den Thron erheben. Dies ist auf jeden Fall viel wahrscheinlicher, als dass der von Gottes Geist eingegebene Psalm Davids sich letzten Endes nur für ihn selbst als wahr herausstellte – und zwar auch nur dann, wenn man jegliche Übertreibung wegließe und nur eine Rettung von untergeordneter Bedeutung gemeint wäre, die sich im Angesicht des Todes letztendlich als nicht tragfähig erwies.«

48 A. d. H.: In einem übergeordneten Sinne besteht der Auftrag des Propheten darin, im Namen Gottes zu reden. Dazu zählt natürlich auch, Zukünftiges vorauszusagen.

Das war laut Petrus der erste Grund, warum der Tod Jesus nicht festhalten konnte: Es war einfach nicht möglich, weil Gottes Verheißung in der Heiligen Schrift unausweichlich in Erfüllung gehen musste.

Jesus von Nazareth und der Urgrund des Lebens

Aber es gab noch einen weiteren Grund, der erkennbar wird, wenn wir den gesamten Abschnitt lesen, den Petrus aus Psalm 16 zitiert. Petrus hatte vielleicht nicht die Absicht, mehr als einen Punkt anzumerken, aber es gibt keinen Grund, warum wir uns ebenso auf einen Punkt begrenzen sollten, ohne über die Bedeutung und den Gedankengang des Abschnitts als Ganzes nachzudenken. Der Text lautet folgendermaßen:

> Ich habe den HERRN stets vor mich gestellt; weil er zu meiner Rechten ist, werde ich nicht wanken. Darum freut sich mein Herz und frohlockt meine Seele. Auch mein Fleisch wird in Sicherheit ruhen. Denn meine Seele wirst du dem Scheol nicht überlassen, wirst nicht zugeben, dass dein Frommer die Verwesung sehe. Du wirst mir kundtun den Weg des Lebens; Fülle von Freuden ist vor deinem Angesicht, Lieblichkeiten in deiner Rechten immerdar (Ps 16,8-11; vgl. Apg 2,25-28).

Was an dieser Prophetie sofort ins Auge fällt, ist, dass sie nicht einfach über den Messias spricht, sondern den Messias bekannt macht, indem er selbst redet. Es wird nicht einfach angekündigt, dass Gott eingreift, indem er ihn nach seinem Tod und seiner Grablegung von den Toten auferweckt. Sie stellt vielmehr den Messias vor, wie er in der Konfrontation mit dem Tod das Geheimnis seiner Beziehung zu Gott offenlegt, das die Macht des Todes über ihn aufgehoben hat. Vollkommen unerschütterlich und unbeirrbar haben sich die Liebe seines Herzens, die Entschlossenheit seiner Seele, die Kraft seines Geistes und die Stärke seines Körpers auf Gott hin ausgerichtet. Es gab keinen Augenblick, in dem sein Inneres nicht ununterbrochen in Gehorsam und Hingabe auf Gott geblickt hätte. Er war Gottes »Heiliger«, absolut treu und vollkommen sündlos. Er »sah den Herrn allezeit vor« sich und wusste, dass Gott »zu [seiner] Rechten« war, damit er nicht wankte.[49] Das gab ihm eine Festigkeit, die derjenigen eines Felsens glich und die weder durch Widerstand noch durch Verfolgung, nicht einmal durch den nahenden Tod, erschüttert werden konnte. Sein Glaube konnte auch nicht durch die Leiden und das Verlassensein auf Golgatha ausgelöscht werden. Es war eine völlige Hingabe an Gottes Willen, sodass Gott nichts anderes tun konnte, als seine Ehre wiederherzustellen, indem er ihn aus den Toten auferweckte. Der Schreiber des Hebräerbriefs drückte es später so aus: »Der ... sowohl Bitten als Flehen dem, der ihn aus dem Tod zu erretten vermochte, ... dargebracht hat (und wegen seiner Frömmigkeit erhört worden ist)« (Hebr 5,7). Gottes moralische Grundsätze hätten infrage gestanden, wenn er solchen Glauben schließlich abgetan hätte, derartiger Treue mit äußerster Untreue begegnet wäre oder solche makellose Liebe und derartigen Gehorsam dem Tod, dem Zerfall und der Verwesung preisgegeben hätte. Aufgrund seines unerschütterlichen Vertrauens in das Wesen Gottes hat Jesus sein Haupt im Tod geneigt, wobei ein triumphierendes Gebet über seine Lippen kam. Und sein Leib blieb ruhig in der Geborgenheit und sicheren Hoffnung, dass Gott ihm die Wege des Lebens öffnen und ihn mit ewiger Freude in seiner Gegenwart erfüllen würde.

Ja, es ist gewiss: Gott hat ihn aus den Toten auferweckt. Somit hat er gezeigt, dass der sich dem Menschen bietende Urgrund des Lebens nicht allein und letztlich nicht von der Regelmäßigkeit der physikalischen Gesetze abhängt, nach denen das Universum normalerweise funktioniert, sondern vom moralischen Wesen Gottes, seines Schöpfers, der die Quelle aller Abläufe ist und über sie alle wacht. Hätte das sündlose, in unerschütterlicher Hingabe an den ewigen Gott und in ununterbrochener Gemeinschaft mit ihm geführte Leben Jesu am Ende von Gott dem Tod und der Verwesung preisgegeben werden können, dann würde dem Universum jede letzte Beständigkeit fehlen. Und dies würde nicht nur für die Erde und den erschaffenen Himmel gelten, sondern alle vernunftbegabten, moralisch hochstehenden und geistlich

49 Das griechische Wort für »wanken« *saleuō*, bedeutet »erschüttert werden«. Es wird für die Kräfte der Himmel verwendet, die erschüttert werden (Mt 24,29), für die Grundfesten eines Gefängnisses, die erschüttert werden (Apg 16,26), und für Menschen, die sich in ihren Überzeugungen erschüttern lassen (2Thes 2,2).
A. d. H.: Aus stilistischen Gründen ist der letzte Teil des Zitats nicht in Anführungszeichen gesetzt worden (»nicht wanke«).

gesinnten Wesen würden schließlich zugrunde gehen, und jede Hoffnung auf einen Himmel im geistlichen Sinne würde erlöschen. Die Auferstehung sagt uns zu, dass das niemals geschehen wird. Gott ist gerecht, treu und wahrhaftig. Das moralische Universum ist beständig.

Deshalb war es unmöglich, dass der Tod seine Macht über Jesus aufrechterhalten konnte. Gott hat ihn von den Toten auferweckt. Aber wenn die Wesensart Gottes es erforderte, dann bezeugt die Geschichte: »Diesen Jesus hat Gott auferweckt«, sagt Petrus, »wovon wir alle Zeugen sind.« (Apg 2,32) – und zum Zeitpunkt dieser Aussage umfasste der Ausdruck »alle« nicht weniger als 120 Personen.[50]

Die Verherrlichung Jesu und der Erweis seiner Gottheit

»Wenn Jesus von den Toten auferstanden ist, warum zeigt er sich dann nicht jetzt und hier, damit wir ihn alle sehen können und uns überzeugen lassen?« Wir können uns ganz einfach vorstellen, dass jemand aus der Menge Petrus unterbrochen und diese Kritik geäußert hat. Und wenn nicht, ist es nur allzu verständlich, dass wir sie äußern.

Die Antwort darauf findet sich in dem, was Petrus im Folgenden sagt. Das christliche Zeugnis besteht nicht nur darin, dass Jesus von Nazareth aus den Toten auferstanden ist. Vielmehr geht es auch darum, dass er außerdem noch erhöht worden ist. In erster Linie leibhaftig, durch die Rechte Gottes und zu ihr hin, in die unmittelbare Gegenwart Gottes. Und zweitens in dem Sinne, dass Gott ihn sowohl zum Herrn als auch zum Messias gemacht hat. Das heißt, durch die Erhöhung hat Gott gezeigt, dass er sowohl Herr als auch Messias ist. Dabei gab er ihm die Stellung im Universum, die dem entspricht, dass er der Herr und Christus ist. Von seiner Stellung und seinem Stand her wird dabei deutlich, dass er beides ist. Um diese erstaunliche Tatsache zu bezeugen – um nichts weniger geht es –, ist der Heilige Geist auf die Erde gekommen. Dieser »Jesus, den ihr gekreuzigt habt« (2,36), ist nicht nur der Messias. Er ist Herr, und zwar Herr im umfassendsten Sinn des Wortes: Er ist Jahwe, im Fleisch gekommen.

50 Die Gesamtzahl derer, die den auferstandenen Christus gesehen hatten, war natürlich weitaus höher als diese 120 (vgl. dazu 1Kor 15,6).

Und der Beweis für diese Erhöhung war nicht, dass er vor der Menge erscheinen sollte (wie hätte dies seine *Erhöhung* zeigen sollen?), sondern indem er verantwortlich war für die Ausgießung des Heiligen Geistes – ein Geschehen, das die Zuhörer am Pfingsttag direkt um sich her sehen und hören konnten.

Denn an diesem Punkt kommt Petrus darauf zurück, womit er begann. Er zeigte zuerst das Wunder auf, das vor ihren Augen geschah: Es war der Beginn der verheißenen Ausgießung des Heiligen Geistes. Aber damit erhob sich zwangsläufig die Frage: »Warum jetzt? Wieso wurde der verheißene Heilige Geist, nachdem die entsprechende Zusage Jahrhunderte zuvor gegeben worden war, gerade an diesem besonderen Fest, zu Pfingsten, ausgegossen?« Und die Antwort lautete: »Wegen Jesus.« Und die Ausgießung folgte nicht nur auf Tod, Auferstehung und Erhöhung Jesu, um die Aufmerksamkeit auf ihn zu richten. Es ist nämlich auch so, dass er aufgrund seiner Erhöhung unmittelbar danach die Ausgießung vorgenommen hat. Als der einzige Mensch ohne jede Sünde in der gesamten Menschheitsgeschichte hat er für die Menschheit dieses höchste Gnadengeschenk erworben und es vom Vater erhalten, wobei er es in seiner Vollmacht austeilen kann, an wen immer er will. Der Heilige Geist ist außerdem keineswegs eine geschaffene Macht, die von einem (höheren) Wesen zu Recht kontrolliert werden könnte, sondern er ist eine nicht geschaffene, göttliche Person. Kein Mensch, selbst wenn er sündlos wäre, könnte ihn an andere weitergeben. Wenn Jesus den Heiligen Geist ausgegossen hat – und das ist der Fall gewesen –, könnte das ganze Haus Israel ohne jeden Zweifel wissen, dass Jesus von Nazareth nicht nur der Messias ist: Er muss der menschgewordene Gott sein.

Aber wenn die Erhöhung Jesu dies bedeutet, wie kann dann irgendein Jude, der mit dem Monotheismus des Alten Testaments aufgewachsen ist, jemals daran glauben, ohne alles aufzugeben, was ihm jemals beigebracht worden war?

»Ohne Weiteres«, sagt Petrus. Er hat ein weiteres Mal die Antwort auf ihre unausgesprochene Frage. Das Alte Testament selbst lehrte die Erhöhung des Messias mit den Worten, die in Psalm 110,1 David gebrauchte:

> Der HERR sprach zu meinem Herrn: Setze dich zu meiner Rechten, bis ich deine Feinde hinlege als Schemel für deine Füße!

Es ist sofort offensichtlich, dass David nicht von sich selbst sprechen kann: David kann nicht von sich als »mein Herr« reden, an den Jahwe die Aufforderung richtet: »Setze dich zu meiner Rechten …« Und Petrus wiederholt, dass David nicht in den Himmel aufgefahren ist. Er muss sich also auf seinen Herrn, den Messias, bezogen haben.

Aber hier können wir etwas ohne Weiteres erkennen: Allein schon die Tatsache, dass Gott Davids Herrn aufgefordert hat, zu ihm zu kommen und zu seiner Rechten zu sitzen, weist auf eine Zeit hin, in der der Messias nicht zur Rechten Gottes saß, diese Stellung also nicht innehatte. Auf der anderen Seite stellt sich die Frage: Welches bloße Geschöpf würde jemals aufgefordert werden, solch eine gottgleiche Stellung einzunehmen? Psalm 110,1 nimmt im Voraus auf das ganze majestätische Geschehen Bezug, auch wenn die Begriffe geheimnisvoll blieben, bis die Erfüllung ihre wahre und volle Bedeutung offenbarte. Im Blick auf »Christus Jesus« heißt es:

> … der, da er in Gestalt Gottes war, es nicht für einen Raub achtete, Gott gleich zu sein, sondern sich selbst zu nichts machte und Knechtsgestalt annahm, indem er in Gleichheit der Menschen geworden ist, und, in seiner Gestalt wie ein Mensch erfunden, sich selbst erniedrigte, indem er gehorsam wurde bis zum Tod, ja, zum Tod am Kreuz. Darum hat Gott ihn auch hoch erhoben und ihm den Namen gegeben, der über jeden Namen ist, damit in dem Namen Jesu jedes Knie sich beuge, der Himmlischen und Irdischen und Unterirdischen, und jede Zunge bekenne, dass Jesus Christus Herr ist, zur Verherrlichung Gottes, des Vaters (Phil 2,6-11).

Die Verherrlichung Jesu und das Problem des Bösen

Vielleicht gab es in der Menge trotzdem noch einige, die einen wichtigen Einwand hatten: Wenn Jesus wirklich der König und Messias war, wo war dann irgendein Beweis für sein Reich? Wann würde er damit beginnen, dem Problem des Bösen ein Ende zu setzen? Und wenn er das nicht tat, wie konnte er dann der Messias sein?

Die Frage trifft uns heute vielleicht mit noch größerer Wucht als die Menge in Jerusalem damals. Seit seiner Erhöhung sind fast 2000 Jahre vergangen. Aber wo gibt es auch nur den geringsten Hinweis darauf, dass er versucht hat, das Problem des Bösen zu beseitigen? Tatsächlich blühte im 20. Jahrhundert mit dem Holocaust, den Säuberungen Stalins, den Killing Fields von Kambodscha und Tausenden weiteren Gräueln das Böse auf, das vielleicht größer war als in jedem vorherigen Jahrhundert. Jesus hat offensichtlich nicht versucht, das Böse auszurotten. Wie glaubhaft ist es also, dass er sowohl Herr als auch Messias ist?

Ein weiteres Mal finden wir die Antwort in dem Psalm. Es war nie Gottes Plan, dass der Messias unmittelbar nach seiner Erhöhung das Böse ausrotten würde. Die Aufforderung lautete vielmehr: »Setze dich zu meiner Rechten, *bis* ich deine Feinde hinlege als Schemel deiner Füße.«[51] Hier sehen wir eine Zeit zwischen seiner Erhöhung und der Unterwerfung seiner Feinde, in deren Verlauf er zur Rechten Gottes sitzen und den Zeitpunkt seines Zweiten Kommens erwarten würde. Erst dann würden seine Feinde zum Schemel seiner Füße hingelegt werden.

Was für eine Gnade, dass dieser Zeitraum in dem Heilsplan festgeschrieben ist – natürlich für uns alle, aber insbesondere für die zahlreich Versammelten, die Petrus zuhörten! Sie hatten den menschgewordenen Gott gekreuzigt, und er war nun in die Stellung höchster Macht im Universum erhöht worden. Wie wäre es gewesen, wenn es keinen Zeitraum dazwischen gegeben und er das Böse auf der Stelle ausgerottet hätte? Wir befinden uns, wie Petrus herausstellt, bereits in den letzten Tagen des gegenwärtigen Zeitalters. Die kosmischen Erschütterungen werden schon bald eintreten. Darauf wird der große und herrliche Tag des Herrn folgen und dann das messianische Zeitalter anbrechen. Aber danken wir Gott für die gegenwärtige Zeit!

Der endgültige Beweis

Zu diesem Zeitpunkt drang es etwa 3000 Menschen in der Menge durchs Herz, und sie fragten angstvoll die Apostel, was sie tun sollten. Petrus antwortete denen, die im Grunde diejenigen waren, welche Jesus zu Tode gebracht hatten, natürlich mit dem Evangelium: An der Gabe des Heiligen Geistes konnten auch sie Anteil haben. Sie war durch den

51 A. d. H.: Vgl. 2,34-35.

vollkommenen Gehorsam des Mannes, den sie gekreuzigt hatten, errungen worden. Die Betreffenden brauchten keine Angst mehr davor zu haben, dass Gott in die Natur eingreifen würde. Sie brauchten sich nicht vor Blut, Feuer und Rauchdampf zu fürchten, so sicher das Vorausgesagte auch geschehen würde. Sie sollten nicht mehr vom Gericht am Tag des Herrn verschlungen werden. Stattdessen konnten sie nun Gottes gegenwärtiges gnadenreiches Eingreifen erfahren, der ihnen seine Barmherzigkeit und die Errettung zueignen würde. Sie sollten in wahrer Buße Jesus als den Herrn anerkennen, von dem Joel sprach, und diesen anrufen. Er würde ihnen den verheißenen Heiligen Geist geben. (Das galt auch für jeden anderen – egal, ob Jude oder Heide –, der ihn auf diese Weise anrufen würde.) Und indem sie den Heiligen Geist empfangen würden, würden sie den endgültigen Beweis für die Auferstehung und Himmelfahrt Jesu aufgrund ihrer eigenen subjektiven Erfahrung finden. Und dann würden sie alle, wenn auch unverdient, unerschütterliche Beständigkeit aufgrund des Verdienstes eines anderen inmitten einer sich verändernden und verfallenden Welt kennenlernen. Eine solche Beständigkeit entspringt einer persönlichen Beziehung zu Gott, die durch den ewigen Geist des lebendigen Gottes entsteht, den man im Hier und Jetzt empfängt und der uns auch nach unserem irdischen Tod nicht verlassen wird. Damit können auch wir sagen: »Er ist zu meiner Rechten: Ich werde nicht wanken.«

Das war natürlich an Bedingungen geknüpft. Zuerst brauchten die dort Versammelten Vergebung. Der Empfang des Heiligen Geistes stellt die innige und direkte Beziehung zwischen dem jeweiligen Menschen und dem heiligen Gott her, die im Leben des Betreffenden erfahrbar wird. Eine solche Beziehung kann niemals gebildet werden, solange man sich nicht der Frage nach Sünde und Schuld ehrlich stellt und sie angemessen beantwortet.

Wenn die Betreffenden nun Vergebung erlangen wollten, mussten sie Buße tun. Und dabei ging es nicht in erster Linie um ihre Sünde im Allgemeinen, sondern um ihre eigentliche Sünde: ihre falsche, rebellische Haltung gegenüber Jesus Christus und dem Vater, der ihn gesandt hatte. Ihre Buße musste zudem aufrichtig sein und sich als aufrichtig erweisen. Und zwar nicht so, dass sie als gesamte Gruppe Buße taten, sondern hier ging es um jeden Einzelnen – ob Mann oder Frau. Und es ging nicht nur um Worte allein, sondern auch um Taten: »Tut

Buße, und jeder von euch werde getauft auf den Namen Jesu Christi zur Vergebung eurer Sünden, und ihr werdet die Gabe des Heiligen Geistes empfangen« (Apg 2,38).

Zwei Dinge hinsichtlich der Bedingungen, die Petrus ihnen darlegte, haben einige Menschen verwirrt. Erstens, warum wurde hier nicht die Notwendigkeit zu glauben erwähnt, wie das normalerweise bei anderen Gelegenheiten der Fall war (z.B. 10,43; 13,39; 16,31; 20,21)? Die Antwort ist sicherlich, dass die Menschen, zu denen er redete, bereits glaubten, dass Jesus tatsächlich Herr und Christus war. Wenn sie nicht geglaubt hätten, hätten sie nicht gefragt, was sie tun sollten.

Zweitens, wie kann Petrus darauf beharren, dass die Menschen zuerst getauft werden mussten, um Vergebung und die Gabe des Heiligen Geistes zu erlangen? Widerspricht das nicht der Vorgehensweise an anderen Stellen (z.B. 10,44-48), der zufolge die Menschen zuerst glauben, danach Vergebung und den Heiligen Geist empfangen und dann – und erst dann – getauft werden? Und könnte nicht die Reihenfolge, auf der Petrus hier besteht, den Schluss nahelegen, dass Vergebung und die Gabe des Heiligen Geistes nicht irgendwie durch die Taufe *erworben* werden, anstatt einzig auf der Grundlage des Glaubens zu beruhen?

Die Antwort findet sich in der besonderen Situation, die Petrus anspricht. Viele in der Menge vor ihm hatten wenige Wochen zuvor lautstark die Kreuzigung Jesu gefordert. Nun sagten sie, dass sie darüber Buße taten, aber Petrus war nicht bereit, ihre bloße Behauptung zu akzeptieren. Das galt auch für Gott. Wie Johannes der Täufer vor ihm beharrte Petrus darauf, dass sie »der Buße würdige Früchte« bringen sollten (Lk 3,8). Mit ihrem Geschrei vor Pilatus hatten sie öffentlich die Ermordung Jesu gefordert. Wenn sie jetzt wahrhaft darüber Buße taten, dann sollten sie es dadurch zeigen, dass sie sich öffentlich auf den Namen Jesu taufen ließen. Sie mussten sich selbst retten »von diesem verkehrten Geschlecht« (Apg 2,40). Sie konnten nicht glaubhaft behaupten, angesichts der Ermordung Jesu Buße zu tun, und gleichzeitig immer noch auf der Seite seiner Mörder stehen und deren Ansichten vertreten. Sie mussten sich von ihrer bisherigen Anschauung und Haltung distanzieren, und zwar genauso öffentlich, wie sie diese zuvor öffentlich vertreten hatten. Wenn sie dazu nicht bereit waren, war Gott nicht bereit, ihre Buße als wahrhaft anzuerkennen. Und ohne Buße kann es keine Vergebung geben.

Die neue Gemeinschaft mit dem Messias und untereinander

Lukas berichtet uns, dass diejenigen getauft wurden, die die Botschaft des Petrus für sich annahmen. Und damit nicht genug: Sie distanzierten sich nicht nur von denjenigen, die weiterhin die Kreuzigung Jesu guthießen. Vielmehr schlossen sie sich auch der neuen Gemeinschaft der an Jesus Gläubigen an, die in Jerusalem Gestalt annahm. Diesbezüglich gab es keine neutrale Position. Wenn man also glaubte, dass Jesus der Messias war, dann musste man sich auf die Seite seiner Apostel stellen. Man musste sich mit ihrer Lehre beschäftigen und sich den Gläubigen anschließen, wenn sie das Brot brachen – eine Handlung, die den Tod Jesu für ihre Sünden und die in ihm geschaffene Einheit aller Gläubigen versinnbildlichte –, und regelmäßig an den gemeinschaftlichen Gebeten teilnehmen.

Außerdem brachten die durch die Apostel gewirkten göttlichen Wunder den Gläubigen nicht nur hohes Ansehen in der breiten Öffentlichkeit ein, sondern dies trug offensichtlich auch dazu bei, dass man die Gemeinschaft der Gläubigen als von den Übrigen deutlich unterscheidbare Gruppe wahrnehmen konnte. Sie trafen sich Tag für Tag öffentlich im Tempel, wobei sich ihnen eine immer größer werdende Anzahl an Bekehrten anschloss. Angesichts der unvermittelt auf 3000 Menschen angewachsenen Menge, die verpflegt werden musste und von denen viele die Stadt nur besuchten – wie wir am Kapitelanfang gelesen haben –, schnellten die Ausgaben in die Höhe, sodass die Gläubigen vor Ort mit ihren Mitteln schnell an ihre Grenzen kamen. In einer scheinbar spontanen Geste ihrer neu gefundenen Liebe und Ergebenheit legten sie ihre Einkünfte zusammen und verkauften, wenn nötig, ihren Besitz, um diesen besonderen Bedürfnissen zu begegnen.

So wurde auf der Erde in der Stadt Jerusalem die Gemeinschaft geboren, von denen Christus sagte, dass die Pforten des Hades sie nicht überwältigen werden (Mt 16,18). Ihr Erkennungsmerkmal war das Fundament, auf dem sie gebaut worden war: das Bekenntnis, dass der von den Toten auferstandene Jesus sowohl Herr als auch Christus ist.

Der Urheber des Lebens und das Wunder körperlicher Wiederherstellung (3,1 – 4,4)

Dem Wunder am Pfingsttag folgten in den folgenden Wochen noch viele weitere, aber nur eines wird detailliert beschrieben. Vermutlich wurde es deswegen für eine ausführliche Betrachtung ausgewählt, weil es die Botschaft vervollständigt, die zu Pfingsten weitergegeben wurde. Das Sprachwunder mit dem Reden in fremden Sprachen bestätigte das Zeugnis der Apostel, dass Jesus von Nazareth aus den Toten auferstanden war. Aber die Predigt des Petrus enthielt keine ausdrückliche Verheißung hinsichtlich der Auferstehung irgendeines anderen Menschen (obwohl sie uns in diese Richtung weiterdenken lässt). Diejenigen, die Buße tun, werden Vergebung und die Gabe des Heiligen Geistes empfangen. Beides waren geistliche Gaben, die die Betreffenden unmittelbar erhielten und die ihnen sofort zugutekamen. Über irgendwelche Wohltaten, die ihnen künftig in körperlicher Hinsicht helfen würden, wird nichts gesagt.

Dieser Teil unseres Evangeliums wird aber jetzt dargelegt. Zuerst durch die Wiederherstellung der vollkommenen körperlichen Gesundheit eines seit seiner Geburt lahmen Mannes und dann dadurch, dass Petrus die Konsequenzen der Auferstehung und Erhöhung Christi für die Hoffnung auf die Wiederherstellung aller Dinge erläutert.

Das Problem der angeborenen Fehlbildung

Als Petrus und Johannes eines Tages zur Zeit des Gebets zum Tempel hinaufgingen, kamen sie an einem lahmen Mann vorbei, der an einer Pforte des Tempels lag. Der Mann war von Geburt an lahm, und seine Freunde brachten ihn jeden Tag an die Tempelpforte, damit er dort um Geld betteln konnte. Dort versprach sich ein lahmer Bettler wie er einiges an Almosen. Die Anbetung eines liebenden und barmherzigen Schöpfers hat Menschen – speziell die Juden – schon immer bewegt, ihren benachteiligten Mitmenschen Liebe und Barmherzigkeit zu erweisen. Zumindest gilt dies dort in stärkerem Maße als in den Religionen und Philosophien, die Leid als verdientes und unvermeidliches Karma des Leidenden betrachten.

Der Mann bat Petrus und Johannes um Geld, aber sie hatten gerade keines bei sich. Sie hätten es ihm selbstverständlich gegeben, wenn sie einen gewissen Betrag dabeigehabt hätten. Und das sollten wir in ähnlichen Situationen auch tun. Aber alles gegebene Geld und alle liebevolle Fürsorge, die im Namen eines barmherzigen Schöpfers aufgewendet worden ist, haben das Problem des lahmen Mannes nur lindern, aber nicht lösen können. Der Anblick eines von Geburt an fehlgebildeten Menschen ist an sich schon erschütternd. Aber für jemanden, der an einen liebenden Schöpfer glaubt, ist der Anblick eines Menschen, der hilflos an der Schwelle zum Tempel genau dieses Schöpfers liegt, eine Erinnerung an eine erschütternde und schmerzhafte Frage: Wenn ein allliebender und allmächtiger Schöpfer da ist, warum leidet dann überhaupt eines seiner Geschöpfe an einer angeborenen Fehlbildung? Weshalb gibt es dann überhaupt Menschen mit geistigen oder körperlichen Behinderungen, die auf die Barmherzigkeit ihrer Mitmenschen angewiesen sind?

Ehrfürchtige und glaubende Menschen werden die biblische Erklärung für die geistigen, seelischen und körperlichen Wracks der Menschheit als Ergebnis des Sündenfalls akzeptieren. Dies ist sogar eine höherstehende und hoffnungsvollere Erklärung als diesbezügliche trostlose Theorien, die vom Materialismus geprägt sind. Ihnen zufolge entspricht dies dem bloßen Ergebnis, das man von unpersönlichen, ziellos wirkenden Kräften erwarten könne. Diese wirkten planlos auf blinde Materie ein und brächten durch Zufall menschliche Wesen hervor, die letztlich dazu verdammt seien, von denselben blinden unpersönlichen Kräften zerstört zu werden, ohne dass dem irgendein Sinn zugrunde liege. Aber selbst wenn wir verstandesmäßig akzeptieren, dass diese menschlichen Wracks das Ergebnis der ursprünglichen Rebellion des Menschen gegen seinen Schöpfer sind, stellt das Herz weiterhin unaufhaltsam diese Fragen: Hört der Schöpfer denn nicht das Schreien seiner aus den Fugen geratenen Schöpfung? Und wenn er es hört, warum beabsichtigt er nicht, mehr zu tun, als an uns zu appellieren, Fürsorge und Barmherzigkeit zu erweisen? Wenn er es nicht hört, wie können dann wir, die derzeit gesund sind, uns danach sehnen, ihn in seinem Tempel für seine Liebe und Barmherzigkeit anzubeten? Würden nicht die Schreie und das Gestöhn der Missgebildeten außerhalb der Tempelpforte unsere Anbetung ersticken?

Selbst wenn alle Christen auf der ganzen Welt all ihr Geld geben und sich die Finger abarbeiten würden, um das menschliche Leid zu lindern, wäre das nicht die letzte Antwort auf derartige Fragen. Und was die Welt um uns her betrifft, so gilt: Wenn das alles wäre, was das christliche Evangelium der Welt sagen könnte angesichts all des Leids – dass wir wie der barmherzige Samariter handeln und unser Bestes tun sollten, um einander zu helfen –, würde unser Evangelium letztlich nicht die Dankbarkeit der Welt verdienen, sondern Mitleid, wenn nicht sogar Verachtung hervorrufen. Das Christentum muss eine bessere Antwort darauf haben, wenn es glaubwürdig im Namen eines allliebenden und allmächtigen Gottes sprechen will. Und eine solche Antwort hat es natürlich auch.

Da er kein Geld bei sich hatte, das er dem Mann hätte geben können, gab Petrus ihm etwas viel Besseres. Im Namen Jesu Christi von Nazareth vollbrachte er ein Wunder, das dessen Behinderung beseitigte und ihm vollkommene körperliche Gesundheit gab. Der Mann war verständlicherweise außer sich vor Freude und begleitete die Apostel in den Tempel, indem er ging, sprang und Gott lobte. Das war natürlich ein Anlass zu großer Freude, aber zumindest für uns, die wir die Geschichte lesen, bleibt die ursprüngliche Frage unbeantwortet. Ja, es wirft sogar noch mehr Fragen auf: Wenn der auferstandene Christus seine Apostel *tatsächlich* dazu befähigte, zeitweise solche Wunder zu vollbringen – und diesbezüglich habe ich keinerlei Zweifel –, warum befahl er ihnen dann nicht, alles fallen und liegen zu lassen und systematisch vorzugehen, um aus dem ganzen Land jede erdenkliche Krankheit auszurotten? Lukas berichtet später (5,12-16), dass sie alle heilten, die man aus dem Umfeld von Jerusalem zu ihnen brachte. Warum ließ Christus sie dann nicht in den nächsten 20 Jahren im Römischen Reich alle Kranken heilen? So hätte das Christentum auf jeden Fall Einzug in die säkularen Geschichtsbücher gefunden! Aber es gibt keinen Hinweis darauf, dass die Apostel etwas Derartiges unternommen hätten.

Und dann hatten die Menschen der Volksmenge in Jerusalem natürlich auch Fragen, als sie den Lahmen erkannten und mit eigenen Augen sehen konnten, dass ein erstaunliches Wunder geschehen war. Sie strömten zu den Aposteln, um eine Erklärung dafür zu bekommen.

Vielleicht hat es sie tief beeindruckt, dass sie einen Lahmen sahen, der jetzt umherging, sprang und Gott lobte. Gott hatte auf irgendeine

Art tief in ihrem Inneren eine Saite berührt. Da sie seit ihrer Kindheit die Synagoge besuchten, hörten sie an jedem Sabbat das Gesetz und die Propheten (13,27). Manche Stellen in den Propheten waren ohne jeden Zweifel lyrischer Art, wenn sie vom Kommen der messianischen Herrschaft sprachen. Nehmen wir beispielsweise Jesaja 35,5-6:

> Dann werden die Augen der Blinden aufgetan und die Ohren der Tauben geöffnet werden; dann wird der Lahme springen wie ein Hirsch, und jubeln wird die Zunge des Stummen …

Die Zyniker und Ungläubigen taten dies natürlich als Utopie ab. Die gläubigen Israeliten hingegen glaubten an die Verheißung. Die Einfältigen nahmen es wörtlich; die Intellektuellen lasen es als poetische Darstellung. Beide schöpften daraus unermesslichen Trost und Hoffnung, wie es Tausende von gläubigen Juden (und Christen) über die leidvollen Jahrhunderte hinweg taten und immer noch tun. Aber was war das jetzt? Ein Lahmer, der springt!? War das der Beginn des messianischen Zeitalters? Wurden die Voraussagen der Propheten vor ihren Augen erfüllt? Und zwar buchstäblich?

Die Antwort des Petrus lässt keinen Zweifel aufkommen: Nein, dies war nicht der Beginn des messianischen Zeitalters. Seine Auslegung des Joelzitats am Pfingsttag hatte ihre Position genau festgelegt: Sie befanden sich in den letzten Tagen des gegenwärtigen Zeitalters (Apg 2,17). Das kommende Zeitalter, das messianische Zeitalter, war noch nicht angebrochen. Und um daran keinen Zweifel zu lassen, sagte er der Menge, bevor er dieses Thema zu diesem Zeitpunkt abschließen würde, dass das messianische Zeitalter der Wiederherstellung aller Dinge nicht vor der Wiederkunft des Messias beginnen würde (3,20-21).

Das eben vollbrachte Wunder war, wie viele der Wunder des Herrn selbst, einfach nur ein Zeichen, ein Hinweis auf das kommende Zeitalter, ein Vorgeschmack auf die letztendliche Wiederherstellung aller Dinge, eine Darstellung der Macht dieses zukünftigen Zeitalters (Hebr 6,5). Es beinhaltete also eine mächtige Zusage dahin gehend, dass das messianische Zeitalter einmal kommen wird, aber dadurch wurde umso eindringlicher die Frage aufgeworfen: Warum nicht jetzt? Wenn Petrus und Johannes die Macht hatten, einen von Geburt an Lahmen zu heilen, warum nicht alle Lahmen? Wie konnte es moralisch vertretbar, geschweige denn christlich sein, die Macht zu haben und sie nicht für die Heilung aller Leidenden einzusetzen? Lassen wir es Petrus selbst erklären.

Vollkommene Gesundheit und der Urheber des Lebens

Zuerst tadelt er die Menge dafür, über das Wunder erstaunt zu sein: »Männer von Israel, was verwundert ihr euch hierüber?«, dann tadelt er sie wegen der Annahme, er und Johannes hätten den Mann durch ihre eigene Kraft oder Frömmigkeit geheilt (Apg 3,12).

Es war (und ist) eine weitverbreitete Vorstellung, der Mensch könne durch ein geheiligtes Leben und geistliche Übungen eine Menge Verdienste erwerben und dadurch Wunder vollbringen. Diese Vorstellung hat sich von Zeit zu Zeit sogar in abergläubische Formen des Judentums und Christentums eingeschlichen. Aber dem Wesen dieser beiden Glaubensrichtungen war dieser Gedanke immer fremd. In Wirklichkeit entspricht er einer völlig heidnischen Vorstellung. Welche Wunder Christen auch vollbracht haben, sie waren nie mehr als ein Werkzeug in der Hand des auferstandenen Herrn, der sie gebraucht hat – oder auch nicht –, wann und wo er wollte. Kein wahrer Christ hat jemals ein Wunder vollbracht oder geglaubt, ein Wunder vollbracht zu haben, das durch die Kraft seiner eigenen Verdienste bewirkt wurde oder durch eine angeborene, gewissermaßen unabhängige Kraft, die ihn dazu befähigte, Wunder nach Belieben zu tun und sie im Voraus öffentlichkeitswirksam anzukündigen. Das ist eher das Kennzeichen dämonischer Mächte.

Und überhaupt, im Anschluss an all die Predigten nach Pfingsten und die ganzen Wunder hatte die Menschen in der Menge keinen Grund, über dieses weitere Wunder erstaunt zu sein oder sich über den Ursprung Gedanken zu machen. Sie wussten im Grunde ihres Herzens, woher es kam und was Petrus ihnen sagen wollte. Aber was dann folgte, war wichtig – für sie damals und für uns heute. Petrus wollte der Menge noch einmal vor Augen führen, dass sie bei dem, was sie kurz zuvor getan hatten, grundverkehrt gehandelt hatten und auf schlimme Abwege geraten waren. Am Ende seiner Ausführungen sollten wir alle erneut verstanden haben, warum diese Erde noch kein Paradies ist und wieso das messianische Zeitalter und die Wiederherstellung aller Dinge noch auf sich warten lassen.

Deshalb beginnt Petrus seine Erklärung folgendermaßen: »Der Gott Abrahams und der Gott Isaaks und der Gott Jakobs, der Gott unserer Väter, hat seinen Knecht Jesus verherrlicht« (3,13). Das ist nicht die wortreiche Rhetorik eines armseligen Predigers. Petrus erinnert die Menge vielmehr bewusst an das gewaltige historische Phänomen der bloßen Existenz Israels unter all den Nationen. Er beginnt mit dem Bezug auf Abraham als Stammvater und Ahnherr des Volkes Israel, erwähnt dann die Patriarchen in ihrer Gesamtheit (3,13.25), verweist auf die großartigen Prophezeiungen Jesajas über den Knecht des Herrn[52] und führt die lange Reihe der Propheten an (3,18.21.24.25) – vor allem Mose (3,22) und auch Samuel (3,24) –, bevor er schließlich wieder zu Abraham, dem ihm verheißenen Nachkommen und dem Knecht des Herrn zurückkehrt (3,25-26).

Was für eine brillante Abfolge dieser ganzen Schar über die Jahrhunderte! Etwas Derartiges findet sich in keiner anderen Nation während der gesamten Weltgeschichte. Und seine Bedeutung übersteigt jede Vorstellung. Es war die erste bedeutende Phase in Gottes Plan im Blick darauf, dass er die Welt mit sich selbst versöhnen und das Friedenszeitalter einführen wollte.

Relativ spät in der Völkergeschichte wurde Israel zu einer Nation. Dass Gott es durch die Berufung Abrahams als besonderes Volk erwählte und dass er die fortwährende Existenz seiner Nachkommen gewährleistete, war seine Antwort auf die vom Götzendienst ausgehende Deutung des Universums, der alle Nationen zu jener Zeit verfallen waren. Dieses Handeln Gottes war der fast allumfassenden Abkehr von ihm diametral entgegengesetzt und bezeugte der ganzen Welt, dass man nicht zum Weltfrieden und zum Paradies gelangen kann, wenn man die Materie und die Kräfte sowie die Abläufe des Universums vergöttert und verehrt oder die menschlichen Triebe im psychischen und körperlichen Bereich (wie Sex, Habsucht, Selbstverherrlichung, Aggression usw.) gleichsam auf eine göttliche Ebene erhebt und anbetet. Wer Götzendienst treibt, handelt grundverkehrt. Wer Götzen anbetet, lebt mit

52 A. d. H.: Insbesondere in Vers 18 werden die Leiden des Christus erwähnt, die vor allem im Buch Jesaja vorausgesagt werden.

einer Lebenslüge. Unser Universum ist das Werk des einen wahren Schöpfergottes. Die Harmonie einer wahren Beziehung zwischen dem Menschen und diesem Schöpfer ist die Voraussetzung für das Paradies.[53]

Dann kamen Mose und eine lange Reihe an Propheten, die nicht nur die Heiden, sondern insbesondere auch Israel eindringlich darauf hinwiesen, worauf Frieden und Paradies beruhen müssen. Sie können niemals eine Religion – auch wenn sie rein monotheistisch ist – zur Grundlage haben. Eine derartige Religion ist entweder amoralisch oder unmoralisch, kümmert sich nicht um Wahrheit, Heiligkeit sowie Gerechtigkeit und umfasst individuelle, soziale und politische Aspekte. Zahlreiche Revolutionen unter heidnischen Völkern haben uns genau dies gezeigt. Obwohl sie auf einigermaßen angemessenen Grundsätzen beruhten, konnten sie die grundlegende Sündhaftigkeit des menschlichen Herzens selbst unter ihren stärksten Unterstützern nicht erfolgreich beheben.

Sowohl in Bezug auf die Schaffung des allumfassenden Friedens als auch hinsichtlich des Lebens im Paradies hatte und hat Gott seinen eigenen Zeitplan. Die äußeren Bedingungen des Paradieses hätten durch eine Handbewegung Gottes herbeigeführt werden können. Aber ein Paradies, in das keine Menschen – ob Männer oder Frauen – gesetzt werden konnten, wäre nutzlos gewesen. Die Menschheit musste verstehen und anerkennen, dass nur Gottes Zielsetzung für das Paradies umsetzbar sein würde – und *das* konnte nicht nur durch die von Gott inspirierten Offenbarungen und Gebote erreicht werden. Die Menschheit musste – und muss – durch die harte Schule der historischen Erfahrungen gehen.

Und doch gab es von Anfang an stets ein weiteres Prinzip in Gottes Heilsplan – wie Petrus der Menge aufzeigt (3,25). Im Grunde bestand es von dem Augenblick an, in dem Gott seinen Bund mit Abraham schloss. Damit ist sein Entschluss gemeint, die Menschheit zu segnen und seine gefallene Schöpfung wiederherzustellen. Darum ging es bei Gottes Bundesschluss mit Abraham: »Und in deinem Nachkommen

---

53 A.d.H.: Dem neutestamentlichen Zeugnis zufolge gibt es nach der Vertreibung des ersten Menschenpaares aus dem Paradies (1Mo 3) das »Paradies Gottes« (vgl. Offb 2,7). Geistlich gesinnte Menschen erwarten kein irdisches Paradies wie am Anfang der Menschheitsgeschichte, sondern ebenjenes himmlische Paradies Gottes.

werden gesegnet werden alle Geschlechter der Erde.« Im ersten Moment scheint sich Gott mit dem Ausdruck »in deinem Samen« (V. 25 [Schlachter 2000]) auf das Volk, das aus der Nachkommenschaft Abrahams hervorgehen sollte, zu beziehen. Und in gewisser Weise stimmte das auch. Aber im Laufe der Geschichte geriet das Volk ein um das andere Mal in alle Arten moralischer und geistlicher Notlagen schwerwiegender Art. Deshalb erhielt nur die Erinnerung an den Bund mit den Stammvätern – mit Abraham und den übrigen Patriarchen – die Hoffnung am Leben, dass eines Tages alle Völker der Erde durch Abrahams Nachkommen gesegnet werden würden.

Im Laufe der Jahrhunderte begann Gott, seine Verheißung zu konkretisieren. Mose, der Israel aus der Sklaverei in Ägypten herausgeführt hatte, wurde die Verheißung von Gott gegeben, dass in Israel ein besonderer Prophet aufstehen würde: »Einen Propheten … gleich mir …« (Kap. 3,22; 5Mo 18,15-18). Einige Jahrhunderte später erhielt Jesaja den Auftrag, die Verheißung zu verkündigen, dass nach dem Versagen des Volkes als Gottes Knecht (und trotz dieses Versagens) Gott den von ihm erwählten, seinesgleichen suchenden Knecht erwecken würde, der nicht nur Israel erlösen, sondern sich als dieser Retter der Welt erweisen würde (3,13.26; Jes 49,1-6).

Wie Petrus sagt (Apg 3,21.24), zieht sich – angefangen bei Samuel – ein gemeinsames Thema durch die Propheten. Es betrifft im Grunde alle Vorschattungen, Verheißungen und Weissagungen – nämlich dahin gehend, dass Gott seinen Erlöser, König, Knecht und Messias senden würde. Er würde eines Tages all das wiederherstellen, was all seine Propheten einhellig verheißen hatten und was seinen Wiederherstellungszusagen entsprechen würde. Das Zeitalter des Friedens und des Paradieses würde anbrechen.

Aber nun war für Petrus die Zeit gekommen, die hässliche Eiterbeule im Gedächtnis der Volksmenge aufzuschneiden. Er verkündigte den Namen dieses Knechtes: Jesus. Gott, so Petrus, erweckte ihn und sandte ihn zu euch (3,26); ihr habt ihn verworfen und getötet (3,13-15), doch Gott hat ihn verherrlicht, indem er ihn zu seiner Rechten im Himmel erhoben hat (3,13).

Man kann sich das Entsetzen, die Schuldgefühle, den Unmut und die Einwände der Volksmenge gut vorstellen: »Wie kannst du das so selbstsicher behaupten? Welches Recht hast du, das zu sagen?« Aber die Zuhörer hatten den Beweis vor ihren Augen. Der einst Gelähmte stand vor ihnen (und er war umhergegangen und -gesprungen!). »Wir haben diese vollständige Heilung nicht durch unsere eigene Kraft oder Frömmigkeit bewirkt. Es ist vielmehr der Name Jesu, der diesen Menschen körperlich völlig wiederhergestellt hat, wie ihr mit eigenen Augen sehen könnt, und wir haben nichts getan, als uns im Glauben Jesus zuzuwenden.« Damit ging Petrus zur Darlegung ihrer Schuld über, indem er sie in drei Punkte aufgliederte:

1. »… den ihr freilich überliefert und angesichts des Pilatus verleugnet habt, als dieser geurteilt hatte, ihn freizulassen« (3,13). Am Pfingsttag hatte Petrus die Volksmenge angeklagt, sich gewisser Menschen außerhalb des (jüdischen) Gesetzes (d.h. der Heiden) bedient zu haben, Jesus zu töten (2,23). Hier wird der Schwerpunkt etwas anders gesetzt. Petrus erinnert sie nämlich an folgende Tatsache: Als sie Jesus, den Knecht Gottes, dem Heiden Pilatus übergeben hatten, fand dieser keinen Grund, ihn zu kreuzigen. Er wollte es nicht tun und versuchte alles, ihn freizulassen. Aber sie verleugneten und verwarfen ihn – sie, die Söhne des Bundes, die Angehörigen des bevorrechteten Volkes, aus dessen Mitte der verheißene Same und Knecht hervorgehen sollte, um die Heiden zu segnen! Sie sagten den Heiden, dass sein Anspruch auf Gottessohnschaft unsinnig sei, und schlimmer noch: Sie bestanden darauf, dass die Heiden ihn kreuzigten. Und ohne ihn hatten sie seitdem keine glaubwürdige Hoffnung mehr, die sie den Heiden vorlegen konnten. Ja, sie scheinen die Versuche, Heiden zu dem Gott Israels zu rufen, aufgegeben zu haben.

2. »Ihr aber habt den Heiligen und Gerechten verleugnet und gebeten, dass euch ein Mann, der ein Mörder war, geschenkt würde« (3,14). Pilatus hatte ihnen die Wahl zwischen Jesus und Barabbas gelassen, indem er dachte, dass sie sich angesichts der enormen charakterlichen Unterschiede zwischen Jesus und Barabbas niemals für Barabbas entscheiden würden (ungeachtet dessen, wie sehr sie Jesus ablehnten). Aber vor die Wahl gestellt, zogen sie es vor, statt für den vollkommen Heiligen und Gerechten sich für Barabbas zu entscheiden, der schon zum Mörder geworden und weiterhin bereit war, politische Ziele gewaltsam durchzusetzen. Tausende treffen immer noch dieselbe Wahl. Ja, es kommt nicht selten vor, dass die Mörder von heute die Regierung von morgen stellen, aber das führt natürlich nicht zum Frieden und zum Paradies.

3. »… den Urheber des Lebens aber habt ihr getötet« (3,15) – was den selbstmörderischen Wahnsinn der Rebellion gegen Gott und der Verwerfung seines verheißenen Retters für die Menschen aufzeigt. Keine Wohltaten vonseiten der Gemeinde, keine Wunder einer körperlichen Heilung und nicht einmal die Teilnahme am Tempelgottesdienst konnten den Menschen ewiges Leben und das Paradies zueignen, solange sie den Urheber des Lebens verwarfen.

Man muss nicht extra erwähnen, dass Petrus nicht antisemitisch eingestellt war, ebenso wenig wie die alten Propheten Israels, wenn sie unter Tränen die Sünden ihres Volkes brandmarkten. Petrus war ein treuer Sohn Israels und sofort bereit anzuerkennen, dass die Menge in Unwissenheit gehandelt hatte. Ja, das galt auch für ihre Obersten, obwohl man von denen hätte erwarten können, dass sie es besser wussten (3,17).

Zudem klang seine Stimme versöhnlich, als er darauf hinwies, dass Gott gerade ihre Unwissenheit zugelassen hatte, um so das Leiden und den Tod des Messias herbeizuführen – Sachverhalte, die die Propheten als unausweichlich vorausgesagt hatten (3,18). Jesaja hatte erklärt, warum der Knecht des Herrn leiden musste. Wenn »die Vielen« gerechtfertigt werden sollten, dann musste der Knecht ihre Ungerechtigkeiten tragen (Jes 53,11). Er musste um ihrer Übertretungen willen verwundet und um ihrer Ungerechtigkeiten willen zerschlagen werden; die Bestrafung, die ihnen Frieden bringen würde, musste ihm auferlegt werden, damit sie durch seine Wunden geheilt und mit Gott versöhnt werden konnten (Jes 53,5).

Gott ging nicht daran, seinen Bund mit Abraham zu widerrufen. Er hatte in völliger Übereinstimmung mit diesem Bund seinen Knecht Jesus gesandt, um zuerst Israel zu segnen, bevor die Segnungen auf die Heiden ausgeweitet werden würden (Apg 3,25-26). Gott hielt an seiner Absicht fest: Die Zeit der allgemeinen Wiederherstellung würde kommen – die Zeit, die Gott vorausgesehen und von Beginn der Welt an angekündigt hatte (3,21). Es würde die Zeit sein, in der die Schöpfung von der Knechtschaft des Verderbens frei gemacht und zu der Freiheit der Herrlichkeit der Kinder Gottes gebracht werden würde (Röm 8,21). Dann würden niemals mehr Menschen mit körperlichen Missbildungen oder geistigen Behinderungen an die Schwelle des Tempels gebracht werden, weil es dann keinen mehr geben würde, der um Almosen und Erbarmen bat.

Wenn die Menschen in der Menge es wollten, konnten ihre Sünden ausgetilgt und sie auf die Teilhabe an der künftigen Herrschaft des Messias in Frieden und Herrlichkeit vorbereitet werden. Die Tür zur Umkehr stand offen, und die Zeit der Umkehr hatte Gott in seiner Gnade in seinen Heilsplan aufgenommen: Der Messias, in den Himmel aufgefahren, würde nicht unmittelbar das Gericht über seine Feinde hereinbrechen lassen und sein Reich aufrichten (Apg 3,19-21).

Auf der anderen Seite stand fest, dass der Messias wiederkommen würde (3,20). Die Zuhörer mussten Buße tun. Mose selbst hatte sie ermahnt und von dem »Propheten … gleich mir«[54] gesprochen, den Gott erwecken würde und auf den sie hören sollten. Jeder, der das nicht täte, würde aus seinem Volk ausgerottet werden (3,22-23). Gott würde nicht auf ewig warten, um die Friedensherrschaft des Messias aufzurichten.

Die Lektion für uns

Auch wir heute müssen Petrus' Darlegung des christlichen Evangeliums hören. Die Welt um uns her ist immer noch eine aus den Fugen geratene Welt und verlangt sehnlichst danach, dass sich die Gemeinde ihr mitleidsvoll und fürsorglich zuwendet. Wir Christen müssen geben, was wir können, denn: »Wer … die Güter dieser Welt hat und seinen Bruder Not leiden sieht und sein Herz vor ihm verschließt – wie bleibt die Liebe Gottes in ihm?« (1Jo 3,17 [Schlachter 2000]). Wir dürfen nicht den Fehler machen und denken, dass unsere christliche Fürsorge dem Inhalt des Evangeliums entspricht, und auch nicht zulassen, dass unsere sozialen Aufgaben die Verkündigung der Heilsbotschaft verdrängen.

Heutzutage will die Welt genauso wenig die Diagnose hinsichtlich ihrer Sünde und den Aufruf zur Buße und zum Glauben an Christus hören, wie dies damals bei der Menge im Tempel der Fall war. Wenn wir es zulassen, wird sie uns über Ethik und sogar über das Christentum selbst belehren. Sie behauptet: »Wenn jemand ein wahrer Christ wäre, würde er all die Lehren und Dogmen aufgeben, er würde aufhören, zu predigen und zu versuchen, die Menschen zu bekehren. Stattdessen würde er den Armen und Kranken im wahren Geist Jesu helfen.« Die

54 A.d.H.: Vgl. 5.Mose 18,15.

Wahrheit besteht darin, dass die Welt die Wohltätigkeit der Gemeinde in Anspruch nehmen, aber nicht ihren Retter und Erlöser haben möchte. Wer als Mensch der Welt persönlich mit dem Christus, mit dem »Heiligen und Gerechten«, konfrontiert wird, zieht oft die Sünde der Welt vor. Er wählt den Mörder, lehnt die Notwendigkeit der Erlösung ab und verwirft den Erlöser. Doch dies wäre ein Paradies ohne Buße, Gottes barmherziger Dienst ohne den, der gekommen ist, um zu dienen.

Aber das kann nicht sein. Unsere Erde ist keine Maschine, die aus sich selbst heraus entstanden ist und bei der gerade zufällig ein wenig danebengeht, was wir aber mit unserem wachsendem Know-how und unserer Technik wieder in Ordnung bringen können, wenn wir nur international zusammenarbeiten und jeder sich aufrichtig bemüht. Unsere Erde und unser Universum sind aus der Hand eines persönlichen Schöpfers hervorgegangen, und zu unserem Heil ist ein persönlicher Retter gekommen. Keine technische Erfindung, medizinische Behandlung, soziale Hilfe, wirtschaftliche Strategie, politische Besonnenheit oder Bildung der Massen, die man angesichts der Probleme unserer Erde anwenden könnte – nichts dergleichen vermag diese Probleme letztendlich zu lösen und das Paradies hervorzubringen, solange diese Welt mit ihrem Schöpfer entzweit ist und den ihm bestimmten Retter verwirft (3,20).

Wir dürfen also wissen: Es wird keine Wiederherstellung des Reiches, keine »Zeiten der Erquickung«, keine von den Propheten verheißene Wiederherstellung aller Dinge bis zum Zweiten Kommen Christi geben (3,20-21). Hören wir auf die eindeutigen Aussagen in der Heiligen Schrift, ohne uns in unseren falschen Erwartungen zu bestärken.

Und hören wir nicht auf zu predigen. Das Leid der Menschen und ihr Kummer sind gewaltig, aber am wichtigsten und dringendsten ist, dass sie Buße tun und sich mit Gott versöhnen lassen (2Kor 5,20). Stellen wir sicher, dass wir das Evangelium predigen und nicht bloße Moral weitergeben. Es ist eine sündige und rebellierende Welt, aber Gott hat in Christus die Initiative ergriffen, und es gibt einen gangbaren Weg der Vergebung und Versöhnung. Schämen wir uns nicht unserer Hoffnung, sondern leben wir sie ohne Zweifel und voller Freude. Die Welt wird dies als Fantasievorstellung verspotten. Was jedoch den Planeten betrifft, so reichen die Hoffnungen, die die Welt selbst hat, nicht weit genug – was jeder Kosmologe bestätigen wird. Und sie hat auch keinerlei Hoffnung für den Einzelnen, weil sie losgelöst von Gott und ohne den Messias lebt. Was wird einer jungen Mutter in den Dreißigern, die Krebs im Endstadium hat, das Versprechen eines neuen sozialen und politischen Zeitalters in der Zukunft nützen? In Christus gibt es Hoffnung, wahre Hoffnung – sowohl für sie als Einzelne wie auch für die gesamte Schöpfung. Gott, der die Welt und uns, die wir auf ihr leben, erschaffen hat, wusste im Voraus um die Rebellion des Menschen und hat einen Heilszeitplan offenbart, der die bestehende geistliche Not im Blick hat und der Aufgabe angemessen ist. Seine Verwirklichung ist bereits weit fortgeschritten. Bald wird die Freude über die Wiederherstellung das Universum erfüllen.

Konflikt zwischen den verschiedenen Weltanschauungen[55]

Die Menge hatte Petrus in einem der Tempelhöfe zugehört. Plötzlich erschien der Hauptmann des Tempels, verhaftete Petrus und Johannes und setzte sie in Gewahrsam (Apg 4,1-3). Dies war ein folgenreicher Augenblick, denn hier begann der Riss zwischen dem offiziellen Judentum und dem Frühchristentum, der sich später zu einer unüberbrückbaren Kluft ausweiten würde. Deshalb kennzeichnet Lukas hier sorgfältig die Menschen, die hier erstmalig versucht haben, das Christentum zu unterdrücken, sowie die Gründe für ihr Vorgehen.

Um es gleich zu Beginn zu sagen: Sie waren nicht repräsentativ für die jüdische Nation in ihrer Gesamtheit. Der Hauptmann des Tempels wurde den Aussagen des Lukas zufolge von Priestern und Sadduzäern begleitet (4,1). Der Ausdruck »Priester … *und* … Sadduzäer« legt nahe, dass diese besonderen Sadduzäer keine Priester, sondern Laien waren. Solche Sadduzäer, die nicht dem geistlichen Stand angehörten, waren

55 A. d. H.: Dieses Wort lässt sich folgendermaßen definieren: »Eine Weltanschauung beinhaltet zunächst *eine Erklärung und Deutung der Welt* und zweitens auch *eine Anwendung dieser Anschauung auf das Leben.*« Zitiert nach: John MacArthur (Hrsg.), Richard L. Mayhue (Mit-Hrsg.), John A. Hughes (Mit-Hrsg.), *Verändertes Denken. Zurück zu einer biblisch-christlichen Weltanschauung*, Bielefeld: CLV, 2005, S. 13. Diese Definition zeigt, dass dieser Begriff inhaltlich nicht mit dem Ausdruck »Ideologie« verwechselt werden darf, obwohl es natürlich Überschneidungen gibt.

weit davon entfernt, die Masse des Volkes zu repräsentieren. Sie zählten zu einer streng geschlossenen Gruppe von Adligen, die von alten aristokratischen Familien abstammten.

Die Priester, die den Hauptmann des Tempels begleiteten, waren vermutlich – wie er – ebenfalls führende Priester. Das bedeutet, dass sie hochrangige Priester waren, die wichtige priesterliche Ämter bekleideten und gemeinsam mit dem Hohenpriester die Abläufe und Dienste im Tempel überwachten. Sie waren nicht typisch für die Priesterschaft im Allgemeinen, die eher pharisäisch ausgerichtet war. Der Hohepriester und die führenden Priester bildeten die religiöse Herrschaftsschicht, die alles in ihrer Macht Stehende unternahm, damit die höchsten priesterlichen Ämter innerhalb eines engen Familien- und Freundeskreises blieben (4,6). Auch sie waren Sadduzäer, wie Lukas uns berichtet (5,17).

Zur Zeit des Neuen Testaments befanden sich in den Reihen des Hohen Rats viele Pharisäer. Gamaliel (5,34), der zur Vorsicht im Umgang mit den Christen mahnte, war einer von ihnen – und sie bremsten die Sadduzäer in erheblichem Maße. Dennoch übten die zu den Sadduzäern gehörenden Adligen innerhalb der Priesterschaft zusammen mit dem sadduzäischen Laienadel im Hintergrund eine Macht aus, die in keinem Verhältnis zu ihrer Anzahl stand.

Der Hohepriester stand dem Hohen Rat vor. Außerdem war er der einzige Vermittler zwischen dem Volk und Gott, denn nur er durfte am Versöhnungstag das Allerheiligste betreten. Der Hohepriester verhandelte im Namen des Volkes mit den maßgeblichen Vertretern der Herodianer und Römer. Und ihnen gegenüber war er in erheblichem Maße für das Verhalten des Volkes verantwortlich. Zudem war er die oberste geistliche Autorität für Juden außer Landes. Der Tempel, über dessen Dienst er gesetzt war, war somit das Ziel ihrer Pilgerreisen, sodass ihm ihre Geldspenden, die Entrichtung ihres Zehnten und ihre Opfer große finanzielle Gewinne einbrachten.[56]

Der erste Widerstand, der den Christen der urchristlichen Zeit entgegenschlug, kam demnach vonseiten der mächtigen Partei der

56 A.d.H.: Sogar von den Opfern profitierte er in finanzieller Hinsicht dahin gehend, dass z.B. Opfertiere im Heimatort des Opfernden verkauft wurden, bevor dann mithilfe der Tempelwährung in Jerusalem die tatsächlich geopferten Tiere (offenbar zu überhöhten Preisen) gekauft werden mussten. Dies erklärt auch die Anwesenheit der Geldwechsler bei *beiden* Tempelreinigungen während des Erdenlebens Jesu.

Sadduzäer, und zwar aus verschiedenen Gründen. Erstens stand das, was die Apostel predigten, im direkten Gegensatz zu den theologischen Überzeugungen der Sadduzäer. Die Apostel verkündigten die Auferstehung aus den Toten (4,2), aber es war ein Grundpfeiler in der sadduzäischen Theologie, dass es keine Auferstehung gebe, ebenso wenig wie das Weiterleben des menschlichen Geistes nach dem Tod (23,8).[57]

Außerdem waren Sadduzäer sehr weltlich eingestellt. In den vorangegangenen Jahrhunderten waren sie stark vom rationalen Denken und der Kultur der Hellenisten beeinflusst worden. Das hatte zu einer weltlichen Gesinnung und einer vergleichsweise lockeren Sicht in religiösen Fragen geführt, zumal sie dadurch in entsprechende Positionen gelangen konnten, um die religiös-politische Macht in der damaligen Welt des Judentums auszuüben.[58] Sie waren wohlhabend (sie verfügten über gewaltige Einnahmen aus dem Tempelgottesdienst), sie hatten Macht, sie verkehrten in den höchsten Kreisen (sowohl in jüdischen als auch in heidnischen), sie waren gebildet und gesittet und wussten sich angemessen zu verhalten. Die Welt, wie sie war, war gut genug für sie. Sie konnten nicht erkennen, was darin alles nicht in Ordnung war. Paulus würde später sagen, dass sie den gegenwärtigen Zeitlauf liebten. Es war die einzige Welt, an die sie wirklich glaubten.

Und nun waren hier diese christlichen Apostel, die auf zahlreiche Menschen aus dem einfachen Volk einredeten und ihnen gegenüber von Prophezeiungen, Eschatologie und der Hoffnung auf ein kommendes Königreich sprachen, die alle die Realität der Auferstehung voraussetzten. Dies war eine große Zumutung für ihre vom Hellenismus geprägte, vernunftgeleitete Denkweise; dies stellte ihren Lebensstil, ihre Weltsicht und ihre ureigensten Interessen infrage.

Aber es kam noch schlimmer. Die Pharisäer glaubten schließlich ebenso wie die Christen an die Auferstehung und das Weiterleben des menschlichen Geistes nach dem Tod. Die Sadduzäer hatten gelernt, sie zu tolerieren. Aber diese Christen verkündigten nicht nur

57 A. d. H.: Apostelgeschichte 23,8 kann sich auch allgemein auf Geistwesen beziehen, deren Existenz die Sadduzäer leugneten.

58 Emil Schürer, *The History of the Jewish People in the Age of Jesus Christ*, Bd. 2, durchgesehen und herausgegeben von G. Vermes, F. Millar, M. Black, Edinburgh: T &T Clark, 1979, S. 412. A. d. H.: Deutsche Ausgabe: *Geschichte des jüdischen Volkes im Zeitalter Jesu Christi*, Leipzig: J.C. Hinrichs'sche Buchhandlung, 1886. Die zwei Bände der englischsprachigen Ausgabe entsprechen vom Umfang her offenbar den beiden Bänden der Originalausgabe, die beide 1886 erschienen.

die Auferstehung, sondern sie lehrten das Volk, wobei sie *in Jesus* die Auferstehung aus den Toten verkündigten (Apg 4,2). Das konnte ernste Konsequenzen für die vornehmen Familien aus der Priesterschaft nach sich ziehen, wenn das Volk der Botschaft der Apostel glaubte. Jesus hatte sie in ihrem Tempel, an ihrer heiligsten Stätte, vor der Menge gebrandmarkt und des Diebstahls, des Raubes und der Entweihung dieses Heiligtums bezichtigt, weil sie im Tempel Geschäfte machten. Und sie waren die treibenden Kräfte gewesen, die auf seine Kreuzigung hingewirkt hatten. Sie wussten ihr politisches Geschick einzusetzen, um Pilatus zu erpressen. Und es waren auch die Sadduzäer gewesen, die die Menge dahin gehend aufgewiegelt hatten, dass diese die Freilassung des Mörders Barabbas anstelle von Jesus verlangte (Joh 19,14-16; Mk 15,11). Zu diesem Zeitpunkt wäre es gefährlich gewesen, wenn die Menge zu der Überzeugung gelangt wäre, dass Jesu Hinrichtung im Grunde Mord und Jesus tatsächlich der Messias war. Man durfte die Verbreitung der Lehre, dass Gott ihn von den Toten auferweckt hatte und er eines Tages wiederkommen würde, nicht zulassen. Als Sadduzäer glaubten sie nicht an ein zukünftiges persönliches Gericht. Der Gedanke, dass Jesus der Herr sei, dessen Namen sie nun anrufen müssten, wenn sie dem Gericht am großen und herrlichen Tag des Herrn entfliehen wollten, war für sie unsinnig. Aber es konnte gefährlich werden, wenn die Menge diese Botschaft annahm. Die Menge musste davon abgehalten werden, sie zu glauben (Apg 4,17; 5,28). Es gab in Jerusalem bereits eine ziemlich große Gemeinde von Bekehrten, die einige Tausend Menschen zählte und die sich der Autorität dieser sogenannten Apostel unterstellte. Die Predigt dieses Nachmittags würde weitere Früchte hervorbringen (4,4). Es war an der Zeit, diesen Aktivitäten Einhalt zu gebieten. Also verhaftete man Petrus und Johannes vor den Augen der Menge und setzte sie in Gewahrsam.

Schon dieser kurze Abriss eines Teils der neutestamentlichen Zeitgeschichte verdeutlicht, dass die ersten Christen der Weltsicht der Pharisäer näher standen als derjenigen der Sadduzäer (vgl. die Aussage des Paulus in 23,6: »Brüder, ich bin ein Pharisäer, ein Sohn von Pharisäern; wegen der Hoffnung und Auferstehung der Toten werde ich gerichtet«); und das gilt auch für das maßgebliche Christentum über alle Jahrhunderte hinweg. Und zwar in einem derart starken Maße, dass heute noch viele Menschen innerhalb der Christenheit (und auch eine ganze Menge außerhalb) etwas als sehr merkwürdig ansehen: Es ist die Tatsache, dass als Priester Amtierende mit Riten und gottesdienstlichen Handlungen Karriere machen können und doch gleichzeitig glauben, der Tod würde alles beenden, und es würde weder die Auferstehung noch ein endgültiges Gericht geben. Diese Menschen fragen verwundert: »Worin bestände der Sinn der Religion, wenn dies der Fall wäre?«

Die Sadduzäer hätten geantwortet, dass es in der Religion darum gehen würde, den Einzelnen und die ganze Nation während des irdischen Lebens in der Gunst Gottes zu bewahren und zusätzlich das politische, beruflich-geschäftliche, soziale und familiäre Leben der Menschen gemäß dem Gesetz Gottes in den ersten fünf Büchern des Alten Testaments zu beeinflussen, wenn nicht gar zu kontrollieren.

Während der letzten Jahrzehnte hat es innerhalb einiger christlicher Kreise mehr als einmal die Tendenz gegeben, zu einer Schriftauslegung gemäß derjenigen der Sadduzäer zurückzukehren. Die Verfechter des sogenannten säkularen Christentums, das in den 1960er- und frühen 1970er-Jahren verbreitet war, sind noch weiter gegangen als seinerzeit die Sadduzäer. Die verschiedenen Versionen der Befreiungstheologie sind entstanden, um gegen die sadduzäische Haltung einiger anzukämpfen, die sich durch ihren Priesterdienst bereicherten und Gelder veruntreuten, welche nicht nur von den vielen Gemeindegliedern, sondern auch von den einfachen Priestern stammten.[59] Aber wenn es um die Sicht der Befreiungstheologie bezüglich des Zweiten Kommens Christi und die Frage geht, wie das Zeitalter der Gerechtigkeit, des Friedens und des Lebens in der Segensfülle eingeführt wird, dann wird viel entschiedener die Weltsicht der Sadduzäer als diejenige der Christen vertreten.

Es geht häufiger um die Frage, welchen Schwerpunkt man hervorhebt, als darum, welche theologische Richtung man vertritt. In Großbritannien wird in einer Radiopredigt die christliche Hoffnung selten in derselben Klarheit und mit demselben Nachdruck dargelegt, wie wir sie bei der eben betrachteten Verkündigung des Petrus gesehen haben. Der

---

59 Vgl. J. Jeremias, *Jerusalem in the Time of Jesus*, London: SCM Press, 1969, S. 106-108. A. d. H.: Deutsche Ausgabe dieser Dissertation: *Jerusalem zur Zeit Jesu: Kulturgeschichtliche Untersuchung zur neutestamentlichen Zeitgeschichte*. Teile des Dokuments sind abrufbar unter: https://archive.org/details/jerusalemzurzeit0000jere_t5n7/page/n9/mode/2up (abgerufen am 11.1.2024).

Grund dafür besteht nicht darin, dass das Christentum zu einem vollkommeneren Verständnis hinsichtlich der Auferstehung, der Erhöhung und des Zweiten Kommens des Herrn gelangt wäre. Es liegt eher daran, dass viele Scheinchristen ihr Herz wieder der sadduzäischen Weltsicht zugewandt haben.

SATZ 2

Widerstand gegen diesen Heilsplan (4,5 – 6,7)

Unsere Position bestimmen

Weil wir einen Wendepunkt in der geschichtlichen Darstellung des Lukas erreicht haben, sollten wir jetzt innehalten und unsere Position bestimmen. Wenn wir auf die ersten vier Hauptpunkte im ersten Abschnitt zurückblicken (S. 41-43), können wir nun sehen, wie das Thema der Wiederherstellung aller Dinge sozusagen die inhaltliche Klammer um diese Einzelheiten bildet. Ebenso wie die Frage nach dem Zeitpunkt unter Punkt I hervorgehoben wurde, wurde unter Punkt IV die Antwort gleichermaßen betont:

Punkt I: »Herr, *stellst du* in dieser Zeit *für Israel das Reich wieder her*? Er sprach aber zu ihnen: Es ist nicht eure Sache, *Zeiten oder Zeitpunkte* zu wissen« (1,6-7).

Punkt IV: »… und er den euch zuvor bestimmten Christus Jesus sende, den freilich der Himmel aufnehmen muss *bis zu den Zeiten der Wiederherstellung* aller Dinge« (3,20-21).

In der weiteren Betrachtung werden wir feststellen, dass man um die nächsten vier Hauptpunkte auf ähnliche Weise eine Klammer setzen kann:

Punkt V: »Es geschah aber am folgenden Tag, dass ihre Obersten und Ältesten und Schriftgelehrten sich in Jerusalem versammelten, und *Annas, der Hohepriester, und Kajaphas und Johannes und Alexander und so viele vom hohenpriesterlichen Geschlecht waren …*« (4,5-6).

Punkt VIII: »Und das Wort Gottes wuchs, und die Zahl der Jünger in Jerusalem mehrte sich sehr; *und eine große Menge der Priester wurde dem Glauben gehorsam*« (6,7).

Die Haltung der jüdischen Priesterschaft gegenüber den ersten Christen wird also eines der Hauptthemen bei diesen vier Punkten sein. Insbesondere werden wir feststellen, dass es der Hohepriester, die führenden Priester und die Mitglieder der Familie des Hohenpriesters waren, die sich im Gegensatz zu den gewöhnlichen Priestern den Aposteln derart entschieden entgegenstellten. Dafür lassen sich natürlich Gründe anführen. Sie bildeten, gemeinsam mit dem Laienadel, die Herrscherklasse im Judentum; und der wachsende Einfluss der Apostel auf das Volk weckte bei ihnen sowohl Eifersucht (5,17) als auch Angst (5,28).

In den zurückliegenden Jahrhunderten war das Amt des Hohenpriesters – wie auch die Wahrnehmung aller Aufgaben, hinsichtlich derer das Gesetz entsprechende Bestimmungen festgelegt hatte – Gegenstand zahlreicher politischer Manipulationen und Intrigen geworden, und seine Unantastbarkeit wurde dabei ernsthaft beeinträchtigt. Einige »vom allgemein überlieferten Glauben abweichende« Sondergemeinschaften im Judentum stellten die Rechtmäßigkeit der gegenwärtigen Amtsinhaber vollkommen infrage. Aber der Hohepriester konnte auch weiterhin den Gehorsam der überwiegenden Mehrheit des Volkes sowohl im Land als auch außer Landes einfordern, wenn sie ihm auch nicht immer ihren Respekt entgegenbrachten. Doch all das, was Jesus von Nazareth betraf, und die sich nun anschließende Verkündigung seiner Apostel stellten aus hohenpriesterlicher Sicht eine ernsthafte Gefahr dar, weil das Volk in Unruhe versetzt wurde.

Lukas betonte in seinem Evangelium die Tatsache, dass die gewöhnlichen Menschen Jesus zugetan gewesen waren (Lk 21,37-38) und es den herrschenden Priestern erst in letzter Minute gelang, das Volk gegen ihn aufzuhetzen. Hier in den Anfangskapiteln der Apostelgeschichte hebt Lukas den gleichen Sachverhalt hervor: Die Angehörigen des gewöhnlichen Volkes – sogar diejenigen, die sich nicht bekehrten – waren anfangs den Aposteln und Christen zugeneigt. Wenn es den Christen gelungen wäre, das Volk davon zu überzeugen, dass die Kreuzigung Jesu am Ende doch gleichbedeutend mit der Ermordung des Messias war, hätte dies die geistliche Autorität des Hohenpriesters beim Volk zugrunde gerichtet und zu schwer abzuschätzenden politischen Konsequenzen geführt. Obwohl die führenden Priester und die Angehörigen des Laienadels in arroganter Weise auf das gewöhnliche Volk herabsahen, konnten sie es sich nicht leisten, diesen Einfluss auf das Volk zu ignorieren (Apg 4,2.17.21; 5,17.25-26). Sie dachten, ihre Autorität schützen und aufrechterhalten und Gehorsam erzwingen zu müssen. Gehorsam gegenüber der Autorität wird deshalb zum Hauptstreitpunkt zwischen den Aposteln und dem Hohen Rat: »Petrus aber und Johannes antworteten und sprachen zu ihnen: Ob es vor Gott recht ist, auf euch mehr zu hören als auf Gott, urteilt ihr« (4,19); »Petrus und die Apostel aber antworteten und sprachen: Man muss Gott mehr gehorchen als Menschen« (5,29).

Aber dieselbe Ausdrucksweise finden wir auch in anderen Zusammenhängen, und sie bekräftigt den Gedanken, so wie man sich manchmal einer Glocke bedient, um etwas zu bekräftigen. In 5,36 werden die Nachfolger eines gewissen Theudas – eines Aufrührers, der die allgemeine Stimmung im Volk ausnützen wollte – dadurch beschrieben, dass »viele ihm Gehör gaben«. In 5,37 werden die Anhänger von Judas, dem Galiläer, auf ähnliche Weise als »so viele ihm Gehör gaben« bezeichnet. Und um zu einem erfreulicheren Sachverhalt zu kommen: Den Worten des Petrus in 5,32 zufolge hat Gott den Heiligen Geist »denen gegeben …, die ihm gehorchen«. Und in 6,7 lesen wir: »… eine große Menge der Priester wurde dem Glauben gehorsam«.

Dieser Autoritätskonflikt zwischen den Aposteln und den offiziellen geistlichen Führern der Juden wirft also eine interessante Frage bezüglich des Wesens und der Haltung des Frühchristentums auf. War es, zumindest anfangs, eine Bewegung, die durch Missachtung der ordnungsgemäß eingesetzten Autorität gekennzeichnet war? Und führte dies letztlich zu der Trennung zwischen Judentum und Christentum? War das Christentum einfach eine Bewegung, die im Volk großen Anklang fand und im Grunde die bestehenden Machtstrukturen infrage stellte?

Zuerst müssen wir in diesem Zusammenhang beachten, dass die Apostel ungebildete, gewöhnliche Laien waren, wie der Hohe Rat anerkannte (4,13). Es war wagemutig für solche Männer, der obersten geistlichen Autorität des Landes und dem gesamten Hohen Rat nicht zu gehorchen. Es erforderte eine Menge an Verwegenheit und Unerschrockenheit. Es dürfte kein leichtfertiger Schritt seitens dieser Männer gewesen sein.

Außerdem glaubten die ersten Christen mit ganzer Entschiedenheit an das Alte Testament und somit an die göttliche Autorität der gottesdienstlichen Einrichtungen und Ordnungen Israels. Im Normalfall wären sie die Letzten gewesen, die hinsichtlich geistlicher Themen eine

Haltung eingenommen hätten, die zur gewaltsamen Beseitigung der bestehenden Machtstrukturen aufrief bzw. diese infrage stellte oder die andere dazu ermutigt hätte. Und wir müssen beachten, dass nirgends in der Apostelgeschichte zu lesen ist, dass sie die Feindseligkeit gegenüber dem Hohen Rat geschürt hätten. Indem sie sich an die Angehörigen des Volkes wandten, verwiesen sie in Zusammenhang mit der Kreuzigung Christi sogar darauf, dass ihre Machthaber aus Unwissenheit gehandelt hatten (3,17).

Christus selbst hatte sie außerdem vor geistlicher Anarchie gewarnt: »Die Schriftgelehrten und die Pharisäer haben sich auf den Stuhl Moses gesetzt. Alles nun, was irgend sie euch sagen, tut und haltet; aber tut nicht nach ihren Werken, denn sie sagen es und tun es nicht« (Mt 23,2-3). Was sie auch immer von den Schwächen derjenigen halten mochten, die zu ihrer Zeit jeweils für die Schriftauslegung verantwortlich waren – sie sollten das betreffende Amt als solches und die Autorität der Schriften, die von den Amtsinhabern ausgelegt wurden, respektieren.

Dasselbe galt für die Priesterschaft. Paulus erlitt einmal eine offenkundige Ungerechtigkeit vonseiten des Hohen Rats, vor dem er aussagen musste. Daraufhin beschuldigte er denjenigen, der den Vorsitz führte, mit äußerst scharfen Worten (Apg 23,1-5). Aber er entschuldigte sich sofort, als er erkannte, dass der Betreffende der Hohepriester selbst war. Er tat dies aufgrund der Aufforderung in der Heiligen Schrift, die er dann zitierte: »… einem Fürsten deines Volkes sollst du nicht fluchen« (2Mo 22,27).

Die Apostel, die von Christus vor religiöser Anarchie gewarnt worden waren, widersetzten sich dennoch bewusst den Befehlen des Hohenpriesters und den Anordnungen des Hohen Rats ihres Volkes, wie wir nun sehen werden. Was veranlasste sie dazu, mit diesem Schritt bis zum Äußersten zu gehen?

Toben gegen Gott: Die erste Befragung durch den Hohen Rat (4,5-31)

Autorität und die Auferstehung

Der Hohe Rat, der Petrus und Johannes verhörte, setzte sich aus den religiösen Führern, Ältesten und Schriftgelehrten zusammen. Sie verfügten über langjährige Erfahrungen, wenn es um die Durchführung von Befragungen und Vernehmungen ging. Zu Beginn stellten sie die Frage: »In welcher Kraft oder in welchem Namen habt ihr dies getan?« (4,7), als ob sie keine Ahnung gehabt hätten und es 101 mögliche Antworten auf diese Frage gegeben hätte. Natürlich kannten sie die Antwort bereits. Lukas hat uns gerade mitgeteilt, dass Petrus und Johannes verhaftet wurden, weil sie »in Jesus die Auferstehung aus den Toten verkündigten« (4,2). Aber sie bereiteten damit fast unmerklich die Apostel auf ihre spätere Forderung vor: Die Apostel sollten nicht länger auf der notwendigen Verbindung zwischen der Macht und dem Dienst der Gemeinde in der Welt sowie ihrem Glauben daran bestehen, dass Jesus von Nazareth leibhaftig aus den Toten auferstanden war.

Der Hohe Rat hatte weder gegen die Hilfe für die Armen noch gegen ein, zwei gelegentliche Wunder etwas einzuwenden. Und wenn die Apostel sich damit begnügt hätten, mit irgendwelchen schwammigen Formulierungen zum Ausdruck zu bringen, dass sie dieses Wunder im Namen und in der Kraft Gottes, des liebevollen Schöpfers aller Menschen, getan hatten, wäre der Hohe Rat darüber wohl erfreut gewesen und hätte das Verfahren fallen gelassen. Aber die Apostel bestanden darauf, dass die Verbindung zwischen dem Wunder und der Tatsache der leibhaftigen Auferstehung Jesu notwendig und unabdingbar war. Und genau dies – zusammen mit der daraus gezogenen Schlussfolgerung hinsichtlich der Messiasstellung Jesu – war für die Mitglieder des Hohen Rats nicht tragbar. Sie waren in erster Linie für die Hinrichtung Jesu verantwortlich. Doch würden diese ungebildeten Laien gegenüber dem Hohenpriester und dem Hohen Rat vielleicht sogar eine Position vertreten, die dem Hohenpriester als solchem unterstellte, gegen Christus gerichtet und damit ein Feind Gottes zu sein?

Die Antwort der Apostel war klar und kompromisslos. Es konnte weder darum gehen, die Geschichte zu leugnen oder zu vergessen, noch darum, die Person des lebendigen und in den Himmel aufgefahrenen Herrn Jesus zugunsten eines Gottes, an den jeder glauben konnte, zu verwerfen. Zudem war ihr Werk der Nächstenliebe nicht vom Evangelium Jesu Christi zu trennen:

> Wenn wir heute wegen einer Wohltat an einem kranken Menschen verhört und gefragt werden, durch wen dieser geheilt[60] worden ist, so sei euch allen und dem ganzen Volk Israel kund, dass in dem Namen Jesu Christi, des Nazaräers, den ihr gekreuzigt habt, den Gott auferweckt hat aus den Toten, dass durch ihn dieser gesund vor euch steht (4,9-10).

Nach der offensichtlichen Überzeugung der Apostel sollten wir uns nicht damit begnügen, Gutes zu tun, ohne weiterhin darauf zu bestehen, dass der Anspruch Christi für jeden Einzelnen gilt.

Autorität und die Heilige Schrift

Aber war der Standpunkt der Apostel auf den ersten Blick nicht absurd? War die entsprechende Behauptung nicht lächerlich – zumal sie lediglich von ein paar Laien aufgestellt worden war? Hatten die bedeutendsten religiösen und geistlichen Führer der Nation wirklich einen derart grundlegenden Fehler begangen, dass sie erstens den Messias Gottes bei seinem Kommen auf die Erde nicht erkannt hatten und dass sie ihn zweitens tatsächlich gekreuzigt hatten? Es gab zugegebenermaßen Argumente dafür, dass die Hohenpriester nicht die rechtmäßigen Inhaber ihres Amtes waren, dass sie korrupt bezüglich des Umgangs mit den Tempeleinnahmen waren und dass sie die einfachen Priester tyrannisierten. Aber war es denkbar, dass sie im religiösen und geistlichen Bereich, in dem sie doch die führenden Experten waren, ein solch abwegiges und schockierendes Fehlurteil gefällt haben konnten und den Messias verworfen und getötet hatten?

60 Das hier verwendete Wort bedeutet »gerettet« und verdeutlicht den gedanklichen Zusammenhang zwischen diesem Vers und Vers 12.

Ja, das war leider denkbar. Die nächste Bemerkung der Apostel nahm den Einwand vorweg. Sie zitierten Psalm 118,22. Dort heißt es: »Der Stein, den die Bauleute verworfen haben, ist zum Eckstein geworden« (d. h. zum massiven Stein, der sich in einem antiken Gebäude an der äußersten Ecke befand, das Gewicht des Gebäudes trug und das Richtmaß vorgab, das bestimmte, in welchem Winkel die Mauern aufeinandertrafen). In diesem Zusammenhang spricht der Psalmist vom Tor des Herrn (V. 20), vom Opfer (V. 27) und vom Haus des Herrn (V. 26). Weil der Schauplatz der Tempel ist, muss die Symbolik unter diesem Gesichtspunkt gedeutet werden. Wer außer den Verantwortlichen des Tempels (d. h. wer außer dem Hohenpriester, dem Hauptmann des Tempels und den übrigen führenden Priestern) sollte mit den »Bauleuten« gemeint sein? Und auf wen würde der Ausdruck »Eckstein« mehr zutreffen als auf den Messias? Mit seiner Voraussage hatte dieser Psalm vorgeschattet, dass der Hohepriester und seine Amtsbrüder eines Tages den Messias verwerfen und für ihn keinen Platz in ihrem religiösen System finden würden, doch Gott würde eingreifen und den Messias dennoch zum Fundament des gottesdienstlichen Lebens der Nation und zum Eckstein des Tempels des Universums machen.

Und genau so hat Petrus diese Voraussage angewandt. Er sagte: Jesus »ist der Stein, der von euch, den Bauleuten, verachtet, der zum Eckstein geworden ist« (4,11). Es war ein auf unangenehme Weise zutreffendes Zitat.

Autorität und Erlösung

Zu diesem Zeitpunkt hatte Petrus die ihm gestellte Frage genau genommen schon beantwortet. Wir erinnern uns, dass er gefragt wurde: »In welcher Kraft oder in welchem Namen habt ihr dies getan?« Und nun lautete seine Antwort, dass der Lahme in dem Namen Jesu »geheilt« worden war (4,9). Aber Petrus beließ es nicht dabei. Die Heilung des behinderten Mannes war ein Beispiel für körperliche »Heilung« (deshalb finden wir in manchen Übersetzungen die Begriffe »gesund gemacht« oder »heil gemacht«). Aber dieselben Prinzipien gelten im umfassenderen Sinne auch für die Errettung.

Wenn Petrus nicht das Nachfolgende hinzugefügt hätte, dann hätte der Hohepriester den durch das Psalmzitat ausgeteilten Seitenhieb abwehren können: Er hätte sich folgende Argumentation zurechtlegen können: Jesus sei zweifellos wichtig für die Apostel, aber es sei ein Irrtum, Jesus als den einzigen Weg zu Gott und somit zur Rettung zu sehen. Wenn Menschen zwar Jesus verwerfen würden, aber dennoch aufrichtig wären, könnten sie ihren Weg zu Gott trotzdem auf anderen Pfaden finden.

Laut Petrus ist das nicht der Fall, denn er fügt hinzu: »Und es ist in keinem anderen das Heil, denn es ist auch kein anderer Name unter dem Himmel, der unter den Menschen gegeben ist, in dem wir errettet werden müssen« (4,12).

In gewisser Weise spricht Petrus einen Grundsatz aus, den jeder im Hohen Rat bereits glaubte – oder zumindest seinen Behauptungen zufolge glaubte: »… Ich, ich bin der HERR, und außer mir ist kein Erretter. Ich habe verkündigt und gerettet und vernehmen lassen, und kein fremder Gott war unter euch … Wendet euch zu mir und werdet gerettet, alle ihr Enden der Erde! Denn ich bin Gott und keiner sonst« (Jes 43,9-12; 45,22). Als strenge Monotheisten schämten sie sich nicht, die Einzigartigkeit Gottes angesichts der absurden Vorstellungen, der Unmoral und der Grausamkeit der Götter aufrechtzuerhalten, die die heidnische Vergöttlichung der Natur hervorgebracht hatte. Diese Götter konnten keine moralische oder geistliche Erlösung bieten: Sie ließen die Menschen ohne Rettung und hoffnungslos zurück. Man hat das Judentum bis in die Gegenwart hinein für seinen langen Kampf gegen die Versuchung des Synkretismus und letztendlich für seinen Sieg darüber bewundert. Man hat ihm Anerkennung dafür entgegengebracht, dass es dem Druck widerstanden hat, den Monotheismus mit der Begründung aufzugeben, er sei engstirnig und exklusiv. Und man hat ihm Respekt dafür gezollt, dass es sich der offensichtlichen Lüge widersetzt hat, alle Religionen seien in Wahrheit dasselbe; es gäbe keine Unterschiede zwischen Jahwe und den heidnischen Gottheiten. Von den gewaltigen Unterschieden in moralischer und ethischer Hinsicht sowie bei der Frage nach der Bedeutung menschlichen Lebens und der Bestimmung des Menschen ganz abgesehen, retten heidnische Religionen niemanden.

Darin stimmte der Hohe Rat mit den Aposteln überein.[61] Es gab allerdings einen Streitpunkt, und zwar folgendermaßen: Petrus trat nicht dafür ein, dass sie jetzt einen bloßen Menschen neben Jahwe auf dessen Stufe erheben sollten. Vielmehr hat Gott das, was er durch Jesaja verkündigt hatte, erneut bekräftigt, indem er Jesus Christus zu seiner Rechten erhöht hatte und ihn dadurch nicht nur als Messias, sondern auch als Herrn erwiesen hatte: Jesus war der menschgewordene Jahwe. Erklärtermaßen gab es keine Rettung außer in Jesus. Wer daher Jesus verwarf, lehnte Gott ab – und bis zu diesem Zeitpunkt hatte der Hohepriester Jesus abgelehnt, und das galt für alle anwesenden Mitglieder des Hohen Rats.

Nun war es schon schlimm genug, dass diese einfachen, ungebildeten Laien dem hohenpriesterlichen Adel sagen mussten, dass sie als Bauleute des religiösen Lebens des Volkes ein entsetzliches geistliches Fehlurteil gefällt hatten. Aber es war die schlimmste Anklage, die Laien gegenüber der von Amts wegen angestellten Priesterschaft erheben konnten, das Ziel ihrer Religion verfehlt zu haben: Sie waren nicht gerettet, und dies würde auch künftig nicht der Fall sein – es sei denn, sie demütigten sich, taten Buße und glaubten an einen Mann, den sie vor Kurzem zum Tode verurteilt hatten. Aber genau das war die einfache, logische Konsequenz des Evangeliums, das die Apostel predigten. Man konnte das höchste religiöse Amt innehaben, abgesichert durch jahrhundertelange Traditionen, umgeben von erhabenen Formen der Liturgie und Ritualen, und den Glauben an den einen wahren Gott bekennen – und dennoch nicht gerettet sein. Das glaubten die Apostel, und im Namen des auferstandenen Christus fürchteten sie sich nicht, dies auch zu verkündigen.

Das abschließende Zeugnis

Daher ist es interessant, dass Lukas hier nichts davon berichtet, wie die Mitglieder des Hohen Rats in Wut gerieten und darüber nachdachten, die Apostel hinzurichten (das geschah bei der zweiten Befragung

61 Zur Zeit des Antiochus Epiphanes hatten die Hohenpriester und ihre Gefolgsleute – sehr zur Empörung der Bevölkerung im Allgemeinen – dennoch die hellenistische Kultur vorbehaltlos angenommen und sich zu eigen gemacht und damit auch den religiösen Synkretismus gefördert.

[5,22]). So sehr sie auch anderer Ansicht bezüglich der Erlösung waren, etwas beeindruckte sie. Sie hatten während ihrer Laufbahn zweifellos eine Menge Menschen befragt, und sie waren scharfsinnige Menschenkenner. Als Erstes fiel ihnen die kühne, überzeugende Rede dieser ungebildeten Laien auf. Woher nahmen diese Leute ihre Gewissheit in glaubensmäßigen Fragen? Woher ihre auf unangenehme Weise zutreffenden Zitate aus dem Alten Testament? Für ein solches Wissen bei ungebildeten Laien musste es eine Erklärung geben; sie führten sie auf die Tatsache zurück, dass sie mit Jesus gewesen waren (4,13). Der Letztere hatte sie einmal öffentlich durch das Zitieren genau dieses Psalmverses aus der Fassung gebracht (Lk 20,17). Und was gerade geschah, war genau das, was er vorausgesagt hatte. Es ging nämlich darum, dass der Heilige Geist seine Nachfolger lehren würde, was sie sagen sollten, wenn sie vor Machthabern und Vertretern der Obrigkeit stehen würden. Die Obersten Israels hatten das Zeugnis Jesu verworfen, und nun wurde ihnen dasselbe durch den Heiligen Geist bezeugt. Er würde ihr letzter Zeuge sein (Lk 12,10-12[62]). Wer Jesus abgelehnt hatte, konnte noch Vergebung erlangen, aber es liegt in der Natur der Sache, dass es keine Vergebung geben konnte, wenn man Gottes letzten Zeugen, den Heiligen Geist, bewusst verwarf.

Zu diesem Zeitpunkt waren sie sich sicher, dass sie noch über ausreichend »geistliche« Autorität und Ansehen verfügten, um die Apostel einzuschüchtern und deren Gefügigkeit zu erzwingen. Schließlich waren diese ja nur Laien. Die Priester konnten natürlich nicht die Wunder leugnen – ganz Jerusalem wusste davon; noch konnten sie behaupten, dass ein solches Wunder an sich schlecht sei (4,14-16). Aber sie meinten, sie müssten lediglich die Apostel mit ihrer eigenen geistlichen Autorität unter Druck setzen und könnten sich dadurch des Respekts und der Furcht sicher sein, die einfache Laien gegenüber von Amts wegen angestellten Priestern haben: Dann würden die Apostel klein beigeben. Sie entschlossen sich, den Aposteln zu drohen (4,17). Sie merkten, dass sie nicht weitergehen und sie tatsächlich bestrafen konnten. Der bisher gelähmte Mann war über 40 Jahre alt: Es handelte sich nicht um eine Suggestivheilung aufgrund von Hypnose. Es

62 A.d.H.: Diese Bibelstelle bezieht sich auf beide Sachverhalte – auf den Beistand des Heiligen Geistes bei ihrem Zeugnis vor Gericht (V. 11-12) und darauf, dass der Heilige Geist der letzte Zeuge sein würde (V. 10).

war ein echtes Wunder, und die Menschen verherrlichten Gott dafür. Hätten sie die Apostel bestraft, die das Wunder vollbracht hatten, hätten sie den Menschen zu verstehen gegeben, dass sie aufhören sollten, Gott zu loben: Wie konnte ein Priester dies tun und dabei noch seine Glaubwürdigkeit unter dem Volk wahren? Das war schier unmöglich (4,21-22). Deshalb beschlossen sie, den Aposteln zu drohen (4,17) – und es waren keine leeren Drohungen, denn ihnen standen einige harte Züchtigungsmaßnahmen zur Verfügung.

Aber ihre Taktik ging nicht auf. Petrus sagte: »Ob es vor Gott recht ist, auf euch mehr zu hören als auf Gott, urteilt ihr« (4,19). Die Apostel mussten sich entscheiden. Der Herr Jesus hatte ihnen geboten, zu predigen und seine Zeugen zu sein (1,2.4.8). Sie konnten nicht ihm gehorchen, ohne dem Hohen Rat ungehorsam zu sein und sich ihm zu widersetzen. Und sie konnten nicht dem Hohen Rat gehorchen, ohne den Geboten des Herrn gegenüber ungehorsam zu sein.

Das wiederum warf die Frage auf, wer Jesus war. Wäre er einfach ein religiöser Reformer gewesen, der wie viele seiner Zeitgenossen behauptete, der amtierende Hohepriester sei ein unrechtmäßiger Inhaber seines Amtes, wäre er einfach ein Prophet gewesen, der gegen die Vetternwirtschaft unter dem Priesteradel aufbegehrte. Dies taten sogar viele der gewöhnlichen Priester. Angesichts der Gewalt und der Tyrannei, derer sich die führenden Priester gegenüber Priestern aus den unteren Schichten bedienten,[63] wäre er einfach ein weiterer Rabbi mit einer radikal neuen Auslegung der Thora gewesen. Dann hätten die Apostel um der öffentlichen Ordnung und religiösen Einheit willen vielleicht zwar protestiert, aber sich letztendlich dem Verbot des Hohen Rats gebeugt und den Versuch einer allmählichen Reform unternommen.

Aber Jesus war nicht einfach ein Reformer, ein Prophet oder ein Rabbi. Gott hatte erwiesen, dass er sowohl der Herr als auch der Christus war. Er war der menschgewordene Herr, der in die Stellung höchster Macht und Autorität im Universum erhöht worden war. Das Amt des Hohenpriesters verdankte seine Autorität den alttestamentlichen Bestimmungen bezüglich seiner Einsetzung, die von Gott inspiriert waren (wenngleich dem derzeitigen Amtsinhaber die göttliche Bevollmächtigung fehlte). Wenn Jesus Christus Gott in Menschengestalt

63 Vgl. J. Jeremias, *Jerusalem*, a. a. O., S. 180-181, 190, 196-198.

war, dann konnte man auf keinen Fall seine Vollmacht aufheben, ohne gleichzeitig die Autorität, die der Hohepriester womöglich besaß, infrage zu stellen. Aber dem Herrn Jesus aus Respekt gegenüber der Autorität des Hohenpriesters und um der guten religiösen Ordnung und Einheit willen nicht zu gehorchen, war für die Apostel unmöglich. Ja, es hätte die Grundlage der Gemeinde zerstört (Mt 16,13-18); und – was noch schlimmer gewesen wäre – es wäre Untreue gegenüber dem gewesen, den Gott als Herrn und Christus eingesetzt hatte.

Das Urteil der höchsten Instanz

Dennoch war es für ungebildete Laien ein außergewöhnlicher Schritt, der höchsten religiösen Autorität im Land die Stirn zu bieten. Deshalb ist es sehr aufschlussreich, die Einzelheiten des Gebets zu studieren, mit dem sich die Angehörigen der christlichen Gemeinschaft in ihrem Herrn stärkten, als sie den Bericht der Apostel bezüglich des Verbots durch die Hohenpriester hörten (4,23). Es offenbart ziemlich deutlich ihre Haltung zu der Frage, wer bei Streitfragen die maßgebliche Instanz ist.

Zuerst wandten sie sich direkt an die Autorität des Schöpfers, ohne sich vom Gebot des Hohenpriesters und der anderen Mitglieder des Hohen Rats einschüchtern zu lassen: »Herrscher, du, der du den Himmel und die Erde und das Meer gemacht hast und alles, was in ihnen ist …« (4,24).

Zweitens beriefen sie sich auf die Heilige Schrift als das von Gott inspirierte Wort, als diejenige Autorität, durch die der Hohepriester, die führenden Priester und der Hohe Rat mitsamt ihren Handlungen und Haltungen beurteilt werden mussten: »… der du durch den Mund deines Knechtes David gesagt hast …« (4,25). Sie wussten, dass der Hohe Rat diese Schriftstelle völlig anders ausgelegt hätte. Nach reiflicher Überlegung waren sie jedoch offensichtlich zu der Schlussfolgerung gekommen, dass sie das Recht und die Pflicht hatten, die Entscheidung der führenden Priester anhand der Schriften, die Christus selbst ihnen offenbart hatte, zu beurteilen.

Drittens fällten sie ihr Urteil nicht anhand von ein oder zwei aus dem Zusammenhang gerissenen Versen, sondern anhand einer gründlichen

Gegenüberstellung zwischen der Heiligen Schrift und ihrer eigenen Situation. Sie zitierten ausführlich Psalm 2,1-2:

> Warum toben die Nationen und sinnen Eitles die Völkerschaften? Die Könige der Erde treten auf, und die Fürsten beraten miteinander gegen den HERRN und gegen seinen Gesalbten.

Und sie fuhren fort, im Gebet vor Gott die Art und Weise des gemeinsamen Handelns von Herodes und Pilatus bzw. des Vorgehens der Heiden und des Volkes Israel zu prüfen, inwieweit es mit der im Psalm beschriebenen Situation übereinstimmte (4,25-28).

Viertens formulierten sie im Licht dieser Schriftstelle, um welche Frage es ihrer Meinung nach ging. Die Kreuzigung Jesu war ein »Toben gegen Gott«, auch wenn sie durch Gottes Macht und Willen auf einer bestimmten Ebene im Voraus beschlossen worden war. Sie war ein gemeinsamer Angriff gegen Gottes heiligen und gesalbten Knecht Jesus (4,25.27-28). Das war kein Thema, bei dem sie einen Kompromiss eingehen konnten. Die Ehre Gottes und die Ehre seines Messias standen auf dem Spiel.

Zuletzt baten sie darum, dass der Herr sich in angemessener Weise zu ihnen stellen möge – nicht um ihrer selbst willen, sondern um den Namen des Herrn Jesus willen. Dies sollte ihrem Gebet zufolge auf ein zweifaches Anliegen abzielen: (1) Sie baten darum, dass ihnen göttliche Gnade zuteilwerden möge, damit sie sich angesichts der Drohungen des Hohen Rats nicht zurückzogen und ihre Zeugentätigkeit aufgaben, sondern mutig und kompromisslos zum Evangelium standen. (2) Sie baten darum, dass Gott selbst eingreifen und nicht nur Wunder tun, sondern Wunder *durch den Namen seines heiligen Knechtes Jesus* vollbringen möge (4,29-30). Sie hatten sowohl der Volksmenge (3,16) als auch dem Hohen Rat (4,10-12) gesagt, dass die Heilung des gelähmten Mannes durch den Namen Jesu geschehen war. Der Hohe Rat hatte ihnen nicht verboten, Wunder zu wirken, sondern ihnen untersagt, »in diesem Namen zu irgendeinem Menschen zu reden« (4,17). Bloße übernatürliche Taten weisen nicht eindeutig auf deren Urheber hin: Der Mensch der Sünde wird augenscheinlich viele derartige Werke tun (2Thes 2,9-10). Es war notwendig, dass diese Wunder im Namen des Herrn Jesus vollbracht wurden, damit seinem Namen alle Ehre zuteilwurde, völlig unabhängig von einem damit verbundenen Nutzen.

Und ihre Gebete wurden erhört: Es »erbebte die Stätte, wo sie versammelt waren; und sie wurden alle mit dem Heiligen Geist erfüllt und redeten das Wort Gottes mit Freimütigkeit« (4,31).

Versuchung des Geistes des Herrn: Ein Blick in die christliche Gemeinschaft (4,32-5,16)

Die erste Geschichte zu Beginn von Satz 2 handelte vom Widerstand gegen die ersten Christen. Das wird auch das Thema in der nächsten Geschichte sein. In der ersten Geschichte kam der Widerstand von außen, in der zweiten wird er von innen kommen. In der ersten wurde der Widerstand immerhin so beschrieben, dass die Könige und Obersten gegen Gott tobten (4,25-26), wobei er in Form eines Angriffs auf den »Herrn und ... seinen Christus« auftrat. In der zweiten wird der Widerstand von Satan ausgehen (5,3), der ein unbekanntes, aber scheinbar christliches Ehepaar benutzt, Ananias und Sapphira, wobei das Ganze auf unterschiedliche Art bezeichnet wird: Es geht darum, dass sie *lügen* (5,4), *den Heiligen Geist belügen* (5,3) und *den Geist des Herrn versuchen* (5,9). Die erste Geschichte hatte durchgängig mit der Frage der Autorität zu tun. Dabei wurde der Grundsatz aufgestellt, dass dort, wo die Gebote der Machthaber im Widerspruch zu den Geboten Christi stehen, die Apostel die Autorität der Machthaber nicht anerkennen, sondern Gott mehr als den Menschen gehorchen sollen. In der zweiten Geschichte wird es ebenfalls um Autorität gehen. Diesbezüglich wird sie die Tatsache untermauern, dass Gott der Herr der Gemeinde ist, wobei der Heilige Geist die Apostel des Herrn Jesus bei der Wahrnehmung der entsprechenden Leitungsverantwortung bevollmächtigt.

Die Hauptgeschichte hier in diesem Abschnitt der Apostelgeschichte behandelt daher das Fehlverhalten von Ananias und Sapphira. Zwei Punkte werden uns dabei helfen, die Bedeutung ihres Handelns zu erkennen. Erstens hat Lukas ihrer Geschichte eine Beschreibung der gängigen Verhaltensweise in der urchristlichen Gemeinschaft vorangestellt (4,32-37). Nach dieser Geschichte folgt eine Beschreibung der Haltung der Außenstehenden und ihrer Reaktion gegenüber den

Christen (5,12-16). Zweitens hat Lukas in der Struktur seiner Erzählung die Geschichte von Ananias und Sapphira derjenigen von Judas gegenübergestellt (siehe Tabelle 2). Der Vergleich wird sich als lehrreich erweisen.

Das Verhalten, das die ersten Christen kennzeichnete

Wir lesen drei Aussagen über das Verhalten, das die ersten Christen kennzeichnete: In 4,32 finden wir die erste, in 4,33-35 die zweite und in 4,36-37 die dritte. Alle drei betreffen deren Haltung gegenüber materiellem Besitz, aber jede fügt eine besondere Nuance hinzu. Sie sollten nicht miteinander verwechselt werden.

Die erste Aussage stellt fest, dass sie alle ihre Habe untereinander teilten, und erklärt, was sie dazu führte und was »Teilen« für sie bedeutete. Lukas sagt: »Die Menge derer aber, die gläubig geworden waren, war ein Herz und eine Seele.« Und es war dieses überwältigende Bewusstsein der geistlichen Einheit, das ihre Haltung zu ihrem materiellen Besitz bestimmte. Sie behaupteten nicht länger, dass die ihnen gehörenden Dinge »ihr Eigentum« seien, d. h. nur zu ihrer persönlichen Verwendung oder zum Gebrauch im Kreis der Familie bestimmt waren. Jeder Einzelne verlangte danach, darauf hinzuwirken, dass die Glaubensgeschwister den eigenen Besitz so betrachteten und verwendeten, als gehörte er allen in der Gemeinde. Das geschah ganz spontan. Es gab keinen Zwang. Nirgends wird gesagt, dass dies eine notwendige und unverzichtbare Bedingung dafür gewesen wäre, um gerettet oder als wahrer Christ in die Gemeinschaft aufgenommen zu werden. Es war vielmehr eine naheliegende und freiwillige Reaktion. Wir wollen die Hingabe der ersten Christen nicht verkennen, aber was sie taten, geschah seitdem millionenfach. Immer, wenn Gläubige von der Tatsache der Erlösung ergriffen werden und die Einheit mit den anderen Gläubigen in Christus erkennen, sind sie nicht nur bereit, ihre Habe mit ihnen zu teilen, sondern dann sind sie auch sehr darauf bedacht, dies zu tun. Wenn die Gemeinde die Tatsache der Erlösung und des Vereintseins als Familie Gottes nicht mehr wahrnimmt, schleicht sich eine selbstsüchtige und von Habgier bestimmte Haltung gegenüber materiellem Besitz ein.

Die zweite Aussage geht noch weiter, obwohl wir uns davor hüten müssen, mehr in sie hineinzuinterpretieren, als sie uns ursprünglich mitteilen will. Die Verse 33-35 erklären die große Kraft der Apostel in ihrer Verkündigung und die große Gnade, die auf ihnen allen war. Lukas sagt nämlich: »Denn es war auch keiner unter ihnen bedürftig …« Wie sehr wäre die Kraft ihres Zeugnisses geschwächt worden, wenn sie herzlos gewesen wären und es zugelassen hätten, dass ihre bedürftigen »Brüder des Messias« ein Leben in Armut hätten führen müssen, während sie öffentlich verkündigten, dass Jesus der Messias sei und jeder Gläubige »zu seiner Familie gehöre«. Die Verse 34 und 35 teilen uns mit, wie angesichts der Bedürfnisse der Armen Abhilfe geschaffen wurde. Dabei bringen urtexttreue Bibelübersetzungen die Bedeutung der von Lukas zur Beschreibung des Geschehens jeweils gebrauchten (und alle im Präteritum stehenden) Zeitformen sehr gut zum Ausdruck: »… denn so viele Besitzer von Feldern oder Häusern waren, verkauften sie und brachten den Erlös des Verkauften und legten ihn zu den Füßen der Apostel nieder; es wurde aber jedem ausgeteilt, so wie einer irgend Bedarf hatte.«

Lukas sagt nicht, dass jeder Gläubige, der zufällig ein eigenes Haus besaß, dies sofort nach seiner Bekehrung verkaufte und den Erlös spendete. Wenn dem so gewesen wäre, wo hätten die Betreffenden in jener Nacht (und auch danach) geschlafen? Hätten dies alle Betreffenden umgesetzt, wären alle 5000 Bekehrten innerhalb kürzester Zeit obdachlos gewesen, wobei ihre Frauen und Familien noch hinzugekommen wären. Und Maria, die Mutter des Markus, hätte ihr Haus nicht mehr besessen, das Petrus aufsuchen konnte, als er aus dem Gefängnis freikam (12,12).

Nein, der Ausdruck »Besitzer von Feldern oder Häusern« meint diejenigen, die wir heute als Grundstückseigentümer oder Immobilienbesitzer bezeichnen würden. Im Grunde haben diese Männer und Frauen – nicht notwendigerweise alle auf einmal, sondern wenn besondere Bedürfnisse entstanden – einen Teil ihres Besitzes veräußert, indem sie ein Stück Land oder eine Immobilie verkauften und mit dem Erlös den verarmten Christen halfen.

Es gibt noch ein weiteres wichtiges Detail. Lukas sagt nicht, dass diese Grundstückseigentümer etwas verkauften und den Erlös den Armen gaben, sondern ihn den Aposteln zu Füßen legten. Diese verteilten den Erlös dann an die Bedürftigen. Das war sowohl weise als auch Ausdruck einer sinnbildlichen Handlung. Es gab kein Gesetz, das es ihnen verboten hätte, ihr Geld direkt einzelnen armen Christen zu geben, wenn sie das gewollt hätten. Aber darin hätte die Gefahr bestanden, die Armen in die Abhängigkeit von ein paar wenigen Reichen zu bringen. Es war besser, dass sie aus den gemeinsamen Mitteln der Jerusalemer Gemeinde versorgt wurden.

Aber das Geld »zu den Füßen der Apostel« niederzulegen, hatte sicherlich noch eine weitere und tiefere Bedeutung. Die Apostel waren vom Herrn selbst berufen worden und sollten in seinem Namen reden. Indem die Gläubigen das Geld zu ihren Füßen niederlegten, waren sie nicht nur wohltätig, sondern sie gaben es dem Herrn und bekundeten so seinen unumschränkten Anspruch auf all ihren Besitz. Er war nicht nur ihr Lehrer: Er war ihr Erlöser, der sie mitsamt ihrem ganzen Besitz erkauft hatte (1Kor 6,20). Er war der Messias Israels: Der ganze Weinberg mitsamt seinen Früchten war rechtmäßig sein Eigentum. Er wurde zur Rechten Gottes erhöht: Er war Herr über das gesamte Universum. Die Folge davon war, dass sie ihren Glauben durch ihr Handeln voller Freude zum Ausdruck brachten.

Drittens erwähnt Lukas den besonderen Fall von Joseph mit dem Beinamen Barnabas – und zwar deshalb, weil er ein Levit war (Apg 4,36-37), der aus Zypern stammte und möglicherweise seinen heiligen Dienst als Levit im Jerusalemer Tempel nie ausgeübt hatte. Aber jetzt, als er einen Acker verkaufte und das Geld dem Herrn gab, indem er es den Aposteln zu Füßen legte, erfüllte er die Absicht des Gesetzes aus alter Zeit: »Aber dem Stamm Levi gab Mose kein Erbteil; der HERR, der Gott Israels, ist ihr Erbteil, so wie er zu ihnen geredet hat« (Jos 13,33). In den späteren Kapiteln der Apostelgeschichte sehen wir ihn dem Herrn treu ergeben – bereit, sein Zuhause zu verlassen und um Christi willen zu weiten Reisen aufzubrechen. Er steht in einem deutlichen Gegensatz zu Judas, der seinen heiligen Dienst als Apostel aufgab, um mit dem Erlös aus dem Verrat an Christus einen Acker zu kaufen (Apg 1,16-18).[64]

64 A.d.H.: Es ist durchaus möglich, dass Judas in den Stunden zwischen dem Verrat und seinem Selbstmord mit dem bisherigen Besitzer des betreffenden Ackers einen Kaufvertrag abgeschlossen hatte. Vgl. dazu: Gleason L. Archer, *Schwer zu verstehen?*, Bielefeld: CLV, 2005, S. 442.

Der außergewöhnliche Fall von Ananias und Sapphira

Damit ist die Situation beschrieben, in der die Gläubigen ihre Hingabe an Christus und die Seinen durch diese freiwilligen Gaben von sich aus zum Ausdruck brachten. Dann wird davon berichtet, dass Ananias und seine Frau ihre böse Tat begingen. Die Härte ihrer Strafe setzt voraus, dass ihre Tat außergewöhnlich schwerwiegend war. Um zu erkennen, wie ernst ihr Vergehen war, müssen wir uns zunächst über eine Reihe anderer Dinge im Klaren sein.

Erstens wurden die beiden nicht gezwungen, ihren Acker zu verkaufen und das Geld der Gemeinde zu geben. Petrus macht das unmissverständlich klar: »Blieb er nicht dein Eigentum, wenn du ihn unverkauft gelassen hättest?« (5,4 [Menge]). Natürlich war es so. Die Bekehrung zu Christus hebt das Recht auf persönlichen Besitz nicht auf. Wäre es grundsätzlich falsch, Privateigentum zu besitzen, wäre es falsch, es anderen zur Verfügung zu stellen, damit sie es besitzen.

Zweitens sagt Petrus: »… war es [das Grundstück] nicht, nachdem es verkauft war, in deiner Gewalt?« Die Antwort darauf lautet erneut: Ja. Nachdem die beiden ihr Eigentum verkauft hatten, um das Geld dem Herrn zu geben, waren sie weiterhin nicht dazu verpflichtet, den Aposteln das Geld zu Füßen zu legen, damit diese entscheiden konnten, was damit geschehen sollte. Als Verwalter des Geldes des Herrn waren sie selbst befugt, es dorthin zu geben, wo sie es für richtig hielten.

In diesem Zusammenhang muss uns klar sein, welche Forderungen unser Herr an seine Jünger stellt und welche nicht: »So kann nun keiner von euch, der nicht allem entsagt, was er hat, mein Jünger sein« (Lk 14,33). Das wirft zwei Fragen auf:

1. Was umfasst »alles …, was er hat«? Hier besteht die Gefahr, dass wir diese Wendung in unangemessener Weise auf unseren irdischen Besitz begrenzen. Damit ist es aber nicht getan. In manchen Ländern wird der Mann gezwungen, seine Frau und seine Kinder zu verlassen und ins Ausland zu gehen, weil er Christ geworden ist. (Das ist einem meiner Freunde geschehen.) Wenn dies der Fall ist, muss er nach Lukas 14,26 bereit sein, von seiner Frau und seinen Kindern Abschied zu nehmen.

2. Es heißt, dass wir alles aufgeben müssen, was wir haben, wenn wir Jünger werden. Angesichts dessen stellt sich die Frage: Zu wessen

Gunsten? Natürlich lautet die Antwort: Zugunsten des Herrn. Einer christlichen Frau wird beispielsweise gesagt, dass ihr Körper nicht ihr gehört, sondern dem Herrn (1Kor 6,19-20). Wenn sie nun das grundsätzliche Verfügungsrecht diesbezüglich ihm überlassen hat, erhält sie das Recht im Blick darauf, persönlich zu entscheiden, wie sie sich gegenüber allen anderen Menschen verhalten soll, was natürlich im Falle einer Ehe die körperliche Gemeinschaft einschließt. Wenn sie sich vom Herrn leiten lässt, darf sie entscheiden, wen sie heiratet. Christin zu sein, bedeutet nicht, dass sie jeden Christen heiraten muss, der eine Frau sucht und sie bittet, ihn zu heiraten.

Und so ist es auch mit unserem materiellen Besitz. Wenn wir dem Herrn das absolute Eigentumsrecht daran überlassen – was eine Verpflichtung für einen Christen ist –, überlässt er ihn uns als Verwalter und ermächtigt uns dazu, unter seiner Leitung zu entscheiden, wie unser Besitz verwendet werden soll. Daran hat Petrus Ananias erinnert. Es geht darum, was und wie viel wir für uns selbst und für unsere Familien verwenden, was wir der Gemeinde geben, was wir für die Evangelisation aufwenden, was wir für soziale Hilfsprojekte spenden, usw.

»Geben für den Herrn« wird hier also in diesem engeren Sinn des Gebens dahin gehend verstanden, dass man der christlichen Gemeinschaft etwas zukommen lässt. Dies unterscheidet sich etwa davon, dass man sein Geld dafür verwendet, um sich einen neuen Anzug oder ein neues Auto zu kaufen. In dieser Hinsicht war es für Ananias immer noch möglich, einen Teil des Erlöses aus dem Verkauf des Grundstücks der Gemeinde zu geben und den anderen Teil für sich selbst zu behalten.

Worin bestand also die Sünde dessen, was Ananias und Sapphira getan hatten? In erster Linie darin, dass sie Gott belogen hatten (5,4). Als sie das Geld den Aposteln zu Füßen legten, behaupteten sie, dem Herrn den gesamten Verkaufserlös gegeben zu haben. Und als sie ausdrücklich gefragt wurden, ob sie wirklich den gesamten Erlös gaben, bestätigten sie dies (5,8). Wer aber beteuerte, dass der gesamte Erlös dem Herrn gegeben wurde, legte damit fest, dass alles das Eigentum des Herrn war, und zwar im engeren Sinn des Wortes. In diesem Fall war die Sünde eine Form der Unterschlagung oder Veruntreuung von Mitteln, die nun dem Herrn gehörten.[65] Somit wurde Gott buchstäblich

65 Das griechische Wort für »beiseiteschaffen« hat diese Bedeutung.

beraubt, wie Maleachi es ausdrücken würde (Mal 3,8), oder der Heilige Geist wurde durch Unterschlagung von Mitteln belogen, wie Petrus es bezeichnet (Apg 5,3).

So schlimm dies auch war, war es jedoch nicht das wesentlichste Merkmal ihres Handelns. Sie hätten im Grunde unter vier Augen geloben können, dem Herrn ihren gesamten Erlös zu geben, und dies dann unter vier Augen wieder zurücknehmen können, ohne zu den Aposteln zu gehen. In diesem Fall wäre es eine ernste Sünde gegen den Herrn gewesen, aber es hätte keine Auswirkung auf die Realität oder die Gegenwart Gottes in der Gemeinde gehabt, der durch den Heiligen Geist in ihrer Mitte war. Und in diesen ersten Tagen war dies der einzige Punkt, um den es ging – ungeachtet dessen, ob man vor den Volksmengen in Jerusalem oder vor dem Hohen Rat stand. Welche Kraft erfüllte die Jünger zu Pfingsten und ließ sie in ihnen unbekannten und fremden Sprachen sprechen, die andere verstanden? Welche Kraft ermöglichte es Petrus und Johannes, den Gelähmten zu heilen, sodass seine Gelenke und Gliedmaßen völlig wiederhergestellt waren? War es ihre eigene Frömmigkeit – oder was sonst (3,12)? Die Volksmenge wollte es wissen, und die zynischen Hohenpriester forderten eine Antwort auf die Frage: »In welcher Kraft oder in welchem Namen habt ihr dies getan?« (4,7). Was war diese »große Kraft«, durch die die Apostel ihr Zeugnis ablegten (4,33) und in der sie so wirkungsvoll verkündigten? Die Apostel hielten natürlich daran fest, dass es die Kraft Gottes war, der Heilige Geist, der auf die Erde gekommen war, um die Auferstehung und Erhöhung Jesu zu bezeugen, und sich durch die Apostel und Jünger zu offenbaren. Aber war das wirklich so? Oder war es nur ein Fall von religiöser Begeisterung und Massenhysterie?

In diesem Zusammenhang war das Handeln von Ananias und Saphira ebenso schlimm wie dasjenige von Judas. Satan erfüllte Judas' Herz, sodass dieser den Herrn Jesus verriet (Lk 22,3-4; Joh 13,2.27). Jetzt hat Satan das Herz des Ananias erfüllt, sodass dieser den Heiligen Geist betrog und belog (5,3), und zwar – wie Judas – um des Geldes willen. Wäre Ananias damit ohne Konsequenzen davongekommen, hätte es der Pfingsten zugrunde liegenden Wahrheit geschadet, nämlich dass es Gott war, der durch den Heiligen Geist handelte. Er verkörperte die Kraft, die in dem Zeugnis der Gemeinde lag, mit ihm verbunden war und ihm zugrunde lag. Wie die Israeliten in der Wüste (4Mo 14,22) versuchten Ananias und Sapphira den Geist des Herrn trotz aller Zeichen und Wunder, die Gott kurz zuvor im Namen Jesu gewirkt hatte (2,43[66]). Und sie taten dies ganz bewusst. Das göttliche Urteil wäre sicher milder ausgefallen, wenn sie arme Leute gewesen wären, die sich durch die Christushingabe der anderen um sie her unter Druck gesetzt gefühlt hätten, mit einer Spende Aufsehen zu erregen, obwohl sie dazu nicht in der Lage waren. Das Ganze wäre sicher anders ausgegangen, hätten sie in ihrer Verlegenheit und zur Gesichtswahrung den Anschein erweckt, dass sie mehr gegeben hatten, als dies tatsächlich der Fall war. Aber hier ging es um etwas anderes: Sie haben den Herrn bewusst versucht, um zu sehen, wie weit sie gehen konnten und ohne Konsequenzen davonkommen würden.

Sie hatten die Verkündigung gehört, dass Jesus auferstanden und erhöht worden war und dass er sowohl Herr als auch Christus ist. Sie hatten die Vollmacht der Verkündigung gespürt, hatten die wunderbaren Zeichen gesehen und kannten die Stimme des Heiligen Geistes in ihren eigenen Herzen. Sie hatten die Warnungen vor dem kommenden Tag des Herrn gehört, und sie wollten den damit verbundenen Gerichten entgehen. Daher schlossen sie sich der Gemeinde an und bekannten ihre Hinwendung zu Christus. Aber sie täuschten ihre neue Zugehörigkeit nur vor. Sie waren nicht bereit, sich dem Herrn Jesus im völligen Gehorsam und in völliger Hingabe zu ergeben; sie gaben nur vor, dies zu tun. Sie bildeten sich ein, die Apostel betrügen zu können, und sie wollten herausfinden, inwieweit sie damit ungestraft davonkommen konnten. Ihnen wurde schließlich bewusst, dass sie im Grunde den Geist des Herrn versuchten, Gott gegenüber als Lügner auftraten und den Heiligen Geist betrogen. Der Heilige Geist entlarvte ihre Heuchelei und stellte unter Beweis, dass sein Anspruch zu Recht bestand und dass er in der Gemeinde gegenwärtig war. Ananias und Sapphira verfielen dem Gericht Gottes.

Warum haben sie das getan? Weil sie scheinbar keine wahren Gläubigen waren, ebenso wie die meisten Israeliten in der Wüste. Aber lassen wir Lukas das letzte Wort haben. Er sagt: »Die Menge derer aber,

66 A. d. H.: Stellenkorrektur aus inhaltlichen Gründen. Auch das am Ende von Kapitel 2 Berichtete kann man zu dem zählen, was kurz zuvor geschehen ist, wenn man bedenkt, dass die Ereignisse im Leben der Jerusalemer Urgemeinde in einer zeitlich sehr dichten Abfolge gesehen werden müssen.

die gläubig geworden waren, war *ein* Herz und *eine* Seele; und auch nicht einer sagte, dass etwas von seiner Habe sein Eigen wäre, sondern sie hatten alles gemeinsam« (4,32). Wenn wahre Gläubige dies auszeichnete und wenn sie so handelten, dann gehörten Ananias und Sapphira offensichtlich nicht zu ihnen.[67]

Die Folge des Gerichts

Das Gericht Gottes über Ananias und Sapphira bewirkte Furcht. Dies geschah sowohl innerhalb der Gemeinde als auch außerhalb (5,5.11.13), wobei dies eine sehr heilsame und notwendige Furcht war. Sie verhinderte keine echten Bekehrungen, wie Lukas in 5,13-14 darlegt. Sie ließ jedoch nicht zu, dass sich Menschen ohne wahren Glauben massenweise der Gemeinde anschlossen, nur weil sie die erstaunlichen Wunder, die geschehen waren, erlebt hatten (5,15-16). Auch verhinderte sie, dass sie von der materiellen Unterstützung angezogen wurden, die Menschen erhalten konnten, wenn sie Teil der Gemeinde wurden: »Von den Übrigen aber wagte keiner, sich ihnen anzuschließen, sondern das Volk rühmte sie« (5,13); und dennoch gilt: »… umso mehr Glaubende wurden dem Herrn hinzugetan, Scharen von Männern und auch Frauen« (5,14). Es stimmt, dass die ersten Christen sich gezwungen sahen, sich der Autorität der Hohenpriester und des Hohen Rats zu widersetzen. Aber sie waren keine geistlichen Anarchisten. In der Gemeinde gab es eine Autorität: Es war der Heilige Geist, die Autorität Gottes, der unter den Gläubigen lebt und wirkt.

Wenn es damals diesen eindeutigen Fall des Gerichtes Gottes gab, könnte jemand fragen: Warum nicht auch heute, und zwar fortwährend? Die Antwort scheint darin zu bestehen, dass das an Ananias und Sapphira vollstreckte Gericht ein Ausnahmefall war. Er war notwendig, um unter Beweis zu stellen, dass der Geist Gottes in die Gemeinde gekommen war und dass sein Anspruch, in ihrer Mitte gegenwärtig zu

67 A. d. H.: Es ist in Übereinstimmung mit vielen namhaften Exegeten auch eine andere Auslegung möglich. Im Sinne von 1. Korinther 11,29-30 ist es denkbar, dass Ananias und Sapphira zwar gläubig waren, aber aufgrund ihrer gemeinsamen Sünde vorzeitig starben – gewissermaßen errettet, »doch so wie durchs Feuer« (1Kor 3,15). Dieser Auslegung zufolge waren die beiden nicht von Anfang an Heuchler. Vielmehr beschlossen sie erst später, auf die verwerfliche Art und Weise zu handeln, wie Lukas sie beschreibt.

sein, zu Recht bestand. Aber weder das Kommen des Geistes noch das an Ananias und Sapphira vollstreckte Gericht sollten den Tag des Herrn einläuten, ebenso wenig, wie die Heilung des Gelähmten der Beginn der Wiederherstellung aller Dinge sein sollte. Dieser Tag wird kommen, aber er ist erst für einen späteren Zeitpunkt vorgesehen. Der Herr Jesus wird die Lebenden und die Toten bei seinem Erscheinen richten (2Tim 4,1). Vorläufig wird das Unkraut nicht ausgerissen, aber die Zeit dafür wird kommen. Und niemand kann den Herrn täuschen. Denken Sie an Lots Frau, aber auch an Ananias und Sapphira.

Kampf gegen Gott? Die zweite Befragung durch den Hohen Rat (5,17-42)

Das Evangelium begann, sich nun rasch auszubreiten – nicht nur in Jerusalem, sondern auch in der Umgebung. Seine Botschaft des neuen Lebens (5,20) war in jeder Beziehung ansprechend, und aufgrund der damit verbundenen außergewöhnlichen Wunder kamen die Menschen von überall her scharenweise nach Jerusalem, indem sie Heilung suchten (5,15-16). Die Angehörigen des priesterlichen Adels wurden regelrecht von Eifersucht (5,17) und von Angst erfüllt (5,28). Sie beschlossen, einen weiteren Versuch zu unternehmen, der Bewegung Einhalt zu gebieten. Also verhafteten sie die Apostel, diesmal alle zwölf, und brachten sie vor den Hohen Rat.

Schuld am Blut Jesu?

Die Anklage ihnen gegenüber zeigt die Verärgerung der Priester darüber, dass die Apostel ihr Verbot, weiterhin im Namen Jesu zu predigen, völlig missachtet hatten. Aber ihr Ärger mischte sich mit Furcht: »... ihr habt Jerusalem mit eurer Lehre erfüllt und wollt das Blut dieses Menschen auf uns bringen« (5,28).

Die Befürchtungen des Hohenpriesters und seiner Amtsbrüder bestanden in Folgendem: Die Menschenmassen, die sie dazu überredet hatten, die Kreuzigung Jesu zu fordern, könnten jetzt durch die Apostel gegen sie selbst aufgebracht werden. Vielleicht könnte dies sogar gewaltsam erfolgen, weil die Betreffenden das, wozu sie überredet worden waren, jetzt als Ermordung Jesu ansahen. Das ist natürlich nicht geschehen, und die Christen haben die Massen auch nicht dazu angestachelt. Aber heute können wir die Befürchtungen des Hohenpriesters nicht hören, ohne an den Holocaust sowie an die aufgebauschte und in weiten Teilen ungerechtfertigte Anschuldigung zu denken, dass die Christen durch ihre Lehre, die Juden hätten Jesus getötet, für den Antisemitismus und den teilweise in die Wege geleiteten Völkermord an den Juden verantwortlich seien. Nichts davon, was wir jetzt sagen werden, schmälert unser Bekenntnis der wirklichen Schuld der Christenheit bezüglich des Antisemitismus (siehe Anhang 1). Auf der anderen Seite ist die Antwort des Petrus auf den Vorwurf des Hohenpriesters immer noch gültig und relevant.

Zunächst konnte man Petrus natürlich nicht des Antisemitismus beschuldigen. Er war ein ebenso loyaler Bürger des jüdischen Gemeinwesens wie jedes Mitglied des Hohen Rats. Er war ebenso wenig antisemitisch wie Jesaja oder Jeremia, als sie die Sünden des Volkes anprangerten. Aber dann ließ sich die Geschichte nicht bestreiten oder widerrufen. Er sagte: Jesus, »den ihr ermordet habt, indem ihr ihn an ein Holz hängtet« (5,30). Damit richtete sich Petrus jetzt nicht an das ganze Volk, sondern an die Hohenpriester und den Hohen Rat. Es war eine unumstößliche Tatsache, dass sie gegenüber Pilatus die Kreuzigung Jesu durchgesetzt hatten. Und damit hatten sie Jesus der schändlichsten und abscheulichsten Todesstrafe ausgesetzt, die ihnen bekannt war. Ihrem Gesetz zufolge (5Mo 21,22-23) war jemand, der an ein Holz gehängt wurde, von Gott verflucht.

Das jüngst Geschehene ließ sich zwar nicht mehr ändern, aber warum sollte man die Vergangenheit nicht ruhen lassen? Weshalb sollte darüber weiterhin den Volksmengen gepredigt werden? Wozu sollte es gut sein, außer dass die Feindseligkeit und der Wunsch nach Rache der Volksmenge angestachelt wurden? Warum sollte man daher nicht das Verbot akzeptieren und die ganze Sache auf sich beruhen lassen?

»Man muss Gott mehr gehorchen als Menschen«, sagte Petrus (5,29). Weiter fügte er sinngemäß hinzu: »Es ist der Gott unserer Väter (dem nichts Antisemitisches anhaftet!), der Jesus auferweckt hat. Obwohl ihr ihn getötet habt, hat Gott ihn erhöht. Gott hat euer Urteil aufgehoben und möchte, dass dies bekannt gemacht wird. Möchtet ihr öffentlich bekunden, dass Jesus die Schmach eines Todes unter dem Fluch Gottes verdient habe? Und wollte ihr dann Gott verbieten, allerorts bekannt zu machen, dass er seine Ehre wiederhergestellt hat? Würde euch das in große Verlegenheit bringen? Es ist Gott, der es bekannt machen möchte, und wir müssen seine Anweisungen befolgen, nicht eure Verbote.

Andererseits habt ihr vonseiten der Öffentlichkeit nichts zu befürchten. Gott selbst ist nicht auf Vergeltung bedacht, noch versucht er, in die Herzen der Menschen aus der Volksmenge den Samen der Rache zu säen: ›Diesen hat Gott durch seine Rechte zum Führer und Heiland erhöht, um Israel Buße und Vergebung der Sünden zu geben‹ (5,31). Das ganze Volk Israel – sowohl die einfachen Leute als auch die Priester – braucht die Vergebung. Und ihr alle, ohne Ausnahme, könnt Vergebung erlangen; nicht nur trotz der Kreuzigung Jesu, sondern weil sie zum Rettungswerk wurde.«

Natürlich gab es eine unerlässliche Bedingung für die Vergebung: Buße. Buße angesichts dessen, dass sie Jesus ermordet hatten, und Buße dahin gehend, dass sie ihre Heilsbedürftigkeit anerkannten. Aber selbst wenn es um die Buße geht, dürfen wir nicht denken, damit sei eine harte Forderung gemeint, die aus feindseligen Motiven an uns gestellt wird. Vielmehr geht es um ein wunderbares und großzügiges Geschenk. »Diesen hat Gott … erhöht, um Israel Buße … zu geben« (5,31). Es ist eine unermesslich große Gnade, Buße tun zu dürfen.

Petrus sagte: »… wir sind Zeugen von diesen Dingen«, denen zufolge den Angehörigen des Volkes Israel durch den Tod und die Erhöhung Jesu Christi völlige Vergebung zur Verfügung steht. Und mehr noch, sie brauchten nicht einmal die Apostel beim Wort zu nehmen. Ein noch größerer und unmittelbarerer Zeuge stand bereit, um ihnen zu dienen. Gott hatte bereits Tausenden in Israel den Heiligen Geist gegeben. Alle Mitglieder des Hohen Rats hätten denselben Heiligen Geist und durch ihn Vergebung, Versöhnung und Frieden mit Gott empfangen können. Allerdings gab es dafür derselbe einfache Bedingung: gehorsame Unterordnung unter Gott durch den Herrn Jesus Christus (5,32).

Gamaliels Rat

Als sie die Antwort des Petrus hörten, »ging es ihnen wie ein Stich durchs Herz« (5,33 [Menge]). Allerdings geschah dies nicht aufgrund echter Reue und Buße, wie dies bei der Jerusalemer Volksmenge zu Pfingsten der Fall war (2,37), sondern wegen der rasenden Wut, die Menschen empfinden, wenn ein Argument ins Ziel getroffen hat. Dabei wissen sie im Innersten ihres Herzens, dass es wahr ist, aber sie wollen nicht Buße tun, sondern sich selbst rechtfertigen und ihre Ankläger um jeden Preis zum Schweigen bringen. »… sie [wurden] tief getroffen und fassten den Beschluss, sie umzubringen« (5,33 [Schlachter 2000]).

Doch zusammen mit dem Zeugnis der Apostel erhielten sie zwei Warnungen.

Erstens hatten sie am Vortag die Apostel verhaftet und über Nacht in Gewahrsam genommen, um sie am nächsten Tag vor den Hohen Rat zu bringen. Als nun der gesamte Hohe Rat versammelt war, schickte man Bedienstete, um die Gefangenen aus ihren Zellen zu holen. Aber die Bediensteten kamen zurück und berichteten, dass das Gefängnis sicher verschlossen war und die Wachen an den Eingängen standen, sich aber niemand im Gefängnis befunden hatte, nachdem sie die Türen geöffnet hatten.

Die Mitglieder des Hohen Rats hatten kaum Zeit, um sich von diesem Schock zu erholen, als bereits der nächste kam: Sie erhielten die Nachricht, dass die Apostel im Tempel das Volk lehrten, wobei es wie üblich um die Worte des Lebens und das durch die Auferstehung Christi geschenkte ewige Leben ging (5,20.25). Der Hauptmann des Tempels, der die Tempelwache befehligte, ging persönlich mit seinen Bediensteten hin und führte die Apostel in die Ratsversammlung.

Lukas teilt uns mit, dass in der Nacht ein Engel die Gefängnistüren geöffnet, die Apostel nach draußen gebracht und ihnen gesagt hatte, sie sollten im Tempel die Botschaft dieses neuen Lebens verkündigen (5,19-20). Aber die Hohenpriester waren Sadduzäer (5,17), die weder an Auferstehung noch an Engel oder Geist glaubten (23,8). Sie hatten zweifellos ihre eigene rationale Erklärung für dieses Entkommen. Trotzdem waren sie verunsichert und fragten sich, was aus dieser ganzen Angelegenheit werden würde (5,24). Denn jetzt kam ein anderer mächtiger, psychologischer Prozess in Gang. Ob sie es sich eingestehen wollten oder nicht, das Muster des entsprechenden Geschehens wiederholte sich: Nur wenige Monate zuvor[68] hatten sie einer Wache den Befehl gegeben, ein Grab zu bewachen und sicherzustellen, dass der darin befindliche Leib nicht verschwand. Und am Morgen des dritten Tages berichtete die Wache, dass der Leib nicht mehr da sei. Die führenden Juden hatten sich eine eigene rationale Erklärung dafür ausgedacht (Mt 28,11-15). Aber die Parallelen zwischen diesen beiden Vorfällen waren geradezu unheimlich.

Und dies war nicht zufällig so. Es war im Grunde ein Akt der Barmherzigkeit Gottes gegenüber den Menschen, die entschlossen waren, nicht Buße zu tun. In ihrer Wut, hervorgerufen durch die ständige Erinnerung an die Kreuzigung, waren sie versucht, der Ausbreitung des Evangeliums durch die Hinrichtung der Apostel einen schweren Schlag zu versetzen. Es war eine Warnung zur rechten Zeit, ihrer bereits überaus schweren Schuld nicht noch ein abscheuliches Verbrechen hinzuzufügen, indem sie versuchten, das Unmögliche zu tun. Sie hatten Jesus getötet und eine Wache vor sein Grab gestellt. Aber es war nicht möglich, dass er vom Tod festgehalten wurde, wie Petrus zu Pfingsten betonte. Gott hatte ihm »kundgetan Wege des Lebens« (2,28; vgl. V. 24). Das Leben, das die Apostel nun bevollmächtigte, und das Leben, das sie den Volksmengen predigten, war das Leben des auferstandenen Christus, dessen Siegeszug unaufhaltsam war. Die führenden Juden konnten die Apostel ins Gefängnis werfen oder töten, aber sie konnten dieses Leben nicht zugrunde richten oder auslöschen. Zwar waren sie entschlossen, nicht Buße zu tun und den Urheber des Lebens oder die Vergebung und das Leben, das er ihnen anbot, nicht anzunehmen. Doch wenn dem schon so war, dann sollten sie wenigstens nicht noch mehr Schuld aufhäufen, indem sie zu verhindern versuchten, dass diese Botschaft des Lebens an andere weitergegeben wurde.

Die zweite Warnung erfolgte durch ein Mitglied des Hohen Rats. Gamaliel war ein Gesetzeslehrer, dem vom ganzen Volk höchster Respekt entgegengebracht wurde. Im Gegensatz zum vorsitzenden Hohenpriester, den führenden Priestern und den adligen Laien, die Sadduzäer

68 A. d. H.: Lukas gibt nicht genau an, wie viel Zeit seit der Grablegung und Auferstehung des Herrn vergangen ist (sodass hier im Unterschied zum Original ein allgemeinerer Begriff gewählt wurde). Es ist allerdings davon auszugehen, dass zwischen der Auferstehung des Herrn und den Ereignissen in Apostelgeschichte 5 höchstens ein Jahr lag.

waren, war er Pharisäer (5,34).Er glaubte daher an die Lehre und theoretische Möglichkeit der Auferstehung, wenn auch nicht (zumindest bis jetzt) an den besonderen Fall der Auferstehung Jesu und daran, dass sie tatsächlich geschehen war. Sein Rat an die anderen Mitglieder der höchsten richterlichen Instanz der Juden ist sicherlich von etlichen als zynisches Zaudern bezeichnet worden. Aber wenn man sich einmal anschaut, was er bewirkte, dann war es ein guter Rat an Männer, die nicht Buße tun wollten. Zumindest ließen sie sich davon abhalten, eine Gräueltat zu begehen: Sie unterließen es, den Befehl zu geben, zwölf unschuldige Männer hinzurichten. Insofern muss Gamaliel Anerkennung gezollt werden. Er repräsentierte eine Mehrheit der Juden in all den Jahrhunderten, die leider weder an Jesus als Messias noch an seine Auferstehung, noch an die von ihm angebotene Erlösung und vor allem nicht an seine Gottheit glaubten bzw. glauben, die aber andererseits seine Kreuzigung missbilligten und jede glaubensbedingte Verfolgung von Menschen (Christen eingeschlossen) ablehnten bzw. dies noch immer tun.

Schauen wir uns Gamaliels Ratschlag kurz etwas näher an: Er erwähnte das Beispiel zweier politischer Aufrührer, die Jahre zuvor Aufstände angeführt hatten, was jeweils in einer Katastrophe geendet hatte. Dies führte er als Argument dafür an, dass es für den Hohen Rat keinen Anlass dafür gab, diese neue christliche Bewegung zu unterdrücken. Wenn sie nicht von Gott wäre, würde sie sich ebenso auflösen. Wenn sie anderenfalls von Gott war, wäre jeder Versuch, ihr Einhalt zu gebieten, vergeblich. Mehr noch: Es wäre ein Kampf gegen Gott (5,35-39).

Die übrigen Mitglieder des Hohen Rats ließen sich überzeugen und sahen vorerst davon ab, die Apostel zu töten. Natürlich nutzten sie ihre Macht aus, um die Apostel zu maßregeln. Sie ließen die Apostel auspeitschen und verboten ihnen erneut, im Namen Jesu zu predigen. Allerdings war das nicht von Erfolg gekrönt, sondern bewirkte sogar das Gegenteil. Sie befolgten die Belehrungen des Herrn Jesus (Lk 6,22-23) und freuten sich über die hohe Ehre, dass sie für würdig befunden wurden, um seines Namens willen Schmach zu leiden. Und dann fuhren sie fort, noch eifriger und beharrlicher zu predigen (5,40-42).

Angesichts all dessen ist es traurig, was Paulus den aus dem Heidentum kommenden Gläubigen in Thessalonich über die Juden in Judäa (nicht über die Juden weltweit) berichten musste. In diesem Zusammenhang betraf das im Besonderen die führenden Persönlichkeiten, vor allem den sadduzäischen Adel, sowohl Priester als auch Laien:

> Ihr seid ja, liebe Brüder, in die Nachfolge der Gottesgemeinden eingetreten, die im jüdischen Lande in Christus (gegründet) sind; denn auch ihr habt von euren eigenen Volksgenossen die gleichen Leiden erduldet wie jene von den Juden, die sogar den Herrn Jesus getötet und die Propheten wie auch uns verfolgt haben. Die besitzen Gottes Wohlgefallen nicht und sind allen Menschen feindselig …, weil sie uns daran hindern (wollen), den Heiden zu ihrer Rettung zu predigen, um so nur ja das Maß ihrer Sünden jederzeit … voll zu machen. Es ist aber der Zorn … über sie hereingebrochen bis zum Äußersten (1Thes 2,14-16 [Menge]).[69]

So redete Paulus sozusagen innerhalb der Familie der Gotteskinder – zu denjenigen, die sich durch seinen Dienst bekehrt hatten und nun Verfolgung erfuhren. Um diesbezüglich eine ausgewogene Gesamtschau zu erhalten, müssen noch zwei Dinge angefügt werden. Erstens seine Bemerkung an die Gemeinde in Rom: »Hinsichtlich des Evangeliums sind sie zwar Feinde, um euretwillen, hinsichtlich der Auswahl aber Geliebte, um der Väter willen« (11,28). Und zweitens seine Erklärung gegenüber den Führern der Juden in Rom im Blick darauf, warum er sich auf den Kaiser berufen hatte: Die Römer wollten »mich, nachdem sie mich verhört hatten, freilassen …, weil keine Todesschuld an mir war. Als aber die Juden widersprachen, war ich gezwungen, mich auf den Kaiser zu berufen, *nicht, als ob ich gegen meine Nation etwas zu klagen hätte*« (Apg 28,18-19).

Alles Weitere ist diesbezüglich von der Geschichte her bekannt. Die Römer zerstörten im Jahr 70 n. Chr. den Tempel. Damit ging natürlich nicht das Judentum unter, das sich umfassend und gründlich an die neuen Bedingungen anpasste, unter denen es sich zunehmend in eine Religion der Synagoge und des Buches wandelte. Aber als der Tempel

69 Zur Übersetzung des letzten Satzes, der fast allen anderen Übersetzungen entgegensteht, vgl. C.C. Caragounis, »Kingdom of God, Son of Man and Jesus' Self-Understanding (Part I)«, *Tyndale Bulletin* 40:1 (1989), S. 12-23. A. d. H.: Man beachte, dass in dem betreffenden Satz in der an dieser Stelle im Original verwendeten Bibelübersetzung die Zeitform des Futurs gebraucht wird (»Es wird aber der Zorn über sie hereinbrechen bis zum Äußersten«).

verschwunden war, verloren sowohl die zu den Sadduzäern gehörenden führenden Priester als auch die rangniederen Angehörigen der Priesterschaft an Bedeutung und Wichtigkeit und verschwanden allmählich.

Benachteiligung von Mitchristen: Eine andere Sicht der christlichen Gemeinschaft (6,1-7)

Der letzte Punkt des ersten Abschnitts ist sehr kurz und geht nur von 6,1 bis 6,6. Zwei Überlegungen zeigen, dass er noch dem ersten Abschnitt zuzuordnen ist. Erstens weist Lukas durch die Anordnung seines Materials darauf hin, dass 6,7 zwei Abschnitte voneinander trennt. Zweitens ist das in diesem Punkt aufgeworfene Thema von großer Bedeutung für den Grundgedanken, der sich durch den gesamten ersten Abschnitt zieht. Und der Punkt ist wichtig für die Vervollständigung und für die ausgewogene Darlegung des Themas.

In Punkt II ging es um Judas – darum, dass er Christus für Geld verriet, und um seinen Acker. Punkt IV handelte davon, dass der Gelähmte täglich um Geld bettelte, während sich Punkt VI mit Ananias und Sapphira beschäftigte, die den Heiligen Geist bezüglich des Geldes und Ackers bzw. des Grundstücks belogen haben. Dieser letzte Punkt befasst sich nun ebenfalls mit der Haltung der christlichen Gemeinschaft zu Geld und materiellen Gütern. Er beschreibt, wie sie bezüglich eines Missstands umgingen, der in Verbindung mit der täglichen Lebensmittelverteilung entstand.[70]

Insbesondere die Botschaft dieses Punktes passt zu der Lehre aus der Geschichte von der Heilung des Gelähmten und vervollständigt sie. Beide Geschichten zeigen, wie ernst die ersten Christen ihre soziale Verantwortung genommen haben, die eine hinsichtlich ihres Umfelds (wie bei dem Gelähmten) und die andere bezüglich der Gemeindeglieder (indem an die Witwen innerhalb der Gemeinde täglich Nahrungsmittel verteilt wurden). Und beide Geschichten erinnern uns daran, dass es äußerst wichtig ist, unseren sozialen Pflichten den angemessenen Rang und Anteil einzuräumen und ihnen nicht zu erlauben, der Verkündigung

70 Manche meinen, der griechische Ausdruck sei nicht im Sinne von Nahrung, sondern von Geld zu verstehen. Möglicherweise umfasst er beides.

des Evangeliums und dem Lehren des Wortes Gottes den ersten Platz streitig zu machen oder beides in den Hintergrund zu drängen.

In der Geschichte von der Heilung des Gelähmten sehen wir, dass die Menschen im Allgemeinen durchaus bereit waren, die Wohltätigkeit der Gemeinde anzunehmen, die hauptsächlich den Armen zugutekam. Aufseiten der Apostel sehen wir, dass sie bereit waren, nicht nur Geld (sofern sie darüber verfügen konnten), sondern noch viel mehr zu geben. Aber dann versammelte sich die Volksmenge, um zu hören, wie Petrus das Wunder erklärte. Dabei war er sehr darauf bedacht, bei den Zuhörern nicht den Eindruck zu erwecken, dass Wohltätigkeit für die Armen und Heilung für die Kranken die wichtigsten Dinge seien, um die es im Christentum gehe. Genau das Gegenteil ist der Fall. Die Hauptsache und das Allerwichtigste für Petrus war die Verkündigung des Evangeliums. Er wies die Menschen in der Volksmenge darauf hin, dass sie den Urheber des Lebens getötet hatten und nun vor allem umkehren und an den Erlöser glauben mussten, da es keinen anderen Weg der Errettung gebe als den persönlichen Glauben an Christus. Diese Erlösung war unerlässlich, wenn sie für das Zweite Kommen Christi bereit sein wollten. Die ersten Christen mussten das Evangelium verkündigen, weil es absoluten Vorrang hatte. Die Menschen um sie her mussten unbedingt erfahren, wie sie mit Gott ins Reine kommen und ewiges Leben erlangen konnten. Es wäre eine sehr bedauerliche Verzerrung der wahren Prioritäten gewesen, wenn sich die Apostel damit zufriedengegeben hätten, sich in einer Welt voller schuldiger Menschen um soziale Belange und darum zu kümmern, die Betreffenden körperlich wiederherzustellen. Hätten sie zugelassen, dass die soziale Unterstützung das Evangelium in den Hintergrund drängte, wäre dies eine sträfliche Pflichtverletzung gewesen, sowohl Gott als auch den Menschen gegenüber.

Die letzte Geschichte vermittelt eine ähnliche Lektion, nur diesmal in Verbindung mit dem Leben innerhalb der Gemeinde. Es zeigt, dass sich die ersten Christen engagiert und umfassend um die sozialen Bedürfnisse der Gemeindeglieder kümmerten. Insbesondere wurden an die Witwen täglich Nahrungsmittel verteilt. Als man erkannte, dass manche der Witwen übersehen, wenn nicht sogar benachteiligt wurden, rieten die Apostel der Gemeinde, tüchtige und geistlich gesinnte Männer einzusetzen, um die gemeinsamen Mittel gerecht und systematisch zu verwalten. Mit den sozialen Bedürfnissen der Gläubigen sollte nicht willkürlich verfahren werden.

Aber – und das ist hier der wichtigste Punkt dieser Geschichte – die Apostel waren nicht bereit, zugunsten dieser sozialen Unterstützung ihren eigentlichen Auftrag aufzugeben. Ihr Grund dafür zeigt, dass sie sich der wirklichen Prioritäten bewusst waren:

> Es ist nicht recht, dass wir das Wort Gottes vernachlässigen, um die Tische zu bedienen. Seht euch nun um, Brüder, nach sieben Männern von euch, … voll Heiligen Geistes und Weisheit, die wir über diese Aufgabe bestellen wollen; wir aber werden im Gebet und im Dienst des Wortes verharren (6,2-4).

Um die Lektion zu bekräftigen, formuliert Lukas den abschließenden Abschnitt sehr bedacht: »Und das Wort Gottes wuchs, und die Zahl der Jünger in Jerusalem mehrte sich sehr; und eine große Menge der Priester wurde dem Glauben gehorsam [d.h., sie wurden bekehrt]« (6,7).

Der Zusammenhang zwischen dem Wachstum der Gemeinde und den miteinander verbundenen Aktivitäten der Verkündigung des Evangeliums und der Auslegung des Wortes war natürlich nicht zufällig. Und wir müssen uns von diesem Bericht über die Anfänge des Christentums hinsichtlich unserer heutigen Praxis beurteilen lassen. Hinsichtlich der Fassade, die wir der Welt präsentieren, scheinen viele Gemeinden ihr Vertrauen in die Kraft des Evangeliums verloren zu haben. Sie rechnen nicht mehr damit, dass die Heilsbotschaft die Kraft hat, Sünder zu bekehren, sodass sie zu Jüngern des Herrn Jesus werden. Daher konzentrieren sie sich ausschließlich darauf, gute Werke zu tun, und bieten der Welt ihre Hilfe an. Die Welt nimmt diese Hilfe in Anspruch, ohne sich dessen bewusst zu sein, dass der christliche Glaube mehr umfasst als die Verantwortung für die äußeren Belange der Mitmenschen. Dabei erkennt sie nicht die Notwendigkeit, hinsichtlich der Errettung zu Christus zu kommen. Es finden keine echten Bekehrungen statt, und die Gemeinden schrumpfen.

Auch innerhalb der Gemeinden können die sozialen Aktivitäten unbemerkt zur Gefahr werden, weil sie die angemessene Verkündigung des Wortes und das regelmäßige Gebet im Grunde ersetzen. Nach Meinung mancher könne man von denen, die christlichen Gemeinden angehören, heutzutage nicht mehr erwarten, dass sie sich Predigten anhören müssen, die das Wort Gottes ernsthaft und systematisch auslegen. Vielmehr müsse man ihnen leichtere und »relevantere« Kost geben. Doch angesichts dessen erhebt sich die Frage: Legt das nicht nahe, dass sie den Aussagen des Lukas und der Apostel zufolge gar keine Jünger sind? Und wenn die Gemeinden das Wort Gottes für unerträglich langweilig halten, wie können sie von den Menschen in der Welt erwarten, dass diese zuhören, wenn es ihnen verkündigt wird? Und wenn das Wort Gottes nicht verkündigt und somit nicht verbreitet wird, wie soll dann die Zahl der Jünger zunehmen, geschweige denn schnell wachsen?[71]

71 Literatur-Empfehlungen für die weitere Beschäftigung mit den in Abschnitt 1 angesprochenen Themen:
Zum Thema Wunder:
C. S. Lewis, »Miracles« und »Religion and Science«, S. 11-26 und 46-50, beide in: *God in the Dock*, London: Collins Fount, 1979. A. d. H.: Deutsche Ausgabe: *Gott auf der Anklagebank*, Basel und Gießen: Brunnen Verlag, 4. Taschenbuchauflage 2005.
Zum Thema Himmelfahrt und seinen verschiedenen Aspekten:
Bruce M. Metzger, »The Ascension of Jesus Christ«, in: *Historical and Literal Studies*, Leiden: E. J. Brill, 1968.
Peter Toon, »Historical Perspectives on the Doctrine of Christ's Ascension«, *Bibliotheca Sacra*, S. 195-205, 291-301 (Jg. 1983); S. 16-27, S. 112-119 (Jg. 1984) (A. d. H.: Bei der *Bibliotheca Sacra* handelt es sich um eine theologische Fachzeitschrift, die vom evangelikalen Dallas Theological Seminary herausgegeben wird.)
Hinsichtlich der Haltung mancher heutiger Wissenschaftler zu Auferstehung und Himmelfahrt im Unterschied zu der von der liberalen Theologie beeinflussten Haltung und der inzwischen überholten Entmythologisierung: T. F. Torrance, *Space, Time and Resurrection*, Edinburgh: Handsel Press, 1976; derselbe, *The Ground and Grammar of Theology*, Belfast: Christian Journals Ltd, 1980; derselbe, *Theological Science*, Oxford: Oxford University Press, 1978, S. 334-337.
A. d. H.: Im Blick auf den vom Autor bemerkten (teilweisen) Wandel in der Beurteilung von Wundern durch die Wissenschaft ist vor allem der Physiker Albert Einstein mit seinen Varianten der Relativitätstheorie zu nennen. Galt vor ihm im Allgemeinen das dreidimensionale Weltbild als wissenschaftliche Norm (»Wunder sind unmöglich!«), entspricht es der Logik der von Einstein entdeckten Gesetze, wenn man heute sagt: »Wunder sind möglich!«
Die oben erwähnte Entmythologisierung geht, was das Neue Testament betrifft, vor allem auf den deutschen Theologen Rudolf Bultmann zurück.

ABSCHNITT 2

Anbetung und Zeugnis der Christen (6,8 – 9,31)

Einleitende Beobachtungen

Wir kommen nun zu der zweiten Station, an der sich das Christentum und das Judentum auseinanderentwickelten. Die Themen, hinsichtlich derer sie sich voneinander schieden, waren komplex. Man kann sie vielleicht unter der Überschrift »Anbetung und Zeugnis der Christen« zusammenfassen.

Es gibt vier große Sätze in Abschnitt 2. Zuerst sehen wir ausführlich die Anklage, die Verteidigung und das Martyrium von Stephanus (6,8 – 8,3). Er wurde angeklagt, weil man ihm seine Haltung zum Tempel und seine diesbezüglichen Äußerungen vorwarf (6,13-14).

Der zweite Satz bezieht sich auf die Evangelisationsarbeit in Samaria (8,4-25). Zu jener Zeit gab es äußerst starke Vorbehalte zwischen Samaritern und Juden, insbesondere aufgrund ihrer unterschiedlichen Sichtweise bezüglich der Anbetung und des Tempels. Die Samariterin in Sichar bemerkte dazu dem Herrn Jesus gegenüber: »Unsere Väter haben auf diesem Berg angebetet, und ihr sagt, dass in Jerusalem der Ort sei, wo man anbeten müsse« (Joh 4,20).

Es geht um Fragen hinsichtlich der Anbetung: Die erste Geschichte befasst sich damit, was das Christentum über den maßgeblichen jüdischen Tempel und darüber sagt, dass sich die Stätte der Anbetung in Jerusalem befand. Die zweite geht darauf ein, was das Christentum den Samaritern zu sagen hat, deren gottesdienstliche Praxis von den jüdischen Traditionen abwich. Obwohl sie die fünf Bücher Mose als Wort Gottes anerkannten, verwarfen sie den Tempel in Jerusalem und beteten auf dem Berg Garizim in Samaria an.

Der dritte Satz zeigt die Geschichte der Bekehrung eines Äthiopiers, der sich in Jerusalem aufgehalten hatte, um anzubeten. Auf seinem Heimweg las er eine Abschrift der Prophetie, die im Buch Jesaja zu finden ist (Apg 8,26-40). Der Tempel in Jerusalem war nicht nur das Zentrum der Anbetung für Juden, sondern stellte ein mächtiges Zeugnis für die Heiden ringsumher dar. Der Äthiopier gehörte zu den vielen Männern und Frauen der antiken Welt, die ein gewisses Maß an Einsicht gewonnen hatten. Sie waren mit dem widerwärtigen heidnischen Polytheismus unzufrieden und gleichzeitig von dem Tempel in Jerusalem beeindruckt, in dem sich nicht ein einziges Gottesbild befand und der für den einen wahren Gott Zeugnis ablegte. Das Christentum hatte diesen Menschen mehr zu sagen als das Judentum. Das wird sich im Laufe dieser Geschichte zeigen.

Der vierte und zugleich letzte Satz erzählt uns die Bekehrung des Saulus von Tarsus (9,1-31). Dabei sticht ein Merkmal ins Auge. Der Herr sendet einen gewissen Ananias zu Saulus, der zu diesem Zeitpunkt nicht sehen konnte. Dieser beauftragte Jünger sollte ihm sagen, was er zu tun hatte. Dadurch macht der Herr deutlich: »… dieser ist mir ein auserwähltes Gefäß, meinen Namen zu tragen sowohl vor Nationen als Könige und Söhne Israels« (9,15). Auch in dieser Geschichte geht es also um das Zeugnis Israels gegenüber den Heiden.

Wie wir gerade gesehen haben, hatte das Judentum über mehrere Jahrhunderte hinweg der Welt gegenüber den einen wahren Gott bezeugt. Das war vor allem in der hellenistischen und römischen Zeit der Fall, als Tausende von Exiljuden in den Ländern rund um das Mittelmeer lebten und arbeiteten, und einige von ihnen sogar hohe Ämter innehatten.[72] Aber die aus Israel kommende Missionsbewegung, die sich in Form des Christentums machtvoll ausbreitete, erwies sich in ihrer Größe, Stärke und Wirksamkeit als einzigartig. Initiator eines Großteils dessen, was innerhalb dieser Missionsbewegung geschah, war der eben erwähnte Saulus von Tarsus. Wenn wir seine Geschichte lesen, wollen wir wissen, was ihn von einem unerbittlichen Verfolger der Christen, der die Ausbreitung des Christentums über die Grenzen Israels hinaus zu verhindern versucht hatte (9,2), in den größten Missionar der Welt verwandelt hatte, der jemals aus Israel hervorgekommen ist.

72 Wie Onias IV. und Dositheos unter Kleopatra II. von Ägypten und Chelkias und Ananias unter Kleopatra III. A.d.H.: Internet-Angaben zufolge ging es dabei um die Ausübung von hohen religiösen und militärischen Ämtern.

Betrachten wir nun die offensichtlicheren Verbindungen zwischen diesen vier Geschichten in diesem Abschnitt, die vom diesbezüglichen Gedankengang her bestehen.

In der ersten Geschichte übernimmt Saulus von Tarsus die Mitverantwortung für die Hinrichtung des Stephanus: »Und die Zeugen legten ihre Kleider ab zu den Füßen eines Jünglings, genannt Saulus« (7,58). In der letzten Geschichte hat sich derselbe Saulus bekehrt, ohne jemals wieder einen Christen zu verfolgen. Nun beginnt er, den Glauben zu predigen, denn er vorher hatte vernichten wollen.

Aber es gibt noch eine weitere Ähnlichkeit, die viel bedeutsamer ist. Zu Beginn der ersten Geschichte (7,2-3) bemerkt Stephanus: »Der Gott der Herrlichkeit erschien unserem Vater Abraham …« Zu Beginn der vierten Geschichte (9,3) berichtet Lukas: »… plötzlich umstrahlte ihn [Saulus von Tarsus] ein Licht aus dem Himmel …« Die Ähnlichkeit hinsichtlich der Worte und des Gedankengangs ist offensichtlich, aber beachten Sie die Bedeutung. Dass der Gott der Herrlichkeit Abraham erschienen war, stellte die grundlegende geistliche Erfahrung dar, die dem Entstehen des Volkes Israel zugrunde lag. Man kann die Bedeutung gar nicht stark genug betonen. Die Auswirkungen sind noch immer erkennbar. Aber beachten Sie die Richtung der dadurch ausgelösten Bewegung: Abraham wurde infolgedessen aus den Heiden herausgeführt, damit er Stammvater eines Volkes werden konnte, das sich daraufhin von seiner Bestimmung her von allen anderen unterscheiden sollte – einzigartig in seinem Zeugnis für den einen wahren Gott und in seinem Auftrag, dem heidnischen Polytheismus Einhalt zu gebieten. Gott sagte: »Geh aus deinem Land und aus deiner Verwandtschaft und komm in das Land, das ich dir zeigen werde« (7,3).

Als das Licht aus dem Himmel Saulus umstrahlte, begann ein anderer Zeitabschnitt in der Geschichte Israels, nicht weniger wichtig oder bedeutend als die Berufung des Stammvaters. Damit wurde Saulus jedoch genau in die entgegengesetzte Richtung geführt, als dies bei Abraham der Fall gewesen war. Als Hebräer von Hebräern (Phil 3,5) wurde er aus dem Schoß des Volkes der Hebräer zurück zu den Heiden gesandt, um Gottes »Namen zu tragen sowohl vor Nationen als Könige« (Apg 9,15).

Oberflächlich betrachtet scheint dieser letzte Satz dem ersten zu widersprechen. Aber dem ist nicht so. In dem letzten fand vielmehr der erste seine Erfüllung und Vervollständigung. Als Gott Abraham aus den Heiden herausrief, geschah dies mit der Absicht, dass durch ihn alle Geschlechter der Erde gesegnet werden sollten (1Mo 12,3). Mit dem Kommen des Messias sowie mit der Bekehrung und Beauftragung des Saulus von Tarsus sollte sich Gottes ursprüngliches Ziel, das er bei der Berufung Abrahams aus den Heiden verfolgte, verwirklichen, indem er den Angehörigen der Heidenvölker einen bis dahin unvergleichlichen, weltweiten Segen zuteilwerden ließ. Durch Saulus von Tarsus, seine Verkündigung und seine Schriften würden über die Jahrhunderte hinweg viele Millionen von Heiden zum Glauben an den Gott Abrahams kommen.

Das, was in beiden Sätzen in Bezug auf Gottes Handeln berichtet wird, war für die Evangeliumsverkündigung in der Welt natürlich notwendig. Dass Gott Abraham aus der heidnischen Welt herausgerufen hat, bedeutet einerseits nicht, dass seit diesem Zeitpunkt alle außer Abraham und seiner Familie von Gott verworfen und für immer verloren waren. Andererseits war die Abwärtsentwicklung, bei der sich die Menschen immer weiter von der ursprünglichen Erkenntnis des einen wahren Gottes entfernten und sich eine polytheistische und vom Götzendienst ausgehende Deutung der Welt zu eigen machten, zu dieser Zeit praktisch allgemein verbreitet. Es gab nur eine einzige Möglichkeit im Blick darauf, wie Menschen imstande waren, den wahren Gott wieder zu erkennen, und wie daraus das damit verbundene nötige moralische Verhalten folgen konnte. Sie bestand darin, dass Gott nochmals mit einem Menschen begann, um sich ihm zu offenbaren, um eine besondere Beziehung zwischen sich und den Nachkommen dieses Menschen aufzunehmen und aus diesem einen Menschen ein ganzes Volk entstehen zu lassen, wobei die Angehörigen dieses Volkes als Zeugen für den Glauben an den einzig wahren Gott deutlich sichtbar sein sollten.

Das erwies sich als schwierig. Wie Israels Propheten erkennen lassen, gingen die Angehörigen des Volkes nämlich immer wieder Kompromisse ein und wichen von der rechten Gotteserkenntnis ab, indem sie sowohl in Götzendienst als auch in heidnische Unmoral verfielen. Aber dennoch kam Gott zum Ziel, indem er sich in Christus offenbarte und indem danach der Welt Jesus als Sohn Gottes verkündigt wurde, obwohl die Gottesvorstellung der meisten Menschen vollkommen falsch und verzerrt war. Die Schlacht wurde letztlich gewonnen, und zwar dauerhaft. Nach Israels Rückkehr aus dem Exil verfiel das Volk in seiner Gesamtheit nie wieder in den Götzendienst. Vielleicht sind heute Juden in großer Zahl Agnostiker oder sogar Atheisten, aber seit dem Exil trugen der Tempel bis zu seiner Zerstörung und darüber hinaus die jüdischen Synagogen auf der ganzen Welt dazu bei, dass die Juden kompromisslos an ihrem monotheistischen Glauben festhielten.[73]

Nach Gottes Handeln mit Israel war eine andere Vorgehensweise erforderlich, die Erkenntnis des wahren Gottes und den persönlichen Glauben an ihn unter den Angehörigen der Heidenvölker auf der ganzen Welt zu verbreiten. Es kam also die Zeit, in der derselbe Gott der Herrlichkeit einem weiteren Hebräer erscheinen und ihn in einem umgekehrten Prozess von Israel aus zu den Heiden senden musste. Es ging nicht darum, die Heiden dahin gehend zu bekehren, dass sie sich in das abgesonderte Volk Israel eingliedern mussten – das war in geringem Maße schon jahrhundertelang geschehen. Es ging vielmehr darum, den Angehörigen der heidnischen Völker die Erkenntnis des einen wahren Gottes selbst zu vermitteln und sie fest in ihren Herzen zu verankern. Und Gott begann im größeren Stil mit der Verwirklichung dieses Anliegens, als das Licht aus dem Himmel Saulus umstrahlte und er ihn als Apostel der Heiden aussandte. Seitdem haben durch seine Verkündigung und Schriften, auf direkte oder indirekte Weise, viele Millionen von Heiden den Götzendienst verlassen. Sie wurden dadurch nicht zu Juden oder zu Angehörigen des Volkes Israel bzw. der Synagoge, aber sie kamen zum Glauben an den Gott Abrahams, Isaaks und Jakobs, den einzig wahren Gott.

Was auf der Makroebene der Geschichte geschah, sollte auf die Mikroebene unserer persönlichen Erfahrung ebenso zutreffen. Nachdem der Gott der Herrlichkeit Abraham erschienen war, wurde dieser zu einem Pilger. Nachdem das Licht aus dem Himmel Saulus umstrahlt

73 Abgesehen von kurzen Verfehlungen einiger Hoherpriester unter Antiochus Epiphanes. A. d. H.: Damit sind – ähnlich wie in neutestamentlicher Zeit – höchstwahrscheinlich die Angehörigen der hohenpriesterlichen Familie in dieser Phase der jüdischen Geschichte gemeint.
Was die durch das Babylonische Exil bewirkte weitgehende Rückkehr zum Monotheismus betrifft, so fragt man sich allerdings, wie es um die jüdische Religiosität zur Zeit Jesu stand und was sie wert war, wenn man die Selbstgerechtigkeit der Schriftgelehrten und Pharisäer sowie ihre Feindschaft gegenüber dem von Gott gesandten Retter berücksichtigt.

hatte, wurde dieser zu einem Missionar. Es ist unwahrscheinlich, dass wir wahre Missionare werden können, wenn wir nicht zuvor Pilger geworden sind. Es war nicht eine Reihe von Verboten und Geboten bezüglich der Enthaltsamkeit, die Abraham mit aller Macht aus seinem bisherigen heidnische Umfeld fortzog. Es war vielmehr die Tatsache, dass ihm die überragende Herrlichkeit des lebendigen Gottes offenbart wurde und er die ewige, ihm von Gott verheißene Stadt schauen durfte. Das war es, was ihn dazu brachte, sein Heimatland zu verlassen und zu bekennen, dass er ein Fremdling und ohne Bürgerrecht auf der Erde war (vgl. Hebr 11,13). Wenn wir unserer modernen Welt, die genauso gottlos ist wie das dem Götzendienst verfallene Heidentum, wirksam Zeugnis geben wollen, dann stellt sich die Frage: Wie können wir das tun, wenn nicht ein ähnlicher Blick auf die Herrlichkeit Gottes in uns zunächst die Liebe zu den Dingen »in der Welt« überwunden hat, die »nicht von dem Vater« ist (1Jo 2,16)? Wie ist das möglich, wenn uns nicht höhere Ziele geschenkt worden sind, sodass wir anders leben als diejenigen, deren Sichtweise irdisch begrenzt ist?

Aber angenommen, wir teilen Abrahams Schau und haben im Herzen die Welt verlassen, wie er es tat. Doch das reicht nicht. Wir müssen wie Paulus Missionare werden und in die Welt zurückgehen, um Gott bekannt zu machen. Wir können wohl kaum behaupten, dass das Licht aus dem Himmel uns umstrahlt hat, es sei denn, dass es uns zumindest in gewissem Maße ebenso wie Paulus erfüllt hat, sodass wir uns wie er voller Erbarmen denen zuwenden, die in der Finsternis sitzen.

Doch zurück zum eigentlichen Auftrag. Wir haben Gemeinsamkeiten zwischen den Sätzen 1 und 4 herausgegriffen, was den jeweiligen Gedankengang betrifft: Hier folgt nun eine Verbindung zwischen Satz 2 und 3.

Lukas berichtet über die Evangeliumsverkündigung des Philippus in Samaria und räumt einem gewissen Simon viel Raum ein, der sich aufgrund von Zauberei und Magie als etwas Großes ausgab. Ganz offensichtlich war er ein religiöser Scharlatan, wie man sich ihn nur vorstellen kann! Ja, aber es geht darum, dass die dort ansässigen Samariter aller Schichten auf Simon hereingefallen waren und in Bezug auf ihn überaus gewagte Behauptungen aufstellten. Sie sagten, er sei »die Kraft Gottes, die ›die Große‹ genannt wird«. Für Juden – egal, ob Christen oder Nicht-Christen – wären solche Behauptungen gotteslästerlich gewesen. Aber in den Augen der meisten Juden schien damals der Anspruch der Christen, dass Jesus Gottes Sohn sei, ebenso blasphemisch zu sein – und daran hat sich bis heute offenbar nichts geändert. Inwieweit können wir sicher sein, dass die ersten Christen sich in ihren Behauptungen in Bezug auf Jesus nicht genauso geirrt hatten, wie dies bei den Samaritern in ihren Behauptungen im Blick auf Simon der Fall war? Inwieweit können wir sicher sein, dass die Behauptungen mancher jüdischer Gelehrter falsch waren, Jesus sei nur einer unter vielen »wunderwirkenden« Rabbis gewesen, die dem Judentum bekannt waren, und sein Ruf sei durch seine heidnischen Nachfolger bis zu dem Punkt der Gotteslästerung hochgespielt worden?

Eine Antwort auf diese Frage finden wir in Satz 3. Dort verkündigt Philippus dem Äthiopier Jesus als den lange verheißenen leidenden Gottesknecht aus Jesaja 53 (Apg 8,32-35). Christen glauben ohne Zweifel, dass Jesus Wunder wirkte, und zwar höchst bedeutsame Wunder. Ihr Glaube gründet sich auf das größte von allen, nämlich auf die Auferstehung. Aber es war beileibe nicht Jesus als der Wundertäter, der die Herzen von Millionen seiner Nachfolger gewonnen hat. Vielmehr war es Jesus als der leidende Gottesknecht, als das Lamm, das zur Schlachtbank geführt wurde und stumm vor seinen Scherern stand. Es war der gekreuzigte Christus, der um unserer Übertretungen willen verwundet wurde, der um unserer Ungerechtigkeiten willen zerschlagen wurde und durch dessen Striemen uns Heilung geworden ist. Zwischen ihm und den Menschen vom Schlage eines Simon, die in dieser Welt Aufsehen erregen, lässt sich kein Vergleich herstellen.

Nachfolgend eine kurze Tabelle mit den wichtigsten Punkten. Dies ist als Hilfe gedacht, damit wir den Abschnitt als Ganzes vor Augen haben und erkennen, wie die vier Sätze untereinander und als Ganzes zusammenhängen.

Die Sätze

1. Das Evangelium und die rechtgläubige[74] Anbetung des Judentums (6,8–8,3)
2. Das Evangelium und die von der Rechtgläubigkeit abweichende Anbetung der Samariter (8,4-25)
3. Das Evangelium des leidenden Gottesknechts (8,26-40)
4. Das Evangelium des Sohnes Gottes (9,1-31)

Satz 1
Das Evangelium und die rechtgläubige Anbetung des Judentums: Der Tod des Stephanus; Verfolgung der Gemeinde durch Saulus (6,8–8,3)

1. »Der Gott der Herrlichkeit erschien unserem Vater Abraham … und sprach zu ihm: ›Geh aus deinem Land und aus deiner Verwandtschaft …‹« (7,2-3).
2. Der Herr erschien in einem Dornbusch, der brannte, aber nicht verzehrt wurde. Der Herr offenbarte sich Mose als »der Gott deiner Väter … Gesehen habe ich die Misshandlung meines Volkes, … und ich bin herabgekommen, um sie herauszureißen« (7,30-34).
3. Stephanus sah »die Herrlichkeit Gottes, und Jesus zur Rechten Gottes stehen; und er sprach: Siehe, ich sehe … den Sohn des Menschen zur Rechten Gottes stehen! … Und als sie ihn aus der Stadt hinausgestoßen hatten, steinigten sie ihn« (7,55-58).

Satz 2
Das Evangelium und die von der Rechtgläubigkeit abweichende Anbetung der Samariter: Philippus und die Bekehrung der Samariter (8,4-25)

1. Samaria und die Zaubereien des Simon (8,9).
2. Simon, der »von sich selbst sagte, dass er jemand Großes sei; dem alle … anhingen und sagten: Dieser ist die Kraft Gottes, die ›die Große‹ genannt wird« (8,9-10).

---

74 A. d. H.: Damit ist hier gemeint, dass die gottesdienstliche Praxis des Judentums im Großen und Ganzen auf dem Alten Testament beruhte (wenngleich sie weithin in toten Formen erstarrt war, was Stephanus brandmarkte).

Satz 3
Das Evangelium des leidenden Gottesknechts:
Philippus und die Bekehrung des Äthiopiers (8,26-40)

1. Jerusalem und die Heiligen Schriften (8,27-28).
2. »›Er wurde wie ein Schaf zur Schlachtung geführt, und wie ein Lamm stumm ist vor seinem Scherer, so tut er seinen Mund nicht auf. In seiner Erniedrigung wurde sein Gericht weggenommen …‹ Der Kämmerer aber antwortete Philippus und sprach: Ich bitte dich, von wem sagt der Prophet dieses …? Philippus aber … verkündigte … ihm das Evangelium von Jesus« (8,32-35).

Satz 4
Das Evangelium des Sohnes Gottes:
Die Bekehrung von Saulus, dem Verfolger (9,1-31)

1. Saulus verfolgt die Jünger; der Herr offenbart sich ihm als »Jesus, den du verfolgst« (9,4-5).
2. »… plötzlich umstrahlte ihn ein Licht aus dem Himmel« (9,3). »… dieser ist mir ein auserwähltes Gefäß, meinen Namen zu tragen … vor Nationen« (9,15).
3. »Und sogleich predigte er … Jesus, dass dieser der Sohn Gottes ist. … [Da] beratschlagten die Juden miteinander, ihn umzubringen« (9,20-23).

Tabelle 3: Abschnitt 2: Anbetung und Zeugnis der Christen (6,8 – 9,31)

SATZ 1

Das Evangelium und die rechtgläubige Anbetung des Judentums (6,8–8,3)

Der Strom neuen Lebens, der sich durch Abschnitt 1 ergossen hat, fließt unvermindert weiter in Abschnitt 2. Bevor die wenigen Kapitel zu Ende sind, wird sich das Evangelium von Judäa nach Samaria ausgebreitet haben, die ersten Lichtstrahlen des christlichen Glaubens werden Äthiopien[75] berührt haben, und ein außergewöhnlicher Mann wird bekehrt, als Apostel bevollmächtigt und auf besondere Weise ausgerüstet sein, das Evangelium zu ganz verschiedenen Personenkreisen der gesamten heidnischen Welt hinauszutragen.

Ein Kennzeichen des Lebens besteht darin, dass es sich nicht nur ausbreitet, sondern dass es auch Reifungsprozesse gibt, dass sich der Betreffende weiterentwickelt: von der Kindheit zum Mannsein, vom Spielen mit Puppen zur Mutter oder Krankenschwester im wirklichen Leben, vom Schulunterricht zu den Aktivitäten und Verantwortlichkeiten des Erwachsenenlebens, von Pferdekutschen zur Erfindung von Dampfloks, Autos, Flugzeugen und Raumkapseln.

So ist es auch im geistlichen Leben. Israel war einst ein Kind (Hos 11,1), in historischer und geistlicher Hinsicht ein neues Phänomen im Weltgeschehen. Gottes Liebe für sein Kind in dessen jungen Tagen war intensiv sowie stark und von Barmherzigkeit geprägt. Er hatte die Sklaverei der Israeliten in Ägypten überwunden und ihnen Eigenständigkeit sowie ein Erbteil in Kanaan gegeben. Jahr für Jahr erinnerten sich die Israeliten seitdem dankbar an das Passahopfer, durch das sie einst ihre Freiheit erlangt hatten. Jährlich feierten sie das Fest der Erstlinge und das Pfingstfest (Wochenfest), indem sie die Früchte ihres neuen Erbteils genossen. Nachdem sie Nomaden in der Wüste gewesen waren (der Kindheit eines Menschen vergleichbar), folgte ihre Teenagerzeit – die Eroberung und Bebauung ihres Erbes in

75 A.d.H.: D.h. das Reich der Äthiopier in seinen damaligen Grenzen (im Norden des heutigen Sudan).

Kanaan. Dann erreichte Israel als Volk seine erste Mannesreife. Diese war dadurch gekennzeichnet, dass die Pracht und Erhabenheit der frühen Königszeit auch auf gottesdienstlichem Gebiet zum Ausdruck kam: An die Stelle des tragbaren Heiligtums in der Wüste trat ein festes Bauwerk, ein majestätischer Tempel aus Stein.

Nun war mit dem Kommen des Messias, des Sohnes Gottes, die Zeit gekommen, zu der vollen Mannesreife überzugehen.[76] An die Stelle Tausender Passahlämmer trat das Opfer des Lammes Gottes. Die beiden Brote, die aus Jungkorn gebacken wurden, wurden übertroffen durch das Kommen des Geistes Gottes, der Erstlingsfrucht eines himmlischen Erbes. Nun stand der prächtige Tempel aus Stein in Jerusalem immer mehr im Schatten einer weitaus überragenderen Wohnstätte Gottes, deren Herrlichkeit die Pracht des irdischen Tempels in unvergleichlicher Weise übertraf.

Eine unangemessene Veränderung leugnet, verrät und zerstört das Gute der Vergangenheit und der Gegenwart. Die Veränderung zur rechten Zeit vollendet dieses Gute und lässt an seine Stelle etwas Besseres treten. Es ist richtig, sich unangemessenen Veränderungen entgegenzustellen. Wer aber angesichts der angemessenen Veränderung sein Missfallen bekundet und dagegen ankämpft, wie es bei vielen Juden der Fall war, der verkehrt das vergangene und gegenwärtige Gute in Böses. Wenn der Junge sich nicht von seinen Spielsachen trennen kann oder sie nicht beiseitelegen will, da er zur Schule gehen muss, erweist sich sein Spielen letztendlich als Ausdruck einer menschlichen Katastrophe, weil er sich nicht unterrichten lässt.

So war es auch mit dem Hohenpriester und den anderen Priestern, die eine führende Stellung einnahmen, mit den »Bauleuten« des Tempels in Jerusalem. Als Gott seinen Sohn sandte – als Eckstein eines neuen, allumfassenden geistlichen Tempels –, versuchten die Bauleute, ihn zu töten. Petrus musste sie darauf hinweisen, dass den Stein, den sie verworfen hatten, Gott nun als Eckstein seines neuen Tempels setzen würde (Apg 4,11). Danach trat Stephanus auf und warnte dieselben

76 A. d. H.: Der Autor geht hier nahtlos von der frühen Königszeit zu der Zeit des Erdenlebens Jesu über, obwohl fast 1000 Jahre mit sehr unterschiedlichen Phasen der Geschichte Israels dazwischenliegen. Diese Phasen lassen sich wie folgt zuordnen: 1) mittlere und späte Königszeit; 2) Gericht und Exil; sowie 3) Rückkehr und Leben unter der Herrschaft fremder Mächte. Mit der Ausnahme einiger Jahrzehnte gewährleistete dabei der Salomonische Tempel bzw. der nachexilische Tempel den Fortbestand der traditionellen gottesdienstlichen Praxis.

Priester: Indem sie Christus zugunsten ihres traditionellen Tempels verwarfen, hielten sie an einer Anbetungsordnung bzw. gottesdienstlichen Form fest, die bald überholt sein und schließlich vergehen würde. Sie ermordeten ihn dafür, weil ihr Missfallen gegenüber Veränderungen derart groß war.

Stephanus wurde der erste christliche Märtyrer. Er starb nur wenige Jahre nach seinem Herrn.[77] Normalerweise nehmen Menschen das Martyrium nicht auf sich – es sei denn, dass es um Prinzipien geht, die sie für wichtiger halten als das Leben. Stephanus starb, weil die jüdische und die christliche Sicht im Blick darauf, wie man Gott nahen konnte, derart weit auseinanderklafften.

Stephanus war natürlich nicht der Einzige unter seinen Zeitgenossen, der darauf hinwies, dass die Anbetung Gottes im Tempel in Jerusalem unzureichend war. Die sehr strenge religiöse Gemeinschaft von Juden in Qumran am Toten Meer[78] hatte sich seit Langem von jeder Beteiligung am Tempeldienst zurückgezogen. Géza Vermes sagt dazu: »Für die Sektierer war der Tempel in Jerusalem ein Ort der Gräuel; seine einzelnen Bereiche galten als verunreinigt, seine Priester als gottlos und der dort herrschende Gottesdienst als unrechtmäßig.«[79] Sie waren deshalb zu diesem Zeitpunkt außerstande, mit gutem Gewissen an der damals üblichen Anbetung teilzunehmen. Trotzdem unterschied sich ihr Standpunkt bezüglich des Tempels völlig von der Sichtweise des Stephanus. Sie lehnten den Tempel und die dortige Anbetung nicht grundsätzlich ab, sondern brandmarkten nur den vorherrschenden Missbrauch. Sie hofften, dass die Anbetung im Tempel eines Tages wieder zu ihrer ursprünglichen Reinheit zurückkehren und dann wieder den Vorschriften des Alten Testaments entsprechen würde, so wie sie diese verstanden. In diesem Fall hätten sie mit Freuden erneut daran teilgenommen.

Die ersten Christen hingegen nahmen es anfangs in dieser Hinsicht ernster als die Angehörigen der Gemeinschaft in Qumran. Sie

---

77 A. d. H.: Viele Exegeten gehen davon aus, dass zwischen der Kreuzigung Jesu und der Steinigung des Stephanus höchstens vier bis fünf Jahre lagen. Manche halten sogar nur zwei Jahre oder einen noch kürzeren Zeitraum für möglich (vgl. auch Fußnote 68).

78 A. d. H.: Allgemein als Essener bekannt und als solche bereits vom jüdischen Geschichtsschreiber Flavius Josephus erwähnt.

79 G. Vermes, »Dead Sea Scrolls«, S. 215b, in: *The Interpreter's Dictionary of the Bible*, Supplementary Volume [Ergänzungsband], Nashville: Abingdon, 1976.

gingen weiterhin voller Freude in den Tempel und waren bei den Gottesdiensten dort zugegen (Lk 24,52-53; Apg 2,46–3,1). Aber dann begann Stephanus, Gedanken zu äußern, die in letzter Konsequenz seine Glaubensgeschwister dazu führen würden, den Tempel mitsamt seinen Priestern, Opfern und Riten in jeder Beziehung aufzugeben. Er beklagte sich nicht wie die Männer von Qumran darüber, dass der Tempel und der Gottesdienst nicht mehr schriftgemäß waren und reformiert werden mussten: Vielmehr behauptete er, dass sie überholt waren und allesamt bald vergehen würden. Für diese umwälzenden und (für das rechtgläubige jüdische Volk jener Zeit) Anstoß erregenden Gedanken, wurde er umgehend vor den Hohen Rat – die höchste richterliche Instanz in Israel – gebracht, dort angeklagt und dann hingerichtet.

Die Anklage gegen Stephanus lautete im Einzelnen: »Dieser Mensch hört nicht auf, Worte zu reden gegen diese heilige Stätte und das Gesetz; denn wir haben ihn sagen hören: Dieser Jesus, der Nazaräer, wird diese Stätte zerstören und die Gebräuche verändern, die uns Mose überliefert hat« (6,13-14). Auf Grundlage dieser einzelnen Punkte brachten die Ankläger als Hauptvorwurf vor, dass Stephanus Lästerworte gegen Mose und Gott geredet habe (6,11). Es muss nicht erwähnt werden, dass dieser Vorwurf sehr ernst war: Konnte bewiesen werden, dass dies zutraf, zog es automatisch das Todesurteil nach sich (3Mo 24,16). Lukas informiert uns darüber (Apg 6,11.13), dass diese einzelnen Anklagepunkte eine Verdrehung der Tatsachen waren und die Zeugen, die dies untermauerten, bestochen waren. Wenn wir die vier Evangelien gelesen haben, liegt es sehr nahe, dies zu vermuten. Wir lesen nirgends, dass Christus gesagt hätte, er würde den Tempel in Jerusalem tatsächlich eigenhändig abbrechen. Daher ist es äußerst unwahrscheinlich, dass Stephanus dies jemals gesagt hatte.[80]

Andererseits ist Folgendes bemerkenswert: In der gesamten langen Rede (zumindest in dem, was Lukas davon aufgeschrieben hat)

80 Aber natürlich hatte Christus gesagt, dass aufgrund ihrer öffentlichen Verwerfung des von Gott berufenen Messias – und ihres Verharrens darin selbst nach der Auferstehung und Himmelfahrt – Gott den Feinden Israels erlauben würde, sowohl die Stadt Jerusalem als auch den Tempel zu zerstören (Mt 24). Daran war grundsätzlich nichts Gotteslästerliches. Jeremia hatte in seinen Tagen seinen Zeitgenossen eine ähnliche Botschaft weitergegeben: Gott würde wegen ihrer Sünden zulassen, dass der Tempel zerstört werden würde. Das geschah dann unter Nebukadnezar. Jeremia sagte natürlich nicht, dass er selbst den Tempel zerstören würde, und das galt auch für Christus.

unternimmt Stephanus an keiner Stelle einen Versuch zu erklären, dass er nie in dem von den Anklägern unterstellten Sinn gesagt habe, Jesus würde den Tempel tatsächlich abbrechen. Wahrscheinlich hielt er es nicht der Rede wert, denn der andere Teil der Anklage traf zu. Er hatte tatsächlich gesagt, dass Jesus von Nazareth die Gebräuche, die Mose dem Volk überliefert hatte, verändern würde – und das war wirklich geschehen. Dies muss für die Angehörigen des Rats gleichermaßen gotteslästerlich geklungen haben, als sie es erstmalig hörten. Sie glaubten, dass Mose von Gott die Gebräuche empfangen hatte, die er wiederum an sie weitergegeben hatte. Und darüber hinaus glaubten sie, dass die Schriften des Alten Testaments, in denen diese Gebräuche aufgezeichnet waren, direkt von Gott eingegeben und dann niedergeschrieben worden waren. Wer sagte, Jesus Christus habe diese Gebräuche verändert oder würde dies tun, musste in den Augen der Ratsmitglieder selbstverständlich als Gotteslästerer erscheinen. Der Hauptteil der Rede des Stephanus musste anhand ebendieser alttestamentlichen Schriften zeigen, dass man weder Gott noch Mose lästerte, wenn man Derartiges sagte.

Aber es kommen Fragen auf. Was hat Stephanus letzten Endes zu der Annahme veranlasst, dass der Herr Jesus die Anweisungen des Mose bezüglich des Tempels und des rechten Zugangs des Menschen zu Gott verändert hatte bzw. verändern würde? Und wie sahen diese Veränderungen aus? Und weshalb beharrte er darauf, weiter darüber zu reden, wo er doch sah, wie sehr dies seinen jüdischen Landsleuten missfiel? Und wieso hielt er diese Veränderungen zu dem Zeitpunkt, da er unmittelbar vor seiner Verurteilung stand, für so wichtig, dass er lieber sterben wollte, als zu widerrufen?

Der Hintergrund von Stephanus' Gedanken und Zeugnis

Um zu verstehen, was Stephanus zu diesen Punkten dachte und sagte, nützt es nichts, seine Rede zu berücksichtigen, denn dort unternahm er – wie gesagt – keinen Versuch, die Veränderungen zu erklären, die Christus bewirkt hatte und bewirken würde. Sein einziges Anliegen war zu zeigen, dass es keine Gotteslästerung ist, wenn man sagt, Veränderungen würden und müssten geschehen. Um Stephanus' Gedanken nachzuvollziehen, müssen wir anderswo schauen. Drei Hauptquellen stehen uns zur Verfügung.

Erstens seine eigene Christuserfahrung, zweitens das, was er von den Aposteln und den anderen jüdischen Gläubigen über die Aussagen unseres Herrn während seines irdischen Dienstes bezüglich des Tempels und seines Todes, seiner Auferstehung und Himmelfahrt gehört hat, und drittens der viel später geschriebene Brief an die Hebräer. Wer auch immer der Schreiber dieses Briefs war, er scheint – wie Stephanus – ein Hellenist gewesen zu sein und die Gedanken des Stephanus weiterentwickelt zu haben, wie Professor W. Manson aufzeigt.[81]

Stephanus' Erfahrung der Vergebung

An erster Stelle steht also die Tatsache, dass Stephanus die Vergebung durch Jesus Christus persönlich erfahren hat.

Wir wissen nicht, wann Stephanus zum Glauben an Jesus als Christus kam, oder von wem er das Evangelium erstmalig gehört hat. Aber wenn wir (berechtigterweise) die Apostelgeschichte als Leitfaden nehmen, dann war jede Predigt nach demselben Grundgerüst aufgebaut: Zunächst ging es um die Darlegung der Tatsachen bezüglich des Lebens von Christus (d.h. seine Kreuzigung, Auferstehung und Himmelfahrt), die ihn als Herrn und Messias auszeichneten. Und dann folgten das Angebot völliger Vergebung und die Gabe des Heiligen Geistes für alle, die aufrichtig Buße taten und an den gekreuzigten, auferstandenen und verherrlichten Jesus gläubig wurden (2,38; 3,19; 10,42-43; 13,38-39). Stephanus wurde gesagt, dass er im Glauben Vergebung empfangen könne und dann die damit einhergehende Freude und das Staunen darüber erfahren würde. Das Bewusstsein, von Gott angenommen zu sein, würden sein Herz durchdringen, wenn der Heilige Geist seiner Bestimmung gerecht werden und sein Werk tun würde: »… die Liebe Gottes ist ausgegossen in unsere Herzen durch den Heiligen Geist« (Röm 5,5).

Das war für Stephanus etwas völlig Neues. Natürlich hatte er als frommer Jude von der Vergebung gewusst und sie auch erfahren. Aber

81 William Manson, *The Epistle to the Hebrews: An Historical and Theological Reconsideration, The Baird Lecture, 1949*, London, 1951, Kapitel 2 (»Stephen and the World-Mission of Christianity«).

noch nie zuvor in seinem Leben war ihm Vergebung durch den Glauben an eine Person zuteilgeworden, die auf dieser Erde gelebt hatte. Nirgendwo im Alten Testament war ihm die Vergebung der Sünden zugesichert worden, indem er beispielsweise an Mose oder Elia glaubte. Aber die Vergebung, derer er sich nun erfreute, erhielt er nicht, *nachdem* er an Jesus glaubte, oder einfach nur, *weil* er an Jesus glaubte: Vielmehr empfing er sie *durch* Jesus (Apg 4,30; 10,43; 13,39), weil dieser als der Menschensohn Vollmacht hatte, Vergebung der Sünden zu gewähren, so wie es ihm gesagt worden war. Und Jesu Autorität wurde durch seine Auferstehung bestätigt (Lk 7,48-49; Apg 4,30).

Und dann hatte Stephanus sehr schnell erkannt, dass Vergebung durch Christus in anderer Hinsicht ermöglicht wurde.[82] Lukas sagt uns, dass die ersten Christen von Anfang an »im Brechen des Brotes« verharrten (Apg 2,42). Lukas musste damit mehr gemeint haben, als dass sie täglich gemeinsam aßen, denn vor ihrer Hinwendung zu Christus wurde Tischgemeinschaft schon im Judentum praktiziert. Lukas meint vielmehr, dass sie regelmäßig zum Mahl des Herrn zusammenkamen; und Stephanus hatte daran teilgenommen, sobald er bekehrt war. Bei diesen Gelegenheiten hatte er immer wieder die Worte des Herrn Jesus gehört: »Nehmt, esst; dies ist mein Leib … dies ist mein Blut, das des neuen Bundes, das für viele vergossen wird zur Vergebung der Sünden« (Mt 26,26.28).

Und Stephanus fragte – wovon wir mit Sicherheit ausgehen können –, was Christus damit meinte, als er sagte: »Dies ist mein Blut des Bundes.« Dann werden ihm die Apostel geantwortet haben, was sie später Lukas sagten (Lk 22,20): Bei dem betreffenden Bund handelte es sich um den Neuen Bund, den Gott durch Jeremia verheißen hatte (Jer 31,31-34). Stephanus hatte ein feines Gespür für Geschichte, wie wir aus seiner späteren Rede schließen können. Es ist unmöglich, dass er ständig diesen Verweis auf den Neuen Bund gehört hat, ohne sich intensiv Gedanken über die Konsequenzen zu machen. In der Antike im Allgemeinen, und in der Praxis zur Zeit des Neuen Testaments im Speziellen, mussten Bündnisse durch das Vergießen des Blutes der Bundesopfer besiegelt werden. Der Bund, den Gott durch die Vermittlung von

82 A. d. H.: Damit ist zweifellos gemeint, dass ein anderes Blut als dasjenige der Opfertiere vergossen werden musste, um Vergebung zu ermöglichen.

Mose geschlossen hatte, war auf diese Weise in Kraft gesetzt worden (2Mo 24,5-8). Es war zu erwarten, dass der nächste Bund auf dieselbe Weise besiegelt werden musste. Durch das Herrenmahl erinnerte Christus Stephanus fortwährend daran, dass es das Blut des Opfers seiner selbst auf Golgatha war, das den Neuen Bund besiegelte.

Unweigerlich wäre früher oder später folgende Frage aufgekommen: In welchem Zusammenhang steht dieser Neue Bund zu dem Alten Bund? Der spätere Schreiber des Hebräerbriefs erkannte, wie wir wissen, den Zusammenhang klar und äußerte sich dazu in prägnanter Weise: »Indem er sagt: ›einen neuen‹, hat er den ersten alt gemacht; was aber alt wird und veraltet, ist dem Verschwinden nahe« (Hebr 8,13). Derselbe Schreiber bemühte sich aber auch aufzuzeigen, dass er seine Schlussfolgerung aus den eindeutigen Aussagen des Alten Testaments zog. Dort sagt Gott selbst, dass der Neue Bund *nicht dem gleichen würde*, den er mit ihren Vätern geschlossen hatte, da der letztgenannte keine zufriedenstellenden Ergebnisse erzielen konnte (Jer 31,32) und durch einen neuen und andersartigen Bund ersetzt werden musste. Stephanus hatte mit Sicherheit eine ähnlich große Einsicht wie der Schreiber des Hebräerbriefs. Auch er hatte erkannt, dass man keinen neuen Bund gebraucht hätte, wenn der alte hinreichend gewesen wäre. Des Weiteren konnte es nicht gleichzeitig zwei unterschiedliche Bundesschlüsse geben, auf deren Grundlage das Volk Gottes mit Gott in Verbindung stand. Und deshalb hatte er ebenso wie der Schreiber des Hebräerbriefs geschlussfolgert, dass der Alte Bund außer Kraft gesetzt worden war. An die Stelle der von Mose verkündeten Gebräuche waren die Grundsätze Jesu Christi getreten. Er war der Mittler eines besseren Bundes, der auf bessere Verheißungen gegründet war (Hebr 7,22; 8,6). Und Stephanus hatte das öffentlich verkündigt und war trotz erbitterten Widerstands dabei geblieben – was ihn letztlich das Leben gekostet hatte –, denn das war keine Nebensächlichkeit christlichen Denkens. Das war das Herzstück des christlichen Evangeliums: die Bedingungen der Vergebung und Annahme durch Gott unter dem Neuen Bund durch das Opfer Jesu Christi, unseres Herrn.

Christus und der neuartige Tempel

Aber Stephanus wird von den Aposteln und anderen jüdischen Gläubigen auch von den Taten und Aussagen Jesu bezüglich des Tempels in Jerusalem gehört haben. Dass er den Tempel gereinigt hatte, war bekannt. Ja, die falschen Zeugen hatten Christus bei seinem Prozess angeklagt, gesagt zu haben (und nun werfen die Ankläger des Stephanus ihm vor, dies zu wiederholen): »Ich kann den Tempel Gottes abbrechen und ihn in drei Tagen aufbauen« (Mt 26,61). Damit stellten sie mutmaßlich ihre falsche Version dessen dar, was er wirklich gesagt hat: »Brecht diesen Tempel ab, und in drei Tagen werde ich ihn aufrichten« (Joh 2,19). Johannes sagt uns, dass selbst die Jünger Jesu zu dieser Zeit nicht verstanden, dass er sich auf den Tempel seines Leibes bezog. Aber nach seiner Auferstehung verstanden sie es (Joh 2,22). Und das gilt natürlich auch für Stephanus. Er wird zuerst verstanden haben, dass Christus einen neuartigen Tempel angekündigt hatte. Und er wird auch erfasst haben, dass die Bedeutung dieser Worte Christi von einem Tempel für Gott weit über dessen eigenes Leben auf Erden hinausreichte. Christus sagte, dass sein Leib von den Toten auferstehen würde und als ein Tempel »wiederaufgebaut« werden würde. Das wird automatisch dazu geführt haben, dass Stephanus ein neues Verständnis im Blick darauf gewann, wie man Gott nahen musste. Als frommer Jude wird er immer an Gottes Allgegenwart geglaubt haben, wie sie beispielsweise in dem großartigen Psalm 139 ausgedrückt wird. Aber über Jahrhunderte hinweg hatte Gott für Israel ein Bauwerk vorgesehen – einen Tempel, eine irdische Stätte, wo seine Gegenwart auf besondere Weise verortet werden konnte, einen »Ort, den der HERR erwählen wird, um seinen Namen dort wohnen zu lassen« (5Mo 16,2). Dorthin konnten die Menschen kommen, dort konnten sie ihn suchen und finden. Während all der Generationen waren Millionen Menschen gekommen, hatten gesucht und gefunden. Im Laufe des Erdenlebens unseres Herrn bildete jedoch sein Leib während seines öffentlichen Dienstes einen »Tempel«, in dem Menschen einen viel direkteren Zugang zu Gott finden konnten, als dies im Tempel in Jerusalem der Fall war. Und nun, nach seiner Auferstehung und Himmelfahrt, würde der lebendige und erhöhte Herr Jesus weiterhin der »Ort« in Gottes Universum sein, wo Menschen Gott finden konnten: Stephanus hatte die Bestätigung dafür durch seine eigene Erfahrung gefunden. Wenn er Gott nahen wollte, würde er sich natürlich direkt an den lebendigen Christus wenden. Er war nicht länger der Ansicht, dass er, um Gott so nahe wie möglich zu kommen, den Tempel in Jerusalem aufsuchen musste.

Die Wahrheit bestand darin, dass er außerstande gewesen war, Gott im Tempel zu nahen. Gott hatte seine Gegenwart im innersten Raum des Heiligtums, im Allerheiligsten, zugesagt. Die Angehörigen des gewöhnlichen Volkes durften sich ihm nicht nahen. Sie durften nicht einmal das Heilige des Tempels betreten, geschweige denn das Allerheiligste. Die Priester hatten Zugang zum Heiligen, aber auch ihnen war es nicht gestattet, das Allerheiligste zu betreten. Es gab nur einmal im Jahr eine Ausnahme. Am großen Versöhnungstag durfte der Hohepriester hinter den großen Vorhang treten, der den Zugang zum Allerheiligsten versperrte, um hineinzugehen und in der unmittelbaren Gegenwart Gottes zu stehen. Dort besprengte er die Bundeslade und den Sühnedeckel, die den irdischen Thron Gottes darstellten, mit dem Blut des Sündopfers des Volkes. Für das im Vorhof des Tempels versammelte Volk war das sicherlich ein sehr feierlicher Augenblick, denn der Hohepriester fungierte als Mittler zwischen Gott und den Angehörigen des Volkes. Wenn er Gott wohlgefällig war und er lebend herauskam, bedeutete dies, dass Gott sie angenommen hatte, bevor ein Jahr später beim nächsten großen Versöhnungstag die gleiche Zeremonie wiederholt werden musste. Aber ungeachtet dessen, wie sehr sie sich ihrer Annahme auch bewusst waren und wie tief die entsprechende Erkenntnis ging, es gab ihnen nie die Freiheit, sich ihm zu nahen oder das Allerheiligste zu betreten. Das Tor des Tempels blieb ihnen stets verschlossen, und der große Vorhang versperrte ihnen immer den Zutritt in die Gegenwart Gottes.

Stephanus muss natürlich um die Funktion und Bedeutung dieses Vorhangs gewusst haben. Deshalb hatte er mehr als interessiert zugehört, als die jüdischen Gläubigen ihm erzählten, dass der Vorhang im Tempel genau in dem Moment von oben nach unten entzweiriss, als Christus auf Golgatha starb (Mt 27,51). Er war sicher von Freude und Anbetung erfüllt gewesen, als er von den Aposteln gehört hatte, was danach geschah: Nachdem Christus gestorben, sein Blut für ihre Sünden vergossen worden und er von den Toten auferstanden war, sahen sie ihn, wie er leibhaftig auffuhr und in den Himmel selbst einging, hinsichtlich dessen das Allerheiligste des Tempels nur ein Gegenbild war. Er hatte sie nach Bethanien hinausgeführt und dann wie ein Priester seine Hände erhoben, um sie zu segnen. Nachdem er dort in dieser priesterlichen Haltung gestanden hatte, wurde er in den Himmel in die Gegenwart Gottes aufgenommen. Ja, am Ende seiner Rede konnte Stephanus mit eigenen Augen sehen, was er durch den Glauben bereits als Tatsache erfasst hatte: Der Sohn des Menschen stand zur Rechten Gottes (Apg 7,56) und sicherte ihm zu, ihn in der Gegenwart des Vaters aufzunehmen. Stephanus hatte schon längst in der Freude über diesen Eingang in die himmlische Herrlichkeit gelebt. Er hatte unwillkürlich gewusst, dass der auferstandene Christus, der die Seinen bereits in dem Augenblick seiner Himmelfahrt gesegnet hatte, nicht aufgehört hatte, sie zu segnen. Er hatte sie nie verstoßen oder vergessen. Er war als ihr Erretter und Stellvertreter in die Gegenwart Gottes getreten, so wie der Hohepriester Israels alljährlich als Stellvertreter Israels in das Allerheiligste des Tempels hineingegangen war. Er war der Gott wohlgefällige Stellvertreter seines Volkes – in jeder Beziehung und für immer. Und das galt auch für sie! Durch Christus hatten sie nun ungehindert »den Zugang durch einen Geist zu dem Vater«, wie Paulus es später ausdrücken würde (Eph 2,18). Durch den Weg, den Christus eröffnet hatte, waren sie eingeladen, im Geist schon jetzt in das Allerheiligste im Himmel einzutreten, wie der Schreiber des Hebräerbriefs es später schreiben würde (Hebr 10,19-22), und sie wurden nachdrücklich aufgefordert, der Einladung zu folgen. Der Gedankengang des Stephanus mag nicht so ausgearbeitet gewesen sein wie der des Paulus oder des Schreibers des Hebräerbriefs. Aber er hatte genauso wie sie den unermesslichen Segen genossen, der das Anrecht eines jeden Gläubigen in Christus ist: die Gewissheit, hier und jetzt in der Gegenwart Gottes vollkommen angenommen zu sein, weil er zur Familie Gottes gehört.

Obwohl er aufgrund der Prophezeiung Christi wusste, dass der Tempel in Jerusalem eines Tages zerstört werden würde, war das für Stephanus nicht von entscheidender Bedeutung. Für ihn war der Tempel schon in erheblichem Maße in den Hintergrund gerückt. Über Jahrhunderte war er seiner Bestimmung gerecht geworden und hatte Israel als von Gott gegebenes »Gleichnis«, als »Abbild und Schatten der himmlischen Dinge« und als »Schatten der zukünftigen Güter« gedient (Hebr 9,9; 8,5; 10,1). Durch die Ankunft dieser Güter in Christus war dieser Schatten nicht mehr nötig. Menschen wie Stephanus waren sich dessen bewusst, dass der Sohn Gottes für ihre Sünden gestorben und in den Himmel aufgefahren war und genau in diesem Augenblick als ihr Stellvertreter und Hoherpriester vor Gott stand. Für sie war es schwierig, weiterhin beeindruckt einen menschlichen Hohenpriester zu betrachten – egal, wie kunstvoll sein Gewand und welch einprägsames Erlebnis seine gottesdienstliche Handlung auch sein mochte: Dieser trat hinter einen Vorhang, wobei er für wenige Minuten pro Jahr in einem abgetrennten Raum in einem Bauwerk hier auf der Erde verschwand.

In gewisser Hinsicht stimmte es also nicht, wenn man sagte, dass Jesus Christus den Tempel zerstören würde; das hatte Stephanus auch nie gesagt. Andererseits hatte Christus den Tempel bereits abgebrochen. Die Christen erfassten das nicht alles sofort; und Gott drängte sie nicht zur Eile. Aber wenn sie die Erlösung immer mehr verstehen würden, die Christus für sie erwirkt hatte, würde Gott sie durch seine inspirierten Diener wie den Schreiber des Hebräerbriefs auffordern, den Tempel hinter sich zu lassen. Warum sollte man für immer eine Ordnung aufrechterhalten, in der das Allerheiligste der Gegenwart Gottes nur einmal im Jahr betreten werden konnte, und zwar nicht durch das einfache Volk, sondern nur durch einen Hohenpriester? Und doch kann jeder Gläubige ohne Unterschied in die Gegenwart Gottes im Himmel treten, jeden Tag seines Lebens! Wer daher an dieser Ordnung festhielt, würde das Evangelium verschleiern, wenn nicht sogar verleugnen. Warum sollte man weiterhin Opfer darbringen, um die Vergebung der Sünden zu erwirken, obwohl Christus bereits die ewige Erlösung und vollkommene Vergebung für uns durch sein vollkommenes Opfer auf Golgatha erwirkt hat? Wer das tun würde, der würde bezüglich der Frage der Annahme bei Gott Verwirrung stiften. Die Bedingungen des Alten Bundes festzuhalten, obwohl Gott sie aufgehoben und den Neuen Bund eingesetzt hatte – das würde den Allmächtigen betrüben.

Die ersten Christen hatten große Ehrfurcht vor den jahrhundertelangen Traditionen des Tempels. Sie würden Zeit brauchen, um diese Dinge zu erfassen und ihre Auswirkungen zu verstehen, und diese Zeit würde ihnen auch geschenkt werden. Stephanus hatte diese Lektion bereits verstanden. Um des Evangeliums willen, um des Verständnisses des Volkes willen und um der Freude über die Errettung willen sprach er eindeutig, wiederholt, kompromisslos und als offensichtlich vom

Heiligen Geist Erfüllter (Apg 6,10), bis die Steine seinen Körper zermalmten und er sein Leben aushauchte.

Die Rede des Stephanus vor dem Hohen Rat

Nun mag jemand Folgendes einwenden: Wenn Stephanus all das, was wir auf den vorangegangenen Seiten zur Sprache gebracht haben, bedacht hätte, dann hätte er zumindest etwas davon in seiner Rede erwähnt. Er hätte dem Hohen Rat erläutern wollen, warum und in welchen Einzelheiten aus seiner Sicht Jesus Christus die von Mose überlieferten Gebräuche verändert hatte. Doch er sehe im Grunde davon ab, diese Dinge in seiner Rede zu erwähnen. Dies lasse erkennen – so könnte man weiter argumentieren –, dass er nicht an derartige Dinge dachte. Wenn wir daher seinen Gedankengang rekonstruieren wollten, würden wir uns auf eine falsche oder zumindest auf eine für die Hauptargumentation bedeutungslose Fährte begeben.

Aber diese Beweisführung würde bedeuten, die Absicht seiner Rede zu verkennen und ihre Argumentation falsch auszulegen. Die Mitglieder des Hohen Rats waren nicht daran interessiert gewesen, von Stephanus zu hören, wie und warum nach seiner Überzeugung alle mosaischen Ordnungen des Tempels, der Priesterschaft und der Opfer durch Jesus Christus hinfällig geworden waren. Die bloße Andeutung, dass Jesus an die Stelle des Tempels treten würde – egal, wie oder aus welchen Gründen –, war für sie Gotteslästerung und Ablehnung der Selbstoffenbarung Gottes, die Mose gewährt worden war und die er dem Volk weitergegeben hatte. Deshalb musste Stephanus beweisen, dass es sich nicht um Gotteslästerung handelte. Und er bewies es, indem er sich auf die Geschichte und das Wesen der Selbstoffenbarung Gottes bezog, wie wir sie in der unbestrittenen Autorität, dem Alten Testament, finden. Wir können die verschiedenen Elemente seiner Argumentation folgendermaßen zusammenfassen:

Erstens zeigt das Alte Testament, dass die Selbstoffenbarung Gottes gegenüber Israel nicht auf einmal, sondern zu verschiedenen Zeiten und durch verschiedene Menschen geschah: gegenüber und durch Abraham in Haran (Apg 7,2-3), später in Kanaan (7,5-8); gegenüber und durch Joseph (7,9-14); gegenüber und durch Mose, zuerst in Ägypten (7,17-29), dann im Land Midian (7,30-35), danach erneut in Ägypten (7,36), dann in der Wüste und insbesondere am Sinai (7,36-38.44); durch Josua, David und Salomo (7,45-47); später durch Amos (7,42-43), durch Jesaja (7,48-49) und all die anderen Propheten (7,52); und zuletzt durch den Messias selbst (7,52). Bei der Selbstoffenbarung Gottes ging es also nicht um etwas Statisches, sondern darum, dass bestimmte Sachverhalte schrittweise bekannt gemacht wurden. Andererseits war es – obwohl er sich durch viele verschiedene Menschen und zu verschiedenen Zeiten offenbarte – derselbe Gott, der sprach und handelte und sich so selbst offenbarte.[83]

Zweitens: Jedes Mal, wenn in bahnbrechender Weise eine Offenbarung der Herrlichkeit Gottes erfolgte, gab es Angehörige seines Volkes, die ihre Liebe zu Gott durch Glauben und Gehorsam unter Beweis stellten. Dies wiederum ermöglichte einen neuen Schritt im fortschreitenden Handeln Gottes mit ihnen. Dabei erfuhren sie auf neue und umfassendere Weise, dass er hinsichtlich ihrer Errettung alle Vorkehrungen getroffen hatte.

Die Offenbarung der Herrlichkeit Gottes brachte Abraham dazu, das Heidentum in Mesopotamien und Haran zu verlassen und im Glauben Gottes Weisung zu folgen, bis er in Kanaan ankam, wo ihm der verheißene Nachkomme geschenkt wurde, sodass die neue Nation entstehen konnte (7,2-8).

Später offenbarte sich Gott in einer Erscheinung Jakob gegenüber (1Mo 46,2-4). Dadurch wurde dieser in eine andere Richtung geleitet. Er sollte Kanaan verlassen und seine Sippe mit all den Kindern und sonstigen Nachkommen nach Ägypten führen. Dort sollten sie auf wunderbare Weise erfahren, wie Gott ihre Bedrängnis vorausgesehen und Joseph bereits vorausgesandt hatte, um sie vor der Hungersnot zu retten, sie zu bewahren und für sie zu sorgen und geeignete Bedingungen zu schaffen, unter denen aus der Großfamilie ein zwölfstämmiges Volk werden konnte (Apg 7,9-16).

Dennoch war es niemals Gottes Absicht, Jakob und die anderen Patriarchen nach Ägypten zu führen, damit sie dort blieben. Vielmehr würde in Übereinstimmung mit dem Plan Gottes die Zeit kommen, in

83 Vgl. Hebräer 1,1-2: »Nachdem Gott vielfältig und auf vielerlei Weise ehemals zu den Vätern geredet hat in den Propheten, hat er am Ende dieser Tage zu uns geredet im Sohn.«

der das Volk wieder unterwegs sein würde, wie er es Abraham zuvor verkündigt hatte (7,6-7). In seinem vorausschauenden Handeln hatte Gott Mose bewahrt und in Ägypten die bestmögliche Ausbildung zuteilwerden lassen (7,19-22), um sich ihm dann im brennenden Dornbusch zu offenbaren und ihn zuzurüsten, damit er die Israeliten aus Ägypten hinausführen konnte, wobei später dann die Offenbarung am Berg Sinai erfolgte. Mose wurde bevollmächtigt, sie durch die Wüste bis an die Grenzen Kanaans zu führen, bevor sie in das Land einzogen (7,30-38).

Nun war aber Gottes Offenbarung gegenüber Israel durch Mose weit umfangreicher als seine Offenbarung gegenüber Abraham, Isaak, Jakob und Joseph. Und die Erfahrung des Volkes war entsprechend gewaltiger.[84] An diesem Punkt konnte Gott die Israeliten einen bedeutenden Schritt weiterführen und sie erstmalig lehren, was es bedeutete, wenn er unter den Angehörigen des Volkes wohnte und wenn sie sein Heiligtum in ihrer Mitte hatten. Moses bekam die Anweisung für den Bau der Stiftshütte, auch »Zelt der Zusammenkunft« genannt (7,44). Das überragende Merkmal des dortigen Opferdienstes war die Herrlichkeit der Gegenwart Gottes (siehe 2Mo 40,34-38), wobei dieser Dienst durch die von Gott angeordneten Bestimmungen ausgeführt wurde, zu dem etliche kostbare Einrichtungsgegenstände und viele lehrreiche Zeremonien gehörten, die voller Symbolgehalt waren. Dennoch umfasste dieses Zelt nur die erste Stufe dieses Aspekts der Selbstoffenbarung Gottes. Als später die unter Josua erfolgte Einnahme Kanaans von David mit der Eroberung Jerusalems weitgehend abgeschlossen wurde, gab Gott David einen Auftrag, den sein Sohn Salomo ausführte, um die transportable Stiftshütte durch einen mit größerem Aufwand errichteten und herrlicheren Tempel, ein festes Bauwerk aus Stein, zu ersetzen (Apg 7,45-47). Man muss nur die entsprechenden Kapitel in 1. Könige und 2. Chronik lesen, um zu erkennen, dass der Bau dieses Tempels Israel ein weitaus besseres Bild von der Herrlichkeit Gottes und der überragenden Größe seines Heils vermittelte.

Dennoch war das nicht das letzte Wort zu diesem Thema, und der herrliche Tempel aus Stein war auch nicht der vollkommene Tempel, den Gott vor Augen hatte. Er konnte es nicht sein, denn »der Höchste

84 A. d. H.: Wenn hier auf die Gottesoffenbarung am Sinai Bezug genommen wird, bedeutet dies aber nicht, dass die Israeliten infolgedessen geistlicher gesinnt waren als ihre Vorfahren in der Patriarchenzeit, wie das nachfolgende Verhalten des Volkes zeigte.

wohnt nicht in Wohnungen, die mit Händen gemacht sind« (7,48). Gott wollte durch den Propheten Jesaja den Blick der Angehörigen seines Volkes weiten, der über die Zerstörung des Salomonischen Tempels und den Wiederaufbau des Tempels durch die aus dem Exil Zurückgekehrten hinausgehen sollte. Indem er ihnen seine Größe als weit über dem irdischen Bereich stehender Schöpfergott umfassend offenbarte, wollte er sie dazu bringen, an die einzige Art des Tempels zu denken, die ihm wirklich gerecht werden würde: »Der Himmel ist mein Thron und die Erde der Schemel meiner Füße. Was für ein Haus wollt ihr mir bauen, spricht der Herr, oder welches ist der Ort meiner Ruhe? Hat nicht meine Hand dies alles gemacht?« (7,49-50). Sogar der Tempel des Herodes[85] musste trotz seiner in Israel beispiellosen Pracht hinfällig werden und der vollkommeneren Hütte weichen, »der wahrhaftigen Hütte, die der Herr errichtet hat, nicht der Mensch« (Hebr 8,2), »der größeren und vollkommeneren Hütte, die nicht mit Händen gemacht, das heißt nicht von dieser Schöpfung ist« (Hebr 9,11).

Es handelte sich also nicht um judenfeindliche Propaganda vonseiten der Christen. Dies konnte noch nicht einmal als sektiererische Richtung innerhalb des Judentums gelten. Das war vielmehr der Blick in die Zukunft, den der vielzitierte Prophet Jesaja vor langer Zeit vorausgesagt hatte und der von denen in Israel verstanden wurde, die in stärkerem Maße erleuchtet waren als ihre Zeitgenossen. Das Judentum, das sich an das Alte Testament hielt, hatte immer verstanden, dass es mit einer fortschreitenden Selbstoffenbarung Gottes zu tun hatte. Er konnte nicht zulassen, dass sein Volk sich für immer zur Ruhe setzte und sich endgültig niederließ, ohne den Idealzustand – die ungetrübte Gemeinschaft mit ihm – erreicht zu haben.

Drittens hat Stephanus durch die Darlegung der alttestamentlichen Geschichte verdeutlicht, dass wir es zwar mit einer fortschreitenden Selbstoffenbarung Gottes zu tun haben, diese aber niemals unberechenbar, widersprüchlich oder willkürlich ist. Während der scheinbaren Richtungsänderungen hinsichtlich der Führung seines Volkes hatte Gott immer an seinem ursprünglichen Ratschluss festgehalten. Die Selbstoffenbarung seiner Herrlichkeit gegenüber Abraham, die dann später

85 A. d. H.: Weil der nachexilische Tempel im Zuge umfangreicher Erweiterungs- und Verschönerungsarbeiten (begonnen unter Herodes dem Großen im Jahr 20 v. Chr.) völlig umgebaut wurde, wird er oft so bzw. als »Herodianischer Tempel« bezeichnet.

den Angehörigen des Volkes weitergegeben wurde, sollte bei ihnen Gehorsam und Anbetung hervorrufen. Als Gott Abraham zunächst aus Mesopotamien nach Kanaan führte und ihm dann mitteilte, dass seine Nachkommen Kanaan verlassen und mehrere Jahrhunderte in Ägypten leben würden, handelte er nicht widersprüchlich, noch hatte er seine ursprüngliche Absicht aufgegeben oder verändert. Am Ende von Gottes Anweisungen erfährt Abraham: »... danach werden sie ausziehen und mir an diesem Ort dienen[86]« (Apg 7,6-7; vgl. 1Mo 15,13-14). Die Jahrhunderte in Ägypten fernab vom verheißenen Land waren keine Abkehr von der ursprünglichen Absicht, sondern der Ausgangspunkt für deren Erfüllung auf einer höheren Ebene. Die Offenbarung von Gottes Herrlichkeit Abraham gegenüber führte ihn aus Mesopotamien nach Kanaan, wo er viele Gelegenheiten tiefer Anbetung erlebte (1Mo 12,7.8; 13,4.18; 22,5.9). Dann offenbarte Gott sich Mose gegenüber im brennenden Dornbusch und am Sinai[87]. Die Folge dessen war, dass das ganze Volk Israel Ägypten verließ und nach Kanaan kam, um dort Gott anzubeten, wie es Abraham getan hatte. Abraham besaß kein Land in Kanaan und errichtete einfach seinen Hausaltar dort, wo er gerade sein Zelt aufstellte. Israel brachte beim Einzug in das Land Kanaan die kunstvoll und aufwendig errichtete Stiftshütte mit, die nach der Inbesitznahme des Landes aufgerichtet wurde – als für lange Zeiten bestehendes Heiligtum und als Opferstätte, als Zentrum der Anbetung des ganzen Volkes.[88]

Ähnlich verhielt es sich später. Nachdem Gott dem Volk die unter Mose errichtete Stiftshütte und den noch herrlicheren, unter Salomo erbauten Tempel gegeben hatte, ließ er durch Jesaja verkünden, dass kein irdisches Bauwerk dem über alles erhabenen Schöpfer als Wohnung dienen konnte. Dadurch hatte Gott den Gedanken, dass er bei den Menschen bzw. sie bei ihm wohnen sollten, nicht verworfen. In der Stiftshütte und im Tempel wohnte Gott in gewissem Sinne nicht nur

86 Oder »anbeten«. A. d. H.: Vgl. z. B. ESV und NIV.

87 A. d. H.: Aus chronologischen Gründen ist hier offenbar beide Male (im Dornbusch und am Sinai) die Berufungsgeschichte des Mose gemeint. Anderenfalls folgte die Offenbarung am Sinai natürlich nach dem Auszug aus Ägypten.

88 Die Worte »danach werden sie ... *mir an diesem Ort dienen*« am Ende von Apostelgeschichte 7,7 finden sich in 1. Mose 15,14 nicht, soweit sie hier kursiv hervorgehoben sind. Stephanus hat sie nach dem Vorbild von Gottes Wort an Mose in 2. Mose 3,12 hinzugefügt, um anzumerken, dass bereits zu Abrahams Zeit Gott auf Mose sah und darüber hinausblickte und die Erfüllung seiner Absicht vorwegnahm, die er mit der Berufung Abrahams verfolgt hatte.

unter den Menschen, sondern zumindest einmal im Jahr durfte einer – der Hohepriester – in die Gegenwart Gottes auf Erden treten, wie wir bereits gesehen haben.

Jetzt verkündigte Stephanus, dass durch Jesus Christus der Tempel nun hinfällig geworden war. Er sagte, dass Gott zur Erfüllung dieses Ratschlusses und Verlangens übergegangen war, allerdings auf einer unendlich höheren Ebene als zuvor. Stephanus sagte: »Siehe, ich sehe die Himmel geöffnet und den Sohn des Menschen zur Rechten Gottes stehen!« (Apg 7,56). Da ist es nicht verwunderlich, dass die Mitglieder des Hohen Rats »sein Angesicht wie das Angesicht eines Engels« sahen (Apg 6,15)! Der Sohn des Menschen, den er sah, war niemand anders als Jesus – derjenige, der vor Kurzem als Mensch auf diese Erde gekommen und auf ihr gewandelt war. Nun stand dieser Jesus, der leibhaftig von den Toten auferstanden und dann in den Himmel aufgefahren war, unmittelbar zur Rechten Gottes. Und das nicht um seiner selbst willen. Als Sohn des Menschen, als der vollkommene Mensch, vereint er mit und in sich selbst die Angehörigen seines ganzen Volkes. Wenn er an diesen erhabenen Ort des Himmels eingehen konnte und dort willkommen geheißen wurde, dann würde das auch bei ihnen der Fall sein. Das war neu – atemberaubend und herrlich neu. Aber es war keine Zurückweisung oder Ablehnung des Gedankens, der dem jährlichen Eintreten des Hohenpriesters ins Allerheiligste zugrunde lag: Dies war vielmehr dessen Erfüllung, wobei es dadurch – auf einer unendlich höheren Ebene – an dessen Stelle trat.

Viertens stellte Stephanus überaus deutlich heraus, dass die aufeinanderfolgenden Stufen der Selbstoffenbarung Gottes immer in Übereinstimmung mit der ursprünglichen Absicht waren, allerdings jeweils auf einer höheren Ebene. Am Anfang einer neuen Stufe war es für die Israeliten oft notwendig, anders zu handeln, als sie es vorher getan hatten. Ein Kind, das anhand von bunten Bausteinen in den arithmetischen Grundlagen der Addition unterrichtet worden ist und gelernt hat, dass eins und eins zwei ergibt, wird dieses Grundprinzip nicht beiseitelegen, wenn es von den Bausteinen zum Computer übergeht. Aber es wird die Bausteine beiseitelegen.

So führte Gott Abraham von Mesopotamien nach Kanaan. Und er sagte Isaak, er solle nicht nach Ägypten ziehen, sondern in Kanaan bleiben (1Mo 26,2-3). Als aber die nächste Phase begann, erschien Gott

Jakob und sagte ihm, dass er sich nicht fürchten solle, nach Ägypten zu ziehen (1Mo 46,2-4). Natürlich verdeutlichte Gott ihm, dass er sein ursprüngliches Ziel nicht aufgeben würde: Das Volk würde letztlich zurückkehren. Jakob und Joseph glaubten an diese Verheißung und gaben die Anweisung, dass sie in Kanaan begraben werden sollten. Angenommen, Jakob hätte argumentiert, dass er in Kanaan bleiben müsse und nicht nach Ägypten ziehen solle, weil Abraham nach Kanaan geführt und Isaak geboten worden war, dort zu bleiben. Das wäre nicht Treue gegenüber Gottes Wort und Absicht, sondern Versagen gewesen, weil er dann nicht in Übereinstimmung mit den Gedanken des lebendigen Gottes und mit seiner fortschreitenden Offenbarung gehandelt hätte.

Es war so ähnlich, als Mose berufen wurde, um das Volk Israel aus Ägypten herauszuführen. Angenommen, es hätte jemand eingewandt, dass Gott ursprünglich zu Jakob gesagt hatte, er solle seine Sippe nach Ägypten hinabführen. Es sei deshalb falsch, Ägypten zu verlassen und sich auf den Weg nach Kanaan zu machen. Es wäre keine Treue gegenüber dem offenbarten Willen Gottes, sondern traurigerweise ein unangebrachter Eifer für die Vergangenheit gewesen. Dass sich einige der Israeliten nach dem Verlassen von Ägypten im Herzen nach Ägypten zurücksehnten, wie es Stephanus erwähnte (Apg 7,39), war im Grunde eine Abkehr vom lebendigen Gott.

Ebenso verhielt es sich bei den Zeitgenossen des Stephanus. Angenommen, man behauptete, es sei Lästerung gegen Gott und Mose, würde man sagen, dass durch Christus der Tempel nun hinfällig geworden sei und er eine weitere und höhere Stufe in der Erfüllung des Ratschlusses Gottes eingeführt habe (obwohl Gott ursprünglich Mose die Anweisungen für die Stiftshütte gegeben hatte und David und Salomo den Tempelbau dann vorbereitet bzw. durchgeführt hatten). Diese Behauptung führte in die Irre und war falsch. Das war keine Treue gegenüber Gottes Wort, sondern Widerstand gegen den Grundsatz der fortschreitenden Offenbarung Gottes, wie er durch dieses Wort bezeugt wird.

Vielleicht haben einige von den Zeitgenossen des Stephanus den Einwand erhoben – wie es manche auch heutzutage tun könnten –, dass diese Lehre der fortschreitenden Offenbarung Gottes eine sehr gewagte Ansicht sei. Sie würde jedem selbst ernannten Propheten Tür und Tor öffnen, um neumodische Lehren und Praktiken einzuführen, die dem eindeutigen geschriebenen Wort Gottes unmittelbar widersprechen und sich auf keine größere Autorität als das subjektive Urteil des sogenannten Propheten stützen. Sicherlich hat das Christentum in der Vergangenheit sehr unter diesem Übel gelitten. Unter der vermeintlichen Führung des Heiligen Geistes und gerechtfertigt von der »These der dogmengeschichtlichen Entwicklung«[89] werden alle Arten von unbiblischen und gegen die Heilige Schrift gerichteten Traditionen, Lehren und Praktiken eingeführt, die von Anfang an im Widerspruch zur Bibel standen und sie letztlich verdrängt haben.

Einige liberale Theologen wenden besonders gern ein, dass Jesus Christus zu seiner Zeit einige Teile des Alten Testaments verworfen und den Rest neu interpretiert habe. Damit habe er uns ein Muster vorgelegt, das wir beherzigen sollten: Wir sollten nicht im Einklang mit dem Neuen Testament seinem Wort oder dem der Apostel folgen, sondern uns an einen Teil halten, einen anderen verwerfen und den Rest vor dem Hintergrund der jeweiligen Philosophie oder der jeweiligen Weltanschauung, die uns im Augenblick als die plausibelste erscheint, neu auslegen.

Natürlich hat die Lehre des Stephanus bezüglich der fortschreitenden Offenbarung Gottes keinerlei Ähnlichkeit mit diesem Zerrbild. Als fünfte wichtige Lektion aus seiner Darstellung der alttestamentlichen Geschichte dürfen wir lernen, dass – nachdem Gott Abraham erstmals erschienen war – jede neue Stufe des Ratschlusses Gottes und der damit verbundene Aufruf an Israel, sein Handeln zu ändern, von Gott schon lange vorher ausdrücklich angekündigt und vorausgesagt waren. Gott erschien Jakob (1Mo 46,2-4). Infolgedessen beanspruchte dieser für sich, von Gott bevollmächtigt worden zu sein, seine Sippe von Kanaan nach Ägypten zu führen. Damit erfüllte er, was Gott lange zuvor Abraham vorausgesagt hatte (Apg 7,6). Ähnlich verhielt es sich später: Als das Volk Israel unter Mose Ägypten verlassen konnte und dann unter seiner Führung bis an die Grenzen des verheißenen Landes kam, hatte Gott dies 400 Jahre zuvor bereits angekündigt (7,17).

89 A. d. H.: Gemeint ist hier insbesondere jener Bereich der Theologie, der sich mit Dogmengeschichte befasst. Die Aufklärung ging von der (schriftwidrigen) Grundannahme aus, Dogmen als etwas geschichtlich Gewordenes und nicht als etwas ewig Unveränderliches betrachten zu können. Natürlich haben nicht alle kirchlichen Dogmen eine biblische Grundlage.

Das Kommen des Messias war keine Neuigkeit, von der man davor noch nie etwas gehört hatte. Mose hatte es Jahrhunderte vorher angekündigt (7,37), ebenso wie alle Propheten (7,52).

Der weiterführende Gedanke, dass der irdische Tempel in Jerusalem sich nicht als endgültige und für immer bestehende Stätte der Gottesbegegnung erweisen würde, wurde nicht von den Christen ersonnen. Auch wurde er nicht plötzlich zum ersten Mal von Stephanus verkündigt. Gott hatte bereits Jahrhunderte zuvor durch Jesaja darauf hingewiesen (7,48-50).

Und Stephanus hätte treffend hinzufügen können, was auch der Schreiber des Hebräerbriefs später erwähnte: All dies – der Neue Bund, das neue Priestertum nach der Ordnung Melchisedeks und die Abschaffung der Tieropfer zugunsten eines besseren Opfers – war bei den Propheten und in den Psalmen Jahrhunderte vorher angekündigt worden, bevor es durch Christus Wirklichkeit wurde (vgl. Hebr 7; 8; 10).

Im völligen Gegensatz dazu finden wir im Neuen Testament keinerlei Andeutung – weder von Christus noch von seinen Aposteln –, dass im Laufe der Jahrhunderte Bestandteile des christlichen Evangeliums für etwas Besseres aufgegeben werden sollten. Beispielsweise gibt es keinen Hinweis darauf, dass das Mahl des Herrn irgendwann hinfällig würde und zugunsten anderer Symbole verworfen werden sollte, um auf eine andere und bessere Art der Vergebung hinzuweisen. Genau das Gegenteil ist der Fall. Uns wird gesagt, dass Christen das Mahl des Herrn halten sollen und dass sie dadurch den Tod des Herrn verkündigen, bis er kommt (1Kor 11,26). Unser subjektives Verständnis der Offenbarung, die uns durch den Sohn Gottes gegeben worden ist, soll voranschreiten, »bis wir alle hingelangen zu der Einheit des Glaubens und der Erkenntnis des Sohnes Gottes, zu dem erwachsenen Mann, zu dem Maß des vollen Wuchses der Fülle des Christus« (Eph 4,13). Aber was Gottes objektive, in seinem Wort niedergeschriebene Offenbarung betrifft, wird uns ausdrücklich gesagt, dass sie »den Heiligen ein für alle Mal überliefert worden ist« (Jud 3 [Schlachter 2000]). Natürlich wird es, wie wir im Neuen Testament lesen, eine weitere Stufe der Selbstoffenbarung Gottes uns gegenüber geben: Sie wird bei der Erscheinung unseres großen Gottes und Heilandes Jesus Christus stattfinden (1Jo 3,2). Aber bis dahin dürfen wir Veränderungen weder erwarten noch akzeptieren. Unsere Aufgabe ist es, »das schöne anvertraute Gut« zu bewahren (2Tim 1,14). In Christus sind verborgen alle Schätze der Weisheit und der Erkenntnis (Kol 2,3). Es gibt nichts Größeres als ihn.

Doch zurück zur Rede des Stephanus. Die Mitglieder des Hohen Rats standen im Begriff, ihn wegen Gotteslästerung zu verurteilen, ihn als seine Richter zur Stadt hinauszustoßen und zu Tode zu steinigen. Dadurch wollten sie sich als Verteidiger des Wortes Gottes, als Wächter des rechten Glaubens darstellen. Vielleicht dachten sie, dass das wirklich zutraf. Aber die Wahrheit sah anders aus, und Stephanus musste eine sechste und sehr ernste Lehre für sie aus seiner Darstellung der alttestamentlichen Geschichte ziehen, die für sie von Nutzen gewesen wäre. In jedem neuen Stadium der Selbstoffenbarung Gottes hatten die Israeliten mit gleichbleibender Regelmäßigkeit zuerst denjenigen verworfen, den Gott erweckt hatte, um den Inhalt seiner Offenbarung weiterzugeben, um ihr Retter zu sein oder um sie darauf vorzubereiten, dass entsprechend der ihnen gewährten Offenbarung neue Verhaltensweisen erforderlich waren.

Joseph, der sich in Ägypten als der von Gott berufene Retter all seiner Verwandten erwies, kam nach Ägypten, weil seine Brüder ihn anfangs wegen seiner Träume gehasst hatten, die Gott ihm mitgeteilt hatte (1Mo 37,8). Deshalb hatten sie ihn in ihrer Eifersucht nach Ägypten verkauft (Apg 7,9). Mose war von Gott gesandt worden, um Israel aus der Knechtschaft und Ungerechtigkeit zu befreien, der die Israeliten in Ägypten ausgesetzt waren. Dieser Befreier wurde von seinen Landsleuten abgelehnt (7,25-29). Nachdem er geflohen war[90] und sich lange in Midian aufgehalten hatte, offenbarte Gott sich ihm, zuerst im brennenden Dornbusch und dann nochmals am Sinai. Die Angehörigen des Volkes lehnten ihn letztendlich dennoch ab, obwohl er sie aus Ägypten herausgeführt hatte. Sie wandten sich vom wahren Gott ab, ließen sich auf Götzendienst ein und kehrten im Herzen nach Ägypten zurück (7,38-41).

Die Angehörigen der Auszugsgeneration missachteten in der Wüste größtenteils die mit dem Gottesdienst in der Stiftshütte verbundenen Grundsätze während der ersten vierzig Jahre ihres Bestehens, indem sie es oft vorzogen, widerwärtigen Götzendienst zu betreiben, den sie von

90 A. d. H.: Weil der Pharao beabsichtigte, Mose zu töten, musste dieser fliehen.

den heidnischen Nachbarvölkern übernommen hatten.[91] Jahrhunderte später erinnerte Amos daran, wie sie sich der Stiftshütte gegenüber verhalten hatten, weil seine Zeitgenossen eines ähnlich treulosen Verhaltens gegenüber dem Tempel schuldig geworden waren, bis Gott es nicht mehr länger ertragen konnte und er die zehn Stämme nach Assyrien und die zwei Stämme nach Babylon verbannte (7,42-43). Und ein Prophet nach dem anderen wurde von den jeweiligen Zeitgenossen erbittert verfolgt. Und obwohl Gott sie den Voraussagen zufolge eines Tages zur Umkehr führen und wieder in ihr Land zurückbringen und ihnen den Messias senden würde, der sie um seines Namens willen auf Pfaden der Gerechtigkeit führen sollte, blieb der Hass bestehen.

Indem sie Jesus verrieten und töteten, erwiesen sich die herrschenden Priester, deren Sichtweisen im Volk und im Hohen Rat maßgeblich waren, nicht als loyale und treue Verteidiger der Offenbarung Gottes und der Rechtgläubigkeit. Sie verhielten sich so, wie man es leider erwarten konnte. Ihre Verwerfung Jesu, des Gerechten, war die Halsstarrigkeit uneinsichtiger Menschen, die dem Heiligen Geist entgegenwirkten und dem Evangelium gegenüber blind und taub waren, wie man dies bei ihren Vorvätern in ihrer Haltung gegenüber dem Gesetz und den Propheten erkennen konnte (7,51-53).

Doch so eindeutig diese Botschaft war, so zielsicher und ausdrucksstark waren auch die darin gewählten Worte. Die führenden Juden waren wütend darüber, dass Stephanus nicht klein beigab, sondern weiterhin darauf bestand, dass Jesus die von Mose überlieferten Gebräuche verändert hatte und weiter verändern würde. Dadurch würden der Tempel und die damit zusammenhängenden gottesdienstlichen Handlungen hinfällig sein. Als er zuletzt verkündete, er sehe den Himmel offen und den Sohn des Menschen zur Rechten Gottes stehen, brachte das für sie das Fass zum Überlaufen. Innerhalb einer knappen Stunde war Stephanus tot.

Und innerhalb weniger Jahre – um genau zu sein, im Jahr 70 n. Chr. – gab es den Tempel nicht mehr. Die sadduzäische hohepriesterliche Familie und die gesamte Priesterschaft verschwanden allmählich im Dunkel der Geschichte.

---

91 A. d. H.: Obwohl in 2. Mose 32 und 4. Mose 25 nur zwei krasse Beispiele dieses Götzendienstes erwähnt werden (vgl. auch Ps 106,19-31), ist davon auszugehen, dass es in der Zeit der Wüstenwanderung noch wesentlich mehr derartige Beispiele gab. Auffällig ist, dass das 4. Buch Mose hinsichtlich des größten Teils dieser Zeit so gut wie nichts berichtet.

Aber wir dürfen hoffen, dass damit noch nicht alles gesagt ist. So ernst die anklagenden Worte des Stephanus waren – mit lauter Stimme, damit alle es hören konnten, bat er, als er starb, um Vergebung für sie: »Herr, rechne ihnen diese Sünde nicht zu!« (7,60). Und seine Botschaft enthält selbst dann, wenn wir sie nochmals lesen, mehr als einen Hoffnungsschimmer. Josephs Brüder, die ihn zuerst verwarfen, erkannten ihn letztlich als ihren Retter, taten Buße und versöhnten sich mit ihm (7,11-14). Obwohl Moses Landsleute ihn zuerst ablehnten und er nach Midian fliehen musste, konnte Mose nach seiner Rückkehr derjenige sein, der sie aus Ägypten hinausführte. Und obwohl sie ihn nach dem Geschehen am Sinai erneut als ihren Führer zurückwiesen und er sie nicht in das verheißene Land führen durfte, glaubten ihm die Angehörigen der nächsten Generation und zogen in ihr von Gott bestimmtes Erbe ein. Wenn seine Zeitgenossen dadurch, dass sie Jesus verrieten und von den Römern hinrichten ließen, dem Muster der anfänglichen Verwerfung folgten, dürfen wir sicher sein: Eines Tages wird bei den Angehörigen des Volkes das Muster der darauf folgenden Annahme erneut zu finden sein. Sie werden denjenigen erkennen, der größer als Joseph ist. Sie werden dem Kommenden, der durch Mose angekündigt und vorgeschattet worden ist (»einem Propheten … gleich mir«), gehorchen. Dann werden ihnen durch Christus die vollen Segnungen zugeeignet, die Gott unbereubar dem Abraham und seiner Nachkommenschaft verheißen hat.

Einige weitere Überlegungen

Wir müssen nun prüfen, auf welche Weise das Judentum und das Christentum auf die Zerstörung des Tempels reagierten.

Es heißt, dass der Herr Jesus über Jerusalem weinte, als er das letzte Mal dorthin kam und die Stadt sah und an das mit der Zerstörung einhergehende Leid und Entsetzen dachte (Lk 19,41-44). Jeder wahre Christ wird diesbezüglich dasselbe empfinden.

Israel hat die Zerstörung der Stadt und des Tempels nicht nur als Volk überlebt, sondern auch als Volk mit einem Glauben an Gott, der durch diese Katastrophe nicht zugrunde gerichtet worden ist. Darüber werden sich alle wahren Christen aufrichtig freuen. Die Angehörigen des Volkes

Israel mögen den Worten des Paulus zufolge dem Evangelium feindlich gegenüberstehen, aber was die Erwählung angeht, sind sie geliebt aufgrund der Patriarchen, denn Gottes Gaben und seine Berufung sind unbereubar (Röm 11,28-29). Sie sind gestrauchelt, ja! Aber sie sind nicht so gestrauchelt, dass es keine Rettung mehr gibt (Röm 11,11). Eines Tages wird ganz Israel (das ist das Volk als Ganzes, das vom gegenwärtigen »Überrest nach Auswahl der Gnade« unterschieden werden muss [11,5]) »errettet werden« (11,26). Und unser Herr sprach darüber, was die Stadt Jerusalem betrifft: Sie wird von den Heiden zertreten werden, aber nur, »bis die Zeiten der Nationen erfüllt sind« (Lk 21,24).

Ein Geheimnis des Überlebens Israels nach der Zerstörung des Tempels war, wie der Rabbiner Dr. Isidore Epstein aufzeigte, die Einrichtung der Synagoge:

> Sie [die Angehörigen des Volkes] hatten die Einrichtung der Synagoge mit ihrer aufwendigen Liturgie entwickelt, die nun die Stelle des Tempels in Bezug auf Gebet und Anbetung einnehmen konnte. Indem sie zudem das mündlich überlieferte Gesetz gewissenhaft weitergaben, war es ihnen möglich, Entwicklung und Wandel mit Treue zur Tradition zu vereinen und die weitreichenden Anpassungen im jüdischen Leben vorzunehmen, die die neuen Gegebenheiten erforderten. … Eine Reihe von Maßnahmen wurde eingeführt, um die verwirrenden Probleme zu lösen, die sich aus den zahllosen Gebräuchen rund um den Tempel und das Priestertum ergeben hatten. Die Gottesdienste und die Liturgie wurden umgestaltet und angepasst, indem Gebete Tieropfer ersetzten und das inständige Bitten um den schnellen Wiederaufbau des Tempels und um die Wiederherstellung des alten jüdischen Gemeinwesens eingeführt wurde.[92]

Nun wären die Christen durchaus bereit anzuerkennen, wie viel sie der Einrichtung der Synagoge verdanken, denn die frühchristlichen Gemeinden ähnelten den Synagogen sehr, besonders hinsichtlich der Art und Weise ihrer Leitung.[93] Aber das Ersetzen der Tieropfer durch

92 I. Epstein, *Judaism*, Harmondsworth, UK: Penguin Books, 1959, S. 112-113.

93 Und die nachfolgenden Christen hätten gut daran getan, sich damit zu begnügen, statt zu versuchen, sich den Tempel mit dem Hohepriester, den untergeordneten Priestern, den Leviten, den Laien und den sich wiederholenden blutigen Opfern zum Vorbild zu nehmen.

Gebete weist auf einen beredten und unvereinbaren Gegensatz zwischen Judentum und Christentum hin. Die Zerstörung des Tempels als dem einzigen Ort, an dem Israel Sündopfer darbringen konnte, hat das Judentum ohne sühnendes Blut zurückgelassen. Dass seine diesbezügliche Stellung unangemessen und inkonsequent ist, wird deutlich, wenn wir die Begründung betrachten, die Gott im Gesetz für das Sühneopfer gegeben hat:

> Wenn ferner jemand vom Hause Israel und von den Fremdlingen, die sich bei ihnen aufhalten, irgendwelches Blut genießt: gegen einen solchen Menschen, der Blut genießt, will ich mein Angesicht richten und ihn aus der Mitte seines Volkes ausrotten. Denn das Leben des Leibes liegt im Blut, und ich habe es euch für den Altar bestimmt, damit ihr euch dadurch Sühne für eure Sünden erwirkt; denn das Blut ist es, das Sühne durch das in ihm enthaltene Leben bewirkt (3Mo 17,10-11 [Menge]).

Bis heute beachtet das orthodoxe Judentum strikt das Verbot des Blutgenusses und sieht es als unverändertes und unveränderliches Gebot Gottes an. Aber der ursprüngliche Grund für das Verbot besteht nach Gottes Worten in Folgendem: Er hat verordnet, dass das Blut auf dem Altar als Sühnung für die Seelen der Betreffenden gegeben wird. Und obwohl das Judentum das Verbot beachtet, hat der diesbezügliche Grund nicht mehr die ihm gebührende Stellung. Es hat den Gedanken der Sühnung durch Blut aufgegeben und an seine Stelle das Gebet gesetzt. Aber Gebet ist selbstverständlich keine hinreichende Entsprechung und kein angemessener Ersatz dafür, dass Blut vergossen und unschuldiges Leben auf dem Altar anstelle des Schuldigen geopfert wird. Dennoch ist es vielleicht ungerecht zu sagen, dass die Juden den Gedanken der Sühnung durch Blut *aufgegeben* haben. Die Abschaffung der Tieropfer wurde ihnen durch die Zerstörung des Tempels aufgezwungen. Wenn der Tempel immer noch stehen würde, würde zumindest das orthodoxe Judentum nach wie vor das Blut von Tieren auf dem Altar des Tempels opfern, um Vergebung der Sünden zu erlangen. Und, wie Dr. Epstein uns erinnert, beten die in der Synagoge Versammelten noch immer für die baldige Wiederherstellung des Tempels und folglich vermutlich auch der Opfer.

Im Gegensatz dazu hat das Christentum Gottes Gebot, dass Sünde durch das Vergießen von Blut gesühnt werden muss, nicht aufgegeben. Natürlich würden Christen einräumen – ja, sogar darauf bestehen –, dass das Blut von Tieren niemals Sünden hinwegnehmen kann und auch niemals dazu imstande war (Hebr 10,4). Tieropfer waren wie ein Schuldschein. Sie erkannten die Sündenschuld an; sie sagten die Zahlung zu; sie stellten dar, in welcher Form die Zahlung erfolgen sollte, aber sie waren nicht gleichbedeutend mit einer Zahlung im eigentlichen Sinne. Andererseits konnten sie nicht so einfach vergessen werden. Was dadurch zugesagt worden war, musste erfüllt werden.

Und das entspricht dem, was der Herr Jesus getan hat. Er hat die Myriaden von Schuldscheinen eingelöst, die die Gläubigen in Israel durch ihre Tieropfer unterschrieben haben, und hat ihre aufgehäufte Schuld durch das Vergießen seines eigenen Blutes und durch das Opfer seiner selbst vollkommen bezahlt. Natürlich kann man die Schuldscheine, wenn die dadurch anerkannte Schuld endgültig beglichen ist, zu Recht vernichten. Aber das ist etwas völlig anderes, als die damit einhergehenden Verbindlichkeiten einfach fallen zu lassen, ohne die damit verbundene Zusage einzuhalten und die Schuld zu bezahlen. Als der Herr Jesus sich zu Tisch legte, um sein letztes Passahmahl mit seinen Jüngern einzunehmen, sagte er zu ihnen: »Mit Sehnsucht habe ich mich gesehnt, dieses Passah mit euch zu essen, ehe ich leide. Denn ich sage euch, dass ich es fortan nicht mehr essen werde, bis es erfüllt ist im Reich Gottes« (Lk 22,15-16). Das Judentum hat das Blutopfer (gezwungenermaßen) aufgegeben. Christus dagegen hat es erfüllt.

Wie also hat das Christentum darauf reagiert, dass der Tempel, die Opfer, der Hohepriester und das Priestertums verschwunden sind? Wenn wir uns diesbezüglich an Stephanus und den Schreiber des Hebräerbriefs halten, dann sahen die ersten Christen ihrem Ende ohne übermäßige Bestürzung entgegen. Sie hatten immer noch einen Hohenpriester, und er war jedem Amtsträger aus dem Geschlecht Aarons in unendlichem Maße überlegen. Sie hatten ein Heiligtum, eine Stiftshütte – natürlich nicht die auf der Erde, sondern eine größere und vollkommenere, in der Christus Dienst tat und in die sie freien Zugang hatten. Und dass keine Tieropfer mehr dargebracht werden konnten, um Vergebung der Sünden zu erlangen, ist für sie auch keine Katastrophe gewesen. Sie hatten bereits vollkommene Sündenvergebung durch das

Opfer Christi, und sie sahen keine Notwendigkeit, weiterhin zu opfern, um Vergebung zu erlangen. Man opfert nicht etwas, um das zu erlangen, was man bereits hat.

Abgesehen davon ist es aber allgemein bekannt, dass das Christentum später in erschreckendem Maße seinen Bezug zum Evangelium verloren hat und in vielerlei Hinsicht zum vorchristlichen Judentum zurückgekehrt ist, indem es Bestandteile wiederbelebt hat, die selbst das Judentum aufgegeben hatte. Nehmen wir das Priestertum: Laut dem neutestamentlichen Evangelium sind alle Gläubigen ohne Ausnahme Priester, und es ist keine Rede davon, das Volk Gottes in zwei verschiedene Gruppen einzuteilen, Priesterschaft und Laien (Offb 1,6; 5,10; 1Petr 2,5.9). Ähnlich verhält es sich dem Evangelium zufolge damit, dass Christen nur einen einzigen Hohenpriester kennen (ähnlich wie im Judentum) und dass dieser Hohepriester Christus ist.

In späteren Jahrhunderten gab sich das Christentum aber mit dem Evangelium nicht zufrieden. Es fiel in gewisser Weise in alttestamentliche Verhältnisse zurück und ersann ein Priestertum nach dem Vorbild des antiken Judentums. Es unterteilte das Volk Gottes, das bis dahin keine Unterscheidungen kannte, in zwei unterschiedliche Gruppen: in Priesterschaft und Laien. Dann unterteilte es diese neue »Priesterschaft« weiterhin in die drei priesterlichen Abteilungen des antiken Judentums: Es gab Diakone (die den Leviten gleichen), ausgebildete Priester und einen irdischen Hohenpriester. Dadurch kam es zu einer Besonderheit, die das Judentum nicht kannte, dass man nämlich zwei gleichzeitig amtierende Hohepriester hatte – einen im Himmel und den anderen auf der Erde.

Und da die Priester des Judentums Opfer auf dem Altar darbrachten, um Sündenvergebung zu erlangen, baute das Christentum Altäre im Bereich seiner gottesdienstlichen Stätten. Man verwandelte das Abendmahl in ein Opfer und sagte den »Priestern«, dass sie nun ebenfalls ein wahrhaftiges Opfer hatten, das sie immer wieder auf ihren Altären darbringen konnten und mussten, um Vergebung für sich und die »Laien« zu erlangen.

Und noch etwas kam hinzu: Der Tempel des antiken Judentums wurde durch einen großen Vorhang in zwei Bereiche unterteilt: zuerst das Heilige und hinter dem Vorhang dann das Allerheiligste. Daher begann das Christentum, seine Gotteshäuser zu bauen, als glichen sie (von ihrer Grundanordnung her) jüdischen Tempeln: zuerst das Kirchenschiff, wo die Laien standen oder saßen; und dann abgetrennt der Altarraum. Mitunter war dieser vom Rest des Gebäudes sogar durch ein kunstvolles Gitter, in manchen Fällen auch durch eine Mauer, abgeschirmt. Während der Gottesdienste durfte er nur von den Priestern, ihren Gehilfen und dem Chor betreten werden. Wenn die Menschen im Allgemeinen den heiligsten Teil dieses irdischen Bauwerks nicht betreten durften, verwundert nicht, dass sie im Großen und Ganzen einen Eindruck bekamen, der schriftwidrig war: Sie konnten nicht sicher sein, ob sie letztlich in den Himmel Gottes eingehen durften, ganz zu schweigen davon, dass sie nun das Vorrecht hatten, mittels des Blutes Jesu durch Glauben in das Allerheiligste hineinzugehen.

Vielleicht würden wir Folgendes gern wissen: Was hätte Stephanus dazu gesagt, wenn er es noch erlebt hätte? Er hätte sicher nicht gemeint, dass es sich dabei um ein harmloses, wenn auch unkluges Hängen am Althergebrachten handelte. Er glaubte, dass die Unterschiede zwischen Juden- und Christentum genau in diesen Details von entscheidender Bedeutung für das Herzstück des Evangeliums und die völlige Freude der Menschen über die großartige, durch Christus erwirkte Errettung waren. Dies vertrat er mit so großer Überzeugung, dass er bereit war, lieber zu sterben, als darüber zu schweigen. Wenn er die Weigerung des Judentums, zu Gottes voller und letzter Offenbarung in Christus voranzuschreiten, als Abkehr vom lebendigen Gott verstanden hat, was würde er über die teilweise Rückkehr des Christentums zum antiken Judentum sagen?

Die Zeichen deuten darauf hin, dass in den letzten Jahrzehnten das Christentum begonnen hat, sich von diesen jahrhundertealten Rückfällen ins antike Judentum zu befreien. Aber es ist noch ein langer Weg, bis es unmissverständlich für die kompromisslose und ungeschmälerte Fülle des wahren christlichen Evangeliums einsteht.[94]

---

94 A. d. H.: Diese Einschätzung kann, wenn überhaupt, für das westliche Christentum nur sehr bedingt gelten. Richtig ist, dass in vielen nichtwestlichen Ländern Menschen in großer Zahl zum Glauben kommen und ihr Gemeindeleben nach der Schlichtheit des neutestamentlichen Evangeliums gestalten, ohne auf äußere jüdische Elemente zurückzugreifen.

SATZ 2

Das Evangelium und die von der Rechtgläubigkeit abweichende Anbetung der Samariter (8,4-25)

Die zweite Geschichte im zweiten Abschnitt ist die Evangelisationsarbeit des Philippus in Samaria. Die gedankliche Verbindung zwischen diesen beiden Abschnitten ist leicht zu erkennen. Wie die Juden hatten auch die Samariter einen Tempel, oder zumindest hatten sie einen gehabt, bis der jüdische Hohepriester Johannes Hyrkanos diesen um 128 v.Chr. zerstörte (manche sagen, dass dies 108 v.Chr. erfolgte). Anders als der Tempel der Juden war ihr Tempel nicht in Jerusalem, sondern auf dem Berg Garizim gebaut worden. Und selbst wenn der Tempel inzwischen nicht mehr existierte, beteten die Samariter immer noch an dem Ort an, an dem ihr Tempel einst gestanden hatte. Für sie war dieser Ort kein geografischer Zufall oder keine gleichgültige Angelegenheit. Er war bewusst und sorgfältig ausgesucht worden. Und er wurde eifrig mit ethnischem und religiösem Stolz erhalten (vgl. Joh 4,20).

Das Kommen des Heiligen Geistes würde bei den Samaritern, wie bei den Juden, die Möglichkeit des Voranschreitens eröffnen, sodass sie künftig auf einer höheren Ebene anbeten konnten – höher als alles, was sie bisher gekannt hatten. Wie der Tempel der Juden war auch ihr Heiligtum aus Stein gebaut worden und hatte seinen festen Platz auf dem Berg Garizim gehabt. Jetzt würde die Gabe des innewohnenden Heiligen Geistes jeden Samariter, der ihn empfing, in einen geistlichen Tempel umgestalten. Örtlichkeiten würden keine Rolle mehr spielen, wie unser Herr einst einer Samariterin sagte: »Frau, glaube mir, es kommt die Stunde, da ihr weder auf diesem Berg noch in Jerusalem den Vater anbeten werdet« (Joh 4,21).

Diese Stunde war nun gekommen, und weil Philippus jetzt das Evangelium verkündigte, wurde den Samaritern die Quelle lebendigen Wassers (Joh 4,14) angeboten: Es ging um die Gabe des Heiligen Geistes, der allen an den Herrn Jesus Glaubenden geschenkt wurde. Nur dadurch konnten sie Gott auf vollkommene Weise anbeten, sodass sein Herz volle Genüge finden konnte. Unser Herr sagte zu der Samariterin: »Es kommt aber die Stunde und ist jetzt, da die wahrhaftigen Anbeter den Vater in Geist und Wahrheit anbeten werden; denn auch der Vater sucht solche als seine Anbeter. Gott ist ein Geist, und die ihn anbeten, müssen in Geist und Wahrheit anbeten« (4,23-24).

Aber die Samariter hatten eine besondere Schwierigkeit. Die Juden ihrerseits fanden es ziemlich schwierig, ihre traditionelle Form der Anbetung – so gut und gottgegeben sie auch war – zu verändern und sie dieser höheren Ebene der Anbetung anzugleichen, die nun durch Christus möglich wurde. Ja, viele Juden brachten es nicht fertig, diese Veränderung zu vollziehen. Dagegen erwiesen sich viele Samariter als bereit und eifrig darauf bedacht, ihre traditionelle Art der Anbetung auf diese neue Art umzustellen. Doch leider gab es hinsichtlich ihrer traditionellen Art der Anbetung einen so grundlegenden und schwerwiegenden Irrtum, dass sie diesen Wechsel eine Zeit lang nicht vollziehen durften oder konnten, auch wenn sie an den Herrn Jesus glaubten und auf seinen Namen getauft wurden. Der Heilige Geist, ohne den sie niemals gewusst hätten, wie der Vater wirklich ist, und ohne den sie ihn nicht in Geist und Wahrheit hätten anbeten können, wurde ihnen vorübergehend vorenthalten, bis sie mit ihrem Irrtum der Vergangenheit konfrontiert wurden, darüber Buße taten und ihn bewusst aufgaben (Apg 8,14-17).

Aber worin bestand dieser Irrtum? Und warum war er so schwerwiegend? Um das herauszufinden, müssen wir uns in ihre Geschichte vertiefen.

Der Hintergrund der Evangelisationsarbeit des Philippus in Samaria

Wenn für die Mehrheit der Juden, wie wir in der letzten Geschichte gesehen haben, Ehrfurcht vor dem Tempel in Jerusalem ein wichtiger Ausdruck von Rechtgläubigkeit war, waren die Samariter nun wirklich nicht rechtgläubig. Sie hatten keinerlei Ehrfurcht gegenüber dem Tempel in Jerusalem. Und das nicht, weil sie in jeder Beziehung Heiden gewesen wären. Das war nicht der Fall. Sie glaubten an denselben einen wahren Gott, wie auch die Juden, und sie erkannten die fünf Bücher des Pentateuchs als Gottes inspiriertes Wort an. Sie glaubten, dass Gott eines Tages seinen Sohn als Erlöser der Welt senden würde.[95] Sie glaubten auch an den Tag des Gerichts. Und sie brachten auch gewissenhaft die nach dem Gesetz des Mose vorgeschriebenen Opfer dar.

Aber sie erkannten Jerusalem und den dortigen Tempel nicht an. Sie dachten nicht wie die Essener in Qumran. Letztere waren – wie oben erwähnt – der Ansicht, dass der Tempel an und für sich gut war. Es waren der vorherrschende Missbrauch sowie die Unregelmäßigkeiten innerhalb der Priesterschaft und bei den Festen, die es ihnen unmöglich machten, an den Gottesdiensten teilzunehmen. Die Samariter glaubten im Gegensatz dazu überhaupt nicht daran, dass der Tempel in Jerusalem das rechtmäßige Heiligtum war.

Auch ähnelten ihre Überzeugungen nicht dem, was Stephanus sagte: Der irdische Tempel, das levitische Priestertum und die Tieropfer waren hinfällig und würden bald verschwinden. Es stimmt, dass sie keinen eigenen Tempel mehr hatten, als Philippus ihnen das Evangelium verkündigte. Aber sie hatten immer noch einen Hohenpriester, sie opferten immer noch Tieropfer an der Stelle, wo ihr Tempel gestanden hatte, und sie hatten nicht die Absicht, dies alles aufzugeben.[96]

Es war nicht so, dass sie einen Tempel als solchen oder die in einem derartigen Heiligtum ausgeübte Hohenpriesterschaft ablehnten.[97] Nein, ihre Sicht war folgende: Sie erkannten, ebenso wie die Juden, die Anweisung von Mose in 5. Mose 12,4-18 an, dass es nur eine einzige

95 Sie sprachen von ihm als *Taheb*; eine mögliche Übersetzung dieses Ausdrucks ist »der Wiederhersteller«.

96 Auch heute noch gibt es eine Gemeinschaft von Samaritern, die in Sichem (dem heutigen Nablus) und in Cholon (in der Nähe von Tel Aviv) leben. Zur Zeit des Passahs opfern sie immer noch ein Schaf an ihrem heiligen Ort auf dem Berg Garizim.

97 Roger Beckwith (*The Old Testament Canon in the New Testament Church*, London: SPCK, 1985, S. 130) erinnerte uns vor Jahren daran, dass laut Josephus der Tempel der Samariter nach dem Vorbild des Tempels in Jerusalem gebaut war (*War [Geschichte des jüdischen Krieges]* 1.2.6 oder 1.63; *Ant.* [hier und im Folgenden *Jüdische Altertümer*] 11.8.2 oder 11.310; 13.9.1 oder 13.256), dass der Hohepriester der Samariter von der jüdischen hohenpriesterlichen Familie abstammte (von einem Familienmitglied, das in Ungnade gefallen war) und dass viele der samaritischen Priester ihre Herkunft aus Jerusalem auf ähnliche Umstände zurückführen konnten (*Ant.* 11.8.2, 11.8.4, 11.8.7 oder 11.306-312; 322-324; 346f.).
A. d. H.: Den Parallelangaben in der englischsprachige Ausgabe, die sich jeweils auf bibliografische Angaben zu den Quellen in den beiden erwähnten Werken des Flavius Josephus beziehen, liegen unterschiedliche Einteilungsprinzipien zugrunde. Die Angaben, die jeweils dem Werktitel unmittelbar folgen, entsprechen denjenigen, die in den deutschsprachigen Ausgaben dieser beiden Werke zu finden sind. Die ihnen folgenden Angaben können sich im Deutschen davon unterscheiden. Bibliografischer Hinweis zur deutschsprachigen Ausgabe des zweiten Werkes: Flavius Josephus, *Jüdische Altertümer*, I. Band, Wiesbaden: Fourier Verlag, 8. Auflage 1989.

Stätte im verheißenen Land geben sollte, wo Opfer rechtmäßig dargebracht werden sollten. Sie glaubten nicht, dass der Tempel in Jerusalem der von Gott bestimmte Ort war. Ihrer Meinung nach war dies ihr Berg Garizim. Die Samariterin äußerte Christus gegenüber dazu Folgendes: »Unsere Väter haben auf diesem Berg [d.h. dem Garizim] angebetet, und ihr sagt, dass in Jerusalem der Ort sei, wo man anbeten müsse« (Joh 4,20).

Diese Uneinigkeit geht auf die Zeit der Rückkehr aus dem Exil zurück, als die Anbetung der Samariter stark mit Götzendienst vermischt war, und die Juden es aus diesem Grund nicht zuließen, dass die Samariter sich am Wiederaufbau des Tempels in Jerusalem beteiligten. Später kehrten sich die Samariter vom Götzendienst ab, aber die Juden blieben dennoch bei ihrer ablehnenden Haltung ihnen gegenüber, weil die Samariter noch darauf beharrten, dass ihr eigener Tempel auf dem Berg Garizim die rechtmäßige Stätte der Anbetung sei.

Die grundsätzliche Uneinigkeit zwischen Juden und Samaritern wurde zu einer chronischen, eiternden Wunde, die zur Zeit unseres Herrn schon viele Male aufgebrochen war und zu der einen oder anderen Art von Gewalt geführt hatte. Die Juden ihrerseits hatten, wie wir bereits gesehen haben, den Tempel der Samariter zerstört; und die Samariter hatten sich auf ihre Art und Weise gerächt.

Strack und Billerbeck führen folgende Geschichte als Beispiel an:

> R.[98] Jischmaeel b. Jose … ging hinauf nach Jerusalem, um zu beten; er kam an einer Platane (auf dem Garizim) vorüber, wo ihn ein [Samariter] erblickte, der zu ihm sprach: Wohin gehst du? Er antwortete ihm: Ich gehe hinauf, um in Jer.[99] zu beten. Jener sprach zu ihm: Wäre es nicht besser für dich, auf diesem gesegneten Berge … u. nicht auf jenem Dunghaufen (… Jerusalem) zu beten?[100]

Irgendwann zwischen den Jahren 6 und 9 n.Chr. gingen einige Samariter zur Zeit des Passahs nach Jerusalem, um menschliche Knochen

98 A.d.H.: Svw. Rabbi. Im Folgenden steht »b.« für »ben« (svw. »Sohn des«).
99 A.d.H.: Svw. Jerusalem.
100 Hermann Leberecht Strack und Paul Billerbeck, *Kommentar zum Neuen Testament aus Talmud und Midrasch*, Erster (Doppel-)Band, Das Evangelium nach Matthäus, München: C.H. Beck'sche Verlagsbuchhandlung Oskar Beck, 1922, S. 549. Das Zitat in der englischsprachigen Ausgabe ist entnommen aus: L. Morris, *The Gospel According to John*, Grand Rapids: Wm.B. Eerdmans, 1973, S. 268, Anm. 51.

in den Tempel zu streuen – eine Handlung, die am heiligsten Ort der Juden die größtmögliche rituelle Verunreinigung bewirken sollte (vgl. 4Mo 19).

Als später Christus und seine Jünger versuchten, in einem samaritischen Dorf zu übernachten, wollten die Bewohner ihn nicht aufnehmen, weil er »sein Angesicht entschlossen nach Jerusalem richtete«. Das verärgerte Jakobus und Johannes so sehr, dass sie wünschten, Feuer vom Himmel würde auf sie herabfallen (Lk 9,51-56[101]). Im Jahr 52 n. Chr. haben Samariter tatsächlich einige Pilger bei En-Gannim getötet, wofür die Juden sich natürlich rächten.

Die heutige Reaktion auf einen derartigen religiösen Konflikt ist Abneigung und Ungeduld, zumal die Geschichte der Christenheit schlimmere Beispiele umfasst als die Geschichte des jüdisch-samaritischen Streits. Die Menschen sind solchen Hasses und solcher Gewalt im Namen der Religion überdrüssig. Sie geben keiner der beiden Seiten recht und wollen nichts mit dem entsprechenden Zwist zu tun haben. Ihren Forderungen zufolge müsse es einer wahren geistlichen Gesinnung darum gehen, den anderen zu lieben. Dabei seien die solchen Konflikten zugrunde liegenden Lehrfragen es nicht wert, dass man sich darüber streite.

Aber das entsprach nicht der Einstellung Christi gegenüber solchen Unterschieden. Immer wieder – egal, ob in seinem Handeln oder seiner Lehre – war er sehr darauf bedacht, um sich von dem erbitterten Hass und der uneinsichtigen Feindseligkeit der Juden gegenüber den Samaritern zu distanzieren und Gottes Liebe ihnen gegenüber ohne jeden Zweifel zum Ausdruck zu bringen (Lk 10,30-37; 17,11-19; Joh 4). Aber in mitfühlender und unentwegter Treue zögerte er nicht, den Samaritern ihren Irrtum vor Augen zu führen. Als die Samariterin die jahrhundertealte Auseinandersetzung vorbringen wollte, antwortete er: »Ihr betet an, was ihr nicht kennt; wir beten an, was wir kennen« (Joh 4,22 [Schlachter 2000]).

Was er damit meinte, ist für alle offensichtlich. Er spielte damit auf die Unwissenheit an, die sich die Samariter selbst zuzuschreiben hatten, weil sie das Alte Testament bis auf den Pentateuch ablehnten. Westcott

101 A. d. H.: Vgl. Schlachter 2000 hinsichtlich des durch Anführungszeichen hervorgehobenen Zitats aus Vers 51.

umschreibt die Worte unseres Herrn an die Samariterin folgendermaßen: »Eure Anbetung … gilt dem einen, mit dessen Wesen, das er selbst durch die Propheten und in der Geschichte seines Volkes offenbart hat, ihr im Grunde nicht vertraut seid. Ihr wisst, wen ihr anbeten sollt, aber ihr kennt ihn nicht.«[102] Diese Unwissenheit war natürlich traurig, aber sie war fahrlässig herbeigeführt, da sie selbst verschuldet war.

Zusätzlich zu dieser Unwissenheit und dem sich daraus ergebenden unermesslichen, selbst verschuldeten Verlust gab es noch eine weitere schwerwiegende Auswirkung. Wenn sie das Buch Josua, das Buch der Richter sowie die Samuel- und die Königebücher, die Propheten und die poetischen Bücher anerkannt und gelesen hätten, hätten sie die Antwort auf die Frage gefunden, wo sie Gott Opfer darbringen und ihn anbeten sollten. Sie hätten beispielsweise in 2. Samuel 5,6-10 und 2. Samuel 7 gelesen, dass Gott mit David einen Bund geschlossen hatte. (Dieser war König zunächst über Juda und dann über ganz Israel [mit Jerusalem als Hauptstadt].) Sie hätten erfahren, dass er die Zusicherung einer besonderen Beziehung zu Davids Nachkommen gab und dass er Davids Sohn Salomo dazu bestimmte, seinem Namen einen Tempel zu bauen (2Sam 7,13[103]). Sie hätten in den anderen Büchern entdeckt, dass Jerusalem der Ort war, den Gott für den Bau des Tempels erwählt hatte (vgl. z. B. Ps 132 [besonders V. 13-14] und Sach 3–4).

Gewöhnlich wird zugunsten der Samariter gesagt, dass der Pentateuch der einzige Teil des Alten Testaments gewesen sei, der zu der Zeit, als die Spaltung zwischen Samaritern und Juden erfolgte, auch von den Juden als kanonisch und damit als verbindlich angesehen wurde. Die Samariter hätten den Pentateuch deshalb anerkannt, weil er bereits zum Kanon gehörte. Sie hätten aber, nachdem sie Jerusalem als Stätte der Anbetung verworfen hatten, logischerweise alle weiteren Bücher abgelehnt, die aus dieser Quelle stammten. Doch die heutige Beurteilung der zur Verfügung stehenden Beweise zeigt, dass die Spaltung nicht so früh erfolgte (nämlich zur Zeit Nehemias), wie man früher angenommen hatte. Obwohl die Samariter um 400 v. Chr. selbst

102 B. F. Westcott, *The Gospel According to St. John*, London: John Murray, 1898, S. 72.

103 A. d. H.: Obwohl Salomo dort noch nicht namentlich genannt ist, geht aus der weiteren Geschichte hervor, dass er diesen Auftrag ausführte.

einen Tempel bauten, fand der endgültige Bruch mit dem Judentum und die letztendliche Verwerfung von Jerusalem nicht vor der hasmonäischen[104] Herrschaft statt, vielleicht nach der Zerstörung ihres eigenen Tempels durch Johannes Hyrkanos etwa um 120 v. Chr.[105] Zu diesem Zeitpunkt wurden die Geschichts- und die prophetischen Bücher von den Juden und aller Wahrscheinlichkeit nach auch die poetischen Bücher ganz gewiss als kanonisch angesehen. Dann kam es zum endgültigen Bruch zwischen den Samaritern und dem orthodoxen Judentum sowie zur Ablehnung von Jerusalem und des dortigen Tempels. Verantwortlich dafür waren die entsprechenden Führer, Priester und Lehrer; man konnte den gewöhnlichen Leuten, wie z. B. der Frau am Brunnen von Sichar, nicht die Schuld dafür zuschreiben. Dieser Bruch erfolgte im vollen Bewusstsein dessen, was diese Schriften sagten.[106]

Dass sie Jerusalem und über zwei Drittel des Alten Testaments verwarfen, weil sie dem Garizim den Vorzug gaben, war deshalb doppelt schlimm. Zuerst bedeutete es Ungehorsam gegenüber dem ausdrücklichen Willen Gottes bezüglich der Anbetung. Und zusätzlich wurde dadurch der allerwichtigste Sachverhalt verdunkelt (wenn nicht gar in Abrede gestellt), bei dem es darum ging, woher der Retter der Welt kommen würde. Der Retter sagte: Ihr Samariter »betet an und wisst nicht, was; wir [Juden] beten an und wissen, was; *denn das Heil ist aus den Juden*« (Joh 4,22). Die Samariter glaubten, dass Gott eines Tages den Messias senden würde, denn Mose hatte im Pentateuch verheißen: »Einen Propheten aus deiner Mitte, aus deinen Brüdern, gleich mir, wird der HERR, dein Gott, dir erwecken« (5Mo 18,15). Aber die Jahrhunderte vergingen, und Gott hatte eine Verheißung um die andere und eine Prophetie um die andere hinzugefügt, durch die er darauf hinwies, wo, wann und wie der verheißene Messias und Retter der Welt

---

104 A. d. H.: Die Hasmonäer gehörten einer jüdischen Priesterdynastie im 2. und 1. Jahrhundert v. Chr. an (und waren als solche im Wesentlichen mit den Makkabäern identisch). Sie nahmen nicht nur religiöse, sondern teilweise auch politische Führungsaufgaben wahr.

105 Vgl. dazu Bruce K. Waltke, »The Samaritan Pentateuch and the Text of the Old Testament«, S. 225-226, in: J. Barton Payne (Hrsg.), *New Perspectives on the Old Testament*, Waco, TX: Word Books, 1970. Vgl. außerdem R. Beckwith, *Old Testament Canon*, a. a. O., S. 130-131.

106 Der samaritische Pentateuch enthielt gewisse bemerkenswerte Unterschiede gegenüber dem masoretischen Text und der Septuaginta, und diese Unterschiede gaben offenbar den Ausschlag für den Garizim als Ort des Tempels Gottes. Es ist höchst unwahrscheinlich, dass sie den Originaltext des Alten Testaments wiedergeben. Vgl. Waltke, »The Samaritan Pentateuch and the Text of the Old Testament«, a. a. O., S. 225-226. Die Samariter veränderten zweifellos den Originaltext, um ihren Vorzug für den Garizim zu stützen.

geboren werden sollte.[107] Damit konnten die Menschen wissen, wo sie nach ihm Ausschau halten und von woher sie ihn erwarten sollten. Außerdem waren sie so imstande, seine Identität als wahrer Messias zu erkennen, wenn er kommen würde. Neben vielen anderen Einzelheiten hatte Gott auf die Abstammung aus dem Geschlecht Davids hingewiesen (Jes 11,1). Er sollte wie David in Bethlehem in Judäa geboren werden (Mi 5,1) und als König in der Stadt Davids, in Jerusalem, einziehen (Sach 9,9).

Die Ablehnung von Jerusalem und die Verwerfung der durch Gott gegebenen Verheißungen und Prophetien von über zwei Dritteln des Alten Testaments hatten die Samariter damals in eine traurige und möglicherweise gefährliche Unwissenheit geführt. Sicherlich muss es für die Samariter schwer gewesen sein, nach all der Feindseligkeit, die sie durch die Juden erlitten hatten, ihre tief sitzenden und lange vorherrschenden Vorurteile aufzugeben und anzuerkennen, dass »das Heil … aus den Juden« ist. Gewiss hatte der Herr Jesus das traurige Verhalten, den Stolz, den Hochmut und den Hass der Juden, die es hätten besser wissen müssen, nicht gerechtfertigt oder entschuldigt. Aber nun ging es darum, dass die Samariter Erlösung sowie volle Genüge finden und die Gabe des Heiligen Geistes empfangen wollten, die es ihnen ermöglichte, Gott die wahre Anbetung zu bringen, die ihm wohlgefällig war. Angesichts dessen hätten sie erkennen müssen, dass der Erlöser der Welt ein Jude und nicht ein Samariter war. Er war ein König, dessen irdische Hauptstadt Jerusalem und nicht der Garizim war. Er nannte den Tempel in Jerusalem »Hause meines Vaters« (Lk 2,49 [Menge]; vgl. 19,46) – ebender Jude, der in genau denjenigen Schriften beschrieben wurde, die sie seit Jahrhunderten ablehnten.

Philippus, eine samaritische Stadt und Menschen, die den Heiligen Geist empfangen

Die Nachricht, dass ihre Landsleute in Sichar zum Glauben an Jesus als den Messias der Juden gekommen waren (Joh 4,39-41), hatte sich

107 A. d. H.: Die Frage nach dem Wann bezieht sich laut Daniel 9,24-27 auf sein Leiden und Sterben. Naheliegenderweise gab es demnach zum Zeitpunkt seiner Geburt eine historisch nachweisbare Messiaserwartung.

zweifellos in den anderen Orten der Provinz verbreitet. Dies könnte den Durchbruch des Evangeliums erklären, der auf dessen Verkündigung durch Philippus folgte, als er eine Stadt in Samaria besuchte.[108] Philippus handelte selbstverständlich weise, ebenso wie sein Herr vor ihm. Er begann sein Werk unter den Samaritern nicht damit, dass er den ganzen alten Streit nochmals von Anfang an aufgriff, und er vertrat natürlich auch nicht den Anspruch auf Jerusalem als Ort des Tempels. Er predigte den Samaritern vielmehr Christus, sagt Lukas (Apg 8,5), und Gott beglaubigte die Botschaft durch viele Wunder.

Scharen von Menschen kamen zum Glauben. Aber dann folgt im Text eine seltsame Feststellung: Der Heilige Geist war noch nicht auf sie gekommen (8,15-16). Sie empfingen nicht den Heiligen Geist, als sie glaubten, wie es normalerweise bei Heiden der Fall war, bevor sie getauft wurden (vgl. Kornelius [10,44-48; 11,15-17] und die Anmerkungen des Petrus in 15,7-9). Sie empfingen den Heiligen Geist auch nicht bei oder nach der Taufe, wie dies bei den Juden am Pfingsttag der Fall gewesen war (vgl. 2,38). Letztlich empfingen auch sie den Heiligen Geist, aber zuerst mussten sie sich gedulden.

Warum? Man hat viele Antworten auf diese Frage gegeben. Am sichersten ist es jedoch, wenn wir das Geschehene und das, was geschehen musste, festhalten, bevor Gott bereit war, den Samaritern den Heiligen Geist zu geben. Apostel aus Jerusalem mussten kommen, um für sie zu beten und ihnen die Hände aufzulegen. Und die Samariter ihrerseits mussten sich fügen und sich von Aposteln aus Jerusalem die Hände auflegen lassen. Dann, und nur dann, war Gott bereit, öffentlich die Echtheit ihrer Bekehrung anzuerkennen, indem er ihnen seinen Heiligen Geist gab (8,14-17).

Es sei nochmals die Frage gestellt: Warum auf diese Weise? Es war offensichtlich, dass Philippus in keinerlei Hinsicht ein ungeeigneter Prediger gewesen wäre: Es wird in der nächsten Geschichte, der Bekehrung des Äthiopiers (8,26-40), an keiner Stelle angedeutet, dass der Dienst des Philippus durch die Jerusalemer Apostel hätte vervollständigt

108 Viele Handschriften lesen »*die* Stadt Samaria«, als ob die Hauptstadt Sebaste betroffen gewesen wäre, die zu jener Zeit überwiegend heidnisch geprägt war. Aber es ist unwahrscheinlich, dass sich Lukas auf Sebaste bezieht, sonst hätte er sie beim Namen genannt. Manche vermuten, dass es sich bei der betreffenden Stadt um Gitta, den Geburtsort des Zauberers Simon (A. d. H.: genau zwischen Sebaste und Sichar gelegen), gehandelt hat. Man hält sich besser an die Handschriften, die »*eine* Stadt in Samaria« lesen.

werden müssen, bevor er vollkommen wirksam werden konnte. Es wird in der gesamten Apostelgeschichte auch kein weiterer Fall berichtet, bei dem die Jerusalemer Apostel hätten kommen müssen, um Bekehrten die Hände aufzulegen, damit diese den Heiligen Geist empfangen konnten.

Die Antwort auf diese Frage scheint klar zu sein: Für die Samariter folgte zunächst eine Zeitspanne des Wartens, bevor ihnen dann – für alle sichtbar – die Hände aufgelegt wurden. Mit diesem öffentlichen Schritt wurden sie veranlasst, ihre Abhängigkeit von Jerusalem und ihre Identifikation mit den Aposteln aus Jerusalem anzuerkennen. Sie mussten den Zustand beenden, in dem sie Jerusalem über einen so langen Zeitraum verworfen hatten. Sie würden freilich nicht aufgefordert werden, den Tempel in Jerusalem aufzusuchen – sowohl dieser als auch die heilige Stätte auf dem Berg Garizim würden sehr schnell hinfällig werden. Auch sagte Gott nicht, dass man von nun an Jerusalem als den Ort anerkennen müsse, von dem alle geistlichen Aktivitäten der Gemeinde ausgehen würden. Aber die Samariter mussten anerkennen, was der Heiland der Frau aus Sichar gesagt hatte. Aus geschichtlicher Perspektive gilt: »Das Heil ist aus den Juden«, und es kommt von Jerusalem her.[109]

Es ist nur ein Heiland der Welt da, und es gibt nur eine Rettung (4,12). In einer Welt von Hunderten und Tausenden Stimmen, die die Ansprüche unzähliger Religionen vertreten, ist es von größter Wichtigkeit, dass wir klare, objektive, historische Beweise haben. Wir müssen begründen können, wer dieser eine und einzige Retter ist. Gott hat sich viele Jahrhunderte dem Anliegen gewidmet, diese Beweise zu liefern: Er berief Abraham, er ließ ein besonderes Volk entstehen, er gab durch Mose bestimmte Formen des Gesetzes und der Anbetung, die zugleich auf die Erlösung hinwiesen. Und dann erhöhte er vor allem David, den König von Juda in Jerusalem, der der Vorfahre und Vorläufer des Messias war. Damit einher gingen zahlreiche, über Jahrhunderte hinweg gegebene Prophetien, die die Geburt, den Geburtsort, das Wirken, den Tod, die Auferstehung und die Himmelfahrt des Messias voraussagten. Das christliche Evangelium ist keine Philosophie, die sich irgendjemand – ungeachtet seiner Identität und Herkunft – anhand

109 A. d. H.: Damit ist gemeint, dass Jerusalem der Ort der entscheidenden Heilstatsachen, der Kreuzigung und der Auferstehung, ist (siehe auch die nachfolgenden Ausführungen).

allgemeingültiger Prinzipien hätte ausdenken und ausarbeiten können, sofern er auch nur ansatzweise ein Genie gewesen wäre. Vielmehr ist das Evangelium, wie Paulus es später ausdrückt, das »Evangelium Gottes (das er durch seine Propheten in heiligen Schriften zuvor verheißen hat) über seinen Sohn (der aus dem Geschlecht Davids gekommen ist dem Fleisch nach)« (Röm 1,1-3). Das Evangelium ist aus einem langen, objektiven, historischen und geografischen Prozess hervorgegangen, den Gott zu jedem Zeitpunkt unter Kontrolle hatte – der eine Gott, um dessen Heilsbotschaft es sich handelt.

Historisch gesehen ist es untrennbar mit Jerusalem verbunden. Den Aussagen des Lukas zufolge sprach Christus, als er seine Apostel auf ihren weltweiten Missionsdienst vorbereitete, folgende Worte: »So steht geschrieben, dass der Christus leiden und am dritten Tag auferstehen sollte aus den Toten und in seinem Namen Buße und Vergebung der Sünden gepredigt werden sollten allen Nationen, angefangen von Jerusalem« (Lk 24,46-47). Auf immer und ewig ist das Evangelium untrennbar mit bestimmten historischen Ereignissen verknüpft, die in Jerusalem stattfanden.

Angenommen, den Samaritern wäre es gewährt worden, den Heiligen Geist zu empfangen, ohne ihre lange bestehende Ablehnung Jerusalems und ihre Verleugnung all der Prophetien in den Schriften, die auf den Messias »aus dem Geschlecht Davids« hinwiesen, aufzugeben. Dann wären sie wirklich gefährdet gewesen. Sie hätten leicht vermuten können, dass sie an Jesus glauben und den Geist empfangen konnten, ohne sich von ihrem früheren Standpunkt abzukehren. Es hätten zwei Formen des Christentums entstehen können: ein jüdisches, das auf den historischen Jesus[110] gegründet und untrennbar mit Jerusalem war, und ein anderes, ein samaritisches. Das Letztgenannte hätte einen »Jesus« und einem »Geist« zum Inhalt gehabt, die beide nicht unbedingt mit Jerusalem in Verbindung hätten stehen müssen. Und die Samariter hätten behaupten können, ein »Heil« zu haben, das nicht »aus den Juden« sei. Solch eine samaritische Version wäre natürlich ein Pseudo-Christentum gewesen. Es gibt auch heute noch Sondergemeinschaften, die behaupten, Christen zu sein. Sie reden viel über Jesus und den

110 A. d. H.: Der Begriff darf hier und im Folgenden nicht im Sinne der liberalen Theologie verstanden werden. Vielmehr umfasst er das Erdenleben Jesu, das in seinem geschichtlich dokumentierten Erlösungswerk seinen Höhepunkt fand.

Geist. Teilweise leugnen sie, dass der Kreuzestod Jesu in Jerusalem eine unumstrittene und historische Tatsache ist. Und teilweise stellen sie in Abrede, dass er leibhaftig auferstanden ist, wobei sie die Autorität der Apostel aus Jerusalem ablehnen. Ihr Jesus und ihr Geist haben kaum etwas oder gar nichts mit den historischen Tatsachen zu tun.

Wir reden auch nicht über erfundene Gefahren. Gottes ursprüngliche, durch Mose gegebene Anweisung lautete, dass die Angehörigen seines Volkes ihre Opfer nicht irgendwo, sondern an einem einzigen Ort darbringen sollten, den er selbst erwählen würde. Dies war nicht im engstirnigen religiösen Exklusivismus begründet, sondern vielmehr gedacht als Schutz vor der tatsächlichen Gefahr, durch die falschen kanaanitischen Götzenkulte verführt zu werden, von denen sie im verheißenen Land umgeben waren. In der damaligen vorwissenschaftlichen Zeit war es für die Israeliten so einfach, durch den Aberglauben, die Magie und den Dämonenglauben heidnischer Religionen getäuscht zu werden. 5. Mose 12 sagt ausdrücklich, dass der Schutz vor solchen Täuschungen der Grund für die Anweisung war, eine einzige Stätte zu errichten, wo die Erkenntnis des einen wahren Gottes bewahrt werden sollte. Es stimmt, dass Israel ungehorsam war und andere unzulässige Heiligtümer errichtete – und die Wegführung der zehn Stämme sowie der Synkretismus der frühen Jahre der samaritischen Religion sind ein Zeugnis dessen, was letztlich daraus erwuchs. Es stimmt auch, dass der Tempel in Jerusalem in moralischer Hinsicht verunreinigt wurde, unmittelbar vor dem Exil zerstört wurde und wiederaufgebaut werden musste. Aber welche Stellung der Stadt in Wirklichkeit zugedacht war, das ließ sich nicht auf Dauer unterdrücken, und Jerusalem wurde wieder die Stätte, die Gott erwählt hatte. Dort konnte man ihn durch sein geschriebenes Wort erkennen – durch den Tempel, der kein einziges Gottesbild enthielt, und durch die von Gott bestimmte Ordnung der Opfer und der Anbetung.

Doch die Samariter hatten die von Gott bestimmte Stätte, Jerusalem, dessen Tempel und über zwei Drittel des geschriebenen Wortes Gottes abgelehnt. Es sollte uns deshalb nicht überraschen, dass sie schon vor der Ankunft des Philippus in Samaria den Preis für ihre Verirrung bezahlt hatten: Sie waren von einem Zauberer namens Simon komplett betrogen worden. Er bot eine Mischung aus Magie und Spiritismus an und gab sich selbst als bedeutende Persönlichkeit aus. Die Bewohner waren über seine Magie erstaunt und ließen sich zu der Annahme verführen, Simon sei die Kraft Gottes, die »die Große« genannt wird (Apg 8,10). Selbst bevor Philippus zu ihnen kam und ihnen den wahren Messias verkündigte, hätten die Samariter niemals auf diesen Spiritisten hereinfallen dürfen, der sich heidnischer Praktiken bediente. Annas und Kajaphas, die in Jerusalem amtierten, haben nun wirklich keine wahre geistliche Gesinnung verkörpert, aber in ihrem Tempel und bei den entsprechenden gottesdienstlichen Handlungen war kein Raum für Männer wie Simon. Und hätten die Samariter nicht über zwei Drittel des Alten Testaments abgelehnt, hätten sie dort die Beschreibung des wahren Messias gefunden, was sie vor den Verführungen durch Simon, der heidnische Gottesvorstellungen vertrat, unbiblische Begriffe gebrauchte und sich dämonischer Kräfte bediente, hätte bewahren können.

Außerdem ist es lehrreich zu sehen, wovon wir dann lesen: Als Simon von Jesus hörte und die Wunder sah, die in seinem Namen vollbracht wurden, war er zwar durchaus bereit, an Jesus »zu glauben«, woraufhin er sich auf seinen Namen taufen ließ. Aber das darauf folgende Geschehen zeigt, dass er auch nicht ansatzweise das richtige Verständnis in Bezug auf den historischen Jesus oder den Geist Gottes hatte. Für ihn waren »Jesus« und »der Geist« einfach zwei dämonische Mächte – kraftvoller, aber gleicher Art wie diejenigen, die er bereits einsetzte. Er war bereit, eine beträchtliche Geldsumme zu bezahlen, um »Jesus« und »den Geist« in seine magischen Praktiken zu »integrieren«, damit er noch mehr Macht über Menschen erlangen, seine eigene Religion ausgestalten und sein Einkommen erhöhen konnte.

Gott lehrte die Samariter deshalb eine äußerst notwendige und heilsame Lektion, indem er ihr Bekenntnis der Buße und des Glaubens an den Herrn Jesus so lange nicht beglaubigte, bis sie auf die Apostel aus Jerusalem warteten und sich von ihnen die Hände auflegen ließen, um damit ihre Identifikation mit ihnen zu bekunden.

Abschließende Betrachtungen

Wir haben viel Zeit für die ersten beiden Geschichten in diesem Abschnitt der Apostelgeschichte verwendet, weit mehr als für die nächsten beiden. Trotzdem sollten wir noch kurz innehalten und überlegen, wie die in diesen beiden Geschichten vermittelten Lehren einander ergänzen.

Die Geschichte des Stephanus legt auf kraftvolle Weise die Tatsache dar, dass Gott gemäß seinem Selbstzeugnis der Gott der fortschreitenden Offenbarung ist – der Gott, der durch die ganze Geschichte hindurch am Wirken ist. Und sie mahnt uns dazu, darauf zu achten, dass wir mit Gott in Übereinstimmung bleiben, wenn es um seine vollkommene Offenbarung in seinem Sohn geht. Wir dürfen nicht im Judentum zurückbleiben oder in eine Mischung aus Christentum und vorchristlichem Judentum zurückfallen.

Die Geschichte des Philippus betont den entgegengesetzten, aber ebenso wichtigen Punkt: Wahres Christentum ist gewurzelt in der Geschichte, und wir dürfen diese Wurzeln niemals abschneiden. Wir können nicht einerseits die göttliche Inspiration und die Autorität des Alten Testaments ablehnen und andererseits Christus und dem christlichen Glauben treu sein. Und wir können gewiss nicht die Lehren und die Autorität der Apostel in Jerusalem ablehnen und dennoch zu Recht den Anspruch erheben, Christus zu verkündigen. Es gibt diejenigen, die die Inspiration und Autorität des Neuen Testaments verwerfen und ein Christsein vertreten, das vom Glauben an die Historizität der dem Christentum zugrunde liegenden Ereignisse losgelöst ist. Sie verkündigen in Wirklichkeit überhaupt nicht die wahre christliche Botschaft. Sie haben ihre Wurzeln der Geschichte abgeschnitten. Bestenfalls predigen sie eine Mischung aus christlicher Moral und heidnischer Weltanschauung, die dem Christentum fremd ist und auch im Gewand moderner Philosophie daherkommen kann. Schlimmstenfalls handelt es sich um etwas, was nur ein wenig besser ist als Simons abergläubische Vorstellungen.

SATZ 3

Das Evangelium des leidenden Gottesknechts (8,26-40)

Unsere Position bestimmen

Die dritte Geschichte in diesem Abschnitt ist sogar noch kürzer als die zweite – 15 Verse gegenüber 22 in der Geschichte zuvor. Außerdem werden wir uns nicht den umfangreichen historischen Hintergrund ins Gedächtnis rufen müssen, um die Hauptaussage der Geschichte und ihren Beitrag zu Abschnitt 2 als Ganzes zu verstehen.

Wie in den ersten beiden Geschichten beschäftigen wir uns, zumindest anfangs, erneut mit dem Tempel in Jerusalem: Der äthiopische Hofbeamte war nach Jerusalem gekommen, um dort anzubeten. Auf seinem Heimweg saß er auf seinem Wagen und las den Propheten Jesaja. Dieses Exemplar einer Schriftrolle hatte er vermutlich in Jerusalem gekauft (8,27-28). Das veranlasst uns zu dem Gedanken, dass es im Judentum nicht nur darum geht, Gott anzubeten und ihm zu nahen, sondern auch darum, ein Zeugnis für die umliegenden heidnischen Völker zu sein. Es gab zwei Hauptbestandteile hinsichtlich dieses Zeugnisses: den Tempel und die Bibel des jüdischen Volkes. Beide waren auf ihre Weise einzigartig. Anders als in den Tempeln der umliegenden Völker fand man im Tempel Israels kein Gottesbild, und er war ein Ausdruck des Zeugnisses der Juden für den einen unsichtbaren, über alles erhabenen Schöpfer. Für nachdenkliche Heiden, wie den Äthiopier, musste das einen eindrücklichen Gegensatz zur intellektuellen Absurdität und moralischen Verderbtheit des Polytheismus darstellen, der zu jener Zeit überall in der antiken Welt vorherrschte.

Es ist schwierig abzuschätzen, wie viele solcher nachdenklicher Heiden es gab, die durch das Zeugnis des Tempels zum Glauben an den lebendigen Gott gekommen waren. Heiden in großer Zahl, manchmal auch gesellschaftlich und politisch angesehen, opferten im Tempel in Jerusalem. Dies bedeutete aber nicht unbedingt, dass der Betreffende den Monotheismus des Judentums anerkannte oder zum persönlichen Glauben an den wahren Gott kam:

> An einer berühmten Kultusstätte ein Opfer darbringen zu lassen, war sehr häufig nur der Ausdruck einer kosmopolitisch gewordenen Frömmigkeit, ja, oft nur ein Akt der Courtouisie [der Höflichkeit] gegen das betreffende Volk oder die betreffende Stadt, mit welchem man durchaus nicht ein bestimmtes religiöses Bekenntnis ablegen wollte. Was in dieser Hinsicht an anderen berühmten Kultusstätten geschah, weshalb sollte es nicht auch zu Jerusalem geschehen? Und das jüdische Volk und seine Priester hatten ihrerseits keinen Grund, die ihrem Gott erwiesene Ehrfurcht, selbst wenn sie nur ein Akt der Höflichkeit war, abzuweisen.[111]

Als sie entdeckten, dass die Juden nicht bereit waren, diese Würdigung zu erwidern und den Göttern der anderen Nationen Respekt zu erweisen, nahmen viele Heiden daran großen Anstoß. Ihnen missfielen auch in aller Regel die kompromisslosen Worte, mit denen jüdische Lehrer – auf die Grundsätze des Alten Testaments gestützt – die in nichtjüdischen Gesellschaften verbreiteten Laster und Perversionen verurteilten. Denn normalerweise fielen derartige Dinge im heidnischen Tempelkult und bei den Zeremonien der jeweiligen Priester nicht ins Gewicht. Trotzdem wurde der Tempel in Jerusalem von vielen Heiden besucht, die zwar nicht vollkommen zum Judentum übergetreten waren und Juden geworden waren, aber dennoch dem Glauben Israels eine große Achtung entgegenbrachten. Dazu kamen Menschen wie dieser Äthiopier, die sehnsüchtig nach etwas Besserem suchen, als der heidnische Polytheismus ihnen bieten konnte.

Aber die Tatsache, dass der Äthiopier auf seiner Rückreise eine Abschrift des Propheten Jesaja gelesen hat, erinnert uns an ein weiteres Merkmal im Zeugnis des Judentums gegenüber den Heiden, das noch wirkungsvoller war als der Tempel. Und das war die Bibel des jüdischen Volkes. Die Einrichtung, die sie für die Verkündigung ihrer

111 Emil Schürer, *The History of the Jewish People*, Bd. 2, a. a. O., S. 309 (deutsche Ausgabe: *Geschichte des jüdischen Volkes im Zeitalter Jesu Christi*, 2. Teil, Leipzig: J. C. Hinrichs'sche Buchhandlung, 1886, S. 244). A. d. H.: Das Zitat wurde leicht an die heutigen orthografischen und Interpunktionsregeln angeglichen.

Botschaft nutzten, war die Synagoge der örtlichen jüdischen Gemeinschaft. An vielen Orten war die jüdische Gemeinschaft vielleicht klein, und es war deshalb nicht möglich, eine Synagoge zu unterhalten. Das war offensichtlich die Situation in Philippi, wo Paulus an dem Ort, »wo es gebräuchlich war, das Gebet zu verrichten«, nur einige Frauen antraf (16,13-14). An anderen Orten, wie z. B. Alexandria[112] in Ägypten, gab es jedoch große, gedeihende jüdische Gemeinschaften. Aber ungeachtet dessen, ob es große oder kleine Gemeinschaften waren, zur Zeit des Neuen Testaments hatten Juden nahezu überall in der antiken Welt Synagogen errichtet.

Ihr Einfluss war beachtlich. Die Apostelgeschichte zeugt davon, dass zu Pfingsten unter den Festbesuchern Proselyten aus Rom waren (2,10), und auch in der Synagoge im pisidischen Antiochien gab es Heiden, die sich dem Judentum zugewandt hatten (13,43). Und selbst wenn heute die genaue Bedeutung der von Lukas verwendeten Ausdrücke »gottesfürchtig« und »Gott anbetend« umstritten ist, waren der römische Hauptmann Kornelius in Cäsarea (10,2), die Purpurhändlerin Lydia in Philippi (16,14) und der römische Bürger Titius Justus in Korinth (18,7 [RELB, Menge]) offenbar zum Glauben an den wahren Gott Israels gekommen. Der Hauptmann in Lukas 7,5 hatte in seiner Stadt den Juden sogar die Synagoge erbaut. Außerdem erfahren wir von Josephus, dass in der ersten Hälfte des ersten Jahrhunderts Königin Helena aus Adiabene und ihr Sohn Izates zum Judentum konvertiert waren, wozu vermutlich auch viele ihrer Untergebenen gehörten.[113] Es gibt sogar Hinweise darauf, dass Flavius Clemens, römischer Konsul im Jahr 95 n. Chr. und mit dem Kaiser verwandt[114], mit seiner Frau Flavia Domitilla konvertiert sein könnte.

Es ist also nicht der Auftrag des Christentums, den Wert des missionarischen Zeugnisses der Juden gegenüber den Heiden zu mindern oder zu leugnen, dass der wahre Glaube an Gott und sein Wort sie mit solch einem missionarischen Einfluss ausstattete, der tatsächlich spürbar war:

---

112 A. d. H.: »Alexandrien« in der Elb 2003.

113 A. d. H.: Flavius Josephus, *Jüdische Altertümer*, I. Band, Buch XI bis XX, a. a. O., 20.2.1 (S. 638). Adiabene bezeichnet eine Region im heutigen Nordirak um die Stadt Erbil. Internet-Angaben zufolge starb Helena um 50 n. Chr.

114 A. d. H.: Internet-Angaben zufolge war Kaiser Vespasian der Großonkel von Flavius Clemens. Auf Vespasian folgten seine Söhne Titus und Domitian.

> Der Glaube an die zukünftige Allgemeingültigkeit dieser wahren Religion, das Kommen eines Zeitalters, in dem »der HERR König sein wird über die ganze Erde« und in dem »der HERR einer sein und sein Name einer« sein wird, führte zu den Bemühungen, die Heiden zur Anbetung des einen wahren Gottes und zum Glauben und Gehorsam gemäß der von ihm gegebenen Offenbarung zu bekehren. Das Judentum wurde damit zur ersten großen Missionsreligion der Mittelmeerregion.[115]

Die Geschichte von Philippus und dem Äthiopier bringt den Unterschied zwischen Christentum und Judentum jedoch auf den Punkt, der den eigentlichen Kern des christlichen Glaubens ausmacht und die Triebfeder der Missionsbewegung des Christentums bildet. Als Philippus sich dem Wagen des Äthiopiers näherte, las dieser gerade die gekaufte Rolle des Propheten Jesaja und war bei folgenden Worten angekommen: »Er wurde wie ein Schaf zur Schlachtung geführt, und wie ein Lamm stumm ist vor seinem Scherer, so tut er seinen Mund nicht auf. In seiner Erniedrigung wurde sein Gericht weggenommen; wer aber wird sein Geschlecht beschreiben? Denn sein Leben wird von der Erde weggenommen« (8,32-33; vgl. Jes 53,7-8 als Quelle des Zitats).

Dieser Abschnitt verwirrte den Äthiopier, sodass er ahnungslos fragte: »Ich bitte dich, von wem sagt der Prophet dieses, von sich selbst oder von einem anderen?« (8,34) Und Philippus gab natürlich als Christ die entsprechende Antwort, sodass es heißt: »Philippus aber tat seinen Mund auf, und anfangend von dieser Schrift verkündigte er ihm das Evangelium von Jesus« (8,35).

Es war für Philippus nicht schwierig, seinem Gesprächspartner zu zeigen, wie die Leiden Jesu, seine Verurteilung und Kreuzigung sich mit den Beschreibungen im Buch Jesaja deckten. Aber er gab sich damit nicht zufrieden und fuhr fort, die »gute Botschaft« zu verkündigen, dass Jesus von den Toten auferstanden war. Und er argumentierte wie Petrus (3,17-18) und Paulus (13,27-37): Jesu Auferstehung bewies nicht nur, dass er trotz seiner Leiden und des Kreuzes der Messias war, sondern genau diese Leiden waren ein Beweis für die Messiasstellung, da sie erfüllten, was die Propheten hinsichtlich des Messias vorausgesagt hatten.

115 G.F. Moore, *Judaism*, Bd. 1, Cambridge, MA: Harvard University Press, 1927, S. 323-324.

Die Ausführungen des Philippus hätten an dieser Stelle enden können. In diesem Fall hätte er bereits hier auf ein Merkmal hingewiesen, das Millionen von Menschen aus allen Nationen von ihren Gedanken, ihrem Herzen und letztlich auch von ihrer anbetenden Ehrerbietung her in Beschlag genommen hat: Es ist die Verkündigung eines Messias, der nicht Rache nimmt, sondern als Gottes König göttliche Macht besaß, seine Feinde liebte und »der, gescholten, nicht wiederschalt, leidend, nicht drohte« [116]. Es geht um den König, der bewusst starb und der nicht nur für seine Landsleute und seine Freunde in den Tod ging – auch für sie, aber nicht nur für sie –, sondern für alle Männer und Frauen aus allen Nationen. Er starb für die Feinde Gottes und der Menschen – für genau die Menschen, die ihn gekreuzigt hatten.

Aber wir dürfen sicher sein, dass sich Philippus nicht damit zufriedengab, dem Äthiopier die Tatsache zu verkündigen, dass Christus gelitten hatte, ohne zu vergelten, obwohl diese als solche schon herrlich war. Lukas sagt, dass er bei seiner Evangeliumsverkündigung mit dem Abschnitt begann, den der Äthiopier las, als er ihm begegnete. Das war absolut vernünftig. Die Vorstellung, die einige haben, dass Philippus die vorherigen und nachfolgenden Verse in Jesaja 53 nicht ebenfalls auf Jesus angewandt hat, sprengt den Rahmen der Glaubwürdigkeit. Indem er sie als Grundlage nahm, zeigte er auf, dass Christus nicht nur unschuldig, sondern auch stellvertretend und als derjenige litt, der unsere Sünden gesühnt hat:

> … doch um unserer Übertretungen willen war er verwundet, um unserer Ungerechtigkeiten willen zerschlagen. Die Strafe zu unserem Frieden lag auf ihm, und durch seine Striemen ist uns Heilung geworden. Wir alle irrten umher wie Schafe, wir wandten uns jeder auf seinen Weg; und der HERR hat ihn treffen lassen unser aller Ungerechtigkeit. … Doch dem HERRN gefiel es, ihn zu zerschlagen, er hat ihn leiden lassen. Wenn seine Seele das Schuldopfer gestellt haben wird, so wird er Samen sehen, er wird seine Tage verlängern; … Durch seine Erkenntnis wird mein gerechter Knecht die Vielen zur Gerechtigkeit weisen, und ihre Ungerechtigkeiten wird er auf sich laden (Jes 53,5-6.10-11).

116 A. d. H.: Vgl. 1. Petrus 2,23.

Ja, dies ist das wirkliche Evangelium. Die ersten Christen wiesen ebenso beharrlich wie das Judentum auf die Heiligkeit Gottes, den Anspruch seines Gesetzes und darauf hin, wie schlimm und Verderben bringend menschliche Sünde ist. Sehen Sie sich dazu die ersten zweieinhalb Kapitel im Brief des Paulus an die Römer an. Und die ersten Christen bestanden gleichermaßen darauf, dass jemand, der mit Gott versöhnt, der erlöst, dem vergeben und der durch den Glauben an den Herrn Jesus gerechtfertigt war, diesen moralischen Maßstab Christi unerbittlich und anhaltend auf sich selbst anwenden sollte. Aber nichts von alledem entspricht dem Evangelium, wodurch Gottes Feinde mit ihm versöhnt werden, Sündern vergeben wird und sie gerechtfertigt werden.

> Ich tue euch aber kund, Brüder, das Evangelium, das ich euch verkündigt habe, … durch das ihr auch errettet werdet …
>
> Denn ich habe euch zuerst überliefert, was ich auch empfangen habe: dass Christus für unsere Sünden gestorben ist nach den Schriften; und dass er begraben wurde und dass er auferweckt worden ist am dritten Tag nach den Schriften (1Kor 15,1-4).

Das ist mehr als das Evangelium: Es ist die treibende Kraft für die missionarische Motivation derjenigen, die als Christen das Evangelium verkündigen. Der offensichtliche Grund dafür, warum Gottes Gesetz und christliche Moral viele von uns nicht dazu bringt, in die Welt hinauszugehen und zu missionieren, ist dieser: Wir selbst bleiben so entsetzlich weit hinter den entsprechenden Maßstäben und Forderungen zurück. Wer bin ich, dass ich gehen und jemandem sagen sollte, er müsse sich um ein gutes Leben bemühen? Aber selbst ich würde hingehen und sagen, dass Christus, als ich noch Sünder war, für mich gestorben ist und durch seinen Tod das Geschenk der Vergebung und ewigen Erlösung erkauft hat. Dem würde ich die Anmerkung hinzufügen, dass Christus – wenn er mich so geliebt und gerettet hat – offensichtlich jeden retten kann, der Buße tut und ihm vertraut.

Das Judentum heute kann kaum als missionarische Bewegung bezeichnet werden. Dafür gibt es zweifellos viele Gründe, aber einer davon ist folgender: Es gibt kein Evangelium, das man der Menschheit anbieten kann. Dass es für den einen wahren Gott Zeugnis ablegt und angesichts unserer modernen Formen des Götzendienstes sein großes

Missfallen bekundet, ist nach wie vor berechtigt und ebenso notwendig wie zur Zeit Jesajas. Dass es auf den Werten menschlichen Lebens beharrt und sein ethisches Anliegen im Allgemeinen – gegründet auf das geoffenbarte Gesetz Gottes – verfolgt, ist absolut lobenswert. Aber für die fundamentalen Probleme der Menschen, die tatsächliche Schuld derer, die das Gesetz Gottes übertreten haben, hat es heute keine zufriedenstellende Antwort. Das war in der Vergangenheit einmal anders: Da gab es die Ordnung der Opfer, die Gott mit seinem Gesetz eingeführt hatte. Zugegeben, das waren nur Sinnbilder, aber immerhin gab es etwas. Aber mit der Zerstörung des Tempels hatte das Judentum selbst diese Sinnbilder verloren. Es besaß nichts mehr, was Menschen hätte überzeugen und an die Stelle dieser Sinnbilder hätte treten können. Die Botschaft, durch die sich der Äthiopier überzeugen ließ und zum Glauben geführt worden war, war vom Judentum abgelehnt worden. Dadurch hatte es keine Botschaft der Erlösung, kein Sühneopfer und somit auch kein Evangelium.

Auch beim Christentum besteht immer die Gefahr, den Glauben an das Evangelium und damit auch den missionarischen Eifer zu verlieren. Die Menschen gewinnen mittlerweile den Eindruck, dass unsere moderne Welt anders ist. Sie meinen, dass das Evangelium, dass »Christus für unsere Sünden gestorben ist … und … auferweckt worden ist am dritten Tag«, das Evangelium, das den Äthiopier und die Korinther gerettet hat und durch das im ersten Jahrhundert überall in der damaligen Welt Gemeinden entstanden sind, die Sünder unserer Zeit nicht rettet. Deshalb predigen sie christliche Ethik, wenn sie die Gelegenheit bekommen, der Welt eine Botschaft mitzuteilen. Sie ermahnen die Nichtwiedergeborenen, sich für die Armen einzusetzen, an die Familie zu glauben und für Gerechtigkeit einzutreten. Sie vergessen, ihnen zu sagen, dass Christus für unsere Sünden gestorben ist, damit wir – denn das brauchen wir – gerettet, gerechtfertigt und mit Gott versöhnt sein können. Dadurch bleibt es der Welt verborgen, dass es eine Rettung gibt, die man in Anspruch nehmen muss. Es gibt in der westlichen Welt nur wenige Bekehrte, und die Gemeinde missioniert so gut wie nicht mehr. In dem Ausmaß, in dem die Gemeinde aufhört zu missionieren, hört sie auch auf, christlich zu sein.

SATZ 4

Das Evangelium des Sohnes Gottes (9,1-31)

Die vierte und letzte Geschichte im zweiten Abschnitt beinhaltet die Bekehrung des Saulus von Tarsus. Sie setzt das zuvor angesprochene Thema fort: das Zeugnis des Judentums gegenüber der heidnischen Welt. Schließlich kam Saulus von Tarsus, der größte Heidenmissionar aller Zeiten, aus dem Judentum. Andererseits war Saulus bis dahin kein Missionar gewesen; erst aufgrund seiner Bekehrung zu Christus wurde er zu einem solchen. Und so werden wir bei der Lektüre seiner Geschichte auf einen weiteren wesentlichen Unterschied zwischen Judentum und Christentum stoßen.

Die Apostelgeschichte enthält drei Berichte über die Bekehrung des Saulus. Der zweite (22,3-21) und der dritte (26,9-23) sind mit den eigenen Worten des Saulus wiedergegeben. Der erste Bericht stammt von Lukas und kann im Wesentlichen in drei Etappen einer Reise untergliedert werden:

1. Die Reise des Saulus nach Damaskus (9,1-9);
2. Der Aufenthalt des Saulus in Damaskus (9,10-22);
3. Die Rückkehr des Saulus nach Jerusalem und seine Abreise nach Tarsus (9,23-30).

Schon auf dieser Ebene wird deutlich, dass es sich bei der Bekehrung des Saulus nicht um eine geringfügige Anpassung an seine früheren Überzeugungen handelte, um eine kleine hilfreiche Ergänzung seiner aus dem Judentum stammenden Anschauungen. Es handelte sich vielmehr um eine radikale Veränderung. Der Zweck seiner ursprünglichen Reise nach Damaskus wurde nie verwirklicht. Ihr Ziel wurde aufgegeben, und sie wurde zu einer ganz anderen Art von Reise, als der einst brillante, voller Tatkraft vorpreschende Saulus (9,1-2), jetzt einstweilen blind und an der Hand geführt, nach Damaskus geleitet wurde, wo er unter neuer Leitung auf Anweisungen wartete.

Und seine Rückkehr nach Jerusalem verlief ganz anders, als er es geplant hatte. Als junger Mann hatte er seinen Geburtsort Tarsus verlassen, um in der Hauptstadt seines Glaubens, Jerusalem, zu studieren;

und unmittelbar vor seiner Bekehrung brach er nach Damaskus auf, um die »christlichen Abtrünnigen« nach Jerusalem zurückzubringen. Dass die neue Lehre der Jesusanhänger innerhalb der Grenzen Jerusalems existierte, war schlimm genug, und er hatte sein Bestes getan, um sie dort auszurotten. Dass sie sich in Judäa, Samaria und bis nach Damaskus ausbreitete, war unerträglich. Die aus seiner Sicht Abtrünnigen mussten nach Jerusalem zurückgebracht und gezwungen werden, sich der Gerichtsbarkeit des Jerusalemer Hohen Rats zu unterwerfen (9,2), bevor sie die Synagogen der Zerstreuung ansteckten. In seinen Augen sollte Jerusalem im Interesse des weltweiten Judentums die Rechtgläubigkeit der Lehre durchsetzen, wobei er durch seine Bemühungen auch persönlich dazu beitragen würde.

Aber als er nach Jerusalem zurückkehrte, kam er mit leeren Händen – selbst ein »Ketzer«, der bereits auf dem »Weg« voranschritt. Dabei war er ja aufgebrochen, um die dadurch verkörperte Lehre zu unterdrücken (9,2). Und mehr noch, nach kurzer Zeit war er unter dem Druck der Umstände gezwungen, Jerusalem zu verlassen und nach Tarsus zurückzukehren, was er auf Geheiß des Herrn hin dann auch tat (siehe 22,17-21). Nie wieder sollte Jerusalem der Ausgangspunkt seiner Unternehmungen sein. Tarsus und dann Antiochien sollten diese Rolle übernehmen, als er ein Heidenmissionar wurde – unter Menschen, die der Autorität des Jerusalemer Hohen Rats keine Treue schuldeten und sich auch nie ihm unterwerfen würden: Es ging darum, Menschen zum Glauben an den wahren Gott Israels zu rufen, aber nie darum, sie aufzufordern, Juden zu werden.

So dramatisch die äußeren Auswirkungen der Bekehrung des Saulus auch waren, im Kern ging es um nichts Geringeres als um eine Revolution: um eine radikal neue Gottesvorstellung. Natürlich war er schon vor seiner Bekehrung einer derjenigen gewesen, die mit ganzem Eifer an den einen wahren Gott glaubten. Er war kein heidnischer Götzendiener und auch kein Verfechter des Synkretismus, wie es einige vormakkabäische Hohepriester gewesen waren. Er hielt treu und unerschütterlich am Erbe der Selbstoffenbarung Gottes gegenüber Abraham fest. Diese Offenbarung hatte Abraham aus dem Heidentum und aus Gottesvorstellungen herausgeführt, die vom Götzendienst ausgingen, und ihn zum Stammvater des Volkes Israel werden lassen. Der Glaube an denselben einen wahren Gott hatte auch Saulus zu einem

»Hebräer von Hebräern« gemacht (Phil 3,5). Wenn die Heiden bereit waren, ihre mit dem Götzenkult verbundenen Gottesvorstellungen aufzugeben, sich im Glauben dem Gott Israels zuzuwenden und sich unter Einhaltung der strengen Regeln des Pharisäertums zu bekehren, war er bereit, sie als diejenigen aufzunehmen, die zum Volk Israel wahrhaft hinzugekommen waren. Aber er war nicht bereit, Kompromisse einzugehen. Er wollte nicht zulassen, dass Jahwe im Grunde dasselbe war wie der griechische Zeus oder der syrisch-phönizische Baal, wobei nur ein anderer Name für denselben obersten Gott unter all den anderen Göttern verwendet wurde. Und dazu kam, dass ihm etwas außerordentlich missfiel: Jüdische Mitbürger gaben den allseits wertgeschätzten Monotheismus, in dem sie erzogen worden waren, so weit auf, dass sie Jesus von Nazareth göttliche Ehren zuschrieben. Aus aufrichtigem Eifer für die heilige Ehre des Namens Gottes tat er alles in seinen Kräften und Möglichkeiten Stehende, um sie zu verfolgen.

Und das war die Tragödie. Er hielt in ganzer Treue an dem fest, was er von Gott wusste. Daher war er absolut davon überzeugt, dass sein sehr auf Einheitlichkeit und Rechtgläubigkeit bedachtes Verständnis des Monotheismus alles war, was man in Bezug auf Gott erkennen konnte. Dies ging so weit, dass er zunächst das Wirken Gottes in seinem Leben blockierte, der ihn mehr lehren wollte. Er war so überzeugt von seiner eigenen Gottesvorstellung, dass er bereit war, für diese seine Vorstellung gegen die tatsächliche Realität Gottes zu kämpfen. Als der Gott, an den er zu glauben vorgab, Mensch geworden war, verfolgte er alle, die an ihn glaubten, auf grausame Weise. Damit erwies er sich in diesem Sinne nicht nur als Ungläubiger, sondern – wie er später bekannte (1Tim 1,12-17; Röm 5,10) – auch als Verfolger der Gemeinde sowie als Feind und Lästerer Gottes. Wer will sagen, dass seine Gotteslästerung weniger schwerwiegend war als die des heidnischen Polytheismus? Sicher hat er nie vergessen, was er dem menschgewordenen Gott sowie seinen Jüngern und Heiligen angetan hat (siehe 1Kor 15,9; Apg 26,9-11; 1Tim 1,12-17). Es hat ihn für immer von jedem Gefühl der Überlegenheit gegenüber seinen Mitchristen befreit, die aus dem Heidentum kamen und zuvor vom Polytheismus geprägt gewesen waren.

Saulus' Begegnung mit dem auferstandenen Herrn Jesus

Als das Licht aus dem Himmel plötzlich um ihn her aufleuchtete und eine Stimme sagte: »Saul, Saul, was verfolgst du mich?« (Apg 9,4), sprach Saulus denjenigen, der mit ihm redete, sofort und instinktiv als »Herr« an. Was auch immer er in diesem Bruchteil einer Sekunde genau gemeint hatte, er erkannte sehr bald, dass dieser Jesus, den er instinktiv als Herrn ansprach, Herr im höchsten Sinne des Wortes war.

Zuvor war er damit beschäftigt gewesen, seine Verfolgung der Christen vorzubereiten. Diese Menschen hatten die Gewohnheit, zu Jesus zu beten, und sie sprachen von diesem Gebet zu Jesus als »Anrufen des Namens des Herrn«. Ananias, der in der vorliegenden Geschichte erwähnt wird, ist ein gutes Beispiel dafür. Er spricht zu Jesus (vgl. V. 17 mit V. 10-16), nennt ihn »Herr« und sagt: »Ich habe von vielen über diesen Mann [Saulus] gehört, wie viel Böses er deinen Heiligen in Jerusalem getan hat. Und hier hat er Gewalt von den Hohenpriestern, *alle zu binden, die deinen Namen anrufen«* (9,13-14). Außerdem war es unter den Juden bereits weithin bekannt (sogar unter den Juden in Damaskus, wie wir aus 9,21 erfahren), dass die Christen den Namen Jesu anriefen. Ja, dies war einer der Gründe, warum sie verfolgt wurden. Den »Namen des Herrn anzurufen«, war, wie wir aus dem Alten Testament wissen, eine maßgebliche Beschreibung für das Gebet zu Gott. Niemals rief ein Israelit im Alten Testament den Namen eines Engels an, und zwar aus dem einfachen Grund, dass es Israel nicht erlaubt war, zu Engeln zu beten. Als die Israeliten begannen, »den Namen Baals anzurufen«, wurde dies als regelrechter Glaubensabfall betrachtet, denn damit wurde Baal an die Stelle Gottes gesetzt, und Elia ließ alle hinrichten, die dieser Praxis verfallen waren (1Kö 18,16b-46).[117]

Von daher gesehen können wir uns die gegen die ersten Christen gerichtete Wut des Saulus erklären. Indem sie den Namen Jesu anriefen, beteten sie, wie der Römer Plinius es später beschreiben sollte, zu Jesus wie zu Gott. Saulus kannte ihre Praxis, hielt sie für gotteslästerlich und war unterwegs auf der Straße nach Damaskus, um ihr

117 A.d.H.: Nach dem Wortlaut mancher Bibelübersetzungen ließ Elia dieses Gericht an den Baalspropheten von anderen Beteiligten ausführen.

Einhalt zu gebieten. Als dann um ihn her ein solches Licht vom Himmel aufleuchtete und eine solche Stimme ihn ansprach, erkannte er unwillkürlich, dass er gerade eine Gotteserscheinung hatte. Daher redete er den Sprecher als »Herrn« an – nur um festzustellen, dass es sich bei dem Herrn um Jesus handelte.

Es ist eine Untertreibung zu sagen, dass in diesem Bruchteil einer Sekunde sein ganzes Gottesbild in jeder Beziehung verändert wurde. Als der Gott der Herrlichkeit Abraham erschien, erkannte dieser Patriarch sofort die unendlich große Überlegenheit des wahren Gottes gegenüber den entwürdigenden Gottesvorstellungen des Heidentums. Als nun das Licht der Erkenntnis Gottes im Antlitz Jesu Christi um Saulus her leuchtete, geriet dieser völlig aus der Fassung. Er erkannte nämlich, dass die Wirklichkeit des wahren und lebendigen Gottes unendlich groß war – sogar größer als die wahre, aber unvollständige Offenbarung, die den prägenden Persönlichkeiten aus der Anfangszeit Israels und seinen Propheten hinsichtlich des Wesens Gottes zuteilwurde.

Als Mose entdeckte, warum der brennende Dornbusch nicht verzehrt wurde, und ihm der Herr begegnete, entdeckte er zu seiner großen Ermutigung auch, dass der Gott seiner Vorfahren keine ferne Gestalt aus der Vergangenheit und auch nicht nur der erhabene Herr im Himmel war: Er war auf die Erde »herabgestiegen«, um die Angehörigen seines Volkes zu befreien (2Mo 3,8), wobei er sich mit ihnen in ihren Leiden identifiziert hatte. Nicht einmal all das Wüten, womit der Pharao gegen sie vorging, würde sie jemals vernichten.

Aber mit welch furchtbarem Entsetzen sah Saulus nun die ewige, unergründliche Herrlichkeit des auferstandenen Herrn. Er hörte ihn sagen: »Ich bin Jesus, den du verfolgst« (Apg 9,5). Aufgrund der Erscheinung wurde er körperlich blind, und das war auch gut so, denn geistlich gesehen verwandelte sie sein ganzes früheres, zur Schau gestelltes Wissen über Gott im Grunde in Finsternis. Gott war als »Missionar« auf die Erde gekommen, um »zu suchen und zu erretten, was verloren ist« (Lk 19,10), und Saulus hatte ihn nicht erkannt. In der Person Jesu hatte er hier gelebt, und dieser hatte in dem Feuer des Gerichts von Golgatha gestanden – und Saulus hatte nichts von diesem gewaltigen Anblick gesehen. Jetzt war Jesus in seinen Himmel zurückgekehrt und war noch immer untrennbar mit seinen verfolgten Gläubigen, Jüngern und Heiligen vereint – und hier spielte Saulus, der angebliche Verfechter der Rechtgläubigkeit, die erschreckende Rolle eines modernen Pharaos!

Das Herz des Äthiopiers war zutiefst ergriffen worden, als er die Botschaft vom demütigen Knecht des Herrn gehört hatte, der wie ein Lamm zur Schlachtung geführt wurde, der vor seinen Scherern stumm war, der um unserer Übertretungen willen verwundet und um unserer Ungerechtigkeiten willen zerschlagen wurde. Aber dieser demütige Knecht war der erhabene Herr; der Nazaräer war der menschgewordene Gott. Ein Anblick seiner Herrlichkeit hatte nun seinen Feind Saulus zu Boden geworfen; seine Barmherzigkeit verschonte ihn, und seine göttliche Autorität befahl ihm, nach Damaskus zu gehen und weitere Anweisungen abzuwarten. Saulus von Tarsus hatte entdeckt, wie Gott wirklich ist.

Saulus' Annahme als Gotteskind und Beauftragung durch den Herrn Jesus

Es ist auffallend und bezeichnend, dass Christus, um Saulus Einhalt zu gebieten und ihn in die Knie zu zwingen, ihm direkt und ohne Vermittler erschien. Als es jedoch darum ging, ihn in die Gemeinschaft der Gotteskinder aufzunehmen, ihn mit dem Heiligen Geist zu erfüllen, sein Augenlicht wiederherzustellen und ihn zu beauftragen, erschien Christus ihm nicht direkt. Vielmehr geschah dies dadurch, dass er dazu ein menschliches Werkzeug, einen gewissen Ananias, gebrauchte. Dies ist umso bemerkenswerter, wenn wir die Situation bedenken: Für Saulus war, damit er sich auf das Kommen des Ananias vorbereiten und sich vergewissern konnte, dass Ananias der entsprechend berufene Beauftragte des Herrn war, zusätzlich zu seiner Erfahrung auf dem Weg eine weitere Erscheinung notwendig (Apg 9,11-12).

Es gibt einen Grund dafür, warum der Herr ein menschliches Werkzeug gebrauchte: Saulus musste – wie in anderen Fällen, die wir bereits kennengelernt haben – die Möglichkeit gegeben werden, unter Beweis zu stellen, dass seine Buße und sein Glaube echt waren. Die Leute aus der in Jerusalem am Pfingsttag versammelten Menschenmenge, von denen viele öffentlich die Kreuzigung Jesu gefordert hatten, mussten beweisen, dass ihre Buße echt war, indem sie sich öffentlich auf den Namen Jesu taufen ließen und sich von seinen Mördern abkehrten (2,38-40). Die Menschen in Samaria mussten zeigen, dass sie sich von ihrer Ablehnung des Wortes Gottes in Bezug auf Jerusalem abgewandt hatten, indem sie sich von den Aposteln aus Jerusalem die Hände auflegen ließen (8,14-17). Nun musste Saulus auf seine Erfüllung mit dem Heiligen Geist, seine Taufe, die Wiederherstellung seines Augenlichts und seine Beauftragung warten, bis Ananias kam und ihm die Hände auflegte (9,17).

Warum war das so? Wegen der erschreckend großen Sünde, die insbesondere Ausdruck der Feindschaft des Saulus gegen den Herrn Jesus gewesen war. Er hatte mörderische Drohungen gegen die Jünger des Herrn ausgestoßen (9,1); er hatte den Heiligen des Herrn in Jerusalem großen Schaden zugefügt (9,13), er hatte unter denen gewütet, die den Namen des Herrn anriefen (9,21), und er war darauf bedacht gewesen, die Christen in Damaskus ins Gefängnis zu werfen (9,21).

Aber jetzt hatte er den erhabenen Jesus als Herrn angesprochen. Meinte er wirklich, was er sagte? War es der echte Ausdruck eines bußfertigen Herzens? Oder war es nur eine oberflächliche, vorübergehende Reaktion, die ihm durch die überwältigende Wirkung der Erscheinung gegen seinen Willen abgenötigt wurde? Woran würde man das erkennen? Ganz einfach! Wenn Saulus Jesus wirklich als Herrn angenommen hatte, dann musste er bereit sein, die Menschen, die er verachtet und verfolgt hatte, als Volk des Herrn anzuerkennen. Er musste sie als seine Brüder anerkennen – und nicht nur das: Er musste sie auch annehmen und sich mit ihnen einsmachen, sowohl im kleinen Kreis als auch in der Öffentlichkeit.

Ananias, den der Herr bei dieser Gelegenheit als sein Werkzeug gebrauchte, gehörte nicht zu den Aposteln. Soweit wir wissen, war er nicht über den Bereich seiner Gemeinde hinaus bekannt. Er war ein »gewöhnlicher« Gläubiger, von dem in der Heiligen Schrift nie zuvor und nur einmal danach (22,12) die Rede ist. Als er Saulus, dem ehemaligen Verfolger des verachteten Nazaräers, die Hände auflegte, hatte das nichts mit »sakraler Magie« zu tun. Aber als er das tat, drückte diese Geste die Realität seiner Worte aus: »Bruder Saul, …« (9,17). Und was er dann sagte, deutete darauf hin, wie diese neue Beziehung zustande gekommen war und worin ihre entscheidende Kraft bestand: »… der Herr hat mich gesandt, Jesus, der dir erschienen ist auf dem Weg, den du kamst, damit du wieder siehst und mit Heiligem Geist erfüllt wirst« (9,17).

Hier findet sich demnach ein Grundprinzip wahrer Bekehrung. Man kann zum rettenden Glauben an Christus kommen, wie es bei Saulus der Fall war, einzig und allein durch die persönliche Annahme von Jesus als dem Herrn. Aber wenn dieser Glaube echt ist, wird er zur Annahme des Volkes des Herrn führen. Ich kann mich für Vögel interessieren, ohne mich dem örtlichen Verein für Vogelbeobachtung anzuschließen. Ja, ich kann mich weigern, irgendetwas mit dessen Mitgliedern zu tun zu haben, und trotzdem selbst ein sehr guter Vogelbeobachter sein. Aber ich kann Christus nicht wirklich annehmen und mich weigern, etwas mit seinen Leuten zu tun zu haben. Sie sind seine Jünger, seine Heiligen, sie rufen seinen Namen an; und indem er jedem von ihnen den Heiligen Geist gab, vereinte er sie alle zu einem Leib (vgl. 1Kor 1,2; 12,13). Ich kann diesen Heiligen Geist nicht empfangen und mich weigern, ein Glied an diesem Leib zu sein. Ich kann nicht behaupten, den Herrn Jesus zu lieben, und mich weigern, seine Heiligen zu lieben. Ich kann nicht behaupten, mit ihm einsgemacht worden zu sein, und mich weigern, mich mit seinem Volk einszumachen.

Ein weiterer Beweis für die Echtheit der Bekehrung des Saulus war seine Reaktion auf den Auftrag des Herrn. Vor seiner Bekehrung meinte er »freilich bei [sich] selbst, gegen Namen Jesu, des Nazaräers, viel Feindseliges tun zu müssen« (Apg 26,9). Als er sich nun blind in einem Zimmer in Damaskus befand, überbrachte ihm Ananias den Auftrag des Herrn: Er sollte den Namen Jesu sowohl vor Heiden als auch vor Könige und vor das Volk Israel tragen, wobei ihm ebenfalls gesagt wurde, dass er für diesen Namen schwer leiden müsste (9,15-16). Und »sogleich«, sagt Lukas, »predigte er in den Synagogen Jesus, dass dieser der Sohn Gottes ist« (9,20). Es ging ihm darum zu beweisen, »dass dieser [d.h. Jesus] der Christus ist« (9,22).

Natürlich können wir sagen, dass das Beispiel des Saulus ein besonderer Fall war. Und das traf auch zu, denn er war ein Apostel. Aber was für ihn auf der ihn betreffenden, erhabenen Ebene galt, gilt im Prinzip für uns alle: Eine echte Bekehrung hat (noch) nicht stattgefunden, wenn der Betreffende nicht sofort bereit ist, den Herrn Jesus in jeder Beziehung als Gott zu bekennen. Viele Menschen brauchen bekanntlich lange, um zum vollen Glauben an Christus zu kommen; wie der Blinde in der bekannten Geschichte im Johannesevangelium (Joh 9) glauben sie zunächst bestimmte Sachverhalte, bevor sie schließlich alles glauben.[118] Aber niemand – ob Mann oder Frau – ist wirklich und vollständig bekehrt, niemand ist ein wahrer Christ, bis er daran glaubt, dass Jesus in jeder Beziehung Gott ist. Außerdem muss er bereit sein, diesen Tatbestand zu bekennen. Wenn Jesus nicht der menschgewordene Gott ist, dann kann er uns kein Heil anbieten. Moral, ja, selbst Vorbild und Ermahnung – all das zeugt von großer Erhabenheit. Aber es ist nicht gleichbedeutend mit Erlösung. Wäre Jesus nur der als Mensch leidende Gottesknecht, aber nicht Gottes Sohn, dann könnte sein Tod unsere Sünden nicht sühnen; er könnte auch niemandem den Heiligen Geist zueignen und all die Millionen seiner Gläubigen nicht in seinen Leib eingliedern.[119]

Schließlich war Saulus nicht nur dazu bereit, die Gottheit Jesu öffentlich zu bekennen, sondern auch dazu, wegen dieses Bekenntnisses zu leiden. Die Gelegenheit ließ nicht lange auf sich warten; und als sie kam, ergab sie sich nicht aufgrund der politischen Verhältnisse, sondern in einem religiösen und theologischen Kontext. Das ist oft der Fall. Aber auch heute noch ist die Bereitschaft, für den Namen des Herrn Jesus zu leiden, ein unverzichtbares Merkmal einer echten Bekehrung.

Saulus' Flucht aus Damaskus, Rückkehr nach Jerusalem und Abreise nach Tarsus

Lukas berichtet nun kurz über das dritte Element in dem Prozess, wodurch aus Saulus, dem »Hebräer von Hebräern«, der Apostel wurde, der zu den Nationen gesandt war. Es war die Ablehnung seiner Botschaft und die Verfolgung durch seine jüdischen Mitbürger.

118 Ein gutes Beispiel für eine solche schrittweise Hinwendung zum Glauben ist die Bekehrung von C. S. Lewis, die er in seinem Buch *Überrascht von Freude. Eine Autobiografie* (A. d. H.: Gießen: Brunnen Verlag, 2017, 7. Taschenbuch-Lizenzausgabe) beschreibt.

119 Beachten Sie die Bedeutung des von Ananias gebrauchten Ausdrucks: »deine Heiligen« (9,13). Jeder kann Jünger haben: Mose hatte sie, und auch Saulus hatte sie kurz nach seiner Bekehrung (9,25 [A. d. H.: In diesem Vers gibt es die Lesart »seine Jünger«; vgl. Fußnote der Elb 2003].) Aber nach dem biblischen Sprachgebrauch hat nur Gott *Heilige*: Vgl. dazu 1. Samuel 2,9 (»*seine* Heiligen« [Luther 1984]); Psalm 50,5 (»*meine* Heiligen«); Psalm 79,2 (»*deine* Heiligen« [jeweils Luther 1984]). Ananias verwendet im Gespräch mit dem auferstandenen Jesus natürlich den Ausdruck »deine Heiligen«. Ananias glaubte wie alle Christen von Anfang an daran, dass der Herr Jesus in jeder Beziehung Gott ist.

Bei seiner Rückkehr nach Jerusalem waren die Christen zunächst misstrauisch, weil sie befürchteten, er sei kein echter Bekehrter (9,26). Aber dank des Dienstes des Barnabas nahmen sie ihn schließlich in ihre Gemeinschaft auf, wobei er durch sein furchtloses öffentliches Zeugnis im Namen des Herrn Jesus bewies, dass er ein wahrer Gläubiger war. Nachdem sich der Anführer der gegen die Christen gerichteten Verfolgung bekehrt hatte, hatten die Gemeinden in Judäa, Galiläa und Samaria Frieden und begannen, geistlich und zahlenmäßig zu wachsen (9,31). Nach seiner eigenen Darstellung dieser Geschehnisse (22,17-21) wäre er damals gern in Jerusalem geblieben. Als der Herr ihm im Tempel erschien und ihm sagte, dass die Juden in Jerusalem nicht auf ihn hören würden und dass er deshalb Jerusalem verlassen und das Evangelium zu den Heiden bringen solle, gehorchte er letzten Endes. Er war eifriger für den Glauben Israels eingetreten, war aktiver als alle anderen im Widerstand gegen das Christentum gewesen. Als er nun eine persönliche Offenbarung von Gott gehabt hatte, stellte sich die Frage: Würden sie dann nicht auf ihn hören? Ihn wenigstens respektieren? Aber nein, es war vergeblich. Er war gezwungen gewesen, vor den Juden in Damaskus um sein Leben zu fliehen (9,23-25), und bald wiederholte sich dies in seiner Konfrontation mit den hellenistischen Juden in Jerusalem (9,29-30).

Es war ein Muster, dem er immer und immer wieder begegnen würde und das ihm unaufhörlichen Schmerz bereitete (Röm 9,1-2). Aber es war eine Tatsache, dass einige Juden in Damaskus, in Jerusalem und in der ganzen antiken Welt zum Glauben an Jesus als Herrn kamen. Darin erkannte er die Zusage Gottes, dass er das Volk, das er in seiner Vorsehung zu seinem Volk bestimmt hatte, nicht verworfen hatte. Eines Tages würde ganz Israel gerettet werden. In der Zwischenzeit würde nach Gottes Weisheit gerade die Ablehnung des Evangeliums durch die Juden bewirken, dass seine Botschaft schneller zu den Heiden vordringen würde. Es würden sich millionenfach Heiden bekehren, die zum Glauben kommen würden – nicht an irgendeinen unbekannten Gott, sondern an den Gott Abrahams, Isaaks und Jakobs, der zuletzt in seinem Sohn geredet hat. Dies würde die Angehörigen des Volkes Israel schließlich zur Eifersucht reizen und zur Buße veranlassen. Ihnen würde es wie Schuppen von den Augen fallen, so wie es Saulus ergangen war. Auch sie würden den Herrn sehen und gerettet werden (Röm 11,1-31).

Durch seine eigene Erfahrung gelehrt, sah er jedoch klar, was geschehen musste, wenn Israel jemals gerettet werden sollte. In gewissem Sinne hatte er selbst immer an Gott geglaubt, wobei er sich durch nichts davon abbringen ließ (Apg 23,1). Wenn aber Jesus Christus der menschgewordene Gott war, dann war er seit einigen Jahren ein Ungläubiger – einer, der den göttlichen Offenbarungsfortschritt ignorierte und aus Ungehorsam Gott die Gefolgschaft verweigerte. Bekehrung bedeutete für ihn zuallererst die Erkenntnis, dass er nicht der an Gott Glaubende war, für den er sich gehalten hatte. In gleicher Weise würde auch sein Volk diese Erkenntnis gewinnen müssen.

Indem er Gottes Strategie für die spätere Hinwendung der Angehörigen seines geliebten Volkes Israel zum Herrn erläuterte, schrieb er an die überwiegend heidenchristliche Gemeinde in Rom: »Denn wie ihr einst Gott ungehorsam wart, jetzt aber durch ihren Ungehorsam Barmherzigkeit erlangt habt, so sind nun auch diese ungehorsam gewesen, damit auch sie durch die Barmherzigkeit, die euch erwiesen wurde, Barmherzigkeit erlangen« (Röm 11,30-31).[120] Das Wort, das er für »Ungehorsam« verwendet, bedeutet nicht so sehr, ein Gebot zu übertreten, sondern vielmehr, den Glaubensgehorsam zu verweigern. Wenn er die Heiden daran erinnert, dass sie einst ungehorsam waren, denkt er an das, was er zuvor gesagt hat (Röm 1,18-28). Gott hatte sich nämlich ursprünglich den Völkern offenbart,[121] doch das, was sie dabei sahen, missfiel ihnen. Sie weigerten sich, es anzunehmen oder zu glauben. Nun hat sich Gott in Jesus in beispielloser Weise geoffenbart, und diesmal hat es den Juden missfallen. Auch sie haben sich geweigert, es anzunehmen oder zu glauben. Dies ist eine Katastrophe, und doch hat Gott beschlossen, es so zu fügen, dass sogar ihr großes Versagen letztendlich zu ihrem Heil dient. »… Gott hat alle miteinander in den Unglauben verschlossen«, schließt Paulus, »damit er sich über alle erbarme« (Röm 11,32 [Schlachter 2000]). Der erste unverzichtbare

---

120 Diese Übersetzung von Römer 11,30-31 und des darauf folgenden Verses 32 stammt aus folgendem Werk: C.E.B. Cranfield, *A Critical and Exegetical Commentary on the Epistle to the Romans*, Bd. 2, Edinburgh: T&T Clark, 1979, S. 572. A.d.H.: Da D. Gooding in seinem gesamten Buch offenbar nur auf Bd. 2 des erwähnten Werkes von Cranfield Bezug nimmt, ist die bibliografische Angabe angeglichen worden. Außerdem ist das Bibelzitat wie im Original in der Übersetzung dieses Autors wiedergegeben worden.

121 A.d.H.: Damit ist offensichtlich gemeint, dass es neben der Offenbarung gegenüber Einzelnen (z.B. Adam, Henoch und Noah) u.a. das Hereinbrechen der Sintflut gab, in der sich Gottes Gericht über die Bosheit der damaligen Menschheit offenbarte.

Schritt zum wahren Glauben und damit zum Heil ist die Erkenntnis, dass man bisher ungläubig war. Für religiöse Menschen kann das sehr schwierig sein. So war es auch bei Saulus von Tarsus. Einige Jahre lang wehrte er sich dagegen, es einzugestehen, aber auf dem Weg nach Damaskus streckte er die Waffen. Er bekannte, dass er trotz seines aufrichtigen Glaubens an Gott in dem einzigen Sinne, auf den es im Grunde ankam, noch nie geglaubt hatte. Und in diesem Augenblick fand er Glauben, Gnade und Errettung. Das Gleiche gilt für uns alle, ob wir Heiden, Juden oder Namenschristen sind (1Tim 1,12-16).[122]

122 Als weiterführende Lektüre zu einigen Themen, die in Abschnitt 2 angesprochen werden, sei der folgende Artikel empfohlen: I. Howard Marshall, »Church and Temple in the New Testament«, *Tyndale Bulletin* 40:2 (1989), S. 203-222.

ABSCHNITT 3

Die christliche Theorie und Praxis der Heiligkeit (9,32 – 12,24)

Einleitende Beobachtungen

Wir kommen nun zu der dritten Station, an der sich das Christentum und das Judentum auseinanderentwickelten. Sie vollzog sich in dem weiten Bereich, den wir allgemein als Theorie und Praxis der Heiligkeit bezeichnen können. Sie wurde dadurch verursacht, dass sich zu dieser Zeit das Evangelium in bemerkenswerter Weise bis zu den Heiden hin ausgebreitet hatte.

Natürlich gehörte es von Anfang an zum Auftrag unseres Herrn an seine Jünger, dass sie bis an das Ende der Erde seine Zeugen sein sollten (1,8). Ihnen wurde geboten, alle Völker zu Jüngern zu machen (Mt 28,19). Aber bis zu diesem Zeitpunkt war nur sehr wenig in dieser Richtung getan worden. Als sie nun begannen, sich ihrer Verantwortung zu stellen, sahen sie sich mit bestimmten alten Hindernissen konfrontiert, die überwunden und beseitigt werden mussten, was letztendlich auch geschah.

Die Geschichte wird in zwei Sätzen erzählt. Satz 1 (9,32–11,18) befasst sich durchgehend mit einer evangelistischen und seelsorgerlichen Reise, die Petrus von Jerusalem nach Lydda, Joppe, Cäsarea und wieder zurück nach Jerusalem unternimmt (9,32.38; 10,1.24; 11,2). Er enthält zwei Erzählpaare. Der Besuch des Petrus in Lydda und Joppe bildet das eine Paar, sein Besuch in Cäsarea und die Fortsetzung in Jerusalem das andere. Der Satz konzentriert sich jedoch auf den gewaltigen Fortschritt, der hinsichtlich der Ausbreitung des christlichen Glaubens erreicht wurde, als Petrus das Evangelium zu Kornelius nach Cäsarea brachte.

Kornelius war ein Heide, was auch für seine Hausangestellten und seine Freunde galt. Von sich aus hätte Petrus niemals das Haus des Kornelius besucht und mit ihm gegessen – nicht einmal, um ihn zum

Glauben an Christus zu führen. Nach seinen Traditionen und Überzeugungen hätte dies gegen die alttestamentlichen Heiligkeitsgesetze verstoßen. Heiligkeit war, wenn Sie so wollen, ein Hindernis für die Verbreitung des Evangeliums!

In dieser Phase der Ausbreitungsgeschichte des Christentums griff Gott selbst direkt ein, um Petrus zu lehren, dass die Grundlage der Heiligkeit im Christentum und deren Praxis ganz anders sein würden als im Judentum. Als Christ hatte er nun die Freiheit, Gemeinschaft mit Heidenchristen zu haben und mit ihnen zu essen; und er musste bereit sein, dies zu tun, um ihnen das Evangelium zu bringen. Petrus gehorchte und ging. Als er das Haus des Kornelius betrat, entfernte sich das Christentum mit einem großen Schritt vom Judentum hin zu einem Christentum, wie es seiner Bestimmung entsprach. Es gab die jahrhundertealte Schranke, die Zwischenwand der Umzäunung, die für die Feindschaft zwischen Juden und Heiden stand. Nachdem sie bereits durch das Kreuz vom Grundsatz her beseitigt worden war, wurde sie jetzt in der Praxis niedergerissen. An ihre Stelle traten Frieden und ein neues Einssein in Christus (Eph 2,14).

Satz 2 enthält wie Satz 1 zwei Geschichtenpaare. Das eine Paar ist der Gründung der Gemeinde in Antiochien und ihren Angelegenheiten gewidmet (Apg 11,19-26 und V. 27-30), das andere der Verhaftung des Petrus durch Herodes Agrippa und deren Folgen (12,1-19 und V. 20-24). In diesen beiden Paaren gibt es ein verbindendes Thema – es geht um die Verfolgung und darum, in welcher Beziehung sie zur Verbreitung des Evangeliums stand.

In dem ersten Paar wird erzählt, wie die Verfolgung zur Verbreitung des Evangeliums beitrug, ohne dass dies von denen, die sich in die Wege geleitet hatten, in irgendeiner Weise beabsichtigt wurde. Dadurch wurden die ersten Christen unversehens gezwungen, Jerusalem und Judäa zu verlassen und innerhalb kürzester Zeit in die große heidnische Welt hinauszuziehen. Aufgrund der Verfolgung verlor die Jerusalemer Gemeinde im Grunde die Initiative, was weitere missionarische Vorstöße anging. Auch lag die Verantwortung für die Heidenmission künftig in anderen Händen; die Impulse dazu gingen fortan von anderswo aus. Auf diese Weise wurde sichergestellt, dass das Evangelium, als es zu den Heiden kam, nicht von Menschen überbracht wurde, die von einem jüdischen Werk mit Sitz in Jerusalem unterhalten wurden und diesem unterstanden. Infolgedessen stand die erste überwiegend heidenchristliche Gemeinde, als sie in einem heidnischen Land gegründet wurde, nicht einmal in ihrer Anfangszeit unter der verwaltungsmäßigen Kontrolle einer Gemeinde in einem für sie fremden Land.

Das zweite Geschichtenpaar in Satz 2 handelt ebenfalls von Verfolgung. Sie wurde von Herodes Agrippa I. in die Wege geleitet. Dies geschah auf der Grundlage der alten, religiöse und politische Interessen vereinenden Vorstellung, dass die Obrigkeit die Pflicht habe, die religiösen Überzeugungen der Menschen zu kontrollieren. Außerdem besitze sie das Recht, Minderheitsreligionen zu unterdrücken, um die Mehrheitsreligion zu unterstützen und ihre Gunst zu gewinnen. Darin wurde Herodes von den Juden bestärkt, deren Altes Testament den religiösen Führern in Israel befahl, die Obrigkeit dazu aufzurufen, Andersgläubigen Einhalt zu gebieten. Dem Bericht der Apostelgeschichte zufolge griff Gott ein, um zu zeigen, dass ihm die Haltung derer, die ihrer Religion zur Vorherrschaft verhelfen wollten, missfiel. Außerdem ließ Gott damit erkennen, dass er sein Volk davon befreien wollte. Ein religiös bestimmtes Gemeinwesen war für Israel nicht länger ein geeignetes Mittel, um eine vermeintliche Rechtgläubigkeit zu untermauern und die Glaubenspraxis rein zu halten. Die Letztgenannte brachte Menschen in Bezug auf Heiligkeit nun völlig auf Abwege, und das sollte sich auch bald erweisen.

Da das Hauptthema dieses Abschnitts der Gegensatz zwischen der jüdischen und der christlichen Theorie und Praxis der Heiligkeit ist, sollten wir auch die Betonung eines Merkmals beachten, das die jüdische und die christliche Heiligkeit gemein haben: die Bedeutung der guten Werke. Es bedarf keiner weiteren Worte, um die große und von Barmherzigkeit geprägte Tradition des Judentums in Bezug auf Almosen und gute Werke hervorzuheben: Sie ist in der ganzen Welt bekannt. Vielleicht muss auch etwas gesagt werden, um die Christen daran zu erinnern, dass das wahre Christentum die Verpflichtung zu guten Werken ebenso betont.

In 9,36 wird uns von einer Frau namens Dorkas berichtet, die immer Gutes tat und den Armen half. Sie war besonders bekannt dafür, dass sie Kleider für Witwen anfertigte. Auch der Heide Kornelius, so wird uns berichtet (10,2.4), gab großzügig Almosen an die Bedürftigen, und seine Gaben an die Armen waren vor Gott gekommen, sodass er ihrer gedachte. Oder nehmen wir diese Beschreibung des Herrn Jesus, des seinesgleichen suchenden Wohltäters, aus dem ersten Abschnitt der Predigt des Petrus im Haus des Kornelius: »… ihr kennt es; das Zeugnis, … wie Gott Jesus von Nazareth mit Heiligem Geist und Kraft gesalbt hat, und wie dieser umherzog und Gutes tat und … heilte …« (10,37-38 [Schlachter 2000]). In 11,27-30 wird berichtet, wie die neu gegründete Gemeinde in Antiochien angesichts einer bevorstehenden allgemeinen Hungersnot den Christen in Judäa Geld schickte.

Heiligkeit ist nicht nur ein Sachverhalt, bei dem es darum geht, nichts Schlechtes zu tun und nichts Unreines zu berühren. Dabei ist es – wie im Falle eines Chirurgen und den bei Operationen auftretenden Keimen – natürlich äußerst angemessen, sich vor Unreinheit zu schützen. Aber Heiligkeit kann man auch mit bejahenden Worten beschreiben, indem man hervorhebt, wie jemand sich Gott und seinem Dienst hingibt und sich aufopferungsvoll für andere einsetzt.

Eine kurze Tabelle ausgewählter Inhalte soll uns nun helfen zu erkennen, wie die wichtigsten Geschichten in beiden Sätzen miteinander und mit Abschnitt 3 insgesamt zusammenhängen (siehe Tabelle 4).

Wir stellen fest, dass Petrus im Laufe dieses Abschnitts aufgrund seines eigenen Bekenntnisses nicht nur eine, sondern zwei wichtige Lektionen lernt und dass er sie, wenn er auf ihren Inhalt zu sprechen kommt, in fast identischer Sprache einführt. Die erste findet sich in Geschichte 3 in 10,34: »In Wahrheit [griech. *'ep' aletheias*] begreife ich, dass Gott die Person nicht ansieht« (NIV: »Ich erkenne jetzt, wie wahr es ist, dass Gott niemanden bevorzugt«). Die zweite Stelle findet sich in Geschichte 7, und zwar in 12,11: »Nun weiß ich in Wahrheit [griech. *aletheias*], dass der Herr seinen Engel gesandt hat und mich gerettet hat aus der Hand des Herodes und aller Erwartung des Volkes der Juden.« Die sprachliche Ähnlichkeit und die übereinstimmende Stellung der beiden Geschichten in der Struktur der Erzählung veranlassen uns, die beiden Geschichten sehr genau und sorgfältig zu vergleichen. Die erste Lektion ist allgemein bekannt und hatte offensichtliche sowie anhaltende Auswirkungen auf die Ausbreitung des Christentums und auf die Evangeliumsverkündigung in der ganzen Welt. Die Frage, die sich stellt, lautet: »War die zweite Lektion von gleicher Bedeutung, und hat sie ähnlich anhaltende Auswirkungen für uns? Oder ist diese besondere Geschichte nur noch von historischem Interesse?«

Wir sollten auch die Ähnlichkeiten zwischen den Geschichten 4 und 8 hinsichtlich der Wortwahl beachten. In Geschichte 4 wird berichtet, dass die Mitchristen des Petrus in Jerusalem schließlich »sich [beruhigten], und [sie] verherrlichten Gott« (11,18). In Geschichte 8 wird erzählt, wie Herodes eine öffentliche Ansprache hielt, Gott nicht die Ehre gab und wegen seiner großen Sünde von einem Engel geschlagen wurde, sodass er starb (12,21-23). Der Kontrast könnte kaum deutlicher sein. Es wäre natürlich einerseits möglich, dass er nur auf derjenigen Ebene angesiedelt ist, die lediglich die Wortwahl betrifft; andererseits könnte es sich lohnen zu prüfen, ob zwischen diesen beiden Geschichten eine tiefere Beziehung besteht.

Nicht nur ihre Stellung, sondern auch ihre Funktion innerhalb ihres eigenen Satzes ist dieselbe. In Geschichte 4 befragen die jüdischen Glaubensbrüder in Jerusalem Petrus zu seinem Besuch bei Kornelius. Sie ist eine naheliegende Folge dieses Besuchs, wie er in Geschichte 3 erzählt wird. Geschichte 8, der Tod des Herodes, ist ebenfalls eine naheliegende Fortsetzung von Geschichte 7, der Verfolgung der Jerusalemer Gemeinde durch Herodes. Beide Fortsetzungen enden mit einem Schlussakkord des Triumphes: Geschichte 4 verkündet die endgültige Aufgabe des Widerstands der Jerusalemer Gemeinde gegen die Verbreitung des Evangeliums unter den Heiden,[123] und Geschichte 8 verkündet den Tod des Verfolgers der Jerusalemer Gemeinde und damit das Ende dieses Widerstands.

Beide Fortsetzungsgeschichten bieten einen Höhepunkt, der innerhalb ihrer Sätze naheliegend ist. Satz 1 beginnt mit dem Bericht über die Reisen des Petrus durch mehrere Gegenden; Geschichte 4 bringt diese Reisen zu ihrem triumphalen Ende, indem von der Rückkehr des Petrus zu seinem Ausgangspunkt in Jerusalem berichtet wird. Satz 2 beginnt mit der Erwähnung der Verfolgung, die in Jerusalem und Judäa im Falle des Stephanus zum Vorgehen gegen die Gläubigen geführt hatte, und den Auswirkungen, die sie auf die Jerusalemer Gemeinde hatte. Der Satz findet seine Fortsetzung mit der weiteren Verfolgung der Jerusalemer Gemeinde durch Herodes. In Geschichte 8 findet die Verfolgung durch den schändlichen und von Gott herbeigeführten Tod des

123 A. d. H.: Der Widerstand, der sich später von dieser Seite aus regte, betraf die Frage, ob die Heidenchristen nach ihrer Bekehrung das mosaische Gesetz halten mussten (vgl. Apg 15,1-2.5).

Verfolgers ein vorläufiges Ende. Es bleibt jedoch die Frage offen, ob die Geschichten 4 und 8 in irgendeiner thematischen Beziehung zueinander stehen, wobei wir dies später untersuchen müssen.

Alle Geschichten des Lukas sind natürlich interessant und informativ. Aber man könnte es uns nachsehen, wenn auf den ersten Blick einige von ihnen wichtiger erscheinen als andere, und die Proportionen in einigen Fällen offenbar ein wenig seltsam sind. Doch die sorgfältige Auswahl und Anordnung des Materials in Abschnitt 3 deutet darauf hin, dass Lukas seine geschichtliche Darstellung zumindest nicht als ungleichmäßige Ansammlung von wichtigeren, weniger wichtigen und unwichtigen Details betrachtete. Vielmehr wurde jedes Element so ausgewählt und angeordnet, dass es seinen notwendigen Teil zur Botschaft des Ganzen beitrug.

Die Sätze

1. Das Evangelium, befreit von der Beschränkung auf das Judentum und seine Belange (9,32–11,18)
2. Das Evangelium, befreit vom Fokus auf Jerusalem und von politisch-religiösem Machtmissbrauch (11,19–12,24)

Satz 1: Das Evangelium, befreit von der Beschränkung auf das Judentum und seine Belange (9,32 – 11,18)	Satz 2: Das Evangelium, befreit vom Fokus auf Jerusalem und von politisch-religiösem Machtmissbrauch (11,19 – 12,24)
1. Äneas (9,32-35)	**5. Antiochien 1 (11,19-26)**
Petrus reist durch mehrere Gegenden (9,32).	Die Jünger zerstreuen sich und reisen (11,19).
Heilige (9,32)	Jünger, die Christen genannt werden (11,26)
Der gelähmte Mann wird geheilt; alle in Lydda und Saron wenden sich dem Herrn zu.	»Männer … von Zypern … [redeten] auch zu den Griechen … und [verkündigten] das Evangelium … und eine große Zahl … bekehrte sich zu dem Herrn« (11,20-21).
2. Dorkas (9,36-43)	**6. Antiochien 2 (11,27-30)**
Werke der Nächstenliebe: Kleidung für Witwen	Werke der Nächstenliebe: Hungerhilfe
3. Petrus und Kornelius (10,1-48)	**7. Herodes und Petrus (12,1-19)**
Das Ende der religiösen und sozialen Trennung zwischen Juden und Heiden	Politische Diskriminierung aus Gründen der Religion
Gebet: Kornelius (10,4) und Petrus (10,9)	Gebet: von der ganzen Gemeinde (12,5)
Erscheinungen, ein Engel (10,3.16)	Eine Erscheinung? Ein Engel! (12,7-9)
Petrus: »In Wahrheit begreife ich, …« (10,34).	Petrus: »Nun weiß ich in Wahrheit, …« (12,11).
4. Petrus: Die Fortsetzung (11,1-18)	**8. Herodes: Die Fortsetzung (12,20-24)**
»… die aus der Beschneidung [stritten] mit ihm …« (11,2).	Herodes »war … sehr ergrimmt gegen die Tyrer und Sidonier« (12,20).
»… sie … beruhigten … sich und verherrlichten Gott …« (11,18).	Herodes »hielt … eine öffentliche Rede … ein Engel des Herrn [schlug ihn] dafür, dass er nicht Gott die Ehre gab …« (12,21-23).

Tabelle 4: Abschnitt 3: Die christliche Theorie und Praxis der Heiligkeit (9,32 – 12,24)

SATZ 1

Das Evangelium, befreit von der Beschränkung auf das Judentum und seine Belange (9,32 – 11,18)

Der erste große Satz des dritten Abschnitts befasst sich mit den Reisen des Petrus. Es ist vielleicht erwähnenswert, dass Petrus den Aussagen der Apostelgeschichte zufolge auf Reisen war: Paulus war nicht der Einzige, der unterwegs war (vgl. 1Kor 9,5). Ja, die Reisen des Petrus brachten ihn an einen Punkt, an dem er mit der heidnischen Welt konfrontiert wurde und von Gott formell und in maßgeblicher Weise dazu gebraucht wurde, den Weg für die Verbreitung des christlichen Evangeliums unter den Heiden zu bahnen. Sein Besuch bei Kornelius mag nicht der erste Besuch eines Judenchristen bei einem Heiden gewesen sein. Darum geht es nicht. Vielmehr geht es darum, dass der Besuch des Petrus bei Kornelius die theoretischen und schriftgemäßen Grundsätze, die mit solchen Besuchen verbunden sind, explizit aufgeworfen und die Angelegenheit für alle Zeiten auf höchster Ebene geregelt hat.

Doch bevor Lukas mit dem Bericht über diesen entscheidenden Besuch bei Kornelius beginnt, wählt er zwei Ereignisse aus, die sich in einer früheren Phase der Predigtreise des Petrus ereignet haben. Die Kürze dieser beiden Geschichten deutet darauf hin, dass sie zwar für sich genommen wichtig sind, aber in gewisser Weise der Hauptgeschichte vorangestellt sind und zu ihr hinführen. Die erste von ihnen enthält nur vier Verse, die zweite nicht mehr als acht. Wenn es in der Hauptgeschichte um Heiligkeit geht, stellt sich die Frage: Was haben dann diese beiden Vorgeschichten uns mitzuteilen, das für dieses Thema relevant sein könnte?

Äneas (9,32-35)

»... als Petrus überall hindurchzog«, sagt Lukas, geschah es, »dass er auch zu den Heiligen hinabkam, die in Lydda wohnten« (9,32). Man beachte den Begriff »Heilige«. Lukas verwendet in der Apostelgeschichte verschiedene Begriffe, um seine Glaubensgeschwister zu bezeichnen. »Jünger« ist sein Lieblingsbegriff: Er gebraucht ihn etwa dreißigmal. Der Begriff »Christen« ist naheliegenderweise sehr selten: Lukas nimmt auf den Anlass Bezug, bei dem er zum ersten Mal auf die Jünger angewandt wurde (11,26), und danach verwendet er ihn nur noch einmal (26,28). Aber auch »Heilige« ist selten: Es kommt in 9,13 bzw. hier in 9,32 und erneut in 9,41 vor; später ist er in 26,10 und sonst nirgendwo in der Apostelgeschichte zu finden.[124] Es ist also möglich, dass Lukas die Worte »Jünger«, »Heilige« und »Christen« als kleine Abwechslung verwendet, ohne besonderen Wert auf ihre genaue Bedeutung zu legen. Aber die Tatsache, dass er in diesen Vorgeschichten bei zwei Gelegenheiten »Heilige« verwendet, bevor er mit der langen Geschichte über die Heiligkeit beginnt, ist sicher kein Zufall. Hier finden sich zwei Vorgeschichten über Heilige, jüdische und christliche Heilige. Beide enthalten ein Wunder, und beide Wunder führen zu einer Reihe von Bekehrungen unter den Menschen des Umfelds, denn beide lassen erkennen, was der Herr Jesus Christus in Bezug auf Heiligkeit tun kann.

Die beiden Geschichten weisen gewisse Kontraste auf: Die eine handelt von einem Mann, die andere von einer Frau. Die Frau war seit ihrer Bekehrung voller guter Werke. Der Mann dagegen hatte nur wenige gute Werke vorzuweisen: Er war gelähmt und seit acht Jahren bettlägerig. Natürlich war es nicht seine Schuld, dass er keine Arbeit verrichten konnte. Dennoch war es traurig, einen erwachsenen Mann zu sehen, der so dauerhaft und in erheblichem Maße behindert war und weder die Kraft hatte, sein Bett zu machen noch sich sein Essen selbst zuzubereiten. »Äneas! Jesus Christus heilt dich«, sagte Petrus (9,34), »steh auf und mache dir selbst das Bett!« (Möglich ist auch: »Bereite dir selbst deine Mahlzeit zu!«: Das Griechische kann beides bedeuten.) Das tat Äneas sogleich, und als die Einwohner von Lydda und Saron[125] sahen, dass der Gelähmte geheilt worden war und wieder arbeiten und für sich selbst sorgen konnte, »bekehrten [sie] sich zu dem Herrn« (9,35 [Schlachter 2000]).

124 Der Begriff »Geheiligte« und die Wendung »die … geheiligt sind« in 20,32 bzw. 26,18 sind natürlich damit verwandt.

125 A. d. H.: Während Lydda ein Ortsname ist, wird mit »Saron« (oder »Scharon«) eine etwas weiter nördlich gelegene Ebene zwischen Joppe und Cäsarea bezeichnet.

Die Lähmung bestand im buchstäblichen Sinne, wobei es sich um ein Wunder der körperlichen Heilung handelte. Aber wir gehen wohl kaum fehl in der Annahme, dass auch dieses Wunder, wie die von unserem Herrn vollbrachten Heilungswunder, eine tiefer gehende Lektion vermittelte. Die Vermehrung von Broten und Fischen durch unseren Herrn deutete auf ihn selbst als das Brot des Lebens hin (Joh 6). Als er einem Blindgeborenen das natürliche Augenlicht schenkte, wies dieses Wunder über sich selbst hinaus auf seine Fähigkeit hin, geistliches Augenlicht zu geben (Joh 9). Dass er einen Gelähmten heilte und dieser anschließend die Fähigkeit besaß, umherzugehen und eine Tätigkeit zu verrichten, wurde ausdrücklich als Beweis für die Realität der Vergebung herausgestellt, die dieser Mann empfangen hatte (Lk 5,17-26). Das gilt auch für die Heilung des Äneas. Sie war in erster Linie ein Erweis übernatürlicher Kraft in Form eines Wunders, womit die Realität des auferstandenen Christus bekundet wurde. Aber sie war sicherlich mehr. Sie enthielt natürlich nicht das ausdrückliche Versprechen, dass jeder, der in irgendeiner Hinsicht oder an allen vier Gliedmaßen gelähmt ist, sofort geheilt wird, wenn er Christ wird. All die Jahrhunderte seither haben gezeigt, dass dies nicht der Fall gewesen ist. Aber die Heilung wies auf die Fähigkeit Christi hin, all die Seinen zu bevollmächtigen, ihre erschlafften Hände und gelähmten Knie wiederaufzurichten (wie es in der sinnbildlichen Sprache von Hebräer 12,12-13 formuliert wird). Dann wird, wie dies die New English Bible ausdrückt, »das lahme Glied nicht ausgerenkt, sondern wieder kräftig wie zuvor werden«.

Es ist für Christen nur allzu leicht, den Menschen einen Eindruck von Heiligkeit zu vermitteln, der sie abstößt. Es stimmt natürlich, dass alle Gläubigen aufgrund ihrer Berufung »Heilige« sind. Sie sind durch das Opfer des Leibes Jesu Christi ein für alle Mal geheiligt worden (Hebr 10,10). In diesem Sinne ist ein Gläubiger genauso wie sein Glaubensbruder neben ihm ein Heiliger. Die Glieder der Gemeinde in Korinth, die mit Fehlern und Schwächen, Unreinheiten und Spaltungen zu kämpfen hatten, werden als »Heilige« angesprochen (1Kor 1,2), ebenso wie die Gläubigen in Rom (Röm 1,7) oder in Philippi (Phil 1,1) und anderswo.

Aber das ist nur die eine Seite der Geschichte. Wahre Heiligkeit wird sich früher oder später bemerkbar machen, denn sie ist keine Form der

Schwäche, die den Menschen ermutigt, in geistlich unreifer Abhängigkeit von anderen zu verharren, während er auf »Schwierigkeiten« und »Probleme« fixiert ist. Wahre Heiligkeit ist lebensbejahend, kraftvoll, aktiv und glaubensmäßig so weit vorangeschritten, dass sie Ausharren erkennen lässt und geistlich fähig ist, auf eigenen Füßen zu stehen. Jesus Christus, unser Herr, hat die Macht, uns in diesem praktischen Sinne zu heiligen und uns von ungesunden Hemmungen und Schwächen zu befreien. Er kann uns hinsichtlich der uns aufgetragenen Arbeit stark machen und in Bewegung setzen, sodass wir zu einem Aushängeschild für die Welt werden, was wahre christliche Heiligkeit betrifft.

Dorkas (9,36-43)

Dorkas war keine Gelähmte: Sie »war reich an guten Werken und Almosen, die sie übte« (9,36). Wahrscheinlich trifft es sogar zu, dass sie ihre Praxis der guten Werke, als sie Christin wurde, aus dem Judentum übernommen hat. Das Christentum hat kein Monopol auf gute Werke. Das wahre Judentum kann auf eine lange und beständige Tradition der großzügigen Fürsorge für die Armen zurückblicken. Über Generationen hinweg haben Mose und die Propheten die Angehörigen des Volkes dazu angehalten. Was kann dann Christus zu dem Impuls hinzufügen, den das Judentum bereits zu einer solchen praktischen Heiligkeit gegeben hat?[126]

Der Geschichte zufolge war Dorkas gestorben, doch dann kam Petrus, um sie von den Toten aufzuerwecken. Ihre Auferweckung glich den Fällen, von denen die Evangelien berichten. Dieses Geschehen muss für sie eine erstaunliche, unvergessliche Erfahrung gewesen sein, die sie bis ans Ende ihrer Tage nicht mehr losließ. Man stelle sich nur ihre Situation vor: Sie hatte sich ihren Werken der Nächstenliebe gewidmet, als sie plötzlich starb, sodass all ihrer Arbeit ein Ende gesetzt wurde. Doch schon bald schlug sie die Augen wieder auf, und da stand der Apostel Petrus vor ihr, der sie aufrichtete und mit ihr in den Nebenraum ging. Und dort befanden sich die Menschen, für die sie vor

126 A. d. H.: Nach den eindeutigen Aussagen des Neuen Testaments geht es im Zeitalter der Gemeinde in erster Linie um die rechte Gesinnung, in der wir gute Werke tun sollen. Sie ist noch wichtiger als die Werke selbst.

ihrem Tod so hart gearbeitet hatte und von denen sie mit grenzenloser Freude und Dankbarkeit begrüßt wurde. Und da war auch das Werk, das sie getan hatte – die von ihr angefertigten Kleider, die die Witwen zuvor dem Apostel gezeigt hatten (9,39). Welch eine Dankbarkeit, welch eine Ehre, welch eine Anerkennung für ihre Arbeit! Wenn jemals eine Frau die bleibende Wirkung und den Wert ihrer Arbeit erkannt hat, dann war es Dorkas, als sie von den Toten auferweckt worden war. Das gab ihr sicherlich einen zusätzlichen Ansporn, für den Rest ihres Lebens mit aller Kraft weiterzuarbeiten.

Nun können wir ihre Geschichte, wenn wir wollen, einfach als ein Museumsstück aus längst vergangenen Zeiten betrachten, als ein Wunder außergewöhnlicher Art, das selbst zur Zeit unseres Herrn und seiner Apostel ziemlich selten war und seitdem weitaus seltener ist, wie die Geschichte uns letztendlich gezeigt hat. Aber wenn wir das tun, berauben wir uns ihres geistlichen Inhalts. Bei der Auferweckung des Lazarus durch unseren Herrn (Joh 11) war es wie bei der Auferweckung der Dorkas durch Petrus: Die beiden erhielten noch nicht den Auferstehungsleib, aber unser Herr benutzte die zwei Wunder als ein Zeichen für größere Dinge: als Hinweis zunächst auf ihn selbst, der die Auferstehung und das Leben ist, und dann auf die allumfassende Auferstehung seiner Heiligen bei seinem Zweiten Kommen. Und wenn er die Auferweckung des Lazarus auf diese Weise gebrauchte, könnten wir uns kaum irren, wenn wir aus der Auferweckung der Dorkas eine ähnliche Ermutigung gewinnen. Unser Werk für Gott und die Menschen ist bereits als solches wertvoll, weil es in diesem Leben Gutes bewirkt. Aber seine Bedeutung und sein Wert enden nicht mit dem Grab. Die Gewissheit der Auferstehung Christi, der herrliche Ausblick auf unsere eigene Auferstehung bzw. auf die Verwandlung bei seinem Kommen geben uns die Zusicherung, dass unsere Arbeit im Herrn nicht vergeblich ist (1Kor 15,50-58). Auch wir werden unser Werk wiederfinden.

Dies ist also eine Ermutigung, in dem Werk zu verharren, und gleichzeitig eine Warnung davor, sich bei der Arbeit als nachlässig zu erweisen. Wenn der Herr kommt und die Toten auferweckt und die Lebenden mit ihnen entrückt werden, um dem Herrn entgegenzugehen, müssen alle »vor dem Richterstuhl des Christus offenbar werden, damit jeder empfange, was er in dem Leib getan hat, nach dem er gehandelt hat, es sei Gutes oder Böses« (2Kor 5,10). Wenn sich unsere Werke bei der Prüfung durch Christus als beständig erweisen, dann wird unsere Freude vierfacher Art sein. Erstens: nichts als Freude darüber, dass wir dem Herrn wohlgefällig gewesen sind. Zweitens: die Freude, die ewige Dankbarkeit und Freundschaft derer zu erfahren, denen wir auf Erden geholfen haben (Lk 16,9). Drittens: die Freude darüber, dass das Werk, das wir zu Lebzeiten vollbracht haben, in der Ewigkeit Bestand hat. Und viertens eine Belohnung durch den Heiland selbst (1Kor 3,12-14).

Aber es ist möglich, dass unsere Arbeit als unwürdig und unzureichend beurteilt wird und bei der Prüfung durch den Herrn im Feuer verzehrt wird. Ein Gläubiger, der sich in dieser Lage befindet, wird trotzdem gerettet, denn das Heil ist ein Geschenk und war zu keinem Zeitpunkt eine Belohnung für das getane Werk. Aber ein solcher Gläubiger wird einen vierfachen Verlust spüren. Erstens: die Erkenntnis, dem Herrn nicht wohlgefällig gewesen zu sein. Zweitens: die verpassten Gelegenheiten, in der Ewigkeit Freunde zu finden – keine ewige Dankbarkeit, keine besondere Freundschaft. Drittens: angesichts des eigenen Lebenswerkes nichts Bleibendes zu sehen. Und viertens: keine Belohnung (1Kor 3,15).

Achten wir also darauf, dass unsere Heiligkeit praktischer Art ist, wie bei Dorkas, und dass wir aufgrund der herrlichen Gewissheit der Auferstehung immer »überströmend in dem Werk des Herrn« (1Kor 15,58) sind.

Petrus und Kornelius (10,1-48)

Es klingt sehr seltsam, wenn man zum ersten Mal hört, dass es die Sorge um die Heiligkeit war, die sich anfangs als Hindernis für die Ausbreitung des Evangeliums durch die Christen der Frühzeit erwies. Aber so war es. Von sich aus hätte Petrus niemals die Häuser unbeschnittener Heiden betreten und mit ihnen gegessen, denn das hätte seiner Meinung nach gegen die alttestamentlichen Heiligkeitsvorschriften verstoßen. Petrus und seine jüdischen Mitbürger, die diese Gesetze einhielten, waren »heilig«; Menschen, die sie missachteten, waren »unrein«. Für »Heilige«, die Gott wohlgefällig sein wollten, indem sie ihre Heiligkeit bewahrten, war es falsch, auf gesellschaftlicher Ebene mit »unreinen«

Menschen zusammenzukommen und mit ihnen zu essen. Wenn es also darum ging, das Evangelium zu den Heiden zu bringen, ihre Häuser zu betreten und mit ihnen Tischgemeinschaft zu haben, dann war das nicht erlaubt. Die Heiligkeit ließ dies nicht zu.

Wenn wir das hören, könnte unsere erste Reaktion vielleicht sein, dieses ganze Konzept der Heiligkeit als Unsinn oder Schlimmeres abzutun und es einer entsetzlichen Engstirnigkeit des Petrus und seines besonderen Kreises jüdischer Glaubensbrüder zuzuschreiben. Aber das wäre ein vorschnelles Urteil. Vielleicht hatten sie die Anforderungen des alttestamentlichen Gesetzes übertrieben, weil sie verhindern wollten, dass sie es auch nur ansatzweise übertraten. Aber es war Gott, der das Gesetz gegeben hatte. Und als der Herr Petrus anhand der Erscheinung ihm seine Lektion vermittelte und Petrus gegen das Gebot des Herrn (»Steh auf, Petrus, schlachte und iss!« [10,13]) Einspruch erhob, sollten wir beachten, dass Gott nicht sagte: »O Petrus, sei nicht so engstirnig. Vergiss diesen törichten Aberglauben und diese Einschränkungen. Nun iss schon und lass es dir schmecken.« Nein, natürlich nicht. Es war Gott selbst, der diese Gesetze gegeben hatte, und er tadelte Petrus gewiss nicht dafür, dass er treu sein Bestes getan hatte, um sie zu befolgen. Doch den Worten des Herrn zufolge waren diese Gesetze nun aufgehoben (10,15).

Aber angesichts dessen müssen wir mit unserer Frage noch eine Stufe weiter zurückgehen: Warum hat Gott diese Gesetze dann überhaupt gegeben?

Der Zweck der alttestamentlichen Speisegesetze

Viele vertreten die Ansicht, dass Gott dies aus Sorge um die Gesundheit und Hygiene seines Volkes getan habe. Dabei nehmen sie auf jene weit zurückliegenden Tage Bezug, als die Menschen angesichts ihrer primitiven Verhältnisse noch keine wissenschaftlichen Kenntnisse über Keime und Viren hatten und keine Kühlschränke besaßen, um das Verderben von Fleisch zu verhindern. Damals habe, so die Argumentation, Gott den Verzehr bestimmter Landtiere, Vögel und Fische verboten, um sein Volk vor den Krankheitserregern zu schützen, die diese Geschöpfe leicht übertragen konnten.

Aber diese Erklärung ist unzureichend. Als der Herr Jesus auf der Erde lebte, hob er diese Speisegesetze auf – siehe Markus 7,19: »… indem er so alle Speisen für rein erklärte«. Und das lag nicht daran, dass Wissenschaft und Technik zu seiner Zeit so weit fortgeschritten waren und es nun sicher war, Lebensmittel zu essen, die bis dahin eine Gefahr für die Gesundheit darstellten! Wenn es zu Moses Zeiten gefährlich war, sie zu essen, dann war ihr Verzehr auch zur Zeit des Erdenlebens unseres Herrn noch mit den gleichen Risiken verbunden. Wenn sie nun gegessen werden durften, dann deshalb, weil sie durch das Wort Gottes und das Gebet geheiligt worden waren, wie Paulus es später ausdrückte (1Tim 4,4-5).

Eine bessere Erklärung der alttestamentlichen Speisegesetze beginnt damit, dass man den Grund betrachtet, warum unser Herr sie aufgehoben hat:

> Alles, was von außerhalb in den Menschen eingeht, [kann] ihn nicht verunreinigen … Denn es geht nicht in sein Herz hinein, sondern in den Bauch …
>
> Was aus dem Menschen ausgeht, das verunreinigt den Menschen. Denn von innen aus dem Herzen des Menschen gehen hervor die schlechten Gedanken: Hurerei, Dieberei, Mord, Ehebruch, Habsucht, Bosheit, List, Ausschweifung, böses Auge, Lästerung, Hochmut, Torheit; alle diese bösen Dinge gehen von innen aus und verunreinigen den Menschen (Mk 7,18-23).

Unserem Herrn ging es also um echte *moralische* Unreinheit. Er wies sehr eindringlich darauf hin, dass irdische Nahrung, die in den Körper gelangt, einen Menschen weder moralisch noch geistlich verunreinigen kann, denn sie geht in den Magen, nicht in das Herz.[127] Weil die Jünger ihn zunächst nicht verstanden (siehe Mk 7,15-18), musste er seine Lektion wiederholen. Allein diese Tatsache zeigt, dass die Apostel diese beiden Dinge ursprünglich verwechselt hatten. Ursprünglich dachten sie, dass das Essen von »unreinen Speisen« einen Menschen moralisch

127 Der Verzehr von gestohlenen Lebensmitteln würde einen Menschen natürlich verunreinigen, weil die unmoralische Handlung des Diebstahls sein Herz verunreinigen würde. Das Essen an sich würde ihn nicht verunreinigen.

verunreinigen würde, was natürlich nicht der Fall war.[128] Es war Gottes Verbot bestimmter Speisen, das sie verunreinigte, nicht die Speise an sich.

Und das ist der entscheidende Punkt, der Petrus in seiner Erscheinung mitgeteilt wird. Als Petrus dagegen Einspruch erhebt, etwas Gemeines oder Unreines zu essen, antwortet die Stimme: »Was Gott gereinigt hat, halte du nicht für gemein!« (Apg 10,15). Wir müssen fragen: In welchem Sinne hatte Gott es gereinigt? Offensichtlich nicht dadurch, dass er die Nahrung von irgendwelchen Giftstoffen und Viren befreit hat! Würde jemand fortan Schweinefleisch essen, dann würde das nicht bedeuten, dass er sich nicht mit Trichinen infizieren würde! Gott hatte die entsprechenden Speisen in dem Sinne gereinigt, dass er das einst ausgesprochene Verbot aufhob und Petrus und allen anderen erlaubte, sie zu essen: Sie konnten sie nun mit gutem Gewissen zu sich nehmen.

Wenn wir also festgestellt haben, dass bestimmte Speisen ursprünglich aufgrund des Verbots Gottes für unrein erklärt wurden und dass dies nicht an irgendwelchen Gift- oder Schadstoffen in der Nahrung selbst lag, bleibt die Frage: Warum hat Gott den Israeliten ursprünglich bestimmte Nahrungsmittel verboten?

Die Antwort lautet: Um sie bestimmte Lektionen zu lehren, indem die Bereiche der zeremoniellen Reinheit und Unreinheit eingeführt wurden.

Lassen Sie diese Speisegesetze für einen Augenblick beiseite. Israel wurde als Volk von den anderen Nationen abgesondert, sodass es eine besondere Beziehung zu Gott haben und eine spezielle Stellung unter den Völkern einnehmen konnte. Bileam drückte es folgendermaßen aus: »Siehe, ein Volk, das abgesondert wohnt und sich nicht zu den Nationen rechnet!« (4Mo 23,9). Gott erklärte es den Angehörigen des Volkes am Sinai so: »… ihr [sollt] mein Eigentum sein aus allen Völkern; denn die ganze Erde ist mein; und ihr sollt mir ein Königreich von Priestern und eine heilige Nation sein« (2Mo 19,5-6). Entsprechend dieser

128 Ein Gebot Gottes zu übertreten, würde einen Menschen natürlich in moralischer und geistlicher Hinsicht verunreinigen. Und deshalb musste der Herr die Speisegesetze aufheben. Die Jünger konnten nun mit gutem Gewissen jede Art von Nahrung zu sich nehmen, wobei die Nahrung als solche sie nicht moralisch verunreinigen würde. Paulus lässt erkennen, dass er den Herrn so verstanden hat: »Ich weiß und bin überzeugt in dem Herrn Jesus, dass nichts an sich selbst unrein ist; nur dem, der etwas für unrein erachtet, dem ist es unrein« (Röm 14,14).

besonderen Stellung wurde ihnen natürlich geboten, sich von der moralischen und geistlichen Unreinheit fernzuhalten, die den heidnischen Völkern so sehr anhaftete. Gott zählte die sexuelle Unmoral, die religiösen Abgöttereien, die Betrügereien im geschäftlichen Bereich, den Kindermord, den Dämonenglauben und die Blutschande auf – Dinge, die unter den Völkern Kanaans weit verbreitet waren – und verbot sie:

> Verunreinigt euch nicht durch dies alles; denn durch dies alles haben die Nationen sich verunreinigt, die ich vor euch vertreibe. Und das Land wurde verunreinigt, und ich suchte seine Ungerechtigkeit an ihm heim, und das Land spie seine Bewohner aus … damit das Land euch nicht ausspeie, wenn ihr es verunreinigt, so wie es die Nation ausgespien hat, die vor euch da war (3Mo 18,24-28).

Es handelte sich also um moralische und geistliche Verbote. Aber um sie zu verstärken, fügte Gott Gesetze hinzu, die die zeremonielle Reinheit vorschrieben:

> Und ihr sollt unterscheiden zwischen dem reinen Vieh und dem unreinen und zwischen den unreinen Vögeln und den reinen, und sollt euch selbst nicht zu einem Gräuel machen durch das Vieh und durch die Vögel und durch alles, was sich auf dem Erdboden regt, was ich euch als unrein ausgesondert habe. Und ihr sollt mir heilig sein, denn ich bin heilig, ich, der HERR; und ich habe euch von den Völkern abgesondert, damit ihr mein seid (3Mo 20,25-26).

Die Wirkung dieser zeremoniellen und rituellen Gesetze konnte man dadurch beschreiben, dass man damit ausdrückte, wofür sie standen und was sie verboten. Positiv ausgedrückt machten sie den Israeliten immer wieder neu bewusst, dass sie als Nation *für den* Herrn abgesondert waren – in besonderer Weise dazu ausersehen, ihm zu dienen. Wie auch immer es in moralischer und geistlicher Hinsicht um die Angehörigen eines anderen Volkes bestellt sein mochte, sie befanden sich nicht in der Stellung, die Israel als Volk hatte. Die Stellung der Israeliten als ein Königreich von Priestern war besonders – ja, einzigartig. Dass ihnen in zeremonieller Hinsicht bestimmte Speisen, die andere Völker aßen, verwehrt waren, hatte einen Grund: Dies verstärkte und unterstrich die

Tatsache, dass sie in einem besonderen Sinne für den Herrn abgesondert und in ritueller Hinsicht besonders »heilig« waren.

Negativ ausgedrückt hatten diese Speisegesetze eine unmittelbare praktische Auswirkung: Sie erschwerten die gesellschaftliche Vermischung mit heidnischen Völkern, da Israeliten gewisse Dinge nicht essen durften, die unter den Heiden üblich waren. Dies würde nicht nur die Stellung Israels als ein besonderes Volk hervorheben, sondern auch als ständige Erinnerung daran dienen, dass Israel die moralische und geistliche Unreinheit der Heiden meiden sollte.

Nun waren natürlich nicht alle Heiden so verdorben und verunreinigt wie die Kanaaniter. Aber auch hier gab es ein Problem: Viele Heiden machten sich verwerflicher Gewohnheiten schuldig. Wie konnte Israel also vor ihrem Einfluss geschützt werden? Der von Gott gewählte Weg bestand darin, eine Trennwand zwischen Israel und *allen* Heiden zu errichten. So ähnlich machen es Eltern mit ihren Kindern: Nicht alle Männer sind Kinderschänder, aber weil es genug von ihnen gibt, halten es Eltern für weise und vernünftig, ihren kleinen Kindern zu verbieten, Süßigkeiten oder Geld von *irgendeinem unbekannten* Mann anzunehmen oder sich von ihm im Auto mitnehmen zu lassen.

Und die Analogie gilt noch für einen weiteren Punkt. Eltern können ihrer Tochter im frühen Teenageralter verbieten, in bestimmte Gegenden einer Stadt zu gehen, deren Ruf äußerst zweifelhaft ist. Sie tun dies nicht, weil sie glauben, dass ihre Tochter grundsätzlich besser ist als andere Mädchen, sondern weil sie wissen, dass ihre Tochter im Grunde eben nicht besser ist als andere. Sie hat die gleiche menschliche Natur wie andere. Auch sie könnte ins Verderben gerissen werden, so wie es anderen vor ihr ergangen ist. Aufgrund eines guten Apfels unter schlechten Äpfeln werden die schlechten Äpfel nicht besser: *Sie* verderben vielmehr *ihn.*

Israel, das unter dem Gesetz lebte, glich den Worten des Paulus zufolge einem Kind (Gal 4,1-3); und Gott behandelte die Angehörigen dieses Volkes entsprechend. Er errichtete eine aus zeremoniellen Speisegesetzen bestehende Trennwand, die um sie her bestand. Diese sollte sie daran erinnern, dass sie ein für Gott abgesondertes Volk waren, und hatte die Aufgabe, sie so weit wie möglich vor heidnischer Verunreinigung zu schützen. Wie notwendig und wichtig diese Trennwand war, zeigt ihre Geschichte: Wenn sie die Trennwand missachteten, befanden sie sich im Allgemeinen in genauso großer Verdorbenheit wie die anderen Völker.

Die Aufhebung der alttestamentlichen Speisegesetze

Aber natürlich hatte die mit dieser Trennwand geschaffene Vorkehrung ihre Grenzen und Schwächen.[129] Erstens führte sie unbeabsichtigt dazu, dass die Israeliten dachten, sie seien von Natur aus besser als die Heiden, obwohl das natürlich nicht der Fall war. Das Alte Testament selbst zeigte ihnen, dass Gottes Entscheidung für sie nicht auf ihre überragende Stellung, sondern auf Gottes souveräne Liebe zurückzuführen war. Zweitens führte sie zu einer Verwechslung zwischen moralischer und geistlicher Heiligkeit auf der einen und zeremonieller Heiligkeit auf der anderen Seite. Selbst die Jünger waren erstaunt, als unser Herr darauf hinwies, dass keine Speise als solche den Menschen moralisch oder geistlich verunreinigt: Sie geht nicht in das Herz, sondern nur in den Magen (Mk 7,14-23). Und da die menschliche Natur seit dem Sündenfall in erheblichem Maße anfällig ist, ist die Versuchung immer da gewesen, sich auf die Äußerlichkeiten der zeremoniellen Heiligkeit zu konzentrieren und die wirkliche innere, moralische und geistliche Heiligkeit zu vernachlässigen – wie jene Pharisäer, von denen unser Herr sagte: »Ihr Pharisäer, ihr reinigt das Äußere des Bechers und der Schüssel, euer Inneres aber ist voll Raub und Bosheit« (Lk 11,39 [Schlachter 2000]).

Drittens führte diese Trennwand zu der falschen Vorstellung, dass die Israeliten von Gott bevorzugt seien, was auch immer sie (Böses) taten, während die Heiden von Gott verworfen waren, was auch immer sie (Gutes) taten. Paulus musste seine jüdischen Mitbürger an Folgendes erinnern:

> Denn Beschneidung ist zwar von Nutzen, wenn du das Gesetz tust; wenn du aber ein Gesetzes-Übertreter bist, so ist deine Beschneidung Vorhaut geworden. Wenn nun die Vorhaut die Rechte des Gesetzes

129 A. d. H.: Dies war natürlich auf die menschliche Sündhaftigkeit zurückzuführen und nicht darauf, dass es um eine göttliche Vorkehrung ging.

beachtet, wird nicht seine Vorhaut für Beschneidung gerechnet werden und die Vorhaut, die das Gesetz erfüllt, dich richten, der du mit Buchstaben und Beschneidung ein Gesetzes-Übertreter bist? (Röm 2,25-27).

Die mangelnde Anerkennung dieses Prinzips seitens der Juden führte zu vielen Missverständnissen und zu einer großen Feindseligkeit seitens der Heiden. Es gab ohnehin eine natürliche Eifersucht und ein Missfallen gegenüber Israel, weil dieses Volk behauptete, in einer besonderen Beziehung zu Gott zu stehen und eine besondere Stellung einzunehmen. Die Heiden konnten den Hochmut Israels und seine Selbstgerechtigkeit nur schwer ertragen. Aber angenommen, einzelne Juden, die im Geschäftsleben völlig prinzipienlos sein konnten und sich dennoch als »Heilige« betrachteten, konnten mit anderen Juden essen, während es Heiden mit persönlicher Integrität und geschäftlicher Rechtschaffenheit verwehrt wurde, mit Juden Tischgemeinschaft zu haben. In diesem Fall war das Potenzial für Abscheu, Missfallen und Zorn unbegrenzt.

Mit der Menschwerdung des Sohnes Gottes war »die Fülle der Zeit gekommen« (Gal 4,4). Die Angehörigen des Volkes Israel sollten nun gleichsam ihre Kindheit verlassen und lernen, als erwachsene Söhne zu leben und sich als solche behandeln zu lassen. Eines der ersten Dinge, die verschwinden sollten, waren die Speisegesetze. Unser Herr selbst hob sie auf, wie wir bereits gesehen haben (Mk 7,18-23). Die Jünger hatten die Tragweite dieser Maßnahme nicht sofort erkannt, und selbst als sie diese erkannten, taten sich einige von ihnen schwer, sie vollständig zu befolgen. Doch nun war ein entscheidender Augenblick gekommen: Das Evangelium musste zu den Heiden hinausgetragen werden; nichts durfte es aufhalten oder behindern oder seine Botschaft verdunkeln. Petrus musste direkt, persönlich und mithilfe der Erscheinung vom großen Leinentuch mit den unreinen Tieren durch den Herrn selbst belehrt werden, dass die Speisegesetze aufgehoben waren und dass er deshalb mit dem Heiden Kornelius essen durfte, um ihm das Evangelium zu bringen.

Stellen Sie sich vor, wie grotesk es gewesen wäre, wenn Petrus diese Lektion nicht gelernt hätte. Kornelius war ein Mann von beispielhafter Moral und Frömmigkeit. Obwohl er ein Heide war, hatte er den

Götzendienst seiner Vorfahren aufgegeben und sich der Verehrung des einen wahren Gottes Israels zugewandt – ja, er stand bei seinen jüdischen Nachbarn in hohem Ansehen. Er gab großzügig Almosen für die Bedürftigen und betete regelmäßig zu Gott. Außerdem hatte er von dem Herrn Jesus gehört und wollte mehr über ihn erfahren. Doch weil er nicht beschnitten war und die Speisegesetze nicht einhielt, war er kein »Heiliger«. Petrus hätte sich geweigert, sein Haus zu betreten oder gar mit ihm zu essen. Nehmen wir auf der anderen Seite die Pharisäer und Sadduzäer, deren Gesinnung und Verhalten unser Herr anprangerte. (Nicht alle Pharisäer waren schlecht, und nicht bei allen brandmarkte er ihr Verhalten.)[130] Sie waren in ihrem Inneren raffgierig, heuchlerisch und grausam. Im Herzen waren sie so weit von Gott entfernt, dass sie seinen Sohn töteten. Und doch waren sie »Heilige«! Wäre Petrus jemals eingeladen worden, hätte er sich völlig frei gefühlt, mit ihnen zu essen!

Nein, die Zeit für Veränderungen war gekommen. Gott, der die Speisegesetze gegeben hatte, hatte sie nun aufgehoben. Nach seiner Verfügung waren jetzt alle Lebensmittel rein (d. h., sie waren für rein erklärt worden). Petrus sollte nicht weiterhin Speisen, die Gott jetzt für rein erklärt hatte, für gemein (d. h. für ein »heiliges« Volk zeremoniell ungeeignet) halten. Er konnte von nun an bei den Heiden übliche Speisen essen – in einem heidnischen Haus und zusammen mit Heiden. Weil er damit nicht mehr gegen ein göttliches Gebot verstoßen würde, würde dies sein Herz oder sein Gewissen nicht verunreinigen, und die Speisen selbst hatten natürlich nichts mit seiner Herzenshaltung zu tun, sodass sie ihn moralisch oder geistlich nicht verunreinigen würden.

Das Christentum vollzog also einen sehr großen Bruch mit dem Judentum, als Petrus das Haus des Kornelius betrat. Aber wenn das Christentum mit einem so wichtigen Element der jüdischen Heiligkeit brach, erhebt sich die Frage: Was hat es dann an dessen Stelle gesetzt? Die Trennwand wurde eingeführt, um einen notwendigen praktischen Zweck zu erfüllen. Sie erwies sich als nicht ideal, war aber besser als nichts. Die Welt hatte sich nicht verändert. Sie war noch immer eine verunreinigte Welt und hatte weder die Gnade angenommen, noch war sie in die rechte Beziehung mit Gott gekommen. Wollte das Christentum

130 A. d. H.: Zu den Ausnahmen bei den Pharisäern gehörte Nikodemus. Bei den Sadduzäern kam hinzu, dass neben ihr verwerfliches Verhalten ihre Kritik an Teilen des Wortes Gottes trat.

einfach die Trennwand niederreißen, eine alles erlaubende Haltung einnehmen und sagen, dass Unreinheit keine Rolle mehr spielen würde? Nein, natürlich nicht! Es würde vielmehr höhere Maßstäbe anlegen als das Judentum sowie einen größeren Wirklichkeitsbezug haben und anspruchsvoller sein. Aber gleichzeitig würde den Neubekehrten eine Kraft für ein heiliges Leben zugeeignet werden, die das Judentum im Grunde nicht kannte.

Der christliche Weg der Heiligkeit

Der christliche Weg der Heiligkeit wird nun im weiteren Verlauf von Satz 1 dargelegt: zunächst in der Predigt des Petrus im Haus des Kornelius und dann in der weiteren Erklärung, die er seinen Glaubensbrüdern in Jerusalem gibt.

Als Petrus das Haus des Kornelius betrat, kam ihm Kornelius entgegen und fiel ihm ehrfürchtig zu Füßen. Petrus ließ ihn sofort aufstehen. Denn das war die erste Lektion: »… ich bin auch nur ein Mensch« (Apg 10,26 [Luther 1984]). Er war ein Jude, doch ungeachtet dessen war auch er nur ein Mensch wie die Heiden. Es gibt nicht zwei Klassen von Menschen, eine höhere und eine niedrigere.

Petrus war darüber hinaus ein Apostel des Herrn. Dennoch erlaubte er Kornelius nicht, sich zu seinen Füßen zu verbeugen, um ihn in seiner Stellung als Apostel zu ehren. Trotz seines Dienstes war er ein Mensch, der auf der gleichen menschlichen Ebene stand wie Kornelius.

Dann gab Petrus zu, dass er selbst von Gott korrigiert werden musste. »Ihr wisst«, sagte er, »wie unerlaubt es für einen jüdischen Mann ist, sich einem Fremden anzuschließen oder zu ihm zu kommen; und mir hat Gott gezeigt, keinen Menschen gemein oder unrein zu nennen« (10,28). Sehr oft ist also derjenige, der zugibt, dass er sich in letzter Zeit korrigieren lassen und seine Ansichten ändern musste, für andere derjenige Lehrer, den sie am bereitwilligsten akzeptieren.

Aber wir müssen einen Moment bei der Lektion bleiben, von der Petrus sagt, dass Gott sie ihn gelehrt hat: »Gott [hat mir] gezeigt, keinen Menschen gemein oder unrein zu nennen« (10,28). Die Lektion, die der Herr Petrus bei der Erscheinung lehrte, betraf die Nahrung: Der Herr hatte alle Verbote aufgehoben, er hatte alle Nahrungsmittel für rein erklärt; deshalb sollte Petrus aufhören, diese Nahrungsmittel als gemein zu betrachten, d.h. als Speisen, die Heilige – für Gott abgesonderte Menschen – nicht essen durften. Aber nun hat Gott Petrus noch eine weitere Lektion vermittelt. Kein *Mensch* darf als gemein oder unrein bezeichnet werden.[131]

Was soll das bedeuten? Er kann doch nicht meinen, dass es keine unreinen Menschen auf der Welt gibt, oder? Paulus sagt von nichtwiedergeborenen Menschen: »... die, nachdem sie alles Empfinden verloren haben, sich der Zügellosigkeit ergeben haben, um jede Art von Unreinheit zu verüben ...« (Eph 4,19 [Schlachter 2000]). Petrus will ihm doch nicht widersprechen, oder? Auch Petrus selbst sagt, wenn er den Lebenswandel der Heiden beschreibt und davon spricht, dass sie »in Ausschweifungen, Begierden, Trunkenheit, Schwelgereien, Trinkgelagen und frevelhaften Götzendienereien« leben (1Petr 4,3).

Nein, um zu verstehen, was er meint, müssen wir das von ihm Gesagte in seinem Kontext lesen. Als Israelit betrachtete er sich definitionsgemäß als »heilig«, weil er ein Angehöriger des »heiligen« Volkes war und weil er die zeremoniellen Speisegesetze und Waschungen einhielt. Heiden hingegen hielt er per definitionem für »gemein«: Sie gehörten nicht zum heiligen Volk; er betrachtete sie als unrein, weil sie nicht beschnitten waren und die zeremoniellen Speisegesetze und Waschungen nicht einhielten. Petrus erkannte, dass sich diese Situation nun ändern würde. Wenn Gott die Speiseverbote aufgehoben und alle Speisen für rein erklärt hatte, waren die Heiden nicht mehr »unrein«, weil sie bestimmte Speisen aßen. Mehr noch: Wenn Gott nun Israels spezielles Vorrecht aufhob und die Trennwand zwischen Juden und Heiden niederriss, dann waren die Heiden nicht mehr definitionsgemäß »gemein«, während die Israeliten nicht mehr laut Definition als

131 Beachten Sie den Gebrauch der entsprechenden Worte. Mit dem Gegenteil von »heilig« kann im Alten Testament eines von zwei Dingen oder beides gemeint sein. Der Sabbat ist zum Beispiel heilig in dem Sinne, dass er dem Herrn geweiht ist. Die anderen Tage, die dem Herrn nicht in diesem Sinne geweiht sind, sind nicht notwendigerweise »unrein«; sie sind vielmehr »gemein«. Ähnlich verhält es sich mit den Gebrauchsgegenständen. Gefäße, die dem Dienst Gottes geweiht waren, waren heilig (und mussten darüber hinaus natürlich auch sauber sein). Gefäße, die nicht geweiht waren, waren gemein, nicht notwendigerweise unrein, obwohl sie natürlich unrein werden konnten. So war es auch beim Brot. Das Schaubrot in der Stiftshütte war *hoch*heilig. Nur die Priester durften es essen. Das bedeutete nicht, dass gewöhnliches bzw. gemeines Brot, das jeder Israelit essen konnte, »unrein« war. In ähnlicher Weise sagt Paulus den Christen, was ihre Nahrung betrifft: »Denn jedes Geschöpf Gottes ist gut und nichts verwerflich, wenn es mit Danksagung genommen wird; denn es wird *geheiligt* durch Gottes Wort und durch Gebet« (1Tim 4,4-5).

»heilig« galten. Jude und Nichtjude standen fortan gleichberechtigt auf derselben Ebene. Es gab keine Menschen oder Nationen zweiter Klasse mehr.

Petrus wandte sich im Haus an die Gemeinschaft der Zuhörer, die sich dort versammelt hatten. Seine einleitenden Worte waren: »In Wahrheit begreife ich, dass Gott die Person nicht ansieht, sondern dass in jeder Nation, wer ihn fürchtet und Gerechtigkeit wirkt, ihm angenehm ist« (Apg 10,34-35).

Ist dies eine weitere Lektion? Und wenn ja, wie hat er sie gelernt? Nun, er hat gerade die Erklärung des Kornelius gehört, die diesen dazu veranlasst hatte, Petrus zu bitten, nach Cäsarea zu kommen: Vor vier Tagen war diesem ein Engel erschienen, als er betete. Er hatte gesagt: »Kornelius, dein Gebet ist erhört, und deiner Almosen ist gedacht worden vor Gott« (10,31). Die Erklärung hatte Petrus gelehrt, dass gute Werke als solche Gott wohlgefällig sind. Das Gleiche gilt für die Gottesfurcht, wer auch immer es ist, der die Werke tut und gottgemäß lebt. Es spielt keine Rolle, aus welchem Volk ein Mensch kommt: Gott nimmt nicht die guten Werke des einen an, weil er Jude ist, und weist die eines anderen zurück, weil er Heide ist. Gott ignoriert nicht die Gottesfurcht und die Gebete des einen, weil er ein Heide ist, und nimmt die eines anderen an, weil er ein Jude ist. In Gottes Augen gibt es keinen Unterschied – sie hat es nie gegeben. Das ist nichts Neues. Gott hatte einen Unterschied zwischen Israel und den Heiden gemacht, was die Stellung sowie die Heiligkeit und Hingabe an ihn betraf, die er von Israel erwartete, aber das änderte nichts an seinen Maßstäben auf moralischem Gebiet. Israels Sünde war genauso Sünde wie diejenige der Heiden. Die guten Werke der Heiden waren angemessen, genau wie diejenigen Israels.

Petrus hat also gelernt, was Paulus später in Römer 2,6 und 9-11 sagt:

> … [Gott wird] jedem vergelten … nach seinen Werken: … Drangsal und Angst über jede Seele eines Menschen, der das Böse vollbringt, sowohl des Juden zuerst als auch des Griechen; Herrlichkeit aber und Ehre und Frieden jedem, der das Gute wirkt, sowohl dem Juden zuerst als auch dem Griechen; denn es ist kein Ansehen der Person bei Gott.

Petrus sagt nicht (und das trifft auch auf Paulus zu), dass jeder Mensch – gleich, welcher Nation – aufgrund seiner guten Werke das Heil verdienen und erlangen kann. Denn dieser Grundsatz, dass Gott die Person nicht ansieht, gilt auch anderswo: »… es ist kein Unterschied [zwischen Juden und Heiden], denn alle haben gesündigt und erreichen nicht die Herrlichkeit Gottes« (Röm 3,22-23). Damit will Paulus sagen, dass der von Gott gesetzte Maßstab absolut ist und ohne Ansehen der Person auf jeden angewendet wird, und zwar völlig unabhängig davon, aus welchem Volk der Betreffende stammt.

Es war also überaus angemessen, dass Petrus diese Lektion lernte, bevor er begann, vor Kornelius zu predigen. Wie bedauerlich wäre es gewesen, wenn er in dessen Haus gekommen wäre und seine Predigt damit begonnen hätte zu erklären, dass Kornelius ein unreiner Heide sei und dass sogar seine gerechten Taten wie schmutzige Lumpen seien! Kornelius hätte nämlich darauf antworten können: »Das ist seltsam, denn neulich erschien mir ein Engel und sagte mir, dass Gott mein Gebet erhört und an meine Gaben für die Armen gedacht habe!«

Wir dürfen nicht zwei verschiedene Dinge miteinander verwechseln: Gemessen an Gottes absoluten Maßstäben der Heiligkeit sind die guten Werke eines jeden Menschen nicht besser als schmutzige Lumpen. Wenn wir versuchen würden, uns auf sie als die Grundlage unserer Errettung zu verlassen, dann hätte sein Gesetz keine andere Wahl, als sie und auch uns zu verurteilen. Wir sollten beachten, dass der Engel Kornelius zwar gesagt hatte, dass Gott seiner guten Werke gedacht hatte. Er wies ihn aber auch darauf hin, dass er noch gerettet werden müsse (Apg 11,13-14). Kornelius unternahm keinen Versuch, seine Werke als Grundlage für seine Errettung anzugeben. Als er schließlich von der Möglichkeit der Vergebung und des Heils durch Christus hörte, erwiderte er nicht: »Ich brauche keine Erlösung: Meine guten Werke sind denen anderer Menschen ebenbürtig.« Er gab demütig zu, dass er Vergebung brauchte, und nahm die Erlösung allein durch den Glauben an Christus an.

Wir sollten aber Folgendes bedenken: Die guten Werke der Menschen können ihnen zwar nicht das Heil bringen, aber dies bedeutet nicht, dass es für Gott belanglos ist, ob sie gute Werke vollbringen oder versuchen, sie zu tun. Es ist möglich, dass wir den Menschen diesbezüglich einen falschen Eindruck vermitteln: Wir sind oft allzu sehr darauf bedacht, ihnen einzuschärfen, dass gute Werke hinsichtlich der Erlösung keinerlei Nutzen haben. Obwohl das richtig ist, laufen wir damit Gefahr, den Eindruck zu erwecken, dass es nichts nützt, wenn sie versuchen, vor ihrer Rettung gute Werke zu tun. Damit ist es unserer Ansicht nach letztlich auch nicht so wichtig, ob sie gute Werke tun, nachdem sie errettet sind, weil die Errettung ja nicht aus Werken kommt. Und so stehen wir in der Gefahr, einen Personenkreis von Evangelikalen hervorzubringen, die sich automatisch für besser halten als die Unerlösten, nur weil sie Gläubige, Jünger, Heilige sind. Und dabei bleiben oft ihr häusliches Leben, ihre berufliche Ethik und ihre Werke der Nächstenliebe weit hinter den Maßstäben und dem Verhalten von Menschen zurück, die nicht bekennen, errettet zu sein.

Die Wahrheit ist, dass Gott gute Werke liebt. *Ihm ist daran gelegen*, dass auch noch nicht gerettete Menschen gute Werke tun. Er gedachte an die Almosen des Kornelius für die Armen (vgl. 10,31). Er verstand sie als praktischen Ausdruck des Wunsches des Kornelius, ihm wohlzugefallen. Kornelius fürchtete Gott, suchte Gott und verlangte nach dem Heil und der Gemeinschaft mit ihm: Seine Werke waren das Zeichen für die Aufrichtigkeit seiner Suche. Und Gott schickte ihm einen Engel, der ihm sagte, wie es ihm möglich wäre, einen Evangelisten zu finden. Dieser würde ihm zeigen, wie er gerettet werden könne.

Und obwohl die Errettung nicht aus Werken besteht, ist das Ergebnis der Errettung, dass sie gute Werke hervorbringt: »… [unser großer Gott und Heiland] Jesus Christus … [hat] sich selbst für uns gegeben …, damit er uns von aller Gesetzlosigkeit loskaufte und sich selbst ein Eigentumsvolk reinigte, das eifrig sei in guten Werken« (Tit 2,13-14).

Statt seine Predigt damit zu beginnen, die Sündhaftigkeit und Heilsbedürftigkeit des Kornelius zu betonen, schlug Petrus also einen ganz anderen Weg ein. Er stellte das Evangelium als die Gute Nachricht vom Frieden durch Christus vor (Apg 10,36): Es wurde dem Volk Israel gesandt – die besondere Rolle Israels als Botschafter ist unbestreitbar –, aber Jesus Christus ist »Herr über alle«[132]. Wie Paulus es ausdrücken würde, ist derselbe Herr über alle reich für »alle, die ihn anrufen« (Röm 10,12).

132 A. d. H.: Vgl. Vers 36 (Schlachter 2000).

Zweitens stellte Petrus das Leben und Wirken des Herrn Jesus vor. Die Geschichte seines Dienstes, so erinnerte er seine Zuhörer, begann mit der Taufe, die Johannes predigte und die Menschen aufforderte, umzukehren und sich auf das Kommen des Herrn vorzubereiten. Und dann kam er. Gott befähigte ihn, in der Vollmacht des Heiligen Geistes und in seiner Kraft zu wirken – Jesus, »der umherging, wohltuend und alle heilend, die von dem Teufel überwältigt waren; denn Gott war mit ihm« (Apg 10,37-38).

Wie wunderbar ist das! Kornelius war ein Mann, der aufrichtig danach strebte, Gutes zu tun und den Armen zu helfen. Daraufhin stellt Petrus den seinesgleichen suchenden Wohltäter vor, sodass Kornelius diesem nur Bewunderung entgegenbringen kann und zum Glauben findet. Sogar auf dieser Ebene vereint Christus Juden und Nichtjuden. Hier geht es um Menschen, die ernsthaft darauf bedacht sind, hochstehende moralische Grundsätze zu verwirklichen. Es sind Menschen, die das Gute wirklich lieben und danach streben, Gutes zu tun – unabhängig von ihrer Volksgruppe, Nation oder Herkunft. Sie müssen die Güte Jesu Christi bewundern und tun dies auch. »Und wir sind Zeugen alles dessen, was er sowohl im Land der Juden als auch in Jerusalem getan hat« (10,39). Dies sagte ein Apostel, der genau zu diesem Zweck auserwählt wurde (1,8.21-22). Aber jetzt kommt die dramatische, unerwartete Wendung: »... den sie auch umgebracht haben, indem sie ihn an ein Holz hängten« (10,39).

Wer hat das getan? Wozu? Eine Flut von Fragen bricht über den Verstand herein. Die Aussage ist so ungeheuerlich! Zweifellos gibt Lukas hier nur eine Zusammenfassung und keinen wortwörtlichen Bericht wieder. Und doch ist die Kürze der Aussage außergewöhnlich. Was für ein Eingeständnis! Petrus sagt im Grunde nicht: »Die Juden haben ihn getötet.« Andere waren ebenfalls daran beteiligt: Herodes, Pilatus. Aber was für eine Sache, die ein Jude einem Heiden erzählen muss: Es ging um die Juden – die zur Heiligkeit Berufenen, das Volk, das mit einer von Gott gegebenen Glaubenspraxis gesegnet war, eifrig für die Gerechtigkeit, mit einer Vorrechtsstellung unter den Völkern. Sie haben denjenigen, der in einer seinesgleichen suchenden Weise Gutes getan hat, getötet! Und sie töteten ihn nicht nur, sondern sie hängten ihn auch an ein Holz. Das war eine Strafe, die für die schlimmsten Verbrecher vorgesehen war. Jeder, der an einem Holz aufgehängt wurde, war nach jüdischem Verständnis »von Gott verflucht«[133] (siehe 5Mo 21,22-23). Wie können das menschliche Herz und der religiöse Verstand derart auf Abwege geraten sein, sodass die Betreffenden das vorbildlichste Leben, das je geführt worden ist, dermaßen verurteilen, als wäre es das schlechteste? Welchen Nutzen hat das Vorrecht, die »Heiligkeit«, gehabt, wenn es so weit gekommen ist? Was ist mit der hochmütigen Haltung gegenüber den Heiden? Wie bankrott ist die Religion, wie unzulänglich in jeder Beziehung sind die guten Werke! Und dies ist kein Heide, der die Juden anklagt: Dies ist ein Jude, der einem Heiden gegenüber bekennt, was sein jüdisches Volk Jesus angetan hat!

Aber sind die Nichtjuden besser? Natürlich nicht! Die Juden haben in den letzten Jahrzehnten immer lauter gegen eine verhängnisvolle Entwicklung protestiert: Die schreckliche Sünde der Antisemiten ist dadurch gefördert worden, dass Christen jeder Generation ihren Kindern beigebracht haben, es seien die Juden gewesen, die Jesus getötet haben. Dieser Protest ist in einer Hinsicht durchaus berechtigt. Die Christenheit hat sich des Stolzes und großer Grausamkeiten gegenüber den Juden schuldig gemacht. Aber dabei erwiêsen sich der Stolz und die Grausamkeit vieler nomineller Christen, die nichtwiedergeboren und Kinder des Bösen waren. Jeder wahre Heidenchrist wird ohne Zögern bekennen, dass er nicht besser ist als die Juden, die Jesus gekreuzigt haben. Sie hatten sich verschworen, um ihn zu töten, und sich der Römer bedient, die die Nägel einschlugen. Jeder einzelne Heidenchrist wird jedoch sagen, dass es auch seine eigene Sünde war, die Jesus ans Kreuz geschlagen hat. Denn das ist der Kern des Evangeliums: Er trug unsere Sünden an seinem Leib, als er am Kreuz hing. Die Feindschaft gegen Gott, die durch die Kreuzigung des menschgewordenen Gottes aufgedeckt wurde, ist ein Übel, das in jedem menschlichen Herzen verborgen ist, ob er Jude oder Nichtjude ist.

Hier also, am Fuße des Kreuzes Christi, stehen Juden und Heiden auf derselben Stufe: Es gibt keinen Raum für Rühmen oder Stolz; keiner ist dem anderen überlegen. Sie stehen als gleichermaßen Schuldige zusammen da.

»Diesen hat Gott … auferweckt« (Apg 10,40), und er hat einige seiner Diener beauftragt, die Realität dieser Auferstehung zu bezeugen:

133 A. d. H.: Vgl. Schlachter 2000 und Menge hinsichtlich der angegebenen Stelle.

»... die wir mit ihm gegessen und getrunken haben, nachdem er aus den Toten auferstanden war« (10,41). Die Auferstehung zu predigen, bedeutet, eine Tatsache zu verkündigen. Es geht nicht darum, auf eine mythische Art zu sagen, dass wir hoffen und glauben, in einer anderen Welt – irgendwo jenseits des Todes – würden die Ungerechtigkeiten dieser Welt beseitigt werden. Es geht vielmehr um die Darlegung eines tatsächlichen Ereignisses. Gott hat die Entscheidungen der Menschen ins Gegenteil verkehrt: Sein Sohn wurde von den Toten auferweckt, leibhaftig und im buchstäblichen Sinne.

»... die wir mit ihm gegessen und getrunken haben, nachdem er aus den Toten auferstanden war«, sagte Petrus (10,41). Wie bedeutsam also, dass Petrus nun geboten wurde, zu gehen und mit den Heiden zu essen und zu trinken!

Diejenigen, die Zeugen seiner Auferstehung gewesen waren, hatten nun den Auftrag, deren Bedeutung zu erklären: »... er hat uns befohlen, ... zu predigen und ernstlich zu bezeugen, dass dieser der von Gott bestimmte Richter der Lebenden und der Toten ist« (10,42). Wir haben dies so oft gehört, dass es vielleicht seine Eindringlichkeit verloren hat, die uns aufrütteln und möglicherweise auch in Erstaunen versetzen will. Aber sehen Sie, was dies aussagt: Nicht: »Gott wird Richter sein«, sondern: »Jesus von Nazareth wird Richter sein.« Gott hat ihn zum Richter bestimmt, weil er sich als sündloser Mensch erwiesen hat. Er ist ein Mensch: Er hat in unserer Welt gelebt. Sein Urteil wird gerecht sein, denn er hat nie seinen eigenen Willen gesucht (Joh 5,30). An ihm wird alles gemessen, und an ihm müssen sich alle messen lassen. Dadurch bleibt dem Heiden kein Raum, um zu erwidern: »Ich bin dir ebenbürtig. Welches Recht hast du, mich zu verurteilen?« Es lässt dem Juden keinen Raum, sich überlegen zu fühlen, denn die Juden haben ihn ans Kreuz gebracht.

Aber das nächste Erstaunliche – erfreulich Erstaunliche – ist: Alle Propheten bezeugen, dass alle, die an ihn glauben, Vergebung durch seinen Namen empfangen (Apg 10,43) – *Vergebung,* nicht Verurteilung, obgleich sowohl Juden als auch Heiden schuldig sind. Es sei nochmals gesagt: Es gibt keinen Unterschied zwischen Juden und Heiden: Er ist der eine Herr über alle und segnet reichlich alle, die ihn anrufen. »... jeder, der irgend den Namen des Herrn anruft, wird errettet werden« (Röm 10,12-13).

Hier haben wir also die Grundlage wahrer christlicher Heiligkeit vor uns: Sie findet sich am Fuße des Kreuzes, Jude und Heide auf einer gemeinsamen Ebene: Beide sind Sünder vor Gott, trotz ihrer Religion und ihrer guten Werke. Beiden wird unter genau den gleichen Bedingungen Vergebung zugeeignet: als aus freien Stücken gewährtes Geschenk durch den Tod und die Auferstehung Jesu Christi. Keiner von beiden hat etwas, worüber er sich gegenüber dem anderen rühmen kann, doch beide besitzen alles, worüber sie sich gemeinsam freuen können.

Das ist das erste Element der wahren Heiligkeit: Sie geht von der Wirklichkeit der Sünde aus und entdeckt dann die Vergebung. Aber es gibt noch ein zweites Element. Während Petrus noch sprach, kam der Heilige Geist auf alle, die seine Botschaft hörten. Die jüdischen Gläubigen, die mit Petrus gekommen waren, waren in höchstem Maße erstaunt. Denn natürlich zeigte die Gabe des Heiligen Geistes, dass Gott diese bußfertigen und gläubigen Heiden genauso angenommen hatte, wie er Juden angenommen hatte, die zuvor Buße getan und geglaubt hatten. Und er hatte dies auf der Grundlage ihres Glaubens an den Herrn Jesus getan. Er und sein Sühnetod waren nicht nur die einzige Grundlage, sondern die vollkommen hinreichende Grundlage. Der Glaube an ihn führt zur völligen Annahme für jeden: Nichts muss, nichts darf mehr hinzugefügt werden. Auf dieser Grundlage befahl Petrus, die Betreffenden mit Wasser zu taufen. Wenn Gott sie angenommen hatte, mussten dies auch die Judenchristen tun (10,44-48).

Petrus: Die Fortsetzung (11,1-18)

Lukas fügt dieser Geschichte eine Fortsetzung hinzu, die uns helfen wird, die Bedeutung dieses Geschehens besser zu verstehen: Der Heilige Geist ist nun auch den heidnischen Gläubigen gegeben worden. Als Petrus nach Jerusalem zurückkehrte, kritisierten die dortigen Judenchristen ihn dafür, dass er in ein Haus von Unbeschnittenen gegangen war und mit ihnen gegessen hatte (11,1-3). Daher erzählte Petrus geduldig und ausführlich die ganze Geschichte: die Lektion, die Gott ihn gelehrt hatte. Es ging um die Erscheinung und um die Einladung zu einem Besuch bei Kornelius, der auf Geheiß eines Engels hin ihn hatte zu sich kommen lassen. Und dann ging es um das entscheidende

Handeln Gottes, indem er den Heiden seinen Heiligen Geist gab. »Während ich sprach«, erklärte Petrus, »kam der Geist auf sie. Gott gab ihnen dieselbe Gabe, die er uns gegeben hat. Und wer war ich, dass ich mich Gott hätte widersetzen können? Gott hat es getan. Ich konnte nichts dagegen tun. Ich habe nur gesprochen. Den Rest hat Gott getan« (vgl. 11,15-17). Eine gute Argumentation des Petrus!

Für unsere Zwecke ist jedoch von Bedeutung, wie er dieses Kommen des Heiligen Geistes beschreibt: »Ich dachte aber an das Wort des Herrn, wie er sagte: Johannes taufte zwar mit Wasser, ihr aber werdet mit Heiligem Geist getauft werden« (11,16).

Hier ist das zweite Element wahrer Heiligkeit, nachdem wir uns zuvor die Vergebung aufgrund des Todes und der Auferstehung Christi angesehen haben: Es ist die Bevollmächtigung durch den Heiligen Geist, ein Leben wahrer Heiligkeit zu führen und ein Zeuge für den Herrn zu sein.

Und jetzt sehen wir, warum Gott es sich sozusagen leisten konnte, die Trennwand niederzureißen, die er einst um die Angehörigen seines Volkes Israel errichtet hatte. In jenen Tagen wussten sie nichts von der Taufe im Heiligen Geist; sie wussten nichts davon, dass der Heilige Geist in ihnen wohnen würde, um sie zu einem heiligen Leben zu befähigen. Als beste Lösung bot sich daher an, eine Trennwand um sie her zu errichten und sie davon abzuhalten, sich mit dem in moralischer Verderbnis befindlichen Heidentum zu vermischen. Aber dies hatte natürlich seine Schwächen. Eine Mauer, die sie *nach außen hin* und *rundherum* abgrenzte, trug nicht dazu bei, dass die Israeliten im Inneren heiliger waren. Kann Heiligkeit letztlich wirklich dadurch erreicht werden, indem man sich von der realen Welt abschottet?

Aber mit der durch den Tod Christi vollbrachten Erlösung und Sündenvergebung ist es dem Heiligen Geist möglich geworden, zu kommen und in jedem Gläubigen zu wohnen und so dem Betreffenden die Kraft zu geben, ein heiliges Leben zu führen. Damit kann uns der Geist des Lebens in Christus Jesus frei machen von dem Gesetz der Sünde und des Todes, sodass die Forderung des Gesetzes in uns erfüllt wird, die wir nicht nach dem Fleisch, sondern nach dem Geist wandeln. Nachdem die Trennwand verschwunden ist, die Gläubigen aber den Heiligen Geist in ihrem Innern haben, sind sie nun imstande, in die ganze Welt zu gehen und das Evangelium zu jedem Menschen zu bringen.

Und es gibt noch Weiteres anzumerken: Petrus und die anderen Apostel waren sich damals vielleicht nicht bewusst, dass die Taufe im Heiligen Geist sowohl für Heiden als auch für Juden eine weitere Bedeutung hatte. Aber es sollten nicht viele Jahre vergehen, bis Paulus inspiriert wurde zu schreiben: »Denn auch in einem Geist sind wir alle zu einem Leib getauft worden, es seien Juden oder Griechen, es seien Sklaven oder Freie, und sind alle mit einem Geist getränkt worden« (1Kor 12,13). Das war das Ende der Zwischenwand der Umzäunung: Juden und Heiden – Glieder, die Anteil an dem gleichen Leben haben, eingegliedert in denselben Leib Christi.

Dies ist also die christliche Heiligkeit im Unterschied zur jüdischen Heiligkeit.

Doch zurück zu den jüdischen Gläubigen in Jerusalem. Als sie die Geschichte des Petrus hörten, ließen sie alle Einwände fallen und verherrlichten Gott (Apg 11,18). Man darf ihnen hier durchaus Respekt entgegenbringen. Der Verlust einer privilegierten Stellung, die sie jahrhundertelang innehatten, mag für manche ein schmerzlicher Verlust gewesen sein, aber nicht für sie. Diejenigen, die die unbeschreiblich und unerschöpflich große Gnade Gottes in Christus als ein unermesslich großes Geschenk erfahren haben, sehen sich als so reich Beschenkte, dass sie es sich leisten können, alles von Gott Empfangene in gebührender Weise mit allen anderen zu teilen. Sie gaben Gott die Ehre, denn es zeigte sich, welch ein großartiger Gott er in seiner unvergleichlichen Gnade ist: »Also hat Gott auch den Nationen die Buße gegeben zum Leben« (11,18). Klingt »auch den Nationen« nicht etwas seltsam? Warum nicht einfach »den Nationen«? Dann formulieren Sie es um, um die erstaunliche Gnade zu erkennen, die darin verborgen ist:

Also hat Gott auch *uns* die Buße zum Leben geschenkt.

Mit diesem herrlichen Höhepunkt haben wir das Ende von Satz 1 erreicht.

SATZ 2

Das Evangelium, befreit vom Fokus auf Jerusalem und von politisch-religiösem Machtmissbrauch (11,19 – 12,24)

Wie Satz 1 handelt auch Satz 2 von der Ausbreitung des Evangeliums unter den Heiden. Wie in Satz 1 geht es um die Hindernisse, die anfangs gegen die Ausbreitung des Evangeliums errichtet wurden, und darum, wie man sie beiseiteräumte. Wie Satz 1 enthält er zwei Geschichtenpaare. In Satz 1 bildeten die Reisen des Petrus das gemeinsame Element beider Paare. In diesem Satz geht es um die Verfolgung, die den gemeinsamen Bestandteil umfasst. Das erste Paar erzählt, wie die Verfolgung ungewollt die Ausbreitung des Evangeliums in Gang setzte. Das zweite Paar erzählt, wie die Verfolgung die Verbreitung des Evangeliums an seinem Ausgangsort aufgehalten hätte, wenn Gott nicht eingegriffen hätte. Natürlich ist der Ort, auf den sich dies bezieht, in beiden Paaren Jerusalem.

Die Gründung der Gemeinde in Antiochien (11,19-26)

Satz 1 hat sehr ausführlich erzählt, wie Petrus den Heiden in seiner Stellung als Apostel die Tür zum Glauben öffnete und wie Gott während seines Besuchs bei Kornelius die damit verbundenen Fragen bezüglich der Heiligkeit bewusst aufgeworfen und geregelt hat.

Aber soweit uns die Apostelgeschichte berichtet, erfolgte die erste große Ausbreitung des Evangeliums unter den Heiden und die Gründung der ersten überwiegend heidenchristlichen Gemeinde nicht unter Leitung des Petrus oder eines anderen Apostels. Es war auch nicht so, dass sie von der Gemeinde in Jerusalem initiiert oder dass die anschließende Gemeindearbeit von Jerusalem aus kontrolliert wurde.

Dies ist wirklich bemerkenswert; und je mehr man darüber nachdenkt, desto bemerkenswerter wird es. Was in diesem Abschnitt beschrieben wird, ist etwas völlig Neues: nicht die Gründung einer christlich-jüdischen Synagoge in Antiochien, in die Nichtjuden bei ihrem Übertritt zum Judentum aufgenommen werden konnten, sondern die Gründung einer Gemeinschaft, in der jüdische und nichtjüdische Gläubige gleichberechtigt zusammenkamen. Dies war so neu, dass sich ein neuer Name, »Christen«, für die Angehörigen dieser Gemeinschaft einbürgerte (11,26). Ob eine solche Gemeinde bereits anderswo gegründet worden war, teilt uns Lukas nicht mit. In der Apostelgeschichte ist dies die erste Gemeinde, die außerhalb Jerusalems und Judäas gegründet wurde. (Lukas sagt nicht, was in Rom als Folge von Pfingsten [2,10] und was in Samaria geschah.[134])

Der ursprüngliche Auftrag des Herrn an die Apostel sah vor, dass sie Zeugen Christi sein sollten – in Jerusalem und in ganz Judäa und Samaria und bis an das Ende der Erde (1,8). Und man hätte erwarten können, dass die Apostel in Jerusalem sich diesem Auftrag verpflichtet wussten und zumindest die Heidenmission initiiert und geleitet hätten, auch wenn sie diese nicht selbst durchführten.[135] Schließlich war dies eine bedeutsame Angelegenheit!

Doch das Gegenteil ist der Fall. Die Apostel in Jerusalem haben die Mission unter den Nichtjuden weder initiiert noch geleitet, noch die Aufsicht darüber innegehabt. Tatsächlich wurde die Gemeinde in Antiochien gegründet, bevor die Gemeinde in Jerusalem überhaupt von ihr hörte.

Der Auslöser für diese Missionsarbeit war die Verfolgung, die in Zusammenhang mit Stephanus einsetzte. In 8,1 heißt es: »... alle wurden in die Landschaften von Judäa und Samaria zerstreut, ausgenommen die Apostel.« Warum die Apostel zurückblieben, verrät Lukas uns nicht. Vielleicht verhielten sie sich wie ein Schiffskapitän, der als Letzter von Bord geht. Vielleicht waren sie von ihren Gedanken und ihrer Tatkraft her mit der Mühe und den Opfern beschäftigt, die erforderlich waren, um das christliche Zeugnis in Jerusalem unter diesen Umständen aufrechtzuerhalten, bis im Anschluss an das Nachlassen der Verfolgung viele der in Judäa und Samaria Zerstreuten nach Jerusalem

---

134 A.d.H.: In Bezug auf Samaria meint der Autor offensichtlich die Frage, ob aufgrund der Evangeliumsverkündigung des Philippus (und vielleicht anderer Verkündiger) Gemeinden entstanden, denen auch Nichtjuden angehörten.

135 A.d.H.: Der Vollständigkeit halber sei angemerkt, dass Einzelne den Missionsauftrag unter den Nichtjuden bis dahin zumindest teilweise ausgeführt hatten (vgl. den Dienst des Philippus an dem Kämmerer aus Äthiopien).

zurückkehrten und sich die Apostel weiterhin dem Dienst als Hirten und Seelsorger widmen konnten.

Wie dem auch sei – selbst diejenigen, die sich in Richtung Phönizien, Zypern und Antiochien zerstreuten, machten sich offenbar nicht mit der Absicht auf, die Heiden zu evangelisieren. Zunächst richteten sie die Botschaft nur an Juden (11,19). Dann begannen einige der Gläubigen, die ursprünglich aus Zypern und Kyrene stammten, auch zu den Griechen zu reden und ihnen die Frohe Botschaft vom Herrn Jesus zu verkündigen (11,20). Die Hand des Herrn war mit ihnen, sagt Lukas; und darin lag das Geheimnis. Der Herr selbst stand hinter diesem Werk und gab dazu Gelingen, er war der Urheber und derjenige, der über dem Ganzen stand, der führte und die nötigen Durchbrüche des Evangeliums schenkte: »… und eine große Zahl glaubte und bekehrte sich zu dem Herrn« (11,21).

Der nächste interessante Punkt besteht darin, was die Gemeinde in Jerusalem tat, als sie von den Geschehnissen in Antiochien hörte: Sie schickte Barnabas nach Antiochien (11,22). Als er dort ankam, sah er, wie Lukas sagt, die Gnade Gottes. Das heißt, er erkannte, dass das dortige Geschehen einem Eingreifen Gottes selbst entsprach. Es war ein Erweis der Gnade Gottes, sodass er sich freute.

Dann ermutigte er sie von ganzem Herzen, bei … zu verharren. Bei Jerusalem? Nein! »… bei dem Herrn« (11,23). Das ist außerordentlich bedeutsam. Hier wurde mit diesem unermesslich wichtigen Fortschritt des Evangeliums eine ganz neue Ebene erreicht: Juden und Nichtjuden zusammen auf derselben Grundlage in einer christlichen Gemeinde (nicht in einer christlich-jüdischen Synagoge). Das Ganze geschah, ohne die Gemeinde in Jerusalem um Rat zu fragen oder um Erlaubnis zu bitten. Aber Barnabas sagt nicht: »Nun, ich bin froh, dass es so gut gelaufen ist, wie es der Fall gewesen ist. Aber natürlich hättet ihr mit Jerusalem Rücksprache nehmen müssen, bevor ihr einen solchen Schritt unternehmt, und erst recht, bevor ihr eine Gemeinde gründet. Achtet also in Zukunft bitte sehr darauf, euch an Jerusalem zu halten und immer Jerusalem um Rat zu fragen, bevor ihr irgendwelche weiteren Initiativen ergreift.«

Hätten die Gläubigen in urchristlicher Zeit darauf gewartet, dass die Gemeinde in Jerusalem sie als Missionare zu den Heiden aussendet, wäre die Gemeinde in Antiochien vielleicht noch nicht gegründet worden. Ja, auch wenn wir aus dem Schweigen keine sicheren Schlüsse ziehen können, lesen wir in der Apostelgeschichte interessanterweise doch nie davon, dass die Gemeinde in Jerusalem als solche bewusst eine Missionsarbeit unter den Heiden initiiert hat.

Der Rat des Barnabas bestand also darin, dass die Neubekehrten dem Herrn treu bleiben sollten. Er gab diesen Rat, sagt Lukas, weil er ein guter Mann und voll Heiligen Geistes und Glaubens war (11,24). Seine gute Gesinnung wurde darin sichtbar, dass er nicht verärgert und eifersüchtig war, weil diese namentlich nicht genannten Gläubigen ein so bedeutendes Werk vollbracht hatten, ohne vorher in Jerusalem nachzufragen. Und sein Glaube zeigte sich darin, dass er erkannte: Hier war Gottes Gnade am Werk. Er war davon überzeugt, dass Gott, der seine Diener geführt und ihnen Gelingen gegeben hatte, auch weiterhin in seinem Werk Vorstöße bei der Verbreitung des Evangeliums schenken und dieses Werk leiten, führen und schützen würde, wenn nur diese neuen Christen und diese neue Gemeinde dem Herrn treu bleiben würden. Die Treue zum Herrn Jesus würde Gehorsam gegenüber der Lehre und Praxis der Apostel erfordern, wo auch immer sich diese Apostel gerade befanden. Aber die Treue zum Herrn Jesus würde nicht erfordern, dass sich eine Gemeinde in Syrien (oder an irgendeinem anderen Ort) der verwaltungsmäßigen und organisatorischen Kontrolle der Gemeinde in Jerusalem unterwarf. Die auf Jerusalem fixierte Stellung im Judentum sollte sich im Christentum nicht wiederholen. Die Gläubigen waren weder auf Initiativen aus Jerusalem angewiesen, noch mussten sie von dort aus kontrolliert werden. Und wenn wir – um ein wenig vorzugreifen – entdecken, welche kraftvollen Initiativen von der Gemeinde in Antiochien ergriffen wurden (siehe 13,1-3), können wir die Weisheit des Rats von Barnabas erkennen.

Dann folgte das Zweite, was Barnabas tat, um die Gläubigen in Antiochien zu ermutigen und ihnen beim Bau der Gemeinde zu helfen. Es bestand darin, Saulus aus Tarsus zu holen; und gemeinsam trafen sie sich ein ganzes Jahr lang mit der Gemeinde und lehrten eine große Anzahl von Menschen (11,25-26). Saulus hatte ja Jerusalem verlassen und war nach Tarsus zurückgekehrt. Barnabas aber hatte in ihm einen Mann erkannt, der besonders begabt und geeignet und berufen war, den Heiden zu helfen. Also holte er ihn zu sich, und sie lehrten die Menschen systematisch das Wort Gottes. Hier finden wir den wahren

Schlüssel für das Wachstum und die Ausbreitung der Gemeinde: Man darf sich nicht an irgendeine gemeindliche Zentrale halten, sondern muss bei dem Herrn bleiben. Andererseits darf man nicht in törichter Weise unabhängig sein und meinen, man könne alles selbst erledigen. Man muss nämlich die Hilfe derer, die Gottes von außen zu Lehrern berufen hat, annehmen. Außerdem darf man die »Treue zum Herrn« nicht zu einer Ausrede machen, um den eigenen Ideen und Vorstellungen zu folgen, sondern sollte durch sie motiviert sein, um sich intensiv und systematisch in seinem Wort belehren zu lassen.

Der dritte interessante Punkt ist, dass die Jünger zuerst in Antiochien »Christen« genannt wurden. Es war in gewisser Weise überaus angemessen, dass es so kam. »Messias« ist ein hebräischer Begriff, den die griechisch sprechenden Juden schon lange mit »Christos«, also mit »Christus«, übersetzt hatten. Aber »Christ«, d. h. »ein an Christus Gläubiger« oder ein »Diener Christi« war ein ganz neuer Begriff, der von Anfang an für Juden und Heiden gleichermaßen galt, die zum Glauben gekommen waren. Und damit bemerken wir eine weitere wichtige Sache. In Satz 1 haben wir gesehen, wie die Trennwand zwischen Juden und Heiden niedergerissen wurde. Das bedeutet aber nicht, dass es nun keinen Unterschied mehr zwischen den Menschen gibt. Vielmehr wird jetzt nach neuen Kriterien unterschieden: nicht mehr zwischen Juden und Nichtjuden, sondern zwischen christusgläubigen Juden und Nichtjuden auf der einen Seite und nichtchristlichen Juden und Nichtjuden auf der anderen.

Die Gemeinde in Antiochien und die Hilfeleistung zugunsten der Glaubensgeschwister (11,27-30)

In Satz 1 haben wir gesehen, dass die jüdische Auffassung von Heiligkeit sehr großen Wert auf die Ausübung guter Werke und soziales Engagement legte und ihr diesbezüglich Ausgewogenheit wichtig war. Dann haben wir die Unzulänglichkeiten der jüdischen Heiligkeit gesehen und erkannt, wie die christliche Heiligkeit an ihre Stelle treten musste. So musste insbesondere die Trennwand, die als Barriere zwischen Juden und Heiden diente, beseitigt werden. Auch war es nötig, dass die Speisegesetze, die Kontakte zwischen den Gläubigen erheblich erschwerten, aufgehoben wurden. Jetzt sehen wir in Antiochien eine Gemeinde, die sich auf die Prinzipien der christlichen Heiligkeit gründet. Die Frage ist: Wie werden die Abläufe in ihr sein? Wie wird sich die neue Situation auswirken, wenn es um soziale Verantwortung geht? Wird sie zu einer Vernachlässigung der wirklichen moralischen und sozialen Pflichten führen?

Nein! Sehen Sie, was in Antiochien geschah. Als die Jünger durch einige Propheten hörten, dass es in der ganzen damals bekannten Welt eine Hungersnot geben würde, beschlossen sie – offenbar aus eigenem Antrieb – den Brüdern in Judäa Hilfe zukommen zu lassen, jeder nach seinen Möglichkeiten (11,27-30). Was für eine wunderbare Geste und welch ein praktischer Ausdruck der Einheit von Juden und Heiden in Christus! In gewisser Weise war dieses Hilfswerk angesichts der bevorstehenden Notlage sogar noch beeindruckender als dasjenige von Dorkas (9,36-43), denn es überwand alle alten Schranken des religiösen Stolzes, der Vorurteile und Feindseligkeiten, der ethnischen Unterschiede und der geografischen Entfernung. Und auch heute noch ist die Einheit in Christus, die zwischen Gläubigen auf der ganzen Welt über nationale, ethnische, soziale, bildungsmäßige und politische Grenzen hinweg besteht, eine sehr beeindruckende Realität.

Es ist ein Ausdruck der Ironie, dass die anfängliche Verfolgung, die nach dem Märtyrertod des Stephanus ausgebrochen war, das Gegenteil von dem erreichte, was beabsichtigt war. Zu Beginn dieser Verfolgung nahm die Zahl der Gemeindeglieder in Jerusalem in erschreckender Weise ab. Aber statt eine Eindämmung des Christentums in der Welt zu bewirken, führte sie nicht nur zu seiner Ausbreitung, sondern auch dazu, dass die neu gegründete Gemeinde in Antiochien ihrerseits half, die Gemeinde in Jerusalem zu unterstützen und ihr in äußerer Not zur Seite zu stehen.

Die Verfolgung der Gemeinde durch Herodes und die Flucht des Petrus (12,1-19)

Jetzt begegnet uns wieder Verfolgung, und erneut richtet sie sich gegen die Gemeinde in Jerusalem. Und wieder wird die Verfolgung überwunden. Aber diesmal sind das Thema und die Lektion, die wir dabei lernen müssen, anders. Es war König Herodes Agrippa, auf den diese Verfolgung zurückging und der Jakobus mit dem Schwert töten ließ (12,1-2). Warum er dies zunächst tat, erfahren wir nicht, aber uns wird Folgendes mitgeteilt: »Als er … sah, dass es den Juden gefiel, fuhr er fort, auch Petrus festzunehmen« (12,3). Wir haben es hier also mit einem Fall von gesellschaftlicher Diskriminierung aus religiösen Gründen zu tun.

Die gesellschaftliche Diskriminierung aus religiösen Gründen ist in diesem Jahrhundert zumindest in der Christenheit immer mehr als das Übel erkannt worden, das sie wirklich ist. Wir sollten jedoch nie vergessen, dass diese Praxis während der meisten Jahrhunderte seit der Spätantike in der gesamten Christenheit weit verbreitet, ja, fast allumfassend war und die Quelle ungeheuerlicher und schändlicher Grausamkeiten und Unterdrückungen darstellte. Wir sollten also einen Moment innehalten und über die grundlegenden Annahmen nachdenken, die eine solche Diskriminierung nicht nur in den Augen der Juden der Antike, sondern auch für ganze Generationen innerhalb der Christenheit als richtig und angemessen erscheinen ließen und die sogar von einigen unserer Zeitgenossen befürwortet wird.

Herodes Agrippa I. hatte jüdisches Blut in seinen Adern, denn obwohl die Herodier[136] edomitischer Abstammung und bei den Juden nicht sehr beliebt waren, war seine Großmutter die hasmonäische Prinzessin Mariamne. Es ist vielleicht verständlich, dass Agrippa, als er unter Kaiser Claudius im Jahr 41 n.Chr. durch Landgewinne seinen Machtbereich vergrößern konnte, alles tat, um bei den Juden beliebt zu sein. Aber es ist traurig zu sehen, dass es »den Juden gefiel«, als er Jakobus hinrichten ließ, und dass ihn dies ermutigte, auch Petrus festzunehmen.

Professor F.F. Bruce hat eine Vermutung im Blick darauf geäußert, warum Herodes gegen »etliche von der Gemeinde« (12,1 [Schlachter 2000]) und nicht gegen alle Glieder der Jerusalemer Gemeinde vorging. Ihm zufolge könnte das darin begründet liegen, dass Petrus und die anderen Apostel vor Kurzem an der Überwindung der Schranken zwischen Juden und Heiden beteiligt waren oder diese gebilligt hatten

136 A.d.H.: Die Herodier waren die Angehörigen der gleichnamigen Dynastie, während die Herodianer als größerer Personenkreis deren Anhänger waren.

und dass sie (nach jüdischer Auffassung) den Heiden jüdische Privilegien gewährten, ohne dass diese Heiden Juden werden mussten.[137] Wenn dies der Fall gewesen ist, wäre das, was wir jetzt erleben, ein neuer Ausbruch der Feindseligkeit der Juden gegen das Christentum. Als sie jetzt zu sehen begannen, was das christliche Evangelium wirklich beinhaltete und was christliche Heiligkeit bedeutete – nämlich auch die Abschaffung aller besonderen jüdischen Vorrechte –, flammte ihre Feindseligkeit gegen das Evangelium wieder auf.

Es sei dahingestellt, ob dies tatsächlich der Fall war, oder ob es sich bei der jüdischen Feindseligkeit *ganz einfach* um den alten Widerstand gegen den christlichen Glauben handelte, der erneut aufbrach. Auf jeden Fall ist es wichtig zu sehen, dass das, wogegen sich die Juden auflehnten, den Kern des christlichen Evangeliums betraf. Es handelte sich nicht um ein unbedeutendes Merkmal des christlichen Glaubens und der christlichen Praxis, bei dem die Christen in wahrhaft christlichem Geist gut beraten gewesen wären, um der friedlichen Koexistenz mit dem Judentum willen Kompromisse einzugehen.

Aber natürlich hätten die Juden durchaus behaupten können, sie würden die biblische Autorität besitzen, um Menschen, die sich eines schweren Glaubensabfalls schuldig gemacht haben, durch die Obrigkeit hinrichten zu lassen. In 5. Mose 17,2-7 legte das Gesetz fest, dass jeder, der des Götzendienstes überführt wurde, die Todesstrafe erleiden musste – ungeachtet dessen, ob es ein Mann oder eine Frau war. Auch 5. Mose 13,7-19 enthielt dieses Gesetz und fügte noch etwas hinzu: Wenn eine ganze Stadt in Israel dem Götzendienst verfallen war, musste der Rest des Volkes mit dem Heer ausziehen und an der Stadt mit all ihren Bewohnern und ihrem Besitz den Bann vollstrecken. Die Juden hätten also argumentieren können, dass die Christen, die Jesus als Gott verehrten, sich eines besonders widerwärtigen Götzendienstes und der Lästerung des Namens Gottes schuldig gemacht hatten und deshalb zu Recht von der Obrigkeit hingerichtet wurden. Natürlich vertrat die Christenheit jahrhundertelang dieselbe Auffassung, dass die kirchlichen und geistlichen Autoritäten die gottgegebene Pflicht hatten, Ketzer zu töten, indem sie diese der Obrigkeit zur Hinrichtung übergaben. Sie war auch der Meinung, dass die Vertreter der Obrigkeit somit die

---

137 Bruce, *Acts*, NICNT, a. a. O., S. 233-234.

Verantwortung hatten, den Klerus zu unterstützen und die Staatsreligion rein zu halten.

Aber jetzt kommt der springende Punkt. Das alte Israel war vom Grundsatz her eine Theokratie, die direkt von Gott selbst eingesetzt wurde. Nicht nur seine Hohenpriester, sondern auch viele seiner Könige waren »Gesalbte des Herrn«. Jeder, der zu diesem Gemeinwesen gehörte, musste sich an die Religion dieses Gemeinwesens halten. Jeder neugeborene Junge, der acht Tage alt war, musste beschnitten werden. Deshalb galt für jeden Unbeschnittenen: Er musste aus dem Volk ausgerottet werden. Glaubenspraxis und Verhalten in diesem Gemeinwesen waren zwei Seiten ein und derselben Medaille. Das Gemeinwesen war von der Glaubenspraxis her bestimmt. Unter diesen Bedingungen war eine Abkehr von den gottesdienstlichen und religiösen Bestimmungen eine Kampfansage an das Gemeinwesen, wobei dieses das Recht und die Pflicht hatte, sie zu bestrafen.

Im ersten nachchristlichen Jahrhundert war Israel jedoch schon lange kein religiös bestimmtes Gemeinwesen mehr. Die politische Macht war verloren gegangen – nicht nur im Falle der zehn Stämme, sondern auch in Bezug auf Juda. Die Assyrer hatten die Monarchie des Nordreiches vernichtet, die Babylonier das Königtum des Südreiches. Das Haus David war nicht mehr an der Macht. Selbst nach der Rückkehr aus dem Exil waren zwar der Tempel und die Stadt Jerusalem wiederaufgebaut worden, aber eine Wiederherstellung der Monarchie blieb aus. Die Frage, ob die hasmonäischen Könige zu Recht als »Gesalbte des Herrn« angesehen wurden, können wir beiseitelassen: Auch ihre Dynastie war zu Ende gegangen. Herodes der Große war gewiss nicht der Gesalbte des Herrn. Er war nicht einmal ein echter Israelit. Er war vielmehr ein Idumäer und besaß nach 5. Mose 17,15 nicht die Voraussetzungen dafür, König über die Juden zu sein.

Die Juden hatten also das wahre Oberhaupt ihres Gemeinwesens, einen König aus dem Haus Davids, verloren, und das nicht zufällig. Es war Gott selbst, der die Dynastie Davids beendet und die politische Macht den Israeliten weggenommen und sie während ihres Exils den Heiden gegeben hatte, weil das Volk gesündigt und sich gegen ihn aufgelehnt hatte. Und als Höhepunkt seines Aufbegehrens hatte Israel vor Kurzem seinen wahren König aus dem Geschlecht Davids, den Gesalbten des Herrn – Jesus – verworfen und dessen Hinrichtung durchgesetzt. In Anbetracht dessen wurde Herodes Agrippa I., der vom römischen Kaiser ernannte Machthaber, von Gott gewiss nicht als der Gesalbte des Herrn anerkannt, der (unter anderem) eigentlich damit beauftragt war, Glaubensfeinde hinzurichten, um Israels Glauben und religiöse Praxis rein zu halten.

Israel hatte also schon vor langer Zeit sein Recht verwirkt, sich an seine eigene Obrigkeit zu wenden, geschweige denn an Vertreter einer heidnischem oder halb heidnischen Obrigkeit, um Menschen hinrichten zu lassen, die von Israels derzeitigen religiösen Führern als Abtrünnige betrachtet wurden. Und um die Sache noch zu verschärfen, sollten wir bedenken: Es war zur Passahzeit, als Herodes Petrus inhaftierte (Apg 12,4). Man muss sich nur daran erinnern, wofür das Passahfest stand, um die traurige Ironie der Situation zu erkennen: Das ursprüngliche Passahfest stand für die glaubensmäßige Freiheit, Gott nach den von ihm selbst geoffenbarten Grundsätzen zu verehren. Israel stand damals unter der politischen Herrschaft eines heidnischen Monarchen, des Pharaos. Im Namen Gottes verlangte Mose vom Pharao: »Lass mein Volk ziehen, damit sie mir dienen!« (2Mo 10,3). Der Pharao schlug mehrere Kompromisse vor, aber Mose beharrte darauf, dass nur die völlige Freiheit des Volkes, Gott nach den vom ihm selbst geoffenbarten Grundsätzen und nach den entsprechenden Überzeugungen anzubeten, ihn oder Gott zufriedenstellen würde.

Aber jetzt, bei einem anderen Passahfest, hießen die Juden das Vorgehen ihrer halb jüdischen Obrigkeit gut, den christusgläubigen Juden ihr Recht zu verweigern, Gott nach den inzwischen geoffenbarten Grundsätzen zu verehren, ja, sogar ihr Recht auf Leben.

Wir können uns einer Sache sicher sein: Eine derartige politisch motivierte Diskriminierung aus Glaubensgründen war weder Ausdruck wahrer Heiligkeit, noch war sie gottgefällig! Als die Israeliten gezwungen waren, als Fremde in fernen Ländern zu leben, haben sie selbst für die Freiheit der Ausübung ihrer eigenen Religion plädiert, und oft wurde sie ihnen gewährt. Und wenn sie ihnen verweigert wurde, zeugte eine lange Reihe von Märtyrern von ihrem Protest, den sie aus edlen Motiven erhoben. Ihr Prophet Daniel hatte – wenn auch unter großen Opfern – für sich selbst und für seine Mitstreiter eine gewisse glaubensmäßige Freiheit errungen. Dafür sind Juden jeder Generation seither in anderen Ländern eingetreten, und dafür haben sie gelitten. Dafür haben mutige Juden während etlicher Jahrhunderte der sogenannten christlichen Herrschaft vieles erduldet. Doch hier sahen die Juden zur Zeit des Petrus voller Schadenfreude, dass genau diese Freiheit einigen unter den ersten Christen, nämlich Jakobus und Petrus, verwehrt wurde.

Das Christentum ist kaum imstande, mit dem Finger auf das Judentum der Antike zu zeigen. Als Kirche und Staat schließlich eine unheilvolle Allianz eingingen, entstand nach dem Selbstverständnis der Kirche ebenfalls ein religiös bestimmtes Gemeinwesen, wie es dies im Judentum gegeben hatte. Ja, es war die Kirche, die schließlich ihre Macht ausnutzte, um die Diskriminierung und später die Verfolgung der Juden in die Wege zu leiten,[138] und schließlich dazu überging, Christen zu verfolgen, die man für Ketzer hielt oder die als solche galten. Und die gleichen Methoden, die das Judentum zur Aufrechterhaltung eines Zustands einsetzte, in dem das Religiöse das Gemeinwesen beherrschte, wurden auch vom Christentum gebraucht. Im Judentum bestand eine Möglichkeit, um sicherzustellen, dass sich jeder, der zu dem Gemeinwesen gehörte, auch an die bestehende Glaubenspraxis hielt. So war es z.B. gesetzlich vorgeschrieben, dass jeder Junge als Säugling beschnitten wurde. Im Christentum setzte sich die Auffassung durch, dass die Taufe mit der Beschneidung gleichzusetzen sei, und schließlich wurde in verschiedenen Ländern und Jahrhunderten die Taufe jedes Säuglings im jeweiligen Land durch das bürgerliche Recht unter Androhung der Todesstrafe oder der politischen Ausgrenzung erzwungen. Wir brauchen hier nicht zu verweilen, um erneut die enormen Grausamkeiten und die ungerechte Diskriminierung zu beklagen, die bis in die jüngste Zeit hinein auf dem Boden jener Auffassung begangen wurden, welche das Religiöse und Säkulare miteinander vermischte. Sie sind schon oft genug beklagt worden. Aber wir sollten die historischen Tatsachen nicht vergessen und auch nicht außer Acht lassen, dass eine Haltung, die Religiöses und Weltliches miteinander vermischte, von falschen Voraussetzungen ausging. Eine solche Auffassung war *keine* gültige Form der Heiligkeit. Wer die Verflechtung der Kirche mit dem Staat und die politische Diskriminierung betrieb, um die privilegierte Stellung der Kirche

138 Siehe E. Mary Smallwood, *From Pagan Protection to Christian Oppression*, Belfast: The Queen's University of Belfast, 1979.

zu stärken und den Staat (!) rein zu halten, verfolgte das genaue Gegenteil von christlicher Heiligkeit.

Doch zurück zu Petrus. Nachdem er die Hinrichtung von Jakobus miterlebt hatte, befand er sich nun im Gefängnis (Apg 12,4). Es braucht nicht viel Fantasie, um sich vorzustellen, was er in diesen kritischen Tagen gedacht und wie er sich gefühlt haben mag. Er war nicht nur der führende Bruder der Jerusalemer Christen seit dem Pfingsttag, sondern er hatte auch die alten Schranken zwischen Juden und Heiden niedergerissen, das Evangelium zu den Heiden gebracht und die Gläubigen aus den Heiden als vollwertige und echte Christen anerkannt, ohne dass sie Juden wurden. Nun war die Verfolgung ausgebrochen. Jakobus war bereits tot. Er selbst würde, wenn Gott nicht eingreifen würde, auch bald tot sein. Man kann vermuten, dass dies Petrus nicht sonderlich viel ausmachte. Aber angenommen, viele seiner jüdischen Glaubensbrüder würden seiner christlichen Position und den neuen Erkenntnissen folgen, die Gott ihm hinsichtlich der Bedeutung des Evangeliums für die Evangelisierung der Heiden gegeben hatte: Wenn sie dies tun würden, dann würden sie wahrscheinlich auch bald tot sein. Menschlich gesehen wäre er für ihren Tod verantwortlich.

Was sollte er tun? Auf der einen Seite stand das, von dem er wusste, dass es die Wahrheit war – das Evangelium, von dem die Rettung einer überaus großen Zahl von Heiden abhing. Wie konnte er diesbezüglich Kompromisse eingehen?

Auf der anderen Seite befanden sich jedoch das religiöse Establishment des Judentums mit seinem enormen Einfluss, die große Mehrheit der religiös lebenden Juden und nun auch die gesamte Macht des Königs sowie der Obrigkeit. Als der jüdische Hohe Rat ihm und Johannes in der Frühzeit der Gemeinde verboten hatte, im Namen Jesu zu predigen, hatten sich Petrus und Johannes ohne Zögern widersetzt. Doch nun hatte sich die von Rom eingesetzte Obrigkeit eingeschaltet, indem sie bei der Verfolgung die Führung übernahm. Wir können nicht sagen, wie Petrus sich gefühlt hat, denn dies wird uns nicht mitgeteilt. Aber wir wissen, wie Luther sich fühlte, als er nicht nur dem Vertreter des Papstes, sondern auch dem Kaiser[139] gegenüberstand. Konnte er

139 A. d. H.: »Herrscher von Spanien« im Original. Karl V. (1500–1558) war Kaiser des Heiligen Römischen Reiches Deutscher Nation und König von Spanien in Personalunion.

im Recht sein, während all diese bedeutenden Autoritäten im Unrecht waren? War es richtig, dass er sich sogar gegen den Kaiser stellte? Konnte er den Schritt wagen, der auf die Spaltung der Christenheit hinauslief?

Wenn wir auch nicht wissen, wie es Petrus in dieser kritischen Situation zumute war, so kennen wir doch die Erleichterung, die er empfand, als er aus dem Gefängnis entlassen wurde, und was die Freilassung für ihn bedeutete. Das *hat* er uns erzählt. Seine Befreiung war ein Wunder. Zu Beginn erkannte er nicht, dass dies wirklich geschah: Er hielt es für eine Erscheinung (12,9[140]). Aber als er vor dem Gefängnis stand und in die kühle Nachtluft trat, sagte er: »Nun weiß ich in Wahrheit, dass der Herr seinen Engel gesandt und mich gerettet hat aus der Hand des Herodes und aller Erwartung des Volkes der Juden« (12,11). Beachten Sie die Frage, um die es geht. Es ging nicht einfach um die Frage: »Bin ich wirklich außerhalb des Gefängnisses, oder träume ich?« Es ging vielmehr um die Art und Weise, wie er herauskam und *wer* ihn befreit hatte. Es war ein Wunder. Der Herr hatte es getan. Und die Folgerung war klar: Gott hatte eingegriffen und Jesus von den Toten auferweckt und damit das Urteil der Angehörigen des jüdischen Hohen Rats ins Gegenteil verkehrt, wobei er auch die Pläne des Pilatus und das Kalkül des Herodes Antipas zunichtegemacht hatte. In gleicher Weise hatte Gott nun eingegriffen, um die gesellschaftliche Diskriminierung und religiöse Verfolgung durch Herodes Agrippa aufzuheben. Er hatte die Haltung des Judentums, die auf die Beherrschung des gesamten religiösen Lebens abzielte, verworfen – damit war es nun vorbei. Gott selbst hatte Petrus befreit, und mit ihm war auch das Evangelium befreit. Das jüdische Gemeinwesen hatte keine obrigkeitliche Kontrolle über Glaubensfragen mehr. Und schon gar nicht hatte es noch die Macht, das Monopol der Religion, die dieses Gemeinwesen beherrschte, durchzusetzen, wenn es um Gottes geoffenbarte Wahrheit ging. Das Evangelium war frei, den Segen Abrahams (Gal 3,14) zu den Heiden zu bringen; und die Heiden konnten ihn empfangen, ohne Juden zu werden. Das Evangelium war für die ganze Welt bestimmt, ohne dass die obrigkeitlichen Vertreter von Judäa diesbezüglich irgendeine Kontrolle ausüben konnten – ob nun innerhalb oder außerhalb der Grenzen dieses

140 A.d.H.: Vgl. RELB und Luther 1984.

Gemeinwesens. Und da Gott es von der Kontrolle durch das jüdische Gemeinwesen befreit hat, können wir sicher sein, dass er es nie der Autorität eines heidnischen Staates unterstellen wollte.

Die Lektion, die Petrus in der kühlen Nachtluft außerhalb des Gefängnisses lernte, war daher bedeutsam. Sie war ebenso wichtig wie diejenige Lektion, die er durch die Erscheinung, aufgrund derer er zum Haus des Kornelius geschickt worden war, und die dort stattfindenden Ereignisse lernte. Gottes Eingreifen, Petrus zu dem Heiden Kornelius zu schicken, befreite das Evangelium von den engen Schranken der religiösen Speisegesetze und der Haltung des Judentums, die Heiden von vornherein ausschloss. Sein Eingreifen, um Petrus aus dem Gefängnis zu befreien, befreite das Evangelium von der Vorherrschaft des Judentums in einem religiös bestimmten Gemeinwesen. Beide Eingriffe waren gleichermaßen notwendig, wenn das Evangelium zu allen Völkern der Welt kommen sollte. Wie könnte das Evangelium ungehindert zu den Menschen anderer Nationen kommen, wenn es letztendlich unter der Kontrolle der jüdischen Obrigkeit stünde? Oder wenn es – darüber hinaus – von irgendeinem anderen Gemeinwesen beherrscht werden würde? Bis heute ist es die Angst vieler Länder, dass das Evangelium in Wirklichkeit ein Arm des westlichen Imperialismus oder der westlichen Demokratie ist. (Dazu gehören nicht zuletzt Länder, deren Gesellschaft von einer Religion bzw. einer Ersatzreligion beherrscht wird – und das schließt einige kommunistische bzw. diktatorisch regierte Staaten ein.) Und in mehreren Ländern fürchten die Regierungen, dass das Evangelium ein Arm des Kapitalismus oder des Kommunismus ist – je nachdem, wie die jeweilige Regierung eingestellt ist. Wenn das Evangelium den Weg zu den Herzen der Menschen aller Nationen finden soll, muss es von jeder politischen und staatlichen Kontrolle frei sein, und es muss als frei angesehen werden. Es geht zwar um die Förderung der Einheit zwischen Juden und Nichtjuden. Aber diese Einheit ist eine Einheit in Christus und nicht ein internationaler Zusammenschluss von Staaten. Natürlich ist das Evangelium bestrebt, gute Werke, soziale Fürsorge und Verantwortung zu fördern. Wohl nirgendwo in der Apostelgeschichte wird dies deutlicher als in diesem Abschnitt. Aber diese der Nächstenliebe entspringenden guten Werke gehen auf das Evangelium selbst und auf die durch Christus geschenkte Errettung zurück; das Evangelium ist weder aus irgendeiner bestimmten politischen Theorie hervorgegangen, noch kann es von einer solchen nutzbar gemacht werden. Es ist weder der Arm einer Regierung noch irgendeiner politischen Bewegung.

Doch kehren wir zu Petrus zurück. Als er erkannte, dass seine Befreiung aus dem Gefängnis keine Erscheinung, sondern Realität war, ging er zum Haus von Maria, der Mutter von Johannes Markus (Apg 12,12). In dem Haus befanden sich viele Gläubige, die für die Freilassung des Petrus beteten. Als man sein Klopfen an der Tür und seine Stimme hörte, wurde ihm nicht sofort geöffnet, weil die Versammelten dies vor Freude nicht fassen konnten und ungläubig staunten. Es war für die betreffende Gruppe von Gläubigen, die in Jerusalem zusammengekommen war, schwer zu glauben, dass Gott ein Wunder von einem solchen Ausmaß vollbringen würde, um Petrus und damit auch das Evangelium zu befreien. Es zeigt jedenfalls, dass die ersten Christen nicht zu jeder Stunde des Tages oder an jedem Tag der Woche ein Wunder erwarteten. Als sie Jahre später Lukas von diesem Wunder berichteten, ließen sie erkennen, dass das Wunder für sie wie für alle anderen eine Überraschung war, die sie zunächst nicht glauben konnten.

Nun hängt die Glaubwürdigkeit von Wundern in erster Linie vom Charakter und der Zuverlässigkeit des Zeugen und des Berichts ab. Aber sie hängt auch davon ab, dass man zumindest einigermaßen die Verhältnismäßigkeit wahrt. Angenommen, man würde uns sagen, dass Gott eingriff, indem er einen Engel schickte, um Petrus in seiner Zelle hinsichtlich irgendeiner Nebensächlichkeit zu helfen. In diesem Fall würde das von Gott gebrauchte Mittel in einem solchen Missverhältnis zur Bedeutung der Situation stehen, dass man die Geschichte nur schwer glauben würde.

Die Glaubwürdigkeit der Geschichte von der wundersamen Befreiung des Petrus aus dem Gefängnis hängt in erster Linie von unserer Einschätzung der Zuverlässigkeit des inspirierten Geschichtsschreibers Lukas ab. Sie hängt aber auch davon ab, wie wir die Bedeutung des Themas einschätzen, um das es geht. Den Anregungen einiger Exegeten zufolge sei die Geschichte des Engels nur eine poetische Überhöhung, um zu sagen, dass in Gottes guter Vorsehung jemand von den Wachen des Gefängnisses, der mit Petrus sympathisierte, ihn freiließ. Aber diese Erklärung reicht nicht aus. Erstens sagt Lukas eindeutig, dass es ein Engel war (12,7.8.9.10). Darüber hinaus hätte nur ein direktes

Eingreifen Gottes in Form eines Wunders ausgereicht, um die Frage zu klären. So wie Gott selbst Israel die Speisegesetze gegeben hatte, so hatte Gott selbst das vom Grundsatz her theokratisch beherrschte Gemeinwesen Israels mit der notwendigen obrigkeitlichen Macht ausgestattet, um die rechte gottesdienstliche und glaubensmäßige Praxis durchzusetzen. Als Gott die Speisegesetze aufhob, musste er sich daher selbst als derjenige erweisen, der eingriff, so wie es uns berichtet wird. Es hätte Petrus nichts genützt, wenn er seinen Glaubensbrüdern in Jerusalem nahegelegt hätte, dass die Speisegesetze nun ignoriert werden konnten. Gott musste diese Angelegenheit regeln, indem er Petrus die Sache aus der Hand nahm und selbst den Heiligen Geist auf die Heiden kommen ließ. Wenn die Menschen nach dem Willen Gottes erkennen sollten, dass ein religiös bestimmtes Gemeinwesen in Judäa keinerlei göttliche Autorität mehr besaß, konnte er dies nur durch ein direktes Eingreifen seinerseits erreichen. Die bloße Meinung des Petrus oder aller Apostel zusammengenommen wäre diesbezüglich unzureichend gewesen.

Und was die Proportionen betrifft: Der Glauben war aus den erstarrten Formen des jüdischen Gemeinwesens befreit worden. Obwohl es weiterhin Widerstand leistete, konnte es der Verkündigung des Evangeliums sowie einem Leben nach den Grundsätzen der Heilsbotschaft nichts Entscheidendes mehr entgegensetzen, wobei dies auch für alle anderen religiös bestimmten Gemeinwesen galt bzw. gilt. Dies war neben der Botschaft des Evangeliums selbst eine Angelegenheit von grundlegender Bedeutung für die Verkündigung der Heilsbotschaft in der Welt.

Aber natürlich hatte Herodes Agrippa nach wie vor seine eigene Sicht. Er beharrte auf der Meinung, dass es sich entweder um eine Unachtsamkeit der Wächter gehandelt hatte oder dass Insider an der Befreiung beteiligt gewesen waren. Er ließ die (unschuldigen) Wächter hinrichten (12,19). Dies waren ein paar weitere Opfer unter denen, die in all den Gemeinwesen, in denen die Religion die beherrschende Stellung eingenommen und denen die göttliche Bevollmächtigung gefehlt hat, umgebracht worden sind.

Herodes: Die Fortsetzung (12,20-24)

Herodes Agrippa war von seiner Herkunft her nicht einmal ein Jude. Auch wenn ein religiös bestimmtes Gemeinwesen innerhalb des Judentums zu seiner Zeit noch auf göttliche Anordnungen verweisen konnte, so verstießen die Thronbesteigung des Herodes und sein Machtantritt in Judäa[141] gegen die alttestamentlichen Schriften (5Mo 17,15). Das hielt die Juden nicht davon ab, sich zu freuen, als er seine politische Macht nutzte, um das Evangelium und seine Diener zu unterdrücken (Apg 12,1-5). Wenn aber religiöse, von Gott nicht bevollmächtigte Führer die Obrigkeit ermutigen, in Glaubensfragen Entscheidungen zu treffen, dann dürfen sich diese nicht wundern, wenn die Obrigkeit schließlich beginnt, sich so zu verhalten, als wäre sie an Gottes Stelle.

Zumindest tat dies Herodes Agrippa I. Im Zuge des Abschlusses gewisser politischer Verhandlungen berief er eine große, mit viel Aufwand vorbereitete Versammlung ein, um das Volk zu beeindrucken. In seinen königlichen Gewändern setzte er sich auf seinen Thron und hielt eine öffentliche Ansprache (12,21). Die Menschen aus der Menge antworteten, indem sie ihm göttliche Ehren zuschrieben: »Eines Gottes Stimme«, riefen sie, »und nicht eines Menschen!« (12,22). Er nahm ihre dem Götzendienst verfallene und absurde Verehrung an, und »sogleich ... schlug ihn ein Engel des Herrn dafür, dass er nicht Gott die Ehre gab; und von Würmern zerfressen, starb er« (12,23).

Die Struktur der Erzählung des Lukas regt zum Nachdenken an. Wir haben bereits festgestellt, dass die Worte in 11,18 (»... sie [beruhigten] sich und verherrlichten Gott«) in 12,21.23 ihren Widerhall finden: »... [er] hielt ... eine öffentliche Rede ... er (gab) nicht Gott die Ehre«.

Aber der Gegensatz beinhaltet noch weitere Aspekte. In Apostelgeschichte 11,1-18 ist davon die Rede, dass Juden und Heiden im Heiligen Geist getauft wurden. Diese Taufe führte zu einer unmittelbaren Einheit zwischen jüdischen und nichtjüdischen Gläubigen, wie es sie in der Geschichte noch nie gegeben hatte. Dennoch ist es unwahrscheinlich, dass sie zu jener Zeit die erstaunlichen Auswirkungen dieser

141 A. d. H.: Er gelangte 37 n. Chr. auf den Thron und herrschte zunächst über die im Ostjordanland und nördlich davon gelegene Tetrarchie des Herodes Philippos. 39 n. Chr. kamen Peräa und Galiläa hinzu, wo zuvor der verstorbene Herodes Antipas regiert hatte. 41 n. Chr. folgte Judäa (mit Samaria und Idumäa).

Taufe erkannt hatten. Allerdings wurden sie später Paulus geoffenbart, und Lukas wird von ihm davon erfahren haben, bevor er die Apostelgeschichte schrieb. In dieser Beziehung erklärte Paulus den Korinthern: »… in einem Geist sind wir alle zu einem Leib getauft worden, es seien Juden oder Griechen« (1Kor 12,13). Der Leib, auf den er sich bezog, ist nichts Geringeres als der »Leib Christi«, dieser neue und einzigartige Organismus in Gottes Universum, der seit Pfingsten eine Realität in dieser Welt ist. Das ist dieser wunderbare Organismus, der dadurch geschaffen wurde, dass den Menschen der Geist Gottes zugeeignet wurde und sie mit diesem Geist getränkt wurden. Sie leben daher im Geist Gottes, und der Geist Gottes ist in ihnen (Röm 8,9). Das Ergebnis ist, dass ein Leib entstanden ist, dessen Haupt der Mensch Christus Jesus ist. In ihm hat jedes Glied Anteil an dem gleichen Leben. Ohne seine individuelle Verantwortung zu verlieren, ist jeder Einzelne – ob Mann oder Frau – nicht mehr nur ein Individuum. Vielmehr ist er auch wie jeder andere Gläubige ein Glied in diesem größeren Organismus, dem Leib Christi, wobei alle Glieder mit Christus, dem Haupt, verbunden sind. Der Mensch ist in Gottes Familie aufgenommen worden!

Und was im letzten Teil von Satz 2 (Apg 12,20-23) dargestellt wird, ist ein trauriger und absurder Versuch, Gottgleichheit nachzuäffen: Ein Mensch versucht, den Platz Gottes einzunehmen und Gott nachzuäffen, indem er dem ehrgeizigen Streben nachgibt, das wir bereits zu Beginn der Menschheitsgeschichte finden, als der große Versucher an das erste Menschenpaar herantrat: »… ihr (werdet) sein … wie Gott« (1Mo 3,5). Der erbärmliche Versuch von Herodes Agrippa I. ist nur ein schwacher Vorgriff auf die Zeit, in der *der* Antichrist ihn zur vollen Entfaltung bringen wird: Er ist »der Mensch der Sünde«, der auf der Erde sein Unwesen treibt und »widersteht und sich erhöht über alles, was Gott heißt oder verehrungswürdig ist, sodass er sich in den Tempel Gottes setzt und sich selbst darstellt, dass er Gott sei« (vgl. 2Thes 2,3-4).

Und es gibt noch einen weiteren Vergleich, den man in Betracht ziehen sollte. Wenn es stimmt, dass die Apostelgeschichte aus sechs großen Abschnitten besteht, dann steht diese Episode, die über den Versuch zur göttlichen Verehrung des Herodes und über seinen Tod berichtet, am Ende des dritten Abschnitts und damit von der Gliederung her in der Mitte des Buches. Die Mitte des Lukasevangeliums befindet sich in Kapitel 9,50. In 9,51 beginnt der Herr Jesus den Angaben des Lukas zufolge nämlich mit der Reise, die ihn über Jerusalem zurück in die Herrlichkeit führen wird, aus der er gekommen ist. In diesem Zusammenhang ist es interessant zu sehen, dass das letzte große Ereignis in der ersten Hälfte des Lukasevangeliums die Verherrlichung des Menschen Jesus auf dem Berg der Verklärung ist (Lk 9,28-36).

Der Gegensatz zwischen den beiden Begebenheiten ist anschaulich. Im Lukasevangelium wird in Bezug auf den Menschen Jesus gesagt: »… das Aussehen seines Angesichts (wurde) anders und sein Gewand wurde weiß und glänzte« (Lk 9,29 [Luther 1984]). Wir lesen davon, dass die Wolke der Herrlichkeit der Gegenwart Gottes kam und eine Stimme aus der Wolke zu hören war: »Dies ist mein auserwählter Sohn« (Lk 9,35 [Menge]). Und dann finden wir in der Apostelgeschichte Herodes Agrippa I., der sich in seine königlichen Gewänder kleidet, auf seinem Thron sitzt, eine große Rede hält, göttliche Ehren annimmt – und von Würmern zerfressen wird (Apg 12,20-23)!

Natürlich kann es sein, dass die Ähnlichkeiten und Gegensätze von Lukas nicht beabsichtigt waren. Aber da es sich bei beiden Ereignissen um geschichtliche Begebenheiten handelt, die Lukas im göttlichen Auftrag niederschrieb, gibt es keinen Grund, warum wir sie nicht vergleichen und gegenüberstellen und entsprechende Schlussfolgerungen daraus ziehen sollten. Es gibt den Fortschritt des Menschen über die Jahrhunderte hinweg, die phänomenale Zunahme der ihm zur Verfügung stehenden Macht in den letzten Jahrzehnten und die in der Welt zunehmende Tendenz zur Globalisierung, wobei einige wenige große Religionen und Philosophien um die Vorherrschaft konkurrieren werden. Dazu kommt die Notwendigkeit für die Regierungen dieser Welt, einen Weg zu finden, um die militanten Religionen und Philosophien daran zu hindern, die Welt durch Fanatismus ins Chaos zu stürzen. All dies könnte jemanden dazu verleiten, erneut auf das Mittel zurückzugreifen, das die römischen Kaiser angewandt haben, um ihr Reich mit all seinen verschiedenen Religionen halbwegs zu vereinen und die Zwietracht und das Blutvergießen zu beenden – Faktoren, die die römische Republik zu Fall gebracht hatten:[142] Es ging darum, dass das Gemeinwesen in der Person des obersten Herrschers in eine gottgleiche

142 A. d. H.: Hier wird auf den Bürgerkrieg im Römischen Reich Bezug genommen, der im ersten Jahrhundert v. Chr. ausgetragen und erst mit dem Machtantritt des Augustus als erster römischer Kaiser im Jahr 27 v. Chr. beendet wurde.

Stellung erhoben und die verbindliche Übernahme dieser Verehrung in allen anderen Religionen gefordert wurde. Wenn dies künftig geschehen wird, so wird es zweifellos vorübergehend eine Art von Frieden bringen, jedoch um den Preis, dass es die größte geistliche Knechtschaft sein wird, die die Welt je erlebt hat.

ABSCHNITT 4

Die christliche Lehre vom Heil (12,25–16,5)

Einleitende Beobachtungen

Wir kommen nun zu der vierten Station, an der sich das Christentum und das Judentum auseinanderentwickelten. Diesmal geht es um das Heil, seine Bedingungen und Voraussetzungen. Diese Frage betrifft das Herzstück des Evangeliums. Der Name »Jesus« bedeutet, wie wir wissen, »Retter«, und er wurde unserem Herrn gegeben, so erklärte der Engel Joseph: »… denn er wird sein Volk erretten von ihren Sünden« (Mt 1,21). Die Rettung ist also das, worum es im Evangelium geht. Wie Paulus es ausdrücken würde: »… ich schäme mich des Evangeliums nicht, denn es ist Gottes Kraft zum Heil jedem Glaubenden« (Röm 1,16).

Es mag daher auf den ersten Blick seltsam erscheinen, dass die maßgebliche Erörterung der genauen Heilsbedingungen durch die Apostel in der geschichtlichen Darstellung des Lukas so spät erfolgt und dass sie sich erst hier verbindlich und lehrmäßig begründet zu diesem Thema äußern. Natürlich wird unser Herr schon in Apostelgeschichte 5,31 als Retter bekannt gemacht: »Diesen hat Gott durch seine Rechte zum Führer und Heiland erhöht, um Israel Buße und Vergebung der Sünden zu geben«; und in 4,12 heißt es ganz klar: »Und es ist in keinem anderen das Heil, denn es ist auch kein anderer Name unter dem Himmel, der unter den Menschen gegeben ist, in dem wir errettet werden müssen.« Außerdem wird von Anfang an deutlich gemacht, dass die Menschen, um gerettet zu werden, Buße tun und glauben müssen. Aber es gibt keine formelle Diskussion oder Erklärung in Bezug darauf, ob die Menschen auch andere Bedingungen erfüllen müssen, um gerettet zu werden – wie z.B. die Beschneidung und das Halten des mosaischen Gesetzes –, bis wir zu diesem vierten Abschnitt der Apostelgeschichte kommen.

Dafür gibt es einen sehr einfachen und praktischen Grund. Am Anfang waren alle gläubig Gewordenen Juden. Sie glaubten ausnahmslos, dass Jesus der Messias, der Sohn Gottes und der Retter ist. Alle Männer unter ihnen waren bereits beschnitten worden. Sie alle waren von klein auf mit großen Nachdruck darauf hingewiesen worden, dass sie das Gesetz des Mose halten müssten. Als sie sich daher von ihren Sünden abkehrten und an den Erretter glaubten, haben viele von ihnen nie innegehalten, um darüber nachzudenken, wie ihre Beschneidung und das Halten des Gesetzes mit ihrer Errettung zusammenhingen. Ihnen war nicht klar: Waren diese Dinge notwendige Voraussetzungen für die Errettung, sodass man nicht gerettet werden konnte, wenn man nicht beschnitten war und das Gesetz nicht hielt – ungeachtet dessen, wie aufrichtig man Buße tat und an den Erlöser glaubte? Oder waren sie Dinge, die man nach der Errettung als Ausdruck der Liebe und Treue zu Gott tun sollte?

Doch dann, als sich das Evangelium verbreitete, begannen Hunderte von Heiden, umzukehren und an den Herrn Jesus zu glauben. Sie waren jedoch nicht beschnitten und auch nicht dazu erzogen worden, das mosaische Gesetz zu halten. Dennoch versammelten sie sich hier, wie zum Beispiel in Antiochien, als christliche Gemeinden. Verständlicherweise dauerte es nicht lange, bis die Frage mit messerscharfer Präzision und unausweichlicher Dringlichkeit aufkam: Können Heiden gerettet werden, ohne beschnitten zu werden und ohne das Gesetz des Mose zu halten? Und wenn ja, welche Rolle spielte die Beschneidung bei der Errettung? Hat sie überhaupt keinen Beitrag geleistet? Und gilt das auch für das Gesetz des Mose?

Einmal aufgeworfen, mussten die entsprechenden Fragen eindeutig geklärt werden. Das Christentum musste seine Heilslehre definieren. Dieser Aufgabe wurde es gerecht, und damit entfernte es sich einen weiteren Schritt vom Judentum.

Der vierte Abschnitt erstreckt sich von 12,25 bis 16,5 (wo Lukas bei der Wiedergabe seiner geschichtlichen Darstellung zwei Abschnitte voneinander trennt). Der Abschnitt besteht aus zwei Sätzen. Satz 1 beginnt damit, dass Barnabas und Saulus aus Jerusalem nach Antiochien zurückkehren (12,25) und zu ihrer ersten gemeinsamen Missionsreise aufbrechen (13,1-3[143]). Der Bericht des Lukas über die Reise kon-

143 A. d. H.: Im Original wird hier 13,1-4 angegeben. Dies überschneidet sich mit dem nächsten Teil dieses Satzes.

zentriert sich auf die vier wichtigsten Begebenheiten: die Reise durch Zypern (mit besonderem Augenmerk auf die Bekehrung des Prokonsuls Sergius Paulus in Paphos trotz des Widerstands des falschen jüdischen Propheten Elymas [13,4-12]); die Predigt des Paulus im pisidischen Antiochien und ihre Folgen (13,13-52); seine Predigt in Ikonium, Lystra und Derbe, wobei ein in Lystra vollbrachtes Wunder und dessen Folgen besonders hervorgehoben werden (14,1-20); und schließlich die Rückkehr über Lystra, Ikonium, Antiochien in Pisidien sowie über Perge und Attalia (beide in Pamphylien) zu ihrem Ausgangspunkt in Antiochien, wo Paulus und Barnabas der Gemeinde Bericht erstatteten (14,21-28).

Satz 2 beschreibt eine weitere Reise, diesmal von Antiochien nach Jerusalem und zurück (15,1-35), und fährt dann mit den Beginn einer dritten Reise[144] fort (15,36–16,5). Auch er besteht aus vier großen Begebenheiten. Die erste erzählt, wie Vertreter der falschen judaistischen Lehre aus Judäa nach Antiochien kamen und wie Paulus, Barnabas und einige andere nach heftigen Auseinandersetzungen beauftragt wurden, wegen dieses Problems zu den Aposteln und Ältesten in Jerusalem zu reisen (15,1-5). Die zweite berichtet über die sich daraus ergebende Zusammenkunft und Beratung in Jerusalem und die Entscheidung, zu der die dort Verantwortlichen kamen (15,6-21). Die dritte Begebenheit berichtet, wie die Teilnehmer an der Beratung einen Brief an die heidnischen Gläubigen in Antiochien und anderen Orten schrieben und wie er von einigen ausgewählten Männern zusammen mit Paulus und Barnabas überbracht wurde (15,22-35). In der vierten Begebenheit wird berichtet, dass Paulus und Barnabas nach einiger Zeit in Antiochien beschlossen, zurückzukehren und die Brüder an allen Orten zu besuchen, an denen sie auf ihrer ersten Missionsreise gepredigt hatten. Doch es kam zu einer heftigen Meinungsverschiedenheit, sodass sich Paulus und Barnabas trennten: Barnabas nahm Markus mit, während Paulus Silas und später Timotheus als Begleiter wählte (15,36–16,5).

Wir haben demnach in Abschnitt 4 zwei große Sätze mit jeweils vier Hauptbegebenheiten vor uns. Tabelle 5 enthält ein einfaches Inhaltsverzeichnis in Bezug auf den Abschnitt, in dem einige der wichtigsten Details in jeder Begebenheit aufgeführt sind.

144 A. d. H.: Sie ist nicht zu verwechseln mit der dritten Missionsreise.

Es ist kein Zufall, dass das Material in diesem Abschnitt eine offensichtliche Symmetrie aufweist. Sie ergibt sich aus der Absicht des Lukas, eine ausgewogene Darstellung dieser grundlegenden Lehre des christlichen Glaubens zu geben und zu zeigen, wie man ihn letztendlich definiert hat.

Nehmen wir dazu das offensichtlichste Beispiel von allen: die Platzierung des zusammenfassenden Verses, der in 16,5 das Abschnittsende anzeigt. Auf den ersten Blick ist dies seltsam. Lukas hat ihn nicht an das Ende der ersten Missionsreise des Paulus gesetzt (14,28), wo es naheliegend gewesen wäre, und auch nicht an das Ende seiner Reise nach Jerusalem und zurück (15,35). Stattdessen beginnt er seinen Bericht über die zweite Missionsreise des Paulus, folgt ihr ein paar Verse lang (15,36–16,4) und unterbricht sie dann bei 16,5 (wo bei der Beschreibung des weiteren Verlaufs dieser Reise zwei Abschnitte voneinander getrennt werden), bevor er mit dem Rest ebendieser zweiten Missionsreise fortfährt. Warum wird die zweite Missionsreise nach einem Zwölftel des Weges durch ein Abschnittsende unterbrochen?

Eine Erklärung dafür könnte sein, dass Paulus bis zu dem Zeitpunkt, an dem sein Bericht 16,4 erreicht hat, lediglich nochmals auf die Orte Bezug nimmt, in denen Paulus und Barnabas bereits auf der ersten Missionsreise gewirkt hatten. Das Neuland wird erst in 16,6 betreten. Aber dann fällt uns unversehens eine andere, wichtigere Erklärung auf. In 15,1-5 kämpft Paulus zusammen mit Barnabas mit größter Entschlossenheit dagegen, dass auch den nichtjüdischen Gläubigen die Beschneidung auferlegt wird. Und schließlich vertreten alle Apostel gemeinsam die Auffassung, dass es die Heilslehre untergraben würde, würde man auch diesen Gläubigen die Beschneidung auferlegen. Doch in 16,1-3 nimmt Paulus Timotheus und beschneidet ihn! Die scheinbare Widersprüchlichkeit in einer so wichtigen Angelegenheit ist derart eklatant, dass die zeitlichen und geografischen Angaben im Vergleich dazu zur Bedeutungslosigkeit herabsinken. Es spielt hier keine Rolle, wann und wo Paulus Timotheus beschnitten hat – ob auf seiner ersten oder zweiten Missionsreise oder wann auch immer. Die Tatsache, dass er dies überhaupt tat, muss im Licht seiner Haltung gegenüber der Beschneidung in Antiochien und Jerusalem gelesen werden. Und Lukas hat sein Bestes getan, um sicherzustellen, dass wir das Ganze so lesen, indem er seinen Hinweis auf eine inhaltliche Trennung bei 16,5 eingefügt hat und so beide Ereignisse gleichsam als Klammer um ein und demselben Satz setzt.

Natürlich zeigt sich bei näherer Betrachtung, dass es nur den Anschein einer Ungereimtheit gab und sie nicht wirklich bestand. In Antiochien und Jerusalem beharrten falsche Lehrer darauf, dass die Beschneidung für die Errettung notwendig sei. Paulus und Barnabas widerstanden ihnen deshalb, ohne einen Fußbreit nachzugeben. Aber Timotheus wurde nicht beschnitten, um eine Heilsbedingung zu erfüllen, denn er war bereits gerettet. Vielmehr erfolgte dies aus Respekt vor dem Gewissen der christusgläubigen Juden, die bestimmte Erwartungen in Bezug auf alle hatten, die behaupteten, gerettet zu sein. Diese Juden legten Wert darauf, dass die Neubekehrten darauf achteten, die Anforderungen des Gesetzes zu erfüllen. Und auch nichtchristliche Juden beobachteten genau, wie sich Menschen aus diesem Personenkreis verhielten.

Es ließen sich noch weitere derartige Beispiele in den Ausführungen des Lukas heranziehen.

Lukas zeigt uns demnach durch seine sorgfältige Auswahl und Kombination von Begebenheiten die angemessene Ausgewogenheit von Heilslehre und -praxis auf, so wie es Paulus durch seine klaren lehrmäßigen Aussagen tut, z. B. in seinem Brief an die Römer: »… wir urteilen, dass ein Mensch durch Glauben gerechtfertigt wird, ohne Gesetzeswerke« (Röm 3,28); und dann: »… damit die Rechtsforderung des Gesetzes erfüllt würde in uns, die nicht nach dem Fleisch, sondern nach dem Geist wandeln« (Röm 8,4).

Aber sehen Sie sich noch einmal die Inhaltsangabe an. Begebenheit 1 berichtet uns, dass der Widerstand gegen den Glauben und die Lehre des Herrn (Apg 13,8.12) erwartungsgemäß von außerhalb der christlichen Gemeinschaft kam. In Begebenheit 5 wird darauf hingewiesen, was man vielleicht nicht erwarten würde: Falsche Vorstellungen über die Heilslehre wurden von Menschen innerhalb der christlichen Gemeinschaft verbreitet (15,1-5). Es ist sicherlich ehrlich von Lukas, uns mitzuteilen, dass dies zu seiner Zeit der Fall war. Aber es geht darüber hinaus. Falsche Vorstellungen über die Heilsfrage sind nicht völlig verschwunden, nur weil alle Apostel, die Ältesten und im Grunde die ganze Gemeinde in Jerusalem sie damals anprangerten. Sie haben sich in der Christenheit durch die Jahrhunderte hindurch bis heute gehalten. Indem Lukas das tatsächliche Geschehen wiedergibt, sollen wir ermahnt werden, unsere eigenen Überzeugungen zu diesem Thema zu überprüfen. Es ist in unserer Zeit nicht sicher, davon auszugehen, dass die Heilslehre, wie sie in einer angeblich christlichen Kirche von angeblich christlichen Lehrern verbreitet wird, notwendigerweise mit der Lehre der Apostel übereinstimmt. Dabei sehen wir, dass es auch schon zur Zeit des Lukas in dieser Frage Abweichungen von der Lehre der Apostel gab. Das einzig Sichere ist, die betreffende Lehre anhand der apostolischen Schriften zu überprüfen.

Natürlich gibt es noch viele weitere Ähnlichkeiten und Gegensätze zwischen den Details der beiden Sätze. Aber das soll für den Moment genügen; ihre Bedeutung wird sich später zeigen.

Die Sätze

1. Die Verkündigung der Frohen Botschaft des Heils (12,25–14,28)
2. Die Diskussion über die Bedingungen der Erlösung (15,1–16,5)

Satz 1: Die Verkündigung der Frohen Botschaft des Heils (12,25–14,28)	**Satz 2: Die Diskussion über die Bedingungen der Erlösung (15,1–16,5)**
1. Von Antiochien nach Paphos (12,25–13,12)	**5. Von Antiochien nach Jerusalem (15,1-5)**
Der falsche Prophet Bar-Jesus (13,6) versucht, einen Heiden vom Glauben abzuhalten (13,8).	Falsche Lehrer aus Judäa (15,1) behaupten, dass Nichtjuden beschnitten werden müssen, um gerettet zu werden.
Paulus schlägt den falschen Propheten mit Blindheit (13,9-11).	Paulus und Barnabas streiten und debattieren heftig mit Vertretern der falschen Lehre des Judaismus (15,2).

2. Antiochien in Pisidien (13,13-52)	6. Die Zusammenkunft und Beratung (15,6-21)
»Aus dessen Geschlecht hat Gott … [den] Erretter Jesus gebracht« (13,23); »… uns ist das Wort dieser Rettung gesandt« (13,26 [RELB]); »… Licht der Nationen … Heil … bis an das Ende der Erde« (13,47).	»… wir [Juden] glauben, durch die Gnade des Herrn Jesus in derselben Weise errettet zu werden wie auch jene [die Heiden]« (15,11).
David (13,22.34-37) und Mose (13,38)	David (15,16) und Mose (15,21)
Zitat aus dem Alten Testament über die Heiden (13,46-48)	Zitat aus dem Alten Testament über die Heiden (15,14-19)
3. Von Ikonium nach Derbe (14,1-20)	**7. Der Brief (15,22-35)**
»Die … Juden … reizten … die Seelen derer aus den Nationen« (14,2).	»… einige [Männer] … (haben) euch … beunruhigt …, indem sie eure Seelen verstören« (15,24).
Paulus und Barnabas halten die Heiden vom Götzendienst ab (14,11-18).	»… euch zu enthalten von Götzenopfern …« (15,29).
4. Die Rückkehr (14,21-28)	**8. Die Rückkehr (15,36 – 16,5)**
»… ermahnten sie, im Glauben zu verharren, … dass wir durch viele Trübsale in das Reich Gottes eingehen müssen« (14,22).	Paulus und Barnabas geraten scharf aneinander und trennen sich. Paulus beschneidet Timotheus (15,36 – 16,3)!
»… sie … erzählten …, dass er [Gott] den Nationen eine Tür des Glaubens aufgetan habe« (14,27).	»So wurden nun die Gemeinden im Glauben gestärkt …« (16,5 [Schlachter 2000]).

Tabelle 5: Abschnitt 4: Die christliche Lehre vom Heil (12,25 – 16,5)

SATZ 1

Die Verkündigung der Frohen Botschaft des Heils (12,25 – 14,28)

Von Antiochien nach Paphos (12,25 – 13,12)

Der dritte Abschnitt der Apostelgeschichte hat sich damit befasst, welche Auswirkungen die Theorie und Praxis der Heiligkeit des Evangeliums in sozialer Hinsicht und im Bereich des Gemeinwesens gehabt hat. Dieser vierte Abschnitt wird sich nun mit der Heilslehre des Evangeliums beschäftigen.

Die Lehre und die Unterweisung werden also von Anfang an betont. »… in Antiochien, in der dortigen Versammlung«, so beschreibt Lukas den Beginn der ersten Missionsreise des Paulus, gab es »Propheten und Lehrer: Barnabas und Simeon, genannt Niger, Luzius von Kyrene und Manaen, der mit Herodes, dem Vierfürsten, großgezogen worden war, und Saulus« (13,1). Als diese Propheten und Lehrer dem Herrn dienten und fasteten, sagte der Heilige Geist: »Sondert mir nun Barnabas und Saulus zu dem Werk aus, zu dem ich sie berufen habe« (13,2). Paulus sollte dieses Werk später mit diesen Worten beschreiben: »… wozu ich bestellt worden bin als Herold und Apostel …, ein Lehrer der Nationen, in Glauben und Wahrheit« (1Tim 2,7). Es lag also in jeder Beziehung nahe, dass die Männer, die Gott zu Propheten und Lehrern berufen hatte, gemeinsam auf Gott warteten, damit er ihnen zeigen konnte, wie sie die große Aufgabe in Angriff nehmen sollten, den Heiden das Evangelium zu verkündigen und ihnen die Lehren des christlichen Glaubens zu vermitteln. Und es war auch ganz natürlich, dass aus der Mitte dieser Propheten und Lehrer Männer ausgewählt wurden, die der Heilige Geist für diese große Aufgabe aussandte. Das ist oft der Fall. Es ist nicht die Gemeinde in ihrer Gesamtheit, sondern es sind die Männer, denen die entsprechende Gabe verliehen wurde, sodass sie sowohl die Notwendigkeit dieser Aufgabe als auch die Art und Weise erkennen können, wie man dieser Notwendigkeit gerecht werden kann. Glücklich sind diejenigen Männer, die in dieser Situation das Vertrauen, den Segen und den Rückhalt ihrer Gemeinde in dem Werk haben, zu dem der Heilige Geist (nicht die Gemeinde) sie sendet (Apg 13,4).

Die Ausgesandten reisten nach Seleuzia und fuhren von dort nach Zypern. Auf Zypern verkündigten sie das Wort Gottes in den jüdischen Synagogen in Salamis. Beachten wir den Plural: »Synagogen« (13,5). Dies bedeutet, dass sie mindestens zwei Predigten hielten, vielleicht sogar mehr. Dann durchzogen sie die ganze Insel und kamen nach Paphos. Bis jetzt hat Lukas nicht ein einziges Wort über die von ihnen gehaltenen Predigten oder über die Reaktion, auf die sie stießen, verloren. Nun aber geht er daran, uns in aller Ausführlichkeit zu erzählen, was in Paphos geschah, weil es für sein Thema von besonderer Bedeutung ist: In Paphos wurde der Heilslehre des Paulus von einem falschen Propheten Widerstand entgegengebracht (13,6-12).

Paphos war der Hauptsitz der römischen Verwaltung der Insel. Dort hatte ein Prokonsul, ein gewisser Sergius Paulus, seine Residenz. Er war, wie Lukas berichtet, ein verständiger Mann (13,7), und er ließ Barnabas und Saulus zu sich rufen, weil er das Wort Gottes hören wollte. Im Umfeld des Prokonsuls befand sich jedoch auch ein Jude namens Bar-Jesus. Leider war er kein Daniel, der auf die Selbstoffenbarung Gottes im Alten Testament vertraute und inmitten der Finsternis des Heidentums ein mutiges Zeugnis ablegte. Obwohl Bar-Jesus behauptete, ein Prophet zu sein, war er zur Schwarzen Magie und zum Spiritismus des Heidentums übergegangen. Wie viele andere, auch in der Christenheit, hatte er entdeckt, dass es hinter den vielen unsinnigen Vorstellungen des Spiritismus eine reale Geisterwelt gibt, die mit den Menschen kommunizieren kann. Gerade weil diese Welt real ist, hatte Gott Israel streng verboten, mit ihr in Kontakt zu treten (5Mo 18,9-14). Wäre sie nicht real, wäre ein derartiges Verbot nicht nötig. Aber die Welt der Dämonen übt auf viele Menschen eine Faszination aus. Sie erscheint ihnen viel realer als Gott und die Bibel. Gott und die Bibel sprechen unser Gewissen und unser moralisches Urteilsvermögen an. Anders dagegen der Spiritismus. Er appelliert an die menschliche Liebe zur Macht. Seine Voraussagen ermöglichen es den Menschen – so zumindest ihre Vorstellung –, kommende Schwierigkeiten, Verluste und Verletzungen vorherzusehen und diese Dinge zu vermeiden. Er bietet den Menschen die Macht, ihre Lebensumstände und – wenn nötig – auch andere Menschen zu kontrollieren. Er spricht nicht von Moral und verlangt keine Buße. Weil die Menschen ihn für real halten in dem Sinne, dass er tatsächlich existiert und über bestimmte Kräfte verfügt, fragen sie nicht, ob er der Wahrheit entspricht. Dies bedeutet, dass ihnen nicht daran gelegen ist, ob er Ausdruck moralischer und geistlicher Wahrheit ist und ob er in geistlicher Hinsicht ganz mit dem Wesen des Schöpfers, der *die* Wahrheit ist, übereinstimmt.

Doch wenn auch die Geister, die hinter dem Spiritismus stehen, real sind, so verkörpern sie dennoch nicht die Wahrheit. Sie befinden sich in Rebellion gegen die Wahrheit. Wenn es um moralische und geistliche Fragen geht, sind Dämonen erklärtermaßen betrügerische Geister, und das gilt auch für die Lehren, die sie verbreiten (siehe 1Tim 4,1-2). Deshalb leisteten die Dämonen während des Erdenlebens unseres Herrn immer dann am heftigsten und offenkundigsten Widerstand, wenn er Gottes Wort in den Synagogen lehrte (siehe Mk 1,21-27). Wann immer sie können, werden sie Gottes Wahrheit angreifen, und insbesondere werden sie versuchen, die Gemeinde mit falschen Vorstellungen über die Person Christi zu unterwandern (siehe 1Jo 2,18-23; 4,1-6; 2Jo 7). Sie beeindrucken die Menschen mit Wundern, für die übermenschlicher Kräfte erforderlich sind, und mit Prophezeiungen, die sich manchmal erfüllen, um die Menschen hinsichtlich der Wahrheit zu täuschen. Deshalb sind die christliche Lehre in ihrer Gesamtheit, die Lehren des Evangeliums, die Darlegung des Wortes Gottes und Wahrheit bei der Evangeliumsverkündigung in der heidnischen Welt so enorm wichtig. Es ist ein strategischer Fehler ersten Ranges, wenn Christen nicht mehr daran glauben, dass das Wort Gottes bei der Evangelisation das allerwichtigste Werkzeug ist. Die Frage, um die es geht, lautet nämlich letztlich nicht: »Wo können wir uns übermenschliche Kraft nutzbar machen?«, sondern: »Was ist Wahrheit?«

Doch zurück zu Bar-Jesus oder Elymas (= Zauberer), wie er auch genannt wurde (Apg 13,8). Er war natürlich kein der Rechtgläubigkeit verpflichteter Jude. Vielmehr war er ein regelrechter Abtrünniger. Aber er begnügte sich nicht damit, für sich selbst Gottes Wort aufgegeben zu haben, wie wir aufgrund der Art seiner Kontakte mit der anderen Welt erwarten können. Vielmehr setzte er auch alles daran, den Prokonsul vom Glauben abzuhalten. Beachten Sie noch einmal den Begriff, den Lukas verwendet: Es ist der Glaube (13,8), d.h. Gottes geoffenbarte

Wahrheit als Ganzes. Elymas wollte den Prokonsul nicht nur daran hindern, persönlich einen Glaubensschritt zu tun, wie immer dieser auch aussehen mochte. Er wollte ihn vielmehr ebenso davon abhalten, auf den *Glauben, d. h. auf die Gesamtheit der Lehre bezüglich der Wahrheit Gottes*, zu hören. Daraufhin brandmarkte Paulus ihn als denjenigen, der er war, nämlich ein Werkzeug des Teufels. Er kündigte an, dass Gott ihn an Ort und Stelle mit vorübergehender körperlicher Blindheit schlagen würde. Und das geschah auch (13,11).

Es war ein anschauliches Lehrstück, bei dem die Strafe der bösen Tat angemessen war. Hier stand der Prokonsul, geboren in der Finsternis des Heidentums, aber auf der Suche nach dem Licht der Wahrheit Gottes und mit der Bitte an Paulus und Barnabas, ihn zu führen. Und da stand Elymas, der bewusst »die geraden Wege des Herrn« (13,10) umkehrte und versuchte, den Prokonsul in der Finsternis zu halten. So wurde Elymas mit körperlicher Blindheit geschlagen und musste umhergehen, um jemanden zu finden, der ihn im buchstäblichen Sinne an der Hand führte, damit ihm der Schrecken der Erfahrung der körperlichen Blindheit den Ernst seines geistlichen Zustands und seines Handelns vor Augen führte, bevor es zu spät war.

Ob er dann auch tatsächlich über seinen geistlichen Zustand nachgedacht hat oder nicht – Lukas konzentriert unsere Aufmerksamkeit auf die Wirkung, die all dies auf den Prokonsul hatte. Und wieder ist es aufschlussreich, die von ihm verwendeten Begriffe zu beachten. »… als der Prokonsul sah, was geschehen war«, sagt er, »glaubte er, erstaunt über …« »… über die Macht Gottes«, würden wir sagen – was sonst? Aber nein, es heißt: »… über die *Lehre* des Herrn« (13,12).

Lukas hält sich nicht damit auf, uns zu sagen, wie weitreichend der Glaube des Prokonsuls war und ob es weitere Bekehrte gab. Er hat das gesagt, was er sagen wollte: Es ist ihm um die strategische Bedeutung des *Glaubens be*i der Evangelisation (13,8) gegangen, um die dabei entscheidende Waffe, das *Wort* Gottes (13,5.7), und um den dabei maßgeblichen Inhalt, d. h. um die *Lehre* des Herrn (13,12), die mit der christlichen Lehre gleichbedeutend ist. Wir tun gut daran, das zur Kenntnis zu nehmen. Elymas war ein abgefallener Jude. Aber an Abtrünnigen mangelt es auch in der Christenheit nicht. Lasst euch warnen, sagt Paulus: »Der Geist aber sagt ausdrücklich, dass in späteren Zeiten einige von dem Glauben abfallen werden, indem sie achten auf betrügerische

Geister und Lehren von Dämonen … Predige das Wort … Denn es wird eine Zeit sein, da sie die gesunde Lehre nicht ertragen werden …« (1Tim 4,1; 2Tim 4,2-3).

Antiochien in Pisidien (13,13-52)

Die Atmosphäre in der Synagoge im pisidischen Antiochien war ganz anders. Hier fand man das Judentum mit seinen besten Voraussetzungen vor, hier studierte und predigte man das Wort Gottes, sodass es Heiden in die Synagoge zog, die von der Botschaft des Alten Testaments beeindruckt waren. Sie waren davon so beeindruckt, dass sie dazu veranlasst wurden, den einen wahren Gott zusammen mit den Juden anzubeten, auch wenn sie selbst keine Juden geworden waren (siehe 13,16). Höflich luden die Synagogenvorsteher Paulus und Barnabas als auf der Durchreise befindliche Juden ein, vor der Gemeinde zu sprechen. Paulus erhob sich, um zu predigen, und sein Thema war das Thema, das im Mittelpunkt jeder christlichen Predigt stehen muss: die Errettung durch unseren Herrn Jesus Christus.

Rechtfertigung durch den Glauben unabhängig von den Werken des Gesetzes

Nach einer sorgfältigen Einleitung kam er zu seinem Hauptpunkt: »… Gott (hat) … dem Israel als Erretter Jesus gebracht« (13,23); und er machte den in der Synagoge Versammelten eindringlich klar, dass dieses Heil ihnen tatsächlich angeboten wurde: »… uns ist das Wort dieser Rettung gesandt« (13,26 [RELB]). Als er den Höhepunkt seiner Predigt erreichte, wies er außerdem darauf hin, dass er mit »Heil« etwas meinte, was dem mosaischen Gesetz nicht möglich war, aber von Gott allen allein aufgrund des Glaubens an Christus angeboten wird, nämlich die »Vergebung der Sünden« (13,38) und die vollständige »Rechtfertigung« (13,39[145] [Menge]).

145 A.d.H.: Vers 38 in vielen Bibelübersetzungen.

Paulus muss schon vor dem Beginn seiner Rede gewusst haben, was das Ergebnis einer solch direkten, offensiven, unmissverständlichen Darstellung der überragenden Stellung Christi gegenüber Mose sein würde. Das galt auch für die Rechtfertigung durch den Glauben gegenüber dem Versuch, die Rechtfertigung durch das Bemühen zu erlangen, das Gesetz zu halten. Ihm war sicher bekannt, was die Reaktion sein würde, wenn er diesen religiösen Menschen sagte, dass sie trotz ihrer religiösen Bemühungen noch gerettet werden müssten. Damit konnte er durchaus in ein Wespennest stechen. Hätte er ihre Sünden energisch angeprangert und alle zu einer erneuten Anstrengung gedrängt, das Gesetz des Mose noch genauer zu halten, hätte es vielleicht wenig oder gar keinen Widerstand gegeben. Schließlich ist es das, was die meisten religiös geprägten Gemeinden von den Predigern erwarten, und jüdische Prediger konnten im Allgemeinen sehr direkt sein und mit sehr ausdrucksstarken Worten auftreten. Aber dann kam jemand, der verkündigte, dass die Menschen niemals erwarten könnten, durch das mosaische Gesetz gerechtfertigt zu werden – egal, wie sehr sie sich in aller Ehrlichkeit bemühen, es zu halten. Dies war und ist für viele Menschen offenbar eine Verhöhnung des aufrichtigen menschlichen Bemühens, gut zu sein. Und es hat ihnen außerordentlich missfallen – bis heute. Sie verwerfen die Botschaft derer, die predigen, dass Menschen ohne Werke – einfach durch den Glauben an Jesus – gerechtfertigt werden können. Sie erscheint ihnen als geeignet, moralische Anstrengungen insgesamt zu untergraben, und sie lehnen sie als moralisch unverantwortliche Verwerfung des alttestamentlichen Sittengesetzes ab.

Paulus hat daher die gesamte Einleitung seiner Predigt dafür genutzt, darauf hinzuweisen, dass die Lehre von der Rechtfertigung und der Errettung durch den Glauben keine seltsame Neuerung ist, die von den Christen ersonnen wurde. Vielmehr handelte es sich um eine Lehre, die durch das Gesetz und die Propheten des Alten Testaments bezeugt wurde (vgl. Röm 3,21).

Errettung durch Glauben, bezeugt durch das Gesetz und die Propheten

Als Beweis führte Paulus drei Beispiele für die Errettung aus der Geschichte der Israeliten an. Zwar befanden sie sich sozusagen auf einer niederen Ebene des Heils, die an die geistliche, uns in Christus angebotene Errettung nicht heranreicht. Dennoch waren sie reale Erfahrungen mit Gott, ihrem Erretter, und konnten daher als richtungsweisende Beispiele dienen, die die grundlegenden Bedingungen festlegten, unter denen Gott sein Heil auf ausnahmslos jeder Ebene gewährte und noch immer gewährt.

Zunächst führte er die ganze lange Geschichte an, die beschreibt, wie Gott die Angehörigen des Volkes erwählte und dafür sorgte, dass sie sich im Land Kanaan ansiedeln konnten. Das war ein langer Prozess: Er dauerte etwa 450 Jahre (Apg 13,20).[146] Aber an jeder Stelle dieses Weges war es Gott, der die Angehörigen des Volkes rettete, nicht sie selbst. Zunächst war es Gott, der die Patriarchen erwählte, und das hatte, wie das Alte Testament selbst erklärt, nichts mit ihrem Verdienst zu tun (siehe 5Mo 9,6-8[147]). Gott hatte seine Verheißung Abraham gegeben, noch bevor dieser einen Sohn hatte, und er hielt sie aufrecht: Er ließ die Sippe der Nachkommen Abrahams in Ägypten zu einem zahlreichen Volk heranwachsen. Dann bewahrte er sie trotz Verfolgung und befreite sie schließlich durch Taten, bei denen er mit seiner göttlichen Macht eingriff, aus der Sklaverei, der sie als Zwangsarbeiter ausgesetzt waren (Apg 13,17). Dann »ertrug (er) ihre Art etwa 40 Jahre lang in der Wüste« (13,18 [Schlachter 2000]). Jeder Jude in der dortigen Synagoge würde genau wissen, worauf Paulus anspielte. Obwohl Gott auf wunderbare Weise die Befreiung aus Ägypten ermöglicht hatte, erwiesen sich die Angehörigen der Generation, die aus Ägypten kamen, weithin als Abtrünnige (bis auf wenige von ihnen). Nur die

---

146 Die NIV übersetzt hier richtigerweise: »… all dies dauerte etwa 450 Jahre«, wobei sich »all dies« auf das gesamte, bisher beschriebene Geschehen ab Vers 17 bezieht. A. d. H.: Hinsichtlich der Phase zwischen der Patriarchenzeit und dem Zeitpunkt der Landeinnahme gibt es verschiedene Datierungsmodelle (selbst wenn man von der Frühdatierung des Auszugs ausgeht). Wenn man für den Aufenthalt in Ägypten 430 Jahre veranschlagt (2Mo 12,40), verlängert sich die Zeitspanne zwischen der Berufung Abrahams und der Eroberung Kanaans entsprechend.

147 A. d. H.: Man beachte allerdings, dass sich diese Verse ausdrücklich auf die Auszugsgeneration beziehen. An anderer Stelle wird auch der Patriarch Abraham in diesen Grundgedanken der unverdienten Zuwendung Gottes einbezogen (vgl. z. B. 5Mo 26,5ff.).

Gnade Gottes und seine unverdiente Barmherzigkeit bewahrten das Volk vor seinem umfassenden Gericht, das es ausgelöscht hätte (siehe 2Mo 32,10-14; 34,5-10), und brachten schließlich die nächste Generation nach Kanaan. Und auch dort war es Gott, der die sieben Völker in Kanaan vertilgte und dem Volk Israel das Land als sein Erbe gab. Die Eroberung Kanaans hätte nie in Angriff genommen werden können, wenn Gott nicht auf wundersame Weise das Wasser des Jordans geteilt und die Mauern von Jericho zum Einsturz gebracht hätte. Alles, was Israel später durch seine Kämpfe erobern konnte, hing von diesen Taten der göttlichen »Rettung« gleich zu Beginn ab.

So weit also die erste Analogie. Wir haben hier gesehen, wie aus dem einen Nachkommen von Abraham und Sara (die körperlich gesehen zu alt waren, um noch Kinder haben zu können) ein ganzes Volk erstand, wie dessen Angehörige aus der Sklaverei befreit wurden und ihnen die Freiheit als Volk geschenkt wurde, wie ihnen nach ihrer Rebellion als Volk in der Wüste vergeben wurde und wie ihnen schließlich als Volk das Erbe zugeeignet wurde und sie sich darin niederlassen konnten. All das ging auf das Handeln Gottes zurück, der sie unverdientermaßen rettete. Nichts davon hatte sich Israel durch die Befolgung des Gesetzes verdient. 5. Mose 9,4-6 fasst es gut zusammen:

> Sprich nicht so in deinem Herzen: … Um meiner Gerechtigkeit willen hat der HERR mich hierher gebracht, um dieses Land in Besitz zu nehmen … Nicht um deiner Gerechtigkeit und der Geradheit deines Herzens willen kommst du hinein, um ihr Land [d.h. das Land der Völker Kanaans] in Besitz zu nehmen … So erkenne denn, dass der HERR, dein Gott, nicht um deiner Gerechtigkeit willen dir dieses gute Land gibt …

Ein zweites Beispiel für die Errettung aus Gnade

Damit ist Paulus bei seinem zweiten Beispiel aus dem Alten Testament angekommen. »Und danach«, sagte er, »gab er [Gott] ihnen Richter bis auf Samuel, den Propheten« (Apg 13,20). Nun sind bei uns Richter diejenigen, die in Gerichten den Vorsitz führen und Schuldige zu angemessenen Strafen verurteilen. Aber die Richter in Israel, auf die sich

Paulus bezog, waren Retter und Befreier des Volkes. »Und wenn der HERR ihnen Richter erweckte«, wird in Richter 2,18 gesagt, »so war der HERR mit dem Richter, und er rettete sie aus der Hand ihrer Feinde alle Tage des Richters.«

Dem Buch der Richter zufolge war es immer wieder so, dass die Angehörigen des Volkes Israel, obwohl ihnen das Land Kanaan zugeeignet worden war, nie konsequent das Gesetz Gottes befolgten. Ganz im Gegenteil. In fast jeder Generation brachen sie ihren Bund mit Gott und folgten den Ausschweifungen und unsinnigen Vorstellungen des Götzendienstes der umliegenden Völker (Ri 2,10-23; 3,5-7). Infolgedessen gerieten sie immer wieder unter die Macht dieser Völker, sodass sie für sie Zwangsarbeit und Sklavendienste leisten mussten. Hätte ihre Rettung als Volk in jenen Tagen von der Einhaltung des Gesetzes abgehangen, wären sie für immer in der Knechtschaft geblieben. Aber als sie in ihrem Elend zu Gott schrien, erweckte er ihnen Befreier, Retter (z.B. Ri 3,9.15). Natürlich richteten diese Retter das Volk in dem Sinne, dass sie dessen Sünde anprangerten und zur Umkehr aufriefen. Aber ihr Wirken ging darüber hinaus. Bevollmächtigt durch den Heiligen Geist (z.B. Ri 6,34), befreiten sie das Volk von der Zwangsherrschaft, die ihre Unterdrücker ausübten. Ja, das ganze Buch der Richter umfasst keinen Bericht über Gottes Segen für die verdienstvolle Gesetzestreue des Volkes, sondern beschreibt die fortwährende Sünde der Israeliten, Gottes Gericht über ihre Sünde und dann die Tatsache, dass Gott in seiner Barmherzigkeit seinem Volk vergab und es aufgrund seiner Gnade rettete.

Ein drittes Beispiel für die von Gott geschenkte Rettung durch einen von Gott geschenkten Retter

Schließlich wurden die Israeliten jedoch unzufrieden mit der Art und Weise, wie Gott sie rettete. Sie verlangten in herausfordernder Weise, dass Gott ihnen einen König gab, der über sie herrschen und sie vor ihren Feinden retten sollte (1Sam 12,8-12). Um ihnen zu zeigen, dass weder sie noch ihr erwählter König die Weisheit oder Macht hatten, etwas zur Rettung des Volkes beizutragen, gab Gott ihnen Saul als König (Apg 13,21). Saul begann relativ gut, versagte dann aber auf der ganzen Linie. Zweimal war er Gott ungehorsam, als es darum ging, dem Volk in entscheidenden Situationen ein Vorbild zu sein. Dann erwies er sich als unfähig, dem Philister Goliath im Einzelkampf gegenüberzutreten. Schlimmer noch: Als David Goliath besiegte und sowohl dem Volk als auch Saul, dem König, Rettung verschaffte, dauerte es nicht lange, bis Saul den von Gott gegebenen Retter ablehnte, ihn verfolgte und ihn letztendlich zwang, außer Landes zu gehen. Dann ließ er sich dazu herab, eine Totenbeschwörerin zu befragen, und führte das Volk schließlich in den Kampf gegen die Philister, der mit einer vernichtenden Niederlage Israels endete. Dabei beging er Selbstmord. Die Gemeinde in Antiochien wird sich gut an diese Geschichte erinnert haben. Gottes Antwort bestand in Folgendem: Saul, der die Vorstellung der Angehörigen des Volkes von einem Retter verkörperte, setzte er beiseite. Stattdessen gab er ihnen einen Retter, den er selbst bestimmt hatte: »Und ... er ... erweckte ... ihnen David zum König, dem er auch Zeugnis gab und sprach: ›Ich habe David gefunden, den Sohn Isais, einen Mann nach meinem Herzen, der meinen ganzen Willen tun wird‹« (13,21-22).

David war keineswegs vollkommen. Aber er erwies sich nie als ein Abtrünniger wie Saul, und er tat, wozu Gott ihn berufen hatte: Er rettete Israel vor den Philistern und vor allen anderen Feinden und legte damit den Grundstein für die Friedensherrschaft Salomos. Mehr noch: Er wurde dadurch zum Prototyp des verheißenen Messias. Viele, viele Male in den folgenden Jahrhunderten gab Gott durch die großen und kleinen Propheten die Verheißung, dass er den Messias als den endgültigen und über allen stehenden Retter des Volkes senden würde. Dabei ließ er erkennen, dass der Messias ein Nachkomme Davids sein würde. Auch in dieser Hinsicht war jeder Jude in der Synagoge mit diesen messianischen Prophezeiungen vertraut.

Jesus, der über allen stehende Retter

Nun kam Paulus zum Kern seiner Botschaft: Der verheißene Retter ist gekommen! Aus der Nachkommenschaft Davids hat Gott für Israel den Retter, Jesus, kommen lassen, wie er es zugesagt hatte. Johannes der Täufer wurde gesandt, um das Volk auf sein Kommen vorzubereiten.

Er rief es zur Buße auf und wies dann, in seiner Stellung als Vorläufer des Messias, vor den Angehörigen des Volkes auf ihn hin. »... Brüder, Söhne des Geschlechts Abrahams, und die unter euch Gott fürchten, euch ist das Wort dieses Heils gesandt worden« (13,23-26).

So weit, so gut. Doch nun musste Paulus den Bewohnern von Antiochien (die fernab von Israel vielleicht nicht viel, wenn überhaupt etwas, von den Vorgängen in Jerusalem gehört hatten) etwas sagen: Wenn sie es hören würden, dann würde es in ihren Ohren sehr seltsam klingen: Dieser Retter, Jesus, den er verkündigte, war gemäß der lautstarken Forderung fast aller Einwohner und der Machthaber ihrer religiösen Hauptstadt Jerusalem hingerichtet worden. Was konnte dieser Jesus also vorweisen? Wie würde Paulus es ihnen erklären?

Er hat diese Tatsache nicht verheimlicht, als wäre sie ein Schwachpunkt in seiner Argumentation. Der Tod und die Auferstehung Jesu sind in erster Linie ein überzeugender Beweis dafür, dass Jesus der Messias ist. Vor allem aber haben sie es ermöglicht, dass Gott für das Heil in seinem umfassendsten Sinne auf der höchstmöglichen Ebene Vorkehrungen treffen konnte. Die Propheten hatten gesagt, dass der Messias vom Volk verworfen werden würde. Jesaja hatte es ausdrücklich angekündigt (Jes 53). Und damit nicht genug. Die Geschichte von Saul und David im ersten Buch Samuel liefert eine klare prophetische Analogie: David, der von Gott eingesetzte Retter, wurde, wie wir gerade gesehen haben, von Saul verworfen und sah sich gezwungen, aus der Mitte seines Volkes heraus zu fliehen und außer Landes zu gehen. Die Jerusalemer und ihre Machthaber erkannten Jesus nicht als den Messias an und schenkten den Stimmen dieser Propheten seltsamerweise kein Gehör. Mit ihrem Versuch, den Ansprüchen Jesu ein Ende zu setzen, haben sie bestätigt, dass diese zu Recht bestehen (Apg 13,27-29). Sie taten ihm genau das an, was die Propheten vorausgesagt hatten und was deren Ankündigungen über Israels Verhalten gegenüber dem Messias entsprach. Sie wollten beweisen, dass er nicht der Messias war!

David, der von Saul verstoßen wurde und sich gezwungen sah, außer Landes zu gehen, kehrte zurück und wurde König. Und so war es auch bei Jesus! Gott hat ihn von den Toten auferweckt, und Menschen, die zuvor mit ihm in Galiläa umhergezogen waren und ihn daher gut kannten, sahen ihn nach seiner Auferstehung etliche Tage lang und bezeugten dies dem Volk (13,31).

Weiterhin ist anzumerken, dass Paulus es bei alledem unterließ, Israel dafür zu brandmarken oder zu verurteilen, dass es Jesus gekreuzigt hatte: Der Tod und die Auferstehung Jesu hatten aus seiner Sicht mit einer guten Nachricht zu tun. Ja, *sie waren der Inhalt des Evangeliums*! Paulus sagte: »Und wir verkündigen euch die gute Botschaft von der an die Väter ergangenen Verheißung, dass Gott diese uns, ihren Kindern, erfüllt hat, indem er Jesus erweckte« (13,32-33). Die Angehörigen des Volkes Israel hatten die allergrößte Torheit überhaupt begangen: Sie hatten ihren von Gott gesandten Messias und Retter hinrichten lassen! Doch gerade in dieser Situation hatte Gott, der von Ewigkeit her die Beständigkeit in Person ist, ihn von den Toten auferweckt. Nun sandte er durch ihn Israel im Allgemeinen und der Gemeinde in Antiochien im Besonderen eine entsprechende Heilsbotschaft. Und mehr noch: Jesus war von den Toten auferweckt worden und würde nie wieder sterben. Er war ein Erlöser, der den Tod selbst besiegt hatte. In ihm hatte Gott die Folgen von Israels Torheit überwunden, sodass dem Volk unerwartet ein unendlich großer Segen bereitstand. War dies nicht das herrlichste Heilsereignis, das Israel in seiner langen, durch Gott ermöglichten Heilsgeschichte je erlebt hatte (13,32-34)?

Das Zeugnis des Alten Testaments von der Auferstehung des Messias

Aber Paulus ließ sich nicht von der Fantasie hinreißen, wie es Prediger gelegentlich tun. Wenn die Schrift den Tod des Messias prophezeit hatte, so hatte sie auch vorausgesagt, dass er von den Toten auferweckt werden würde. Und Paulus führte drei Schriftstellen an, um dies zu beweisen.

Zunächst berief er sich auf Psalm 2,7. Der Psalm beginnt mit einem Angriff der Völker gegen den Herrn und gegen den Messias (Ps 2,1-3). Als Reaktion auf ihre Torheit erklärt Gott: »… Habe ich doch meinen König eingesetzt auf Zion, meinem heiligen Berg!« (Ps 2,4-6). Dann spricht der Messias, der nun eingesetzt ist: »Vom Beschluss will ich erzählen: Der HERR hat zu mir gesprochen: Du bist mein Sohn, heute habe ich dich gezeugt« (Ps 2,7).

Die in diesem Psalm beschriebene Situation, so Paulus, habe sich im Leben und Sterben Jesu tatsächlich abgespielt. Die religiösen Führer des jüdischen Volkes drangen darauf, dass Jesus hingerichtet wurde, und die nichtjüdischen Machthaber Herodes und Pilatus traf diesbezüglich eine Mitschuld. »Und obschon sie keine Todesschuld fanden, baten sie Pilatus, dass er umgebracht würde« (Apg 13,28). Die Hinrichtung wurde vollzogen, indem man ihn an ein Holz hängte (13,29), was nach jüdischem Recht die schlimmste und schändlichste Strafe war, die einem Menschen auferlegt werden konnte (siehe 5Mo 21,22-23). Und als er tot war, nahm man ihn vom Kreuz herunter, wie es das Gesetz verlangte, und legte ihn in ein Grab (Apg 13,29).[148] Das war nicht nur ein Angriff auf den Messias, sondern auf Gott selbst: Gottes eigenes Gesetz wurde benutzt, um den Gesalbten Gottes hinzurichten und zu begraben! In welcher Deutlichkeit wird damit gezeigt, dass das Gesetz die grundlegende Feindseligkeit des Herzens gegenüber Gott nicht verändern und aus einem Sünder keinen Heiligen machen kann!

Gott blieb die Antwort nicht schuldig. In den Worten des Psalms heißt es dazu, dass er seinen König auf Zion, seinem heiligen Berg, eingesetzt hat. Und der Messias, dessen Anspruch sich durch die Auferstehung als berechtigt erwies, verkündigte den Beschluss des Herrn, damit das ganze Universum hört, was seine Auferstehung und seine Himmelfahrt unter Beweis gestellt haben: »Der HERR hat zu mir gesprochen: Du bist mein Sohn, heute habe ich dich gezeugt« (Ps 2,7). Der erste große Schritt der Erlösung bestand also darin, den Messias selbst aus dem Tod zu erretten (Hebr 5,7) und ihn zur Rechten Gottes als Herrscher und Retter der Welt zu erheben.[149]

Die nächsten beiden Zitate des Paulus gehen noch einen Schritt weiter. Das Alte Testament selbst berichtet von Auferstehungen (siehe

148 A. d. H.: Man beachte, dass die Handlungsträger in Vers 29 wechseln: Im ersten Teil ist von den Feinden Jesu die Rede, im zweiten Teil wird auf Nikodemus und Joseph von Arimathia Bezug genommen.

149 Viele Ausleger sind der Meinung, dass sich die Formulierung »indem er Jesus erweckte« in 13,33 auf den Beginn des offiziellen Dienstes unseres Herrn unter dem Volk bei seiner Taufe bezieht, bei der der Vater zum Sohn die Worte »Du bist mein … Sohn …« sprach. (Einige Handschriften fügen an dieser Stelle fälschlicherweise die Worte »… heute habe ich dich gezeugt« hinzu.) Die Auslegung von Psalm 2 in Apostelgeschichte 4,24-28 weist jedoch auf eine andere Deutung dieser Worte hin: Die frühen Christen verstanden Psalm 2,4-7 so, dass die Worte sich auf die Zeit *nach dem* Kreuz und nicht *davor* bezogen (d. h. auf die Auferstehung und Himmelfahrt, nicht auf die Taufe).

1Kö 17,19-23 und 2Kö 4,18-37). Dabei erhielten die Betreffenden aber noch nicht den Auferstehungsleib: Sie starben schließlich wieder. Die Auferstehung des Messias, so betonte Paulus, war von einer ganz anderen Art: Er wird nie wieder sterben und ist für immer der Verwesung entrissen (Apg 13,34-35 [mit einem Zitat aus Jes 55,3]).

Es führt zu nichts, über Tod und Verfall zu philosophieren und sich mit dem Gedanken zu trösten, dass sie Ausdruck natürlicher Vorgänge sind. Bei manchen Menschen beginnen die Prozesse von Krankheit und Tod schon vor ihrer Geburt. Das ist höchst unnatürlich. Versuchen Sie einmal, einer schönen jungen Frau und Mutter von 28 Jahren, die gerade von ihren unheilbaren Krebserkrankung erfahren hat, zu sagen, dass Tod und Verfall nur Ausdruck natürlicher Vorgänge sind! Der Tod ist für die Menschheit nicht »natürlich«. Vielmehr ist er ein Feind, der aufgrund der Sünde in die Menschheit gekommen ist. Und es legt sich eine tiefe Unzufriedenheit über das Leben, wenn Menschen, die aufgrund ihrer hinreichenden Einsicht erkennen können, welche Fülle das Leben potenziell bietet, es ihnen durch schwere Krankheit und Tod aber verwehrt wird, daran Anteil zu haben.

Folgen wir also der Richtung, in die uns Paulus mit seinem Zitat aus Jesaja 55,3 weist. Hören wir, wie Gott zu den Israeliten, den Angehörigen des alten Bundesvolkes, über die volle Genüge bietende Erlösung spricht, die er für sie und für die ganze Welt bereitgehalten hat:

> He, ihr Durstigen alle, kommt zu den Wassern! Und die ihr kein Geld habt, kommt, kauft ein und esst! Ja, kommt, kauft ohne Geld und ohne Kaufpreis Wein und Milch! Warum wiegt ihr Geld ab für das, was nicht Brot ist, und euren Erwerb für das, was nicht sättigt? Hört doch auf mich und esst das Gute, und eure Seele labe sich an Fettem! Neigt euer Ohr und kommt zu mir; hört, und eure Seele wird leben. Und ich will einen ewigen Bund mit euch schließen: die sicheren Gnaden Davids. – Siehe, ich habe ihn zu einem Zeugen für Völkerschaften gesetzt, zum Fürsten und Gebieter von Völkerschaften. Siehe, du wirst eine Nation herbeirufen, die du nicht kanntest; und eine Nation, die dich nicht kannte, wird dir zulaufen, um des HERRN willen, deines Gottes, und wegen des Heiligen Israels; denn er hat dich herrlich gemacht (Jes 55,1-5).

Hier fand sich also Gottes Rettung, die volle Genüge bot, aber was genau waren diese »sicheren Gnaden«, die Gott durch David verheißen hatte? Paulus identifizierte sie mit der durch David gegebenen Messiasprophetie in Psalm 16,9-11. Der gedankliche Zusammenhang ist im Deutschen nur schwer zu erkennen; im Hebräischen aber beruht er auf dem Vorkommen verschiedener Formen desselben Wortstamms in den beiden Stellen. Wir können versuchen, es im Deutschen so auszudrücken: Im Buch Jesaja beschreibt Gott seine Rettung als seine »sicheren Gnaden«. Er beschreibt sie weiter als »die sicheren Gnaden Davids«, weil sie auch in einem von David geschriebenen Psalm erwähnt wurden, in dem Gott durch ihn geweissagt und seine göttliche Treue zu Davids Nachkommen, dem Messias, verheißen hatte. Psalm 16 ist Paulus zufolge derjenige Abschnitt, in dem Gott diese Zusagen gegeben hat. Darin ist die Rede davon, was Gott für seinen »Getreuen« tun wird: »… und wirst nicht zulassen, dass dein Getreuer die Verwesung sieht« (Ps 16,10 [hier und im Folgenden jeweils Schlachter 2000]). Aber das Wort, das hier mit »Getreuer« übersetzt wird, ist verwandt mit dem Wort für »sichere Gnaden« in Jesaja 55. Es bedeutet so viel wie »dein treuer und ergebener«. Nimmt man die beiden Stellen zusammen, so ergibt sich das, was wir in einem früheren Abschnitt (S. 90-93) bedacht haben: die unerschütterliche Treue, Hingabe und der Gehorsam des Messias gegenüber Gott (Ps 16), die Gott wiederum mit seiner Treue und Güte ihm gegenüber (Jes 55) beantwortet, indem er ihn nicht der Verwesung überlässt, sondern ihn von den Toten auferweckt, ihm die Wege des immerwährenden Lebens zeigt und ihn mit Freude und ewigem Wohlgefallen zur Rechten Gottes erfüllt (Ps 16,10-11).

Diese Verheißung, die Verwesung nicht zu sehen, kann – so argumentiert Paulus – nicht in erster Linie für König David gegolten haben: David starb, wurde begraben, und sein Körper ging in die Verwesung über, denn er war ein sündiger Mensch wie wir alle. Jesus aber war sündlos; und aufgrund seiner sündlosen Treue zu Gott wurde ihm die sofortige Auferstehung zu einem immerwährenden Leben geschenkt. Und nicht nur für ihn, sondern letztendlich auch für uns (Apg 13,32-33). Durch Christus kann auch uns eines Tages das Geschenk der Auferstehung und des unvergänglichen Lebens zuteilwerden, denn auch das gehört zum Umfang des Heils. Hier geht es also um eine Erlösung, die für die tiefsten Regungen des Lebens volle

Genüge hat: Das Leben ist nicht für immer der Nichtigkeit und der bitteren Realität des Todes und der Verwesung unterworfen.

Das Herzstück der Erlösung

Aber die Gewissheit der Auferstehung wird nicht jeder sogleich als Tatsache akzeptieren, der man freudig entgegengehen kann. Sowohl das Gewissen als auch die Heilige Schrift bezeugen nämlich, dass es, wenn es eine Auferstehung gibt, auch ein Endgericht geben wird. Und viele Menschen, die unsicher sind, welches Urteil Gott dann über sie sprechen wird, empfinden den Ausblick auf die Auferstehung als äußerst unangenehm und beängstigend. Aber – und hier kommen wir zum eigentlichen Kern der Erlösung und zu dem, was in gewissem Sinne das Herrlichste an ihr ist – niemand braucht in dieser Ungewissheit zu leben.

Hören Sie, wie Paulus zum Höhepunkt seiner Predigt über die Erlösung kommt. Hier ist der springende Punkt: »So sei es euch nun kund, Brüder, dass durch diesen [d. h. durch Jesus] euch Vergebung der Sünden verkündigt wird« (13,38). Nach Gottes Willen sollen wir wissen, dass es Vergebung gibt. Und wenn wir zum Glauben an Christus gekommen sind, sollen wir nach Gottes Willen wissen, dass uns vergeben wurde. Darüber gibt es keine Ungewissheit – auch nicht darüber, wie und auf welchem Weg wir diese Vergebung erhalten. Sie lässt sich mit zwei Wendungen aus der Verkündigung des Paulus zusammenfassen: »durch ihn«[150] (d. h. durch Jesus) – »[für] euch«. Es geht um das direkte und unmittelbare persönliche Geschenk des auferstandenen Herrn an alle, die an ihn glauben.

Man sollte meinen, das sei klar genug. Aber für Paulus war dies nicht der Fall. Das Angebot der Vergebung an sich konnte die Menschen im Unklaren darüber lassen, ob sie letztendlich bei Gott angenommen sind, und dies ist in vielen Fällen auch heute noch der Fall. Die Vergebung erscheint ihnen als eine bruchstückhafte, oft wiederholte, unzusammenhängende und nie endgültig abgeschlossene Angelegenheit. Angenommen, ihnen wird heute eine bestimmte Sünde

150 A. d. H.: Vgl. Online-Version der Zürcher Bibel.

vergeben, und sie sind einigermaßen sicher, dass ihnen in der nächsten Woche gegebenenfalls auch bestimmte Sünden anderer Art vergeben werden. Dann sind sie der Meinung, dass sie nicht anders können, als unsicher zu bleiben, wie Gottes endgültiges Urteil über sie als Menschen ausfallen wird. Wird er sie annehmen oder verwerfen? Sie wissen es nicht, und sie glauben, dass man es in diesem Leben auf Erden nicht wissen kann.

Glücklicherweise ist genau das Gegenteil der Fall: Diesbezüglich gibt es Gewissheit, und zwar im Hier und Jetzt. Gott selbst will, dass wir sie erlangen. Daher der zusätzliche Satz: »… von allem, wovon ihr durch das Gesetz Moses nicht gerechtfertigt werden konntet, wird durch diesen [d.h. durch Jesus] jeder Glaubende gerechtfertigt« (13,38-39).

Hier wird also das Wesen der Vergebung Gottes durch den Begriff »gerechtfertigt« definiert; und man muss vier Dinge beachten, wenn die Heilige Schrift diesen Ausdruck verwendet. Erstens: Sowohl im Hebräischen als auch im Griechischen bedeutet »rechtfertigen« nicht »jemanden rechtschaffen machen«, sondern »jemanden für rechtschaffen erklären«. Zweitens ist es immer Gott, der die Rechtfertigung vornimmt. In dem Augenblick, in dem jemand – ob Mann oder Frau – an Jesus glaubt, erklärt Gott diesen Menschen für gerecht, d.h. für frei von jeder Anklage, die vor Gottes Gericht gegen ihn erhoben werden könnte (Röm 8,33). Er ist dann in der rechten Stellung vor Gott, von ihm angenommen. Und drittens ist die Rechtfertigung in diesem Sinne kein langwieriger Prozess; sie umfasst auch kein Urteil, das heute gefällt wird, aber morgen höchstwahrscheinlich wiederaufgehoben wird und übermorgen erneut zugesprochen werden muss. Sie ist vielmehr ein sofortiger Akt, der nie wiederholt wird, weil er nie wiederholt werden muss. In dem Augenblick, in dem jemand – es sei Mann oder Frau – seinen Glauben an Christus bekennt, spricht Gott sein Urteil über diese Person aus: »Von allem gerechtfertigt!« Und das einmal ausgesprochene Urteil bleibt für immer bestehen. Viertens hängt die Gültigkeit des Urteils allein von Christus ab: Sein Tod und seine Auferstehung befreien die Gläubigen von der Schuld aller ihrer Sünden, der ersten und der letzten, und bewahren sie für immer vor jeder Möglichkeit einer göttlichen Verurteilung oder Verwerfung (Röm 8,34). So haben wir, nachdem wir durch den Glauben gerechtfertigt worden sind, wie Paulus sagt, hier und jetzt und für immer Frieden mit Gott (Röm 5,1).

Reaktionen auf das Heilsangebot

Gegen Ende seiner Predigt muss Paulus gesehen haben, wie sich die Gesichtszüge mancher seiner Zuhörer zunehmend verhärteten, denn er wurde plötzlich sehr ernst. »Gebt nun acht«, flehte er, »dass nicht das über euch komme, was in den Propheten gesagt ist: ›Seht, ihr Verächter, und verwundert euch und verschwindet; denn ich wirke ein Werk in euren Tagen, ein Werk, das ihr nicht glauben werdet, wenn es euch jemand erzählt‹« (Apg 13,40-41).

Manche Menschen haben ein seltsames Empfinden, wenn es um glaubensmäßige Maßstäbe geht. Religionen, die sie zu moralischem Verhalten antreiben, ihnen aber niemals das Gefühl geben, von Gott vollständig angenommen zu sein – diese schätzen sie sehr. Das Heil, das ihnen jetzt Vergebung und völlige Annahme bei Gott und eine sichere Hoffnung für die Zukunft geben kann, lehnen sie nicht nur ab, sondern verachten es auch. Das scheint ein weitverbreitetes Phänomen zu sein, aber im Falle der Juden zur Zeit des Paulus und hier insbesondere der Juden im pisidischen Antiochien war es ein Phänomen, das nichts Gutes erwarten ließ. Innerhalb kürzester Zeit sollten sie ein Werk sehen, das Gott unter den Heiden wirken würde, wie sie es noch nie zuvor gesehen hatten. Schon am nächsten Sabbat würde praktisch die ganze Stadt kommen, um das Wort Gottes zu hören. Sicherlich würden die Verantwortlichen der Synagoge diese Gäste willkommen heißen und sich über ihr Interesse freuen. Sie konnten bereits viele Heiden, darunter einige angesehene Persönlichkeiten, zu den Zuhörern in ihrer Synagoge zählen. Die Predigt des mosaischen Gesetzes in der Synagoge hatte eine ausgezeichnete Vorarbeit geleistet, um diese dazu zu bringen, sich vom Heidentum abzukehren, an den wahren Gott zu glauben und ihr Gewissen so weit zu sensibilisieren, dass sie die Notwendigkeit der Erlösung, Vergebung und Rechtfertigung erkannten. Würde sich die Synagoge jetzt nicht freuen, wenn diese Heiden tatsächlich das Heil finden würden?

Angenommen, Paulus hatte mit seiner Behauptung recht, dass sich die »sicheren Gnaden Davids« in Jesaja 55 auf die Auferweckung Jesu von den Toten durch Gott bezogen. Dann könnte man erwarten, dass sich der Rest dieser Prophezeiung ebenfalls erfüllen würde (siehe Jes 55,5). Dem zufolge würde der auferstandene Messias eine weltweite Anziehungskraft auf die Heiden ausüben, die in Scharen zu ihm kommen würden. Nun, aufgrund der Predigt des Paulus und der darauf folgenden Gespräche kamen am nächsten Sabbat Heiden in einer (für das pisidische Antiochien) noch nie da gewesenen Zahl – praktisch die ganze Stadt –, um Paulus predigen zu hören (Apg 13,42-44). Hätte damit die Art von Dingen gemeint sein können, von denen Jesaja sprach? Und selbst wenn nicht, würden sich die Verantwortlichen der Synagoge nicht freuen, dass so viele Heiden daran interessiert waren, die Auslegung des Wortes des Herrn zu hören?

Leider nein! Sie widersetzten sich nicht nur dem, was Paulus und Barnabas predigten, sondern sie griffen auch sie und ihre Botschaft an (13,45). Lukas sagt, dass sie es aus Eifersucht taten, und wir können durchaus die Gründe dafür erkennen. Das Christentum kennt das gleiche Phänomen. Es gibt Führer in der Christenheit, die Religion kennen und verstehen, aber nicht persönlich die Rettung erfahren haben. Ihre Predigten sind nie etwas anderes als Ermahnungen zu Ehrlichkeit, Liebe, Fürsorge, sozialer Verantwortung – mit einem Wort: Moral, sodass sie praktisch nie das Heil predigen. Sie können eifersüchtig werden und öffentlich Evangelisten kritisieren, die durch das Verkündigen des Heils Menschenmassen anziehen. Aber für die Juden in Antiochien ging es in dieser Situation nicht nur um Eifersucht, wie Lukas jetzt mit ernsten Worten feststellt.

»Und Paulus und Barnabas äußerten sich freimütig und sprachen: Zu euch musste notwendigerweise das Wort Gottes zuerst geredet werden; weil ihr es aber von euch stoßt und euch selbst des ewigen Lebens nicht für würdig erachtet, siehe, so wenden wir uns zu den Nationen« (13,46). Harte Worte! Aber fair. Paulus und Barnabas sagen nicht: »Was die Rettung betrifft, so fehlt sie unserer Meinung nach ja euch selbst noch.« Sie stellen vielmehr die objektive Tatsache fest: »Ihr haltet euch selbst des ewigen Lebens nicht für würdig.« Gott bot den Juden in Antiochien das Geschenk des ewigen Lebens an. Das ist es, was Erlösung bedeutet. Wer die Heilsbotschaft ablehnt und sich nur an die religiöse Moral klammert, der lehnt das Geschenk des ewigen Lebens ab. Man kann es tun, indem man den entsprechenden Verkündiger angreift; man kann es mit scheinbar bescheidenen Worten (»Meiner Ansicht nach kann niemand in diesem Leben wissen, dass er die Gabe des ewigen Lebens hat«) tun, aber es läuft auf dasselbe hinaus: »Man erachtet sich des ewigen Lebens für unwürdig.«

Die überwiegende Ablehnung der Heilsbotschaft durch das Judentum konnte weder die Erfüllung der Prophezeiung Jesajas noch die Beteiligung von Paulus und Barnabas an der Mission des Messias unter den Heiden verhindern. »... wir (wenden) uns zu den Nationen. Denn so hat uns der Herr geboten: ›Ich habe dich zum Licht der Nationen gesetzt, damit du zum Heil seiest bis an das Ende der Erde‹« (13,46-47).

Als die Heiden das hörten, waren sie den Worten des Lukas zufolge froh. Das ist verständlich. Sie verherrlichten das Wort des Herrn (13,48). Wiederum können wir das nachvollziehen. Moral ist wie Hygiene und Sauberkeit notwendig und heilsam, aber sie ist nicht das A und O des Lebens, das nur aus der persönlichen Annahme bei Gott und der täglichen und immerwährenden Gemeinschaft mit ihm folgt. Die Moral kann uns das nicht geben, aber das Heil, die Vergebung und die Rechtfertigung sind dazu imstande und schaffen eine neue Realität im Leben der Glaubenden. Kein Wunder, dass die Botschaft des Evangeliums die Heiden in einer Weise zum Glauben und zur Anbetung bewegte, wie es die Predigt des Gesetzes nie vermochte. Und es verwundert nicht, dass sie sich immer weiter ausbreitete (13,49).

Aber die Juden, so berichtet Lukas, nutzten ihren Einfluss auf die Oberschicht in Antiochien, zettelten eine Verfolgung an und vertrieben die Apostel aus ihrer Stadt (13,50). Vielleicht hatten sie argumentiert, dass Paulus' Verkündigung der Gnade (13,43; vgl. 14,3) – d.h. der Rechtfertigung durch den Glauben unabhängig von den Werken des Gesetzes – völlig die Bedeutung des alttestamentlichen Sittengesetzes verkenne. Dies ist eine einfache Möglichkeit, das Evangelium falsch darzustellen, und sie wird noch immer oft verwendet. Aber selbst wenn dies der Wahrheit entspräche, wird das, was in der nächsten von Lukas beschriebenen Episode geschieht, diesen Vorwurf widerlegen.

Von Ikonium nach Derbe (14,1-20)

Einleitend schildert Lukas, wie Paulus die Rettung aus Gnade (14,3) in Ikonium verkündigte und wie es zum zunehmenden Widerstand der Juden kam, der die Apostel schließlich zur Abreise nach Lystra zwang. Dann kommt er zum Kernstück dieser dritten Episode. In Lystra heilte Paulus auf wundersame Weise einen Mann, der von Geburt an lahm war. Dieses Geschehen versetzte die örtliche Bevölkerung in Erregung. Schließlich waren sie Heiden, und in diesem Teil der Welt befanden sie sich nicht auf dem gleichen kulturellen Niveau wie Heiden in anderen Teilen der Welt. Sie riefen sofort in der Landessprache: »Die Götter sind den Menschen gleich geworden und zu uns herabgekommen« (14,11). Sie hielten Barnabas für Zeus und Paulus für Hermes und brachten unter der Führung des örtlichen Zeuspriesters Stiere und Kränze vor die Stadttore und beabsichtigten, diesen »Göttern in Menschengestalt« zu opfern (14,8-13).

Man kann sich leicht vorstellen, was jemand wie Simon Magus aus dieser Gelegenheit gemacht hätte, wenn er an der Stelle von Paulus oder Barnabas gewesen wäre. In kürzester Zeit hätte es in Lystra einen Tempel für Simon Magus gegeben, der durch Spenden der Allgemeinheit errichtet worden wäre, und Simon hätte es für den Rest seines Lebens an nichts gefehlt.

Aber Paulus und Barnabas waren keine Scharlatane. Ihre Lehre von der »Rechtfertigung aus Glauben durch Gnade« verwarf auch nicht das Sittengesetz. Sicherlich predigten sie, dass es unmöglich ist, durch das Halten des Gesetzes das Wohlgefallen Gottes zu erlangen, und dass deshalb die Errettung ausschließlich aus Gnade geschieht und geschehen muss. Aber das bedeutete nicht, dass sie die Menschen ermutigten, das Gesetz zu brechen. Hier in Lystra ging es um das allererste, grundlegende Gebot des Gesetzes: »Du sollst keine anderen Götter haben neben mir« (2Mo 20,3). Ohne das geringste Zögern stürzten sich Paulus und Barnabas in die Menge, um sie mit allem, was in ihren Kräften stand, daran zu hindern, dieses erste Gebot des Gesetzes zu übertreten. Außerdem fuhren sie fort, diese Heiden mit demselben Nachdruck, wie es der rechtgläubigste Jude tun würde, auf die Übel der Vielgötterei und des Götzendienstes hinzuweisen. In ihrer Verkündigung riefen sie diese Menschen dazu auf, ihr Heidentum aufzugeben und den einen wahren Gott, den Schöpfer, anzubeten (Apg 14,14-18).

Dennoch, so berichtet Lukas, war es nicht einfach, die Menschen davon abzuhalten, ihnen zu opfern (14,18). Und dann tauchten einige Juden aus Antiochien und Ikonium auf. Als sie entdeckten, dass Paulus und Barnabas die Heiden nachdrücklich aufforderten, sich dem einen lebendigen Gott zuzuwenden, versuchten diese Juden – so könnte man annehmen – nicht mehr, die Apostel anzugreifen. Dies hätte nämlich den Heiden den Eindruck vermittelt, dass die Juden gegen die Einhaltung des Gesetzes Gottes eingestellt waren. Stattdessen taten sie sich mit Paulus und Barnabas zusammen und forderten die Heiden auf, den wahren Gott anzubeten.

Nein, leider nicht! Das entspricht nicht dem, was Lukas sagt. Mit kraftvoller Kürze bemerkt er: »Es kamen aber aus Antiochien und Ikonium Juden an, und nachdem sie die Volksmengen überredet und Paulus gesteinigt hatten, schleiften sie ihn zur Stadt hinaus, da sie meinten, er sei gestorben« (14,19).

Vielleicht können wir den plötzlichen Wechsel in der Haltung der Menge von Ehrfurcht zu mörderischem Hass verstehen. Viele von den betreffenden Menschen hatten sich vermutlich zurückgewiesen gefühlt, weil Paulus ihnen nicht gestattet hatte, ihm (und Barnabas) zu opfern. Vielleicht hatten sie auch seine Ausführungen (»… dass ihr euch von diesen nichtigen Götzen bekehren sollt zu dem lebendigen Gott« [14,15]) als Affront gegenüber ihrer Religion und ihrem Priester empfunden. So war es für die Juden aus Antiochien und Ikonium relativ leicht gewesen, ihren verletzten Stolz und ihre Verwirrung auszunutzen, um sie gegen Paulus aufzubringen.

Aber was sollen wir über die Juden sagen, die das getan haben? Was kann man sagen, außer dass es manchen religiösen Menschen lieber wäre, wenn andere in ihrem Heidentum, ihrem Götzendienst, ihrer Sünde und ihrer Weltlichkeit bleiben würden, als sich retten zu lassen? In einem solchen Gegensatz zum Heil kann bloße Religion stehen!

Die Rückkehr (14,21-28)

Die Ereignisse in Lystra haben uns gezeigt, dass die christliche Lehre von der Errettung aus Gnade durch den Glauben das Sittengesetz Gottes nicht einfach überging und in dieser Beziehung mit der entsprechenden Haltung der Juden durchaus vergleichbar war. Und nun werden wir in diesem kurzen letzten Teil dieses ersten Satzes eine andere Seite der christlichen Lehre kennenlernen. Vergebung, Rechtfertigung, Annahme bei Gott, ewiges Leben – all das wird uns ohne jede Vorleistung zugeeignet, aber diejenigen, die diese Gaben empfangen, können sehr wohl feststellen, dass sie einen hohen Preis dafür zahlen müssen.

Nachdem er bei dem Angriff in Lystra fast zu Tode gekommen war, zog Paulus – halbwegs wiederhergestellt – erstaunlicherweise weiter nach Derbe, predigte dort das Evangelium und gewann viele Jünger (14,20-21). Derbe war während der ersten Missionsreise das weiteste Ziel. Von dort aus traten er und Barnabas die Rückreise an. Sie besuchten wieder, in umgekehrter Reihenfolge, Lystra, Ikonium und das pisidische Antiochien. Auf dem Weg von dort zurück ins (syrische) Antiochien, ihrer Heimatgemeinde, predigten sie in Perge. Doch was sie dort sagten und worin die Ergebnisse bestanden, teilt uns Lukas nicht mit.

Er konzentriert sich jedoch auf das, was sie in den jungen Gemeinden sagten und taten, die sie kürzlich in Lystra, Ikonium und Antiochien in Pisidien gegründet hatten. Sie stärkten die Seelen der Jünger und ermahnten sie, im Glauben zu verharren (14,22). Wir sehen erneut den Begriff »*der* Glaube«, d.h. die Gesamtheit der christlichen Lehre, der diesen Abschnitt der Apostelgeschichte so sehr geprägt hat. Doch nun wollen wir den Begriff »im Glauben bleiben« (NIV) beachten. Die Errettung erfolgt aus Gnade, sie ist ein Geschenk Gottes an jeden Gläubigen. Aber dann gibt es den Beweis dafür, dass jemand ein wahrer Gläubiger – ob Mann oder Frau – ist. Er besteht darin, dass er im Glauben bleibt. Dies sagte unser Herr zu denen, die behaupteten, dass sie an ihn glauben würden: »Wenn ihr an meinem Wort festhaltet, seid ihr wahrhaft meine Jünger« (Joh 8,31 [RSV]). Diejenigen, die nicht »an seinem Wort festhielten«, so betonte er, waren keine Kinder Gottes und hatten nie die Sohnschaft empfangen. Dies ist auch die Botschaft der neutestamentlichen Briefe. Das »Verharren im Glauben« ist keine Bedingung für die Rechtfertigung. Aber es ist die natürliche Folge und der notwendige Beweis dafür, dass man ein echter Gläubiger ist.

Zweitens erinnerten Paulus und Barnabas die aufgrund ihrer Verkündigung Bekehrten daran, dass wir durch viele Trübsale in das Reich Gottes eingehen müssen (Apg 14,22). Auch hier sollten wir beachten, dass wir uns durch das Erleiden von Trübsalen den Eingang in das ewige Reich weder erarbeiten noch verdienen können. Dass wir in dieses Reich eingehen dürfen, ist ein Geschenk. Aber wenn wir dieses Geschenk annehmen, werden sich die Welt und der Teufel früher oder später zusammentun, sodass uns alle Bedrängnis, in die sie uns bringen können, uns entgegensteht. »In der Welt habt ihr Bedrängnis«, sagte Christus (Joh 16,33[151] [RSV]). »Wundert euch nicht, Brüder, wenn die Welt euch hasst«, sagt Johannes (1Jo 3,13). Paulus selbst ist ein anschauliches Beispiel für den Grundsatz, den er den durch ihn Bekehrten vermittelte. Als er vor seiner Bekehrung versuchte, durch das Halten des Gesetzes Gott wohlzugefallen, litt er keine Bedrängnis. Vielmehr war er es, der andere verfolgte. Aber als er entdeckte, dass die Annahme bei Gott ein Geschenk ist, und er es erhielt, begann für ihn ein Leben in fast unaufhörlicher Bedrängnis (siehe Phil 3).

Schließlich kehrten Paulus und Barnabas nach Antiochien zurück, von wo aus sie ausgesandt worden waren. Sie versammelten die Gemeinde und berichteten, was Gott durch sie für die Heiden getan hatte. Die Formulierung, die sie verwendeten, ist interessant. Als Petrus im Anschluss an eine ähnliche Reise nach Jerusalem zurückkehrte und berichtete, was Gott durch ihn für die Heiden getan hatte, sagten seine jüdischen Glaubensbrüder: »Also hat Gott auch den Nationen die Buße gegeben zum Leben« (Apg 11,18). Paulus und Barnabas aber berichteten der Gemeinde in Antiochien, wie »Gott … den Nationen eine Tür des Glaubens aufgetan« hatte (14,27). Das ist ein kleiner, aber treffender Unterschied angesichts des Hauptthemas des vierten Abschnitts: Errettung und Rechtfertigung aus Gnade durch den Glauben, unabhängig von den Werken des Gesetzes, was jedoch zu einem Leben führt, das nach gottgemäßen Grundsätzen geführt wird, und zur Bereitschaft, den Preis der Jüngerschaft zu zahlen.

151 A.d.H.: Vgl. Elb 2003.

SATZ 2

Die Diskussion über die Bedingungen der Erlösung (15,1 – 16,5)

Während des gesamten ersten Satzes sind wir auf Widerstand gegen das Evangelium gestoßen. Jetzt, in Satz 2, wird sich dieses Muster wiederholen. Nur dieses Mal gibt es einen Unterschied. In Satz 1 kam der Widerstand sowohl vom abtrünnigen als auch vom orthodoxen Judentum. In Satz 2 kommt der Widerstand aus den Reihen derer, die sich zu Christus bekennen. In Satz 1 hörten wir, wie das Evangelium in allgemeinverständlicher Sprache gepredigt wurde, oft vor großen Gruppen von Nichtchristen. In Satz 2 werden wir hören, wie das Evangelium innerhalb der christlichen Gemeinde in Begriffen definiert wird, welche einen Teil der christlichen Glaubenslehre beschreiben.

Von Antiochien nach Jerusalem (15,1-5)

Es scheint erschreckend zu sein, dass der Widerstand gegen die christliche Heilslehre in den ersten beiden Jahrzehnten aus den Reihen der christlichen Gemeinde selbst kam. Aber dies war tatsächlich der Fall. »Und einige«, so berichtet Lukas, »kamen von Judäa herab und lehrten die Brüder: Wenn ihr nicht beschnitten werdet nach der Weise Moses, so könnt ihr nicht errettet werden« (15,1).

Paulus und Barnabas widersprachen ihnen sofort. Dies war nicht der Augenblick, Toleranz zu üben. Das Evangelium selbst stand auf dem Spiel, die Grundbedingungen des Heils. Hier zu schweigen, wäre ein Verrat sowohl an Gottes Wahrheit als auch an der Rettung und Freiheit der Menschen gewesen. Hätte man diese Leute gewähren lassen, hätte man – wie Petrus es später ausdrückte (15,10) – sowohl Gott versucht als auch ein unerträgliches Joch auf den Nacken der Jünger gelegt. Es gibt viele untergeordnete Angelegenheiten im Christentum, bei denen Gläubige unterschiedlicher Überzeugungen einander Raum für Meinungsverschiedenheiten geben müssen. Aber die Bedingungen und Inhalte des Heils gehören nicht zu diesen Themen. Paulus und Barnabas sahen nicht tatenlos zu, wenn Menschen die Gläubigen »ein anderes Evangelium …, das kein anderes ist« (Gal 1,6-7) lehrten. Dabei ging es um ein sogenanntes »Evangelium«, das – wenn man es wissentlich und bewusst annehmen würde – bedeutete, dass das Werk Christi für den Betreffenden letztendlich überhaupt keinen Wert hatte. Es war ein Zusatz zum wahren Evangelium, der seinem Grundsatz so sehr widersprach, dass seine Annahme bedeutete, die Heilsbotschaft völlig zugrunde zu richten. Damit würde man unterstellen, dass Christus umsonst gestorben sei. Zugleich würde man die Menschen ohne Rettung belassen und ihnen ein Joch der Knechtschaft aufbürden (Gal 2,21; 5,1-4). Paulus und Barnabas gerieten mit den Verfechtern dieses falschen Evangeliums in »Zwiespalt … und … Wortwechsel« (Apg 15,2) und bekämpften ihre Lehre unerbittlich.

Infolgedessen wurden Paulus und Barnabas zusammen mit einigen anderen Gläubigen beauftragt, nach Jerusalem zu reisen, um mit den Aposteln und Ältesten über diese Frage zu sprechen (15,2). Der Grund dafür war nicht, dass Paulus die volle apostolische Vollmacht fehlte, die Bedingungen und Grundlagen des Heils selbst festzulegen, ohne mit anderen Rücksprache zu nehmen (siehe Gal 1,1; 1,11–2,10). Es lag vielmehr daran, dass die Irrlehrer aus Judäa gekommen waren und zweifellos unterstellten, dass die Apostel und Ältesten in Jerusalem mit ihnen übereinstimmten. Wir sehen dies daran, dass die Apostel und Ältesten in einem Brief an Antiochien ihre Sicht der Dinge darlegten und die Irrlehrer zunächst zurückwiesen: »… wir (haben) gehört …, dass einige, die von uns ausgegangen sind, euch mit Worten beunruhigt haben, indem sie eure Seelen verstören …« (Apg 15,24).

Auf ihrem Weg nach Jerusalem durch Phönizien und Samaria, so berichtet Lukas, »erzählten (sie) die Bekehrung derer aus den Nationen; und sie machten allen Brüdern große Freude« (15,3). Das ist die naheliegende Reaktion von Menschen, die selbst gerettet wurden, wenn sie von der Errettung anderer Menschen hören. Je mehr diese anderen Menschen vor ihrer Bekehrung »am Rand (des Heilsgeschehens)« standen – und für Juden standen diese Heiden »am äußersten Rand« –, desto mehr freuen sie sich, davon zu hören. Die Reaktion in Jerusalem war die gleiche, als sie den Bericht von Paulus und Barnabas hörten.

Es gab jedoch Ausnahmen. »Einige aber von denen aus der Sekte der Pharisäer, die glaubten, traten auf und sagten: Man muss sie beschneiden und ihnen gebieten, das Gesetz Moses zu halten« (15,5).

Das Erste, was an dieser Forderung auffällt, ist, dass sie aus den Reihen der Gemeinde kam – von Leuten, die Lukas als Gläubige bezeichnet. Wir werden später fragen müssen, in welchem Sinne sie Gläubige waren, denn ihre Aussage war nicht so harmlos, wie es auf den ersten Blick scheinen mag. Wenn wir den Rest der Geschichte nicht kennen würden, könnten wir annehmen, dass diese »gläubigen« Pharisäer einfach sagten: »Ja, wir stimmen zu. Die Heiden, die Buße getan und an den Herrn Jesus geglaubt haben, sind gerettet, sind gerechtfertigt und von Gott allein aufgrund des Glaubens angenommen worden. Aber jetzt müssen sie natürlich gelehrt werden, wie sie ein gottgefälliges Leben führen können, und das bedeutet, dass man sie lehren muss, sich beschneiden zu lassen und das Gesetz des Mose zu halten.«

Aber das haben sie nicht gemeint. Sie stimmten mit den Männern überein, die von Judäa nach Antiochien hinabgegangen waren. Ihrer Ansicht nach musste man beschnitten sein und das Gesetz des Mose halten, *um gerettet zu werden*. Wir sehen das anhand dessen, was Petrus sagte, als die Apostel und Ältesten zusammenkamen, um diese Frage zu besprechen. Petrus erhob sich nämlich, um sich zu dieser Frage zu äußern. Nach seinem Verständnis lautete die von diesen Pharisäern aufgeworfene Frage nicht: »Wie sollten sich gerettete Heiden verhalten?«, sondern: »Wie und unter welchen Bedingungen können Heiden – oder auch Juden – überhaupt gerettet werden?« (15,10-11).

Es sollte uns jedoch nicht überraschen, dass diese Frage unter den ersten Gläubigen ernsthaft diskutiert wurde. Sie ist in der Christenheit seit Jahrhunderten umstritten, und das ist noch immer der Fall. Niemand in der Christenheit behauptet heutzutage, dass man beschnitten sein müsse, um gerettet zu werden. Aber es wird weithin angenommen, dass die Taufe von Säuglingen die christliche Entsprechung zur Beschneidung von Säuglingen im Judentum sei. Man meint, das diese Taufe im Grunde die Wiedergeburt des Säuglings bewirke und dass die Taufe normalerweise für die Errettung notwendig sei. Sterbe daher ein Säugling ungetauft, könne er nicht in den Himmel kommen. Auch bei Erwachsenen ist man der Meinung, dass die Taufe sie im Grunde von der Sünde reinige und für die Erlösung notwendig sei – außer in äußerst seltenen Fällen (wie dem des sterbenden Verbrechers am Kreuz), bei denen der Vollzug der Taufe unmöglich sei und Gott ausnahmsweise andere Mittel verwende.

Und noch weiter verbreitet ist die Auffassung, dass man weniger das Zeremonialgesetz, aber doch ganz sicher das Sittengesetz des Mose halten müsse, um gerettet zu werden. Deshalb wird sowohl auf der Kanzel als auch in den Kirchenbänken die Vorstellung, Menschen könnten in diesem Leben wissen, dass sie gerettet wurden, gegenwärtig gerettet sind und ganz sicher künftig gerettet werden, oft als offensichtlich absurd zurückgewiesen. Dies liegt offenbar daran, dass man sagt, die Errettung hänge von der Einhaltung des Sittengesetzes ab. Man könne – so diese Sichtweise – bis zum Endgericht nicht wissen, ob man in dieser Richtung genug getan habe, um die Voraussetzungen für die Errettung zu erfüllen. Wer den Anspruch erhebt, bereits gerettet zu sein, ist dieser Ansicht zufolge wie ein Student, der behauptet, die Abschlussprüfung bestanden zu haben, bevor er sie überhaupt abgelegt hat.

Nun ist es wahr, dass einige Elemente der Erlösung im Neuen Testament als zukünftig bezeichnet werden. Die Erlösung unseres Körpers, wie wir ihn als Menschen haben, ist ein solches Element (Phil 3,20-21; Röm 8,23-25); ebenso die Errettung vor dem Zorn Gottes: »… wir *(werden)* … durch ihn [Christus] vor dem Zorn errettet werden«, sagt Paulus (Röm 5,9 [Schlachter 2000]). Aber auch in Bezug auf diese Aspekte des Heils bedeutet die Zukünftigkeit keine Ungewissheit. Gerade in diesen Versen weist Paulus darauf hin, dass (aufgrund des beständigen Charakters der Liebe Gottes) die Rettung vor dem kommenden Zorn Gottes nach unserer Rechtfertigung durch den Glauben sogar noch sicherer ist, als dies ohnehin der Fall ist. Christus ist nämlich für uns gestorben, als wir noch Sünder waren (Röm 5,8-9). Wir warten auf Christus als denjenigen, der uns vor dem kommenden Zorn errettet, wie er in 1.Thessalonicher 1,10 versichert. Während wir auf seine Wiederkunft warten, sollen wir wissen, dass Gott uns nicht »zum Zorn gesetzt (hat), sondern zur Erlangung der Errettung durch unseren Herrn Jesus Christus«, der für uns gestorben ist (1Thes 5,9-10). Ein Gläubiger, dessen Lebenswerk für Christus als unzureichend befunden wird und das im Gericht Christi keinen Bestand hat, wird einen unabsehbaren Verlust erleiden, aber er wird sein Heil nicht verlieren: Er selbst wird gerettet werden (1Kor 3,15), weil sein Heil nie von seinen Werken abhängig und daher nie unsicher war.

Auch wenn einige Elemente des Heils notwendigerweise in der Zukunft liegen, kann man mit Recht sagen, dass andere für den Gläubigen bereits Wirklichkeit geworden sind. Die Rechtfertigung und der Empfang des ewigen Lebens sind zwei solche Elemente, sodass Paulus den durch ihn Bekehrten mitteilen kann: »… durch die Gnade *seid* ihr errettet …« (Eph 2,8-10). Die Formulierung mag alt sein, aber sie ist dennoch wahr: Der Gläubige ist von der Strafe der Sünde gerettet worden, wird gegenwärtig von der Macht der Sünde gerettet und wird eines Tages sogar von der Gegenwart der Sünde gerettet werden.

Die Frage, die zunächst in Antiochien und dann in Jerusalem aufgeworfen wurde, war für Paulus und Barnabas also keine rein akademisch-theologische Angelegenheit. Es ging um die Menschen, ihren Frieden mit Gott, um ihr Bewusstsein, von ihm angenommen zu sein, um ihre Freiheit und um ihre Freude. Während der ganzen Debatte sahen die beiden die Gesichter von Menschen – derjenigen Heiden, die sich durch ihre Predigt bekehrt hatten. Sie hatten Buße getan und waren zum Glauben an Christus gekommen: Waren sie gerettet? Sie waren gewiss nicht beschnitten worden. Wenn das Heil von der Beschneidung abhinge, dann waren sie nicht gerettet. Und hingen das Heil und die Annahme bei Gott von der Entscheidung des Endgerichts ab, die danach gefällt werden würde, ob sie ihr ganzes Leben lang das Sittengesetz hinreichend gut gehalten hatten, dann konnte es natürlich keine Ungewissheit geben: Sie würden niemals gerettet werden. Denn niemand kann auf dieser Grundlage jemals vor Gott für gerecht erklärt werden (Röm 3,20).

Die Zusammenkunft und Beratung in Jerusalem (15,6-21)

Die Ausführungen des Petrus zur wahren Heilslehre

Als die Anwesenden zur Beratung zusammentraten, gab es zunächst eine längere Diskussion, und dann stand Petrus auf und verkündete sein Urteil. Er hatte natürlich die apostolische Vollmacht dazu. Aber er berief sich nicht einfach auf seine apostolische Autorität, um dann die

Diskussion zu beenden, indem er willkürlich seine Entscheidung verkündete. Er wies vielmehr auf bestimmte Taten Gottes in der jüngsten Vergangenheit hin, durch die Gott selbst bereits zu erkennen gegeben hatte, wie die Lage war.

Gottes erste Tat war die Erwählung des Petrus als desjenigen, durch den die Heiden erstmals die Botschaft des Evangeliums hören und glauben sollten (Apg 15,7). Petrus bezog sich auf die Begebenheit bei Kornelius. Wir erinnern uns daran, dass Gott Petrus durch eine besondere, unmittelbare Offenbarung entsprechend vorbereitet hatte. Dann gab es eine Reihe von »Fügungen«, die jeden Zweifel an der Führung durch den Geist beseitigten. Aufgrund dessen ist es nicht von der Hand zu weisen, dass es Gott war, der Petrus zu dieser Aufgabe berief. Er wählte ihn aus der Mitte der Apostel als denjenigen aus, der das Evangelium zu den Heiden bringen sollte. Eine unausgesprochene Folgerung liegt auf der Hand: Wenn diese »Pharisäer, die glaubten« mit ihrer Lehre recht hatten, dass Heiden beschnitten sein und das Gesetz halten mussten, um gerettet zu werden, warum hatte Gott dann nicht sie statt Petrus auserwählt, die Botschaft des Evangeliums zu Kornelius zu bringen? Und damit nicht genug. Diese unbeschnittenen Heiden hatten infolge der Predigt des Petrus tatsächlich an den Herrn Jesus geglaubt, während dies bei vielen beschnittenen und gesetzestreuen Juden nicht der Fall gewesen war.

Aber Gott hat nicht nur Petrus dazu auserwählt, die Botschaft des Evangeliums zu diesen Heiden zu bringen. Die zweite Tat Gottes war, dass er, als sie an den Herrn Jesus glaubten, direkt eingriff, um zu zeigen, dass er sie angenommen hatte, indem er ihnen seinen Heiligen Geist gab. Niemand konnte infrage stellen, dass Gott dabei der Wirkende war, denn Petrus hatte keinen Anteil an dieser Handlung. Natürlich kann kein Mensch, und sei er ein noch so hervorragender Apostel, jemandem den Geist Gottes geben. Das kann nur jemand tun, der selbst Gott ist. Aber bei dieser Gelegenheit tat Gott es nicht einmal *durch* Handauflegung des Petrus, wie er es z.B. in Samaria getan hatte (8,17-18). Petrus war noch am Reden, er war noch nicht am Ende seiner Predigt angekommen, als der Heilige Geist auf die Hörer fiel (10,44), wobei keinerlei Zeremonie vorgenommen wurde. Sie waren nicht beschnitten. Sie waren (noch) nicht getauft. Sie waren nicht »nach vorn gekommen«, um es im modernen evangelikalen Sprachgebrauch auszudrücken. Sie hatten keine Seelsorge in Anspruch genommen, niemand hatte ihnen die Hände aufgelegt, sie hatten keine Entscheidungskarte unterschrieben oder ein öffentliches Bekenntnis abgelegt. Sie saßen einfach nur da, hörten die Botschaft des Evangeliums und glaubten. Und sofort schenkte Gott ihnen seinen Geist, sodass sie wussten und dann allen Anwesenden zeigten, dass er sie angenommen hatte. Sie waren gerechtfertigt. Sie waren gerettet. Sie hatten Frieden mit Gott.

Aber jetzt auf der Beratung in Jerusalem hatte Petrus einige weitreichende Lehren aus Gottes Handeln zu ziehen.

Erstens: Als er ihnen den Geist gab, »machte (er) keinen Unterschied zwischen uns und ihnen« (15,9). Petrus sinngemäß: »Wir waren bereits beschnitten, als er uns den Geist gab. Sie waren es nicht; dennoch gab er ihnen den Heiligen Geist genauso wie uns.« Das zeigt, dass die Beschneidung für den Empfang des Heiligen Geistes unerheblich ist.

Zweitens: Wenn jemand auf diese Weise mit dem lebendigen Christus vereint wird, indem er den Geist Gottes erhält und dieser ihm innewohnt, ist das nicht nur eine Hilfe zum Heil, sondern *das Heil selbst*.

Drittens: Gott gibt seinen *Heiligen* Geist offensichtlich nicht in unreine Herzen. Wenn er also den Heiligen Geist in die Herzen dieser Heiden gegeben hat, dann nicht, weil ihm der wahre Zustand ihrer Herzen unbekannt war: Er ist der Gott, der die Herzen aller Menschen kennt (15,8). Ihre Herzen müssen also zu Gottes Zufriedenheit gereinigt worden sein, damit er seinen Heiligen Geist in sie geben konnte. Wie wurden sie gereinigt? Offensichtlich nicht durch die Beschneidung, denn sie waren nicht beschnitten; und wie könnte dieser Vorgang das Herz überhaupt reinigen? Auch nicht durch die Taufe: Sie waren noch nicht getauft, als sie den Heiligen Geist empfingen. Und als die Taufe als Handlung dann folgte (10,46-48), war es die Tatsache, dass sie den Heiligen Geist bereits empfangen hatten, die dazu berechtigte, sie zu taufen. Es war nicht so, dass ihre Taufe bei ihnen den Empfang des Geistes bewirkte.

Wie wurden dann ihre Herzen gereinigt? Wer hat sie gereinigt, mit welchen Mitteln und wann? Petrus beantwortet all diese Fragen.

Erstens war es Gott, der die Reinigung vornahm (15,9). Es war nicht so, dass diese Heiden es durch sorgfältige geistliche Disziplin schafften, ihre Herzen endlich so weit zu reinigen, dass Gott ihnen seinen

Heiligen Geist geben konnte. Nein, es war Gott, der die Reinigung vornahm. Zweitens war das Mittel, das Gott benutzte, ihr Glaube: »… indem er durch den Glauben ihre Herzen reinigte« (15,9); und in diesem Sinne kann man sagen, dass die Gläubigen ihre Seelen gereinigt haben, wie dies in 1.Petrus 1,22 zu finden ist. Aber um zu verstehen, was dies bedeutet, müssen wir es in Zusammenhang mit der Antwort auf die dritte Frage verstehen: Wann hat er ihre Herzen durch den Glauben gereinigt? War es ein langwieriger Prozess, in dem Gott mit zunehmendem Glauben ihre Herzen immer mehr reinigen konnte, bis sie den Reinheitsgrad erreichten, der für den Empfang des Heiligen Geistes notwendig war? Nein! Petrus sagte: »… er machte keinen Unterschied zwischen uns und ihnen« (Apg 15,9); und um den Punkt zweifelsfrei zu klären, können wir uns daran erinnern, was Petrus bei einer früheren Gelegenheit darüber gesagt hatte: »… Gott (hat) ihnen die gleiche Gabe gegeben … wie auch uns, *die wir an den Herrn Jesus Christus geglaubt haben*« (11,17).

Die schwerwiegenden Folgen der falschen Heilslehre

An diesem Punkt hatte Petrus den Pharisäern, die gläubig waren, sehr deutliche Worte zu sagen: »Nun denn, was versucht ihr Gott, indem ihr ein Joch auf den Hals der Jünger legt, das weder unsere Väter noch wir zu tragen vermochten?« (15,10).

Den Herrn zu »versuchen«, ist eine sehr ernste Sache. Es bedeutet, um es grob auszudrücken, Gottes Geduld auf die Probe zu stellen – zu sehen, wie weit man gehen kann und womit man durchkommt, bevor man den Bogen überspannt und Gott zum Eingreifen herausfordert. Das ist im Gesetz selbst in 5.Mose 6,16 verboten. Die Relevanz dieses Verbots für die Frage, die auf der Beratung in Jerusalem diskutiert wurde, war folgende: Gott hatte die Herzen der Heiden durch den Glauben gereinigt. Nun hatte er offensichtlich erkennen lassen, dass diese Reinigung völlig hinreichend war, denn er konnte ihnen seinen Heiligen Geist geben. Daher musste es in höchstem Maße Gottes Missfallen und seine entschiedene Reaktion hervorrufen, wenn jemand – ungeachtet der Lauterkeit seiner Motive – behauptete: Die von Gott selbst durch den Glauben bewirkte Reinigung sei nicht gut genug. Sie könne einem Menschen allein nicht das Heil und die Annahme bei Gott bringen, sondern müsse durch die Beschneidung und das Halten des Gesetzes ergänzt werden. Wie weit kann man gehen, wenn man Gott einen derartigen Anstoß gibt und das, was er ausdrücklich beschlossen hat, aufhebt, bevor man seine schärfste Verurteilung auf sich bringt? Wer Riten und Gesetzestreue als heilsnotwendig verkündigt, mag so klingen, als nehme er es moralisch ganz genau, als sei er heilig und verhalte sich lobenswert. In Wirklichkeit nahm und nimmt Gott großen Anstoß daran.

Zweitens ist es sowohl nutzlos als auch unbarmherzig. Weder wir noch unsere Väter waren imstande, dieses Joch zu tragen, sagte Petrus (Apg 15,10). Er sprach aus bitterer persönlicher Erfahrung. (Hier geht es nicht um ein christliches Missverständnis, sondern um einen Juden, der erzählt, wie er die Dinge erlebt hat.) Es war nicht nur eine zermürbende Last zu versuchen, jedes noch so geringfügige Detail des Gesetzes zu halten – vor allem so, wie es von den strengeren Rabbinern im ersten nachchristlichen Jahrhundert ausgelegt wurde. Aber es führte auch nie dazu, dass man ein ruhiges Gewissen und das Bewusstsein hatte, von Gott angenommen zu sein, selbst dann nicht, wenn man nach großer Anstrengung und Disziplin das Gefühl hatte, die Aufgabe vielleicht schon erfüllt zu haben. Das Einzige, was es vielleicht bewirken konnte, war, dass man sich besser fühlte als andere, die sich nicht so angestrengt hatten. Aber es konnte niemals Frieden mit Gott bringen. Und dadurch wiederum wurde die Aufgabe, das Gesetz zu halten, zu einer unaufhörlichen Last.

Das ist auch heute noch so. Niemand erreicht jemals Frieden mit Gott und ein Bewusstsein der Annahme auf der Grundlage der Einhaltung des Gesetzes. Auf derartige Weise ist dies unerreichbar. Gott wird seinen Heiligen Geist nicht zu diesen Bedingungen geben. Wer nahelegt oder lehrt, er würde es dennoch tun, gehört zu denen, die den Menschen ein Joch der Knechtschaft auf den Hals legen.

Beim Heil geht es schließlich um eine Errettung. Es geht um eine Befreiung aus der Sklaverei, nicht um eine Forderung nach harter Arbeit. Denken Sie an die Analogien, die Paulus im pisidischen Antiochien gebrauchte (13,16-23). Die Errettung der Israeliten aus der Knechtschaft in Ägypten hatte nicht zur Bedingung, dass sie zusätzlich zur ursprünglichen Sklaverei hart arbeiten mussten, um so die Voraussetzungen für die Freiheit zu erfüllen. Nein, das Heil und die Freiheit waren Geschenke, die ihnen durch Gottes Gnade zuteilwurden und die er durch seine Macht bewirkte. So ist es auch mit der Vergebung, der Rechtfertigung und der Gabe des Geistes Gottes. »Für die Freiheit«, sagt Paulus und stimmt Petrus dabei zu, »hat Christus uns frei gemacht; steht nun fest und lasst euch nicht wieder unter einem Joch der Knechtschaft halten« (Gal 5,1).

Zusammenfassung des Petrus

In historischer, lehrmäßiger, theologischer und erfahrungsmäßiger Hinsicht ist die Zusammenfassung des Petrus von so epochaler Bedeutung, dass sie Satz für Satz geprüft werden muss.

»… wir glauben …«, sagte Petrus; und mit »wir« meinte er ausnahmslos alle Apostel und alle Ältesten. Um wirklich Christen zu sein, müssen wir uns natürlich vorbehaltlos mit ihrem Glaubensbekenntnis identifizieren können.

»… wir glauben, durch die Gnade des Herrn Jesus …«; und mit »Gnade« meinte er *nicht*, dass der Herr Jesus uns die Gnade gibt, die gottesdienstlichen Handlungen zu vollziehen, das Gesetz zu halten und die Werke zu tun, die für uns eines Tages hoffentlich die Voraussetzungen für die Annahme bei Gott und die Erlösung schaffen werden. Das hätten die »Pharisäer, die glaubten« gesagt, während Petrus genau das Gegenteil sagen wollte. »Durch die Gnade« bedeutet also »*nicht* durch Riten, Zeremonien, Werke oder Gesetzestreue«.

»… wir glauben, durch die Gnade des Herrn Jesus in derselben Weise errettet zu werden wie auch jene.« Und damit stellte Petrus zwei Grundsätze auf. Erstens: Wenn unbeschnittene Heiden gerettet werden, ohne beschnitten zu sein, dann ist die Beschneidung für die Rettung nicht notwendig. Und zweitens: Wenn beschnittene Juden genauso gerettet werden und gerettet werden müssen wie unbeschnittene Heiden, dann ist die Beschneidung für die Errettung nicht nur unnötig, sondern sie *trägt auch nichts* zur Errettung *bei*, ebenso wenig wie das Halten des Gesetzes.

Als Petrus seine Ausführungen beendet hatte, setzte er sich, und wir dürfen uns vielleicht fragen, wie die »Pharisäer, die glaubten« auf seine Worte reagierten. Sie hatten zuvor darauf bestanden, dass die Beschneidung und das Halten des Gesetzes für die Errettung notwendig seien. Das musste bedeuten, dass ihr Glaube hinsichtlich der Errettung zumindest teilweise in diesen Dingen bestand. Und das ist eine ernste Angelegenheit. Denn ein Glaube, der zum Teil auf Christus und zum Teil auf dem Halten des Gesetzes beruht, ist überhaupt nicht schriftgemäß. Wenn man das geringste Werk als Bedingung für die Errettung hinzufügt, hat man keine Errettung aus Gnade mehr (Gal 5,2-4). Wenn also vor der Beratung in Jerusalem ihr Glaube hinsichtlich der Errettung teilweise im Festhalten an ihrer Beschneidung und in ihrer Gesetzestreue bestand, erhebt sich die Frage: waren sie dann gerettet? Sie hatten geglaubt, wie Lukas sagt (Apg 15,5) – vermutlich in dem Sinne, dass sie an die Messiasstellung Jesu glaubten. Aber in der Frage der Errettung standen ihre Ansichten in klarem Gegensatz zur christlichen Heilslehre, wie Petrus sie definierte; und es ist wichtig, *was* Menschen glauben. Hoffentlich haben sie noch Buße getan, im schriftgemäßen Sinne geglaubt und das Heil aus Gnade als Geschenk des Herrn Jesus angenommen, das ihnen aus freien Stücken gewährt wurde.

Petrus hatte mit einer großen Autorität gesprochen und die offensichtliche Wahrheit überzeugend dargelegt. Als er sich nun setzte, heißt es daher: »Die ganze Menge aber schwieg, und sie hörten Barnabas und Paulus zu, die erzählten, wie viele Zeichen und Wunder Gott unter den Nationen durch sie getan hatte« (15,12). Das muss hochinteressant gewesen sein, aber es war nicht als leichte Abwechslung nach der harten theologischen Debatte gedacht. Es gehörte vielmehr zu dem Anliegen, die Wahrheit der Lehre von der Errettung aus Gnade durch den Glauben unter Beweis zu stellen. Achten wir ebenfalls darauf, dass wir die Relevanz dieser Lehre für das hier diskutierte Thema begreifen. Die ersten großen Pioniermissionare, die das Evangelium zu den Heiden brachten, hatten feste Überzeugungen. Sie glaubten, dass die Reinigung des Herzens – die notwendig ist, um den Heiligen Geist und sein Zeugnis der Annahme durch Gott zu empfangen – durch den Glauben erfolgt. Ihrer Überzeugung nach geschieht dies dadurch, dass eine Person die Botschaft des Evangeliums hört, glaubt und auf dieser Grundlage den Heiligen Geist empfängt und sogleich gerettet wird. Das ist es, was Petrus glaubte. Davon waren auch Paulus und Barnabas überzeugt; und Gott beglaubigte ihre

Evangeliumsverkündigung durch Zeichen und Wunder, wobei man die wunderbaren Wirkungen der Errettung, die im Leben der durch sie Bekehrten sichtbar wurden, keinesfalls außer Acht lassen darf.

Das Urteil des Jakobus

Schließlich erhob sich Jakobus, um sein Urteil zu verkünden: Er stimmte mit der von Petrus, Paulus und Barnabas vertretenen Heilslehre hundertprozentig überein. Es gibt gewisse Schwierigkeiten hinsichtlich der textlichen Details seines Zitats aus Amos 9,11-12. Die wichtigsten Argumentationslinien sind jedoch ziemlich eindeutig.[152]

Jakobus begann mit der Feststellung, dass das, was Petrus (als Jude nannte Jakobus ihn bei seinem älteren Namen Simeon[153]) beschrieben hatte, der erste Schritt Gottes bei seinem Vorhaben war, aus den Heiden ein Volk zu nehmen für seinen Namen. Auf den ersten Blick mag das für Juden eine sehr seltsame Aussage sein, fast ein Widerspruch in sich. In ihrem Denken war Israel »das Volk für Gottes Namen«. Zwar war der Patriarch und Stammvater der Nation, Abraham, ursprünglich ein Heide, aber Gott hatte ihn und alle seine Nachkommen aus den Nationen herausgenommen. Dies geschah in dem Sinne, dass sie nicht länger Heiden waren, sondern das Volk Israel bildeten – eine besondere

---

152 Der Text, den Jakobus zitiert, unterscheidet sich vom masoretischen Text in einigen kleineren Details und in einer wichtigen Hinsicht. Amos 9,11 im masoretischen Text lautet: »An jenem Tag will ich die zerfallene Hütte Davids wieder aufbauen. Ich will ihre zerbrochenen Stellen ausbessern, ihre Trümmer wiederherstellen und sie so aufbauen, wie es einst war …« Im Zitat des Jakobus heißt es: »Danach will ich zurückkehren und die Hütte Davids wieder aufbauen, die verfallen ist, und ihre Trümmer will ich wieder aufbauen und sie wieder aufrichten …« Der Unterschied ist dem Sinn nach minimal und hat keinen Einfluss auf die Anwendung der Prophezeiung durch Jakobus.
Der größere Unterschied besteht im nächsten Vers. Im masoretischen Text von Amos 9,12 heißt es: »… damit sie den Rest von Edom und alle Völker, die meinen Namen tragen, in Besitz nehmen …« In der Septuaginta dieses Verses heißt es: »… damit der Rest der Menschen und alle Völker, die meinen Namen tragen, [den Herrn] suchen …« Im Zitat des Jakobus heißt es: »… damit die übrigen der Menschen den Herrn suchen, und alle Nationen, über die mein Name angerufen ist …« Jakobus ist also näher an der Septuaginta als am masoretischen Text. Die Septuaginta mag auf einem hebräischen Text beruhen, der sich vom masoretischen Text unterscheidet. (Der Unterschied in der hebräischen Schrift zwischen dem Wort für »Edom« und dem Wort für »Mensch«, *adam*, ist geringfügig.) Für den Zweck, für den Jakobus Amos zitiert, haben jedoch selbst diese größeren Unterschiede keinen Einfluss auf seine Argumentation.
Schließlich lautet der masoretische Text von Amos 9,12b: »… sagt der Herr, der dieses tun wird«. Im Zitat von Jakobus heißt es: »… spricht der Herr, der dieses tut, *was von jeher bekannt ist*«. Dieser letzte (kursiv gesetzte) Nebensatz scheint ein Zusatz aus Jesaja 45,21 zu sein. Auch hier wird die Hauptaussage des Zitats von diesen Unterschieden nicht beeinflusst.

153 A. d. H.: Vgl. Zürcher und »Symeon« (Menge).

Nation, ein Volk zum Besitz des Herrn (siehe 2Mo 19,5-6). Jakobus sagte nun, dass Gott die ersten Schritte unternommen hatte, um ein Volk aus den Heiden für seinen Namen zu gewinnen, und zwar in dem Sinne, dass die Angehörigen dieses Volkes nicht Juden werden mussten: Sie würden den Namen des Herrn tragen, genau wie Israel, während sie – zumindest nach außen hin – weiterhin zu den Nationen gerechnet wurden. Obwohl dies einigen Juden, sogar einigen christusgläubigen Juden, erstaunlich neu erscheinen mochte, wies Jakobus darauf hin, dass der zugrunde liegende Gedanke eigentlich gar nicht neu war. Gott hatte dies bereits Jahrhunderte zuvor durch die Propheten angekündigt (Apg 15,18). Es sollte also keine Überraschung sein zu hören, was Gott kürzlich durch Petrus getan hatte: Die Worte der Propheten, so erklärte Jakobus, stimmten genau mit dem überein, was Gott kürzlich durch ihn getan hatte.

Was also sagten die Worte der Propheten? Es ging um zwei Dinge: Erstens, dass es eine Zeit geben würde, in der Gott die zerstörte Hütte Davids wiederaufbauen würde. Und zweitens: Der Wiederaufbau der Hütte Davids würde dazu führen, dass die Heiden in großer Zahl den Herrn suchen würden (wenn wir dem genauen Wortlaut des Textes folgen, wie Jakobus ihn zitiert), oder dass die Hütte Davids eine große Anzahl von Heidenvölkern »besitzen« würde (wenn wir der Lesart des masoretischen Textes folgen).

Die Auslegung des Bildes vom »Wiederaufbau der Hütte Davids« hat sich für viele Menschen als schwierig erwiesen. Einige haben gedacht, dass »die Hütte Davids« das Volk Israel sei. Jakobus wolle damit sagen, dass eine große Zahl von Heiden nun in das (neue geistliche) Israel eingegliedert werden würde. Andere meinten, dass »das Zelt oder die Hütte Davids« sich auf die neue geistliche Hütte oder den Tempel beziehe, der sowohl aus Juden als auch aus Heiden besteht und der Anbetung Gottes dient (siehe Eph 2,14-22). Wieder andere sind der Meinung, dass sich der Wiederaufbau der Hütte Davids auf die Wiederherstellung Israels an einem kommenden Tag bezieht, auf die ihrer Meinung nach auch eine Bekehrung von Angehörigen der Heidenvölker im großen Stil folgen wird.

Aber die Metapher »die Hütte Davids« bezieht sich weder auf das Volk Israel, das zur Zeit des Jakobus nicht in seinem Fortbestand gefährdet war, noch auf den Tempel Gottes in Jerusalem, der damals keineswegs in Trümmern lag. Es geht vielmehr um eine Metapher für die Dynastie und das Königshaus Davids. Dieses lag in Trümmern, seit Nebukadnezar der Dynastie Davids mit dem Exil ein Ende gesetzt hatte.[154] Nach den Worten des Jakobus war nun die Zeit gekommen, dass Gott die Hütte Davids, also sein Königshaus bzw. seine Dynastie, wiederaufbaut, wie es die Propheten verheißen hatten.

In welchem Sinne hat Jakobus das verstanden? In genau dem gleichen Sinn, in dem Paulus die parallelen Verheißungen im Buch Jesaja erläutert hat. Wir erinnern uns daran, dass Paulus im pisidischen Antiochien die Worte aus Jesaja 55,3 zitierte: »Ich werde euch die zuverlässigen Gnaden Davids geben« (Apg 13,34; siehe auch S. 290-296). Dann erklärte er, dass dieser verheißene Segen Wirklichkeit wurde, als Gott den Herrn Jesus von den Toten auferweckte, der nun für immer der Lebendige ist. Und wir haben noch einen weiteren Sachverhalt festgestellt: Der Prophezeiung Jesajas zufolge würde die Erfüllung der David verheißenen Segnungen dazu führen, dass der Messias »ein Zeuge für Völkerschaften, … [ein] Fürst und Gebieter von Völkerschaften« sein würde. »… du wirst eine Nation herbeirufen, die du nicht kanntest, und eine Nation, die dich nicht kannte, wird dir zulaufen« (Jes 55,3-5). Jakobus sagte also dasselbe wie Paulus, nämlich dass sich eines Tages Heiden in großer Zahl zum Herrn bekehren und »sein Volk« werden würden, »Heiden, über die sein Name angerufen worden ist«. Dies würde geschehen, wenn die königliche Linie Davids wiederhergestellt werden würde, d.h. durch die Geburt des Messias Jesus in der Stadt Davids und insbesondere durch seine Auferstehung von den Toten (siehe auch Apg 2,25-31; 2Tim 2,8).[155]

Aber beachten Sie, was Jakobus unter der Prophezeiung des Amos *nicht* verstand. Er sagte nicht, dass die Angehörigen der Heidenvölker, die in derart großer Zahl dem Messias zuströmen – dieses neue Volk für Gottes Namen aus den Nationen –, Juden werden würden. Sie würden

154 Dies war das Problem, das den Schreiber von Psalm 89 bekümmerte. Er erinnerte sich an die Verheißungen Gottes, die David gegeben wurden: »Sein Same wird ewig sein und sein Thron wie die Sonne vor mir« (Ps 89,37), doch dann stellte er mit Bestürzung fest, was Gott getan hatte: »Du aber hast verworfen und verstoßen, bist sehr zornig gewesen gegen deinen Gesalbten; du hast verworfen den Bund deines Knechtes, hast zu Boden entweiht seine Krone; du hast niedergerissen alle seine Mauern, hast seine Festungen in Trümmer gelegt« (Ps 89,39-41).

155 Seltsamerweise sagt man – wie man gelegentlich feststellen kann –, dass das Haus Davids immer noch in Trümmern liege. Doch der größte Sohn dieses Hauses wurde von den Toten auferweckt und ist nun für immer der Lebendige.

also nicht zu Israel als Volk gehören.[156] Vielmehr sagte er genau das Gegenteil. Er stimmte mit Petrus darin überein, dass diese Heiden nicht beschnitten werden und wie Juden leben mussten, um gerettet zu werden und zu Gottes Volk zu gehören. Er sagte auch, dass sie seiner Meinung nach nicht aufgefordert werden sollten, sich beschneiden zu lassen und als Juden zu leben, *nachdem* sie gerettet worden waren. »Deshalb urteile ich«, so sagte er, »dass man denen, die sich von den Nationen zu Gott bekehren, keine Schwierigkeiten mache, sondern ihnen schreibe, dass sie sich enthalten von den Verunreinigungen der Götzen und von der Hurerei und vom Erstickten und vom Blut« (Apg 15,20).

Die Bedeutung des von Jakobus gegebenen Urteils für die Lehre von der Errettung aus Gnade

Jakobus widersprach mit seinem Urteil natürlich weder bewusst noch unbewusst der Lehre des Petrus von der Errettung aus Gnade, mit der er sich gerade einverstanden erklärt hatte. Um zu verstehen, was er empfahl, ist es hilfreich, sich noch einmal die Liste der Dinge anzusehen, die von den Angehörigen der Nationen verlangt werden sollten. Sie werden alle unter dem Aspekt des Enthaltens gesehen – als Dinge, auf die man verzichten sollte. Das, was einem Gläubigen eindeutig geboten ist und was er tun soll – wie »den Herrn zu lieben mit ganzem Herzen, ganzem Verstand, ganzer Seele und ganzer Kraft und den Nächsten wie sich selbst« – wird nicht erwähnt. Und selbst diese Liste der Dinge, die man unterlassen soll, enthält keine schwerwiegenden moralischen Vergehen wie Mord, Lüge, Diebstahl und Habgier. Jakobus dachte nicht an die großen moralischen Gebote des Gesetzes. Natürlich mussten gerettete Heiden nun gelehrt werden, sich so zu verhalten, dass die Rechtsforderung des Gesetzes in ihrem Leben durch die Kraft des ihnen innewohnenden Geistes Gottes immer mehr erfüllt werden konnte. Natürlich traf dies zu und war notwendig, und jeder bei der Beratung hätte ihm zugestimmt. Aber Jakobus wollte das nicht einmal andeuten,

156 Jakobus denkt auch nicht an die Bildung eines geistlichen Israels, in dem es weder auf jüdische noch auf nichtjüdische Herkunft ankommt. Vielmehr denkt er an den *Unterschied* zwischen Judenchristen und Heidenchristen.

sondern dachte, wie er sagte, an folgende Tatsache: »… Mose hat von alten Zeiten her in jeder Stadt solche, die ihn predigen, da er an jedem Sabbat in den Synagogen gelesen wird« (15,21). In all diesen Städten wüssten die Nichtjuden also sowohl durch die fortwährende Predigt in den Synagogen als auch mehr noch durch ihre zwischenmenschlichen Beziehungen mit den Juden, dass es bestimmte Dinge gab, bei denen die Juden von ihrem Gewissen her äußerst große Vorbehalte hatten: Sie aßen keine Speisen, die Götzen geopfert wurden; die Liste der Beziehungen, hinsichtlich derer die Ehe verboten war, war länger als bei den Nichtjuden üblich;[157] sie aßen weder das Fleisch von Tieren, die nicht geschächtet wurden, noch nahmen sie Blut in irgendeiner Form zu sich. Von nichtjüdischen Gläubigen konnte man nicht erwarten, dass sie hinsichtlich dieser Dinge Gewissensbisse hatten. Wenn aber nichtjüdische Gläubige das Gewissen ihrer jüdischen Glaubensbrüder nicht respektierten, würde dies das Miteinander bzw. die Gemeinschaft mit ihnen nicht zulassen. Wenn es dann in überwiegend heidnischen Städten zwei Gruppen von Christen geben würde, von denen die eine nicht mit gutem Gewissen Gemeinschaft mit den Angehörigen der anderen Volksgruppe haben konnte, würde dies – soweit Nichtchristen betroffen waren – ernsthaft gegen das Evangelium sprechen. Und wenn jüdische Gläubige gegen ihr Gewissen handelten und sich wie Heiden verhielten, würde ihnen das geistlichen Schaden zufügen. Jakobus forderte also die nichtjüdischen Gläubigen auf, wenn nötig, auf ihre Freiheit in diesen Dingen zu verzichten. Dies sollte aus Achtung vor dem Gewissen anderer sowie um des Ansehens und der Verbreitung des Evangeliums willen geschehen. Paulus würde später an die durch ihn Bekehrten das Gleiche schreiben (1Kor 8–10; Röm 14).

Der Brief (15,22-35)

Die Apostel und die Ältesten wurden aktiv – ja, die ganze Gemeinde schloss sich ihnen dabei an. (Man beachte, es waren nicht nur die Apostel und auch nicht nur die Apostel und die Ältesten, sondern es war die

157 Und jeder, der innerhalb dieser gesondert verbotenen Beziehungen heiratete, beging aus der Sicht eines Juden »Unzucht« (so das griechische Urtextwort; in der NIV findet sich der Begriff »sexuelle Unmoral«). Jakobus denkt hier nicht an sexuelle Unmoral im Allgemeinen.

ganze Gemeinde.) Sie wählten zwei Männer aus, die Paulus und Barnabas nach Antiochien begleiten sollten. Dabei gaben sie ihnen einen Brief an die heidenchristlichen Gläubigen in Antiochien, Syrien und Zilizien mit.

Darin distanzierten sie sich erstens in jeder Beziehung von denen, die ursprünglich aus Judäa nach Antiochien gekommen waren und die falsche judaistische Lehre verbreitet hatten, und sprachen ihnen jede geistliche Vollmacht ab. Diese Männer, so sagten sie, »(haben) euch mit Worten beunruhigt …, indem sie eure Seelen verstören« (Apg 15,24; »sie haben euch beunruhigt, indem sie euer Gemüt erregt haben mit dem, was sie sagten« [NIV]). Das war eine sehr deutliche Sprache. Sie ähnelt dem Ausdruck, den Lukas in 14,2 gebrauchte, um die Taktik zu beschreiben, mit der die feindselig eingestellten, unbekehrten Juden in Ikonium die Heiden davon abhalten wollten, das Evangelium zu hören: Sie »reizten und erbitterten die Seelen derer aus den Nationen gegen die Brüder« (NIV: »sie stachelten die Heiden auf und erbitterten deren Gemüter gegen die Brüder«). Wer innerhalb der christlichen Gemeinschaft lehrt, dass die Errettung durch Werke erfolge, verbreitet keine Ausdrucksform des christlichen Glaubens, die neben anderen gleichermaßen gültig ist: Es greift das wahre Christentum ebenso an wie diejenigen, die feindselig eingestellt sind und von außen dagegen vorgehen.

Zweitens brachten sie Paulus und Barnabas überaus große Wertschätzung entgegen: »… mit unseren Geliebten, Barnabas und Paulus, … Männer, die ihr Leben hingegeben haben für den Namen unseres Herrn Jesus Christus« (15,25-26).

Drittens ließen sie erkennen, dass sie eindeutig und vorbehaltlos auf der Seite von Barnabas und Paulus standen, was das von ihnen verkündigte Evangelium betraf. Nichtjüdische Gläubige mussten nicht zusätzlich beschnitten werden und das Gesetz halten, um gerettet zu werden, wie diejenigen behauptet hatten, die diesbezüglich eine falsche Lehre verbreiteten. »… es hat dem Heiligen Geist und uns gut geschienen, keine größere Last auf euch zu legen als diese notwendigen Dinge …« (15,28); und diese Dinge waren die geringfügigen Angelegenheiten, hinsichtlich derer die nichtjüdischen Gläubigen aufgefordert wurden, das Gewissen ihrer jüdischen Glaubensgeschwister zu respektieren (15,29).

Die Abgesandten und der Brief trafen wie vorgesehen in Antiochien ein, und sowohl der Inhalt als auch der Dienst der beiden Brüder aus Jerusalem, Judas und Silas, waren für die Gläubigen aus den Nationen ein Anlass zur Freude. Dadurch wurden sie in erheblichem Maße ermutigt und gestärkt (15,30-32).

Ja, mehr als ihnen vielleicht bewusst war, war ein gewaltiger Sieg errungen worden. Für alle nachfolgenden Jahrhunderte waren nun die Bedingungen und Voraussetzungen des Heils definiert: Errettung und Rechtfertigung aus Gnade durch den Glauben, unabhängig von den Werken des Gesetzes. Es gab nicht zwei Evangelien, die gleichermaßen gültig waren – eines für Juden und eines für Heiden, eines für diese Richtung des Christentums und eines für eine andere. Es gab nur ein Evangelium. Und alle wahren Christen standen in dieser Frage zusammen. Jakobus und Petrus stimmten diesbezüglich mit Barnabas und Paulus überein. Die Lehre eines jeden, der in dieser Heilsfrage etwas anderes weitergab – und es gab einige –, wurde von allen Aposteln und Ältesten ausnahmslos verurteilt und gebrandmarkt.

Die Rückkehr (15,36 – 16,5)

Der Streit des Paulus mit Barnabas

Im christlichen Leben ist es nicht ungewöhnlich, dass auf große Siege kleine, aber schmerzhafte und traurige Niederlagen folgen. Nachdem Paulus und Barnabas einige Zeit in Antiochien verbracht hatten, beschlossen sie, zurückzukehren und die Brüder in allen Städten zu besuchen, in denen sie das Wort des Herrn verkündigt hatten, um zu sehen, wie es ihnen ging (15,36). Aber es kam zu einem so heftigen Streit zwischen ihnen, dass sie sich trennten. Die beiden Männer, die in dem scharfen Streit und der Auseinandersetzung mit den Verbreitern der falschen judaistischen Lehre so fest und unzertrennlich zusammengestanden hatten, stritten nun ihrerseits heftig miteinander, sodass sie fortan getrennte Wege gingen.

So traurig dies auch war – wir müssen versuchen, es in seinem angemessenen Kontext und aus dem richtigen Blickwinkel zu sehen.

Erstens, der Gegenstand des Streits: Es ging nicht um die Lehren des christlichen Glaubens. Wie wir in den vorangegangenen Abschnitten gesehen haben, waren sich Paulus und Barnabas und alle anderen Apostel in solchen Fragen völlig einig. Es ging vielmehr um praktische Einzelheiten des Vorgehens im Werk des Herrn. Barnabas wollte den jungen Mann Johannes Markus auf ihre zweite Missionsreise mitnehmen (15,37). Paulus lehnte das ab. Er begründete dies damit, dass Johannes Markus sie schon früh während der ersten Missionsreise im Stich gelassen und nicht weiter mit ihnen zusammengearbeitet hatte (15,38). Paulus war offenbar der Meinung, dass Johannes Markus nicht imstande war, bei der zweiten Missionsreise mitzuarbeiten, weil es ihm zuvor an Verantwortungsbewusstsein und an treuem Ausharren gefehlt hatte. Paulus zweifelte nicht an der Errettung dieses Mannes und stellte auch nicht seine Eignung als Angehöriger einer christlichen Gemeinde infrage. Aber wer zu einem apostolischen Evangelisationsteam gehören wollte, musste natürlich strengere und anspruchsvollere Maßstäbe an sich anlegen lassen. Eine Gemeinde muss die Schwachen, Furchtsamen und Unbeständigen umsorgen und tragen. Wenn ein Pionier-Missionsteam aufbricht, mag es allerdings klug und angemessen sein, solche Menschen nicht in die entsprechende Arbeit einzubeziehen. Bei dem Werk des Herrn geht es nicht um ein Spiel, das man aufnehmen kann, wenn es einem Spaß macht, und das man aufgibt, wenn die Anforderungen zu hoch werden.

Barnabas war offensichtlich der Meinung, dass die vorherige Treulosigkeit des Markus nicht so schwerwiegend war, wie Paulus dachte. Er war offenbar der Ansicht, dass ihm eine weitere Chance gegeben werden sollte. Es ist oft darauf hingewiesen worden, dass Markus sich schließlich sogar nach den Maßstäben des Paulus gebessert hat und dass dieser während seiner zweiten Gefangenschaft darum bat, Markus als seinen Gehilfen zu ihm zu schicken (2Tim 4,11). Aber selbst wenn Paulus das im Voraus gewusst hätte, hätte er es vielleicht für besser gehalten, den jungen Mann unter weniger schwierigen Bedingungen reifen zu lassen, bevor er wieder den Belastungen der Neulandmission ausgesetzt war.

Jedenfalls konnten sich Paulus und Barnabas nicht einigen – vielleicht gerade deshalb, weil es nicht um einen Grundsatz des Glaubens ging: Es war vielmehr eine praktische Angelegenheit, zu der man auf beiden Seiten viel sagen konnte, und Menschen mit unterschiedlichem Temperament würden naturgemäß verschiedenen Überlegungen unterschiedliches Gewicht beimessen.

So trennten sie sich voneinander. Aber es ist zweifelhaft, ob wir darüber zu viele Tränen vergießen sollten. Die erste Auswirkung der Trennung bestand darin, dass es nun zwei Missionsteams gab, die beide von fähigen Männern geleitet wurden, nachdem zuvor nur ein Team aufgebrochen war. Das war keineswegs eine schlechte Sache. Die Welt war groß: Es gab genug Platz für zwei Missionsteams!

Zweitens haben Paulus und Barnabas die Gemeinde nicht gespalten. Lukas berichtet, dass Paulus und sein neuer Gefährte Silas, als sie die Gemeinde verließen, von den Brüdern der Gnade des Herrn empfohlen wurden (Apg 15,40). Im Falle von Barnabas und Markus wird eine solche Anbefehlung nicht erwähnt. Vielleicht hat die Gemeinde in Antiochien die Entscheidung von Barnabas nicht gutgeheißen. Aber es wird auch nicht erwähnt, dass es eine Debatte in der Gemeinde gab, bei der die Gemeinde zu einer Entscheidung kam und von Paulus und Barnabas erwartete, sich an diese Entscheidung zu halten. Es ging nicht darum, dass die Gemeinde in Antiochien – und schon gar nicht die Gemeinde in Jerusalem – die Kontrolle über die Arbeit dieser Missionsteams ausübte.[158]

Paulus und Barnabas haben sich auch nicht in ernster Weise gegen den Namen und die Sache Christi vergangen, wie das in den letzten Jahrhunderten so oft aufgetreten ist.[159] Sie gründeten keine getrennten Gruppen von Gemeinden. Es gab keine »Paulusgemeinden« und »Barnabasgemeinden«, jede mit ihrer eigenen Missionszentrale, ihrer eigenen Organisation und ihrer eigenen Anhängerschaft. Ihnen war nicht daran gelegen, dass die ganze Welt von dem Streit Kenntnis nahm. Es ging ihnen nicht darum, dass man sich noch lange nach dem Vergessen der ursprünglichen Einzelheiten des Streits an diese Trennung erinnerte. Sie gründeten einfach christliche Gemeinden; der Streit als solcher wird in der Apostelgeschichte nur kurz erwähnt, aber dadurch kam es zu keiner Spaltung im Leib Christi.

---

158 A. d. H.: Damit ist gemeint, dass Antiochien zwar die sendende Gemeinde war und blieb, aber Paulus (und Barnabas) nicht hineinredete, wenn es darum ging, wohin sie zogen und wen sie dabei mitnahmen.

159 A. d. H.: Dies spielt in diesem Kontext zweifellos auf die unzähligen Spaltungen (insbesondere im Protestantismus, d. h. in evangelischen und anglikanischen Kirchen) an.

Die Beschneidung des Timotheus durch Paulus

Die letzte Episode in Satz 2 stellt einen weiteren auffälligen und höchst bedeutsamen Kontrast zur ersten dar. In 15,1-5 hatten Paulus und Barnabas der Forderung, die nichtjüdischen Gläubigen müssten sich beschneiden lassen, auch nicht einen Fußbreit nachgegeben. Daraufhin hatten sie einen Brief von den Aposteln, den Ältesten und der Gemeinde in Jerusalem erhalten, in dem sie einmütig die Auffassung vertraten, dass diese Forderung im Widerspruch zur grundlegenden Lehre des Glaubens stehe. In 16,1-5 erfahren wir dann, dass Paulus und Silas von Stadt zu Stadt zogen und den Gemeinden diesen Brief überbrachten, um sie im Glauben zu stärken (vgl. 16,5). Dabei kamen sie irgendwann auch nach Lystra. Dort fanden sie einen Jünger namens Timotheus, und als sie beschlossen, ihn mit auf ihre Missionsreise zu nehmen, ließ Paulus diesen jungen Mann beschneiden!

Die sorgfältige Struktur, die Lukas seiner Erzählung gegeben hat, weist auf Folgendes hin: Er möchte, dass wir diese scheinbare Ungereimtheit im Verhalten des Paulus umfassend zur Kenntnis nehmen, denn wenn wir das Ganze genau betrachten, ist es in Wirklichkeit überhaupt nicht ungereimt. Der Grund, warum Paulus sich bei der ersten Gelegenheit gegen die Beschneidung aussprach, bestand darin, dass die Irrlehrer die Beschneidung als heilsnotwendig verlangten. Dass er Timotheus beschneiden ließ, hatte hingegen nichts mit dem Heil des Timotheus zu tun. Hätte jemand verlangt, dass Timotheus beschnitten werden müsse, um gerettet zu werden, hätte Paulus sich der Forderung widersetzt, wie er es im Falle seines Mitarbeiters Titus getan hatte. Bei dieser Gelegenheit stand die Wahrheit des Evangeliums auf dem Spiel. Es ging ebenfalls um die Notwendigkeit, so zu handeln, dass die Gläubigen überall keinen Zweifel an der Wahrheit des Evangeliums und den Bedingungen des Heils hatten (Gal 2,3-5).

Im Blick auf Timotheus unterschied sich die Situation davon völlig. Zunächst einmal war er das Kind einer Mischehe: Sein Vater war ein Grieche, seine Mutter eine Jüdin (Apg 16,1). Das war wahrscheinlich der Grund, warum er als Säugling nicht beschnitten worden war. Aber aus jüdischer Sicht war er aufgrund der Tatsache, dass seine Mutter eine Jüdin war, ebenfalls ein Jude.

Zweitens hätten alle wahren Judenchristen mit Petrus darin übereingestimmt, dass die Beschneidung selbst für Juden nicht notwendig für die Errettung war und auch nichts zur Errettung beitrug. Andererseits wären viele von ihnen der Meinung gewesen, dass die christusgläubigen Juden die Beschneidung praktizieren sollten, da Gott sie im Alten Testament für alle Juden vorgeschrieben hatte, einfach um dem Herrn zu gefallen.

Die Situation bei ihnen war im Grunde die gleiche wie heute bei den Christen, die Angehörige der Nationen sind, z. B. in Bezug auf den Sabbat. (Allerdings gibt es bei diesem Vergleich eine Einschränkung: Die Judenchristen glaubten, dass die Beschneidung ein Gebot war, das nur den Juden gegeben wurde, und nicht den Heiden – ob sie nun Christen oder Nichtchristen waren.) Alle wahren Christen würden zustimmen, dass es nicht notwendig sei, den Sabbat zu halten, um gerettet zu werden. Aber bei den darüber hinausgehenden Fragen sind sie geteilter Meinung. Einige – vielleicht die Mehrheit – sind der Meinung, dass der Sabbat zum israelischen Zeremonialgesetz gehörte, das zusammen mit den Speisegesetzen, dem Priestertum, den Riten und dem Tempeldienst aufgehoben wurde. Daher gebe es für Christen keine Verpflichtung, ihn zu halten. Andere sind der Meinung, dass der Sabbat Teil des Sittengesetzes sei, das auch heute noch Gültigkeit habe. Sie sind daher der Meinung, dass wahre Gläubige den Sabbat halten müssten (nicht am letzten Tag der Woche, sondern am Sonntag, dem ersten Tag der Woche): nicht, um gerettet zu werden, sondern weil es Gottes Wille für sein Volk ist und dass die Rechtsforderung des Gesetzes in denen erfüllt werden soll, die nicht nach dem Fleisch, sondern nach dem Geist wandeln. Und obwohl sie ganz klar sehen, dass das Halten des Sabbats für die Errettung nicht notwendig war, würden sie es als eine offensichtliche Folge der Errettung und als verpflichtend für wahre Gläubige ansehen. Würde sich daher ein bekennender Gläubiger konsequent weigern, ihn zu halten, könne die Echtheit seines Glaubens infrage gestellt werden. So weit würden sie gehen.

Stellen Sie sich also einen Evangelisten vor, der in seinem Herzen davon überzeugt ist, dass er den Sabbat nicht zu halten braucht, der sich aber geführt sieht, das Evangelium in einem Teil der Welt zu predigen, in dem die Mehrheit der Betreffenden der Meinung ist, dass wahre

Christen verpflichtet sind, den Sabbat zu halten. Was soll er tun? Wenn er sonntags mit dem Auto oder dem Fahrrad fährt, wird er das Gewissen der Gläubigen vor Ort verletzen und sie gegen sich aufbringen. Wenn er also in irgendeiner Hinsicht praktisch eingestellt ist – von christlicher Liebe ganz zu schweigen –, wird er die Anweisungen befolgen, die Paulus in dieser Angelegenheit in Römer 14,1-18 gibt (siehe insbesondere 14,5-6). Er wird auf das verzichten, was er als seine Rechte und seine Freiheit ansieht, und den Sabbat halten, um das Gewissen seiner Mitchristen nicht zu verletzen.

Außerdem gibt es vielleicht viele Menschen vor Ort, die nicht gerettet sind, aber sehr religiös sind und glauben, dass ihre Einhaltung des Sabbats und ihre Gesetzestreue notwendig sind, um ihr Heil zu erlangen. Der Evangelist wird ihnen zeigen wollen, dass die Errettung nicht durch Gesetzestreue, sondern durch Gnade erfolgt. Aber wenn sie sehen, dass er ständig den Sabbat bricht, den sie als Teil des Sittengesetzes betrachten, werden sie seine Botschaft von der Errettung durch Gnade als reine Leugnung der Bedeutung des Gesetzes abtun. Er könnte genauso gut die ganze Woche damit verbringen, den örtlichen Supermarkt auszurauben, und dann sonntags die Erlösung aus Gnade predigen.[160]

Aus ähnlichen Gründen ließ Paulus Timotheus beschneiden – nicht als etwas, was für das Heil notwendig war, sondern aus Respekt vor dem Gewissen sowohl der christusgläubigen als auch der nichtchristlichen Juden, um das Evangelium unter ihnen besser verkündigen zu können. Später erklärte er den Korinthern dazu:

> Denn obwohl ich von allen frei bin, habe ich mich allen zum Sklaven gemacht, damit ich so viele wie möglich gewinne. Und ich bin den Juden geworden wie ein Jude, damit ich die Juden gewinne; denen, die unter Gesetz sind, wie unter Gesetz (obwohl ich selbst nicht unter Gesetz bin), damit ich die, die unter Gesetz sind, gewinne (1Kor 9,19-20).

160 A. d. H.: Es ist das Anliegen des Autors, den Lesern die heutige Bedeutung des »Falls Timotheus« durch das oben genannte Beispiel vor Augen zu stellen, auch wenn es etwas konstruiert wirken könnte. Darüber hinaus ist anzumerken, dass das Wort »Sabbat« im englischsprachigen Raum zuweilen für den christlichen Ruhetag (d. h. für den Sonntag) gebraucht wird.

Einmal mehr hat also die sorgfältig ausgewogene literarische Struktur der geschichtlichen Darstellung des Lukas unsere Aufmerksamkeit auf ein gesundes Gleichgewicht im Glauben und Verhalten der Christen der Frühzeit gelenkt. Möge Gottes Heiliger Geist in uns eine ähnlich ausgewogene Einstellung hervorrufen.[161]

161 Wir sollten sehr darauf achten, diesen Grundsatz nicht zu missbrauchen. Wenn eine bestimmte Praxis im kirchlichen, gesellschaftlichen oder privaten Leben eindeutig im Widerspruch zu Gottes Wort steht und von ihm untersagt wird, sollten wir nicht versuchen, ihre Beibehaltung zu rechtfertigen. Wir könnten z. B. behaupten, dass wir sie nicht praktizieren, um das Heil zu verdienen, sondern nur, um uns in die örtliche Kultur oder Tradition einzufügen. Wenn die Praxis im Widerspruch zu Gottes Wort steht, hat sie ihre Berechtigung verloren, unabhängig von den Auswirkungen auf Kultur und Tradition. Außerdem waren die Beschneidung und die Einhaltung des Sabbats in Israel nicht nur eine Frage der Kultur. Sie waren eindeutige Gebote des Herrn, die Israel im Alten Testament auferlegt wurden. Daher war das Gewissen vieler jüdischer Gläubiger dagegen, sie aufzugeben. Ganz anders verhielt es sich mit Praktiken, die die Pharisäer ohne jegliche biblische Autorität hinzugefügt hatten und die im Grunde Gottes Wort widersprachen. Obwohl sie tief in der jüdischen Kultur verwurzelt waren, pflichtete unser Herr ihnen nicht um des Friedens willen stillschweigend bei, sondern prangerte sie an (siehe Mk 7,1-23).

ABSCHNITT 5

Das Christentum und die heidnische Welt (16,6 – 19,20)

Einleitende Beobachtungen

Der fünfte Abschnitt der Apostelgeschichte ist von einem spürbaren Wechsel der Atmosphäre geprägt. Dafür ist zum Teil die Geografie verantwortlich, denn zu Beginn des Abschnitts kommen Paulus und die ihn begleitenden Missionare nach Europa und besuchen eine ganze Reihe von (teilweise sehr berühmten) Städten – Philippi, Thessalonich, Beröa, Athen und Korinth –, bevor sie schließlich nach Kleinasien[162] (mit der bekannten Hauptstadt Ephesus) weiterreisen und Ephesus dann während der dritten Missionsreise zum Zentrum des Wirkens des Paulus wird.

In noch stärkerem Maße ist der Wechsel der Atmosphäre auf die Auswahl des Materials zurückzuführen, das Lukas für seine geschichtliche Darstellung verwendet. Bis zu diesem Punkt hat er die wesentlichen Merkmale des Christentums fast ausschließlich anhand der Unterschiede zu verschiedenen Richtungen innerhalb des Judentums oder im Verhältnis zum Samaritanertum[163] definiert, das man als Stieftochter des Judentums ansehen könnte. Seine langen, detaillierten Zusammenfassungen der Ausführungen von Petrus, Stephanus und Paulus stammen alle aus deren Reden vor verschiedenen jüdischen Zuhörern oder vor Heiden wie Kornelius, die wie das Christentum bereits den maßgeblichen Glauben des Judentums an den einen wahren Gott teilten. Die einzige Ausnahme ist die Brandmarkung des heidnischen Götzendienstes durch Paulus und Barnabas in Lystra (14,11-18).

162 A. d. H.: »Kleinasien«, »Asien« (nach dem damaligen Verständnis des Wortes) und »Provinz Asia« sind im Wesentlichen Synonyme. Sie umfassen, grob gesagt, den westlichen Teil der heutigen Türkei.

163 A. d. H.: Obwohl oben (insbesondere in Apg 8) analog dem biblischen Sprachgebrauch von »Samaritern« die Rede ist, hat es sich im Deutschen mittlerweile eingebürgert, den Begriff vorwiegend in Zusammenhang mit karitativer Tätigkeit zu verwenden, während »Samaritaner« der maßgebliche Ausdruck für die entsprechende religiöse Gruppe ist. Je nach Bibelübersetzung wird auch der Begriff »Samaritaner« volksgruppenbezogen verwendet (vgl. z.B. Online-Version der RELB).

Doch nun kommt es zu einer Änderung. Im fünften Abschnitt wird keine vollständige, detaillierte Zusammenfassung einer der zahlreichen Predigten gegeben, die Paulus in dieser Zeit tatsächlich in den Synagogen oder anderswo vor den Juden gehalten hat. Manchmal werden die Themen seiner Reden genannt (z. B. 17,3 und 18,5), aber keine langen Zusammenfassungen gegeben. Seine Predigten und Reden folgten zweifellos demselben allgemeinen Muster wie derjenigen, von der Lukas bereits berichtet hat. Von daher erübrigt es sich, weitere Beispiele anzuführen. Die einzige Rede aus dieser Zeit, die Lukas ausführlich zusammenfasst, ist die Ansprache des Paulus auf dem Areopag in Athen. Einige, wenn auch nicht alle, Mitglieder dieses Gerichtshofs waren intellektuell anspruchsvoll, aber alle waren natürlich Heiden. Wenn Paulus den Angehörigen dieses Gerichtshofs die wesentlichen Merkmale des Christentums erklärt, dann tut er dies unweigerlich vor dem Hintergrund nicht des Judentums, sondern des religiösen, philosophischen und politischen Denkens und Handelns des Heidentums. Und Lukas gibt uns einen vergleichsweise ausführlichen Abriss dieser Ansprache, weil sie typisch für den besonderen Schwerpunkt ist, den er diesem Abschnitt der Apostelgeschichte geben möchte.

Es gab ein besonderes Element in der Predigt des Paulus, das einige Mitglieder des Athener Areopags verwirrte und deren Neugier erregte. Dies führte dazu, dass er eingeladen wurde, vor Angehörigen dieses Gerichtshofs zu sprechen. Dies war offenbar die Tatsache, dass er fortwährend die Begriffe »Jesus« und »Auferstehung« gebrauchte. Die Zuhörer hatten daher den Eindruck, dass er in Athen ein paar fremde Götter einführte. Also verlangten sie von ihm eine Erklärung (17,18-19). Hier bot sich Paulus somit die Gelegenheit, den Heiden den Kern der für das Christentum charakteristischen Botschaft zu erläutern; und nach der Zusammenfassung des Lukas zu urteilen, gelang es Paulus, seine Chance bestmöglich zu nutzen. Was er erklärend über »Jesus« und die »Auferstehung« sagte, bildete den großen Höhepunkt seiner Rede (17,30-31). Gleichzeitig hatte es wenig Sinn, den heidnischen Athenern zu verkündigen, dass Jesus der von Gott eingesetzte Richter der ganzen Menschheit sei, wenn er nicht zuerst kurz erklärte, auf welchen Gott er sich bezog und wie dessen Wesen war. Er musste zwangsläufig mit der grundlegenden Lehre des Evangeliums beginnen, die das Christentum von Israel übernommen hatte und an der es nicht weniger festhält:

Es ging um die Existenz des einen, über den irdischen Bereich hinausgehenden, persönlichen, auf niemanden angewiesenen, allmächtigen und heiligen Schöpfers, Erhalters und Herrschers des Universums und der gesamten Menschheit (17,23-29). Dies ist also der erste und grundlegende Glaube, der das Christentum vom Heidentum unterscheidet.

Als Paulus Jesus als den kommenden Richter der ganzen Menschheit verkündigte, verwendete er eine Begrifflichkeit, die Angehörige heidnischer Nationen sofort verstehen konnten. Er vermittelte ihnen so einen Aspekt der zweiten grundlegenden Lehre, mit der das Christentum das Heidentum konfrontiert, der zufolge Jesus nämlich der von Gott im Alten Testament Israels verheißene Messias ist. In der Apostelgeschichte ist natürlich schon seit Langem verkündigt worden, dass Jesus der Messias (z.B. 2,36) und der Richter aller Menschen (10,42) ist. Aber in der ersten Hälfte der Apostelgeschichte 17 werden wir feststellen, dass die Juden von Thessalonich vor den heidnischen Richtern der Stadt nachdrücklich behaupteten, dass »Messias« bei den Christen ein politischer Begriff sei. Ihren Worten zufolge war das christliche Evangelium im Wesentlichen ein politisches Manifest, das Jesus als Rivalen des herrschenden Kaisers in der politischen Ordnung dieser Welt darstellen würde. Außerdem behaupteten sie, dass die christliche Evangelisation in Wirklichkeit ein Versuch sei, einen umfassenden politischen Kampf zu entfachen, der darauf abziele, die Strukturen der Herrschaft des Römischen Reiches zu überwinden und sie durch eine andere Obrigkeitsform zu ersetzen (17,5-8).

Der Vorwurf war fadenscheinig, denn es gab innerhalb des Judentums verschiedene Richtungen, für die der Begriff »Messias« diese politische Bedeutung hatte. Aufgrund dessen war es bereits zu verschiedenen Zeiten zu Aufständen gekommen (siehe z.B. 5,36-37; 21,37-39). Das sollte später in großflächigen Aufständen gegen das heidnische Rom gipfeln. Darüber hinaus war einer der Jünger Jesu, Simon der Zelot (Lk 6,15), vor seiner Bekehrung Mitglied einer solchen messianisch-politischen Gruppe gewesen. Paulus selbst hatte in dieser Situation keine Gelegenheit, zu der Anklage Stellung zu nehmen: Er musste aus der Stadt fliehen. Aber um des Evangeliums willen war es damals unerlässlich – und das gilt bis heute –, dass Lukas anhand dessen, was Paulus zuvor in Thessalonich und später in Athen gesagt hatte, Folgendes aufzeigte: Der entsprechende Vorwurf war unzutreffend.

Außerdem verdeutlichte er, was das Christentum mit der Verkündigung Jesu als Messias, König und Richter meint und wie das Verhältnis zwischen seiner Königsstellung und der heidnischen Politik ist.

Die dritte Frage, um die es in diesem Abschnitt im Verhältnis zwischen Christentum und Heidentum geht, besteht darin, was das Christentum meint, wenn es vom Heiligen Geist spricht. Wie wir bereits zu Beginn der Apostelgeschichte gesehen haben, redeten die ersten Christen – wie es nach Pfingsten selbstverständlich war – viel davon, den Heiligen Geist empfangen zu haben, vom Geist erfüllt zu sein und insbesondere vom Geist geleitet zu werden (z.B. Apg 8,29.39; 10,19; 11,12; 13,2). Für den Durchschnittsjuden ist diese Begrifflichkeit zumindest verständlich, denn er weiß, dass es sich bei diesem Geist um den Geist Gottes handelt. Aber in der heidnischen Welt des Altertums hatten Tausende von Menschen in allen Lebensbereichen die Angewohnheit, sich in persönlichen, familiären und geschäftlichen Angelegenheiten an Wahrsager, Astrologen, Hellseher, Spiritisten, Orakel, Götter und Dämonen zu wenden, um Orientierung zu suchen. Im Fernen Osten tun dies immer noch viele Menschen, und im Westen nimmt die Zahl derer zu, die dies praktizieren. Im heidnischen Denken – ja, auch im Denken derer, die sich kürzlich zum christlichen Glauben hingewandt hatten (19,18) – würden sich daher natürlich Fragen stellen: Worin bestand der Unterschied zwischen der christlichen Erfahrung, vom Geist geleitet zu werden, und der heidnischen Praxis, die Führung durch verschiedene Formen des Spiritismus zu suchen? Und war der Spiritismus mit dem christlichen Evangelium vereinbar? War es für die an den Herrn Jesus Glaubenden akzeptabel, weiterhin die Geister ihrer Vorfahren zu verehren, Wahrsager aufzusuchen und sich an »Menschen mit übersinnlichen Fähigkeiten« und Geistheiler zu wenden?

Die Materialauswahl des Lukas gibt auf diese Fragen eine eindeutige Antwort. Zu Beginn des ersten Satzes des fünften Abschnitts sehen wir zweimal in ebenso vielen Versen, dass Paulus und die ihn begleitenden Missionare auf ihrer Reise vom Heiligen Geist geleitet wurden (16,6-7). Der letzte Satz des Abschnitts beginnt mit der Geschichte von zwölf Männern, die zwar Jünger von Johannes dem Täufer waren, aber nicht gelernt hatten, was es heißt, persönlich an den Herrn Jesus zu glauben, und die daher bislang den Heiligen Geist nicht empfangen hatten. Daraufhin werden sie gläubig. Anschließend lassen sich diese Männer erneut taufen, diesmal auf den Namen des Herrn Jesus (19,1-7), und empfangen den Heiligen Geist, der für Paulus hinsichtlich des Christseins unabdingbar ist.

Einen völligen Gegensatz dazu bildet die wichtigste Geschichte im ersten Satz des fünften Abschnitts. Sie geht auf das Geschehen zurück, bei dem Paulus einen bösen Geist aus einer Wahrsagerin in Philippi austreibt (16,16-19). Sie schien dem Evangelium wohlwollend gegenüberzustehen und sagt einiges, was die Umstehenden als Empfehlung hinsichtlich des Evangeliums und seiner Verkündiger hätten verstehen können. Aber Paulus ließ das, was sie sagte bzw. was der Geist in ihr von sich gab, nicht gelten. Ganz gewiss hielt er Spiritismus für unvereinbar mit dem Christentum, wobei er den Unterschied zwischen den beiden dadurch erkennen ließ, dass er den Geist aus der Frau austrieb.

In ähnlicher Weise geht es auch in der Hauptgeschichte im letzten Satz des fünften Abschnitts um den Glauben an Dämonen (19,11-20), nur dass hier der Unterschied nicht zwischen dem Christentum und dem Dämonenglauben besteht, sondern zwischen dem wahren Christentum und denen, die meinen, die Dämonenbeschwörung zu ihrem Beruf machen zu können. Sie selbst sind keine Christen und wollen sich auch nicht wirklich dem christlichen Glauben zuwenden, sind aber darauf bedacht, die christliche Begrifflichkeit mit den bisher angewandten Methoden zu verbinden, um beim Austreiben von Dämonen noch erfolgreicher zu sein. Sieben Juden in Ephesus missbrauchen den Namen des Herrn Jesus auf diese Weise. Doch der böse Geist in dem von einem Dämon besessenen Mann entlarvt ihren Missbrauch. Daraufhin greift der Mann die Möchtegern-Exorzisten an, richtet sie übel zu und schlägt sie in die Flucht. Dies führt dazu, dass der Name des Herrn Jesus und seine allumfassende Macht fast überall in der Stadt bekannt werden und dass der Triumph des Wortes Gottes über die okkulten, in Ephesus weithin verbreiteten Praktiken in unübersehbarer Weise öffentlich deutlich wird.

Zusammenfassend lässt sich also sagen: Da Lukas die Ausbreitung des Christentums vor dem Hintergrund des Heidentums darstellt, sind die drei wichtigsten Bereiche von Interesse:

1. Die Verkündigung des Christentums, die von der Existenz und dem Wesen des einen wahren Gottes und davon zeugt, dass eine echte Beziehung des Menschen zu ihm möglich ist. Damit steht sie im

Gegensatz zum Polytheismus der heidnischen Religionen und zu den Theorien (einiger) heidnischer Philosophen über den Ursprung und die Funktionsweise des Universums bzw. über die Stellung und die Bestimmung, die dem Menschen darin zugedacht ist.

2. Die Bedeutung und Wichtigkeit des Anspruchs des christlichen Evangeliums, dass Jesus Messias, König und Richter der Welt ist, die sowohl angesichts der bestehenden politischen Verhältnisse als auch der von einigen heidnischen Philosophen ausgearbeiteten Moralsysteme gilt.

3. Die Bedeutung der christlichen Erfahrung des Heiligen Geistes. Sie wird hier durch die Erfahrung der Juden, die sich der Johannestaufe unterzogen, aber noch nicht an den Herrn Jesus geglaubt hatten, verdeutlicht. Außerdem geht es um den Ursprung dieser Erfahrung im Gegensatz zu den Kontakten der heidnischen Welt im Bereich des Spiritismus, des Dämonenglaubens und der okkulten Praktiken.

Das besondere Interesse des Lukas an der Auseinandersetzung des Christentums mit dem Heidentum bedeutet jedoch nicht, dass wir nach seinem Willen das Judentum und die Rolle, die es in der heidnischen Welt gespielt hat und weiterhin spielt, aus dem Blick verlieren sollen. Lukas weist darauf hin, dass die Strategie des Paulus in dieser Zeit diejenige blieb, die er stets verfolgt hatte. In welcher Stadt er sich auch aufhielt, er ging immer zuerst in die jüdische Synagoge (sofern vorhanden) und predigte das Evangelium vor den Juden und denjenigen Angehörigen der Nationen, die sich der Synagoge zugewandt hatten (16,13[164]; 17,2.10.17; 18,4.19; 19,8). Das gründliche Zeugnis der Synagogen hatte überall zahlreiche Heiden zum Glauben an den einen wahren Gott gebracht und sie damit (wenn auch ungewollt) auf den Glauben an den Herrn Jesus als Messias vorbereitet. Lukas berichtet wiederholt (und teilweise als Augenzeuge) davon, dass gerade aus diesem Kreis gottesfürchtiger Heiden viele kamen, die sich durch die Verkündigung des Paulus in hellenistischen und römischen Städten bekehrten. Und natürlich bekehrten sich ebenso zahlreiche Juden (17,4; 18,8), aber auch solche, die unmittelbar aus dem Heidentum kamen (16,30-34; 17,12; 18,8).

Andererseits verschweigt Lukas natürlich Folgendes nicht: Paulus wurde zwar in den meisten Synagogen zunächst recht freundlich aufgenommen (17,1-4.11; 18,4.19-20; 19,8), aber starker und manchmal

164 A. d. H.: Hier handelte es sich um eine jüdische Gebetsstätte.

gewaltsamer Widerstand seitens einiger Mitglieder zwang Paulus und die durch ihn Bekehrten schließlich, die örtliche Synagoge zu verlassen (17,5; 18,6-7; 19,9). Mitunter griff der Widerstand auch auf eine benachbarte Synagoge über (17,13). Etwas Derartiges hatte es schon früher gegeben (13,45-46; 14,2.5 [man beachte hier den Hinweis auf die Obersten/Machthaber]). Doch nun, im fünften Abschnitt, berichtet Lukas von einer bedeutenden Entwicklung: Bei zwei Gelegenheiten werden die Christen von den Juden vor den heidnischen Behörden beschuldigt, weil sie aus Sicht der Ankläger Hochverrat gegen die Obrigkeit begangen haben (17,7) und eine gesetzwidrige Form des Gottesdienstes fördern (18,12-17). Beide Anklagen waren nicht zutreffend, wie Lukas im Folgenden zeigen wird. Jüdischer Widerstand dieser Art war traurig;[165] aber er führte zu positiven Ergebnissen für die heidnische Welt. Er führte zur Bildung eigenständiger christlicher Gemeinden (wie in Thessalonich, Korinth und Ephesus), und er führte zu einer großflächigen Verbreitung und zum Triumph des Wortes des Herrn in der heidnischen Welt (wie in Ephesus und in der dazugehörigen Provinz Asia [19,9-10.20]). Auch an Orten, an denen das Judentum bereits bekannt war (wenn auch nur vage, was die jeweiligen Bewohner in ihrer Gesamtheit betrifft), wirkte sich dieser Widerstand aus. Er trug dazu bei, der Öffentlichkeit bewusst zu machen, dass der Name des Herrn Jesus mehr Macht hatte, sie zu retten und zu segnen, von der selbst die erwähnten Johannesjünger bisher nichts wussten (19,1-7). Dazu kommt noch jener traurige Vorfall, der in Zusammenhang mit den jüdischen Beschwörern berichtet wird (19,13-17).

Natürlich gibt es auch Nebenthemen, die bisweilen auftauchen. Eines davon ist die Beziehung des Evangeliums zum geschäftlichen Bereich und zum Geldverdienen. In der antiken Welt war es selbstverständlich (und das scheint in manchen Regionen der modernen Welt immer noch der Fall zu sein), dass einige Menschen viel Geld verdienen, indem sie aus der Religion ein Geschäft machen. Die Herren des Geistmediums in Philippi sind ein Beispiel dafür (16,19), und das gilt auch für die Verleger in Ephesus, die Bücher über das Okkulte herausbrachten (19,19). Es ist daher interessant zu sehen, welche Rolle

165 Noch trauriger war es allerdings, dass die Christenheit in den nachkonstantinischen Jahrhunderten ihren politischen Einfluss nutzte, um Juden in großem Umfang zu unterdrücken, zu verleumden und zu verfolgen.

die wirtschaftliche und berufliche Tätigkeit bei der Neulandmission des Paulus spielt. Lydia arbeitet in Philippi im Purpurhandel (16,14), während Aquila, Priszilla und Paulus in Korinth im Zeltmacherhandwerk tätig sind (18,1-3). In beiden Fällen verschafft das weltliche Geschäft Paulus ein Standbein in Europa. Außerdem ist er dadurch imstande, den Zuhörern das Evangelium kostenfrei zu verkündigen (vgl. 1Thes 2,9; Phil 4,15-16 mit Apg 18,5; 1Kor 9,18 und 2Kor 11,7-9).

Oder nehmen wir seine Areopag-Rede. Dort bemerkt Paulus, dass Gott »festgesetzte Zeiten und die Grenzen ihrer Wohnung [d.h. die Grenzen des Lebensraums der Völker] bestimmt (hat), damit sie Gott suchen, ob sich ihn wohl ertasten und finden möchten ...« (Apg 17,26-27). In diesem Zusammenhang bezieht sich Paulus auf das vorausschauende Handeln Gottes, das im Laufe der Geschichte hinsichtlich der Völker zu erkennen ist, aber auf einer niederen Ebene werden wir sehen, dass dasselbe Prinzip bei den Missionsreisen des Paulus Entsprechendes bewirkte. Als er Asien verlässt und nach Europa kommt, wird ihm ein Haus nach dem anderen geöffnet: das von Lydia (16,15) und dann das des Kerkermeisters in Philippi (16,34), das von Jason in Thessalonich (17,5-7), das von Priszilla und Aquila (18,1-3) und später das von Titius Justus in Korinth (18,7[166]). All diese Häuser spielen eine strategische Rolle bei der Ausbreitung des Christentums in Europa. Es wird daher von einigem Interesse sein, wo immer möglich zu beobachten, wie der Weg des Paulus verlief, wie und durch welche Umstände und Fügungen er in diese Häuser kam und wie sie sich ihm dann öffneten.

Wir haben soeben angedeutet, dass der fünfte Abschnitt der Apostelgeschichte aus vier Teilen oder Sätzen besteht. Den ersten Hinweis darauf, dass dies tatsächlich so sein könnte, liefert die folgende Reihe von vier Hauptepisoden, in denen Paulus und das Evangelium jeweils zu Unrecht beschuldigt, missverstanden oder falsch dargestellt und dann erfolgreich gerechtfertigt oder verteidigt werden (siehe Tabelle 6).[167] Die vier Sätze sind außerdem durch den Gedankenfluss gekennzeichnet, der ihre Hauptepisoden miteinander verbindet (siehe Tabelle 7).

166 A. d. H.: In Bezug auf die volle Namensform vgl. z. B. RELB und Menge.

167 Wie wir bereits gesehen haben, wird vor den Richtern in Thessalonich eine sehr schwere Anklage gegen das Evangelium erhoben (17,5-9). Bei dieser Gelegenheit hatte Paulus jedoch keine Gelegenheit, auf die Anklage zu antworten. Lukas selbst hat allerdings die Struktur seiner Erzählung so gestaltet, dass seine Leser die endgültige Antwort auf die Anschuldigung in der Areopag-Rede des Paulus am Ende desselben Kapitels (Apg 17) finden werden.

16,16-39	*(a) Eine falsche Anschuldigung.* Paulus und Silas werden vor den Stadtrichtern angeklagt, Juden zu sein, die »unsere Stadt (ganz und gar verwirren) und … Gebräuche (verkündigen), die anzunehmen oder auszuüben uns nicht erlaubt ist, da wir Römer sind« (16,20-21). Sie werden ausgepeitscht und ins Gefängnis geworfen. *(b) Rechtfertigung.* Die Inhaftierung von Paulus und Silas ist keineswegs imstande, die Kraft des Evangeliums aufzuhalten, und führt durch ein Erdbeben, das sich aufgrund göttlicher Fügung genau zur richtigen Zeit ereignet, sogar zur Bekehrung des Kerkermeisters und seiner Familie. Darüber hinaus erfahren die Stadtrichter, dass Paulus und Silas Römer sind. Daraufhin sehen sie sich gezwungen, sie ehrerbietig aus dem Gefängnis zu geleiten.
17,16-31	*(a) Ein Missverständnis.* Epikuräer und Stoiker sind der Meinung, dass Paulus von zwei fremden Göttern spreche, von »Jesus« und der »Auferstehung«. *(b) Klärung.* Paulus erklärt den Angehörigen des Areopags, dass der von ihm verkündigte Gott nicht irgendeine fremde Gottheit ist: Er ist vielmehr der Schöpfer und Erhalter der ganzen Menschheit. Auch erklärt er, dass Jesus keine fremde Gottheit ist und dass man sich die Auferstehung nicht personifiziert als »Gottheit« vorstellen darf. Die in Raum und Zeit geschehene Auferstehung des Menschen Jesus, der tatsächlich auf Erden gelebt hat, ist die Bestätigung Gottes gegenüber allen Menschen und an allen Orten, dass Jesus der allumfassende Richter der gesamten Menschheit sein wird.
18,12-17	*(a) Eine falsche Anschuldigung.* Die Juden wenden sich an den Prokonsul Gallion und werfen Paulus vor, dass er »die Menschen (überredet), Gott anzubeten, dem [vermutlich jüdischen] Gesetz zuwider« (18,13). *(b) Rechtfertigung.* Gallion weist die Anklage zurück, da es sich lediglich um eine Angelegenheit der jüdischen Theologie handle, mit der sich das römische Gericht nicht befassen werde.
19,13-16	*(a) Ein Missbrauch.* Bestimmte nichtchristliche Geisterbeschwörer missbrauchen den Namen »Jesus« und versuchen, ihn als Bestandteil eines Zauberspruchs bzw. als verbales Hilfsmittel zu verwenden, um beim Austreiben böser Geister erfolgreicher zu sein. *(b) Rechtfertigung.* Die wahre Wesensart und die Autorität Jesu werden bestätigt, als ein böser Geist erwidert: »Jesus zwar kenne ich, … ihr aber, wer seid ihr?« (19,15), und die Möchtegern-Exorzisten in die Flucht schlägt.

Tabelle 6: Die wichtigsten Episoden von Abschnitt 5

Satz 1 (16,6-40): Ereignisse auf dem Weg nach Philippi und in dieser Stadt

(*a*) Paulus und sein Team werden vom Heiligen Geist (16,6-7) und von einer gottgegebenen Erscheinung (V. 9) geleitet und erreichen so Philippi. Lydias Herz wird vom Herrn geöffnet; sie glaubt und lädt Paulus und Silas ein, in ihrem Haus zu wohnen (16,14-15).

(b) Paulus treibt einen bösen Geist aus einer Wahrsagerin aus. Infolgedessen werden er und Silas gefangen genommen. Doch Gott gebraucht ein Erdbeben, um alle Türen des Gefängnisses zu öffnen (16,26). Der Kerkermeister kommt zum Glauben (16,34) und nimmt die beiden in sein Haus auf (16,32-33). Die Stadtrichter geleiten sie ehrerbietig aus dem Gefängnis und bitten sie, Philippi zu verlassen (16,39).

Satz 2 (17,1-34): Aufgrund der Verfolgung wird Paulus zunächst aus Thessalonich und dann aus Beröa vertrieben, bevor er nach Athen kommt

(*a*) In Thessalonich und erneut in Beröa zeigt Paulus, dass der Messias nach der Schrift sterben und dann von den Toten auferstehen musste. Er legt danach dar, dass Jesu Tod und Auferstehung ihn als den von der Schrift vorausgesagten Messias ausweisen (17,2-3.10-11).

(b) Als Paulus in Athen gebeten wird, die Bedeutung der Begriffe »Jesus« und »Auferstehung« zu erklären, redet er davon, dass mit der Auferstehung Jesu Gott der gesamten Menschheit die Gewissheit gibt, der zufolge Jesus der Richter der Welt sein wird (17,18-19.30-31).

Satz 3 (18,1-28): Ereignisse hauptsächlich in Korinth

(*a*) Paulus kommt nach Korinth, wo er den Juden bezeugt, dass Jesus der Messias ist (18,1.5). Die meisten Juden nehmen daran Anstoß; Paulus verlässt die Synagoge und geht zu den Heiden; viele von ihnen bekehren sich (18,6-11). Paulus bleibt eineinhalb Jahre in Korinth (18,11).

(*b*) Die Juden verklagen Paulus vor dem Richterstuhl des Gallion. Ihre Klage wird abgewiesen (18,12-17), und nach einiger Zeit verlässt Paulus Korinth und reist nach Kleinasien (18,18-23[168]), aber Apollos kommt aus Kleinasien nach Korinth (18,24-28; »Achaja« in V. 27 deutet auf Korinth hin, siehe 19,1) und »war … den Glaubenden durch die Gnade sehr behilflich; denn kräftig widerlegte er die Juden öffentlich, indem er durch die Schriften bewies [was auch Paulus zuvor gepredigt hatte], dass Jesus der Christus ist« (18,27-28).

168 A. d. H.: Im eigentlichen Sinne endet der dortige Aufenthalt bereits in V. 21. Da er dann aber über Cäsarea und Antiochien dorthin zurückkehrt, wurde die Stellenangabe so belassen.

Satz 4 *(19,1-20): Ereignisse in Ephesus*

(a) Zwölf Männer, die sich der Johannestaufe unterzogen haben, hören von der einzigartigen Möglichkeit, an den Herrn Jesus zu glauben. Sie bekehren sich daraufhin, werden dann auf den Namen des Herrn Jesus getauft und empfangen den Heiligen Geist. Nach drei Monaten in der Synagoge wird Paulus aufgrund des Widerstands von dort vertrieben. Zwei Jahre lang lehrt er täglich in der Schule des Tyrannus, »sodass alle, die in [der Provinz] Asien wohnten, sowohl Juden als auch Griechen, das Wort des Herrn hörten« (19,10).

(b) Sieben Juden, die nicht an Christus glauben, versuchen, einen bösen Geist im Namen »Jesu, den Paulus predigt« auszutreiben (19,13). Der böse Geist entlarvt ihren Missbrauch des Namens Jesu, sodass »der Name des Herrn Jesus [sowohl von Juden als auch von Griechen in ganz Ephesus] … erhoben (wurde)« (19,17). Dies wiederum führt zu einer großen öffentlichen Verbrennung von Büchern mit okkulten Inhalten, sodass es dann heißt: »So wuchs das Wort des Herrn mit Macht und nahm überhand«[169] (19,20 [19,13-20]).

Tabelle 7: Gedankengang von Abschnitt 5

Schließlich folgt die geschichtliche Darstellung innerhalb jedes Satzes demselben Muster. Dies lässt sich jedoch am besten anhand eines Inhaltsverzeichnisses erkennen, das uns auch hilft, das Verhältnis der einzelnen Teile zueinander und zum Ganzen zu erkennen (siehe Tabelle 6).

Die Sätze

1. Der Heilige Geist und die Mächte der Finsternis (16,6-40)
2. Gottes Messias und heidnische Politik, Religion und Philosophie (17,1-34)
3. Gottes Messias und das neue Volk Gottes (18,1-28)
4. Der Heilige Geist und der Name des Herrn Jesus (19,1-20)

169 Wie in 19,16 und Offenbarung 12,8 ist auch hier die Übersetzung »to prevail« (d. h. »stärker sein [als jemand oder etwas anders]«, »siegen«) vorzuziehen; siehe KJV und ERV (A. d. H.: vgl. auch Menge).

Satz 1: Der Heilige Geist und die Mächte der Finsternis (16,6-40)

A. Von Phrygien nach Philippi

1. Von Phrygien nach Troas und der Mann aus Mazedonien

Die Führung des Heiligen Geistes: »von dem Heiligen Geist daran gehindert ..., das Wort in Asien zu reden« (16,6); »sie (versuchten), nach Bithynien zu reisen, und der Geist Jesu erlaubte es ihnen nicht« (16,7). Ein Mann aus Mazedonien erscheint Paulus in einem nächtlichen Gesicht (16,9-10).

2. Von Troas nach Philippi und in das Haus der Lydia

An der »Gebetsstätte« öffnet der Herr Lydias Herz, damit sie auf das hört, was Paulus sagt. »Wenn ihr urteilt, dass ich dem Herrn treu bin, so kehrt in mein Haus ein und bleibt. Und sie nötigte uns« (16,15).

Satz 2: Gottes Messias und heidnische Politik, Religion und Philosophie (17,1-34)

A. Thessalonich und Beröa

1. Thessalonich und das Haus von Jason

Paulus argumentiert in der Synagoge, dass Jesus der in der Heiligen Schrift vorausgesagte Messias ist. Die Juden beschuldigen Paulus und Silas, so zu lehren, dass es gegen die Anordnungen des Kaisers gerichtet sei (17,1-9).

2. Beröa: Aus der Synagoge und der Stadt vertrieben

Die Menschen in der Synagoge von Beröa »waren edler als die in Thessalonich; sie nahmen das Wort mit aller Bereitwilligkeit auf, indem sie täglich die Schriften untersuchten«. Viele wurden deshalb gläubig, aber die jüdischen Verfolger aus Thessalonich vertrieben Paulus und Silas auch von dort (17,10-15).

Satz 3: Gottes Messias und das neue Volk Gottes (18,1-28)	**Satz 4: Der Heilige Geist und der Name des Herrn Jesus (19,1-20)**
A. Der Aufenthalt des Paulus in Korinth (1)	**A. Der Aufenthalt des Paulus in Ephesus (1)**
1. Korinth und das Haus von Aquila und Priszilla	**1. Ephesus und die zwölf Jünger**
Ein Erlass Cäsars trägt indirekt dazu bei, dass Paulus in Korinth Fuß fassen kann. Er predigt an jedem Sabbat in der Synagoge vor Juden und Griechen (18,1-4).	*Der Empfang des Heiligen Geistes:* »Habt ihr den Heiligen Geist empfangen, nachdem ihr gläubig geworden seid?«; »Wir haben nicht einmal gehört, ob der Heilige Geist da ist. … der Heilige Geist (kam) auf sie« (19,1-7).
2. Korinth: Aus der Synagoge in das Haus des Titius Justus nebenan vertrieben	**2. Ephesus: Von der Synagoge in die Schule des Tyrannus vertrieben**
Paulus widmete seine ganze Zeit der Verkündigung, dass Jesus der Christus ist. Als die Juden sich widersetzten und lästerten, sagte Paulus: »Euer Blut komme auf euren Kopf«, und ging in das Haus nebenan, wo Titius Justus wohnte. Viele Korinther glaubten. Der Herr erschien Paulus in einem nächtlichen Gesicht, und er blieb eineinhalb Jahre und predigte das Wort (18,5-11).	Paulus predigt drei Monate in der Synagoge. Als einige Juden verstockt waren und über das christliche Bekenntnis vor dem Volk lästerten, verließ er sie und ging in die Schule des Tyrannus, wo er zwei Jahre lang täglich predigte, »sodass alle, die in Asien wohnten, … das Wort des Herrn hörten« (19,8-10).

Tabelle 8: Abschnitt 5: Das Christentum und die heidnische Welt (16,6–19,20)

B. In Philippi

1. Die falsche Anschuldigung

Paulus treibt einen bösen Geist aus einem Medium aus (16,16-18). Ihre Herren beschuldigen Paulus und Silas, »Juden [zu sein, die] … ganz und gar unsere Stadt (verwirren) und … Gebräuche (verkündigen), die anzunehmen oder auszuüben uns nicht erlaubt ist, da wir Römer sind« (16,19-21). Paulus und Silas werden ausgepeitscht und ins Gefängnis geworfen (16,22-24).

2. Die Rechtfertigung

Die Inhaftierung von Paulus und Silas ist keineswegs imstande, die Kraft des Evangeliums aufzuhalten, und führt durch ein Erdbeben, das sich aufgrund göttlicher Fügung genau zur richtigen Zeit ereignet, sogar zur Bekehrung des Kerkermeisters und seiner Familie. Der Kerkermeister nimmt Paulus und Silas in sein Haus auf (16,25-34).

3. Die Fortsetzung

Die Richter müssen kommen und Paulus und Silas persönlich aus dem Gefängnis führen. Dann bitten sie die beiden, die Stadt zu verlassen. Paulus und Silas gehen zum Haus der Lydia, ermahnen die Brüder und verlassen dann Philippi (16,35-40).

B. Athen

1. Das Missverständnis

Einige Stoiker und Epikuräer meinen, Paulus spreche von zwei fremden Göttern, von »Jesus« und der »Auferstehung« (17,16-21).

2. Die Erklärung

Paulus geht es nicht um fremde Götter. Gott ist der Schöpfer und Erhalter der gesamten Menschheit. Er hat alle Menschen aus einem einzigen Menschen gemacht. Gott ist allen Menschen nahe. Er »gebietet … jetzt den Menschen, dass sie alle überall Buße tun sollen«. Er wird die Welt durch denjenigen, den er dazu bestimmt hat, in Gerechtigkeit richten. Die Gewissheit dafür ist durch die Auferstehung Jesu gegeben (17,22-31).

3. Die Fortsetzung

Als sie von der Auferstehung hören, spotten die einen, während andere zögern. So verlässt Paulus den Areopag. Aber einige schließen sich Paulus an und werden gläubig (17,32-34).

B. Der Aufenthalt des Paulus in Korinth (2)	**B. Der Aufenthalt des Paulus in Ephesus (2)**
1. Die falsche Anschuldigung	**1. Der Versuch eines Missbrauchs**
Die Juden verklagen Paulus vor dem Richterstuhl des Gallion: »Dieser überredet die Menschen, Gott anzubeten, dem Gesetz zuwider« (18,12-13).	Gott vollbringt »außergewöhnliche Wunderwerke ... durch die Hände des Paulus«. Sieben jüdische Beschwörer versuchen, einen bösen Geist im Namen »Jesu, den Paulus predigt« auszutreiben (19,11-14).
2. Die Rechtfertigung	**2. Die Entlarvung**
Gallion weist den Fall als innerjüdischen theologischen Streit zurück, der für ein römisches Gericht irrelevant sei: »... über diese Dinge will ich nicht Richter sein« (18,14-17).	Der böse Geist erwidert: »Jesus zwar kenne ich, und von Paulus weiß ich; ihr aber, wer seid ihr?« Der Mann, dessen er sich bemächtigt hat, greift daraufhin die Möchtegern-Exorzisten an, die verwundet und nackt aus dem Haus fliehen (19,15-16).
3. Die Fortsetzung	**3. Die Fortsetzung**
Paulus bricht auf und reist nach Ephesus, Cäsarea und Antiochien; dann beginnt er mit seiner dritten Missionsreise. Währenddessen kommt Apollos nach Ephesus und predigt die Johannestaufe (d.h. die Taufe der Buße). Von Aquila und Priszilla weiter unterwiesen, geht er dann nach Korinth und bezeugt den Juden, dass Jesus der Christus ist (18,18-28).	Der Name des Herrn Jesus wird in ganz Ephesus erhoben. Bücher über okkulte Praktiken im Wert von ca. 50 000 Drachmen werden öffentlich verbrannt. »So (nahm) ... das Wort des Herrn mit Macht ... überhand« (19,17-20).

Tabelle 8: Abschnitt 5: Das Christentum und die heidnische Welt (16,6–19,20)

SATZ 1

Der Heilige Geist und die Mächte der Finsternis (16,6-40)

Das Evangelium und fremde Kulturen

Es ist eine Tatsache, dass für Millionen von Menschen, vor allem in Asien, das Christentum nach wie vor eine westliche Religion ist, die ihrer Weltanschauung fremd und mit ihrem nationalen Ethos unvereinbar ist. Sie mögen es aus der Ferne respektieren, aber es missfällt ihnen, wenn christliche Missionaren versuchen, sie zu bekehren. Sie empfinden dies als eine Beleidigung ihrer eigenen Religionen und Kulturen, als eine unsensible – um nicht zu sagen, arrogante – Form des westlichen Imperialismus.

An dieser Reaktion ist die Christenheit zum Teil selbst schuld, da ihre Missionare in der Vergangenheit das Evangelium oft mit den jeweiligen Kirchen oder gar mit den Regierungen ihrer Heimatländer in Verbindung gebracht haben, sodass die Menschen in anderen Ländern verständlicherweise den Eindruck gewonnen haben, das christliche Evangelium sei ein Arm des westlichen Kolonialismus. Dieser Eindruck wird noch dadurch verstärkt, dass es den Missionaren manchmal nicht gelingt, das von ihnen gepredigte Evangelium von den Merkmalen der westlichen Kultur, Musik und Architektur, von Gottesdienstformen usw. zu unterscheiden, die sich im Laufe der Jahrhunderte in den Heimatländern der Missionare im Umfeld des Evangeliums herausgebildet haben. Andere Nationen fürchten daher das Christentum als etwas Fremdes, das die Entfaltung ihrer nationalen Wesensart unterdrücken würde.

Diese Fehler sind natürlich weithin anerkannt und werden heute offen zugegeben. Ja, es besteht die Gefahr, dass die Reaktion darauf die Menschen in das Extrem der religiösen Beliebigkeit treibt. Überall wird zunehmend der Eindruck erweckt, dass der Versuch, Andersgläubige zum christlichen Glauben zu bekehren, dem Geist Christi zuwiderlaufe.

Er sei eine bedauerliche Form des religiösen Fundamentalismus, der sich einbilde, dass er – und nur er – die Wahrheit besitze. Das wahrhaft Christliche sei es, alle exklusiven Ansprüche auf die Einzigartigkeit Christi fallen zu lassen und einen wirklich offenen Dialog mit Menschen anderer Religionen zu führen. Das bedeutet, die grundsätzliche Gültigkeit aller großen Religionen anzuerkennen, die Grenzen aller Religionen – einschließlich des Christentums – einzugestehen und sich gemeinsam auf die Suche nach der letzten Wahrheit zu begeben. Nur so kann dieser Argumentation zufolge das Christentum den Respekt der Menschen in Asien und Afrika gewinnen und den bisher gültigen Vorwurf vermeiden, es sei eine westliche Religion, die von dem Wunsch des Westens durchdrungen ist, den Rest der Welt zu beherrschen.

Tatsache ist jedoch Folgendes: Als Paulus und Silas das Evangelium nach Europa brachten, lehnten die allerersten Europäer, denen sie begegneten, dies heftig ab, eben weil das Evangelium ihrem nationalen Ethos widersprach, wie Lukas gleich zeigen wird. Der einzige Unterschied zwischen ihrer Reaktion und der heutigen besteht darin, dass ihre Anklage etwas anders lautete als die modernen Beschuldigungen: Während man heute das Evangelium als Gedankengut aus dem westlichen Kulturkreis ablehnt, wurde es damals als jüdische, mit der eigenen Lebensweise unvereinbare Lehre zurückgewiesen. Hätte Paulus diesen Einwand als triftigen Grund dafür akzeptiert, Menschen anderer Glaubensrichtungen und anderer Kulturen nicht zu Christus zu führen, hätte er seine Bemühungen, Europa zu evangelisieren, an Ort und Stelle eingestellt, seine Sachen zusammengesucht und wäre nach Hause zurückgekehrt.

Die Einwohner von Philippi waren stolz auf den Status ihrer Stadt als römische Kolonie und auf ihre eigene Stellung als Römer. Sie waren äußerst aufgebracht, als Paulus und Silas vor Gericht standen, und begründeten dies wie folgt: »Diese Männer, die Juden sind, verwirren ganz und gar unsere Stadt und verkündigen Gebräuche, die anzunehmen oder auszuüben uns nicht erlaubt ist, da wir Römer sind« (16,20-21). Der zweite Teil ihrer Anschuldigung war natürlich nicht wahr, wie Lukas später zeigen wird, indem er das vom Prokonsul Gallion in Korinth gefällte Urteil aufzeichnet (18,12-16). Und der erste Teil der Anklage war nur zur Hälfte wahr: Paulus war zwar ein Jude, aber er war auch ein römischer Bürger, der jedem Mann und jeder Frau in

Philippi gleichgestellt war, und das galt auch für Silas. Aber weder die Menge noch die Richter gaben ihnen Gelegenheit, diese Tatsache zu erwähnen, oder wenn doch, dann nahmen sie diese nicht zur Kenntnis. Man peitschte sie aus und schleppte sie ins Gefängnis.

Tatsache ist, dass den Römern das Verhalten der Juden im Allgemeinen missfiel, wie wir aus den lebhaften Äußerungen des späteren römischen Satirikers Juvenal erfahren. Er fühlte sich abgestoßen von ihrem (für ihn) barbarischen Ritus der Beschneidung, von der Einhaltung ihres Sabbats und von ihrem unergründlichen Gesetz des Mose, mit dem sie sich von den kulturellen Normen der römischen Gesellschaft abhoben. Er prangerte ihre Weigerung an, die Verehrung anderer Götter neben der Anbetung ihrer eigenen zu akzeptieren; und er hatte nichts als Verachtung für ihre kleinen Gebetshäuser übrig, die versteckt in Seitenstraßen lagen und keinem Vergleich mit den großen und ästhetisch prächtigen Tempeln der römischen Staatsreligion standhielten.[170] Nun gab es in Philippi vielleicht ein jüdisches »Gebetshaus« (oder zumindest eine Gebetsstätte), wo Frauen zusammenkamen,[171] und soweit wir wissen, hatten die örtlichen Bürger sie unbehelligt gelassen, wie es das römische Gesetz verlangte. Doch als Paulus und Silas dem Treiben einer der Wahrsagerinnen der Stadt ein Ende setzten, entlud sich die Wut der Bewohner. In ihrem ethnischen Stolz verletzt, nahmen die Philipper die Missionare in Missachtung ihres eigenen Gesetzes in Haft.

Wenn sie ruhiger nachgedacht hätten, wäre den Philippern jedoch klar geworden, dass ethnischer Stolz und nationale Kultur für die Frage, ob die von Paulus und Silas verkündigte Botschaft der Wahrheit entsprach, irrelevant waren. Paulus versuchte nicht, wie die Athener anfangs dachten (17,18), fremde Götter in die einheimische Kultur einzuführen, und er gab auch nicht auf überhebliche Weise seinen eigenen nationalen Göttern den Vorzug gegenüber denjenigen Göttern, die in Philippi verehrt wurden. Vielmehr verkündigte er in erster Linie den einen und einzigen Schöpfer der ganzen Menschheit, der für die Philipper ebenso da war bzw. da ist wie für jedes andere Volk. Das Judentum glaubte sicherlich an ihn, während keiner der Götter der

170 Siehe Juvenal, *Satiren* III, 14, 296; VI, 543; XIV, 96, 103. A. d. H.: Recherchen zufolge stimmen diese bibliografischen Angaben nur ungefähr mit denen überein, die im Internet zu finden sind.

171 Die beste Lesart in 16,13 scheint zu sein: »wo es gebräuchlich war, das Gebet zu verrichten« (Elb 2003; vgl. KJV). Vielleicht gab es nicht genug Männer, sodass die Juden nicht berechtigt waren, eine Synagoge zu errichten.

Philipper behauptete, ein solcher Schöpfer zu sein. Aber der Schöpfer war weder aus den Glaubensvorstellungen der Juden hervorgegangen, noch konnten sie ihn für sich allein beanspruchen. »… ist Gott der Gott der Juden allein?«, wie Paulus sagen würde. »Nicht auch der Nationen? Ja, auch der Nationen, denn es ist der eine Gott …«, dessen Heilsbedingungen für alle gleich sein müssen (Röm 3,29-30). Und zweitens trat Paulus nicht für das Judentum als Glaubensrichtung ein, sondern predigte Christus als die höchste und letzte Selbstoffenbarung Gottes gegenüber der ganzen Menschheit. Die Glaubenspraxis Israels, wie sie *ursprünglich* von Gott gegeben wurde, war rein und heilig, aber Paulus drängte diese Praxis den Heiden nicht einmal auf. Das heutige Judentum hatte zwar viele edle Züge der ursprünglichen Glaubenspraxis Israels bewahrt, aber andere ins Verderben gerissen und Gottes Sohn offiziell verworfen und ermordet. Gott wird das offizielle Judentum eines Tages dafür richten. Paulus trat den Philippern gegenüber gewiss nicht für das Judentum als Religion ein. Und wir sollten sogleich Folgendes hinzuzufügen: Wenn man unter dem Begriff »Christentum« das weltumspannende religiös-politische System versteht, das sich um den Namen Christi herum entwickelt hat (wie es sich sehr häufig in den etablierten Kirchen findet), dann kann es für Christen heutzutage nicht darum gehen, Nichtchristen zum Christentum in diesem Sinne zur Bekehrung zu führen. Diese Form des Christentums hat oft viele Dinge enthalten, die selbst nach dem Urteilsvermögen eines Kindes dem Geist Christi und der Lehre des Neuen Testaments widersprechen, und dies ist bis heute so geblieben. Auch das wird Gott richten – vielleicht strenger als alles andere.

Paulus predigte also nicht das Judentum, sondern den einen wahren Gott, den Schöpfer aller Menschen; und nicht das östliche oder westliche Christentum – natürlich nicht –, sondern Christus. Indem er die Menschen aller ethnischen Gruppen und Nationalitäten aufforderte, ihre von Menschen erfundenen Götter und ihre vom Götzendienst ausgehenden Interpretationen des Universums aufzugeben, forderte Paulus sie lediglich dazu auf, das zu tun, was seine eigenen Vorfahren in den vergangenen Jahrhunderten tun mussten. Und natürlich würden wir, die sogenannten westlichen Christen, freimütig zugeben, dass auch unsere Vorfahren allesamt Anbeter von Gottheiten waren, die von der menschlichen Vorstellungskraft ersonnen worden waren. Doch dann kam das

Evangelium von Asien nach Europa. Es rief die Menschen dazu auf, die Realität anzuerkennen und zum ursprünglichen Glauben der Menschheit an den einen Schöpfer zurückzukehren, der Leben in sich selbst hat, und sich dann seiner Selbstoffenbarung in Jesus Christus zu unterstellen.

Es gibt keinen wirklichen Grund für verletzten ethnischen Stolz oder kulturelle Ressentiments. Wenn es um rein kulturelle Fragen ging, war Paulus (wie wir anhand seiner Schriften wissen) der anpassungsfähigste Mensch, der bereit war, als Jude unter Juden oder als Grieche unter Griechen zu leben (1Kor 9,19-22). Aber er hätte niemals der Behauptung zugestimmt, dass es bei der Wahl zwischen Monotheismus und Polytheismus einfach darum gehe, was man bevorzuge – je nach der traditionellen Art und Weise, welche Lehre man im Blick auf die Entstehung des Universums vertrat. Nie wäre er der Ansicht gewesen, dass Gottes einzigartige und endgültige Selbstoffenbarung in Christus ungestraft abgelehnt werden kann, wenn sie nicht zu dem passt, dem man in nationaler, ethnischer oder kultureller Hinsicht den Vorzug gibt.

Aber kommen wir zu den Philippern zurück: Vielleicht fiel ihnen das ruhige Nachdenken an diesem Punkt auch aus anderen Gründen schwer. Indem er berichtet, wie Paulus eine Wahrsagerin aus Philippi von einem bösen Geist befreit hat (Apg 16,16-18), legt Lukas den Finger auf zwei sehr sensible Bereiche des Heidentums. Der eine verdient kein Mitleid, der andere ruft zumindest nach mitfühlendem Verständnis.

Die Wahrsagerin wurde von bestimmten Herren kontrolliert, die sie und ihren Zustand ausnutzten, um selbst eine Menge Geld zu verdienen. Als Paulus die Frau davon befreite, weiterhin durch den bösen Geist beherrscht zu werden, schnitt er die betreffenden Herren von ihrer Einkommensquelle ab (16,19). Natürlich führten sie dies nicht als Grund dafür an, gegen die Missionare gerichtlich vorzugehen, sondern sie nutzten lieber die Vorurteile und dem ethnischen Stolz des Pöbels und der Richter aus. Aber die Bedrohung ihrer finanziellen Interessen durch das Christentum war der wahre Grund für ihre heftige Reaktion. Die Ausnutzung der Religion für finanzielle Zwecke war über die Jahrhunderte hinweg ein Skandal – und ist es noch immer. Auch die Christenheit ist davon nicht verschont geblieben: Die Aufdeckung der Korruption bestimmter Fernseh-Evangelisten ist nur ein weiteres Beispiel für den seit Langem bestehenden Missbrauch des Christentums in verschiedenen Kreisen, um im Namen Christi gewaltige Schätze und große Geldsummen anzuhäufen.

Aber das Vorgehen des Paulus, die Fähigkeit des Mediums zur Wahrsagerei zu unterbinden, traf auch einen tieferen Nerv im Heidentum: Es schnitt eine Quelle übernatürlicher Führung ab, nach der sich viele Menschen in der Stadt sehnten und die aus ihrer Sicht eine unverzichtbare Hilfe für ein erfolgreiches Leben war. Natürlich missfiel ihnen das außerordentlich.

Es gibt wohl nur sehr wenige Menschen, die nicht irgendwann in ihrem Leben den Wunsch verspürt haben, in die Zukunft sehen zu können. Diese Sehnsucht ist nicht notwendigerweise nur eine müßige Neugierde oder die reine Gier von Menschen, die – wie manche es tun – die Geister um Rat fragen oder die richtigen Zahlen wählen, um beim Glücksspiel zu gewinnen. Das Dasein stellt uns alle von Zeit zu Zeit vor unausweichliche Entscheidungen, die weitreichende Folgen für unser eigenes Leben oder das anderer Menschen haben. Die Qual liegt darin, dass wir uns entscheiden müssen, ohne sicher zu wissen, wie der von uns gewählte Weg verlaufen wird – ob er Erfolg mit sich bringt oder in der Katastrophe endet. Nun gibt es Menschen, die Gott nie als liebenden Vater kennengelernt haben. Sie haben nie persönlich erfahren, dass er rettet, vergibt, für uns sorgt und uns führt. Sie vertrauen weder seiner Weisheit dahin gehend, dass er alles genau im Voraus weiß, noch haben sie die Gewissheit, dass alle Dinge zum Guten mitwirken für diejenigen, die ihn lieben. Sie wissen nichts von Gottes großem und über allem stehenden Ratschluss, der alle Einzelheiten des Lebens einschließt und ihnen einen Sinn gibt. Angesichts dieser Umstände ist es zumindest erklärbar, dass sie sich zu der Geisterwelt, zu Orakeln, Wahrsagern, Medien und Astrologen hingezogen fühlen, um diejenige Führung zu erhalten, nach der sie sich sehnen. Ähnlich verhält es sich mit den Hinterbliebenen. Diese Menschen haben nicht die Gewissheit und den Trost des Christen, wonach »ausheimisch von dem Leib« bedeutet, »einheimisch bei dem Herrn« zu sein (2Kor 5,8). Sie können die Trauer über ihren Verlust verständlicherweise als unerträglich empfinden und werden die (in Wirklichkeit trügerischen) Informationen über den Verbleib ihrer verstorbenen Angehörigen als wahr annehmen wollen, wobei diese Informationen von bösen Geistern übermittelt werden, die sich der jeweiligen Medien bemächtigt haben.

Viele Menschen in der antiken Welt betrachteten diese Praktiken mit einer Mischung aus Unglauben und abergläubischer Angst. Pragmatisch eingestellte Philosophen wie die Epikuräer (denen wir weiter unten begegnen werden) lehnten alle Behauptungen ab, denen zufolge eine Kommunikation mit der jenseitigen Welt möglich sei.[172] Aber nur wenige Menschen in der antiken Welt konnten sich mit Philosophie befassen, und für viele von ihnen – wie auch für Millionen von Menschen heute – war das alles sehr real. Als daher das Christentum die Beschäftigung mit dem Übersinnlichen radikal verbot (und dabei im Einklang mit dem wahren Judentum handelte) und diesen Bereich als teils falsch und teils allzu real, böse, gefährlich und entwürdigend anprangerte und bekämpfte, ist es verständlich, dass viele Menschen das Christentum als eine fremde, hartherzige, allzu strenge, sie bevormundende Religion ablehnten. Sie warfen ihm vor, kein Gefühl oder Verständnis für die seelischen Bedürfnisse des einzelnen Menschen zu haben, der in den erschreckend komplexen Situationen des Lebens gefangen war. Das genaue Gegenteil war natürlich der Fall, aber es ist an der Zeit, Lukas selbst direkter und ausführlicher zu Wort kommen zu lassen.

Gott und der Einzelne

Die Proportionen der Darstellung in Satz 1 des fünften Abschnitts der Apostelgeschichte sind bemerkenswert. Die Ausführungen sind einem Ereignis gewidmet, das in der Geschichte der Gemeinde in jeder Hinsicht von großer Bedeutung war: der erste evangelistische Vorstoß des Paulus nach Europa und die Anfänge der ersten Gemeinden, die dort als Ergebnis seiner Arbeit gegründet wurden. Aber die Gründung einer Gemeinde ist kaum das Merkmal, auf das sich die Darstellung konzentriert. Zwar wird uns berichtet, dass sich nach der Bekehrung von Lydia und dem Kerkermeister auch die Angehörigen ihrer beiden Haushalte bekehrten (16,15.31.33-34), doch werden keine Einzelheiten über sie berichtet. Zugegebenermaßen wird auch gesagt, dass Paulus und

172 Die Stoiker hingegen scheinen geglaubt zu haben, dass das Universum ein einziges, mit dem Verstand erklärbares, in sich stimmiges Ganzes sei und dass man aus Anomalien in der Leber von Opfertieren oder aus der Flugrichtung von Vögeln auf zukünftige Ereignisse schließen könne.

Silas, als sie aus dem Gefängnis kamen, zu Lydias Haus gingen, die Brüder trafen und ihnen zusprachen. Aber auch hier wird nicht gesagt, wie viele es waren. Man kann aus der Erzählung schließen, dass Lukas selbst wahrscheinlich in Philippi zurückblieb, als Paulus und die anderen abreisten; allerdings muss man schon sehr genau hinsehen, um diesen Hinweis zu erkennen.[173] Alles in allem können wir feststellen, dass zu der Zeit, als Paulus Philippi verließ, zumindest der Kern einer Gemeinde gebildet worden war. Allerdings erwähnt Lukas nirgends, was er bei der späteren Abfassung der Apostelgeschichte sicher wusste, dass nämlich dieser Kern schließlich zu einer starken Gemeinde heranwuchs, die wesentlich zu der Evangeliumsverkündigung des Paulus sowohl in Europa als auch in Kleinasien beitrug. Stattdessen konzentrieren sich 95 Prozent seiner Erzählung in diesem Satz auf zwei Personen, Lydia und den Kerkermeister. Die ganze Reichweite der ersten Hälfte des Satzes gipfelt in Lydias Bekehrung und darin, dass Paulus und sein Team für den Rest ihres Aufenthalts in ihrem geräumigen Haus wohnten (16,6-15). Alle aufregenden Details der zweiten Hälfte gipfeln nicht darin, dass die Richter kommen mussten, um Paulus und Silas persönlich aus dem Gefängnis zu führen, und sie dann – wenn man so will – baten, die Stadt zu verlassen. (Was für ein armseliger Höhepunkt wäre dies gewesen!) Vielmehr geht es um die Bekehrung des Kerkermeisters und die freudige mitternächtliche Szene, von der es heißt: »Und er führte sie ins Haus hinauf, setzte ihnen einen Tisch vor« und freute sich mit seinem ganzen Haus (16,34). Seit der Geschichte des Kornelius (Kap. 10) hat sich die Erzählung nicht mehr so detailliert auf die Bekehrung von Einzelpersonen konzentriert.

Hier ist also unsere erste Lektion: Aus den Proportionen der Darstellung des Lukas lernen wir auch Gottes Sinn für Proportionen. Gott liebt die ganze Welt. Er ist durchaus daran interessiert, dass das Evangelium ganze Kontinente und Länder »erobert«. In diesem Abschnitt wird immerhin berichtet, dass infolge der Lehre des Paulus in Ephesus alle Juden und Griechen, die in der Provinz Asia lebten, das Wort des Herrn hörten (19,10). Aber wenn es um das Heil geht, denkt Gott nicht in Begriffen wie »Kontinente« und »Menschenmassen«, sondern

173 Die erste »Wir«-Passage beginnt in 16,10; der vorerst letzte Hinweis auf »wir« findet sich in 16,16.

er interessiert sich für die Menschen als Einzelpersonen. Er kennt jeden Einzelnen von ihnen, ihr Herz, ihr Streben, ihre Sehnsüchte; er kennt ihre Arbeit, ihre Geschäfte, ihre Familien und ihre Reisen; er weiß genau, wo sie sich aufhalten – ja, er hat sogar »die Grenzen ihrer Wohnung bestimmt, damit sie Gott suchen, ob sie ihn wohl ertasten und finden möchten« (17,26-27). Und er kennt diejenigen, die ihn tatsächlich suchen, und er belohnt ihr Suchen.

Lydias Begegnung mit dem Evangelium und ihr Glaube an den Herrn Jesus gehen auf eine ganze Reihe von verwickelten und ineinandergreifenden Ereignissen zurück. Zunächst einmal war es Gott selbst, der Paulus und sein Team führte (16,6-10). Als sie zu dieser zweiten Missionsreise aufbrachen, hatten sie, soweit wir wissen, nicht die Absicht, Philippi zu besuchen. Ihr ursprünglicher Plan war, »in jeder Stadt, in der wir das Wort des Herrn verkündigt haben [d.h. auf der ersten Missionsreise], die Brüder [zu] besuchen, und [zu] sehen, wie es ihnen geht« (15,36). Was sie danach zu tun gedachten, erfahren wir nicht. Aber nun beginnt der fünfte Abschnitt mit der Aussage, dass der Heilige Geist eingriff und sie daran hinderte, das Wort in Asien zu verkündigen (16,6). Das Verbot war, wie der fünfte Abschnitt selbst zeigen wird (18,18-21; 19,1-20), nur vorübergehender Natur. Später würde Gott Paulus nach Ephesus führen, um dort ein aufsehenerregendes Werk zu tun, das Auswirkungen auf die gesamte Provinz Kleinasien haben würde. Doch im Moment hatte Gott offenbar ein dringlicheres Ziel vor Augen; was das war, wurde Paulus und seinen Begleitern damals offenbar nicht gesagt. Nachdem sie die Region Phrygien und Galatien durchquert hatten, versuchten sie, nach Bithynien zu gelangen, und Gott musste erneut eingreifen: »… der Geist Jesu erlaubte es ihnen nicht« (16,7). So zogen sie hinunter nach Troas, und dort griff Gott erneut ein. In der Nacht hatte Paulus eine Erscheinung: Ein Mann aus Mazedonien stand da und rief ihm zu: »Komm herüber nach Mazedonien und hilf uns!« (16,9-10). Drei direkte Eingriffe Gottes also innerhalb von nur fünf Versen der Erzählung – da wird natürlich eine gewisse Spannung aufgebaut: Auf welches große Ziel hin sind all diese göttlichen Eingriffe und Führungen ausgerichtet? Die Antwort lautet: auf das Herz und das Haus einer gewissen Lydia, einer Purpurhändlerin, in Philippi. Ja, natürlich gab es noch andere Ziele, sowohl in Mazedonien als auch später in Achaja, die Gott im Blick hatte. Aber dies war das erste Ziel von Gottes Führung.

Es gibt noch eine andere Seite der Geschichte. Bisher haben wir von der besonderen Führung gehört, die Paulus und seine Gefährten nach Philippi brachte, wo er entsprechend seiner normalen Strategie zuerst den Ort am Fluss aufsuchte, an dem gewöhnlich gebetet wurde. Aber wie kam Lydia dorthin, sodass sie Paulus treffen, das Evangelium hören und ihr Vertrauen auf Christus setzen konnte? In den Versen 12-15 wird ihre Seite der Geschichte geschildert.

Sie wurde in Thyatira geboren, im Gebiet des ehemaligen Königreiches Lydien (daher ihr Name »die Lydierin«). Dies war eine Stadt, die für die Herstellung von Purpurfarben berühmt war. Was brachte sie nach Philippi? Offenbar der Handel. Sie musste ihren Lebensunterhalt wie jeder andere verdienen, und natürlich hatte sie sich die Grundlagen des Purpurhandels in ihrer Heimatstadt angeeignet. Da Philippi eine römische Kolonie war, gab es viele Menschen, die genug Geld hatten, um es für Purpurstoffe auszugeben. Inschriften belegen, dass es in dieser Stadt eine Gilde von Purpurhändlern gab. Also reiste sie dorthin und ließ sich dort nieder, indem sie mit der Einfuhr der entsprechenden Stoffe befasst war und mit ihnen handelte. Ihr Geschäft florierte: Als sie sich bekehrte, besaß sie ein Haus, das groß genug war, um Paulus und alle seine Begleiter aufzunehmen (16,15). Und wir können sicher sein, dass dies alles kein Zufall war. Der Gott, der die Orte bestimmt, an denen wir leben sollen, hatte gewacht über ihre Geburt, ihr Heranwachsen, ihre Berufswahl, ihren Umzug nach Philippi, über das Gedeihen ihres Geschäfts und über die Rolle, die es schließlich bei der Evangeliumsverkündigung in Europa spielen würde.

Trotzdem wäre sie Paulus vielleicht nie begegnet, wenn ein Detail gefehlt hätte: Sie war eine Anbeterin des wahren Gottes geworden (16,14) – wo, wissen wir nicht, ob in ihrer Heimatstadt Thyatira oder im Anschluss an ihren Umzug nach Philippi. Wir wissen jedoch, dass sie in Philippi den Ort am Flussufer aufsuchte, an dem das Gebet üblicherweise verrichtet wurde und sich eine (vielleicht erst im Entstehen begriffene) Gemeinschaft von Juden mit Proselyten traf. Die törichten ethnischen und kulturellen Vorurteile der Römer in Philippi waren für sie belanglos. Durch die Juden hatte sie die Wahrheit entdeckt, dass nur ein Gott da ist. Und sie hatte dies nicht nur als Tatsache entdeckt: Sie hatte sich persönlich vorgenommen, den wahren und lebendigen Gott zu suchen, wie wir an ihrem regelmäßigen Besuch dieser bescheidenen

Gebetsstätte erkennen. Und der über alles erhabene Herr, der die Herzen aller kennt, sah ihre Sehnsucht, erhörte ihre Gebete und schickte Paulus und seine Gefährten unwissentlich auf ihre lange, göttlich geleitete Reise, damit sie Lydia begegnen konnten und diese endlich das fand, wonach sie gesucht hatte. Er tat noch mehr: »… der Herr tat ihr das Herz auf, sodass sie aufmerksam achtgab auf das, was von Paulus geredet wurde« (16,14 [Schlachter 2000]). Nur diejenigen, die eine ähnliche Erfahrung gemacht haben, werden erkennen, was damit gemeint ist: jene Erleuchtung des Geistes, die die Aufmerksamkeit ergreift. Sie erfüllt den Verstand mit dem unmittelbaren Bewusstsein und der Gewissheit, dass das, was man hört, genau das Wort Gottes ist, das der Herr direkt und persönlich zu dem eigenen Herzen spricht. Und Lydia reagierte darauf, indem sie an den Herrn Jesus glaubte. Sie war dem Gott, den sie suchte, begegnet.

Bevor wir ihre Geschichte hinter uns lassen, sollten wir noch ein oder zwei Dinge beachten. Zunächst der Beweis, dass ihr Glaube echt war und ihre geistliche Erfahrung sich als authentisch erwies. Kaum war sie zum Glauben gekommen, ließ sie sich taufen. Daraufhin erkannte sie unwillkürlich, dass alles, was sie durch ihren Handel verdient hatte und was sie sonst noch besaß (ihr Haus usw.), ihr von Gott geschenkt worden war und nun dem Herrn übergeben und zur Förderung des Evangeliums verwendet werden musste. Es war nicht so, dass Paulus sie drängen und inständig bitten und schließlich dazu nötigen musste einzusehen, dass es ihre Pflicht war, einen Beitrag für die Sache des Evangeliums zu leisten. Sie war es, die Paulus und seine Gefährten nötigte, in ihr Haus zu kommen und dort zu bleiben! »Sie ließ keine Ablehnung gelten«, wie Prof. F.F. Bruce es ausdrückt.[174] Eines war ihr überaus wichtig: Wenn die Missionare sie für eine echte Gläubige an den Herrn Jesus hielten, dann müssten sie ihr erlauben, mit dem Zeugnis für den Herrn Jesus in der Stadt identifiziert zu werden. Ihr Haus sollte zu einem Brückenkopf des Evangeliums in Philippi und zu einer Basis werden, von der aus die Unterstützung für seine weitere Ausbreitung in Mazedonien und Achaja sowie dem Rest der damals bekannten Welt ausgehen sollte. Als die Gemeinde in Philippi später mehrmals Geld schickte, um die Neulandmission des Paulus zu

174 Bruce, *Acts*, a. a. O., S. 310.

unterstützen (Phil 4,15-16), können wir mit Sicherheit davon ausgehen, dass Lydias Beitrag einen großen Teil davon ausmachte.

Aus all dem können wir schließen, dass Gott sich dem Einzelnen mit einem besonderen Ziel zuwendet: Als er Lydia für diese besondere Heimsuchung seiner Gnade auserwählte, geschah dies nicht nur um ihretwillen. Er rettete sie als Einzelperson, aber nicht einfach zu ihrem eigenen Nutzen, weil sie etwa auf ihren persönlichen Vorteil bedacht gewesen wäre, sondern damit sie aktiv in den großen, weiterfließenden Strom der Liebe Gottes für die Welt einbezogen werden konnte.

Die zweite Sache, über die wir nachdenken sollten, ist folgende: Lukas hat sich sehr ausführlich mit dem Fall der Lydia beschäftigt, wie er es auch mit dem Kerkermeister tun wird. Aber sicherlich nicht, um uns den Eindruck zu vermitteln, dass Lydias Fall selten oder besonders war. Vielmehr war er ein Beispiel für das, was Gott immer wieder dort tat, wohin er Paulus sandte, und was er auch heute noch an allen Orten tut, wohin er seine Boten sendet. Lydia suchte den wahren und lebendigen Gott, und er setzte Himmel und Erde in Bewegung, um sicherzustellen, dass sie ihn fand. Der Schöpfer hat die Zeiten für uns – seine Geschöpfe – und die genauen Orte, an denen wir leben sollen, bestimmt. Wir sollen ihn suchen und uns nach ihm ausstrecken, und wir werden ihn dann auch finden. Er gab folgende Zusicherung, als er selbst unter uns lebte: »Bittet, und es wird euch gegeben werden; sucht, und ihr werdet finden … Denn jeder Bittende empfängt, und der Suchende findet …« (Mt 7,7-8).

Das Wesen der göttlichen Führung

Bevor wir uns mit Gottes Interesse an der zweiten Person, dem Kerkermeister, befassen, sollten wir einen Moment zurückgehen: Wir sollten zunächst über die Art von Gottes Führung nachdenken – zumindest, soweit sie in der Erfahrung von Paulus und seinen Gefährten zu dieser Zeit zu sehen ist. Wie wir bereits festgestellt haben, änderten drei Fälle göttlichen Eingreifens den Verlauf ihrer Reise und brachten sie so nach Philippi.

Dabei stellen sich Fragen: Welches Verhältnis besteht zwischen dieser Art von direkter Führung und der eigenen Entscheidungskraft der

Menschen, ihrem gesunden Menschenverstand, ihrem moralischen und geistlichen Urteilsvermögen und ihrer letztendlichen Verantwortung für die von ihnen getroffenen Entscheidungen? Und sollten alle Christen diese Art von Führung erwarten, und wenn ja, wie oft? Jeden Tag in der Woche? Bei jeder Entscheidung oder zumindest dann, wenn sie wichtig ist? Oder nur gelegentlich? Natürlich müssen wir uns davor hüten, aus der besonderen Erfahrung von Paulus und seinen Gefährten bei dieser Gelegenheit zu viel zu verallgemeinern. Aber bestimmte Grundsätze treten dennoch deutlich hervor.

Erstens sagt Lukas nicht, dass diese zweite Missionsreise mit einer besonderen Führung durch den Geist begann. Bei der ersten Missionsreise des Paulus war dies der Fall (Apg 13,1-3), aber bei dieser zweiten Reise ging es eher darum, dass er bestimmte Überlegungen anstellte. Dazu müssen wir auf 15,36 verweisen: »Nach einigen Tagen aber sprach Paulus zu Barnabas: Lass uns nun zurückkehren und in jeder Stadt, in der wir das Wort des Herrn verkündigt haben, die Brüder besuchen und sehen, wie es ihnen geht.« Mit anderen Worten: Sie kamen ihrer allgemeinen seelsorgerlichen Aufgabe nach, die auf ihrer früheren Reise gläubig gewordenen Menschen in geistlicher Hinsicht zu leiten und zu versorgen. Dafür brauchten sie keine besondere Führung vom Himmel. Die Anweisungen des Herrn in Bezug auf die Evangelisierung der Welt und die Belehrung sowie Leitung der Gemeinde galten fortwährend. Normalerweise würde man daher von ihnen erwarten, dass sie diese Aufträge ausführten, denn solange sie nicht vom Herrn widerrufen wurden, stellten sie seine Führung dar, ohne dass ein weiteres oder ständiges direktes Eingreifen erforderlich gewesen wäre. Schließlich brauche ich nicht jede Woche ein persönliches Schreiben von allerhöchster Stelle, das mich anweist, meine Einkommenssteuer zu zahlen. Das wäre zumindest nicht angemessen.

Das gleiche Prinzip gilt für alle Gläubigen. Gott hat uns gesagt, was sein großes Ziel für uns ist: Wir sollen in das Bild seines Sohnes umgestaltet werden. In der Zwischenzeit und zu diesem Zweck hat er ausdrücklich unsere allgemeinen Pflichten festgelegt. Wir sollen den Herrn, unseren Gott, lieben mit ganzem Herzen, ganzem Verstand, ganzer Seele und ganzer Kraft und unseren Nächsten lieben wie uns selbst. Wir sollen in jedem Aspekt unseres Lebens zuerst seine Königsherrschaft anstreben. Wir sollen arbeiten, um unser tägliches Brot zu verdienen; wir sollen unsere Familien lieben und für sie sorgen. Wir sollen in der Welt Zeugnis für den Herrn Jesus und für Gottes Heilsweg ablegen; wir sollen uns nach unseren Gaben und Möglichkeiten an der weltweiten Evangelisation beteiligen; wir sollen unsere Glaubensbrüder in der Gemeinde lieben, unterstützen und ermutigen. Wir sollen den »Machthabern« in der Welt gehorchen; wir sollen unsere Rechnungen und Steuern bezahlen; wir sollen allen Menschen Gutes tun und so weiter. Das sind gewissermaßen unsere Daueraufträge. Wir brauchen keine besondere Anleitung, die uns sagt, ob wir sie ausführen sollen oder nicht. Welche Mutter würde unter normalen Umständen ernsthaft zum Herrn beten, er möge ihr direkt sagen, ob es sein Wille ist, dass sie ihr Baby beim Frühstück versorgt?

Zweitens ist es aufschlussreich zu sehen, was bei der besonderen Führung, die Paulus und seine Gefährten bei den ersten beiden Gelegenheiten (d.h. in Kap. 16,6 und 16,7) erhielten, der Fall war: Dort wird gesagt, was ihnen nicht gestattet war. Das göttliche Eingreifen zielte darauf ab, sie davon abzuhalten, dorthin zu gehen und zu predigen, wo sie sonst hingegangen wären und evangelisiert hätten. Zunächst wurde ihnen vom Heiligen Geist verboten, in der Provinz Asia das Wort zu verkündigen. Aber offensichtlich enthielt das Verbot keine detaillierten Vorabinformationen darüber, was ihr letztendliches Ziel sein sollte, denn als sie an die Grenze von Mysien kamen, versuchten sie, nach Bithynien zu reisen, und der Geist Jesu erlaubte es ihnen nicht (16,7). Sie hätten es natürlich nicht versucht, wenn sie im Voraus gewusst hätten, wohin sie gehen sollten.

Das zeigt: Die besondere göttliche Führung lüftet nicht unbedingt für lange Zeiträume im Voraus den Schleier, der über der Zukunft liegt. Sie lässt uns oft von einem Tag auf den anderen das Nächstliegende tun, wenn wir unsere Anweisungen ausführen, die nach wie vor gelten. Sie greift nur dann ein, wenn wir anderenfalls einen Weg einschlagen würden, der mit einem bestimmten, vom Herrn beabsichtigten Ziel in Konflikt geraten würde. Selbst als die Missionare davon abgehalten wurden, nach Bithynien zu reisen, wurde ihnen nicht gesagt, dass der Herr Mazedonien und Philippi im Sinn hatte. Sie gingen einfach hinunter nach Troas, und erst dort erhielten sie die letzte besondere Weisung in Form einer Erscheinung, der zufolge sie nach Mazedonien übersetzen sollten. Wie lange sie für den Weg von Derbe nach Troas gebraucht hatten, wird nicht gesagt, aber es ist offensichtlich, dass sie nicht jeden Tag in der Woche eine besondere Führung erhielten. Gott greift auf derartige direkte Weise nur dann ein, wenn es notwendig ist. Anderenfalls würde er nämlich seine Diener auf die Ebene von Kindern herabziehen, die man nicht einfach bitten kann, z. B. das Blumenbeet zu jäten, sondern denen man stets sagen muss, ob es sich jeweils um ein Unkraut oder eine Blume handelt. Gott will, dass die von ihm in den Dienst Gestellten im geistlichen Sinne Erwachsene sind, denen er zutraut, innerhalb des großen Rahmens von Dienstanweisungen selbstständig Detailentscheidungen zu treffen – natürlich immer unter der Voraussetzung, dass er eingreift, wenn es nötig ist.

Dann können wir mit Gewinn betrachten, welche Formen die besondere Führung der Missionare annahm und mit welchen Begriffen sie beschrieben wurde. » …nachdem sie von dem Heiligen Geist daran gehindert worden waren« (16,6), sagt Lukas, und: »der Geist Jesu erlaubte es ihnen nicht« (16,7). Nun gibt es im Neuen Testament einige Stellen, an denen das Adjektiv »heilig« in Zusammenhang mit dem Geist verwendet wird, um seine heilige Wesensart zu betonen. Eine solche Stelle ist 1. Thessalonicher 4,8. Dort wird uns gesagt, was die Ablehnung von Gottes Weisung, ein heiliges Leben zu führen, bedeutet: »… wer dies verachtet, verachtet … Gott, der euch auch seinen Heiligen Geist gegeben hat.«[175] An anderen Stellen scheint das Adjektiv »heilig« jedoch lediglich darauf hinzuweisen, dass es sich bei dem betreffenden Geist um den Geist Gottes handelt, der sich von jedem anderen Geist unterscheidet. Das mag auch in unserem Text der Fall sein. Aber dann müssten wir immer noch die höchst ungewöhnliche Formulierung »der Geist Jesu« erklären.[176] Natürlich können wir ohne Weiteres darauf hinweisen, was sie nicht bedeutet. Sie bedeutet nicht, dass der Mensch Jesus gestorben ist, aber sein Geist in der jenseitigen Welt weiterlebt und den Menschen, die seine Führung suchen, zur Seite steht. Das wäre die Sprache des Spiritismus, der Theosophie und einiger Formen des Buddhismus. Nein, Jesus ist zwar gestorben, aber er ist jetzt nicht tot. Die Apostelgeschichte bezieht sich von Anfang an auf seine leibhaftige Auferstehung von den Toten. Es geht also nicht darum, dass

175 A. d. H.: Vgl. z. B. »Seinen Geist, den heiligen« (Konkordante).

176 Die Wiedergabe der KJV ist hier mangelhaft. A. d. H.: Sie übersetzt lediglich »der Geist«, eine Variante, die sich nur in wenigen englischsprachigen Bibelausgaben findet.

sein Geist überlebt hat, nachdem er körperlich gestorben ist. Der »Geist Jesu« ist nichts anderes als der Heilige Geist, der aber deshalb »Geist Jesu« genannt wird, weil Jesus nach seiner Himmelfahrt den Heiligen Geist Gottes, den anderen Sachwalter (Joh 14,16-17), gesandt hat, um sein Volk zu lehren und zu führen.

Aber der von dem Herrn Jesus gesandte Geist Gottes wird nie jemanden dazu veranlassen, etwas zu tun oder zu sagen, was der Wesensart des Herrn Jesus zuwiderläuft und was seinen Taten sowie seiner Lehre während seines Erdenlebens widerspricht. Der Heilige Geist ist nicht irgendeine Kraft, für die moralische Maßstäbe nicht maßgebend sind. Unser Innenleben wird bisweilen von starken Impulsen und Trieben bestimmt. Aber wir sollten nicht annehmen, dass sie alle vom Heiligen Geist kommen. Wir sind dafür verantwortlich, bei deren Prüfung unser moralisches und geistliches Urteilsvermögen einzusetzen. Zu diesem Zweck gibt uns das Neue Testament Prüfmöglichkeiten an die Hand, die wir auf unsere Gedanken, Impulse und Triebe anwenden können, um festzustellen, ob sie vom Heiligen Geist kommen oder nicht (z. B. Röm 8,15; 2Tim 1,7; 1Kor 12,1-3; 1Jo 4,1-3). Nicht zuletzt gehört dazu die Frage: Sind diese Impulse oder diese Gedanken, die ich habe, mit der Wesensart, dem Verhalten, der Führung und den Geboten des Herrn Jesus vereinbar? Wahre Führung durch den Heiligen Geist entbindet uns nicht von unserer Verantwortung, unser moralisches und geistliches Urteilsvermögen an den entscheidenden Stellen einzusetzen, um zu beurteilen, inwieweit wir recht geführt worden sind. Vielmehr ist deren Wahrnehmung eine unabdingbare Voraussetzung dafür.

Schließlich war da noch die Führung, die Paulus in Form einer nächtlichen Erscheinung in Troas erhielt (Apg 16,9-10). Diesmal ging es nicht darum, woran er gehindert oder was ihm verboten wurde, sondern darum, was er tun sollte – um eine Aufforderung. Paulus hatte einige Erscheinungen, wie zum Beispiel diejenige, die im weiteren Verlauf dieses Abschnitts erwähnt wird (18,9-10). Da sprach der Herr selbst unmittelbar zu Paulus. Aber das war nicht unbedingt immer so, auch nicht in dieser Erscheinung in Troas. Paulus sah, wie ein Mann aus Mazedonien dastand und ihn bat – und seine Haltung unterstützte und verstärkte den Appell nachdrücklich: »Komm herüber … und hilf uns« (16,9). Paulus wäre ein eigenartiger Evangelist gewesen, wenn ihm auch ohne das Mittel einer Erscheinung der stumme Appell der nach

Tausenden zählenden Männer und Frauen »da draußen« in der großen, weiten Welt, die sich in der Finsternis befanden, nicht bewusst gewesen wäre. Der Inhalt der Erscheinung war daher kaum überraschend, aber die Lebendigkeit der Erscheinung vermittelte den Eindruck, dass dies nun eine besondere Führung durch den Herrn sein könnte. Dennoch entschied Paulus nicht sofort nach dem Erwachen, dass es so war. Er beriet sich mit seinen Gefährten, und dann heißt es: »… wir schlossen«, sagt Lukas, »dass Gott uns gerufen habe, ihnen das Evangelium zu verkündigen« (16,10).

Hier müssen wir das Thema vorläufig verlassen. Wir werden jedoch darauf zurückkommen, wenn wir die Art der Führung betrachten, die der Herr gebrauchte, um Paulus und Silas genau zu führen: Es ging um den rechten Ort und um die entsprechenden Umstände, sodass sie einem anderen Menschen begegnen und ihn für den Glauben an Christus gewinnen konnten. Gemeint ist der Kerkermeister, den Gott im Blick hatte und der für das Gefängnis in Philippi verantwortlich war.

In der Zwischenzeit könnten wir die bisherige Lektion zusammenfassen: In den Angelegenheiten des täglichen Lebens und insbesondere in der wunderbaren Gemeinschaft, die Gott in der Beziehung zwischen sich und seinem Volk ermöglicht hat, hat Gott uns ausführlich seine letztendlichen Ziele und Absichten mitgeteilt und ebenso umfangreiche Anweisungen gegeben, die uns beim Erreichen dieser Ziele leiten sollen. Innerhalb dieses gesteckten Rahmens erzieht er uns zur Reife, indem er uns gestattet, die detaillierten Entscheidungen des Lebens und der Arbeit zu treffen. Dabei sollen wir unseren gesunden Menschenverstand sowie unser moralisches und geistliches Urteilsvermögen einsetzen, wobei sein wachsames Auge über uns ist und wir unsere Entscheidungen im Lichte seiner letztendlichen Ziele und seiner Anweisungen treffen. Wenn wir nie etwas entscheiden dürften, sondern durch ständige göttliche Eingriffe immer »direkte Führung« erleben und damit kontrolliert werden würden, müssten wir moralische und geistliche Säuglinge bleiben. Aber dann, wenn seine Pläne oder unsere Bedürfnisse es erfordern, greift er in seiner Gnade mit besonderer Führung in der einen oder anderen Form ein. Doch selbst dann, wenn Führung eindeutig darin besteht, etwas zu tun, wird unser moralisches und geistliches Urteilsvermögen niemals umgangen oder unterdrückt. Wir können uns niemals der Verantwortung für Sünde oder Ungehorsam gegenüber Gottes Wort entziehen, indem wir behaupten, dass der Heilige Geist uns dazu geführt habe. Er verlangt von uns, dass wir alles, was angeblich der Führung des Heiligen Geistes entspricht, anhand dieses Grundsatzes prüfen: Nichts, wozu der Heilige Geist uns führt, wird jemals im Widerspruch zur Wesensart und zur Lehre des Herrn Jesus stehen.

Die »Führung« durch die Macht der Finsternis

Die Sklavin, die Paulus und Silas in Philippi begegnete und ihnen Tag für Tag auf ihrem Weg zum und vom Gebetsort folgte, war eine Wahrsagerin. Sie behauptete, die Zukunft vorhersehen und so durch ihre Informationen und Ratschläge die Menschen vor Unheil bewahren zu können. Dies würde ihnen drohen, wenn sie blindlings weitergingen, weil sie nicht wussten, was vor ihnen lag. Viele Menschen in der Stadt schenkten ihren Aussagen offensichtlich Gehör und schätzten ihre Dienste, denn ihre Besitzer verdienten viel Geld mit ihren Voraussagen. Paulus setzte ihrem Wirken als Wahrsagerin ein Ende und brachte sich und Silas dadurch in große Schwierigkeiten. Warum hat er dies dann getan?

Erstens, weil ihre Voraussagen nicht einfach nur Unsinn waren – wie diejenigen von Zeitungskolumnisten, die es schaffen, in zwei oder drei Sätzen genau das gleiche Schicksal für die nach Tausenden zählenden Leser vorherzusagen, deren Geburtstag auf den gleichen Tag fällt. Ihre Prophezeiungen stammten von einem Dämon: Sie war von einem Python-Geist besessen, sagt Lukas (Apg 16,16).

Natürlich gab es unter den Medien und Möchtegern-Propheten der antiken Welt eine Menge Scharlatanerie, wie dies auch in unserer modernen Welt der Fall ist. Aber die Bibel hebt nachdrücklich hervor, dass es neben dieser riesigen Zahl derer, die Unsinn und Aberglauben verbreiten, auch eine reale Welt der Geister gibt: Es gibt Engel, die Gott treu dienen, und es gibt Dämonen, die von ihm abgefallen sind. Natürlich tun viele Menschen – und nicht zuletzt einige Theologen – die Aussage der Bibel, dass der Mensch nicht die höchste Lebensform in Gottes geschaffenem Universum ist, als primitiven Aberglauben ab. Es ist jedoch seltsam, mit welcher Bereitwilligkeit sie dennoch gewisse wissenschaftliche Forschungen gutheißen. Diese beruhen auf der Prämisse, dass es statistisch gesehen höchstwahrscheinlich sei, dass anderswo im riesigen und geheimnisvollen Universum Wesen mit höherer Intelligenz als der unseren existieren. Daher lohne es sich, den Weltraum ständig mit Radioteleskopen zu durchkämmen und dabei zu hoffen, Botschaften von diesen höheren intelligenten Wesen aufzufangen. Die Sichtweise der Bibel ist weder auf Aberglaube noch auf Spekulation gegründet. Sie enthält vielmehr das Zeugnis desjenigen, der Gott war und ist, des fleischgewordenen Schöpfers selbst: Seinen Worten zufolge gibt es böse Geister, die nicht nur mit den Menschen in Verbindung treten, sondern in extremen Fällen auch von ihnen Besitz ergreifen wollen. Wenn wir sein Zeugnis ignorieren, tun wir das auf eigene Gefahr.

Dennoch kann man sich fragen, warum Paulus diesen Stich in ein solches Wespennest wagte, indem er den Geist austrieb, sodass die Magd nicht mehr wahrsagen konnte. Immerhin hat sie öffentlich mit lauter Stimme gerufen: »Diese Menschen [Paulus und seine Begleiter] sind Knechte Gottes, des Höchsten, die euch den Weg des Heils verkündigen« (16,17). Wären die Menschen, die ihre Prophezeiungen ernst nahmen, von ihrer positiven Aufnahme der Evangelisten nicht beeindruckt und umso mehr geneigt gewesen, das Evangelium zu hören? Warum sollten dann Paulus und seine Mitstreiter alle gegen sich aufbringen, indem sie öffentlich ihre Mitarbeit ablehnten, obwohl die Magd offensichtlich versuchte, dem Christentum gegenüber friedfertig und religionsübergreifend eingestellt zu sein?

Selbst wenn das, was sie sagte, die Wahrheit sein sollte – und daran gibt es Zweifel, wie wir gleich sehen werden –, gilt nämlich zunächst einmal Folgendes: Spiritismus ist laut Definition unvereinbar mit dem Christentum – ja, der Geist, der durch sie sprach, war dem Herrn Jesus feindlich gesinnt. Die Verfasser der Evangelien berichten ausnahmslos davon, dass böse Geister, die unseren Herrn auf Erden erkannten, öffentlich u. a. Folgendes ausriefen: »Ich kenne dich, wer du bist: der Heilige Gottes« (Lk 4,34). Christus brachte sie jedes Mal zum Schweigen. Was sie sagten, war zwar wahr, aber es wurde von ihrem Schrecken, dem menschgewordenen, über allen stehenden Herrn gegenüberzustehen, aus ihnen herausgepresst. Es war kein Ausdruck von Buße ihrerseits; und es war sicher nicht dazu gedacht, andere zur Hinwendung und zum

Glauben an den Herrn Jesus zu führen. Hätte Christus das Zeugnis der von Dämonen besessenen Menschen akzeptiert, wäre er in den Augen vieler Menschen als derjenige erschienen, der den Spiritismus beglaubigte. Und so war es auch bei der von Dämonen besessenen Magd in Philippi. Selbst wenn das, was sie sagte, wahr gewesen wäre, hätte Paulus im Falle der Annahme ihres Zeugnisses ihre Form des Spiritismus in den Augen der Öffentlichkeit anerkannt. Paulus musste nachweisen, dass der Urheber des Zeugnisses der Magd dämonisch böse war und dem Herrn Jesus grundsätzlich und unbußfertig feindlich gegenüberstand. Entgegen allem Anschein waren das Geistmedium und der Apostel Paulus in Wirklichkeit nicht »beide im gleichen Geschäft«; der Geist in der Magd war ein Abgesandter der Macht der Finsternis.

Darüber hinaus gibt es ernsthafte Zweifel, ob die angebliche Empfehlung, die sie gab, tatsächlich so zutreffend war, wie sie auf den ersten Blick erscheinen mag.[177] Im jüdischen Sprachgebrauch bezog sich der Begriff »der allerhöchste Gott« eindeutig auf den einen wahren Gott. Aber wenn er, wie es häufig der Fall war, von Heiden verwendet wurde, bezog er sich einfach auf den besonderen Gott, den die Menschen an einem bestimmten Ort als den größten Gott unter allen anderen Göttern ansahen. So hätten es die Philipper höchstwahrscheinlich verstanden, und damit wäre die Wahrheit, die die Grundlage für die gesamte Verkündigung des Paulus bildete, unterschwellig infrage gestellt worden. Außerdem könnte der Nebensatz in den Worten der Sklavin nicht so gemeint gewesen sein, wie wir ihn in diesem Vers finden (»die euch den Weg des Heils verkündigen«), sondern müsste lauten: »… die euch einen Weg des Heils verkündigen«[178]. Das heißt, die Magd empfahl das Evangelium vielleicht nicht als einzigen Weg zur Rettung, sondern lediglich als einen Weg unter anderen, ihren eigenen eingeschlossen. Es ist auch nicht sicher, dass sie mit »Heil« das meinte, was das Evangelium unter diesem Begriff versteht. War für das, was sie den Menschen voraussagte, der Ausdruck »Heil« angemessen? Aber

---

177 Eine hilfreiche Diskussion dieses Vorfalls findet sich in: Paul R. Trebilco, »Paul and Silas ›Servants of the Most High God‹ (Acts 16,16-18)«, *Journal for the Study of the New Testament* 36 (Juni 1989), S. 51-73.

178 Wenn der Begriff »der Weg« in der Apostelgeschichte metaphorisch verwendet wird, wird normalerweise der bestimmte Artikel verwendet, wie z.B. »der Weg Gottes« (18,26). In 16,17 wird »Weg« ohne den bestimmten Artikel verwendet. Daher sind zwei Bedeutungen möglich: Es könnte »der Weg« oder »ein Weg« (A.d.H.: vgl. Konkordante) heißen.

damit konnte durchaus gemeint sein, dass sie durch ihre (angebliche) Fähigkeit, in die Zukunft zu sehen, den Menschen mitteilen konnte, welche Schwierigkeiten auf sie zukommen würden. Daher konnte sie ihnen raten, welche Schritte sie unternehmen sollten, um ihnen aus dem Weg zu gehen.

Aus all diesen Gründen trieb Paulus den Dämon aus. Damit demonstrierte er den keinerlei Kompromisse zulassenden Gegensatz zwischen dem Evangelium und dem Spiritismus. Aber es gab noch einen weiteren Grund: Paulus tat es aus Erbarmen mit der Magd selbst. Man bedenke nur die schreckliche Entstellung ihrer Persönlichkeit, zu der der Spiritismus geführt hatte. Wie der Exorzismus schließlich zeigte, hatte sich eine fremde Macht ihrer bemächtigt, die von ihr Besitz genommen hatte. Sie war in ihrem Menschsein nicht mehr frei und hatte teilweise ihre Selbstbeherrschung verloren. Wenn der Dämon im Zustand ihrer Ekstase seine Prophezeiung durch sie aussprach, war die Stimme, die aus ihrem Mund kam, nicht ihre eigene natürliche Stimme, sondern ein seltsamer, unnatürlicher Klang. (Deshalb bezeichnete man in späteren Zeiten solche von Dämonen besessenen Menschen als »Bauchredner« im antiken Sinne dieses Begriffs: »Menschen, aus denen ein (im Bauch befindlicher) Geist spricht«.) Dies war womöglich von den Heiden vor Ort als hinreichender Beweis dafür angesehen worden, dass ihre Prophezeiungen nicht von ihr stammten, sondern übernatürlichen Ursprungs waren. Daher waren sie bereit, ihren Herren, die ihren Zustand ausnutzten, umso mehr Geld zu zahlen. Aber jedem, der vom Geist Jesu erfüllt war, erschien eine solche Fremdbeherrschung eines Menschen als das absolute Gegenteil jener erhabenen Selbstbeherrschung, persönlichen Freiheit und Entfaltung der Persönlichkeit, die der Heilige Geist in denen hervorbringt, denen er innewohnt. Eine derartige Beherrschung durch eine fremde Macht hätte von Herzen kommendes Erbarmen mit dem Opfer und nichts als Abscheu und Zorn angesichts des unheilvollen Werkes des bösen Geistes hervorgerufen. »… im Namen Jesu Christi« – die Worte waren keine leere Formel: Der »Name« drückte sowohl das ganze Erbarmen als auch die Autorität des Herrn Jesus aus. Paulus befahl dem Geist, von ihr auszufahren (16,18), und bewies damit, wie viel Gott daran gelegen war, dass die menschliche Persönlichkeit unangetastet blieb.

»Der Geist, der in denen wirksam ist, die ungehorsam sind«

Dass im Falle des Geistmediums die Besessenheit eines Menschen so brutal ausgenutzt wurde, sollte nicht über eine Tatsache hinwegtäuschen: An jenem Tag gab es in Philippi andere Menschen, die weniger offensichtlich und weniger dramatisch, aber genauso real unter dem Einfluss dessen standen, was unser Herr bei einer Gelegenheit als »die Gewalt der Finsternis« bezeichnete (Lk 22,53). Paulus beschreibt die Einflüsse und Zwänge, die die Einstellung und das Verhalten nichtwiedergeborener Männer und Frauen bestimmen, mit einer ähnlichen Begrifflichkeit: »… ihr (wart) tot … in euren Vergehungen und Sünden, in denen ihr einst wandeltet nach dem Zeitlauf dieser Welt, nach dem Fürsten der Gewalt der Luft, des Geistes, der jetzt wirksam ist in den Söhnen des Ungehorsams« (Eph 2,1-2). Oder auch: »… der Gott dieser Welt (hat) den Sinn der Ungläubigen verblendet …, damit ihnen nicht ausstrahle der Lichtglanz des Evangeliums der Herrlichkeit des Christus, der das Bild Gottes ist« (2Kor 4,4). So extrem die Diagnose auch klingen mag, so nüchtern stellt das Neue Testament fest, dass Satan selbst den Druck der öffentlichen Meinung, der Eigeninteressen sowie der kulturellen und ethnischen Vorurteile (ganz zu schweigen von der eigenen Sündhaftigkeit jedes Einzelnen) so manipuliert, dass es fraglos vernünftig erscheint, Gottes Evangelium abzulehnen und seine Boten zu verwerfen. Das hat er in Philippi offensichtlich getan.

Es handelte sich um eine junge Frau, die von Zeit zu Zeit ihre Selbstbeherrschung verlor, in Ekstase verfiel und in grauenhaft unnatürlichen Tönen sprach, weil ein fremder, böser Geist von ihr Besitz ergriff und ihre Persönlichkeit beherrschte. Paulus machte ihrem Schreien und Kreischen ein Ende, brach den Einfluss der bösen Macht und gab dieser Frau die Selbstbeherrschung, das seelische Gleichgewicht, die Freiheit des Gemüts und die geistige Gesundheit zurück. Wer könnte dem Evangelium und der Macht des Herrn Jesus nicht Beifall zollen, wenn dies seine Wirkung war?

Aber dann kamen die Herren, denen die Frau unterstellt war und die deren Fremdbeherrschung geschäftstüchtig ausnutzten. Sie sahen sofort, dass ihre Einnahmequelle verschwunden war. Nun ist es an und für sich nicht verkehrt, Geld zu verdienen. Aber die Ekstasen einer verwirrten jungen Frau auszunutzen, um Geld zu verdienen, ist unsagbar böse. Und gegen die Wiederherstellung ihrer Persönlichkeit zu sein, weil man dadurch Einkommensverluste erleidet und aus diesem Grund öffentliche Feindseligkeit und Verfolgung gegen das Evangelium schürt, zeugt von unmenschlicher Bosheit. Aber der Mammon war schon immer ein Gott, der die Betreffenden eines normalen, menschlichen Verhaltens beraubt hat, und das ist auch heute noch der Fall.

Die Herren dieser Magd schleppten Paulus und Silas vor die Richter, obwohl sie es natürlich vermieden, sie öffentlich zu beschuldigen, dass sie ihnen die Einnahmequelle abgeschnitten hatten. Die Honorare, die solche Männer für Auskünfte und Mitteilungen verlangten, konnten äußerst hoch sein, und weder den Richtern noch dem Pöbel wäre es leichtgefallen, wegen der Einkommensverluste dieser Herren einen Prozess anzustrengen. Und außerdem hatten diese Männer ein Glaubwürdigkeitsproblem. Tagelang hatte ihr Geistmedium in der Öffentlichkeit den Umstehenden versichert, dass Paulus und Silas Diener des höchsten Gottes seien. Jetzt konnten sie die Aufmerksamkeit des Pöbels kaum noch auf das lenken, was aufgrund des Handelns dieser Diener Gottes mit ihrem Medium geschehen war. In ihrer Raffinesse griffen sie auf rassische und kulturelle Vorurteile der Römer gegenüber den Juden zurück, um ihre Mitbürger gegen das Evangelium und dessen Verkündiger aufzubringen. Kulturelle Vielfalt und ethnische Unterscheidungen sind auf jeden Fall berechtigt. Wer könnte sich eine Welt wünschen, die von ein und derselben eintönigen Kultur ohne alle Unterschiede durchdrungen ist? Aber wenn kulturelle Vorurteile die Menschen für das Evangelium blind machen, geht es nicht mehr um eine berechtigte und angemessene Angelegenheit. Wenn ethnische Unterschiede benutzt werden, um Rassismus und Verfolgung zu provozieren, werden sie ganz offensichtlich Ausdruck eines dämonischen Verhaltens, wie wir dies im 20. Jahrhundert erfahren haben.

Der Pöbel wurde zur Gewalt angestachelt, wie zu erwarten war. Aber Philippi war eine römische Kolonie; die dortigen Stadtrichter hatten dafür zu sorgen, dass das römische Recht und die Gerechtigkeit sowie die Rechte des Einzelnen gewahrt wurden. Es war streng verboten, einen römischen Bürger ohne Gerichtsverfahren zu schlagen – und Paulus war ein römischer Bürger, der zudem nichts gegen das Gesetz getan hatte. Aber die Richter hatten es mit einem wütenden Mob zu tun, und für Juden einzutreten, deren religiöse Aktivitäten führende, geschäftstüchtig auftretende Bürger in der Stadt in Wut versetzt hatten, war für die Richter sicher eine heikle Angelegenheit, an die sie sich nicht heranwagten. Die Richter ließen Paulus und Silas auspeitschen und ins Gefängnis werfen, ohne ihnen als römischen Bürgern die Möglichkeit zu geben, dagegen berechtigterweise Einspruch zu erheben.

Jemand sagt vielleicht, dass dieses ganze Verhalten – so bedauerlich und gesetzeswidrig es auch war – unter den gegebenen Umständen nur naheliegend war. In gewissem Sinne stimmt das: Es war nur naheliegend für eine menschliche Natur, die von der Sünde auf Abwege gebracht und von dämonischer Bosheit manipuliert wurde. Das dunkle Gefängnis im wörtlichen Sinne, in das die Betreffenden die Boten Christi warfen, war in gewisser Weise nur ein Spiegelbild der Herrschaft der Finsternis, in der sie selbst gehalten wurden, verblendet gegenüber dem Licht des Evangeliums. Wenn jemals einer von ihnen aus der Macht der Finsternis gerettet werden sollte, musste Gott sich in seiner Macht irgendwie zu ihrem geistlichen Gefängnis Zutritt verschaffen. Sein nächster Schritt in diese Richtung war, zwei seiner Diener in das Gefängnis von Philippi zu bringen.

Triumph über die Macht der Finsternis

Die öffentliche Anklage, die gegen Paulus und Silas und das Evangelium erhoben wurde, war falsch, das Urteil ungerecht und die Strafe grausam. Gott würde dafür sorgen, dass sie Recht bekämen: Das Urteil würde von ebenjenen Richtern, die sie verurteilt hatten, aufgehoben werden, selbst wenn erst ein Erdbeben erforderlich war, um die nachfolgenden Ereignisse in Gang zu setzen.

Aber das war noch nicht alles. Die öffentliche Verleumdung des Evangeliums war das Ergebnis davon, dass Paulus dem Spiritismus den Kampf angesagt hatte. Ein Kompromiss mit dem Spiritismus hätte ihm und den anderen Missionaren die Freiheit zum Predigen gelassen. So aber wurden er und Silas ins Gefängnis geworfen, wobei der Name des Herrn Jesus öffentlich in Verruf gebracht wurde. Hatte nicht die Macht der Finsternis gesiegt? Wenn wir dem Hauptaugenmerk folgen, das in Satz 1 darauf gelegt wird, wie Gott seine Diener führt, stellt sich natürlich die Frage: »Was ist nun aus Gottes Führung geworden?« Eine Frage, die vor allem dem heidnischen Denken entspringt. Bis zum heutigen Tag neigen die Menschen im asiatischen Raum dazu, sich der überlegenen Macht der Götter, die sie verehren, zu rühmen. Dabei stellen sie die erstaunlichen körperlichen Leistungen heraus, die die Geister durch die Körper ihrer Anhänger vollbringen können;[179] wobei sie die Christen angesichts ihrer Unfähigkeit verhöhnen, etwas Vergleichbares zu leisten.

Es erhebt sich eine noch größere Frage: Die gesamte Apostelgeschichte im Allgemeinen und der vorliegende Satz im Besonderen stellen die christlichen Missionare als Abgesandte und Botschafter des allmächtigen Schöpfers dar, die von Gott selbst beauftragt wurden, den Anspruch Jesu auf die Gottessohnschaft in der ganzen Welt zu verbreiten, und die bei dieser Aufgabe vom Heiligen Geist Gottes selbst geleitet werden. Wir sehen, wie die kleine Dienstgemeinschaft des Paulus sich auf den Weg macht und durch Kleinasien reist, nach Europa kommt und mit zahllosen anderen umherziehenden Predigern, Straßenphilosophen, Geisterbeschwörern und Möchtegern-Wundertätern konkurriert. Angesichts dessen könnte man meinen, dass ihr Anspruch, im Namen des allmächtigen, majestätischen Herrschers des Universums zu handeln und zu reden, ein wenig verloren wirkt. Aber was sollen wir sagen, wenn wir sehen, wie sie aufgrund der Machenschaften einiger geschäftstüchtiger Herren und des Rassismus des Pöbels öffentlich verurteilt, geschlagen und gefesselt ins Gefängnis geworfen werden? Wo ist nun ihr Gott und seine Führung? Für den heidnischen Verstand geht es bei der ganzen Frage der »spirituellen Führung« darum, Schwierigkeiten zu vermeiden, und nicht darum, in sie hineinzugeraten.

Aber dann geschah bekanntlich ein Erdbeben, und es bestätigte ihren Anspruch, dass der Gott, den die Missionare verkündigten, der Gott der Schöpfung war. Und dies war auch der Fall. Es gibt keinen stichhaltigen Grund, die Historizität des Wunders abzulehnen – es sei denn, man weiß bereits irgendwie im Voraus, dass Wunder nicht geschehen können und dass die Geschichte dieses Wunders daher falsch sein muss.

Doch kaum haben wir dies gesagt, werden andere Kritiker laut, die die Geschichte aus anderen Gründen angreifen, die literarischer Natur

179 Wie zum Beispiel bei den Thaipusam-Festen in Malaysia.

sind. Sie sagen, dass die Geschichte von der Gefangenschaft, dem Erdbeben und der Flucht eine unter vielen derartigen Fluchtgeschichten in der Literatur der antiken Welt sei. Nehmen wir beispielsweise *Die Bakchen*, das bekannte Stück des Euripides: Darin besucht der Gott Dionysos in Gestalt eines jungen Mannes Theben. König Pentheus sperrt ihn ein, aber ein Erdbeben erschüttert das Gefängnis, sodass Dionysos entkommt. Lukas, so wird behauptet, habe seine Geschichte von der Flucht aus dem Gefängnis einem ganz anderen literarischen Kontext entnommen und in seinen Bericht über die Erlebnisse von Paulus und Silas in Philippi eingefügt, um die dramatische Wirkung zu verstärken.[180] Wie sollen wir daher jetzt dazu Stellung nehmen?

Als Erstes ist zu sagen, was Professor R. N. Longenecker scharfsinnig dazu anmerkt: Die Geschichte des Lukas ist *keine* Fluchtgeschichte![181] Niemand ist entkommen, weder Paulus und Silas noch die anderen Gefangenen. Sie wären dazu in der Lage gewesen, aber sie haben es bewusst nicht getan: »Tut dir nichts Übles!« Das rief Paulus dem Kerkermeister durch die Dunkelheit zu. Dieser stand kurz vor dem Selbstmord, weil er dachte, dass die Gefangenen, für die er verantwortlich war, geflohen seien. »Tu dir nichts Übles, denn wir sind alle hier« (16,27-28). Daraufhin forderte der Kerkermeister ein Licht, stürzte in das Innere des Gefängnisses und fiel zitternd vor Paulus und Silas nieder. Dann führte er sie hinaus und fragte: »Ihr Herren, was muss ich tun, um errettet zu werden?« (16,30). Sie antworteten: »Glaube an den Herrn Jesus, und du wirst errettet werden, du und dein Haus« (16,31). Und das geschah dann auch, wie die Erzählung weiter berichtet.

Hier befindet sich also der Kern bzw. der Hauptpunkt der Geschichte: die Rettung des Kerkermeisters von Philippi und seines Hauses, und insbesondere die bemerkenswerten Schritte, die Gott unternahm, um ihn zu erreichen und sowohl ihn als auch die Seinen zu retten. Es gab, wie wir jetzt sehen, drei Personen, die Gott besonders im Blick hatte,

180 Zur Untermauerung ihrer Argumentation weisen sie darauf hin, dass der Leser keine Lücke im Fluss der Erzählung bemerken würde, wenn die Verse 25ff. entfernt werden würden. Aber das Gleiche könnte man von vielen Absätzen in Tausenden von Geschichten sagen. Das beweist nichts, außer dass man, wenn man aus anderen Gründen die Geschichte eines Wunders aus einem Buch streichen will, oft literarische Entschuldigungen dafür finden kann. Siehe auch die Diskussion in: Hemer, *Acts*, a. a. O., S. 442-443.
A. d. H.: Da im Original offensichtlich ein Druckfehler hinsichtlich der Stellenangabe in dieser Fußnote vorliegt, wurde eine allgemeinere Angabe gewählt.

181 R. N. Longenecker, »The Acts of Apostles«, in: Frank E. Gaebelein (Hrsg.), *The Expositor's Bible Commentary*, Bd. 9, Grand Rapids: Zondervan, 1981, S. 464.

als er Paulus und Silas aufgrund der besonderen, von ihm bestimmten Umstände nach Philippi führte: Lydia, das Geistmedium (die Magd) und den Kerkermeister. Von diesen war Lydia am leichtesten zu erreichen, denn sie befand sich bereits auf der Suche nach Gott und war in der Gebetsgemeinschaft zugegen, als die Missionare nach Philippi kamen. Im Fall des Geistmediums war dies schwieriger: In ihrem Fall kam es zu einer direkten Konfrontation mit den bösen Mächten der Geisterwelt. Infolgedessen ging der Gott dieser Welt durch seine Helfershelfer zum Gegenangriff über, sodass Paulus und Silas ins Gefängnis geworfen wurden. Doch was wie eine Niederlage aussah, entpuppte sich nun als Gottes Strategie, den Kerkermeister zu suchen und zu retten. Wir wissen so gut wie nichts über seine Vergangenheit. Wahrscheinlich war er ein Veteran des Heeres, der nach seinem Ausscheiden aus dem aktiven Dienst mit der Leitung des Gefängnisses in der Kolonie Philippi beauftragt wurde. Ob er bis zu diesem Zeitpunkt jemals in seinem Leben Gott gesucht hatte, wissen wir nicht. Möglicherweise gehörte er zu denen, hinsichtlich derer Paulus später die Worte Gottes zitierte: »Ich bin gefunden worden von denen, die mich nicht suchten, ich bin offenbar geworden denen, die nicht nach mir fragten« (Röm 10,20). Vielleicht hatte er die Worte gehört, die die Magd in Bezug auf Paulus und Silas hinausschrie, vielleicht hatte er von der Geisteraustreibung gehört. Möglicherweise war er dabei, als sie ausgepeitscht wurden. Aber vielleicht war er Paulus und Silas erst dann erstmalig begegnet, als sie ihm nach ihrer Auspeitschung mit dem besonderen Befehl übergeben wurden, sie unter keinen Umständen entkommen zu lassen, und er sie in jenen Teil des Gefängnisses brachte, den man heute »Hochsicherheitstrakt« nennen würde.

Offensichtlich gab es keinen besseren Weg, um sicherzustellen, dass der Kerkermeister das Evangelium hörte: Die Missionare mussten in das von ihm beaufsichtigte Gefängnis kommen und seiner Befehlsgewalt unterstellt werden. Es gab nur einen Weg, um sicherzustellen, dass er erkannte, wie dringend er das Evangelium brauchte: ein durch göttliche Fügung ausgelöstes Erdbeben. Dadurch erkannte dieser einfache heidnische Mann sofort, dass sein bisheriges Leben ins Wanken geriet. Auch wenn seine Gottesvorstellung in jeder Beziehung heidnisch geprägt war, wusste er schlagartig: Er musste mit dieser »höheren, über ihm stehenden Macht« ins Reine kommen. Und es gab auch keine bessere Art und Weise, ihm gegenüber die Wahrheit des Evangeliums zu bestätigen, als ihn von Angesicht zu Angesicht mit diesen außergewöhnlichen Männern zu konfrontieren, die es verkündigten. Befehlsgemäß hatte er ihre Füße – zerschunden und blutend, wie sie waren – im Stock befestigt, in einer Körperhaltung, die ihnen in den ganzen Stunden seither große Qualen bereitet hatte. Und doch waren es Männer, die keinen Fluchtversuch unternahmen, als sie durch ein Erdbeben von ihren Ketten befreit wurden. Vielmehr retteten sie ihm das Leben, indem sie freiwillig im Gefängnis blieben. Für den Kerkermeister brauchte es keine stärkere Bestätigung für die Echtheit ihres Evangeliums und die Wahrhaftigkeit des Gottes, dem sie dienten, als diese: Er glaubte an den Herrn Jesus und wurde gerettet.

Aber wenn dies die Strategie Gottes gewesen sein soll, um den Kerkermeister zur Rettung zu führen, müssen wir dann nicht fragen, ob sie glaubwürdig gewesen ist? Der allmächtige Gott hätte gleichsam mit einer Handbewegung ein Wunder vor dem Mob und den Richtern vollbringen können, sodass sie alle vor Paulus und Silas zu Boden gefallen wären, statt sie zu schlagen und ins Gefängnis zu werfen. Ist es glaubwürdig, was er stattdessen zuließ? Dass seine Boten bewusst einer derartigen Schande, Misshandlung, Ungerechtigkeit und Gewalt ausgesetzt wurden und solche Qualen erdulden mussten, nur um den Kerkermeister zum Glauben zu bringen? Und dass er es zuließ, dass die beiden Missionare für einen einzigen Mann und seine Familie so viel litten?

Diese Frage zu stellen, bedeutet unweigerlich, eine weitere und größere Frage aufzuwerfen, diesmal diejenige nach dem Kern des Evangeliums selbst und seiner Glaubwürdigkeit. Es geht darum, dass der allmächtige Schöpfer der 250 Milliarden Sonnen der Andromeda-Galaxie und aller anderen Sternensysteme seinen menschgewordenen Sohn nach seinem festgesetzten Ratschluss und nach seiner Vorkenntnis in die Hände sündiger Menschen gegeben hat. Gegen diesen Sohn wurde ein Prozess geführt, der jeder Gerechtigkeit hohnsprach, und er hat Misshandlungen sowie körperliche Gewalt und schließlich die Qualen der Kreuzigung erlitten. Und dies alles geschah, um winzige Geschöpfe auf einem winzigen Planeten zu erreichen – ja, er hat es persönlich für den Kerkermeister in Philippi getan, und jeder von uns könnte sagen: »Er hat es für mich getan.« Das ist sicherlich der schwierigste Aspekt, den man hinsichtlich des ganzen Evangeliums glauben muss.

Und doch ist er durchaus glaubwürdig. Denn die Frage, um die es zwischen Gott und der Macht der Finsternis geht, lautete nie: »Wer hat die größte Macht?«, oder: »Wer kann die eindrucksvollsten Wunder tun?« Die Antwort darauf ist schon immer eindeutig gewesen: der Allmächtige. Allzu viele Menschen sind von Macht fasziniert und nehmen an, dass bloße Macht die letzte Instanz im Universum sei. Aber das ist nicht der Fall. Es ging immer – zumindest seit Eden – um eine Frage: Sind die satanischen Worte, die nicht Gottes Macht, sondern seine Liebe infrage gestellt haben, berechtigt oder nicht? Diese unheilvollen Worte haben die Menschheit seither durchdrungen und sich wie Gift ausgebreitet. Vor allem auf sie stützt sich die Macht der Finsternis, wenn sie das Denken der Menschen beherrscht. Per definitionem kann sie durch keinen noch so gewaltigen Erweis göttlicher Wundermacht beseitigt werden. Allein aufgrund der Macht würde jedermann voller Schrecken zu Boden fallen oder vor Staunen über die Stärke des Allmächtigen außer Fassung geraten, aber Macht allein könnte niemals bewirken, dass sich das menschliche Herz das Misstrauen, den Ungehorsam, die von Stolz geprägte Unabhängigkeit und die Furcht aufgibt und sich zu Liebe, Vertrauen, Dankbarkeit und Gehorsam gegenüber Gott hinwendet. Nur die allmächtige Liebe war dazu imstande. Und Golgatha war der Ort, an dem diese Liebe für immer und ohne jeden Zweifel unter Beweis gestellt wurde.

Es gab ein Erdbeben, während Christus am Kreuz litt. Dann folgte die gewaltige Auferstehung, die bewies, dass derjenige, der gelitten hat, tatsächlich der menschgewordene Gott war und ist. Aber es sind die Leiden Christi, die unsere Herzen mit Gott versöhnen. Nach den Aussagen des Lukas war es ein Erdbeben in Philippi, das den Evangelisten aufgrund göttlicher Fügung die Freiheit zurückgab, damit sie dem Kerkermeister und seinen Angehörigen die Wahrheit des Evangeliums umso wirksamer vor Augen führen und sie ihnen ans Herz legen konnten. Eine große Geschichte, gewiss. Aber wenn die zentrale Botschaft des Evangeliums wahr ist, dann ist ein Erdbeben im Vergleich dazu eine recht kleine Angelegenheit.

Eine Frage bleibt: Welches Recht hatte Gott, Paulus und Silas in ein solches Leid zu führen, selbst wenn es dem Zweck diente, den Kerkermeister zu retten? Nun, wir lesen nichts davon, dass Paulus und Silas geklagt haben. In der Geschichte wird berichtet, was Paulus und Silas um Mitternacht taten: Zerschlagen und übel zugerichtet, mit den Füßen im Stock, beteten sie und sangen Gott Loblieder (16,25). Und wie glaubwürdig war das? Das soll Paulus selbst beantworten. Einige Jahre später war er wieder im Gefängnis. Da hatte er Gelegenheit, einen Brief an die Christen in Kolossä zu schreiben. Er erinnerte sie an ihre freudige Verpflichtung, dem Vater zu danken: »… der uns errettet hat aus der Gewalt der Finsternis und versetzt hat in das Reich des Sohnes seiner Liebe, in dem wir die Erlösung haben und die Vergebung der Sünden« (Kol 1,13-14). Ein oder zwei Absätze später fügte er hinzu: »Jetzt freue ich mich in den Leiden für euch und ergänze in meinem Fleisch das, was noch fehlt an den Drangsalen des Christus für seinen Leib« (Kol 1,24). Wenn der Kerkermeister in Philippi jemals eine Kopie dieses Briefs erhalten und diese Worte gelesen hätte, wie gern hätte er sich an jene unvergessliche Nacht erinnert, als er Paulus und Silas zu sich nahm, ihre Striemen abwusch und sie in sein Haus hinaufbrachte! »… und (er) freute sich, dass er mit seinem ganzen Haus an Gott gläubig geworden war« (Apg 16,33-34 [Schlachter 2000]), und dabei spielte der Gefängnisaufenthalt von Paulus und Sila die entscheidende Rolle.

Das ist der wahre Gott. Dies ist sein Evangelium. Dies sind diejenigen, die wahrhaftig und treu dafür einstehen.

Die Fortsetzung

Mit der Bekehrung des Kerkermeisters und der in seinem Haus Wohnenden waren die kurzfristigen Ziele Gottes bei dem Aufenthalt des Paulus in Philippi erreicht; und als die Richter am nächsten Tag Paulus und Silas baten, die Stadt zu verlassen, zogen diese bald danach weiter.

Es stimmt, dass die Missionare nicht einfach »durch die Hintertür« verschwunden sind, was den Richtern recht gewesen wäre. Die Stadtrichter hatten gegen das Gesetz verstoßen, indem sie Paulus und Silas ohne Weiteres schlagen und inhaftieren ließen, wobei ihnen ein ordentliches Gerichtsverfahren versagt blieb. Es war ein schweres Vergehen, römische Bürger so zu behandeln, und wenn Paulus und Silas die Mittel und die Absicht gehabt hätten, sie vor höheren Gerichten anzuklagen, wären diese Amtsträger in Schwierigkeiten geraten.

Aber Paulus und Silas hatten nicht die Mittel dazu, und sie hätten es auch nicht getan, wenn dies anders gewesen wäre. Was hätte das noch für einen Sinn gehabt? Sie wollten sich nicht rächen; und wenn sie es getan hätten, hätte es die Römer in Philippi nur noch mehr gegen das Evangelium und damit gegen das ihnen geltende Rettungsangebot aufgebracht, wobei es auch ihre Vorurteile sowohl gegen Juden als auch gegen Christen verstärkt hätte.

Sie haben auch nicht unter Missachtung der Bitte der Richter gefordert, in der Stadt bleiben zu dürfen. Das hätte den Widerstand ebenfalls noch verstärkt. Die Neubekehrten konnten (zusammen mit Timotheus) auf den eigenen Füßen stehen und ruhig, aber stetig ihren Mitbürgern das Evangelium verkündigen und vorleben – was sie, wie wir aus dem Brief des Paulus an sie wissen, mit gutem Erfolg taten.

Es war daher die bessere Strategie, dass Paulus und die übrigen Gefährten abreisten; allerdings ließ er die Richter kommen, die ihn und seinen Begleiter Silas persönlich aus dem Gefängnis führten. Auch das war Ausdruck einer bewussten Strategie. Dies hat den Richtern die Unrechtmäßigkeit ihres früheren Verhaltens vor Augen geführt; dadurch waren sie gezwungen, diese Unrechtmäßigkeit gegenüber Paulus und seinen Begleitern in Anwesenheit des Kerkermeisters einzuräumen. Die Tatsache, dass dies sowohl den Gerichtsdienern (16,35-40) als auch den Neubekehrten in Philippi bekannt war, hat die Richter zweifellos davon abgehalten, die Christen weiter zu belästigen, zumindest vorläufig. Paulus war bereit, um des Heils anderer Menschen willen ungerechtfertigt zu leiden, ohne Rache zu nehmen. Aber er würde alles in seiner Macht Stehende tun, um die durch ihn Bekehrten vor unnötiger Verfolgung zu bewahren.

SATZ 2

Gottes Messias und heidnische Politik, Religion und Philosophie (17,1-34)

Der zweite Teil des fünften Abschnitts der Apostelgeschichte umfasst die Besuche des Paulus in Thessalonich, Beröa und Athen. Lukas hat sie in Gruppen zusammengefasst, weil sie nacheinander stattfanden, aber auch, weil sie ein gemeinsames Thema haben: Gottes Antwort auf das Problem, das die Menschheit seit dem Garten Eden verfolgt – das Problem des Bösen. Die Bewältigung dieses Problems verschlingt immer noch eine große Menge an menschlicher Energie, an Einfallsreichtum und Ressourcen. In einigen Bereichen und auf einigen Ebenen sind echte Erfolge erzielt worden, aber nirgendwo waren sie vollständig und selten dauerhaft. Das Böse – ob öffentlich oder im kleinen Kreis, ob in Unternehmen oder von Einzelpersonen begangen – hat sich als Drache erwiesen: Schlägt man einen Kopf ab, wächst ein anderer nach. Die Institutionen und Organisationen, die gerade zu dem Zweck existieren, das Böse einzudämmen, werden oft selbst von ihm beeinträchtigt; und manchmal finden sich in ihren Reihen gerade diejenigen Missstände, die sie eigentlich beseitigen wollen. Grandiose universelle Theorien und philosophische Konzepte, wie z.B. diejenigen von Platon in der Antike oder jene von Marx in der Moderne, sind zu Recht verdächtig: Wenn ihre Verfechter in der Lage waren, sie gewaltsam durchzusetzen, haben sich die versprochenen Utopien nur allzu oft als Albträume der Ungerechtigkeit erwiesen, deren Kosten-Analyse ergab, dass dabei Millionen von Menschen starben. Die Bibel selbst scheint uns nachdrücklich darauf hinzuweisen, dass der weltweite Frieden zwar erreicht werden kann, doch um einen inakzeptablen Preis: Dabei wird auf subtile, aber abscheuliche Weise der menschliche Geist versklavt.[182] Müssen wir also schlussfolgern, dass das Böse eine unausrottbare weltweite Plage ist und dass dies bis zum Ende der Menschheitsgeschichte so bleiben wird? Muss man, obwohl man es mehr oder

182 Vgl. 1. Thessalonicher 5,3 mit 2. Thessalonicher 2,3-12; Offenbarung 13,4-8.

weniger eindämmen kann, darunter immer leiden, weil es letztendlich nie von unserer Erde verschwinden wird?

Nein! Gott hat eine Antwort: die weltweite Errichtung des Messianischen Reiches unseres Herrn. Lukas hat den Heilszeitplan für die Errichtung dieses Reiches schon vor langer Zeit ausführlich beschrieben (siehe vor allem den ersten Abschnitt), und es ist nicht nötig, all diese Einzelheiten hier zu wiederholen. Was er nun berichtet, sind bestimmte falsche Darstellungen und Missverständnisse, die in den Köpfen der Heiden aufkamen, als die Christen dieses Messianische Reich verkündigten. In Thessalonich behaupteten einige (die leider Juden waren) gegenüber den Vertretern der Obrigkeit, dass das christliche Evangelium in Wirklichkeit ein politisches Programm sei, das darauf abziele, die Herrschaftsstrukturen im Römischen Reich zu untergraben. In Athen hingegen hatten einige Leute, als sie Paulus erstmalig reden hörten, einen anderen Eindruck: Aus ihrer Sicht trat er lediglich dafür ein, der endlosen Sammlung von Religionen, Göttern, Philosophien und Theorien zwei fremde und ziemlich bizarre, neue Gottheiten hinzuzufügen. Die Athener besaßen damals eine Weltanschauung, die vor allem den Gelehrten gerecht wurde und die darauf abzielte, das Universum zu erklären und der Menschheit zu helfen, mit dem Problem des Bösen fertigzuwerden. Diesbezüglich widmet Lukas den gesamten zweiten Satz der Beseitigung der entsprechenden falschen Darstellung und des Missverständnisses.

In der ersten Hälfte des Satzes (17,1-15) ergibt sich die falsche Darstellung aus der Reaktion bestimmter Juden in Thessalonich und Beröa[183] darauf, dass Paulus die christliche Hoffnung dargelegt hat. Wenn Paulus zu Juden in der Synagoge spricht, verwendet er naheliegenderweise den Begriff »Messias«, da er ein bekannter Teil des religiösen Wortschatzes des Judentums ist, wie sehr die verschiedenen innerjüdischen Gruppen auch hinsichtlich seiner Auslegung uneins sein mochten. Aus demselben Grund kann er sich auf das Alte Testament berufen, und er tut dies auch nachdrücklich und ausführlich, um zu zeigen, was das Christentum unter dem Heilszeitplan Gottes für die Einführung des Messianischen Reiches unseres Herrn versteht.

183 A. d. H.: Da Paulus und seine Mitarbeiter in Vers 1-15 in den beiden genannten Städten waren, wurde der Text entsprechend angeglichen.

In der zweiten Hälfte des Satzes (17,16-34) legt er den Athenern die christliche Hoffnung dar. Es ist natürlich dieselbe Hoffnung, aber jetzt muss er sie den Heiden erklären, die in ihrem ganzen Leben noch nie das Alte Testament gelesen hatten und mit dessen Begrifflichkeit nicht vertraut waren. Er spricht daher nicht von Jesus als dem Messias oder von der Errichtung seines Messianischen Reiches. Stattdessen wählt er einen anderen alttestamentlichen Begriff, den die Heiden leichter erkennen würden, und kündigt Jesus als den »Mann« an, »den er [Gott] dazu bestimmt hat«, »den Erdkreis [zu] richten … in Gerechtigkeit« (17,31).

Diese Vorgehensweise des Paulus zeugt von großer Einsicht. Auch für uns als moderne Heiden, die wir nur eine kurze Zusammenfassung der Areopag-Rede des Paulus kennen, wäre es vernünftig, sich daran zu erinnern, dass Paulus noch immer Jude ist. Wir sollten erkennen, dass die von ihm verwendete Formulierung »den Erdkreis richten … in Gerechtigkeit« dem Alten Testament entnommen ist. Bei uns wird der Begriff »Richter« gewöhnlich auf die eng begrenzten Tätigkeiten eines Richters an einem Gericht oder die eines Preisrichters bei einem Wettbewerb beschränkt. Wenn die Menschen also lesen, dass Christus dazu berufen ist, die Welt in Gerechtigkeit zu richten, neigen sie dazu, sofort an das Endgericht zu denken. Der landläufigen Meinung zufolge stellt man sich vor, dass dann der Schlusspfiff für die Aktivitäten auf der Erde ertönt: Das Spiel ist zu Ende, und alle Spieler verlassen das Spielfeld (und nicht nur diejenigen, die während des Spiels wegen schlechten Verhaltens des Feldes verwiesen oder die ausgewechselt wurden). Dann werden den Männern und Frauen, die am Spiel teilgenommen haben, die Preise verliehen, und das grobe Fehlverhalten der anderen während des Spiels, das nun für immer beendet ist, wird bestraft oder geahndet.

Aber das wäre eine viel zu enge Auslegung der Wendung »den Erdkreis richten … in Gerechtigkeit«. Um der beabsichtigten Bedeutung gerecht zu werden, müssen wir seinen Hintergrund im alttestamentlichen Gebrauch untersuchen.

In der Frühzeit Israels waren beispielsweise die Richter Männer, die nicht nur über ihre Mitbürger richteten, indem sie deren Sünden brandmarkten, sie zur Umkehr aufforderten und dem Gesetz Geltung verschafften. Es ging nicht nur darum, dass sie gegen Israels Feinde kämpften, sie besiegten und Israel aus ihrer Knechtschaft befreiten, sondern sie regierten auch das Volk und sorgten über viele Jahre hinweg für die Gerechtigkeit der Nation. So heißt es zum Beispiel von Tola: »... er richtete Israel dreiundzwanzig Jahre«, und von Jephtha lesen wir: »Und Jephta richtete Israel sechs Jahre« (Ri 10,1-2; 12,7), während »Samuel ... Israel (richtete) alle Tage seines Lebens« (1Sam 7,15).

Die Wendung »den Erdkreis richten ... in Gerechtigkeit«, den Paulus in der Areopag-Rede verwenden wird, ist wie die folgende Bibelstelle aus dem alttestamentlichen Kontext entnommen:

> Sagt unter den Nationen: Der HERR regiert! Auch steht der Erdkreis fest, er wird nicht wanken. Er wird die Völker richten in Geradheit. Es freue sich der Himmel, und es frohlocke die Erde! ... [Sie] werden jubeln ... vor dem HERRN, denn er kommt, denn er kommt, die Erde zu richten: Er wird den Erdkreis richten in Gerechtigkeit und die Völker in seiner Treue (Ps 96,10-13).

Und wiederum:

> Jauchzt dem HERRN, ganze Erde! ... jauchzt vor dem König, dem HERRN! Es brause das Meer und seine Fülle, der Erdkreis und die darauf wohnen! Mögen die Ströme in die Hände klatschen, mögen jubeln die Berge allesamt vor dem HERRN, denn er kommt, die Erde zu richten. Er wird den Erdkreis richten in Gerechtigkeit und die Völker in Geradheit (Ps 98,4-9).

Wenn man hier alle metaphorischen Ausdrücke berücksichtigt, sollte deutlich werden: Diese Sprache hinsichtlich der Erde, der Flüsse, der Meere, der Berge, der Felder und der Wälder, die vor Freude singen und in die Hände klatschen, ist kaum dazu gedacht, die Reaktion des Planeten auf die Erfahrung der völligen Zerstörung durch das Feuer zu beschreiben. Dazu heißt es »... [wenn] die Himmel vergehen werden mit gewaltigem Geräusch, die Elemente aber im Brand werden aufgelöst und die Erde und die Werke auf ihr werden verbrannt werden« (2Petr 3,10), und die Erde und der Himmel werden beim Endgericht vor dem Richter fliehen (Offb 20,11). Im Sinne unserer oben befindlichen, zugegebenermaßen groben und zweifellos unzulänglichen Analogie klingt das vielmehr danach, dass die Erde gleichsam den vollkommenen

Schiedsrichter willkommen heißt, wenn – um im Bild zu bleiben – alle anderen Schiedsrichter versagt haben. Erst wenn er kommt, kann alles den Regeln gemäß ablaufen, und schließlich werden andere Spiele auf anderen Feldern stattfinden. Ja, die Analogie beschreibt die Freude der Erde über die Aussicht auf die Errichtung der messianischen Herrschaft Christi, wenn Gott die Welt durch den von ihm bestimmten Mann in Gerechtigkeit richten wird. Diese Herrschaft wird sicherlich durch ernste und allumfassende Gerichte eingeleitet werden, wie wir sehen werden, aber ihr Fortbestehen kann mit Begriffen beschrieben werden, die wiederum aus dem Alten Testament stammen:

> Und ein Reis wird hervorgehen aus dem Stumpf Isais, und ein Schössling aus seinen Wurzeln wird Frucht bringen. Und auf ihm wird ruhen der Geist des HERRN, der Geist der Weisheit und des Verstandes, der Geist des Rates und der Kraft … Und er wird nicht richten nach dem Sehen seiner Augen und nicht Recht sprechen nach dem Hören seiner Ohren; und er wird die Geringen richten in Gerechtigkeit und den Sanftmütigen des Landes Recht sprechen in Geradheit. Und er wird die Erde schlagen mit der Rute seines Mundes, und mit dem Hauch seiner Lippen den Gottlosen töten. … Und der Wolf wird sich beim Lamm aufhalten, und der Leopard beim Böckchen lagern … Man wird weder Böses tun noch Verderben anrichten auf meinem ganzen heiligen Berg … (Jes 11,1-9).

Diese fesselnde Sprache ist zweifellos poetischer Art, aber wie alle gute Poesie soll sie eine praktische Realität beschreiben, nämlich die einer allumfassenden Herrschaft der Gerechtigkeit und des Friedens, wenn – wie es in den letzten Zeilen dieser Verse heißt – »die Erde … voll Erkenntnis des HERRN sein (wird), wie die Wasser den Meeresgrund bedecken« (Jes 11,9).

Die christliche Hoffnung ist also dieselbe – ganz gleich, ob sie Juden oder Heiden gepredigt wird. Sie beruht auf denselben alttestamentlichen Verheißungen, die sich durch Christus erfüllen werden. Die Frage ist jedoch, wann und mit welchen Mitteln sich diese Hoffnung verwirklichen wird und in welchem Verhältnis sie zu unserer heutigen, weitgehend heidnischen Welt mit ihrer Politik, ihren Religionen und Philosophien steht.

Um sie zu beantworten, wenden wir uns zunächst den Ausführungen des Paulus über die Hoffnung in den Synagogen von Thessalonich und Beröa zu.

Gottes Messias und die heidnische Politik: Die Predigt des Paulus in Thessalonich

Die jüdischen Zeitgenossen des Paulus waren, wie der jüdische Gelehrte Professor M.A. Fishbane in Erinnerung gerufen hat,[184] untereinander uneins über die Frage, wer der Messias sein, in welcher Stellung er kommen und was er tun würde. Insbesondere waren sie sich nicht einig – wie es bei den Christen noch immer der Fall ist –, ob der Messias ein Zeitalter des Friedens und der Gerechtigkeit in dieser Welt oder erst nach dem Untergang dieser Welt in einem neuen Himmel und auf einer neuen Erde einleiten bzw. in beiden nacheinander herrschen würde.[185] Doch unabhängig von ihren unterschiedlichen Auslegungen waren sich alle einig, dass die erste und letzte Autorität in dieser Frage die Heilige Schrift ist.

Für orthodoxe Juden ist das noch immer so, obwohl das moderne liberale Judentum zwar die biblische Hoffnung auf die Zukunft beibehält, aber die biblischen Mittel zu deren Erreichung abzulehnen scheint. In Anlehnung an den in Babylon lebenden Amoräer Rav[186] vertritt es die Auffassung, dass »alle vorausgesagten Merkmale bereits Wirklichkeit geworden sind; jetzt hängt alles von Buße und guten Taten ab«. Das heißt, das liberale Judentum ist der Ansicht, dass sich alle spezifischen Voraussagen des Alten Testaments über einen persönlichen Messias bereits in der Vergangenheit erfüllt haben. Was die Zukunft betrifft, so bejahen liberale Juden …

---

184 M.A. Fishbane, *Judaism, Revelation and Traditions*, San Francisco: Harper & Row, 1987, S. 144.

185 In Bezug auf Einzelheiten siehe: Emil Schürer, *The History of the Jewish People*, Bd. 2, a.a.O., S. 448-554. A.d.H.: Vgl. Fußnote 58 hinsichtlich der bibliografischen Angaben der deutschsprachigen Originalausgabe.

186 A.d.H.: Amoräer waren jüdische Gelehrte des 3. bis 5. Jahrhunderts in Babylonien und in Israel, die sich über das mündliche Gesetz »unterhalten« oder darüber »erzählt« haben. Ihre Diskussionen wurden in der Gemara in Gesetzesform dargelegt.
Rav, eigentlich Abba Arikha, lebte von ca. 160 bis 247 n.Chr. und gilt als erster Amoräer.

> ... die Hoffnung auf ein »messianisches« Zeitalter im weitesten Sinne der Erlösung der Menschheit, aber sie glauben nicht, dass dies plötzlich, dramatisch, auf wundersame Weise, übernatürlich, durch das Wirken eines Einzelnen (des Messias) geschehen wird, sondern langsam, allmählich, schrittweise, durch das geistige Streben, die moralischen Anstrengungen und die sozialen Reformen aller Menschen und Nationen ... Es ist die universelle Hoffnung, die in solchen Gebeten wie diesen zum Ausdruck kommt: »Im Vertrauen auf Dich, Herr, unser Gott, hoffen wir, bald die Herrlichkeit Deiner Macht zu sehen, wenn die falschen Götter in den Herzen der Menschen keinen Platz mehr haben und die Welt unter Deiner unangefochtenen Herrschaft vollendet wird; wenn alle Menschen Deinen Namen anrufen und, sich vom Bösen abkehrend, sich Dir allein zuwenden werden ... Dann wird der Herr König sein über die ganze Erde; an jenem Tag wird der Herr einer sein und sein Name einer.« ... »Die Gewalt wird nicht mehr wüten, und das Böse wird sich verflüchtigen wie Rauch; die Herrschaft der Tyrannei wird von der Erde verschwinden, und Du allein, Herr, wirst die Herrschaft über alle Deine Werke haben.«[187]

Als Paulus daher in die Synagoge von Thessalonich ging, um Jesus als den Messias zu verkündigen, musste er angesichts der unterschiedlichen Auslegungen der damaligen messianischen Verheißungen nicht nur eine Sache nachweisen, sondern zwei. Zunächst musste er zeigen, dass der Messias – wer immer er auch sein würde – nach dem Heilszeitplan des Alten Testaments leiden und dann von den Toten auferstehen musste. Und dann – aber erst dann – musste er die mit dem Leben, dem Tod und der Auferstehung des Herrn Jesus zusammenhängenden Tatsachen nehmen und – indem er sie neben den prophezeiten Heilszeitplan des Alten Testaments stellte – zeigen, dass der darin verheißene Messias tatsächlich der von ihm verkündigte Jesus war (17,1-3).

Wir brauchen hier nicht noch einmal auf die Stellen einzugehen, die Paulus aus dem Alten Testament zitierte, um die Stichhaltigkeit des ersten Teils seiner Argumentation zu belegen; Lukas hat uns längst

187 J.D. Rayner und B. Hooker, *Judaism for Today*, London: Union of Liberal and Progressive Synagogues, 1978, S. 37-38.

ausführliche Beispiele aus den Predigten sowohl des Paulus als auch des Petrus gegeben. Wir müssen hier nur eines tun– wir sollten einige der Auswirkungen betrachten, die sich aus der Tatsache ergeben, dass der Tod und die Auferstehung des Messias im biblischen Heilsplan für die Errichtung des Messianischen Reiches fest verankert waren.

Erstens, das Element des Leidens des Messias. Zur Zeit unseres Herrn gab es eine weitverbreitete Auffassung, der zufolge das Messianische Reich dadurch errichtet werden würde, dass Gott eine politisch und militärisch kompetente Persönlichkeit erwecken würde, die das Volk Israel in einer bewaffneten Rebellion gegen die Machthaber des Römischen Reiches anführen und so der Tyrannei, den Steuern und den Ungerechtigkeiten Roms ein Ende setzen und Israel politisch und wirtschaftlich befreien würde. Diese Idee hatte bereits in der Vergangenheit zu Aufständen gegen Rom geführt. Sie tauchte 66 n. Chr.[188] wieder auf, und noch einmal 131 – 132 n. Chr., als Rabbi Akiba einen gewissen Bar Kosiba als Messias ausrief[189] und dieser das Volk in einen Aufstand gegen Rom führte. Er brachte für bestimmten Regionen Judäas vorübergehend die Unabhängigkeit, endete aber bald in einer katastrophalen Niederlage.

Viele, darunter auch die Apostel selbst, stellten sich zunächst vor, dass unser Herr sich als diese Art von Messias erweisen würde. Sie hielten seine Ankündigung, dass »das Reich Gottes … nahe gekommen« sei, für ein politisches Manifest. Sie glaubten, dass er selbst bald die höchste politische Macht im Land beanspruchen, die politischen Strukturen reformieren und die römische Herrschaft stürzen würde. Die Apostel unterließen es, ihre eigene Annahme zu hinterfragen. Infolgedessen fiel es ihnen sehr schwer, Christi wiederholtes Beharren darauf zu verstehen, dass er als Messias leiden müsste, wie es in der Heiligen Schrift hieß. Weil Christus nachdrücklich darauf beharrte, kam eine politische Deutung seiner Messiasstellung seitens der Jünger in keiner Beziehung infrage. Sehr zu ihrer Bestürzung und Enttäuschung verbot er ihnen außerdem, das Schwert zu gebrauchen,

188 A. d. H.: Hier wird auf den Jüdischen Krieg Bezug genommen, der im Wesentlichen mit der Tempelzerstörung 70 n. Chr. beendet wurde. Die nachfolgend genannten Jahreszahlen (131 – 132 n. Chr.) umfassen den Beginn des Bar-Kochba-Aufstands, der im Großen und Ganzen 135 v.Chr. niedergeschlagen wurde.

189 R. Akiba nannte ihn Bar-Kochba, »Sternensohn«, als Anspielung auf die messianische Verheißung in 4. Mose 24,17: »… ein Stern tritt hervor aus Jakob …«.

um ihn zu schützen oder sein Reich zu errichten. »Mein Reich«, so erklärte er dem römischen Statthalter, »ist nicht von dieser Welt; wenn mein Reich von dieser Welt wäre, hätten meine Diener gekämpft, damit ich den Juden nicht überliefert würde; jetzt aber ist mein Reich nicht von hier« (Joh 18,36).

Außerdem bedeutete sein Beharren auf den Leiden des Messias nicht einfach, dass er sich für den Augenblick seinen Feinden unterwerfen, leiden und sterben würde, um dann wiederaufzuerstehen und Israel sofort in einen politischen und militärischen Kampf gegen den römischen Kaiser Tiberius und seine Nachfolger zu führen. Vielmehr lehrte er ausdrücklich, dass sein Reich in seiner ersten Phase durch die Verkündigung des Wortes in dieser Welt errichtet werden würde. Was das Unkraut, die Saat des Bösen, betraf, so hatte er nicht die Absicht, seine Macht als Vollstrecker des göttlichen Gerichts einzusetzen, um es vor dem Ende des Zeitalters auszureißen und zu vernichten (Mt 13,24-29.37-43). Mehr noch: Der Apostel Petrus, der nach seinen früheren Fehlern auf diesem Gebiet seine Lektion gelernt hatte, ermahnte später seine Mitchristen ebenfalls:

> Unterwerft euch jeder menschlichen Einrichtung um des Herrn willen: es sei dem König als Oberherrn oder den Statthaltern als denen, die von ihm gesandt werden zur Bestrafung der Übeltäter, aber zum Lob derer, die Gutes tun. Denn so ist es der Wille Gottes, dass ihr dadurch, dass ihr Gutes tut, die Unwissenheit der unverständigen Menschen zum Schweigen bringt …
>
> … wenn ihr ausharrt, indem ihr Gutes tut und leidet, das ist wohlgefällig bei Gott. Denn hierzu seid ihr berufen worden; denn auch Christus hat für euch gelitten, euch ein Beispiel hinterlassend, damit ihr seinen Fußstapfen nachfolgt; der keine Sünde tat, noch wurde Trug in seinem Mund gefunden, der, gescholten, nicht wiederschalt, leidend, nicht drohte, sondern sich dem übergab, der gerecht richtet (1Petr 2,13-15.20-23).

Das ist also das Erste, was Paulus deutlich gemacht hatte, als er in der Synagoge von Thessalonich predigte. Einige unter den Juden in der Gemeinde ließen sich überzeugen und schlossen sich Paulus und Silas an, ebenso wie eine große Zahl gottesfürchtiger Griechen und nicht wenige vornehme Frauen (Apg 17,4). Sie bildeten später die Keimzelle der christlichen Gemeinde in der Stadt. Aber viele der Juden, so berichtet Lukas, reagierten ganz anders. Sie versammelten einen Mob und zettelten einen Aufruhr an. Da sie Paulus und Silas entgegen ihren Erwartungen nicht im Haus eines gewissen Jason fanden, schleppten sie Jason und einige andere Brüder vor die Obersten der Stadt und riefen: »… Diese Leute, die die ganze Welt in Aufruhr versetzen, sind jetzt auch hier; Jason hat sie aufgenommen! Und doch handeln sie alle gegen die Verordnungen des Kaisers, indem sie sagen, ein anderer sei König, nämlich Jesus!« (17,5-7 [Schlachter 2000]).

Paulus hatte keine Gelegenheit, auf diese Anschuldigung zu antworten. Die Richter ließen sich von Jason versichern, dass Paulus die Stadt sofort verlassen würde, was dieser auch tat. Wir brauchen uns auch nicht die Mühe zu machen, die Anschuldigung zu widerlegen; es war ganz offensichtlich, dass sie das christliche Evangelium im Allgemeinen und die diesbezügliche Lehre des Paulus im Besonderen falsch darstellte. Aber natürlich haben auch wir selbst eine Pflicht gegenüber dem Evangelium, dem Beispiel des Paulus zu folgen und es in unserer modernen Welt niemals so auszulegen, dass gegen uns eine derartige Anschuldigung berechtigterweise vorgebracht wird. Das bedeutet nicht, dass wir in einem atheistischen Staat aufhören sollten, das Evangelium zu verkündigen, weil das Evangelium als solches den ideologischen Grundlagen des Staates widerspricht. Aber es bedeutet, dass die Botschaft des Evangeliums selbst immer noch keine Aufforderung zum politischen Umsturz oder zum bewaffneten Aufstand gegen die Regierung sein kann. Es war nicht bloße Klugheit, die die Verkündiger und Schreiber des Neuen Testaments davon abhielt, die Gläubigen zur Teilnahme an Aufständen gegen den grausamen und auf Verfolgung der Christen bedachten Kaiser Nero aufzurufen, als sich die Juden insbesondere in Judäa und Galiläa im Jahr 66 n. Chr. gegen ihn erhoben. Es war vielmehr die Überlegung, dass es beim Inhalt und Geist des Evangeliums um etwas ganz anderes ging.

Aber nach Paulus beinhaltet der Heilsplan der Schrift für die Errichtung des Messianischen Reiches nicht nur den Tod des Messias, sondern auch seine Auferstehung von den Toten; und wir können uns kurz an einige der Auswirkungen dieser leibhaftigen Auferstehung für das hier behandelte Thema erinnern.

Erstens wird damit gezeigt, dass unser Herr die Erde nicht verlassen hat, um als körperloser Geist in einen rein geistlichen Himmel zu gehen. Vielmehr hat er jetzt einen verklärten Leib, einen Herrlichkeitsleib. Wie wir in einem früheren Kapitel gesehen haben, hat die Auferstehung seines Leibes Auswirkungen auf das gesamte sichtbare Universum (siehe S. 45-48). In ihm hat die Wiederherstellung aller Dinge bereits begonnen. Christen mögen sich darüber streiten, wie viele Phasen diese Wiederherstellung haben wird, und das erleben wir auch, aber wir können mit voller Gewissheit bekräftigen, dass Gottes Heilsplan für die Errichtung der messianischen Herrschaft unseres Herrn die Erde einschließt. Die Schöpfung selbst, die jetzt noch seufzt, wird von ihrer Knechtschaft des Verderbens befreit werden. Ihr Seufzen wird aufhören, ihre Nichtigkeit und Vergänglichkeit werden beendet sein (Röm 8,20-22). Auch in der Ewigkeit wird es den biblischen Aussagen zufolge Erde und Himmel geben – durch Neuschöpfung ins Dasein gerufen. Gott ist darauf bedacht, dass seine Ratschlüsse in allen Bereichen verwirklicht werden – auch auf materiellem Gebiet: Damit ist verbürgt, dass unser Herr auf ewig der Menschensohn sein wird, der Verherrlichte im Himmel, der für immer die Merkmale seines Menschseins behält. Wir tun gut daran, uns an Folgendes zu erinnern: Der letzte Blick, der Johannes hinsichtlich der ewigen Stadt gewährt wurde, bestand darin, dass sich diese Stadt nicht in atemberaubender Geschwindigkeit von der Erde entfernte und auf einen rein geistlichen Himmel zubewegte, sondern dass sie aus dem Himmel auf die Erde herabkam (Offb 21,2).

Zweitens folgt auf die leibhaftige Auferstehung und Himmelfahrt Christi seine Wiederkunft im wörtlichen Sinne, woran uns die Apostelgeschichte schon gleich zu Beginn erinnert hat. Ja, im Neuen Testament wird überall betont, dass der Herr Jesus wieder*kommen* wird: Es geht nicht nur darum, dass Männer und Frauen eines Tages zu ihm in einen fernen Himmel gerufen werden, sondern vor allem auch darum, dass er selbst wiederkommen wird. Wir berauben die Sprache des Neuen Testaments ihrer klaren Bedeutung, wenn wir die ganzen Aussagen über seine Wiederkunft auf nichts anderes reduzieren, als dass er dort bleibt, wo er jetzt ist, und wir zu ihm gehen. Auf der Erde, auf der er gekreuzigt wurde, wird er von allen gesehen werden (Offb 1,7).

Und drittens teilte Paulus den Thessalonichern später in einem Brief, den er nach seiner Abreise verfasste, diesbezüglich Wichtiges mit: Ihm zufolge bieten der Tod unseres Herrn und seine leibhaftige Auferstehung die Garantie dafür, dass denjenigen Gläubigen, die vor seiner Wiederkunft starben, die Freude über die Teilhabe an seiner künftigen messianischen Herrschaft nicht entgehen wird. Daher schrieb Paulus:

> Wir wollen aber nicht, Brüder, dass ihr, was die Entschlafenen betrifft, unwissend seid, damit ihr nicht betrübt seid wie auch die Übrigen, die keine Hoffnung haben. Denn wenn wir glauben, dass Jesus gestorben und auferstanden ist, so wird auch Gott die durch Jesus Entschlafenen mit ihm bringen. … Denn der Herr selbst wird … vom Himmel herabkommen, und die Toten in Christus werden zuerst auferstehen; danach werden wir, die Lebenden, die übrig bleiben, zugleich mit ihnen entrückt werden in Wolken dem Herrn entgegen in die Luft; und so werden wir allezeit bei dem Herrn sein (1Thes 4,13-17).

Und das, so scheint mir, ist für jeden von uns von immenser persönlicher Bedeutung. Der glühende Marxist – ob Mann oder Frau – wird aufgefordert, zu kämpfen und (wenn nötig) sogar das Leben hinzugeben, um ein goldenes Zeitalter herbeizuführen, das er per definitionem nicht mehr erleben wird. Was ist ein glühender Marxist dann mehr als ein entbehrliches Wesen, das die Evolution, an die er glaubt, für ihren Zweck benutzt und dann wegwirft? Ähnlich verhält es sich mit den liberalen Juden, von denen viele unsicher oder sogar skeptisch sind, was die geistliche Unsterblichkeit und ein Leben nach dem Tod angeht.[190] Wie wir gesehen haben, ist ihre Vision von einem eventuellen messianischen Zeitalter auf Erden in der Tat edel. Allerdings ist sie auch weit genug entfernt, wie die Geschichte nahelegt, denn um sie zu verwirklichen, hängt alles von den Bemühungen der Menschen und Nationen ab. Und dann gibt es diejenigen, die daran glauben, die dafür arbeiten, beten und Opfer bringen: Wenn sie dazu bestimmt sind, die Verwirklichung dieser Vision selbst nie zu erleben, was *sind* sie dann? Sind sie nicht winzigen Kreaturen vergleichbar, die leben und sterben, sodass eine Koralleninsel

190 Rayner und Hooker, *Judaism for Today*, a. a. O., S. 35.

entsteht, die sie nie sehen werden und auf der sich eine begünstigte Generation in Tausenden von Jahren erholen kann? Das Christentum hat eine bessere Hoffnung für den Einzelnen als diese Trugbilder.

Schließlich gab es einen Punkt im biblischen Heilszeitplan für die Errichtung der messianischen Herrschaft, der von den Juden in Thessalonich als verräterischer, wenn auch verschleierter Angriff auf den römischen Kaiser missverstanden worden sein könnte. Als er bei ihnen war (2Thes 2,5), wies Paulus darauf hin, dass der Herr Jesus, wenn er im Glanz seiner majestätischen Herrlichkeit wiederkommt, zunächst die Welt in Gerechtigkeit richten wird, und zwar im unmittelbaren und engen Sinne des Wortes »richten«. Das Böse wird beseitigt, und das Unkraut wird ausgerottet und vernichtet werden. Der »Mensch der Sünde«, diese ihresgleichen suchende Verkörperung menschlicher Arroganz und dieser Führer, der die Rebellion gegen Gott auf die Spitze treiben wird, wird gestürzt werden. Zusammen mit ihm werden alle ins Verderben gehen, die Gott nicht kennen und dem Evangelium unseres Herrn Jesus nicht gehorchen (2Thes 1,7-10; 2,8-12).

Paulus beschrieb den »Menschen der Sünde« als jenen Gesetzlosen, dessen Ankunft »nach der Wirksamkeit des Satans ist, in aller Macht und allen Zeichen und Wundern der Lüge und in allem Betrug der Ungerechtigkeit denen, die verlorengehen« (2Thes 2,9-10). Es wäre jedoch eine ungeheuerliche Entstellung der Tatsachen, würde man behaupten, dass Paulus mit dieser Beschreibung den damals regierenden römischen Kaiser Claudius oder auch seinen Nachfolger Nero gemeint habe. Keiner von ihnen wurde jemals verdächtigt, Pseudo-Wunder zu vollbringen, um die Menschen vom Glauben an das christliche Evangelium abzuhalten! Die früheren Kaiser Augustus und Tiberius hatten Verordnungen erlassen, die es Astrologen und Wahrsagern untersagten, mit ihren Künsten die Geschicke des Kaisers oder des Staates zu ergründen und vorauszusagen. Das ist verständlich. Wenn irgendein Möchtegern-Wahrsager behauptete, dass der Kaiser im nächsten Jahr sterben würde, dann hätte dies politische Unzufriedene dazu motivieren können, der Prophezeiung zur Erfüllung zu verhelfen. Aber selbst wenn sich das, wovon Paulus sprach, auf den gegenwärtigen Kaiser bezogen hätte, gilt: Es wäre für niemanden – auch nicht für die Christen – eine Aufforderung gewesen, sich gegen ihn aufzulehnen, geschweige denn zu versuchen, an seiner Stelle einen anderen auf den

Thron zu bringen. Wenn der Messias kommt, um das Böse auszurotten und sein Reich zu errichten, wird er nicht als eine Art übernatürlicher Bar Kochba oder Che Guevara oder gar als himmlischer Alexander der Große kommen und den dann im Amt befindlichen Machthabern ihre Stellung streitig machen. Er wird vielmehr kommen als der menschgewordene Herr, als Sohn dessen, dem das Universum gehört. Er wird mit jeder Obrigkeit der Welt tun, was er für richtig hält; und es ist kein Verrat an irgendeiner Obrigkeit in der Gegenwart, wenn Christen sagen, dass er dies tun wird.

Gottes Messias und die heidnische Politik: Die Erfahrung des Paulus in Beröa

Als Paulus Jesus als den Messias verkündigte, rief dies bei einigen Juden in Thessalonich eine heftige feindselige Reaktion hervor; und in gewisser Weise ist das vielleicht auch verständlich. Er verkündigte nicht eine geringfügig umstrittene Ansicht bezüglich einer unbedeutenden ethischen Angelegenheit. Vielmehr hat er gepredigt, dass Jesus der Messias ist, der von Gott dazu bestimmt ist, die Welt in Gerechtigkeit zu richten. Dessen Zweites Kommen wird das Gericht Gottes ungeachtet der jeweiligen Religiosität über alle bringen, die das Evangelium gehört und erkannt haben und sich weigern, es anzunehmen und zu befolgen (2Thes 1,8). Das besagt ganz klar, dass Religion, die das Evangelium von Jesus Christus wissentlich ablehnt, in die Irre führt und sogar noch schlimmer ist – wie aufrichtig sie auch sonst sein mag. Es ist verständlich, dass einigen Menschen diese radikale Kritik an ihrer eigenen Person und ihrer Religion sehr missfiel; und wenn Menschen einen derartigen Eindruck haben, kommt es manchmal zu Gewaltausbrüchen. In Thessalonich war das bei einigen der Fall. Sie gingen auf die Straße, zettelten einen Tumult an, stürmten das Haus, in dem sie Paulus vermuteten, inszenierten einen Massenprotest, zeigten Paulus und Silas vor den Obersten der Stadt an und forderten, gerichtlich gegen sie vorzugehen.

Es gibt heute einige, die die Schuld für all das vielleicht Paulus selbst zuschreiben würden. Sie würden es auf seine – so ihre Ausdrucksweise – fundamentalistische Haltung zurückführen. Er habe nämlich gedacht, dass seine Auslegung der Bibel die einzig richtige sei, und habe versucht, alle anderen Juden zu seiner Denkweise zu bekehren. Diese Art von Fundamentalismus ist offensichtlich etwas, was vielen religiösen Führern heutzutage immer mehr missfällt, denn sie beklagen ihn zunehmend in ihren öffentlichen Verlautbarungen und Sendungen. Vielleicht ist das verständlich, denn es gibt heute in der Welt genug hasserfüllte Gewalt, die von der Religion ausgeht, ohne dass wir sie noch unnötig verstärken müssen.

Dennoch ist es nicht immer einfach, den Begriff »Fundamentalismus«, wie er heute verwendet wird, zu verstehen. Ein politischer Aktivist, der behauptet, von christlichen Grundsätzen motiviert zu sein, und der zu Gewalt greift und seine politischen Gegner und manchmal sogar Mitchristen erschießt oder auf andere Weise ermordet, wird normalerweise nicht als Fundamentalist bezeichnet. Ja, er kann von Kirchenführern energisch verteidigt und unterstützt werden, und in der Vergangenheit konnte er damit rechnen, finanzielle Zuwendungen vom Ökumenischen Rat der Kirchen zu erhalten. Doch dann gibt es diejenigen, die heute wie Paulus einen festen und kompromisslosen Standpunkt zu den wesentlichen Lehren des christlichen Glaubens einnehmen – sei es unter Mitchristen oder im Gespräch mit Menschen anderer Glaubensrichtungen. Sie würden aber getreu dem Evangelium, das sie predigen, niemals zu Gewalt greifen oder jemanden erschießen. Solche Menschen können als »Fundamentalisten« bezeichnet und der Schürung religiöser Konflikte beschuldigt werden. Natürlich ist »Fundamentalismus« ein spezieller Begriff, der mit Bedacht und mit einem gewissen Unterscheidungsvermögen zu verwenden ist, aber er ist überhaupt nicht hilfreich, um zu verstehen, was die wahre christliche Haltung sein sollte.

Um die Haltung und die Methoden des Paulus bei der Evangelisation zu beurteilen, können wir glücklicherweise auf den Bericht des Lukas über das Verhalten der Juden in Beröa zurückgreifen (Apg 17,10-15). Wie in Thessalonich ging Paulus auch in Beröa in die Synagoge und predigte dieselbe Botschaft, wobei er zweifellos auf dieselben alttestamentlichen Stellen Bezug nahm. »Diese [die Beröer] aber«, sagt Lukas, »waren edler als die in Thessalonich; sie nahmen das Wort mit aller Bereitwilligkeit auf, indem sie täglich die Schriften untersuchten, ob dies sich so verhielte. Viele nun von ihnen glaubten, und von den griechischen vornehmen Frauen und Männern nicht wenige« (17,11-12). Andere ließen sich natürlich nicht überzeugen und glaubten nicht. Aber es gab keine Gewalt – nur die Bereitschaft zu akzeptieren, dass nach der aufrichtigen Überzeugung des Paulus das von ihm Verkündigte die unmittelbar von Gott kommende, nicht verhandelbare Wahrheit war. Es gab ein Bewusstsein auf beiden Seiten, dass das von ihm Gepredigte durch eine sorgfältige, begründete Schriftauslegung bewiesen oder widerlegt werden musste. Und es ging um die Bereitschaft, gründlich zu prüfen, ob die Schrift die Behauptungen des Paulus untermauerte, ohne sie einfach von vornherein zu verwerfen. So ernst auch die von Paulus erkannten und verkündigten Folgen für diejenigen waren, die seine Botschaft ablehnten, so gab es doch keine Gewalt – weder von seiner noch von ihrer Seite. Doch dann tauchten die Juden aus Thessalonich in Beröa auf, die die Menge aufwiegelten, die Bewohner in Aufruhr versetzten und Paulus wieder einmal aus einer Stadt vertrieben.

Warum haben die Thessalonicher dann getan, was uns hier berichtet wird? Schließlich waren sie Juden, und Paulus war es auch. Sie akzeptierten das Alte Testament, wie dies auch Paulus tat. Sie lebten in heidnischen Städten, deren Bewohner nicht an den wahren Gott glaubten. Warum bedienten sie sich dann gewalttätiger Proteste, indem sie Paulus vor den Richtern absichtlich in ein falsches Licht rückten und versuchten, ihn zivilrechtlich bestrafen zu lassen? Wieso kamen sie dann nach Beröa, indem sie selbst das Gesetz brachen, als sie versuchten, einen Aufruhr zu verursachen? Ein sichereres Mittel, um den Zorn und die Verachtung der römischen Obrigkeit auf Christen und Juden zu lenken, kann man sich nicht vorstellen.[191] Warum haben sie es dann getan?

Lukas berichtet uns, dass sie es aus Eifersucht taten (17,5). Sie sahen, wie sich einige Juden und eine große Anzahl von gottesfürchtigen Heiden in der Synagoge von Thessalonich bekehrt hatten. Ob Paulus die Wahrheit verkündigte oder nicht, war für sie irrelevant. Ihre Religion wurde angegriffen. Um sie zu verteidigen, würden sie Gewalt und/oder das Gesetz des Landes anwenden – sie sahen in der Anwendung von beidem keine Ungereimtheit. Vielleicht war ihnen dabei eines nicht klar: Eine Religion, die sich mit Gewalt und/oder dem Gesetz gegen

191 Siehe 18,2 und den Kommentar auf S. 22.

rationale Argumente verteidigen muss, gesteht ein, dass ihr Glaube auf sehr unsicheren Grundlagen ruht.

Die Christenheit als solche ist in bestimmten Phasen ihrer Geschichte leider massiv gegen Ungläubige und »Ketzer« vorgegangen, und in einigen Ländern hat sie die gesellschaftliche Diskriminierung solcher Menschen bis weit ins 19. und mancherorts bis ins 20. Jahrhundert hinein fortgesetzt. Angesichts dessen bekunden heute alle Christen aufrichtig, wie sehr sie sich dafür schämen. Aber eines würde sicher so mancher modernen Brandmarkung des sogenannten Fundamentalismus die Schärfe nehmen und ihre Aussagekraft verbessern: Wir sollten uns alle daran erinnern, was die christlichen Kirchen in der Vergangenheit – und zwar in nicht allzu ferner Vergangenheit – getan haben, als sie sich öffentlich davon abkehrten. Sonst besteht die Gefahr, diesen unzureichend definierten Kampfbegriff (»Fundamentalismus«) anderen Menschen allzu schnell anzuhängen.

Der Messias Gottes und die heidnische Religion und Philosophie: Die Erfahrung des Paulus in Athen

Der Tod und die Auferstehung des Herrn Jesus waren also Schlüsselbegriffe in der Predigt des Paulus an die Juden in Thessalonich (17,3). Das war offensichtlich auch der Fall, als er in Athen Juden und Griechen die christliche Hoffnung verkündigte und erklärte, dass der auferstandene Herr Jesus der von Gott eingesetzte Mann sei, der die Welt in Gerechtigkeit richten werde. Einige der Griechen blieben an seinen ständig wiederholten Begriffen »Jesus« und »Auferstehung« hängen, waren verwirrt und baten um eine Erläuterung. Sie hatten den Eindruck, dass Paulus zwei fremde und etwas bizarre Götter, »Jesus« und die Auferstehung«, einführen wollte. Dabei wussten sie nicht, wie diese Absicht zur Lösung der großen Probleme des Lebens beitragen könnte, mit denen alle denkenden Menschen konfrontiert sind. Einige von ihnen waren Epikuräer, andere waren Stoiker. Was auch immer die Unzulänglichkeiten dieser philosophischen Systeme aus unserer heutigen Sicht gewesen sein mögen, sie waren zumindest ernsthafte Versuche, das Universum zu verstehen, unserer menschlichen Situation darin einen Sinn zu geben und von Einsicht zeugende Verhaltensgrundsätze zu entwickeln, die es den Menschen ermöglichen würden, das Beste aus dem Leben zu machen, seine Übel zu vermeiden und sein Gutes in größtmöglichem Umfang zu genießen.

Als Paulus im ersten nachchristlichen Jahrhundert nach Athen kam, hatte Athen seinen intellektuellen Glanz aus der klassischen Periode nachgewiesenermaßen bereits eingebüßt. Von den beiden erwähnten philosophischen Systemen hatte sich vor allem der ursprüngliche Stoizismus im Laufe der Zeit stark verändert. Daher ist es unmöglich, genau zu wissen, welche Form des Stoizismus die Menschen vertraten, die Paulus auf den Areopag mitnahmen, damit er dort Auskunft geben konnte.[192] Aber die Gemeinsamkeiten, die alle Stoiker einten, geben uns eine gute Vorstellung davon, welche Lebensauffassung sie hatten, welche Ratschläge sie für den Umgang mit dem Bösen gaben und welche Hoffnung sie für die Zukunft hatten. Und das Gleiche gilt für die Epikuräer. Beide Systeme erkannten klar, dass ein wahres Verständnis des Universums, seines Ursprungs, seiner Funktionsweise und seines wahrscheinlichen Endes notwendigerweise mit der Frage des Bösen verbunden ist – woher es kommt, warum es da ist, wie man damit umgehen kann und welche Hoffnung für die Zukunft wir angesichts dessen haben können. Und wir können sofort sagen, dass trotz einiger herausragender Merkmale in diesen Philosophien keine von ihnen viel – wenn überhaupt etwas – bietet, wenn es um die Hoffnung hinsichtlich der Zukunft geht.

Lernen Sie die Epikuräer kennen

Beginnen wir mit dem Epikuräismus. Er ist sehr oft missverstanden worden, als sei er ein Konzept und ein Vorwand für hemmungslose Vergnügungen der schwerwiegenden Art. Das ist aber so ziemlich das Gegenteil von dem, wofür er stand. Die Epikuräer erhoben zwar das Vergnügen zum höchsten Gut, das es im Leben anzustreben galt, aber mit Vergnügen meinten sie einen Zustand, in dem nichts die Ruhe des Betreffenden trübte. Und da die bedenklichen Formen der

192 Zur Historizität des Besuchs des Paulus auf dem Areopag und zur Authentizität seiner Rede, die Lukas in zusammengefasster Form wiedergibt, siehe C.J. Hemer, »The Speeches of Acts II, The Areopagus Address«, *Tyndale Bulletin* 40:2 (1989), S. 239-259.

Vergnügungen oft mit emotionalen Turbulenzen, Schmerz und Kater einhergehen, riet der Epikuräismus, derartige Dinge ganz zu meiden. Ja, diese Philosophie brachte Menschen hervor, die innerhalb ihrer eigenen Gemeinschaft für ihre sanfte Güte, Freundlichkeit und Loyalität bekannt waren. Gleichzeitig erkaufte sie sich dieses friedvolle Glück mit dem bewussten Rückzug aus den Härten und Wirren des Lebens. Der Epikuräismus war kaum eine Philosophie, nach der sich der gewöhnliche Arbeiter, die Hausfrau oder der Geschäftsmann richten konnte.

Der Seelenfrieden der Epikuräer wurde durch ihre Überzeugung gestärkt, dass Männer und Frauen keinem Schöpfer Rechenschaft schuldig seien, der sich darum kümmert, ob Menschen sich gut oder schlecht verhalten. Sie glaubten an die Existenz von Göttern, aber diese Götter waren ihrer Meinung nach ebenso wie der Mensch selbst aus der Materie des Universums hervorgegangen. Für die Götter, die die interkosmischen Räume bewohnten, waren (da sie selbst gute Epikuräer waren!) die Menschen, ihre Bedürfnisse, Angelegenheiten oder ihr Verhalten nicht von Belang. Vielmehr lebten sie ein den Sorgen enthobenes Leben und genossen das Dasein. Epikuräer glaubten daran, dass es möglich sei, ihrem Beispiel zu folgen.

In der Physik übernahm der Epikuräismus die Theorien der früheren Philosophen Leukipp und Demokrit, die davon ausgingen, dass das Universum aus einer unendlichen Anzahl unzerstörbarer Teilchen, den Atomen[193], und einem unendlichen Raum bestehe, die beide ewig seien. Anfangs befanden sich demzufolge die Atome im Raum im freien Fall, als die ursprüngliche Bewegung plötzlich in eine Wirbelbewegung überging,[194] sodass es zu Kollisionen der Atome kam und diese sich nach einigen Kettenreaktionen zu größeren Objekten verbanden, die von Bestand waren. Auf diese Weise entstanden schließlich der Himmel, die Luft, das Meer, die Erde sowie alles darin bzw. darauf Befindliche, indem sich entsprechende Formen und Funktionen herausbildeten. In dieser Theorie gab es keinen Schöpfer. Das menschliche Leben, so die Annahme, musste demnach neben allem anderen irgendwann entstehen (vorausgesetzt, die anfängliche zufällige

193 A. d. H.: Weil diese damals als kleinste Bestandteile der Materie galten, wurden sie Atome genannt (griech. *átomos* [»unteilbar, unteilbarer Urstoff«]).

194 Niemand konnte erklärten, wie es zu dieser Änderung der Bewegung kam oder warum die Atome überhaupt *fielen*, wenn der Raum unendlich ist und es kein Oben oder Unten gibt.

Bewegung kam von irgendwoher). Die unterschiedlichen Grundformen der Atome würden nämlich gewährleisten, dass sie im Laufe der Zeit auf andere Atome stoßen würden, mit denen sie sich verbinden könnten, und so würden sich nach und nach immer kompliziertere Atom-Kombinationen bilden. Dann würde das Prinzip des Überlebens des Stärkeren dafür sorgen, dass die besten Kombinationen überdauern und die Welt bilden würden, wie wir sie heute kennen.[195] Die Theorie sagte aber auch voraus, dass das Gleichgewicht der Kräfte, das unsere Welt und das menschliche Leben im jetzigen Zustand hält, früher oder später ins Wanken geraten würde. Dann würde sich alles auflösen, und das ganze Universum würde in Flammen aufgehen. Es gibt dieser Theorie zufolge keinen Schöpfer, der die Menschheit ins Dasein gerufen hat, keine höhere Intelligenz, die ihr einen Lebenssinn gibt, und keine Bedeutung, die über die Zerstörung des Universums hinaus Bestand hat.

Der Mensch, so glaubten die Epikuräer, bestehe aus Körper und Seele, aber beide seien aus Atomen, den (damals bekannten) kleinsten Bestandteilen der Materie, zusammengesetzt. Bei Eintritt des Todes würden sich die Atome des Körpers und der Seele auflösen. Die Seele als solche würde sich zerstreuen, und die Atome würden dann die Bestandteile für andere Dinge bzw. die Bausteine für weitere Menschen bilden. Nichts von dem Menschen als solchem bleibe zurück. Mit dem Tod sei für ihn alles zu Ende. Es war dieser Aspekt des Epikuräismus, der den römischen Dichter Lukrez (geb. um 99 bis 94, gest. um 55 bis 53 v. Chr.) besonders ansprach. Er ist dafür bekannt, dass er dieses Gedankengut besonders engagiert verbreitete, wobei er ein umfangreiches sechsbändiges Werk über den Epikuräismus schrieb. Mit dem Eifer eines Evangelisten verkündigte er das, was für ihn den größten Ruhm und Nutzen des Systems ausmachte: Es befreite die Menschen von der Angst vor einem Gericht im kommenden Leben, vor Strafe und Hölle.[196]

---

195 Moderne Evolutionstheorien, wie die von Dr. Richard Dawkins – siehe z.B. sein Werk *Der blinde Uhrmacher* –, die die Wirkung einer *allmählichen Entwicklung durch aufsummierte Verbesserungen* im Rahmen der natürlichen Selektion betonen, sind nur verfeinerte Versionen dieser alten Theorie. Ja, die Evolutionstheorie als solche ist keine moderne Theorie, sondern geht auf sehr alte kosmologische Modelle zurück.

196 Lukrez, *De rerum natura*, I. 63-79, 102-119; III. 1014ff. A. d. H.: I und III bezeichnen offenbar das jeweilige Buch (innerhalb dieses antiken Werkes), während sich die nachfolgenden Zahlen vermutlich auf die jeweilige Zeilenzahl beziehen. Im Deutschen erschien das Werk unter folgendem Titel: *Über die Natur der Dinge.* Vgl. folgende Website: http://www.zeno.org/Philosophie/M/Lukrez/%C3%9Cber+die+Natur+der+Dinge (abgerufen am 11.1.2024).

Aber natürlich hat er nicht die andere Seite seines »Evangeliums« weitergegeben: Wenn es nämlich wahr ist, beseitigt es nicht nur die Angst vor dem Gericht im kommenden Leben, sondern nimmt auch Millionen von Menschen jede Hoffnung, jemals Gerechtigkeit zu erfahren. Die Hoffnung auf Gerechtigkeit erweist sich für sie als eine trügerische Illusion. Nehmen wir ein erschütterndes, wenn auch abgedroschenes Beispiel.[197] Die Evolution brachte sechs Millionen Juden hervor, die an Gerechtigkeit glaubten. Und die Evolution hat auch Hitler hervorgebracht. Die natürliche Auslese wählte den Stärksten aus, und Hitler hatte vorerst überlebt. Es führt zu nichts, wenn man argumentiert, dass dies ungerecht war. Nach dieser Theorie gibt es weder ein unabhängiges Gericht, bei dem der Mensch in der Verhandlung gegen die Evolution Berufung einlegen könnte, noch einen unabhängigen Gerechtigkeitsmaßstab, nach dem es möglich wäre, das Verhalten der Evolution zu beurteilen. Gerechtigkeit ist demnach lediglich ein Gefühl oder ein Geschmack oder eine Vorliebe, die die Evolution unbedacht bei einigen Menschen hervorgebracht hat, während sie gleichzeitig ebenso unbedacht bei anderen das gegenteilige Gefühl, den anderen Geschmack oder die andersartige Vorliebe hervorgebracht hat. Es ist auch sinnlos zu argumentieren, dass die Evolution mithilfe der natürlichen Auslese schließlich eine Mehrheit von Menschen hervorbringen wird, die der Gerechtigkeit den Vorzug geben und die dann in der Lage sein werden, diejenigen zu eliminieren, die die Ungerechtigkeit bevorzugen. Was ist mit denen, die in der Zwischenzeit zu Unrecht umgekommen sind? Sollen wir sie als Wegwerfprodukte der Evolution auf ihrem gedanken- und gefühllosen Weg zu einer vollkommen gerechten Welt abschreiben? Und abgesehen davon, dass es nichts bringt, so zu argumentieren, ist es auch gefährlich, dies zu tun. Mehrheiten halten ihre Ansichten und Werte gegenüber denen von Minderheiten immer für richtig. Angenommen, die Evolution und die natürliche Auslese bringen eines Tages eine Mehrheit mit einer Vorliebe für Gerechtigkeit hervor, und die Mehrheit eliminiert diejenigen, die eine andere Vorliebe als sie

197 Aber wir sollten nicht nur an die erschütternden Beispiele denken (wie Hitlers Völkermord, Stalins Säuberungen und die Massaker der Roten Khmer), sondern auch an die unzähligen Fälle von Korruption in der Wirtschaft, im Rechtssystem, in der Politik und an herzlose Ungerechtigkeiten in privaten zwischenmenschlichen Beziehungen, die für Menschen zwar nicht den Tod mit sich bringen, sie aber ein Leben lang unter Seelenschmerz, Schande, Armut oder Krankheit leiden lassen.

haben. Welcher objektive Maßstab oder welches unabhängige Gericht wird garantieren, dass die von der Mehrheit bevorzugte Gerechtigkeit tatsächlich der wahren Gerechtigkeit entspricht? Vielleicht wäre die Frage nicht von Belang, wenn die Geschichte gezeigt hätte, dass das, was Mehrheiten bevorzugt und getan haben, sich immer als die gerechteste Sache erwiesen hat. Aber die Geschichte hat oft genau das Gegenteil gezeigt; das lässt das 20. Jahrhundert vielleicht mehr als jedes andere erkennen.

Natürlich können wir immer noch das letzte Argument des Epikuräismus ins Feld führen: dass es denjenigen, die zu Unrecht getötet, ermordet, gefoltert oder dem Hungertod überlassen werden, nichts ausmache, tot zu sein, sobald sie aus dem Leben geschieden seien, da dies sowohl in körperlicher als auch in seelischer Hinsicht gelte. Aber das bedeutet, dass für Millionen von Menschen in der Gegenwart und Zukunft, wie für Millionen in der Vergangenheit, der Tod immer dem Leben vorzuziehen war und dies immer der Fall sein wird, wenn diese Theorie stimmen würde. Das ist Pessimismus in Reinkultur!

Der Epikuräismus hat also sicherlich einige (für seine Zeit) erstaunliche Einsichten in die Funktionsweise der Natur gewonnen;[198] und darüber hinaus durchaus Freundlichkeit und Seelenruhe in seinen engen und eher zurückgezogenen Kreisen hervorgebracht. Aber wie seine modernen Entsprechungen bot er angesichts des Problems des Bösen keine wirkliche Hoffnung für die Welt.

Lernen Sie die Stoiker kennen

Die Stoiker waren aus härterem Holz geschnitzt. Ihnen missfiel es, das Vergnügen – gleich welcher Art – zum Hauptziel des Lebens zu machen. Sie vertraten die Ansicht, dass das einzig Gute darin bestehe, tugendhaft zu sein, d.h. in Harmonie mit der Vernunft zu leben, und dass es das einzig Böse sei, nicht tugendhaft zu sein. Die Philosophie des Stoizismus wurde im Laufe der Jahrhunderte stark abgewandelt, aber in all seinen Epochen brachte er Menschen von edlem Charakter

198 Das gilt sowohl in seinem atomistischen Grundkonzept – das allerdings weit von unserer modernen Atomtheorie entfernt war – als auch in einigen Einzelheiten. Seine Theorie des Geruchs zum Beispiel kam dem bemerkenswert nahe, was wir heute als wahr ansehen.

und unerschütterlichem Mut hervor. In seiner späteren Form gewann er die Gefolgschaft vieler führender Römer; und selbst nach seinem Niedergang lebte sein Einfluss durch das Mittelalter und bis in die heutige Zeit fort. Die Kirchenväter waren mehr oder minder stark von moralischen Lehren der Stoiker beeinflusst. Heute spricht man davon, »die Dinge philosophisch zu betrachten«, oder behauptet, dass »in jedem Menschen ein göttlicher Funke steckt«. Man redet vom »Weltbürgertum« oder von der »Bruderschaft aller Menschen«. Bei alledem zeigt sich, dass man vom Stoizismus beeinflusst wurde – ob man es nun weiß oder nicht.

Aber die Frage, die uns im Moment interessiert, ist folgende: »Welche Hoffnung haben wir, dass das Böse eines Tages aus unserer Welt verschwinden wird?« Der Stoizismus gab darauf eine sehr düstere Antwort. Er lehrte, dass das Universum ein einziges rationales Ganzes sei, in dem alles durch eine ununterbrochene Kette von Ursache und Wirkung geschehe, was man »Schicksal« nennen könne. Außerdem behauptete er, dass darin alles, was geschehe, zum Wohl des Ganzen beitrage, was man »Vorsehung« nennen könne. Dies komme dadurch zustande, dass im Zentrum des Universums die Vernunft stehe, die auch all seine Bereiche durchdringe, wenn es darum gehe, alle Vorgänge aktiv hervorzubringen und darüber zu wachen. Die Stoiker gaben diesem aktiv Handelnden viele Namen – Natur, Vernunft, Zeus, Gott –, und einige stoische Denker bezogen sich auf Zeus oder Gott mit Begriffen, die oberflächlich betrachtet auf den Gott des Judentums und des Christentums hinweisen könnten. Aber in Wirklichkeit war der stoische Gott nicht der über alle erhabene, persönliche, liebende Schöpfer; er gehörte im Grunde genauso zum Universum wie alles andere: Er (man sollte besser sagen »es«) war demnach lediglich die Lebenskraft, die alles durchdringt.[199] Mit anderen Worten: Die Stoiker waren Pantheisten.

Da die Vernunft den Stoikern zufolge alles durchdringt und über allem steht, glaubten sie, dass das Universum, so wie wir es vorfinden, »die beste aller möglichen Welten« sei. Es könne nicht verbessert werden. Was dem Einzelnen als Übel erscheinen mag und was

199 Ähnlich wie das, was man heute unter Energie versteht. Im Stoizismus verwandelte sich die Lebenskraft jedoch nicht in Materie, sondern sie durchdrang die Materie.

in gewissem Sinne tatsächlich böse ist, trage dennoch zum Wohl des Ganzen bei. Tugendhaft zu leben, bedeute daher, nach der Vernunft zu leben, und das bedeute zu akzeptieren, dass alles, was tatsächlich geschieht, Teil des rationalen Ganzen sei und zum Wohl des Ganzen beitrage. So sei es zum Beispiel vernünftig und gut, wenn ein Mensch versuche, sich gegen eine individuelle Handlung oder eine nationale Bewegung zu wehren, die ihm böse erscheine. Wenn das Böse aber trotz seiner Bemühungen nicht zu beseitigen sei, dann sei es weder vernünftig noch tugendhaft, darüber Leid zu tragen. Die Tatsache, dass es geschehen sei, zeige: es gehöre zum Wirken der allgemeinen Vernunft und diene dem Wohl des Ganzen. Darüber bekümmert zu sein, würde der Vernunft zuwiderlaufen. Daher müsse sich der Stoiker stählen, seine Gefühle bezwingen und das Geschehene in philosophischer Hinsicht akzeptieren.

Darüber hinaus sei das einzige wirkliche Gute im Leben die Tugend, definiert als Leben und Handeln im Einklang mit der Vernunft. Alle anderen scheinbar guten Dinge seien gleichgültig. Wenn also ein kluger Mensch sieht, dass sechs Millionen Juden kurz vor der Vergasung stehen, sei es gut und tugendhaft zu versuchen, sie zu retten, weil diese Handlung rational zu rechtfertigen sei. Wenn sie aber trotz seiner Bemühungen vergast werden würden, würde er nicht bekümmert sein: Sein Bemühen, sie zu retten, war vernünftig und daher absolut gut; das Leben der sechs Millionen Opfer war als solches kein absolutes Gut und zählte letztlich nicht. Die Tatsache, dass sie starben, zeigte zudem: Ihr Tod sei Teil des Wirkens der weltbeherrschenden Vernunft gewesen und habe dem Wohl des Ganzen gedient. Die Weisheit des Stoikers bestand darin, das zu akzeptieren, was sich nun als Schicksal herausstellte. Der törichte und daher schlechte Mensch würde versuchen, sich dem Schicksal zu widersetzen, und sich von seinen Gefühlen niederdrücken lassen angesichts dessen, dass so viele Menschen ermordet wurden. Aber am Ende besteht der Unterschied nur darin, dass der törichte Mensch von den unwiderstehlichen Prozessen der allumfassenden Vernunft, von Zeus oder Gott – wie auch immer man es nennen will – mitgerissen wurde, während er sozusagen zur Ruhe hätte kommen können.

Auf den ersten Blick könnte diese stoische Anschauung mit der christlichen Lehre übereinstimmen, der zufolge »denen, die Gott lieben, alle Dinge zum Guten mitwirken«. Daher können und sollten wir Trost finden, wenn wir uns dem Willen Gottes unterwerfen. In Wirklichkeit ist diese Anschauung Lichtjahre davon entfernt. Den Aussagen Christi zufolge ist das »Gute«, zu dem alle Dinge mitwirken, nicht das Wohl des Ganzen auf Kosten des Einzelnen, sondern das Wohl des Einzelnen wie auch dasjenige des Ganzen. Es geht nicht um die Welt, wie sie ist, sondern um die Welt, wie sie sein wird: Das verheißene »Gute« besteht darin, dass jeder Gläubige sowohl in leiblicher als auch in charakterlicher Hinsicht dem Ebenbild des Sohnes Gottes gleichgestaltet werden wird. Das ist ein Ziel, das in der Herrlichkeit des kommenden Lebens erreicht wird – in einer Welt, in der Gerechtigkeit herrscht.

Nicht so der Stoizismus. Er vertrat die Auffassung, dass die gegenwärtige Welt in ihrem derzeitigen Zustand mit all ihrem Übel und ihrem Leid die beste Welt sei, die es überhaupt geben könne. Sie könne nicht verbessert werden, da sie in all ihren Teilen von der alles durchdringenden Vernunft zum Wohl des Ganzen, so wie es ist, ins Dasein gerufen worden ist und von ihr erhalten und beherrscht wird. Das ging so weit, dass die frühen Stoiker Folgendes lehrten: Wenn die Sterne in ihren Zyklen schließlich zu der Position zurückkehren würden, von der sie ausgegangen waren, würde das ganze Universum in Flammen aufgehen. Dann würde es erneuert werden, und der ganze Prozess der Geschichte in all seinen Einzelheiten würde wieder von vorn beginnen, so wie er zuvor abgelaufen sei. Spätere Stoiker gaben diese Idee der zyklischen Zerstörung und des Neubeginns auf, aber sie hatten kein Ziel, das noch erstrebenswerter war und das sie an deren Stelle setzen konnten. Was das Weiterleben der Seele nach dem Tod anging, waren die Stoiker unschlüssig und uneins. Einige waren der Meinung, dass die Seele noch eine Zeit lang Bestand haben würde: Die schwächeren Seelen würden sich zuerst auflösen; die Seelen der vollkommen Weisen würden es schaffen zu überleben, bis sie vom nächsten Weltenbrand eingeholt werden würden. Einige glaubten jedoch überhaupt nicht an ein Weiterleben der Seele.

Wenn es also um die Frage der Beseitigung des Bösen in der Welt oder um die Verwirklichung der allumfassenden Gerechtigkeit ging, hatten im Grunde weder die Stoiker noch die Epikuräer die Hoffnung, dass es jemals etwas Besseres als die Welt in ihrem gegenwärtigen

Zustand geben könnte. Sie waren, wie Paulus später sagen würde, ohne Gott, ohne den Messias und ohne Hoffnung in der Welt (Eph 2,12).[200]

Lernen Sie andere Angehörige des Areopags kennen

Natürlich waren nicht alle Mitglieder des Areopags Stoiker und Epikuräer. Einige mögen anderen philosophischen Richtungen angehört oder gar keine Philosophie vertreten haben; einige mögen noch der traditionellen griechischen Religion gefolgt sein. Deren von Gewalt durchzogene und widersprüchliche Göttermythen bildeten nie so etwas wie ein formelles Glaubensbekenntnis, und es gab auch kein systematische Theologie. Das unmoralische und unverantwortliche Verhalten der Götter, von dem diese Mythen berichten, gab selbstredend keinen Grund zur Hoffnung, dass die Welt, die sie angeblich beherrschten, jemals frei vom Bösen sein würde. Wie viel von diesen Mythen der normale Götterverehrer glaubte, ist schwer zu sagen. Eine Mindestanforderung gab es nicht. Einigen derjenigen Menschen, die mehr intellektuell eingestellt waren, gelang es, den Glauben an die Götter in gewisser Hinsicht aufrechtzuerhalten, indem sie diese Wesen »aus ihren Mythen befreiten«. Die Stoiker zum Beispiel setzten Zeus mit ihrer pantheistischen Weltvernunft gleich und betrachteten die Götter als Bezeichnungen für die verschiedenen Prozesse, die im Kosmos ablaufen. Aber schauen wir uns an, welchen Stellenwert für die Menschen im Fernen Osten noch heute ihre Tempel haben (oder wie das für manche Bewohner der westlichen Welt hinsichtlich ihrer Kirchen gilt). Daraus können wir ableiten, dass in der antiken Welt Tausende von Menschen durch die Macht der Tradition, die Schönheit der Tempel, die beeindruckende und von einer Atmosphäre des Geheimnisvollen umgebene Durchführung der entsprechenden Riten, die ästhetische Anziehungskraft ihrer Bilder und das allgemein Unergründbare an die landesübliche Religion gebunden waren. Und die Bindungen an ihre

200 Um auf die Frage der »Führung« zurückzukommen, die am Anfang dieses Abschnitts stand: Da nach Überzeugung der Stoiker alle Dinge dadurch geschahen, dass es eine ununterbrochene Kette von Ursache und Wirkung gab, vertraten sie folgende Meinung: Besonders begabte Menschen wie Seher, Astrologen und Medien könnten zukünftige Ereignisse anhand des Vogelflugs oder des Zustands der Leber von Opfertieren oder von anderen ungewöhnlichen Ereignissen voraussagen. Dies veranlasste die Stoiker dazu, alle möglichen Arten von Aberglauben zu praktizieren.

Religion hätten sich vielleicht als noch stärker erwiesen, während sie mehr oder weniger glauben konnten, was sie wollten, und sich nicht die schwierigen Fragen nach der rationalen Grundlage ihrer Überzeugungen stellen mussten.

Rede des Paulus vor den Mitgliedern des Areopags

Es war also eine sehr gemischte Zuhörerschaft, zu der Paulus auf dem Areopag sprach. Angesichts der großen Unterschiede hinsichtlich der Voraussetzungen und Überzeugungen der Anwesenden stand er vor der schwierigen Aufgabe, genügend Gemeinsamkeiten zwischen ihnen allen und sich selbst zu finden, um die christliche Hoffnung in die rechte Beziehung zu ihrem Denken zu setzen, sie in ihnen verständlichen Begriffen auszudrücken sowie das Wesentliche des Evangeliums kompromisslos und dennoch in seiner wunderbaren Anziehungskraft darzustellen.

Er hat diese Aufgabe mit Bravour gemeistert. Zwar haben einige den Eindruck gewonnen, dass seine Worte zu wenig vom spezifisch christlichen Evangelium enthalten. Aber um uns davor zu bewahren, gleichermaßen diesen Fehlschluss zu ziehen, sollten wir zwei Dinge bedenken. Erstens ist das, was Lukas uns weitergegeben hat, nur eine Zusammenfassung, wenn auch zweifellos eine getreue Zusammenfassung der Rede des Paulus. Zweitens: Selbst wenn Lukas die Rede wortgetreu wiedergegeben hätte, hätten wir nicht alles erfahren, was Paulus zu den Athenern gesagt hat. Schon bevor er aufgefordert wurde, vor dem Gericht zu sprechen, hatte er jeden Tag mit einer Vielzahl von Menschen auf dem Marktplatz diskutiert, und einige Mitglieder des Gerichts werden zumindest zugehört oder sogar daran teilgenommen haben. In diesen Gesprächen hatte er offensichtlich das spezifisch christliche Evangelium vorgetragen und die Person des Herrn Jesus und seine Auferstehung hervorgehoben, wie er es auch in der Synagoge von Thessalonich getan hatte (wenn auch zweifellos mit einer anderen Begrifflichkeit). Ja, es waren die ständigen Hinweise des Paulus auf Jesus und die Auferstehung, die die Aufmerksamkeit der Epikuräer und Stoiker erregten und dazu führten, dass er aufgefordert wurde, diese Begriffe vor dem Gericht zu erklären.

Mit zweierlei konnten sie hinsichtlich der Begriffe, die Paulus verwendete, nichts anfangen. Das eine war, dass »Jesus« und »Auferstehung« für sie wie die Namen zweier Götter klangen. Ihre heidnische Mythologie war voller niederer Gottheiten, von denen einige einst als mythische Helden auf dieser Erde gelebt hatten und nach dem Tod wie Herakles (Herkules) in den Kreis der Götter erhoben worden waren. Andere wiederum wurden in Heiligtümern verehrt, die die Volksfrömmigkeit für deren Geister errichtet hatte, damit sie nach dem Tod darin wohnen konnten. Die Stoiker waren auch gewohnt, die Götter des traditionellen Pantheons als die Verkörperungen großer und geheimnisvoller Prozesse zu interpretieren, die das Universum in Gang hielten. Die »Auferstehung« könnte, soweit die Stoiker wussten, einer dieser Prozesse gewesen sein. Ihre heidnische Herangehensweise war verständlich, aber sie war von Grund auf falsch, und Paulus würde sich in seiner Rede darauf konzentrieren müssen, sie richtigzustellen.

Dann gab es noch eine zweite Sache, mit der sie hinsichtlich der Begriffe des Paulus nichts anfangen konnten: Diese beiden »Gottheiten«, deren Existenz er zu vertreten schien, waren fremde Gottheiten, und das hatte bei den Athenern Misstrauen geweckt. Die Notwendigkeit, mit diesen beiden Schwierigkeiten fertigzuwerden, bestimmte also weitgehend die Form und den Umfang der Rede des Paulus. Er musste die heidnische Gottesvorstellung korrigieren: Jesus war kein Gott unter vielen Göttern, was dem heidnischen Verständnis entsprochen hätte. Außerdem ging es bei der Auferstehung überhaupt nicht um eine Gottheit, sondern um ein historisches Ereignis. Von *fremd* konnte da keine Rede sein.

Das Christentum ist keine fremde Glaubensrichtung

Betrachten wir also zunächst die gesamte Ansprache des Paulus und sehen wir, wie er die Vorstellung entkräftet, dass das von ihm Gepredigte fremd sei. Der Gott, den er verkündigt, ist »der Gott, der die Welt und alles darin gemacht hat, … [der] selbst allen Leben und Odem und alles gibt« (17,24-25). Er kann nicht als ein Fremder in irgendeinem Teil seines Universums betrachtet werden. Auch wenn es auf der Erde eine Vielzahl von Volksgruppen und Kulturen gibt, hat dieser Gott ausnahmslos alle Völker geschaffen, indem er sie darüber hinaus aus einem einzigen Menschen hervorgehen ließ, den er am Anfang erschuf (17,26). Kein Volk kann sich also auf seinen nationalen oder kulturellen Stolz berufen und diesen Gott als das besondere Eigentum eines anderen Volkes oder einer anderen Kultur betrachten, das nicht zu seinem eigenen Volk passe. Dieser Gott erhält auch alle Angehörigen eines jeden Volkes, denn »in ihm leben und weben und sind wir« (17,28). Die Lebensgrundlagen für Asiaten und Europäer werden nicht von verschiedenen Göttern erhalten – je nachdem, welchen Kontinent oder welches Land sie bewohnen. Da Gott also der Schöpfer und Erhalter der gesamten Menschheit ist, hat er das Recht, den Menschen zu gebieten, »dass sie alle überall Buße tun sollen« (17,30). Manche meinen, er sei ein Gott, der das Recht habe, in die Belange einiger Nationen und Kulturen einzugreifen, weil er sich in deren moralische Gesamthaltung und deren Vorstellungen einfügt. Er sei aber nicht berechtigt, in das Leben anderer Völker und Kulturen einzugreifen, weil ihm deren Denkweise fremd ist. Der Gott der Bibel ist völlig anders. Er hat sie alle geschaffen, er erhält sie alle, und er befiehlt allen überall, Buße zu tun. Außerdem ist er im Begriff, die Welt in Gerechtigkeit zu richten, und zwar nicht nur einen Teil von ihr, sondern die ganze Welt bzw. den gesamten Erdkreis (17,31). Er hat das Recht, alles und alle zu richten, und allein schon die Gerechtigkeit verlangt es, dass er alle gleichermaßen und unparteiisch richtet. Der Zeitpunkt dieses Gerichts steht bereits fest. Den Beweis dafür, dass das Gericht tatsächlich stattfinden wird, hat er jetzt »allen … gegeben«. Das ist in einer Form geschehen, aufgrund derer dieses Geschehen für alle Menschen überall – unabhängig von ihrer Nationalität oder Kultur – unmittelbar maßgeblich ist: Ein Mensch – einer, der auf Erden gelebt hat und gestorben ist – ist von den Toten auferweckt worden (17,31).

Wir stellen fest, dass Paulus zumindest an dieser Stelle seiner Ansprache nicht versucht zu erklären, dass Jesus, der gestorben und wiederauferstanden ist, der Sohn Gottes ist, so wahr dies auch ist. Auch hat er sich nicht bemüht, die Geheimnisse der Beziehungen innerhalb der Dreieinheit zu erläutern. Das wäre für die geistlich unwissenden Heiden, deren Vorstellungen durch die Mythen von Göttern geprägt waren, die auf die Erde kamen und von dort lebenden Frauen Kinder bekamen, bei der ersten Versammlung sehr schwierig gewesen. Aber selbst wenn dies möglich gewesen wäre, ohne einen falschen Eindruck zu erwecken, wäre dies nicht der Punkt gewesen, den Paulus vermitteln wollte. Hätte er gesagt, dass der Sohn Gottes von den Toten auferweckt worden sei, hätte dies zwar der Wahrheit entsprochen, aber auch den Eindruck erweckt, er sei anders als die Menschen. Paulus sagte an dieser Stelle nicht einmal, dass es Jesus war, den Gott von den Toten auferweckt hatte, denn »Jesus« würde für die Griechen wie ein fremder Name klingen. Was Paulus betonen wollte und was er deshalb sagte, bestand darin, dass Gott einen Menschen von den Toten auferweckt hatte. Es ging nicht darum, dass er ein Jude war – und zwar ein ganz besonderer Jude –, sondern darum, dass er ein Mensch war. Die leibliche Auferstehung dieses einen Menschen hatte und hat immer noch Auswirkungen auf alle Menschen aller Zeiten, auf die Angehörigen aller Volksgruppen, Nationen, Sprachen und Kulturen – einfach weil er Mensch ist wie sie.[201]

Die Auferstehung Jesu: Der Wendepunkt der Geschichte

Aber dass ein Mensch, Jesus auferstanden ist, umfasst nicht nur die Zusicherung Gottes, der zufolge er die Welt in Gerechtigkeit richten wird. Sie ist auch die Erklärung dafür, warum Gott, nachdem er die vergangenen Jahrhunderte heidnischer Unwissenheit und Gottvergessenheit übersehen hat, nun allen Menschen überall gebietet, Buße zu tun.

Hier müssen wir langsam vorgehen und die von Paulus verwendeten Begriffe sorgfältig prüfen, um sicherzustellen, dass wir den Aussagen des Paulus die von ihm beabsichtigte Bedeutung geben.

Zunächst einmal: Wie kann die Auferstehung Christi ein Grund dafür sein, dass *jetzt* alle Menschen überall zur Umkehr aufgefordert werden? Sie gibt zwar zusätzliche Gewissheit hinsichtlich der Tatsache, dass es ein Gericht geben wird. Aber war diese Tatsache nicht ohnehin schon immer wahr? Und mussten nicht alle Menschen überall in den vergangenen Jahrhunderten in Anbetracht dieser Tatsache Buße tun?

201 A. d. H.: Diese Aussage muss natürlich in der Zusammenschau mit Stellen wie Hebräer 4,15 gesehen werden, die zudem die absolute Sündlosigkeit Jesu bezeugen.

Warum ist der Aufruf zur Umkehr jetzt so allumfassend und so dringend geworden?

Zweitens: Paulus will mit seiner Bemerkung, Gott habe über diese vergangenen Jahrhunderte der Unwissenheit hinweggesehen, doch nicht etwa sagen, dass die Sünden, die die Heiden vor der Geburt, dem Tod und der Auferstehung Christi begangen haben, ihnen niemals angelastet werden? Er will doch nicht behaupten, dass sie alle automatisch vergeben oder sogar übersehen wurden und niemals ein Sündenregister der Betreffenden angelegt wurde?

Nein, das ist nicht der Fall. Paulus widerspricht nicht seinen späteren Aussagen und macht auch keine Abstriche von dem, was er eines Tages in seinem Brief an die Römer schreiben wird, nämlich dass die ganze Welt – Juden wie Heiden, zu allen Zeiten und an allen Orten – vor Gottes Richterstuhl zur Rechenschaft gezogen werden wird (Röm 1,18–2,16). Warum hat die Auferstehung Christi es dann notwendig gemacht, *die* Menschen aller Nationen *jetzt* überall zur Buße aufzurufen, wie es in den vorangegangenen Jahrhunderten nicht geschehen ist?

Wir werden die Antwort finden, wenn wir uns die Bedeutung der Formulierung »den Erdkreis richten … in Gerechtigkeit« (S. 377-380) in Erinnerung rufen, die wir zuvor erörtert haben. Paulus denkt nicht nur an das Gericht nach dem Tod, wie es der Verfasser des Hebräerbriefs beschreibt: Es ist »den Menschen gesetzt …, einmal zu sterben, danach aber das Gericht« (Hebr 9,27). Natürlich wird es ein solches Gericht geben, und es wird Christus sein, der das Gericht hält. »Und ich sah die Toten«, sagt Johannes in der Offenbarung, »die Großen und die Kleinen, vor dem Thron stehen, und … die Toten wurden gerichtet nach dem, was in den Büchern geschrieben war. Und das Meer … und der Tod und der Hades gaben die Toten, die in ihnen waren, und sie wurden gerichtet, jeder nach seinen Werken« (Offb 20,12-13). Hier geht es also um ein Gericht über die Toten nach dem Tod; der Text könnte nicht deutlicher sein.

Aber Christus wird nicht nur die Toten richten, sondern auch die Lebenden, wie das Neue Testament wiederholt bekräftigt: »… dieser (ist) der von Gott bestimmte Richter der Lebenden und der Toten« (Apg 10,42); er steht »bereit …, Lebende und Tote zu richten« (1Petr 4,5); »… Christus Jesus, der Lebende und Tote richten wird« (2Tim 4,1).

Wann wird er dann die Lebenden richten? Natürlich bei seinem Zweiten Kommen. Das Neue Testament spricht von »dem kommenden Zorn« nicht nur in dem Sinne, dass er in der Zukunft liegt, sondern dass er kommen wird, wenn der Herr Jesus kommt. Erinnern wir uns noch einmal daran, was Paulus später an die Gläubigen in Thessalonich schrieb – nicht lange, nachdem er Athen verlassen hatte:

> … bei der Offenbarung des Herrn Jesus vom Himmel her, mit den Engeln seiner Macht, in flammendem Feuer, wenn er Vergeltung gibt denen, die Gott nicht kennen, und denen, die dem Evangelium unseres Herrn Jesus Christus nicht gehorchen; die Strafe erleiden werden, ewiges Verderben vom Angesicht des Herrn und von der Herrlichkeit seiner Stärke, wenn er kommt … (2Thes 1,7-10).

Ja, es war die Predigt des Paulus über dieses Kommen des Herrn Jesus und den damit einhergehenden Zorn, die viele Thessalonicher dazu veranlasste, sich »von den Götzenbildern zu Gott« zu bekehren, »um dem lebendigen und wahren Gott zu dienen und seinen Sohn aus den Himmeln zu erwarten, den er aus den Toten auferweckt hat – Jesus, der uns errettet von dem kommenden Zorn« (1Thes 1,9-10).

Paulus predigt also vor dem ehrwürdigen Areopag das gleiche Evangelium, das er in Thessalonich (und überall sonst) verkündigt hat: Gott hat Jesus leibhaftig aus den Toten auferweckt. Dieser hat jetzt einen Körper, der zwar anders als sein vorheriger Leib, aber dennoch ein Körper ist, der Merkmale der Leiblichkeit besitzt und der mit dieser sichtbaren Welt in ihrem gegenwärtigen Zustand in Verbindung treten kann und wird (siehe S. 45-47). In demselben Leib wird er wiederkommen (Apg 1,11), und wenn er kommt, wird er die Lebenden richten. Mit seiner leibhaftigen Auferstehung gewährleistet Gott, dass es so sein wird.

Hier liegt also der Grund, warum Paulus die Athener *jetzt* zur Buße auffordert. In den vergangenen Jahrhunderten hatten die Heiden sicherlich gesündigt, und ihre Unkenntnis des wahren Gottes war schuldhaft, wie wir gleich sehen werden. Aber während dieser langen Jahrhunderte hat Gott trotz der Sünde und der schuldhaften Unwissenheit der Völker noch nicht eingegriffen. Er hatte seinen Sohn noch nicht in die Welt gesandt, um die Welt zu richten. In seiner Geduld und Nachsicht hat er diese Zeiten der Unwissenheit übersehen. Und selbst als er seinen Sohn schließlich doch in die Welt sandte, geschah dies nicht, um die Welt zu richten, sondern um die Welt zu retten. In den ganzen vorchristlichen Jahrhunderten stand also die Ankunft Christi als Richter der Welt nicht unmittelbar bevor. Er musste erst kommen und sterben. Aber durch seinen Tod und seine Auferstehung ist alles anders geworden. Jetzt ist sein Zweites Kommen nicht nur sicher, es ist nahe. Wir alle leben in der letzten Stunde. Und wenn er kommt, wird er alle Lebenden auf der ganzen Welt richten. Deshalb gebietet Gott jetzt allen Menschen überall, Buße zu tun; und dieses Gebot muss an alle Welt weitergegeben werden, auch an die Athener. Auch sie mussten dringend Buße tun.

Aber er ist immer noch nicht gekommen: Haben wir dann nicht Grund, nach all den langen Jahrhunderten an der ganzen Geschichte zu zweifeln? Dieser Einwand wurde schon nach verhältnismäßig kurzer Zeit gegen die Verkündigung der Wiederkunft erhoben (2Petr 3,3-4), und die damals gegebene Antwort gilt noch immer (2Petr 3,9).

Die Schuld der heidnischen Unwissenheit in Bezug auf Gott

Wir haben also gesagt, dass die Unkenntnis der Heiden über den wahren Gott vor dem Ersten Kommen Christi eine schuldhafte Unkenntnis war. Mehr noch, wir haben gesagt, dass der größte Teil der Argumentation des Paulus auf dem Areopag darin bestand zu beweisen, dass genau dies der Fall war. Nun müssen wir diese Behauptung untermauern.

Nehmen wir zunächst die einleitende Bemerkung des Paulus: »Männer von Athen, ich sehe, dass ihr in jeder Beziehung den Göttern sehr ergeben seid« (Apg 17,22). Wir sollten nicht vorschnell zu dem Schluss kommen, dass Paulus ihnen damit unbedingt ein Kompliment machen wollte. Wie Lukas berichtet (17,16), war er zuvor erschüttert gewesen, als er durch die Stadt gegangen war und gesehen hatte, wie der ganze Ort voller Götzenbilder war. Es ist unwahrscheinlich, dass er sie jetzt für diese Tatsache lobte. Das griechische Wort, das er für »religiös« verwendete, kann sowohl religiös als auch abergläubisch bedeuten.[202] In manchen Zusammenhängen ist es klar, welche Bedeutung der Redner

202 A. d. H.: Vgl. z. B. KJV.

beabsichtigt; in anderen kann es den Hörern oder Lesern überlassen bleiben, es in dem Sinne zu verstehen, der ihnen zusagt. So war es auch hier. Paulus konnte anerkennen, dass sie sehr religiös waren – das war eine Tatsache. Seine Bewertung der Tatsache, ob es eine rechtmäßige Religion oder ein Aberglaube war, brauchte er nicht gleich in seinem Eröffnungssatz zu sagen. Das würde im weiteren Verlauf deutlich werden. Das Wort war also sehr taktvoll, denn es bedeutete nicht per se eine Belobigung. Außerdem gab es in der traditionellen Religion vieles, was die Stoiker und Epikuräer ohnehin schon zu Recht missbilligen würden. Paulus hatte nicht die Absicht, sich von vornherein ihren Respekt zu versagen. Er wollte sich nicht auf die Seite der Traditionalisten stellen, aber sie auch nicht für ihren wahrheitsfeindlichen, abergläubischen Unsinn loben.

Es war die Inschrift auf einem ihrer vielen Altäre, die ihn seinen Ausführungen zufolge hinsichtlich ihrer außergewöhnlichen Religiosität besonders beeindruckt hatte (17,23). Die Inschrift könnte entweder mit »Einem unbekannten Gott«[203] oder »Dem unbekannten Gott« übersetzt werden, aber wie auch immer sie zu lesen ist, sie beinhaltete nicht die Anerkennung der Athener, dass ein höchster und wahrer Gott da ist, den sie leider nicht kannten. Die Inschrift war vielmehr ein Ausdruck ihres Polytheismus. Sie glaubten an unendlich viele Götter und hatten bereits Dutzenden von ihnen Altäre errichtet. Manchmal geschah es, dass sie einen alten Altar restaurieren mussten und die ursprüngliche Inschrift nicht mehr lesbar war, sodass sie nicht wussten, welchem Gott er ursprünglich geweiht gewesen war. Dann beschrifteten sie ihn neu mit den Worten: »Dem [oder einem] unbekannten Gott«. Es gab auch eine Legende, die sich auf einen gewissen Epimenides bezog, aus dessen Gedichten Paulus später zitieren wird. Während einer Seuche riet er den Athenern, an verschiedenen Orten Schafe dem entsprechenden Gott zu opfern. Wenn sie nicht wussten, welcher Gott für einen bestimmten Ort zuständig war, beschrifteten sie den Altar mit den Worten »Dem unbekannten Gott«, d. h. dem Gott dieses Ortes.

Hier zeigt sich der entscheidende Fehler des Polytheismus. Setzt man erst einmal eine Vielzahl von Göttern voraus, kann man nie sicher sein, dass man sie alle anbetet: Es besteht immer die Möglichkeit, dass

203 A. d. H.: Vgl. RELB und Menge.

es noch weitere, bisher unbekannte gibt. Und solange man den einzig wahren Gott als einen weiteren, aber unbekannten Gott unter Hunderten von anderen betrachtet, kann man ihn nicht so kennen, wie er wirklich ist.

Dennoch war Paulus barmherzig: »Was ihr nun, ohne es zu kennen« (oder »in Unwissenheit«) »verehrt«, erklärte er, »das verkündige ich euch« (Apg 17,23).

Man beachte die sächliche Form, die hier gebraucht wird: »*Was* ... *das* ...«, nicht »Wen … den …« Es ging nicht darum, dass sie den einen wahren Gott nur vage verehrten, sie verehrten *ihn überhaupt* nicht. Bestenfalls verehrten sie, wie es fast alle Menschen instinktiv tun, »das Übernatürliche«, das »Übermenschliche«, das »Göttliche«. Paulus beabsichtigte nun, ihnen die Wahrheit über das Göttliche zu sagen, nämlich dahin gehend, dass nur ein wahrer Gott da war bzw. da ist. Er war ganz anders als alles, was sie verehrten. Um ihn anzubeten und ihm zu dienen, musste man sich, wie Paulus den Thessalonichern sagte (1Thes 1,9), von den Götzen abwenden. Man konnte nicht beide gleichzeitig verehren. Und um ihnen das zu zeigen, wies er zunächst auf den schwerwiegenden Irrtum hin, der der Tatsache zugrunde lag, dass es bei ihnen Tempel in großer Zahl gab. Er ließ außerdem erkennen, dass allein schon die Vielzahl von Tempeln umgekehrt den grundlegenden Irrtum verstärkte, dem sie verfallen waren.

Zunächst heißt es: »Der Gott, der die Welt und alles darin gemacht hat, dieser, der der Herr des Himmels und der Erde ist …«, und dann: »… wohnt nicht in Tempeln, die mit Händen gemacht sind« (Apg 17,24).

Diese Tatsache ist so offensichtlich, dass ihre Feststellung fast einer Binsenweisheit gleichkommt: Wenn Gott das ganze Universum erschaffen hat, kann er offensichtlich nicht auf ein von Menschen errichtetes Gebäude begrenzt oder auf dieses beschränkt sein. Die Stoiker hätten dem beigepflichtet. Selbst die Epikuräer, deren Götter nicht Schöpfer, sondern nur Teil des materiellen Universums waren, hätten der Aussage zugestimmt, dass sogar ihre Götter nicht in von Menschen errichteten Tempeln wohnen konnten. Nicht nur die Philosophen hatten dies erkannt; der athenische Dramatiker Euripides hatte Jahrhunderte zuvor denselben Gedanken geäußert: »Welches von Bauleuten errichtete Haus könnte die Form Gottes in seinen umschließenden

Mauern einschließen?«[204] Wenn also einige Athener immer noch so dachten und sich so verhielten, als ob dies möglich wäre, dann war ein solches ignorantes Verhalten schuldhaft, weil es außer Acht ließ, was selbstverständlich war und was sie hätten wissen können.

Nun wissen wir natürlich, was die Athener vielleicht nicht wussten: Die Juden hatten noch einen Tempel Gottes in Jerusalem, und das schon seit etlichen Jahrhunderten. Im Alten Testament heißt es sogar, dass er im Auftrag Gottes gebaut wurde (2Sam 7,12-13). Wollte Paulus nun sagen, dass die Existenz des jüdischen Tempels auf einer völlig falschen Vorstellung beruhte und dass dies schon immer so gewesen war? Nein, natürlich nicht.

Aber es gibt zwei Dinge, die wir bei Israels Erfahrung beachten sollten. Das eine ist, was schon bei der Einweihung des Ersten Tempels sein Erbauer Salomo und das Volk erkannt hatten: Gott hatte es wohlgefallen dort die Zeichen seiner Gegenwart zu offenbaren, aber solch ein Heiligtum konnte ihn nicht fassen – es war einfach nicht möglich (1Kö 8,27). Der in späterer Zeit wirkende Prophet Jesaja hatte gesehen (Jes 66,1-2), was Stephanus dann wiederum Jahrhunderte verkündigte (Apg 7,48-50), nämlich dass Israels Tempel nicht das endgültige Ideal war und bestenfalls sinnbildlich auf die Wirklichkeit hinwies.

Der zweite Punkt, der bei Israels Tempel zu beachten war, ist folgender: Solange er existierte, war es Israel streng untersagt, mehr als einen zu bauen. Es sollte nur ein »Haus Gottes« geben: Es war nie Gottes Absicht, dass es viele »Häuser Gottes« geben sollte. Warum Israel dieses Verbot auferlegt wurde, wird deutlich, wenn man sich ansieht, was geschah, als die Israeliten Gottes Anweisungen missachteten und überall Tempel für Gott bauten. Das führte unweigerlich zu einer vom Götzendienst ausgehenden Vorstellung von Gott. Es wurde unweigerlich als eine Reihe von Versuchen aufgefasst, Jahwe, dem einen wahren Gott, »an unterschiedlichen Orten nahen zu können«: Da gab es »den Jahwe von Bethel«, »den Jahwe von Dan«, »den Jahwe von Arad« und so weiter; und bald teilte sich der örtliche

204 Euripides, Fragment 968; zitiert nach: Bruce, *Acts*, NICNT, a. a. O., S. 336, Fußnote 65. A. d. H.: Vgl. eine ähnliche Wiedergabe in: Donald Guthrie, J. Alec Motyer (jeweils Hrsg.), *Brockhaus Kommentar zur Bibel III* (Matthäus–Offenbarung), Wuppertal: R. Brockhaus Verlag, 1. Auflage der Paperback-Ausgabe 1987. S. 239.

Jahwe-Tempel die eine oder andere Stadt mit dem »Tempel des Baal«, und innerhalb kurzer Zeit war Jahwe zu einer von mehreren ortsgebundenen Gottheiten geworden.

Was in Israel in den Zeiten seines geistlichen Niedergangs geschah, passierte überall im Heidentum. Der oberste Gott Zeus mochte seinen Tempel in einer Stadt haben, aber auch der niedere Gott Apollon hatte seinen Tempel, und das galt auch für alle anderen. Hätte man die Bürger der Stadt gefragt, dann hätten sie gesagt, dass sie glauben würden, Zeus sei nicht auf seinen Tempel beschränkt, sondern durchstreife den ganzen Himmel und die Erde. Aber in ihrer Stadt bewohnte Zeus seinen eigenen Tempel und Apollon den seinen, während Athene in ihrem Tempel blieb und nicht in die anderen eindrang. In der Vorstellung der Menschen und auch in ihren Städten war ihr allmächtiger Zeus also absurderweise auf einen Tempel beschränkt. Dies war natürlich das Ergebnis eines falschen, vom Götzendienst ausgehenden Verständnisses des Universums, aber umgekehrt verstärkte dieser Sachverhalt wiederum dieses falsche Verständnis in den Köpfen der Menschen. Dasselbe galt für Altäre und Kultstätten, die teilweise der Verehrung eines Gottes, Halbgottes bzw. Helden gewidmet waren, und teilweise der eines anderen. Das ist bis heute so geblieben. Dies trifft auch auf Kultstätten zu, an denen selig- oder heiliggesprochene Menschen verehrt werden.

Die Stoiker hätten dem zugestimmt, was Paulus als Nächstes sagte (und die Epikuräer auf ihre Weise auch, wenn auch aus den falschen Gründen). Paulus behauptete: »Der Gott, der die Welt gemacht hat, … er lässt sich … nicht von Menschenhänden bedienen, als ob er etwas benötigen würde, da er doch selbst allen Leben und Odem und alles gibt« (17,24-25 [Schlachter 2000]). Die Wahrheit dieses Satzes liegt auf der Hand: Wenn der Schöpfer uns alles, was wir haben, geben muss und dies auch tut, haben wir nichts, womit wir seine Bedürfnisse erfüllen könnten, selbst wenn er auf irgendetwas angewiesen wäre. Und in diesem Sinne hat er natürlich keine Bedürfnisse. Wir haben auch nichts, was er braucht und was wir ihm zukommen lassen könnten, um unsererseits etwas von ihm entgegenzunehmen.

Aber die Vorstellung, dass Menschen über Dinge verfügen, die den Göttern wohlgefällig sind und die sie brauchen und die daher verwendet werden können, um die angestrebte Gunst bei den Göttern zu erkaufen, war im Heidentum weit verbreitet. Und nicht nur im Heidentum, auch im alten Israel war sie zu bestimmten Zeiten zu finden.

Nehmen wir das Thema des Opfers. Von Anfang an, so lässt das Alte Testament erkennen, lehrte Gott die Menschen, Opfer für Sünden darzubringen. Sie waren nie als »Zahlungen an Gott« gedacht, mit denen man sich seine Vergebung erkaufen konnte, und schon gar nicht als Bestechungsgelder, um ihn zur Vergebung zu bewegen. Sie waren vielmehr göttlich verordnete Sinnbilder, die den Menschen lehrten, dass Sünde nicht vergeben werden kann, ohne dass die Strafe für die Sünde bezahlt wird. In Bezug auf die Tieropfer als solche ist dies nie der Fall gewesen: Sie waren nur Symbole und Vorschattungen des großen Werkes, bei dem Gott selbst in der Person Christi eines Tages am Kreuz für die Sünden bezahlen würde.

In ähnlicher Weise ordnete Gott an, dass die Menschen Tiere und Opfergaben darbringen konnten, um ihre Dankbarkeit für seine zahlreichen Gaben auszudrücken. Aber auch hier waren diese Gaben nur sinnbildlicher Art; keine von ihnen war als »Zahlung an Gott für die geschenkten Gaben« zu verstehen.

Diese Opfer-Ordnung geriet jedoch schon sehr früh auf Abwege. In der altorientalischen Literatur werden die Götter in völlig unangemessener Weise dargestellt, als würden sie wie Fliegen um die von den Menschen dargebrachten Opfer schwirren.[205] Viel später setzte sich in Israel die spitzfindigere Vorstellung durch, dass man aufgrund der Sündopfer vor Gott irgendwie Vergebung erlangen und dass man sich mit Opfern Gottes Segen erkaufen könne. Dem musste Gott mit entschiedenen Worten entgegnen: »Nicht werde ich Stiere nehmen aus deinem Haus oder Böcke aus deinen Hürden. Denn mein ist alles Getier des Waldes … Wenn mich hungerte, ich würde es dir nicht sagen; denn mein ist der Erdkreis und seine Fülle« (Ps 50,9-10). Man kann Gott mit Münzen, die ohnehin ihm gehören, nicht gnädig stimmen. Die gegenteilige Vorstellung ist offensichtlich falsch.

Noch ausgeklügeltere Versionen dieses grundlegenden Irrtums haben nicht nur dem Heidentum, sondern auch dem Judentum und dem

205 A. d. H.: Dabei waren sowohl die Darstellung als solche wie auch deren Art und Weise unangemessen.

Christentum erheblich zugesetzt. Eine davon besteht in Folgendem: Wenn wir ein tugendhaftes Leben führen – und vor allem, wenn wir besonders tugendhaft leben –, können wir Verdienste anhäufen, die wir dann nutzen können, um Gottes Vergebung oder einen Platz in seinem Himmel zu erlangen oder unsere Freunde irgendwie von den Leiden zu befreien, die ihnen ihrem Leben entsprechend auferlegt worden sind. Einer anderen irrigen Annahme zufolge kann die Arbeit unserer Hände und die Selbsthingabe im Dienst für Gott in gewisser Weise Teil des Opfers Christi für die Sünde werden und so dazu beitragen, um Vergebung zu erlangen.

All dies ist nur ein verfeinerter Ausdruck der heidnischen Vorstellung, die Paulus in Athen entlarvte. Dies ist deshalb so traurig, weil wir das, was im Herzen des wahren Gottes ist und worin seine Wesensart besteht, missverstehen und falsch auslegen. Er ist kein Geschäftsmann. Er verkauft uns geistlich bankrotten Sündern weder seine Liebe noch seine Vergebung; auch können wir seine Errettung nicht erkaufen. Das haben wir auch nicht nötig. Seine Liebe schenkt sie uns umsonst. Wenn er die Metapher des Kaufens verwendet, dann geschieht das, um zu betonen, dass wir keinen Preis zahlen müssen: »He, ihr Durstigen alle, kommt zu den Wassern! Und die ihr kein Geld habt, kommt, kauft ein und esst! Ja, kommt, kauft ohne Geld und ohne Kaufpreis Wein und Milch!« (Jes 55,1). Gott bewahre uns daher davor, dem Heidentum zu verfallen. Oder wenn wir es doch getan haben, möge er uns die Weisheit geben, uns davon abzukehren, wie es die Athener tun mussten.

Schließlich musste sich Paulus mit einem Irrtum auseinandersetzen, der in der heidnischen Welt weit verbreitet war und den es heute noch immer gibt: Weil sich die einzelnen Sippen in verschiedenen Teilen der Welt zu Volksgruppen bzw. Völkern entwickelt und sie somit ihre eigenen Kulturen und Sichtweisen hervorgebracht haben, haben sie dieser Annahme zufolge das Recht, sich Gott oder die Götter auf eine Weise vorzustellen, die mit ihrer besonderen Lebensanschauung zu tun hat. Wenn es beispielsweise der athenischen Sichtweise entsprach, in Bezug auf die Götter von einer polytheistischen Auffassung auszugehen, dann war das genauso rechtmäßig wie die monotheistische Gottesvorstellung, die für die Juden mit ihrer ganz anderen Kultur maßgeblich war. Natürlich war diese Vorstellung falsch, doch für viele Menschen enthielt sie offenbar so viel Wahrheit, dass sie diese als gegeben hinnahmen. Und dies ist bis heute so geblieben.

Wenn wir – Sie und ich – eine Tulpe betrachten, werden wir beide viel Gemeinsames sehen, aber dann können Sie sehr wohl Merkmale an ihr entdecken, die ich nicht sehe, und umgekehrt. Wenn wir aber beide eine Tulpe betrachten und ich behaupte, eine Katze, einen Affen und einen Elefanten zu sehen, dann stimmt entweder etwas mit meinem Sehvermögen oder mit meinem Gehirn nicht, oder ich betrachte die Tulpe gar nicht. Sicherlich kann ich mich nicht auf meine Kultur berufen, um nachzuweisen, dass meine Wahrnehmung der Tulpe die richtige ist.

Paulus räumt nicht nur ein, dass Gott die Menschen in verschiedenen Teilen der Welt angesiedelt und ihnen unterschiedliche Grenzen, ein unterschiedliches Klima, unterschiedliche äußere Bedingungen und eine unterschiedliche Geschichte gegeben hat, sondern er bekräftigt dies auch und führt es auf Gottes in allem maßgebliche Souveränität zurück (Apg 17,26). (Das hätte den Stoikern gefallen!) Die sich daraus ergebenden zutreffenden und naheliegenden kulturellen Unterschiede sind daher als Ausdruck des Willens Gottes zu betrachten, der die Vielfalt liebt.

Doch hinter diesen kulturellen Unterschieden, so betont Paulus, verbirgt sich eine grundlegende Einheit. Es trifft nicht nur zu, dass einer da ist, der die ganze Menschheit geschaffen hat. Vielmehr gilt auch, dass er uns alle ursprünglich aus einem gemeinsamen Vorfahren, Adam, hervorgehen ließ (17,26). Wir können die Bedeutung unserer Unterschiede überbewerten. Das Einmaleins ist für alle dasselbe. Die Gesetze der Logik können nicht je nach den kulturellen Unterschieden variieren. Wenn Gerechtigkeit wirklich das ist, was sie sein will, dann muss sie unparteiisch für alle Nationen und Kulturen gelten. Die Stoiker zur Zeit des Paulus hatten dies längst erkannt und beklagten volksgruppenbezogene und kulturelle Unterschiede, wenn sie die Tatsache verdecken, dass wir alle Bürger der Welt sind.

Darüber hinaus, so sagt Paulus, hat Gott in seiner Souveränität für die Ausbreitung aller Menschen – Männer und Frauen gleichermaßen – über die ganze Welt gesorgt und jedem seine Umstände zugedacht, sodass jeder den von Gott gegebenen Impuls nutzen kann, um sich persönlich und individuell auf die Suche nach Gott zu begeben, nach ihm Ausschau zu halten und ihn zu finden (17,27). Diese Suche, so räumt Paulus ein, mag vielen wie ein Tasten erscheinen.[206] Aber eigentlich ist die Aufgabe, die Gott uns gestellt hat, gar nicht so schwierig. Wir müssen uns nicht weit ausstrecken: Ja, Gott ist nicht weit entfernt – das gilt für jeden von uns. Er möchte, dass jeder Einzelne die Hand ausstreckt, um ihn zu finden, und so ist er jedem von uns nahe geworden: »In ihm leben und weben und sind wir« (17,28).

Dies entsprach auch nicht einfach der Einsicht eines Juden, dem eine besondere göttliche Offenbarung an Israel gewährt worden war. Das soeben zitierte Zitat stammt vielmehr von einem antiken griechischen Dichter.[207] Er bezog sich natürlich nicht auf den wahren Gott, wie ihn die Christen kennen, sondern auf den höchsten Gott, wer auch immer er sein mochte. Aber er sah deutlich genug, was für alle, die mit offenen Augen durch die Welt gehen, offensichtlich sein muss: Wir haben uns nicht selbst erschaffen. Wir können weder die Welt, in der wir leben, noch die Sonne erhalten, die für unser Leben und Überleben unerlässlich ist. Wir sind völlig und fortwährend von dem abhängig, der uns das Leben gegeben hat und der auch die Grundlagen unserer Existenz erhält. Allein schon die Luft, die wir atmen und die uns umgibt, kommt von ihm.

Darüber hinaus zitiert Paulus (17,28-29) einen anderen griechischen Dichter, einen gewissen Aratus, der ein Landsmann des Paulus (sie stammten beide aus Zilizien) und außerdem ein Stoiker war. Dabei betont er: »… wir sind auch sein Geschlecht.«[208] Der Gottesbegriff des Aratus war pantheistisch und erwies sich daher als unzureichend. Aber es diente dem, was Paulus sagen wollte. Wenn wir als Geschöpfe aus der Hand eines Schöpfers hervorgegangen sind, können wir manche Erkenntnis über unseren Schöpfer gewinnen, wenn wir uns selbst betrachten. Die Stoiker hatten das getan und waren der Erkenntnis des wahren Gottes ein Stück näher gekommen. Da sie selbst

---

206 Das Wort, das hier von der NIV mit »sich nach etwas ausstrecken« übersetzt wird, bedeutet »sich ausstrecken und etwas ertasten«, wie es jemand in einem dunklen Raum tun würde.

207 Vielleicht Epimenides von Kreta. Die Urheberschaft ist jedoch umstritten. A. d. H.: Hinschtlich der Lebensdaten des Epimenides liegen keine genauen Daten vor. Er kann im 7., 6. oder 5. Jahrhundert v. Chr. gelebt haben.

208 Wenn wir das Griechische mit »Kinder« übersetzen (A. d. H.: wie es einige Bibelausgaben tun), sollten wir darauf achten, dass Aratus nicht von der neuen Geburt sprach, durch die Geschöpfe Gottes zu Kindern Gottes werden (Joh 1,12; 3,3). In diesem geistlichen Sinne sind nicht alle Männer und Frauen Kinder Gottes, sondern nur die von Neuem Geborenen.

vernunftbegabte Wesen waren und über einen Verstand verfügten, musste derjenige, aus dessen Hand sie hervorgegangen waren, einen unermesslich größeren Verstand haben. Ja, in diesem über allen stehenden Wesen musste alle Vernunft im Universum ihren Ursprung haben.

Damit hatte sich, wie Paulus weiter ausführte, die heidnische Praxis, Gott in Form von Bildern aus Metall oder Stein darzustellen, ein für alle Mal erledigt. Zugegebenermaßen würden gebildete Heiden sagen, dass diese Bilder nur eine visuelle Erinnerung an die Götter waren. Aber selbst dies war Ausdruck eines falschen Denkansatzes. Die Götter (bzw. Götzen) waren letztendlich Nichtse. Der hebräische Psalmist sagte dazu Folgendes:

> Einen Mund haben sie und reden nicht; Augen haben sie und sehen nicht; Ohren haben sie und hören nicht; eine Nase haben sie und riechen nicht (Ps 115,5-6).

Dennoch hätten sie nicht unter, sondern über den Menschen stehen sollen. Ja, Gott ist so unvorstellbar größer als der Mensch, dass er jeden Versuch des Menschen, ihn bildlich oder in irgendeiner anderen Form darzustellen, verboten hat.

Doch das, worum es geht, muss noch weiter ausgeführt werden: Gott ist zweifellos unendlich viel größer als wir Menschen, und dies bedeutet auch: Er hat keine Augen wie wir, aber er, der uns das Augenlicht geschenkt hat, sieht selbst alles. Er hat keine Ohren wie wir, aber der hebräische Dichter sagt dazu: »Der das Ohr gepflanzt hat, sollte er nicht hören?« (Ps 94,9).

Das ist es, was alle Formen der epikuräischen Theorie über die Herkunft des Menschen, ob alten oder neuen Ursprungs, Lügen straft. Wir Menschen wissen, dass wir personenhafte Wesen sind: Für denjenigen, aus dessen Hand wir hervorgegangen sind, muss dies ebenfalls gelten, und dies ist auch der Fall. Die Stoiker hatten mit ihrer Argumentation recht: Wenn wir rationale Wesen sind, dann muss das auch für denjenigen gelten, der uns erschaffen hat. Aber sie sind nicht weit genug gegangen. Wir Menschen sind Personen und stellen keine Netzwerke unpersönlicher Denkprozesse dar, wie man sie in nachgeahmter Form in Computern findet. Auf unseren Schöpfer trifft also in viel stärkerem Maße als auf uns selbst zu, dass er ein personenhaftes Wesen ist.

Ja, was jeden von uns angeht, so ist Gott daher nicht weit entfernt, und er wollte auch für die heidnischen Völker der alten Welt nicht der ferne Gott sein. Die Schöpfung um sie her sagte ihnen, wenn sie nur zuhören wollten, dass der Schöpfer des Himmels und der Erde sich nicht auf einen Tempel beschränken ließ. Die Schöpfung um sie her zeigte ihnen, wenn sie nur hinsehen wollten, Folgendes: Ihr Schöpfer, der ihnen alles in ihrem Leben geben musste (und auch tatsächlich gegeben hatte), war auf niemanden angewiesen und konnte von Menschen nicht vereinnahmt werden. Und sie brauchten nur auf sich selbst zu schauen, um zu wissen, dass ihr Schöpfer das seinesgleichen suchende personenhafte, weise, über allen stehende, gerechte Wesen war – und dies in viel stärkerem Maße als sie selbst. Viele von ihnen haben dies tatsächlich erkannt; Sokrates war ein bemerkenswertes Beispiel dafür. Man konnte sich nicht mit Unwissenheit herausreden.

Es war die Leugnung dieser Wahrheiten, die so vielen Menschen in der antiken Welt die Hoffnung raubte. Vielleicht gilt dies noch weitaus mehr in unserer modernen Welt. Wenn kein persönlicher Schöpfer existiert und wir Menschen aus blinder, unpersönlicher Materie entstanden sind, auf die blinde, unpersönliche Kräfte einwirken, dann befinden wir, die heute Lebenden, uns wie alle Menschen vor uns in einem schrecklichen Gefängnis. Eines Tages wird dieser Theorie zufolge ein Virus in unseren Körper eindringen und uns allmählich zerstören – unseren Körper, unser Gehirn, unseren Sinn für Schönheit, unsere Fähigkeit, als vernunftbegabte Wesen zu planen und zu lieben. Wir werden genügend Einsicht haben, um zu erkennen, wohin das Ganze führt. Und doch werden wir zugleich intelligent genug sein, um zu sehen, dass wir außerstande sein werden, dieses unpersönliche, geistlose Virus daran zu hindern, uns zu zerstören. Wir haben ja auch nicht kontrollieren können, dass wir ins Dasein kamen. Ironischerweise wird das Virus, wenn es uns vernichtet hat, zu guter Letzt nicht einmal wissen, was es getan hat, noch erkennen, dass es dies getan hat. Und darüber hinaus wird es für uns keine Hoffnung mehr geben.

Es verwundert nicht, dass Gott in seiner Barmherzigkeit die Athener zur Umkehr aufforderte – sie sollten ihre Augen öffnen, sich von ihrer Unwissenheit abwenden und sich der herrlichen Tatsache stellen: Man kann Gott finden, der Mensch Jesus ist von den Toten auferstanden, und es gibt Hoffnung für die Menschheit und für die Welt.

Die Fortsetzung

Die Fortsetzung von Satz 2 ist kurz, aber nicht unbedeutend. Nach Einschätzung mancher ist die Areopag-Rede des Paulus ein Misserfolg gewesen. Aber es gab einige Bekehrte – mindestens vier. Dabei kann ein Vortrag, den Gott gebraucht, um auch nur einen Menschen – ob Mann oder Frau – zur Versöhnung mit sich, zur persönlichen Gemeinschaft mit seinem Schöpfer und zur ewigen Herrlichkeit zu bringen, nicht mit Recht als Fehlschlag bezeichnet werden.

Dass sich nicht sofort mehr bekehrt haben, ist nicht verwunderlich – zumindest wenn man von den Grundannahmen des christlichen Glaubens ausgeht. Das gestörte Verhältnis des Menschen zu seinem Schöpfer kommt nirgendwo deutlicher zum Ausdruck als in seinem Versuch, von Gott unabhängig zu sein. Der Reiche wird auf seinen Reichtum vertrauen, der Intelligente auf seine Vernunft, die er dann als absoluten Wert über den Glauben an Gott stellt. Aber das bedeutet, die Vernunft zu missbrauchen und von ihr zu verlangen, eine Funktion zu erfüllen, für die sie nie vorgesehen war.[209] In den Naturwissenschaften gehen die Beweise, die die Vernunft in ihrer Argumentation verwendet, nicht auf diese zurück.[210] Die Beweise – in diesem Fall die Gesamtheit des erschaffenen Universums – sind gegeben. Sie sind da. Die Vernunft nimmt sie an und studiert sie, um sie dann zu verstehen. Aber sie hat das Beweismaterial nicht selbst hervorgebracht. Und in allen Fällen beginnt die Vernunft normalerweise mit Dingen, die sie noch nicht verstehen kann und die nicht in ihre derzeitigen Theorien passen. Sie verwirft diese Dinge nicht, nur weil sie nicht ohne Weiteres mit den vorläufigen Theorien vereinbar sind, zu denen sie bereits gelangt ist.

So verhält es sich auch damit, dass man Gott erkennt und sein Wesen versteht. Der Beweis ist in diesem Fall die Offenbarung Gottes als Person, die durch den Glauben wahrgenommen wird und sowohl durch den Glauben als auch durch die Vernunft zum Verständnis führt. Wenn aber ein Mensch die Vernunft über den Glauben stellt, schneidet er automatisch einen großen Teil der Beweise ab und macht es Gott unmöglich,

209 Siehe E.H. Andrews, *Christ and the Cosmos*, Welwyn: Evangelical Press, 1986, S. 9-20.

210 Siehe z.B. T.F. Torrance, *Theological Science*, Oxford: Oxford University Press, 1978; Michael Polanyi, *Personal Knowledge*, London: Routledge & Kegan Paul, 1958; und Lesslie Newbigin, *Foolishness to the Greeks*, London: SPCK, 1986.

sich ihm zu offenbaren (Lk 10,21; 1Kor 1,18-31). Die gleiche Haltung würde es einer Frau unmöglich machen, jemals zu beweisen, dass sie ihren Mann liebt!

Einige Anwesende auf dem Areopag, die von der Auferstehung hörten, begannen sofort, die ganze Vorstellung zu verspotten.[211] Dafür gab es keinen Grund. Wenn es sich um diejenigen handelte, die sich der traditionellen griechischen Religion verpflichtet wussten, hätte man meinen können, dass die Mythen über ihre Götter genug absurde Vorstellungen enthielten, um darüber noch viel lauter zu spotten. Wenn es um Stoiker und Epikuräer ging, dann waren sie vermutlich von der Richtigkeit ihrer eigenen Annahmen so überzeugt, dass sie es nicht für nötig hielten, die Beweise für die Auferstehung sorgfältig zu prüfen: Der bloße Gedanke an die Auferstehung konnte aus ihrer Sicht ohne Weiteres verworfen werden. Aber darüber hinaus wurde es in Athen als allgemeine Weisheit angesehen, dass ein Mensch, der einmal tot war, nicht wiederauferstehen konnte. Aischylos, der große Dichter der griechischen Tragödie, hatte dies in einem Stück über die Entstehung des Areopag-Gerichts gesagt.[212] Niemand hatte nachgewiesen, dass es wirklich so war. Aber niemand hatte es je für nötig gehalten, es zu beweisen, und es war so sehr als Teil der akzeptierten Weisheit verinnerlicht worden, dass es damals absurd erschien, etwas anderes zu behaupten.

Die Epikuräer glaubten natürlich, mit ihrer Atomtheorie bewiesen zu haben, dass mit dem Tod für den Einzelnen alles zu Ende sei. Es gab keine Möglichkeit des Überlebens der Seele, geschweige denn der Wiederauferstehung des Körpers. Vielleicht war ihr Lachen das lauteste von allen.

Aber nach Überzeugung der Epikuräer hatte ihre Atomtheorie auch bewiesen, dass Atome unteilbar seien. Deshalb nannte man sie ja auch Atome.[213] Die Behauptung, dass sie gespalten werden können, wäre ihnen als Widerspruch zu jeder Vernunft erschienen. Auch darüber hätten sie gelacht.[214]

211 Siehe die Wiedergabe von Bruce in seinem Werk *Acts*, NICNT, a. a. O., S. 342.

212 Aischylos, *Die Eumeniden*, S. 647-678. A. d. H.: Vgl. hinsichtlich der Online-Wiedergabe folgende Website: https://www.projekt-gutenberg.org/aischylo/eumenide/eumenide.html (abgerufen am 11. 1. 2024).

213 A. d. H.: Griech. *átomos* (»unteilbar, unteilbarer Urstoff«).

214 Fairerweise sollte man anmerken, die antiken Epikuräer hätten behaupten können, dass sie sich auf das bezogen, was wir heute nicht als Atome, sondern als kleinste Teilchen bezeichnen.

SATZ 3

Gottes Messias und das neue Volk Gottes (18,1-28)

In Korinth gab es zwei Gebäude, die Seite an Seite standen. Das eine war eine Synagoge, das andere ein Privathaus. Die Juden trafen sich zum Gottesdienst und zum Studium der Heiligen Schrift in dem einen, die Christen in dem anderen. Nebeneinander und doch getrennt: Nichts hätte den Bruch, der zwischen Juden und Christen in Korinth entstanden war, beredter oder ergreifender ausdrücken können. Wie es dazu kam, was er bedeutete und welche Auswirkungen er hatte, soll Thema von Satz 3 sein. Und da sich das, was in Korinth geschah, schließlich an vielen Orten in der ganzen heidnischen Welt wiederholen sollte, klingt das dortige Geschehen noch immer nach.

Immer wieder musste es Paulus als Heidenapostel erleben, dass es so weit kam und dass solche Spaltungen stattfanden. Diese wiederholte und lang anhaltende Betrübnis legte sich als große Last auf sein Herz (Röm 9,1-3). Es war dreifach traurig. Erstens: Dass Juden und Christen, die beide denselben Gott verehrten und an dieselbe Schrift glaubten, ihre Differenzen auf diese Weise vor den Augen einer heidnischen Stadt wie Korinth kundtaten, trug nicht dazu bei, ihr gemeinsames Zeugnis für den wahren Gott und gegen den vorherrschenden Götzendienst und die Unmoral in dieser Stadt zu stärken. Und dass die Juden das Christentum vor dem römischen Gericht anklagten und versuchten, seine Verbreitung zu verbieten, wie sie es später taten, war unermesslich traurig.

Zweitens hatte das Judentum unter den Heiden ein beachtliches Werk getan, indem es viele von ihnen zum Glauben an Gott führte, sie Gottes Wort lehrte und ihnen die herrliche Hoffnung Israels vermittelte. So heißt es z.B.: »Es wird sein die Wurzel Isais und der aufsteht, um über die Nationen zu herrschen – auf ihn werden die Nationen hoffen« (Röm 15,12; vgl. Jes 11,10). Titius Justus, der Römer, dessen Haus an die Synagoge angrenzte, war durch den Einfluss der Juden ein Gottesanbeter geworden. Es war traurig zu sehen, wie die Synagoge nun solche Heiden abwies, die zum Glauben daran gekommen waren, dass

Jesus die Wurzel Isais war. Doch es ging nicht nur um sie, sondern auch um andere Heiden, die in immer größerer Zahl zum Glauben an den Herrn Jesus kamen und durch den Glauben an ihn dazu gebracht wurden, sich von ihrem heidnischen Götzendienst abzukehren und an den wahren Gott Israels zu glauben. Wenn diese Heidenchristen ihrerseits versuchten, ihren heidnischen Mitbürgern zu bezeugen, dass ihre heidnischen Götter der Wahrheit entgegenstanden und dass der einzig wahre Gott der von den Juden angebetete Gott war, würde die Haltung der Synagoge gegenüber den Heidenchristen ihre Aufgabe enorm erschweren.

Drittens: Für Paulus, der ein wahrer Sohn Israels war, waren die unvermeidlichen Folgen für seine Landsleute am traurigsten. Sie ergaben sich aus ihrer Ablehnung desjenigen, dessen Name der einzige unter dem Himmel gegebene Name ist, in dem wir errettet werden müssen. Das Problem, das sie aufwarfen, verlangte zweifelsohne nach einer theologischen Erklärung. Die allermeisten wahren Christen glaubten, dass Israel ein besonderes Volk war, von Gott auserwählt, sein Volk zu sein. Es war mit der ehrenvollen Aufgabe betraut, Gottes Zeuge für die heidnische Welt zu sein, die einzigartige Herrlichkeit des Schöpfers und Erlösers der Menschen zu verkündigen (Jes 43,10-13) und auf das Kommen des Messias Gottes als Licht und Erretter der Heiden hinzuweisen (Jes 42,1-9). Dies ist auch heute noch die Überzeugung dieser Christen. Was würde geschehen, wenn Israel, von seiner Stellung her Gottes Zeuge, sich nun weigerte, den von Gott gesandten Messias anzuerkennen, seinen Namen lästerte (Apg 18,6) und alles in seiner Macht Stehende tat, um die Heiden davon abzuhalten, an ihn zu glauben? War damit die Behauptung des Alten Testaments hinfällig, dass Israel Gottes auserwähltes Volk war und diese von Gott zugedachte Stellung innehatte? Nein, die Christen konnten das nicht hinnehmen; das Evangelium, das sie verkündigten, ging von der Wahrheit der alttestamentlichen Schriften aus (Röm 1,2-3; 3,21) und war auf deren Bestätigung angewiesen. Was geschah also mit Israel, mit seiner Stellung als Volk Gottes, mit seiner Rolle als Zeuge für Gott? Wie lässt sich die Situation erklären? Wie sollte sie verstanden werden?

Neben seinem Zeltmacherhandwerk und seinen Predigten sowie auf seinen Reisen dachte Paulus lange und sorgenvoll über die ganze quälende Frage nach. Die Antwort, die Gott ihm gab, beugte sein Herz in tiefer Anbetung über die Weisheit der Wege und Strategien Gottes, die darauf ausgerichtet sind, »alle zu begnadigen«[215]. Als er schließlich nach Korinth zurückkehrte, schrieb er die Antwort ausführlich in einem Brief an die Christen in Rom nieder (Röm 9–11). Die Botschaft, die er eines Nachts während seines ersten Aufenthalts in Korinth in einer Erscheinung vom Herrn erhielt, sollte ihren Teil zu dieser Antwort beitragen.

In der Zwischenzeit hatte Lukas, der sich der weitreichenden Bedeutung der Ereignisse in Korinth (und anderswo [z.B. in Ephesus]) bewusst war, nicht nur die Geschichte von Paulus' erstem Besuch in Korinth aufgezeichnet, sondern auch die Geschichte des Besuchs eines gewissen Apollos in Korinth niedergeschrieben. Die Berichte über beide Besuche enthalten eine ganze Reihe göttlicher Fügungen. Nachdem das Zeugnis des Paulus gegenüber den Juden in Korinth von der Synagoge abgelehnt worden war und er die Stadt verlassen hatte, war es kein Zufall, dass Apollos, der gelehrte jüdische Ausleger des Alten Testaments aus Alexandria, eintraf. Dieser bekräftigte aus seiner besonderen Sicht das Zeugnis des Paulus gegenüber denselben Juden, der zufolge Jesus tatsächlich der Messias ist (Apg 18,5 und 18,27-29).

Korinth, die erste Phase: Die Bildung des neuen Gottesvolkes

Zu Beginn von Satz 2 hörten wir von Juden, die die Christen vor den Richtern anklagten, sie würden den Anordnungen des Kaisers zuwiderhandeln und politische Unruhen schüren (17,6-8). Zu Beginn von Satz 3 lesen wir nun von dem Kaiser in Rom und davon, wie einer seiner Erlasse, ohne dass er es wusste, zumindest indirekt zur Gründung einer großen christlichen Gemeinde in Korinth beitrug.

Die Geschichte lässt sich folgendermaßen wiedergeben (siehe S. 22): Offenbar führte die Ankunft von Juden in Rom, die inzwischen Christen geworden waren, schließlich zu Unruhen in einer oder mehreren der Synagogen in Rom. Darauf reagierte Kaiser Claudius mit einem Erlass, der alle Juden aus der Stadt auswies. Wie lange dieser

215 A. d. H.: Vgl. Römer 11,32.

Erlass Bestand hatte, wissen wir nicht, aber anfangs muss es den Christen, von denen die meisten natürlich Juden waren, als eine Katastrophe erschienen sein. In Wirklichkeit kam es dazu, dass die Juden schließlich nicht nur zurückkehren durften (und das Christentum dort einen Aufschwung nahm), sondern dass der Erlass des Claudius auch zu einem bedeutenden Fortschritt für das Evangelium anderenorts führte.

Zwei jüdische Eheleute namens Aquila und Priszilla, die wie alle anderen Juden aus Rom vertrieben worden waren, sahen sich nach einem geeigneten Ort um, an dem sie ihr Geschäft, das Zeltmacherhandwerk, ausüben konnten. (Dabei werden wir an Lydia erinnert, die ebenfalls umzog.) Sie wählten letztendlich Korinth als neuen Aufenthaltsort. Diese Stadt verfügte über zwei Häfen und war ein schön gelegener und wohlhabender Ort, wobei es aus geschäftlicher Sicht eine vernünftige Wahl war.

Nicht lange, nachdem sie sich in Korinth niedergelassen hatten, kam Paulus in die Stadt. Er war allein, hatte offensichtlich kein Geld und musste, um seinen Lebensunterhalt zu verdienen, in seinem Beruf arbeiten, der zufällig das Zeltmacherhandwerk war. So begegnete er offenbar Aquila und Priszilla, die feststellten, dass sie wie er an den lebendigen Gott glaubten[216] und das gleiche Handwerk wie er beherrschten. Daraufhin luden sie ihn ein, bei ihnen zu wohnen und in ihrem Geschäft mitzuarbeiten. Ein glücklicher Zufall, könnte man sagen, aber dann erinnern wir uns an die ganze Geschichte, wie Paulus nach Philippi kam und im Haus der Geschäftsfrau Lydia Unterkunft fand. Offensichtlich sind die Vorsehung und die Fügung Gottes der Kettfaden, der den Schussfaden dieser Geschichten zu einem durchgängigen Muster werden lässt.[217] In den nächsten Monaten hatte der mittellose Paulus die Möglichkeit, seinen Lebensunterhalt zu verdienen, seine Ausgaben zu bestreiten und in der Stadt Fuß zu fassen, bis seine Mitarbeiter Silas und Timotheus aus Mazedonien mit einer Gabe der dort neu gegründeten Gemeinden eintrafen (2Kor 11,9). Das ermöglichte es Paulus, seine Vollzeittätigkeit als Zeltmacher aufzugeben und einen großen, offensiven evangelistischen Einsatz in der Stadt zu beginnen, indem er sich ganz dem Predigen widmete (Apg 18,5).

216 A. d. H.: Der Bibeltext lässt offen, ob sie zum Zeitpunkt der Erstbegegnung mit Paulus schon an Christus glaubten. Dementsprechend wurde hier eine allgemeinere Formulierung gewählt.

217 A. d. H.: Hier wird ein Bild aus der Webtechnik verwendet, um Gottes Handeln zu verdeutlichen.

Der Kern seiner Botschaft an die Juden bestand wie immer darin, dass der Messias der alttestamentlichen Schriften tatsächlich Jesus ist (18,5). Der Widerstand der Mitglieder der Synagoge entlud sich schließlich in Beschimpfungen, wie dies auch an anderen Orten der Fall war. So verließ Paulus in Begleitung des Synagogenvorstehers und all seiner Hausangestellten die Synagoge und gründete nebenan eine christliche Gemeinde, die durch den Zustrom nichtjüdischer Korinther, die glaubten und sich taufen ließen, weiter vergrößert wurde (18,6-8). Aber wir können nicht umhin, die Feierlichkeit der Worte zu bemerken, die Paulus gebrauchte, als er die Synagoge verließ. Als sich einige Jahre zuvor im pisidischen Antiochien eine ähnliche Situation ergab, erklärte Paulus: »Zu euch [den Juden] musste notwendigerweise das Wort Gottes zuerst geredet werden; weil ihr es aber von euch stoßt und euch selbst des ewigen Lebens nicht für würdig erachtet, siehe, so wenden wir uns zu den Nationen« (13,46). Seine Worte an diejenigen, die in der Synagoge in Korinth zusammenkamen, waren noch ernster: »Euer Blut komme auf euren Kopf! Ich bin rein; von jetzt an werde ich zu den Nationen gehen« (18,6).

Es sei noch einmal gesagt – man kann es nicht oft genug hervorheben –, dass Paulus hier nicht dem Antisemitismus freien Lauf ließ und ihn guthieß. Er sprach mit dem gleichen ehrfurchtgebietenden Verantwortungsbewusstsein, das alle wahren Propheten Israels immer empfunden hatten, insbesondere Hesekiel (Hes 3,16-21; 33,1-5) und vor allem der Herr Jesus selbst (Lk 10,10-16; 11,49-52; 13,34-35; 19,41-44). Jeder wahre Gottesmann ist von Gott beauftragt, eine für das Heil seiner Mitmenschen lebenswichtige Botschaft zu überbringen. Aber keiner von ihnen kann gleichzeitig glauben, dass er ohne schwerwiegende Konsequenzen für sich selbst oder andere angesichts des Widerstands Kompromisse hinsichtlich dieser Botschaft eingehen kann. Auch kann er diejenigen, die sie ablehnen, nicht beschwichtigen, indem er sagt, dass sich ihre Ablehnung von Gottes Wort und Heil nicht unweigerlich als katastrophal erweisen wird. Weit davon entfernt, gegenüber seinem eigenen jüdischen Fleisch und Blut untreu zu werden, sagte Paulus seinen Landsleuten, dass er von Gott für sie verantwortlich gemacht worden war: Er hatte alles getan, was er konnte, um zu ihrer Rettung beizutragen. Erst jetzt, als ihr fortgesetzter Widerstand und ihre Übergriffe es ihm unmöglich machten, mehr zu tun, fühlte er sich von seiner Verantwortung entbunden und frei, sie – wenn auch widerstrebend – den unvermeidlichen Folgen ihres Widerstands zu überlassen. Eine ähnliche Verantwortung hatte ihm Gott für die Heiden übertragen. Wenn seine jüdischen Mitbürger meinten, dass sie verpflichtet waren, nicht nur den Messias und Erlöser abzulehnen, sondern auch Paulus und seine Botschaft vor den Heiden in der Synagoge in Misskredit zu bringen, dann musste sich dieser nach nebenan begeben, wo er in relativer Ruhe seiner gottgegebenen Verantwortung gegenüber den Heiden nachkommen konnte, die von dem Retter hören wollten.

So verließ Paulus die Synagoge. Die ablehnende Haltung der meisten Juden schmerzte ihn sehr. Die ständig wiederkehrende Trauer darüber, dass sich die Juden in einem Gebäude versammelten und die Christen getrennt im Gebäude nebenan zusammenkamen, lastete auf seinem Herzen. Zweifellos begann er, die sich oben erwähnten theologischen Fragen in seinem Innern immer schärfer zu stellen.

Eines Nachts sprach der Herr in einer Erscheinung zu Paulus, um ihn zu ermutigen, in seiner Verkündigung fortzufahren. Es war nicht nur das, was er sagte. Vielmehr waren es auch die Begriffe, die er dabei verwendete, die sich als so hilfreich dafür erwiesen, dass Paulus die sich entwickelnde Situation richtig einschätzen konnte. Wir müssen nur aufpassen, dass wir die Untertöne des biblischen Sprachgebrauchs nicht übersehen, wenn wir die Worte lesen, die mit dieser Erscheinung einhergingen. »Fürchte dich nicht«, sagte der Herr, »sondern rede und schweige nicht! Denn ich bin mit dir, und niemand soll dich angreifen, um dir etwas Böses zu tun; denn ich habe ein großes Volk in dieser Stadt« (Apg 18,9-10). Wenn wir nicht aufpassen, werden wir die Formulierung »viele Menschen« so lesen, als bedeute sie einfach »viele Personen«[218]; als ob der Herr damit nur sagen wollte: »Viele Menschen in dieser Stadt werden sich bekehren.« Das wäre natürlich richtig gewesen, aber wenn man sich auf Einzelpersonen konzentriert, legt man den Schwerpunkt an der falschen Stelle. Das fragliche griechische Wort, *laos*, bezieht sich auf Menschen als Gruppe, als Personenkreis oder als Volk. Sein Plural bedeutet nicht »Personen«, »Individuen«, sondern »Völker« (d.h. »Nationen«). Die King James Version vermittelt in ihrer ein wenig altertümlichen Ausdrucksweise

218 A.d.H.: Diese Formulierung (bzw. »viele Menschen«) wird im Deutschen in einigen Bibelübertragungen verwendet.

den Begriffsinhalt etwas besser: »Ich habe viel Volk ...«[219] Um jedoch den vollen Bedeutungsumfang des Ausdrucks in diesem Zusammenhang zu verstehen, müssen wir uns daran erinnern, dass mit *laos* das entsprechende hebräische Wort übersetzt wird, das im gesamten Alten Testament die Nation Israel bezeichnet: »Mein Volk« nennt Gott sie. Durch Mose (5Mo 7,7-8) erklärte er, dass er die Angehörigen dieses Volkes nicht erwählt hatte, weil sie ein zahlreiches Volk waren, sondern weil sie im Vergleich zu anderen Völkern zahlenmäßig gering waren. Aber er liebte sie und erwählte sie, und sie wurden sein Volk.

Und nun sagt der Herr zu Paulus, dass er »ein großes Volk« in Korinth hat, die nun »sein Volk« in demselben Sinne bilden sollen, wie Israel viele Jahrhunderte lang »sein Volk« war.[220] Der Unterschied besteht darin, dass in alttestamentlichen Zeiten die Israeliten »das Volk des Herrn« waren, die Heiden aber nicht. Jetzt hat sich das geändert: Zum Volk des Herrn gehören nun sowohl Heiden als auch Juden.

In den folgenden Monaten, sowohl in Korinth als auch nach seiner Abreise, gingen Paulus diese Worte des Herrn naheliegenderweise immer wieder durch den Kopf. Er sah sie natürlich als Ausdruck der großartigen Gnade Gottes, dass die Heiden, die in früheren Jahrhunderten nicht zu Gottes Volk zählten, nun zum Volk Gottes gehören sollten.[221] Aber Paulus erkannte auch Folgendes: Gott hatte diese Stellung den gläubigen Heiden nicht zugeeignet, weil diese einer Art Notfallplan entsprach. Er hatte sich diesen Plan nicht als Reaktion auf die Ablehnung des Messias durch diejenigen, die bisher sein Volk gewesen waren, eilig ausgedacht. Gott hatte diese Ablehnung seit Langem vorausgesehen und seine Ratschlüsse bekannt gegeben, um dann zum richtigen Zeitpunkt angemessen handeln zu können.

In Römer 9,23-26 finden wir eine Stelle, die Paulus in diesem Zusammenhang besonders erhellend fand – die Anfangskapitel des Buches Hosea. In der weit zurückliegenden Zeit, in der dieser Prophet lebte, hatten sich die zehn Stämme Israels so sehr von Gott entfernt, dass Gott Hosea gebot, ihnen in seinem Namen mitzuteilen: »... ihr seid nicht mein Volk, und ich will nicht euer sein« (Hos 1,9). Die zehn Stämme

219 A. d. H.: Man beachte, dass die KJV hier die Einzahl »much« gebraucht, während viele englische Bibelausgaben die Mehrzahl »many« verwenden.

220 A. d. H.: Da Gottes Handeln mit Israel noch nicht abgeschlossen ist, bleibt Israel auch in der gegenwärtigen Phase der Beiseitesetzung sein Volk (das »irdische Gottesvolk«).

221 Vgl. die Ausführungen des Petrus in 1. Petrus 2,9-10.

wurden also beiseitegesetzt. Aber Gottes Gnade war so groß, dass er gleich im nächsten Vers (Hos 2,1) Folgendes ankündigte: Der Tag würde kommen, an dem die zehn Stämme, die jetzt »nicht mein Volk« waren, wieder eingesetzt werden würden: »… an dem Ort, wo zu ihnen gesagt wurde: ›Ihr seid nicht mein Volk!‹, wird zu ihnen gesagt werden: ›Kinder des lebendigen Gottes‹.« Wenig später wiederholte Gott dieselbe Verheißung: »Und ich will zu Lo-Ammi [›Nicht-mein-Volk‹] sagen: ›Du bist mein Volk‹; und es wird sagen: ›Mein Gott‹« (Hos 2,25).

Paulus schöpfte aus diesen Verheißungen großen Trost: Selbst wenn der größte Teil der Angehörigen des Volkes Israel jetzt im Begriff war, den Messias zu verwerfen und zu straucheln, würde das Volk eines Tages gewiss wiederhergestellt werden. Er lehnte die Vorstellung entschieden ab, dass Gott sein (altes) Volk Israel, das er vorherbestimmt hatte, endgültig und dauerhaft verstoßen hatte oder jemals verstoßen würde. Zwar strauchelte das Volk als Ganzes, aber dies war kein unwiderruflicher Zustand! Ja, eines Tages würde das Volk als Ganzes gerettet werden (Röm 11,1-2.11.26).

Aber damit nicht genug. In den Worten, mit denen Gott vor Jahrhunderten die Wiederherstellung Israels angekündigt hatte, erkannte Paulus zweierlei: Er sah darin sowohl Gottes wohldurchdachte Pläne und Absichten, den Heiden die Ehre zukommen zu lassen, sein Volk zu werden, als auch den Grundsatz, nach dem er dies tun würde. Wenn die Angehörigen des Volkes Israel wiederhergestellt werden sollten, mussten sie zunächst anerkennen, dass sie im Grunde das Recht verwirkt hatten, »Gottes Volk« genannt zu werden. Gott hatte sie zu »Nicht-mein-Volk« erklärt. Wenn er ihnen vergab und sie wiederherstellte und ihnen wieder die ehrenvolle Stellung zuerkannte, »mein Volk« genannt zu werden, würde dies ein Akt der reinen, unverdienten Gnade Gottes sein. Gottes Gnade war also bereit, dies für Israeliten zu tun, die aufgehört hatten, »Gottes Volk« zu sein. Seine Gnade würde dies aus freien Stücken tun. Daraus folgt, dass er sicherlich die gleiche Rettung und Ehre auch gläubigen Heiden gewähren konnte, die in der Vergangenheit nie »Gottes Volk« gewesen waren.

Daran erinnerte der Herr Paulus, als er ihm in der Nacht in Korinth erschien. Paulus hatte es natürlich schon vorher gewusst. Schon auf der Zusammenkunft und Beratung in Jerusalem (Apg 15,14) hatte Jakobus alle Anwesenden daran erinnert, dass Gott nun begonnen hatte,

»aus den Nationen ein Volk zu nehmen für seinen Namen«. Aber die Aussage des Herrn in Korinth war mehr als eine Erinnerung. Sie machte Paulus bewusst, dass der Herr, der mit ihm war, die Strategie für die Evangeliumsverkündigung in der ganzen Welt ausgearbeitet hatte. Das brachte ihn zur Anbetung. »... ich habe ein großes Volk in dieser Stadt«, sagte er zu Paulus, und deshalb galt: »Denn ich bin mit dir, und niemand soll dich angreifen, um dir etwas Böses zu tun« (18,9-10). Gott hatte schon immer gewusst, was er in Korinth zu tun gedachte und wie das Ergebnis aussehen würde. Deshalb hatte er (was Claudius nicht wusste) den kaiserlichen Erlass dazu benutzt, Aquila und Priszilla gerade rechtzeitig nach Korinth zu bringen, um es Paulus zu ermöglichen, in der Stadt Fuß zu fassen. Ja, aus Gottes Sicht war es nämlich kein Zufall, dass Aquila und Priszilla und Paulus (bzw. ihre Eltern) schon viel früher aus eigenem Antrieb beschlossen hatten, den Beruf des Zeltmachers zu ergreifen.

Das »Volk Gottes« zu sein, verlieh Israel die Ehre, das zu sein, was Paulus später als den großen Ölbaum des Zeugnisses Gottes für die Welt bezeichnen sollte (Röm 11,17-24). Als die Juden in der Synagoge von Korinth den Herrn Jesus als Messias letzten Endes mehrheitlich ablehnten und vor den Heiden sowohl ihm als auch seinem Evangelium großen Widerstand entgegenbrachten, beraubten sie sich durch ihr eigenes Handeln der Möglichkeit, ihre gottgegebene Stellung wahrzunehmen; ihr spezieller Zweig würde aus dem Ölbaum ausgebrochen werden. Aber Gott war nie in Verlegenheit im Blick darauf, was er als Nächstes tun sollte. Er hatte es vorausgesehen. Viele Heiden (und natürlich auch einige Juden wie Krispus und seine Familie) würden an den Herrn Jesus als den Messias glauben und sich taufen lassen. Er würde ihnen die Ehre zuteilwerden lassen, »das Volk Gottes« zu sein, so wie es Israel von alters her gewesen war. Obwohl sie wilde Ölbaumzweige waren – einige von ihnen waren sehr wild (1Kor 6,9-11) –, würden sie in den Ölbaum eingepfropft werden (Röm 11,17). Sie würden die Zeugen des Herrn in Korinth werden.

Was in Korinth geschah, würde sich schließlich überall auf der Welt ereignen. Das Zeugnis für den wahren Gott würde überwiegend, wenn auch nicht ausschließlich, von heidnischen Gläubigen weitergeführt werden. In dieser Zeit würden durch dieses Zeugnis Milliarden von einst dem Götzendienst verfallenen Heiden zum Glauben an den Gott

Abrahams, Isaaks und Jakobs kommen. Nach der ihresgleichen suchenden Strategie Gottes würde dies die bis dahin ungläubigen Israeliten zur Eifersucht reizen sowie zu ihrer Umkehr und ihrer Wiederherstellung als Volk Gottes führen, und diese würden dann seine Zeugen in der Welt sein (Röm 11,13-14).

Korinth, die zweite Phase: Der erneute Aufruf an das alte Volk Gottes

Der Widerstand der Synagoge gegen den Anspruch Jesu, der Messias zu sein, führte letztlich nur dazu, dass nebenan eine christliche Gemeinde gegründet wurde, die zudem erstarkte und geistlich wuchs. Angesichts dessen unternahmen die Juden einen weiteren Versuch, das Christentum in der Stadt zu bekämpfen und wenn möglich sogar zugrunde zu richten: Sie brachten Paulus vor das Gericht des neu eingetroffenen römischen Statthalters Gallion. Dort behaupteten sie, Paulus würde die Menschen dazu verleiten, »Gott anzubeten, dem Gesetz zuwider« (Apg 18,13). Es herrscht Uneinigkeit darüber, was genau diese Anklage beinhaltete. Es ist unwahrscheinlich, dass sie Paulus des politischen Verrats beschuldigten, wie es die maßgeblichen Juden in Thessalonich getan hatten (17,6-7), denn in diesem Fall hätte Gallion den Fall nicht so schnell abweisen können.

Das bessere Verständnis des Vorwurfs besteht darin, dass sie mit »dem Gesetz zuwider« einen Verstoß gegen das jüdische Gesetz meinten. Ihren Behauptungen zufolge verstieß der Glaube des Paulus, Jesus sei der Messias, so grundlegend gegen die Überzeugungen des Judentums, dass weder er noch seine minderheitlich jüdische und mehrheitlich heidnische Gemeinde nebenan mit all ihren eigentümlichen Praktiken ein Recht hätten, als rechtmäßiger Teil des Judentums angesehen zu werden.

Der Sinn einer solchen Anklage gegen die Christen vor dem römischen Statthalter war folgender: Die Juden in Korinth (wie auch in anderen Städten) waren eine »zugelassene Gemeinschaft«, das heißt, ihnen war von der römischen Obrigkeit die Religionsausübung gestattet worden, und sie genossen daher alle Privilegien einer derartigen Gemeinschaft und den Schutz des römischen Gesetzes. Was sie also feststellen wollten, war, dass die Christen aufgrund ihres Glaubens, der sie aus dem Judentum heraushob, nicht mehr Teil der zugelassenen Gemeinschaft waren. Sie waren in ihren Augen als solche keine zugelassene Gemeinschaft; sie konnten den Schutz des römischen Gesetzes nicht beanspruchen; und vielleicht[222] verdienten sie eine Strafe dafür, dass sie ohne die notwendige Zulassung handelten.

Die Stichhaltigkeit der von den Juden erhobenen Klage hing davon ab, ob der Glaube der Christen eine so grundlegende Abweichung von der Rechtgläubigkeit und so unvereinbar mit dem wahren Judentum war, wie die örtliche Synagoge behauptete. Das war natürlich eine theologische Frage, und Gallion entschied, dass es nicht Sache eines römischen Gerichts sei, darüber zu urteilen. »Wenn es irgendein Unrecht oder eine böse Handlung wäre, o Juden, so hätte ich euch billigerweise ertragen; wenn es aber Streitfragen sind über Worte und Namen und das Gesetz, das ihr habt, so seht ihr selbst zu; über diese Dinge will ich nicht Richter sein« (18,14-15).

Gallion wies die Klage ab und ließ die Juden vom Gerichtsplatz vertreiben. Daraufhin geriet der Antisemitismus, der in einer heidnischen Stadt nie weit unter der Oberfläche lag, außer Kontrolle: Die Bürger stürmten auf den jüdischen Synagogenvorsteher ein und verprügelten ihn vor dem Gericht. Gallion, so heißt es, zeigte keinerlei Anteilnahme. Aber auch Anhänger anderer Religionen oder Ungläubige sind es schnell leid, wenn konfessionell bedingte Streitigkeiten zwischen scheinbar Gleichgläubigen dazu führen, dass eine Partei versucht, sich vor Gericht einen Vorteil gegenüber der anderen zu verschaffen. Nur wenige Dinge stoßen die Öffentlichkeit mehr ab.

Die Fortsetzung

Die Entscheidung des Gallion machte das Leben der Christen in Korinth – und vielleicht auch anderswo – zweifellos angenehmer, aber sie konnte den grundlegenden Streit zwischen Judentum und Christentum nicht beilegen. Natürlich was das unmöglich. Dieser Zwist und alle anderen Streitigkeiten können von keinem menschlichen Gericht

222 Wie Bruce in seinem Werk *Acts* vorschlägt, NICNT, a.a.O., S. 353. Siehe auch Hemer, *Acts*, a.a.O., S. 119-120.

beigelegt werden. Die endgültige Klärung muss dem Tag entgegensehen, von dem Paulus zu den Athenern sprach. Dann wird Gott die Welt in Gerechtigkeit richten durch einen Mann, den er dazu bestimmt hat (17,31).

Einige Zeit, nachdem Gallion sein Urteil gesprochen hatte, verließ Paulus Korinth in Richtung Syrien; und Lukas fasst nun – wie zu Beginn des fünften Abschnitts, als Paulus nach Europa geführt wurde – die lange Reise des Paulus über Ephesus, Cäsarea (und wahrscheinlich Jerusalem) und dann zurück zum Ausgangspunkt Antiochien in wenigen Versen zusammen (18,18-23). Danach geht es um die Anfänge seiner dritten Missionsreise durch die Regionen Galatien und Phrygien.

Über diese ausgedehnten Reisen werden fast keine weiteren Einzelheiten berichtet, wenn man von einer entscheidenden Information absieht (entscheidend im Sinne dessen, was Gott den Juden in Korinth noch sagen wollte): Als Paulus Korinth verließ, waren Aquila und Priszilla seine Reisebegleiter. Vielleicht seufzten die Juden in Korinth erleichtert auf, als diese »Ruhestörer« abreisten. Aber wenn dem so gewesen ist, dann sollte ihr Frieden nicht lange anhalten.

Als Paulus Ephesus erreichte, ging er wie üblich in die Synagoge – es gab dort noch keine christliche Gemeinde – und diskutierte mit den Juden (18,19). Wie so oft wurde er zunächst gut aufgenommen und eingeladen, länger zu bleiben. Aber dann verspürte er deutlich, dass dem der Wille Gottes entgegenstand. Daher lehnte er ab und verließ den Ort mit dem Versprechen: »… ich werde, wenn Gott will, wieder zu euch zurückkehren« (18,21). Er reiste also ab und ließ Aquila und Priszilla in Ephesus zurück, die natürlich weiterhin die Synagoge besuchten.

An einem Sabbat tauchte ein Mann aus Alexandria auf. Sein Name war Apollos, und etwas von der Gelehrsamkeit, für die diese Stadt früher berühmt gewesen war, schien man bei ihm wiederzufinden. Er war ein sehr gelehrter Mann, der die Schriften des Alten Testaments sehr gut kannte und brennend im Geist war. Er war im Weg des Herrn unterwiesen worden, aber nur bis zu einem gewissen Punkt. Was er über Jesus lehrte, war den Ausführungen des Lukas zufolge zunächst einmal richtig, aber die einzige Taufe, die er kannte, war die Taufe des Johannes. Dennoch setzte er das, was er wusste, in der Synagoge in die Tat um. Die Taufe des Johannes und ihre Bedeutung waren nicht alles, was man über das Christentum wissen oder erfahren konnte, wie uns die erste Geschichte in Satz 4 zeigen wird, wenn wir diesen Teil der Apostelgeschichte erreichen. Aber für Israel war sie eine sehr wichtige Zurüstung und Vorbereitung im Blick auf das Kommen des Messias.

Johannes war von seiner Stellung her der Vorläufer des Messias, und seine Taufe hatte zwei Funktionen. In objektiver Hinsicht diente sie dazu, den Messias anzukündigen und Israel auf ihn hinzuweisen: Er war derjenige, der bei seinem Kommen Männer und Frauen mit Heiligem Geist taufen würde (Lk 3,15-17). Aber in subjektiver Hinsicht sollte die Taufe die Angehörigen des Volkes vorbereiten und ihnen die Augen öffnen, um den Messias bei seinem Kommen zu erkennen und um sein Heil zu »sehen«, indem es ihnen persönlich zugeeignet wurde. Die absolut unerlässliche Vorbereitung, so Johannes, war die Buße. Johannes war ein jüdischer Prophet im klassischen Sinne. Seine Predigt umfasste eine Entlarvung und Brandmarkung der Sündhaftigkeit des Volkes; seine Taufe war sowohl eine Aufforderung zur Umkehr als auch ein öffentlicher Ausdruck dieser Umkehr seitens derer, die sie empfingen (Lk 3,2-6). Ohne diese Umkehr hätte es in Israel beim Kommen des Messias geistlich noch düsterer ausgesehen, als dies ohnehin schon der Fall war.

Im Grunde sind alle Menschen gleich. Die Botschaft des Paulus an die Athener, ob sie nun religiös oder philosophisch eingestellt oder beides waren, war eine göttliche Aufforderung, ihre Unwissenheit und Sündhaftigkeit anzuerkennen und umzukehren. Die Botschaft des Johannes, die er seinen Landsleuten verkündigte, war dieselbe gewesen. Apollos führte die Juden von Ephesus in die jüngste Geschichte bis zur Taufe des Johannes zurück, um sie von der Messiasstellung Jesu zu überzeugen und um sie darauf vorzubereiten, das Heil zu empfangen.

Natürlich gehörte zum christlichen Evangelium mehr als die Taufe des Johannes; und als Priszilla und Aquila Apollos predigen hörten, luden sie ihn zu sich nach Hause ein und erklärten ihm den Weg Gottes noch genauer. Es war eine glückliche Fügung, dass sie sich zu dieser Zeit in Ephesus aufhielten und dies für ihn tun konnten, bevor er, wie berichtet wird, später nach Korinth ging. Anderenfalls wäre es nämlich für die Neubekehrten in der vor Kurzem gegründeten christlichen Gemeinde dort vielleicht etwas peinlich und verwirrend gewesen, einen so profunden Kenner des Alten Testaments und christlichen Prediger unter sich zu haben, der weniger über das Christentum wusste als sie.

So reiste er voll ausgerüstet nach Korinth und »war … den Glaubenden durch die Gnade [Gottes] sehr behilflich; denn kräftig widerlegte er die Juden öffentlich, indem er durch die Schriften bewies, dass Jesus der Christus [Messias] ist« (Apg 18,27-28). Trotz der Spaltung zwischen den Juden und den Christen gab es offenbar noch Möglichkeiten zum Austausch miteinander. Apollos nutzte sie nach Kräften; und wir können sicher sein, dass er nicht vergaß, sie an die Taufe des Johannes, ihre historische Bedeutung sowie ihre moralische und geistliche Wichtigkeit zu erinnern.

Wie gut, dass Gott für dieses letzte Zeugnis gegenüber den Juden in Korinth Vorkehrungen getroffen hatte! Man fühlt sich an das erinnert, was in der letzten Woche des Erdenlebens Christi geschah, als er sich in Jerusalem aufhielt. Die Hohenpriester, die Schriftgelehrten und die Führer des Volkes hatten sich inzwischen längst entschlossen, ihn zu töten, und sie stellten ihn zur Rede, als er dem Volk das Evangelium verkündigte. In ihrer anmaßenden Art verlangten sie von ihm, dass er ihnen sage, welche Vollmacht er habe, das von ihm vollbrachte Werk zu tun, und wer ihm die Vollmacht dazu gegeben habe.

Er antwortete, indem er eine Gegenfrage stellte: »… sagt mir«, sprach er, »die Taufe des Johannes, war sie vom Himmel oder von Menschen?« Sie erkannten sofort die weitreichende Bedeutung dieser Frage, die sie vor der Menge nicht beantworten konnten (Lk 19,47–20,8).

Die Juden in Korinth hatten Jesus, den Paulus ihnen als ihren Messias gepredigt hatte, ebenfalls abgelehnt, wobei sie gelästert und die Christen öffentlich vor dem römischen Statthalter denunziert hatten. Nun war Paulus nicht mehr da, und die Angehörigen der jungen Gemeinde hätten von großer Furcht ergriffen werden können. Aber Gott schickte ihnen Apollos, damit er die öffentliche Debatte mit den Juden führen konnte. Es war Apollos, dieser mächtige Bibellehrer und Exeget, dessen Stärke die Bedeutung der Taufe des Johannes war. Er war eine große Hilfe für die Gläubigen, sagt Lukas. Hoffentlich ist er aufgrund der Gnade Gottes auch für viele in der Synagoge eine Hilfe gewesen, denn sehr oft sind es nicht intellektuelle Schwierigkeiten, sondern die Weigerung zur Abkehr von Sünden, die die Menschen davon abhält zu erkennen, dass Jesus der Christus ist.

SATZ 4

Der Heilige Geist und der Name des Herrn Jesus (19,1-20)

Satz 4 kehrt zu dem Thema zurück, das in Satz 1 so deutlich hervortrat: der Heilige Geist im Gegensatz zu den bösen Geistern des Heidentums. Satz 4 bringt dieses Thema zu einem großen Höhepunkt mit dem Triumph des Wortes des Herrn über den Spiritismus und die okkulten Praktiken, für die die Stadt Ephesus so bekannt war.

In diesem Zusammenhang wird in Satz 4 auch der Name des Herrn Jesus betont. In der ersten Hälfte des Satzes empfangen die zwölf Jünger in den Versen 1-7 den Heiligen Geist, als sie auf den Namen des Herrn Jesus getauft werden. In der zweiten Hälfte des Satzes ist es der versuchte Missbrauch des Namens des Herrn Jesus durch bestimmte jüdische Geisterbeschwörer (19,13), der dazu führt, dass diese durch einen bösen Geist überwältigt werden (19,15-16). Dies wiederum hat zur Folge, dass der Name des Herrn Jesus in ganz Ephesus erhoben wird (19,17).

Diese Betonung bringt uns zurück zu dem grundlegenden Element des christlichen Evangeliums, das den ersten Abschnitt der Apostelgeschichte ausfüllt: die Beziehung zwischen dem auferstandenen Herrn Jesus und dem Heiligen Geist Gottes. Die Ausgießung des Heiligen Geistes durch den auferstandenen Jesus zeigte, dass Gott ihn sowohl zum Herrn (im höchstmöglichen Sinne dieses Begriffs) als auch zum Messias gemacht hatte (2,33-36). Die Ausgießung des Heiligen Geistes verschaffte allen, die an den Herrn Jesus glaubten, eine höhere geistliche Stellung und eine höhere Erfahrung als je zuvor.

Aber nun analysiert Satz 4 für uns die Erfahrung zweier sehr unterschiedlicher Gruppen von Juden. Im ersten Fall fehlte den Betreffenden in geistlicher Hinsicht noch Entscheidendes, und im zweiten Fall war der geistliche Zustand der entsprechenden Leute erschreckend, obwohl sie den Namen des Herrn Jesus im Munde führten und behaupteten, Geisterbeschwörer zu sein. Damit zeigt dieser Satz uns noch einmal – indem er es von diesem besonderen Gesichtspunkt aus tut –, worin der wahre christliche Glaube besteht.

Der Aufenthalt des Paulus in Ephesus (1): Der Heilige Geist und die unzureichende christliche Erfahrung

Der Fall der zwölf Männer in Ephesus war und ist sehr umstritten, und deshalb müssen wir bei unserem Anliegen, ihn zu verstehen, versuchen, dem Gedankenfluss der Erzählung so genau wie möglich zu folgen.

Die zwölf Männer werden als »Jünger« bezeichnet, wobei nicht gesagt wird, wer diese Jünger waren und worin ihre Jüngerschaft bestand. Als Paulus ihnen begegnete, fragte er sie: »Habt ihr den Heiligen Geist empfangen, nachdem ihr gläubig geworden seid?« (19,2). Wahrscheinlich stellte er ihnen diese Frage, weil er einen geistlichen Mangel bei ihnen spürte. Aber ob so oder so – ihre Antwort verriet, dass es in der Tat einen Mangel an geistlicher Erfahrung gab. »Wir haben nicht einmal gehört, ob der Heilige Geist da ist«, sagten sie (19,2). Ihre Erwiderung erscheint seltsam, ähnelt aber der Aussage in Johannes 7,39: »… noch war der Geist nicht da, weil Jesus noch nicht verherrlicht worden war.« Die Bedeutung in Johannes 7,39 ist klar: Der Heilige Geist war noch nicht gekommen und würde erst nach der Auferstehung des Herrn Jesus von den Toten und nach seiner Himmelfahrt kommen (siehe Joh 16,7). Deshalb geben viele Bibelübersetzungen den Vers so wieder: »Der Geist war noch nicht gegeben worden …«[223] Vermutlich ist der Antwort der zwölf Männer eine ähnliche Bedeutung beizumessen. Aber wie konnte es sein, dass sie (vermutlich) behaupteten, Jünger des Herrn Jesus zu sein, und dennoch nicht gehört hatten, dass der Heilige Geist gekommen war? Wo waren sie denn die ganze Zeit über gewesen? Und in welchem Sinne waren sie Jünger, wenn dies der Fall war?

»Worauf seid ihr denn getauft worden?«, fragte Paulus. »Auf die Taufe des Johannes«, antworteten sie. Und das erklärte die Dinge. Die Taufe des Johannes war eine Taufe der Buße, wie wir gerade gesehen haben. Diejenigen, die sie annahmen, folgten dem Aufruf des Johannes zur Umkehr, um sich auf das Kommen des Messias vorzubereiten. Diese Männer hatten also Buße getan, hatten ihre Sünden aufrichtig bekannt, waren öffentlich getauft worden, um ihre Buße zum Ausdruck

223 A. d. H.: Dies gilt besonders für den englischsprachigen Bereich.

zu bringen, und hatten seitdem zweifellos ihr Bestes getan, um in Übereinstimmung mit ihrer Haltung zu leben.

Um Christ zu werden, ist Buße gewiss notwendig, aber sie allein reicht nicht aus. Es ist noch etwas anderes erforderlich. Und worin dies besteht, erklärte Paulus ihnen, indem er darauf hinwies, was Johannes der Täufer selbst in Bezug auf das zusätzlich zur Buße Notwendige gesagt hatte. »Johannes«, so Paulus, »taufte mit der Taufe der Buße und sagte dem Volk, *dass sie an den glauben sollten, der nach ihm käme*, das ist an Jesus« (Apg 19,4).

Das war offensichtlich neu für sie, denn wenn nicht, warum hätte Paulus sie dann darauf hingewiesen? Und wieso war das Hören so entscheidend und von so großem Stellenwert für ihre Erfahrung? »Als sie es aber gehört hatten«, sagt Lukas, »wurden sie auf den Namen des Herrn Jesus getauft; und als Paulus ihnen die Hände aufgelegt hatte, kam der Heilige Geist auf sie« (19,5-6). Und nicht nur das. Ihr Fall wurde richtungsweisend für später. Er sollte für alle Zeiten den entscheidenden Unterschied aufzeigen zwischen einem Jünger, der zwar Buße getan, aber noch nicht persönlich an den Herrn Jesus geglaubt hat, und einem, der ebendies getan hat. Bei dieser Gelegenheit hob der Heilige Geist öffentlich den Unterschied durch ein besonderes und deutliches Zeichen hervor: »... der Heilige Geist (kam) auf sie, und sie redeten in Sprachen und weissagten.«

Die klassische Erklärung der Schritte, die notwendig sind, um ein Christ im wahren und vollen Sinne des Wortes zu werden, gibt Paulus später in der Apostelgeschichte, und zwar in seiner Ansprache an die Ältesten der Gemeinde in Ephesus (20,21). Es sind zwei Schritte, nicht nur einer: Buße vor Gott *und* Glaube an unseren Herrn Jesus. Dass es möglich ist, den ersten Schritt zu tun, ohne den zweiten zu gehen, zeigt gerade diese Geschichte von den zwölf Männern. Es ist zu befürchten, dass es viele Menschen gibt, die sich im Grunde noch in der gleichen Lage befinden wie diese Männer, bevor sie Paulus begegneten. Auch diese Menschen in unserer Zeit haben aufrichtig bereut; sie bekennen Gott ständig ihre Sünden, und im Allgemeinen nehmen sie als Tatsache an, dass Jesus der Retter der Welt ist. Aber nach ihrem eigenen Eingeständnis fehlt ihnen der Friede mit Gott und die Gewissheit in ihrem Herzen, dass sie *ohne jeden Zweifel* durch Christus vor dem Zorn Gottes gerettet werden. Nun ist es dem Heiligen Geist wohlgefällig, allen, die an den Herrn Jesus glauben, diesen Frieden und diese Gewissheit zuzueignen (Röm 5,1-11). Wo also dieser Friede und diese Gewissheit fehlen, könnte dies darin begründet sein, dass der Betreffende zwar den ersten Schritt der Umkehr getan hat, aber noch nicht den zweiten. Vielleicht liegt dies daran, dass er nicht versteht, was es bedeutet, persönlich an den Herrn Jesus zu glauben. Möglicherweise weiß er – wie die zwölf Männer in Ephesus – auch nicht, dass dieser zweite Schritt folgen muss.

Eine Frage bleibt: Warum bestand Paulus, als diese Männer glaubten, darauf, dass sie sich noch einmal taufen ließen? Sie waren doch schon mit der Taufe des Johannes getauft worden. Warum mussten sie sich erneut taufen lassen, diesmal auf den Namen des Herrn Jesus? Wir können sicher sein, dass dies nicht aus engstirnigen, gesetzlichen oder rituellen Gründen geschah. Es ging darum, einen notwendigen und bedeutsamen Sachverhalt hervorzuheben: Menschen, die noch nicht persönlich an den Herrn Jesus geglaubt haben, sind noch keine Christen im vollen und wahren Sinne des Wortes. Wenn sie zum ersten Mal diesen entscheidenden Schritt tun und gläubig werden, dann – und nur dann – ist es sinnvoll, dass sie auf den Namen des Herrn Jesus getauft werden. Es hätte ein schlechtes Licht auf Paulus geworfen, wenn er die Welt hätte glauben lassen, dass die mangelhafte Erfahrung der zwölf Männer vor ihrem Glaubensschritt und vor dem Empfang des Heiligen Geistes wahres, vollwertiges Christentum gewesen sei.

Dass den zwölf Männern hinsichtlich ihrer geistlichen Erfahrung etwas fehlte, hatte eine offensichtliche Ursache: ihre mangelnde Kenntnis des Wortes des Herrn. Daraus folgt, dass man diese Art des geistlichen Mangels nur beheben kann, wenn man das Wort Gottes predigt und auslegt. Mit großer Freude liest man davon, wie Paulus diese Aufgabe in Angriff nahm. Drei Monate lang predigte er freimütig in der Synagoge. Als die maßgeblichen Juden, wie zuvor in Korinth, seine Botschaft ablehnten und den Weg (d.h. das christliche Bekenntnis) öffentlich verleumdeten, verließ Paulus die Synagoge und nahm die Jünger mit in die Schule eines gewissen Tyrannus, wo er Tag für Tag zwei Jahre lang predigte, bis im Grunde alle, die in der Provinz Asia lebten – ob Juden oder Griechen – das Wort des Herrn hörten (Apg 19,8-10). Infolgedessen wurde nicht nur die Gemeinde in Ephesus gegründet und auferbaut, sondern es entstanden auch Gemeinden an Orten, die Paulus selbst nie besucht hatte, da die durch seine Predigt Bekehrten in Ephesus selbst zu Verkündigern des Wortes wurden. Die Gemeinde in Kolossä war nur ein Beispiel dafür. Sie wurde von Epaphras, der sich durch Paulus bekehrt hatte, gegründet.

Der Aufenthalt des Paulus in Ephesus (2): Böse Geister und falsche christliche Praktiken

Die Geschichte des Geistmediums in Philippi hat bereits verdeutlicht, dass das Christentum vom Spiritismus unterschieden werden muss – ja, dass es sich kompromisslos gegen den Spiritismus stellt. Nun kehrt die letzte große Geschichte in Satz 4 bzw. im gesamten fünften Abschnitt zu einem ähnlichen Punkt zurück und unterstreicht ihn: Das Christentum hat absolut nichts damit zu tun; weder die schwarze noch die weiße Magie können sich darauf berufen – es ist ihr unerbittlicher Feind.

Ephesus war schon in der Antike für jede Form von Magie und okkulten Praktiken bekannt; und das will etwas heißen angesichts der Tatsache, dass die gesamte antike Welt davon durchdrungen war. Leider war die Magie nicht nur in der heidnischen Welt weit verbreitet: Sie war auch in bestimmte Bereiche des Judentums eingedrungen, so wie sie in späteren Jahrhunderten auch in das Christentum eindrang und wie dies bis heute der Fall ist. »Die Magie nicht zu berücksichtigen«, schreibt Dr. P. S. Alexander, »hieße, einen Bereich von ungeheuer großer Bedeutung für das Studium des frühen Judentums zu vernachlässigen … Die Magie blühte unter den Juden, obwohl sie von den maßgeblichen religiösen Führern nachdrücklich und beharrlich verurteilt wurde.«[224] Wir werden jetzt ein trauriges Beispiel dafür sehen. Der Sinn dieser Geschichte besteht darin, die Behauptung der Magie als falsch zu entlarven, eine legitime Form oder Anwendung des christlichen Glaubens zu sein. Aus diesem Grund berichtet auch Lukas darüber.

Aber zunächst müssen wir bei unserer Reaktion gegenüber der Magie vermeiden, die entgegengesetzte Ansicht zu übernehmen und diesem Bereich jeden Realitätsbezug abzusprechen. An vielen Stellen

224 Siehe E. Schürer, *The History of the Jewish People*, Bd. 3.1, S. 342. A. d. H.: Die bibliografischen Angaben zu Bd. 3.1 dieses Gesamtwerkes von E. Schürer fehlen im Anhang des Originals. Dort wird lediglich auf Bd. 2 verwiesen.

im Neuen Testament wird deutlich, dass es von der Existenz eines personenhaften Teufels und böser Geister, von der Möglichkeit der Besessenheit durch Dämonen und von der Notwendigkeit ausgeht, sie auszutreiben. Die liberale Theologie hat die Existenz dieser Dinge oft geleugnet und sie entweder der ausufernden Fantasie von Christen zugeschrieben, die in einem vorwissenschaftlichen Zeitalter lebten, oder sie als Elemente der Magie erklärt, die sich aus der sie umgebenden heidnischen Welt in das ursprüngliche Christentum eingeschlichen haben. Aber das ist völlig unzureichend. Solche Erklärungen stellen die Vollmacht und die Praxis des Herrn Jesus selbst infrage. Von ihm wird oft berichtet, dass er böse Geister ausgetrieben hat. Jemand, der sich in der Frage des Bösen so sehr irrte, dass er mit nicht existierenden Geistern rang, würde damit jeden Anspruch darauf verlieren, der Retter der Welt, geschweige denn der menschgewordene Gott zu sein.

Dieser Abschnitt der Apostelgeschichte beginnt mit einer Aufzählung außergewöhnlicher Wunder, die Gott durch Paulus während seines Aufenthalts in Ephesus tat. Sie waren Wunder, aber keine Zauberei. Achten Sie auf die sorgsam gewählte Formulierung des Lukas in Vers 11: Gott tat die Wunder durch die Hände des Paulus. Bei dieser Gelegenheit benutzte Gott ungewöhnliche Methoden. Lukas räumt das nicht nur ein, er macht auch darauf aufmerksam. Gott benutzte sogar die Schweißtücher und Schürzen des Paulus. Aber es war Gott, der die Macht ausübte und die Wunder tat; in den Schweißtüchern und Schürzen war keine magische Kraft verborgen. Wenn ein hoher Offizier des britischen Königs jemandem seinen Amtsstab auf die Schulter legt und ihm befiehlt, dies oder jenes zu tun, drückt der Stab sicherlich die Autorität des Königs aus, die dem Offizier übertragen wurde. Damit wird der Befehl bekräftigt, aber es ist keine magische Kraft in dem Stab selbst verborgen. Worin besteht nun der Unterschied zwischen dem Wirken des Paulus und dem, was die sieben Juden taten (oder versuchten zu tun), von denen wir gleich lesen werden?

Die antike Welt war – wie gesagt – voll von denen, die sich des Okkulten bedienten und die ihren Lebensunterhalt damit bestritten, dass sie behaupteten, Krankheiten heilen und Dämonen austreiben zu können. Unter ihnen waren auch Juden, und Lukas lenkt unsere Aufmerksamkeit auf eine bestimmte Familie, einen Vater und sieben Söhne. Der Vater, so sagt Lukas, war ein Hoherpriester der Juden. Wir wissen nicht, ob es sich um einen falschen Titel handelte, den dieser Mann angenommen hatte, um sein berufliches Ansehen zu steigern, oder ob er in Wirklichkeit der Sohn einer jüdischen hohenpriesterlichen Familie war. Wenn Letzteres der Fall war, ist es ein sehr trauriger Anblick, einen Mann aus einer solchen Familie in einer derartigen geistlichen Verkommenheit zu sehen. Wie dem auch sei, seine sieben Söhne bedienten sich, wie viele andere jüdische Magier, okkulter Praktiken. Sie pflegten den Namen des Herrn Jesus über die von Dämonen Besessenen anzurufen. Sie sagten: »Ich beschwöre euch bei dem Jesus, den Paulus predigt!« (19,13). Das ist das Wesen des Aberglaubens und der Magie im Unterschied zum Glauben.

»Aber sie müssen doch an Jesus geglaubt haben, um seinen Namen anrufen zu können«, wird jemand einwenden. »Immerhin verdienten sie ihren Lebensunterhalt mit Exorzismus und ähnlichen Dingen, und natürlich würden sie keinen Namen verwenden, an den sie nicht glaubten.«

Doch das wirft wieder die Frage auf: Was ist Glaube? Die Tatsache, dass diese Männer dem Namen Jesus eine gewisse Kraft zuschrieben, bedeutet nicht, dass sie an den Herrn Jesus im biblischen Sinne glaubten. Es gehörte beispielsweise zur Praxis heidnischer Exorzisten, unter den vielen Namen, die sie in Zaubersprüchen und Beschwörungsformeln verwendeten, auch den alttestamentlichen Namen Gottes zu nennen. C. J. Hemer führt als Beispiel eine heidnische Tafel aus Puteoli an, die eine Beschwörung enthält, die das Wort *Sabaoth*, den heiligen Namen *Iao* (= Jahwe) und *El* zusammen mit Namen wie *Michael* und *Nephtho* umfasst.[225] Der viel zitierte »Magische Papyrus« in Paris enthält die Formulierung: »Ich beschwöre dich bei dem Jesus, dem Gott der Hebräer.«[226] In neutestamentlicher Zeit wurde der Name Gottes, Jahwe, von den Juden als so heilig angesehen, dass ihn in orthodoxen Kreisen niemand aussprechen durfte. Sie verwendeten, wie auch heute noch, einen Ersatznamen. So wurde er zu einer Art Geheimname, wobei in den Augen der Magier die Kenntnis dieses Geheimnamens ihnen

225 Hemer, *Acts*, a. a. O., S. 121. A. d. H.: Nephtho ist der Name einer ägyptischen Gottheit.

226 A. d. H.: Eine englischsprachige Wiedergabe findet sich auf folgender Website: https://www.roger-pearse.com/weblog/2009/11/09/the-paris-magical-codex/ (abgerufen am 11. 1. 2024).

große Macht verlieh. Es war ein Name, dessen man sich in der Magie bedienen konnte.

Dass die Heiden den Namen Gottes auf diese Weise benutzten, war eindeutig nicht gleichbedeutend mit dem wahren Glauben an Gott. Ganz im Gegenteil. Sie gebrauchten in ein und demselben Atemzug sowohl den Namen Gottes als auch den des Erzengels Michael und von Nephtho, und dies bedeutete, dass sie die Einzigartigkeit Gottes leugneten: *Iao* (eine Form von Jahwe) war für sie nur ein mächtiger Name unter vielen. Das war an sich schon gotteslästerlich.[227] Außerdem blieb dabei die moralische Wesensart Gottes unberücksichtigt: Iao war für sie einfach eine übernatürliche Geistermacht, und alles, woran sie interessiert waren, bestand darin, sich diese Macht zu ihrem Nutzen gefügig zu machen. Die moralische Wesensart Gottes interessierte sie genauso wenig wie den modernen Menschen der »moralische Charakter« der Elektrizität, die er in vielfältiger Hinsicht nutzt. Sie interessierten sich nicht für Gott als Person, sondern nur für seinen Namen, den sie in Zaubersprüchen oder Beschwörungsformeln verwendeten.

Das Gleiche galt für die Söhne Skevas. Sie waren weder an der moralischen Lehre Christi noch an seinen geistlichen Ansprüchen interessiert. Sie hatten nicht im biblischen Sinne an den Herrn Jesus geglaubt: Sie hatten sich nicht von ihren Sünden abgekehrt und nicht Vergebung und Versöhnung mit Gott durch den Glauben an den Herrn Jesus gesucht. Sie waren keine Christen: Sie gaben nie vor, Gläubige im christlichen Sinne zu sein. Für sie war Jesus einfach der Name einer großen Geistermacht in der jenseitigen Welt, die ein erfahrener Magier für sich nutzbar machen konnte, sofern er die entsprechende Wortfügung, den Zauberspruch oder die Beschwörungsformel dafür kannte. Sie hatten die Wunder beobachtet, die Paulus im Namen des Herrn Jesus vollbracht hatte, und hielten diesen Namen für ein nützliches Mittel, das sie in ihr Repertoire aufnehmen konnten. Sie hatten keine persönliche Beziehung zum Herrn, wie die Formel zeigt, die sie zu verwenden suchten: »… bei dem Jesus, *den Paulus predigt …«* (19,13). Ihre Haltung entsprach derjenigen der modernen Theosophie oder

227 Bei dem, was Paulus in 1. Timotheus 5,21 sagt, geht es um eine Aufforderung an Timotheus. Dort bezeugt Paulus etwas vor Gott, Christus Jesus und den auserwählten Engeln. Es beinhaltet keine Beschwörung dahin gehend, als würden die drei genannten Personen bzw. Personengruppen auf einer Stufe stehen.

einiger Formen des Buddhismus, denen zufolge Jesus der sogenannten »Weißen Bruderschaft«[228] angehört oder ein Buddha ist, der der Notwendigkeit der Reinkarnation entgangen ist und zusammen mit vielen anderen solchen Wesen zur Verfügung steht, um den Menschen – Männern und Frauen – zu helfen, wenn sie nur die richtige Technik kennen und anwenden, um ihn zum Eingreifen zu bewegen.

Das entspricht weder der wahren christlichen Lehre, noch ist es wahrer Glaube. Im besten Fall handelt es sich um krassen Aberglauben, im schlimmsten Fall um Dämonenglauben. Die spezielle Version in Ephesus wurde als das entlarvt, was sie war: Sie ließ die betreffenden Männer zu den Opfern eines Gegenangriffs der Geisterwelt werden, die nur allzu real ist. Und auch heute noch sind diejenigen, die behaupten, die Kräfte der Geisterwelt nutzen zu können, in Wirklichkeit nicht ihre Meister, sondern ihre Opfer.

Die Fortsetzung

Als der Vorfall bekannt wurde, so berichtet Lukas, fiel Furcht auf alle, und der Name des Herrn Jesus wurde erhoben (19,17). Ja, der von Lukas gewählte, wohlüberlegte Gebrauch der Wendung »der Herr Jesus« in diesem Satz (19,5.13.17) hebt sich deutlich von der Art und Weise ab, wie Skevas sieben Söhne und der böse Geist selbst sich einfach auf »Jesus« bezogen (19,13.15).[229] Damit hat er uns sicherlich ein Muster dafür vorgegeben, wie diesbezüglich gebührende Ehrfurcht aussieht.

Die Wirkung auf diejenigen, die bereits gläubig waren, war besonders tief gehend. Die Furcht vor dem Spiritismus hält sich manchmal bei Bekehrten aus dem Heidentum noch lange, da sie durch die gängigen Praktiken ihrer Familien und durch sozialen Druck verstärkt wird. Aber nun waren diese Gläubigen durch diesen Erweis der Autorität des

228 A.d.H.: Höchstwahrscheinlich ist damit die »Universelle Weiße Bruderschaft« gemeint, die auf den Bulgaren Petar Danow (1864–1944) zurückgeht. Sie darf nicht mit der »Weißen Bruderschaft« verwechselt werden, die in den 1990er-Jahren in der Ukraine und anderen Staaten bestand.

229 Siehe 1.Korinther 12,2-3. Die endlose Wiederholung des einfachen Namens »Jesus« durch »hyper-spirituelle« Gruppen, als ob es sich um eine Form der Beschwörung handeln würde, ist ein beunruhigendes Merkmal. A.d.H.: Die in weiten Teilen der Charismatischen Bewegung übliche Praxis kommt dem gefährlich nahe.

Herrn Jesus befreit und zugleich schockiert, als sie die wahre Natur des Spiritismus erkannten. Als solche kamen und bekannten sie, dass sie heimlich einige dieser unheilvollen Praktiken fortgesetzt hatten. Viele brachten auch ihre Bücher über okkulte Künste mit und verbrannten sie öffentlich, wobei man anschließend den Wert der Bücher auf einen Millionenbetrag schätzte.

»So wuchs das Wort des Herrn mit Macht und nahm überhand«; und obwohl diese Bemerkung eine der formalen Zusammenfassungen des Lukas ist, die das Ende dieses Abschnitts und den Beginn des nächsten (19,21) markiert, ist sie nicht ohne Funktion. Das Bollwerk gegen den Aberglauben ist der Glaube; und der wahre Glaube kommt durch das Wort Gottes – dadurch, dass es gelesen und verkündigt wird (Röm 10,17). Der Herr Jesus selbst begegnete den Versuchungen des Teufels in der Wüste mit den detaillierten und verbindlichen Aussagen des Wortes Gottes, das gedanklich verstanden, im Herzen geglaubt und im Leben angewendet werden muss (Lk 4,4.8.12). Wenn der Glaube an das Wort Gottes geschwächt oder zerstört wird, kommt es nicht nur zum Unglauben als solchem, sondern es wird auch der Zersetzung des Christentums durch den alten Aberglauben und die okkulten Praktiken des antiken und modernen Heidentums Tür und Tor geöffnet, wie zum Beispiel in der New-Age-Bewegung. Alle Christen müssen auf der Hut sein. Der Wunsch nach sofortiger geistlicher Erfahrung kann sowohl Einzelne als auch Gemeinden dazu führen, dass sie ernsthaftes Bibelstudium und biblisch fundierte Verkündigung vernachlässigen. Sie können der Versuchung erliegen, die Bedeutung der Heiligen Schrift zugunsten aufregenderer Programme und Methoden herunterzuspielen. Aber dieser Versuchung muss man um jeden Preis widerstehen, wenn der wahre geistliche Kampf gewonnen werden soll.

ABSCHNITT 6

Das Christentum und die Verteidigung sowie Bekräftigung des Evangeliums (19,21 – 28,31)

Einleitende Beobachtungen

Im sechsten und zugleich letzten Abschnitt seines Werkes erfährt die geschichtliche Darstellung des Lukas eine weitere auffällige Veränderung. Der Abschnitt beginnt mit der Feststellung, dass Paulus nach zwei Jahren und drei Monaten anhaltenden und bemerkenswert fruchtbaren Dienstes in Ephesus in seinem Geist den starken Impuls verspürte, dass er noch einmal nach Jerusalem und danach – zum ersten Mal überhaupt – nach Rom reisen sollte (19,21). Mit diesen Absichten verließ er schließlich Ephesus.

Wären die Dinge ganz so gelaufen, wie er es sich vorgestellt hatte, hätte er vielleicht weiterhin das Evangelium auf dieselbe Art und Weise verkündigen können wie zuvor, und der Bericht des Lukas hätte vielleicht weitere Zusammenfassungen seiner Predigten enthalten können. Aber der Fortgang der Ereignisse war ganz anders. Als er Ephesus verließ, reiste er nach Mazedonien und ermutigte die neuen Gemeinden. Danach verbrachte er drei Monate in Griechenland, wo er vermutlich dasselbe tat. Doch gerade zu dem Zeitpunkt, da er nach Syrien auslaufen wollte, fand er heraus, dass die dortigen Juden einen Anschlag gegen ihn geplant hatten. Statt auf dem Seeweg reiste er daher zunächst auf dem Landweg durch Mazedonien zurück nach Norden. Doch als er seine Reise fortsetzte, stieß er in jeder Stadt, in die er kam, auf Warnungen des Heiligen Geistes, dass ihm Bedrängnisse, Fesseln und Gefangenschaft bevorstünden (20,22-24). Er ließ sich nicht entmutigen und zog weiter, aber er war kaum zwei Wochen in Jerusalem, als sich die Warnungen zu bewahrheiten begannen. Im Tempel brach seinetwegen ein Aufruhr aus, der ihm fast das Leben gekostet hätte. Daraufhin wurde er von der römischen Armee verhaftet und verbrachte die nächsten vier Jahre als Gefangener.

Vorbei waren die Zeiten, in denen er das Evangelium frei in den Synagogen oder auf den Marktplätzen gepredigt hatte. Stattdessen begann für ihn eine Reihe von Verhören, gerichtlichen Untersuchungen, Berufungen und Prozessen.

So ermüdend sie auch gewesen sein müssen und so frustrierend die dazwischenliegenden Monate und Jahre des Wartens im Gefängnis oder unter Hausarrest ihm auch manchmal erschienen sein müssen, so boten sie Paulus doch viele Gelegenheiten, das zu tun, was er zuvor nicht in gleicher Weise hatte tun müssen. Bis dahin hatte er das Evangelium ohne Umschweife gepredigt und dargelegt und mit seinen Zuhörern darüber gesprochen; nun war er gezwungen, es zu verteidigen.

Es bedarf keiner langen Argumentation, um zu beweisen, dass es weise von Lukas war, den Rest seines Buches mit einem Bericht über die Verteidigung des Paulus zu füllen. Wenn er gewollt hätte, hätte Lukas zweifellos noch viele weitere Beispiele von den Predigten des Paulus einfügen und von den Reisen erzählen können, die er unternahm. Er hätte auch von den Gemeinden berichten können, die er gründete, nachdem er schließlich aus dem Gefängnis entlassen wurde. Aber ein paar weitere Beispiele seiner Verkündigungen hätten unserem Verständnis des von ihm gepredigten Evangeliums nur wenig hinzugefügt, da sich diese Predigten nicht wesentlich von denen unterschieden, deren Zusammenfassungen wir bereits erhalten haben. Auch eine Beschreibung seiner weiteren Reisen und Gemeindegründungen hätte uns nicht wesentlich mehr Informationen über die Art seiner Arbeit gegeben, sondern nur deren Umfang größer werden lassen.

Andererseits können wir den letzten Abschnitt des Lukas nicht lesen, ohne uns bewusst zu machen, dass in den vergleichsweise wenigen Jahren, in denen Paulus das Evangelium gepredigt und christliche Gemeinden in ganz Kleinasien und in Teilen Europas gegründet hatte, schwerwiegende Missverständnisse und falsche Darstellungen sowohl seines Evangeliums als auch seines Verhaltens weite Verbreitung gefunden hatten. Hätte man es zulassen können, dass sich diese Missverständnisse und Falschdarstellungen ungehindert ausbreiten konnten, ohne dass sie öffentlich und auf höchster Ebene[230]

230 A.d.H.: Damit ist hier und im Folgenden gemeint, dass sich Paulus jeweils vor den höchsten Vertretern der religiösen und weltlichen Obrigkeit verteidigen musste.

zurückgewiesen und widerlegt worden wären? In diesem Fall hätte es bald viele Orte gegeben, in denen vernünftige und sachkundige Menschen nicht mehr geneigt gewesen wären, das Evangelium auch nur anzuhören, geschweige denn ihm zu glauben. Ja, mehr noch: Selbst viele Christen – vor allem in Städten wie Jerusalem – waren durch die vorherrschenden, aber falschen Gerüchte darüber, wofür Paulus stand, verwirrt. Sie hätten durchaus zu dem Schluss kommen können, dass er ein gefährlicher Außenseiter war, wenn nicht sogar von der rechten Lehre abwich. Es war daher dringend notwendig, dass für Paulus eine Unterbrechung seiner Arbeit als Pioniermissionar folgte und er das Evangelium nicht einfach nur predigte, sondern es auf höchster Ebene sowohl in Jerusalem im Osten als auch in Rom im Westen verteidigte.

Die Missverständnisse und Falschdarstellungen würden natürlich nicht aufhören, sobald Paulus das Evangelium öffentlich verteidigt hatte. Deshalb war es auch dringend notwendig, dass Lukas seine Verteidigung aufzeichnete und ihr in seinem damaligen Umfeld die größtmögliche Verbreitung ermöglichte. Und auch heute noch ist Paulus nicht überall der beliebteste der Apostel und sein Evangelium nicht die am leichtesten verständliche und willkommene Heilsbotschaft. Die Menschen reagieren auf die Ausführungen des Johannes über die Liebe Gottes; sie identifizieren sich mit Petrus – mit dem Apostel, der den Herrn einst verleugnete – und schätzen seine warmherzigen, mitfühlenden Ermahnungen. Sie bewundern die konsequente Forderung des Jakobus nach einem rechten Leben und guten Werken in der Praxis des Glaubens. Aber Paulus mit seinem Beharren auf der Rechtfertigung durch den Glauben aus Gnade und seiner Verurteilung der Erlösung durch Werke erscheint den einen als abstoßender Gesetzesverfechter und den anderen als das genaue Gegenteil – als gefährlicher Vertreter derjenigen, die die Bedeutung des Sittengesetzes leugnen. Es war also die Weisheit Gottes, die Lukas dazu veranlasste, den letzten Abschnitt seines Werkes dem Anliegen zu widmen, das Evangelium und Paulus als Person zu verteidigen. Damit können auch wir alle Missverständnisse ausräumen.

Einige der Missverständnisse in Bezug auf Paulus waren einfach völlig abwegig. Der römische Oberste, der ihn vor dem Mob in Jerusalem rettete, hielt ihn für den ägyptischen Anführer einer viertausendköpfigen Terrorgruppe (21,37-39)! Andere Anschuldigungen, die gegen ihn erhoben wurden, waren zumindest fadenscheinig. Der von sich überzeugte Redner, der von den Juden in Dienst genommen wurde, um die Anklage vor Felix vorzutragen, behauptete: »… wir haben diesen Mann als eine Pest befunden und als einen, der unter allen Juden auf dem Erdkreis Aufruhr erregt« (24,5). Nun, es war unbestreitbar, dass in Städten wie Thessalonich und Beröa Unruhen wegen Paulus und seiner Predigt ausgebrochen waren, aber wer die Unruhen ausgelöst hatte, war – wie wir bereits gesehen haben – eine ganz andere Frage.

Andere Fehldeutungen der Lehre und des Verhaltens des Paulus waren verständlicher. Sie entstanden, weil die Menschen eine einseitige Darstellung des Wirkens und der Lehre des Paulus erhalten hatten und daraus scheinbar berechtigte, aber tatsächlich falsche Schlüsse zogen. In diesem Zusammenhang hören wir, wie Paulus diese Fehldeutungen ausräumt und seinen Zeitgenossen alles erklärt. Dabei werden auch wir vielleicht davor bewahrt, aus dem, was wir in den früheren Abschnitten der Apostelgeschichte bisher über seine Lehre und Praxis gelesen haben, falsche Schlüsse zu ziehen.

Nehmen wir nur ein Beispiel. Paulus stimmte sowohl in der Theorie als auch in der Praxis mit der Lektion überein, die Petrus im dritten Abschnitt gelehrt wurde: Gott hatte die Speisegesetze und die Gesetze der rituellen Reinheit aufgehoben, die Petrus davon abgehalten hatten, in heidnische Häuser zu gehen und mit Heiden Tischgemeinschaft zu haben. Diese alte »Zwischenwand der Umzäunung« war niedergerissen worden. Petrus war nicht nur frei, mit Heiden zu essen, sondern in christlichen Kreisen hatte er sogar die Pflicht, mit ihnen Tischgemeinschaft zu haben. Sich zu weigern, mit ihnen zu essen, oder sich von den gemeinsamen Mahlzeiten mit ihnen fernzuhalten, wäre eine stillschweigende Verleugnung des Evangeliums gewesen. Dementsprechend musste Paulus ihn bei einer späteren Gelegenheit scharf ermahnen (Gal 2,11-21). Aber so fest Paulus diesen Grundsatz auch glaubte und praktizierte, er wäre nie auf die Idee gekommen, ihn vom Christentum auf das Judentum zu übertragen. Wenn er sich im Tempel in Jerusalem aufhielt, versuchte er nicht, die Gesetze der rituellen und zeremoniellen Reinheit zu ändern, noch missachtete er sie. Im Gegensatz zu dem, was die Juden aus der Provinz Asia behaupteten (Apg 21,28-29), versuchte er nicht ein einziges Mal, Heiden – nicht einmal Heidenchristen – in die Teile des Tempels zu bringen, die ihnen nicht zugänglich waren.

Es ist also leicht zu erkennen, dass es klug von Lukas war, den letzten Abschnitt seines Werkes der Verteidigung des Evangeliums durch Paulus zu widmen. Nicht ganz so leicht zu erkennen ist auf den ersten Blick (zumindest für viele Leser), warum er sie so ausführlich aufgezeichnet hat. Sie macht etwa ein Drittel des Buches aus, und dabei scheint er sich – ebenfalls auf den ersten Blick beurteilt – des Mittels einer gewissen Wiederholung bedient zu haben.

Die enorme Ausführlichkeit lässt sich zum einen dadurch erklären, dass Lukas während des größten Teils dieser Zeit erneut ein Reisebegleiter des Paulus war und einige der Ereignisse miterlebte. Er war daher in der Lage, eine Vielzahl von detaillierten Informationen zu sammeln. Zweitens hatte er offensichtlich ein Auge für gute Geschichten, ein ungeheuer großes Gespür für lebendige, detaillierte und genaue Berichte sowie eine meisterhafte Fähigkeit, mit wenigen Strichen die Eigenheiten, Stärken, Schwächen, typischen Haltungen und Reaktionen der Menschen zu skizzieren, deren Geschichten er aufzeichnet. Seine lange, detaillierte, technisch und geografisch genaue Beschreibung der Schiffsreise in Apostelgeschichte 27, die einen Schiffbruch beinhaltete, ist zu Recht berühmt.[231] Bekannt sind aber auch seine jene interessanten Passagen, in denen er Menschen auftreten lässt, die in seiner Darstellung nur kurz vorkommen. Nehmen wir z. B. die Art und Weise, in der es dem Obersten in seinem Brief an den Statthalter gelingt, die Reihenfolge der Ereignisse geschickt zu verdrehen. Er konnte damit den Eindruck erwecken, dass er die römische Staatsbürgerschaft des Paulus früher und unter besseren Umständen festgestellt hat, als es tatsächlich der Fall war.[232] Oder nehmen wir die abrupte Art und Weise, in der Felix den auf das Gewissen zielenden Ausführungen des Paulus über das rechte menschliche Verhalten ein Ende setzte. Da wurde ihm plötzlich klar, wie sehr dies den eigentlichen Zweck seiner häufigen Besuche beeinträchtigen würde, die er angeblich unternahm, um mehr über die Ansichten des Paulus zu erfahren (24,24-27).

Wir können jedoch sicher sein, dass Lukas einen tieferen Zweck verfolgte, als einfach nur die Umstände zu skizzieren, die das Leben des Paulus in dieser Zeit kennzeichneten. Paulus war dazu bestimmt,

---

231 Eine ausführliche Erörterung der Genauigkeit und der Historizität dieses Textes findet sich in: Hemer, *Acts*, a. a. O., S. 133-152.

232 Vgl. 23,27 mit den tatsächlichen Gegebenheiten in 21,31-39 und 22,24-29.

das Evangelium zu verteidigen, wie er es später in einem Brief an die Gemeinde in Philippi formulierte (Phil 1,16). Aber um das Evangelium angemessen zu verteidigen, musste er mehr tun, als nur für die Heilsbotschaft einzustehen: Er musste sich selbst, seinen Charakter und sein Verhalten verteidigen. Bei den verschiedenen öffentlichen Versammlungen, gerichtlichen Untersuchungen und Prozessen waren die Richter und die Öffentlichkeit natürlich daran interessiert, seine Darstellung des Evangeliums zu hören und festzustellen, dass es sich weder um subversive politische Propaganda noch um die ungesunden Vorstellungen einer bizarren Sondergemeinschaft handelte. Aber sie wollten auch seinen Charakter und seine Persönlichkeit prüfen und die Berichte über sein früheres und jüngstes Verhalten sichten. Infolgedessen würde der Eindruck, den sie sich vom Evangelium selbst machten, untrennbar mit ihrer Beurteilung von Paulus selbst verbunden und davon beeinflusst sein. In diesem Sinne *verkörperte* Paulus das Evangelium.

Paulus war sich dessen natürlich bewusst; deshalb begnügte er sich nicht damit, die Version seiner Ankläger im Blick darauf zu korrigieren, was er im Tempel getan und was er nicht getan hatte. Er reagierte nicht nur, sondern wurde auch selbst aktiv: Aus eigenem Antrieb entschied er sich zweimal, die Geschichte seiner Bekehrung ausführlich zu erzählen (Apg 22,1-21; 26,9-23), denn die Auswirkungen, die das Evangelium auf sein Leben und sein Verhalten, auf seine Ansichten, Bestrebungen, Ziele und Methoden hatte, waren ein integraler und unausweichlicher Bestandteil der Verteidigung des Evangeliums selbst.

Nicht nur Paulus, sondern auch Lukas war sich dessen bewusst. Daher ermöglichten seine langen und detaillierten Beschreibungen der Einstellungen und Reaktionen sowie des allgemeinen Verhaltens des Paulus in vielen verschiedenen Situationen während dieser Zeit es den Lesern seiner Darstellung in frühchristlicher Zeit, Paulus in Aktion zu sehen: Sie konnten seinen Charakter und seine Persönlichkeit studieren, ihn mit den anderen Hauptgestalten der Geschichte des sich ausbreitenden Evangeliums vergleichen und so ihre eigenen Schlüsse im Blick auf Paulus ziehen. Und das gilt auch für uns.

Was für ein Mensch war Paulus also? Die ausführliche Erzählung des Lukas lässt uns die Höflichkeit und den Anstand des Paulus erkennen. Beides hatte er sich angeeignet, was in seinem Verhalten sowohl gegenüber dem heidnischen Tempel in Ephesus und den dort befindlichen kultischen Objekten (19,37) als auch gegenüber der Heiligkeit des jüdischen Tempels in Jerusalem sichtbar wird (21,26; 24,12-13.18). Wir sehen seine Einstellung zum Geld (20,33-35) im Vergleich zu derjenigen der Geschäftsleute in Ephesus (19,24-27) und zu derjenigen des Statthalters Felix (24,26), seinen Mut und seine Zivilcourage (20,19-20.23-24.27; 21,10-13.31-32 mit 21,39–22,21; 27,20-26.30-35) und seine ausgewogene Einstellung zum Leiden. Er war bereit, in seiner Treue zum Herrn Jesus und zum Evangelium alles zu ertragen – auch den Tod, wenn es nötig war (20,24; 21,13) –, und zwar ohne Rachegelüste (28,19). Er war aber nicht in geistlich ungesunder Weise darauf bedacht, unnötig zu leiden (22,24-29; 25,10-11).

In der Darstellung des Lukas sehen wir einen Mann, der sich um tiefgründige Theologie und lehrmäßige Reinheit bemüht (20,30), aber ebenso auf der sozialen Verantwortung der Gemeinde besteht (20,35), und einen Mann, der sich den praktischen Dingen des Lebens widmet und sich darin überdurchschnittlich stark engagiert (20,33-34; 27,30-36; 28,3). Lukas gibt die von Festus lautstark geäußerte Meinung, Paulus sei ein verrückter Gelehrter, getreu wieder (26,24). Gleichzeitig erlaubt es uns seine lebhafte und detaillierte Berichterstattung aber auch, uns selbst ein Bild davon zu machen, wo der wahre Fanatismus zu finden war (19,34; 23,12-13). Er lässt uns erkennen, in welchem Sinne – wenn überhaupt – Paulus sektiererisch war (24,14; 26,4-7). Er verdeutlicht, ob er innerhalb seines eigenen Volkes, Israel, ein religiöser Eiferer war oder nicht (24,17; 28,17-20), während er ja im Gegensatz zu so vielen seiner Landsleute den höheren Status des römischen Bürgerrechts besaß (22,27-28). Er zeigt uns, wie er auf Korruption reagierte, wenn er ihr begegnete – sei es in der Religion (23,1-3.14-17) oder in der Verwaltung, die von der weltlichen Obrigkeit wahrgenommen wurde (24,26; 25,3.9-11).

Man kann also zumindest einige der Gründe erkennen, warum Lukas den letzten Abschnitt der Apostelgeschichte mit so vielen Details gefüllt hat. Aber was sollen wir über die offensichtlichen Wiederholungen sagen? Es gibt zwei Aufstände in Zusammenhang mit Tempeln, einen in Ephesus (19,23-40), einen in Jerusalem (21,27–22,22). Zwei lange Reisen, eine von Ephesus nach Jerusalem (20,1–21,16), die andere von Cäsarea nach Rom (27,1–28,16). Zwei Verhöre, eines vor dem Hohen Rat (22,30–23,10) und eines vor Festus und König

Agrippa (25,23–26,32). Zwei formelle Prozesse, einer vor Felix (24,1-23) und der andere vor Festus (25,6-12). Zwei geplante Versuche, Paulus in einen Hinterhalt zu locken und zu ermorden – einer auf dem Weg von der Burg Antonia zum Hohen Rat in Jerusalem (23,12-21) und der andere auf der Straße von Cäsarea nach Jerusalem (25,2-3). Zweimal berichtet Paulus von seiner Bekehrung (22,3-21 und 26,4-18). Zweimal hören wir von wichtigen Briefen. Einen schrieb der Oberste Lysias an den Statthalter Felix (23,25-30), und einen musste Festus an den Kaiser schreiben, wobei er aber nicht wusste, was er darin angeben sollte, wie er König Agrippa ausführlich erklärte (25,13-27).

Das Erste, was wir über diese scheinbaren literarischen Dubletten sagen können, ist Folgendes: Sie erinnern an die anderen Episoden, denen wir im ersten Abschnitt begegnet sind und die ebenfalls den Anschein von Dubletten erwecken.[233] Bei näherer Betrachtung erwiesen sich die scheinbaren Dubletten im ersten Abschnitt nicht als bloße literarische Stilmittel dieser Art, sondern als Berichte über reale, ähnliche, aber voneinander unabhängige Ereignisse. So ist es auch hier im sechsten Abschnitt. Die scheinbaren Dubletten sind nicht das Ergebnis einer künstlerischen Fiktion. Die Ereignisse, die sie beschreiben, haben sich tatsächlich zugetragen. Wenn wir sie genau untersuchen, sind die Bestandteile jeder scheinbaren Dublette, obwohl sie sich ähneln, in wichtigen Aspekten verschieden. Dabei kann oft gezeigt werden, dass sie verschiedene und ergänzende Aspekte ihrer gemeinsamen Themen darstellen.

Paulus musste immerhin zwei lange Reisen unternehmen, die erste von Ephesus nach Jerusalem und die zweite mehr als zwei Jahre später von Cäsarea nach Rom, aber die Bedingungen auf der zweiten Reise unterschieden sich deutlich von denen auf der ersten. Es gab zwei Unruhen, die jeweils einen Tempel betrafen, aber der Aufruhr wegen des ersten Tempels betraf eine heidnische Kultstätte und warf andere

233 Siehe S. 41-44. Es gibt weitere auffällige Ähnlichkeiten zwischen dem sechsten und dem ersten Abschnitt: die Verhaftung von Petrus und Johannes im Tempel und die Verhaftung von Paulus im Tempel, die Verhaftung von Petrus und Johannes (und aller anderen Apostel) und die Verhaftung von Paulus, das zweimalige Erscheinen von Petrus und den Aposteln vor dem Hohenpriester und dem Hohen Rat und das Erscheinen von Paulus vor dem Hohenpriester und dem Hohen Rat und die ausdrückliche Erwähnung der Sadduzäer (4,1-6; 5,17 und 23,1-10).
A. d. H.: Falls der Autor hier darauf hinauswill, dass Paulus ein zweites Mal vor dem Hohen Rat erscheinen sollte (Apg 23,15.20), ist anzumerken, dass es nicht mehr dazu kam, weil der Neffe des Paulus den Obersten warnte.

Fragen auf als diejenigen, die dem zweiten Aufruhr im jüdischen Tempel in Jerusalem zugrunde lagen.

Es gab zwei formelle Untersuchungen, die beide von römischen Beamten durchgeführt wurden, um den Anschuldigungen der Juden gegen Paulus auf den Grund zu gehen. Aber die beiden Untersuchungen fanden vor zwei sehr unterschiedlichen Gremien statt. Der römische Oberste versuchte verzweifelt, den Mob, der das Blut des Paulus forderte, zur Vernunft zu bringen. Deshalb ließ er Paulus vor den Hohen Rat führen, um herauszufinden, was das eigentliche Problem war. Festus war nicht in der Lage, anhand des formellen Prozesse die tatsächliche Wahrheit herauszufinden, und brachte Paulus vor König Agrippa und dessen Schwester Bernice. Es ist daher gut, dass uns die Ergebnisse dieser Untersuchungen vor zwei so unterschiedlichen Gremien vorliegen. Ebenso wichtig sind die ausdrücklichen Erklärungen sowohl des Obersten als auch des Statthalters Festus, dass Paulus, soweit sie es erkennen konnten, kein Verbrechen begangen hatte.

Die ursprüngliche Anklage gegen Paulus lautete, er habe Griechen in den Jerusalemer Tempel gebracht. Das war natürlich ein todeswürdiges Verbrechen. An den entsprechenden Stellen im Tempel hingen große Tafeln, die alle Heiden bei Todesstrafe davor warnten weiterzugehen. Diesem Verbot wurde sowohl vom jüdischen als auch vom römischen Gesetz Geltung verschafft. Wenn es jemals bewiesen worden wäre, dass Paulus tatsächlich Heiden in den Tempel gebracht hatte, hätten die Römer ihn ohne Zögern dem Hohen Rat übergeben, damit er nach dem Gesetz abgeurteilt werden konnte.

Nachdem zwei Untersuchungen und zwei Prozesse abgeschlossen waren, erwies sich die Anklage jedoch als unbegründet und wurde fallen gelassen. Aber die Feindseligkeit der Juden gegen Paulus hielt unvermindert an, und die römischen Beamten kamen schließlich zu folgendem Schluss: Bei der eigentlichen Ursache des Ganzen ging es, wie Festus es ausdrückte, um »einige Streitfragen … wegen ihrer eigenen Religion und wegen eines gewissen Jesus«, »der gestorben ist, von dem Paulus sagte, er lebe« (25,19).

Damit kommen wir zum Kern dessen, wie Paulus das Evangelium verteidigte. Von Anfang an – vom Auftritt vor dem Hohen Rat in Jerusalem bis hin zu seinem letzten Treffen mit den Ältesten der jüdischen Gemeinde in Rom – bestand Paulus darauf, dass es nicht um sein eigenes Verhalten, sondern um die Auferstehung Jesu ging. Der eigentliche Streit zwischen Christentum und Judentum dreht sich bis heute trotz aller anderslautenden Behauptungen nicht darum, wer letztendlich für den Tod Christi verantwortlich war. Der eigentliche Streit zwischen ihnen – und in der Tat zwischen dem Christentum und allen Religionen und Philosophien dieser Welt – betrifft die Frage, ob Jesus, der gestorben ist, wirklich von den Toten auferstanden ist.

Lukas hat die Bedeutung dessen, dass Paulus wiederholt auf diesem Punkt beharrte, erkannt. Offensichtlich hat ihn die Furcht, der Wiederholung bezichtigt zu werden, nicht davon abgehalten, ihn viermal aufzuzeichnen:

23,6	»… wegen der Hoffnung und Auferstehung der Toten werde ich gerichtet.«
24,15	»… ich habe die Hoffnung zu Gott, auf die auch sie selbst warten, dass es eine künftige Auferstehung geben wird, sowohl der Gerechten als auch der Ungerechten« (Schlachter 2000).
26,6-8	»Und nun stehe ich vor Gericht wegen der Hoffnung auf die von Gott an unsere Väter ergangene Verheißung … wegen dieser Hoffnung … werde ich von den Juden angeklagt. Warum wird es bei euch für unglaubhaft gehalten, wenn Gott Tote auferweckt?«
28,20	»… wegen der Hoffnung Israels bin ich mit dieser Kette umgeben.«

Natürlich kann man es sich einfach machen und darauf hinweisen, dass die Pharisäer, die viel zahlreicher waren als die Sadduzäer, an die künftige Auferstehung der Toten glaubten. Sie verfolgten Paulus vor den römischen Gerichten sicher nicht, weil er an diese Auferstehung glaubte. Auch sie hätten dies als Hoffnung Israels angesehen, aber gleichzeitig hätten sie die Behauptung des Paulus, Jesus sei von den Toten auferstanden, vehement infrage gestellt.

Das ist so weit richtig, aber wir müssen noch auf andere Sachverhalte hinweisen. Es geht nämlich am eigentlichen Kern der Sache vorbei. Wenn Paulus behauptet hätte, dass ein ansonsten Unbekannter von den Toten auferstanden sei, hätten sich sogar die Sadduzäer darauf verlegt, ihn als den Verrückten zu bezeichnen, für den Festus ihn erklärte. Es hätte keinen Grund für all die erbitterte Feindseligkeit sowie die Verfolgung und Verurteilung des Paulus gegeben.

Warum dann die ganze hitzige Auseinandersetzung und die Wut? Weil Paulus sagte, dass die Hoffnung Israels weit mehr war als diejenige, der zufolge es eines Tages eine allgemeine Auferstehung der Toten geben würde. Nach den Worten des Paulus bestand die Hoffnung Israels, die von Mose und allen Propheten bezeugt wurde, darin, dass der Messias leiden (d.h. sterben) musste und dann als Erster von den Toten auferstehen und sowohl dem Volk (Israel) als auch den Heiden das Licht verkündigen sollte (26,22-23).

Nun hatte Jesus behauptet, dieser Messias zu sein, und um seinen Anspruch zu zunichtezumachen, hatten die Führer der Nation ironischerweise dafür gesorgt, dass er starb. Nun mussten sie um jeden Preis leugnen, dass er auferstanden war. Das war nach Paulus der eigentliche Grund, warum sie ihn mit solcher Hartnäckigkeit und Vehemenz verfolgten. Doch damit leugneten sie, was in Wirklichkeit die herrlichste Hoffnung Israels war. Sie versuchten damit, das Licht zu löschen, das diese Auferstehung über Israel und alle Völker ausstrahlte.

Natürlich waren sie mit Paulus nicht einer Meinung, wie Festus richtig bemerkte (25,19). Juden (besonders die orthodoxen unter ihnen) und Christen sind sich diesbezüglich immer noch uneins. Aber genau hier liegt der Kernpunkt der Sache.

Die formale Gliederung dieses Abschnitts in fünf Sätze wird im Wesentlichen durch die von der Geografie vorgegebenen Hauptabschnitte der Reise des Paulus zunächst nach Jerusalem und dann nach Rom (19,21) bestimmt. Der erste Satz umfasst die Reise von Ephesus nach Jerusalem (19,21–21,16).

Der zweite Teil erzählt, was ihm in Jerusalem widerfahren ist (21,17–23,11), und schließt mit einer besonderen Botschaft des Herrn an Paulus, in der er ihn angesichts der Ereignisse in Jerusalem ermutigt und darauf hinweist, dass er auch in Rom Zeuge sein wird.

Der dritte Satz (23,12–24,27) beschreibt, wie und warum er von Jerusalem zum römischen Statthalter Felix nach Cäsarea gebracht wurde und warum Felix, obwohl Paulus offensichtlich unschuldig war, sein endgültiges Urteil vertagte und Paulus zwei Jahre im Gefängnis ließ.

Der vierte Satz (25,1–26,32) erzählt, was Festus, der Nachfolger von Felix, tat: Nach einer ergebnislosen Neuauflage des Prozesses war er geneigt, der Bitte der Juden nachzugeben, Paulus nach Jerusalem zurückzuschicken, um seinen Fall dort weiter untersuchen zu lassen. Um dies zu verhindern, berief sich Paulus auf den Kaiser.

Der fünfte und zugleich letzte Satz beschreibt daher, wie Paulus direkt von Cäsarea nach Rom geschickt wurde. Er erzählt, was unterwegs geschah. Dann schließt der Satz mit einer kurzen Skizze, wie er seine Zeit dort verbrachte, während er darauf wartete, dass sein Fall verhandelt wurde (27,1–28,31).

Natürlich werden uns mit dieser Anordnung nicht nur geografische Sachverhalte vermittelt. Um was es dabei auch noch geht, lässt sich zum Teil anhand des folgenden Inhaltsverzeichnisses erkennen.

Die Sätze

1. Die Verteidigung der von natürlichen Menschen ausgehenden Verehrung und die Verteidigung der Gemeinde Gottes (19,21–21,16)
2. Das Evangelium wird nach seinem Respekt vor dem Gewissen beurteilt (21,17–23,11)
3. Das Evangelium wird nach seiner Einstellung zu Moral und Gesetz beurteilt (23,12–24,27)
4. Das Evangelium wird nach seiner Botschaft für den Kaiser und die Welt beurteilt (25,1–26,32)
5. Die Stürme der Natur und die königliche Herrschaft Gottes (27,1–28,31)

Satz 1: Die Verteidigung der von natürlichen Menschen ausgehenden Verehrung und die Verteidigung der Gemeinde Gottes (19,21–21,16)

Von Ephesus nach Jerusalem

A. Der Aufstand und seine Niederschlagung (19,23-35)

1. Die Beschwerde

»… dieser Paulus (hat) … eine große Menge überredet und umgestimmt …, indem er sagt, dass es keine Götter gebe, die mit Händen gemacht werden. … es besteht … die Gefahr, dass … der Tempel der großen Göttin Diana [Artemis] für nichts geachtet … wird …« (19,26-27 [Schlachter 2000]).

2. Die Gefahr

»Und die Stadt geriet in Verwirrung« (19,29); »… Freunde [des Paulus] … baten ihn, sich nicht zum Theater zu begeben« (19,31); »… sie schrien etwa zwei Stunden: »Groß ist die Artemis der Epheser!« (19,34).

Satz 2: Das Evangelium wird nach seinem Respekt vor dem Gewissen beurteilt (21,17–23,11)

Jerusalem

A. Der Aufruhr und die Rettung (21,17-36)

1. Die Anschuldigungen

»Dies ist der Mensch, der alle überall belehrt gegen das Volk und das Gesetz und diese Stätte; und zudem hat er auch Griechen in den Tempel geführt und diese heilige Stätte verunreinigt« (21,28).

2. Die Gefahr

»Und die ganze Stadt kam in Bewegung … und sie ergriffen Paulus … während sie ihn zu töten suchten …« (21,30-31).

Satz 3: Das Evangelium wird nach seiner Einstellung zu Moral und Gesetz beurteilt (23,12–24,27)	**Satz 4: Das Evangelium wird nach seiner Botschaft für den Kaiser und die Welt beurteilt (25,1–26,32)**	**Satz 5: Die Stürme der Natur und die königliche Herrschaft Gottes (27,1–28,31)**
Cäsarea – Felix	**Cäsarea – Festus**	**Von Cäsarea nach Rom**
A. Der geplante Hinterhalt und das Entkommen (23,12-24)	**A. Der geplante Hinterhalt und das Entkommen (25,1-12)**	**A. Der Sturm, das Überleben und die Landung (27,1-44)**
1. Das Komplott	*1. Das Komplott (25,1-3)*	*1. Die unkluge Entscheidung (27,1-13)*
Mehr als vierzig Juden »verfluchten sich und sagten, dass sie weder essen noch trinken würden, bis sie Paulus getötet hätten« (23,12).	Die jüdischen Führer »baten ihn [Festus], … ihn [Paulus] nach Jerusalem kommen zu lassen, indem sie einen Anschlag planten, ihn unterwegs umzubringen« (25,3).	»… die meisten (rieten) dazu, von dort abzufahren, ob sie etwa nach Phönix gelangen … könnten … Als aber ein Südwind sanft wehte, meinten sie, ihren Vorsatz erreicht zu haben …« (27,12-13).
2. Die Gefahr	*2. Die Gefahr (25,4-9)*	*2. Die Gefahr (27,14-20)*
Der Neffe des Paulus berichtet dem Obersten von dem Komplott (23,19-22). »Die Juden sind übereingekommen, dich zu bitten, dass du … Paulus in den Hohen Rat hinabführen lässt … Lass dich aber nicht von ihnen bereden … mehr als 40 Männer von ihnen stellen ihm nach« (23,20-21 [Schlachter 2000]).	Festus ahnt nichts von der Gefahr, will aber den Juden einen Gefallen tun; er fragt Paulus, ob er bereit wäre, nach Jerusalem zu gehen, um dort vor Gericht zu stehen.	»Da … weder Sonne noch Sterne sichtbar waren und ein heftiger Sturm anhielt, schwand endlich alle Hoffnung, dass wir gerettet werden könnten« (27,20 [Schlachter 2000]).

Tabelle 9: Abschnitt 6: Das Christentum und die Verteidigung sowie Bekräftigung des Evangeliums (19,21–28,31)

3. Die Beruhigung	*3. Das Entkommen*
»Da beruhigte der Stadtschreiber die Menge« (19,35 [Schlachter 2000]).	Der römische Oberste befreit Paulus (21,31-33).
B. Die falschen Vorstellungen des Pöbels von Paulus, korrigiert durch den Stadtschreiber (19,35-40)	**B. Die falsche Vorstellung des Obersten von Paulus wird durch die Worte des Paulus korrigiert (21,37-39)**
»… diese Männer … , die weder Tempelräuber sind noch unsere Göttin lästern« (19,37).	»Verstehst du Griechisch? Du bist also nicht der Ägypter, der … eine Empörung gemacht und die viertausend Mann Sikarier in die Wüste hinausgeführt hat?« (21,37-38).

3. Das Entkommen	*3. Das Entkommen (25,10-12)*	*3. Das Entkommen (27,21-44)*
Der römische Oberste schreitet zugunsten von Paulus ein und schickt ihn unter Bewachung nach Cäsarea (23,23-24).	Paulus befreit sich aus der Gefahr, indem er sich auf den Kaiser beruft.	[Paulus sagte:] »… kein Leben von euch wird verloren gehen …«. [Ein Engel sagte:] »… Gott hat dir alle geschenkt, die mit dir fahren.« »… dass alle an das Land gerettet wurden« (27,22.24.44).
B. Der Brief des Obersten an Felix besagt, dass keine Anklage gegen Paulus erhoben wurde (23,25-35)	**B. Der Bericht des Festus gegenüber Agrippa widerlegt die Anschuldigungen der führenden Juden gegen Paulus (25,13-22)**	**B. Die falschen Vorstellungen der Malteser über Paulus werden durch die tatsächlichen Ereignisse korrigiert (28,1-6)**
»Da fand ich, dass er wegen … ihres Gesetzes angeklagt war, dass aber keine Anklage gegen ihn vorlag, die des Todes oder der Fesseln wert wäre« (23,29).	»… dessentwegen [wegen Paulus] erstatteten … die … Juden Anzeige und verlangten seine Verurteilung … über den die Ankläger, als sie auftraten, keine Beschuldigung von dem vorbrachten, was ich vermutete. Sie hatten aber einige Streitfragen gegen ihn wegen ihrer eigenen Religion …« (25,15.18-19).	»Jedenfalls ist dieser Mensch ein Mörder, den Dike … nicht leben lässt … Als sie … lange warten …, änderten sie ihre Meinung und sagten, er sei ein Gott« (28,4-6).

Tabelle 9: Abschnitt 6: Das Christentum und die Verteidigung sowie Bekräftigung des Evangeliums (19,21–28,31)

C. Die Reise von Ephesus nach Jerusalem (20,1 – 21,16)

1. Nach Milet: über Mazedonien, Griechenland, Philippi, Troas, Assos, Samos, mit einem siebentägigen Aufenthalt und einem Wunder in Troas (20,1-16)

»Sie brachten aber den Knaben lebend und wurden nicht wenig getröstet« (20,12).

2. Die Ansprache des Paulus an die Ältesten der Gemeinde in Ephesus (20,17-38)

(1) »… Versuchungen, die mir durch die Anschläge der Juden widerfuhren« (20,19).

(2) »… gebunden in meinem Geist gehe ich … Fesseln und Bedrängnisse (erwarten) mich« (20,22-23).

(3) Die Herde vor Sektenführern[234] schützen (20,29-31).

C. Die Ermittlungen des römischen Obersten (22,1 – 23,11)

1. Verteidigung des Paulus vor dem Pöbel (22,1-21)

Er erzählt die Geschichte seines Lebens, seiner Bekehrung und seines Auftrags, das Evangelium zu den Heiden zu bringen. »… als ich … zurückgekehrt war und im Tempel betete, … sprach [er, der Herr] (zu mir): Eile … ich werde dich … zu den Nationen senden« (22,17-21).

2. Der unzulässige Befehl des Obersten, Paulus geißeln und verhören zu lassen (22,24-29)

»Ist es euch erlaubt, einen Menschen, der ein Römer ist, zu geißeln?« (22,25); »Sage mir, bist du ein Römer? Er aber sprach: Ja« (22,27); »… der Oberste fürchtete sich, als er erfuhr, dass er ein Römer sei, und weil er ihn gebunden hatte« (22,29).

234 A.d.H.: Der Begriff *Sekte* wurde beibehalten, da er dem dazugehörigen Ausdruck in Satz 3 entspricht.

C. Die Verhandlung vor Felix (24,1-27)	**C. Die Befragung vor Agrippa (25,23–26,32)**	**C. Die Reise von Malta nach Rom (28,7-31)**
1. Die Argumentation der Anklage (24,1-9)	*1. Die Verteidigung des Paulus vor Agrippa (26,1-23)*	*1. Nach Rom über Syrakus, Rhegium, Puteoli, Appii-Forum, mit einem Wunder auf Malta und einem siebentägigen Aufenthalt in Puteoli (28,7-15)*
»… wir haben diesen Mann als eine Pest befunden und als einen, der … Aufruhr erregt, und als einen Anführer der Sekte der Nazaräer; der auch versucht hat, den Tempel zu entheiligen« (24,5-6).	Er erzählt die Geschichte seines Lebens, seiner Bekehrung und seines Auftrags, das Evangelium zu den Heiden zu bringen. »Deshalb haben mich die Juden, als ich im Tempel war, ergriffen und versucht, mich zu ermorden« (26,21).	»… als Paulus sie [die Brüder] sah, dankte er Gott und fasste Mut« (28,15).
2. Die Gegenargumentation des Paulus – er verteidigt sich (24,10-23)	*2. Ausbruch des Festus (26,24-25)*	*2. Paulus' Unterrichtung der Führer der jüdischen Gemeinde in Rom (28,16-22)*
(1) »… sie [meine Ankläger] haben mich weder im Tempel mit jemand in Unterredung gefunden noch bei der Anstiftung eines Volksauflaufs … in der Stadt« (24,12).	»Du bist von Sinnen, Paulus!«; »Ich bin nicht von Sinnen, vortrefflichster Festus, sondern ich rede Worte der Wahrheit und der Besonnenheit« (26,24.25).	(1) »Ich, der ich nichts gegen das Volk … getan habe, bin gefangen aus Jerusalem in die Hände der Römer überliefert worden« (28,17).
(2) »… nach dem Weg, den sie eine Sekte nennen, (diene ich) … Gott …« (24,14).		(2) »… wegen der Hoffnung Israels bin ich mit dieser Kette umgeben« (28,20).
(3) »… und die Hoffnung … habe, die auch selbst diese erwarten, dass eine Auferstehung sein wird« (24,15).		(3) »… ihr [dieser Sekte] (wird) überall widersprochen« (28,22).

Tabelle 9: Abschnitt 6: Das Christentum und die Verteidigung sowie Bekräftigung des Evangeliums (19,21–28,31)

3. Die Warnungen des Heiligen Geistes an Paulus durch die Propheten in Tyrus und Cäsarea (21,1-14)	*3. Die Untersuchung vor dem Hohen Rat (22,30–23,10)*
Der Heilige Geist sagt: »Den Mann … werden die Juden … in die Hände der Nationen überliefern« (21,11).	Paulus behauptet, mit einem guten Gewissen vor Gott gelebt zu haben. Daraufhin befiehlt der Hohepriester unter Missachtung des Gesetzes, ihn schlagen zu lassen. »Gott wird dich schlagen, du getünchte Wand!« (23,3).
4. Die Unterkunft des Paulus in Jerusalem (21,15-16)	*4. Die Fortsetzung (23,11)*
»… die brachten uns zu einem gewissen Mnason, … bei dem wir als Gäste wohnen sollten« (21,16 [Schlachter 2000]).[235]	»… der Herr … sprach: Sei guten Mutes! Denn wie du von mir in Jerusalem gezeugt hast, so musst du auch in Rom zeugen« (23,11).

235 A. d. H.: Weil der Wortlaut der Schlachter 2000 näher am Original ist, erscheint er hier.

(4) »… ich (kam) her, um Almosen für meine Nation … darzubringen« (24,17).		
(5) »Wegen der Auferstehung der Toten werde ich heute von euch gerichtet« (24,21).		
3. Die Gespräche des Felix mit Paulus (24,24-26)	*3. Der letzte Appell des Paulus an Agrippa (26,26-29)*	*3. Die Warnung des Heiligen Geistes durch den Propheten Jesaja an die jüdische Gemeinde in Rom (28,23-28)*
Paulus spricht über »Gerechtigkeit und Enthaltsamkeit und das kommende Gericht« (24,25). Felix bricht aus Furcht ab, sucht aber nach einer Möglichkeit, von Paulus Bestechungsgeld zu bekommen, und handelt damit gesetzeswidrig.	»Glaubst du, König Agrippa, den Propheten?«; »In Kurzem überredest du mich, ein Christ zu werden« (26,27.28).	»Treffend hat der Heilige Geist … geredet … dieses Heil Gottes (ist) den Nationen gesandt worden …; sie werden auch hören« (28,25.28).
4. Die Gefangenschaft des Paulus in Cäsarea (24,27)	*4. Die Fortsetzung (26,30-32)*	*4. Die Unterkunft des Paulus in Rom (28,30-31)*
»Als … zwei Jahre verflossen waren, bekam Felix … [einen] Nachfolger … er (ließ) Paulus gefangen zurück« (24,27).	»Dieser Mensch hätte freigelassen werden können, wenn er sich nicht auf den Kaiser berufen hätte« (26,32).	»Er … blieb zwei ganze Jahre in seinem eigenen gemieteten Haus und … predigte das Reich Gottes und lehrte … die Dinge, die den Herrn Jesus Christus betreffen« (28,30-31).

Tabelle 9: Abschnitt 6: Das Christentum und die Verteidigung sowie Bekräftigung des Evangeliums (19,21–28,31)

SATZ 1

Die Verteidigung der von natürlichen Menschen ausgehenden Verehrung und die Verteidigung der Gemeinde Gottes (19,21 – 21,16)

In der ersten Hälfte von Satz 1 geht es vor allem um die Geschichte des gewaltigen Aufruhrs, den die Bürger von Ephesus inszenierten, um ihre Religion gegen die von ihnen wahrgenommene Bedrohung durch das Christentum zu schützen (19,23-40). Bevor wir sie dafür verurteilen, sollten wir beachten, dass der wichtigste Punkt in der zweiten Hälfte von Satz 1 der Appell des Paulus an die Ältesten in der christlichen Gemeinde in Ephesus darin besteht, die Gemeinde Gottes sowohl vor äußeren als auch vor inneren Bedrohungen zu schützen (20,17-31).

Wir verteidigen uns instinktiv, wenn wir angegriffen werden. Wenn die Menschen wirklich an die Religion glauben, zu der sie sich bekennen, dann werden sie sich verständlicherweise erheben, um das zu verteidigen, was ihnen im Leben am heiligsten ist, falls sie das Gefühl haben, dass es bedroht ist. Würden sie das nicht tun, wäre entweder ihr Glaube oder ihre Bekenntnistreue fragwürdig. So war es daher sowohl bei den Anbetern der Artemis als auch bei den Anbetern des Herrn Jesus in Ephesus.

Aber selbst wenn das stimmt, was wir gerade gesagt haben, können wir Fragen zu den Methoden stellen, wie Menschen ihren Glauben verteidigen. Und da die Methoden, die die Menschen zur Verteidigung anwenden, sehr oft durch die Art des zu schützenden Glaubens bedingt sind, müssen wir in dieser Richtung auch Fragen zu den beiden Beispielen stellen, die uns in diesem Satz vorgestellt wurden.

Die von natürlichen Menschen ausgehende Verehrung und ihre Verteidigung

Die Göttin Artemis, deren Verehrung der große Tempel in Ephesus gewidmet war, war so etwas wie die Verkörperung verschiedener religiöser Vorstellungen. Sie wurde sowohl als keusche Jungfrau wie auch als göttliche Mutter aller Menschen angesehen. In beiden Eigenschaften wurde sie als Schutzgöttin betrachtet. Als keusche Jungfrau, die als »Göttin der Wildnis« bekannt war, war sie die Beschützerin aller wilden Tiere und insbesondere ihrer Jungen. Zugleich war sie die Schutzgöttin der Jäger. »Dies ist nicht so widersprüchlich, wie es scheinen mag«, schreibt W. K. C. Guthrie und fährt fort:

> Der Jäger sieht sich nie als Feind der Kreaturen, denen er nachstellt. Der Fuchs soll sich an der Jagd erfreuen, der Gutsbesitzer spricht von der »Erhaltung« des Wildes und belegt gern diejenigen, die zur falschen Zeit oder auf falsche Weise in das Jagdrevier eindringen, mit hohen Strafen. Heute verschafft ihnen das Gesetz Geltung, aber in der Antike war es die Religion. Das vielleicht älteste Beispiel für ein Wildgehege ist der Hain der Artemis, wo Agamemnon die Hirschkuh erlegte und vom Zorn des göttlichen Wildhüters heimgesucht wurde.[236]

Artemis galt jedoch nicht nur als jungfräuliche Beschützerin der wilden Tiere und ihrer Jungen, sondern auch als Mutter von allem, wie die Bilder verdeutlichen, die sie als vielbrüstiges Wesen darstellen. Als solche galt sie als Beschützerin des menschlichen Nachwuchses und als Helferin der Frauen bei der Geburt, denn obwohl sie Jungfrau war, hatte sie irgendwie Anteil an der Erfahrung der Gebärenden.

Im Artemis-Kult haben wir also jene ehrfürchtige und das Geheimnis bewundernde Haltung vor uns, die der Mensch empfindet, wenn er die Urinstinkte und grundlegenden Prozesse des menschlichen und tierischen Lebens betrachtet. Dabei fühlt er sich auch gedrängt, diese Prozesse zu schützen. Aber bei Artemis geht es um mehr als das: Sie

236 W. K. C. Guthrie, *The Greeks and their Gods*, London: Methuen, 1954, S. 100. Diesem Autor bin ich zu großem Dank verpflichtet.

verkörpert gleichsam diese Ehrfurcht, dieses Mysterium, diesen zur Religion gewordenen Instinkt. Ihren Verehrern zufolge *ist* sie die jungfräuliche Natur und die vergöttlichte Mutter Natur. Wer wie Paulus behauptete, sie sei keine Göttin, und damit ihrer Verehrung die Grundlage entzog, würde daher die größten Tiefen der menschlichen Psyche bedrohen. Der Urinstinkt würde sich zur Selbstverteidigung, wenn nicht gar zur Vergeltung erheben; und das ist es, was die Flammen des Aufruhrs in Ephesus anfachte. Aber bei diesem Vorfall ist es anfangs noch etwas anders gewesen; gehen wir also zurück und lesen wir die Geschichte von Anfang an.

Der Kult um das »Bild, das vom Himmel fiel«

Satz 1 beginnt ganz ruhig. Paulus hatte das Ende eines über zweijährigen, äußerst fruchtbaren Dienstes in Ephesus erreicht. Seine regelmäßigen, systematischen Predigten hatten die ganze Provinz Asia mit dem Wort Gottes durchdrungen, und die kürzliche Entlarvung der Söhne Skevas hatte in der Stadt dazu geführt, dass der Name des Herrn Jesus weithin erhoben wurde.

Paulus hatte also das Empfinden, dass es jetzt an der Zeit wäre, aufzubrechen und anderswo hinzureisen. Dabei plante er, zuerst Jerusalem und dann Rom zu besuchen (19,21).

Lukas sagt uns nicht, welche Ziele er bei der Planung dieser beiden Besuche verfolgte. Aus den Briefen des Paulus geht jedoch hervor, dass er erstens persönlich beschlossen hatte, die Sammlung zu begleiten, die die heidenchristlichen Gemeinden zu gegebener Zeit an die Gläubigen in Jerusalem schicken würden (24,17; Röm 15,25-29). Zweitens hatte er ein weiteres Neulandmissionsgebiet – Spanien – ins Auge gefasst und wollte auf dem Weg dorthin Gemeinschaft mit den Gläubigen in Rom haben (Röm 15,23-28). Was auch immer er im Sinn gehabt haben mag, sein Plan wurde den Worten des Lukas zufolge »im Geist« gefasst,[237] das heißt, in sorgfältiger Abhängigkeit vom Geist Gottes, der ihn bei seinen Überlegungen und Entscheidungen leitete.

237 Vgl. 19,21 (A. d. H.: Schlachter 2000). Die NIV, die diese Wendung im Haupttext auslässt, ist hier sicher fehlerhaft.

Überzeugt von der Weisung des Herrn, schickte er Timotheus und Erastus vor sich her nach Mazedonien, während er sich selbst noch eine Weile in der Provinz Asia aufhielt (Apg 19,22).

Und dann nahm die Entwicklung, die zum Aufruhr führte, ihren Lauf. Der große, prächtige Artemis-Tempel in Ephesus gehörte zu den Sieben Weltwundern. Mit den Scharen einheimischer Gläubiger und den Tausenden von Besuchern aus dem ganzen Nahen Osten war er eine lukrative Einnahmequelle für die Silberschmiede, deren Werkstätten silberne Tempelnachbildungen für die einheimische Bevölkerung und die Touristen anfertigten. Doch nun, nach zwei Jahren, machten sich die fortwährenden Predigten des Paulus und der stetige Zustrom von Bekehrten in den sinkenden Umsätzen bemerkbar. Ein führender Silberschmied, Demetrius, war über diese Entwicklung alarmiert und berief eine Versammlung aller Mitglieder dieser Zunft ein, in der er darauf hinwies, dass es schwerwiegende Folgen haben würde, wenn Paulus weiterhin Bekehrte für seine Ansicht gewinnen würde, dass von Menschen geschaffene Götter gar keine Götter seien. Weil sie Nachbildungen des Götzentempels anfertigten, würde in erster Linie ihr Beruf in Verruf geraten. Das war natürlich eine gute Beobachtung. Wenn die Menschen den Glauben an den Götzendienst verlieren, wird die Anfertigung von Götzen, selbst aus Silber, zu einer sehr geschmacklosen Beschäftigung, und die Massenproduktion von Götzen für den Fremdenverkehr wird zu einem widerlich zynischen Geschäft.

Aber natürlich wollte Demetrius sich nicht als derjenige darstellen, der nur an dem Geld interessiert war, das man mit der Religion verdienen konnte. So wies er zweitens darauf hin, dass »der Tempel der großen Göttin Artemis für nichts geachtet und auch ihre herrliche Größe, die ganz Asien und der Erdkreis verehrt, vernichtet wird« (19,27).

Damit war der Stein ins Rollen gebracht. Die Silberschmiede wurden wütend und schrien: »Groß ist die Artemis der Epheser!« (19,28). Die Wut griff um sich, und es dauerte nicht lange, bis Menschen aus der ganzen Stadt ins Theater stürmten und zwei von den Reisebegleitern des Paulus mit sich fortrissen. Paulus wollte hingehen und vor die Menge treten, aber seine Mitchristen und einige freundliche Stadtbeamte baten ihn, dies nicht zu tun. In ihrem instinktiven Drang, sowohl ihre Religion als auch ihre Einnahmen zu schützen, glichen die Anbeter der Artemis einer verwirrten Horde wilder Tiere: Sie witterten die Gefahr, ohne genau zu wissen, worum es sich handelte, aber alle waren in Anspannung und bereit, den Angreifer zu vernichten. Wäre Paulus vor ihnen im Theater erschienen, hätten sie ihn in Stücke gerissen.

Die örtlichen Juden, die sich vielleicht in den Augen des Pöbels von den Christen abgrenzen wollten, stellten einen gewissen Alexander als Verteidiger auf (19,33). Doch als die Versammelten sahen, dass es sich um einen Juden handelte, schrien sie zwei Stunden lang wie aus einem Mund: »Groß ist die Artemis der Epheser!« (19,34).

So verhält sich der natürliche Mensch in entsprechenden Situationen – geistlich blind, unvernünftig, instinktiv. Aber was war Artemis, die sie verehrten, wenn nicht die Vergötterung der Urinstinkte der Natur, die sowohl dem Tier als auch dem Menschen gemeinsam sind? Und wenn es das war, was Artemis wirklich repräsentierte, war es vielleicht nicht verwunderlich, sie auf diese Weise zu verteidigen.

Der Stadtschreiber, der in Ephesus auch der oberste Richter war und damit das höchste römische Amt vor Ort bekleidete, beruhigte die Menge schließlich mit meisterhaft und geschickt gewählten Worten.

Erstens behauptete er, es sei eine unbestreitbare Tatsache, dass die Stadt Ephesus Hüterin des Tempels der großen Artemis und ihres vom Himmel gefallenen Bildes sei. Dann sagte er, dass die ganze Welt dies wisse. Da die Tatsachen unbestreitbar seien, sollten sich die Stadtbewohner ruhig verhalten und nichts Unüberlegtes tun. Und wenn die ganze Welt wisse, dass sie unbestreitbar seien, könne niemand sie in Abrede stellen (19,35-36).

Zweitens wies er darauf hin, dass die Christen diese unbestreitbaren Tatsachen nicht wirklich angegriffen hätten. Sie hatten weder den Tempel ausgeraubt noch ihre Göttin gelästert (19,37).

Drittens erinnerte er sie an das Gesetz. Wenn Demetrius und seine Handwerkskollegen eine rechtliche Angelegenheit gegen die Christen hatten, waren Gerichte der richtige Ort, um dies zu klären (19,38). Wenn die Menge aus politischen oder sozialen Gründen eine Beschwerde gegen sie vorzubringen hatte, war der richtige Ort dafür eine ordentlich einberufene Volksversammlung (19,39).

Mit Blick auf die hart durchgreifende römische Verwaltung der Provinz, so ergänzte er, könnten wir alle des Aufruhrs beschuldigt werden, und in diesem Fall könnten wir ihn nicht verantworten, denn angesichts der bereits erwähnten Unbestreitbarkeit der Tatsachen gab es weder eine Notwendigkeit noch einen Grund für den Aufruhr (19,40).

Zu einem oder zwei Dingen in der Rede des Stadtschreibers muss etwas angemerkt werden: Erstens zu dem Bild, das vom Himmel fiel und das er als Beweis für die Rechtmäßigkeit der Verehrung der Artemis anführte. Nach Ansicht der Gelehrten war dieses Bild ein Meteorit. Wenn dem so war – auf welche »Streiche der Natur« fielen ihre Verehrer herein! Dasjenige, dem ihre ehrfürchtige Verehrung und Ergebenheit galt, war nur ein Stück »Weltraumschrott«. Die Natur erfüllt als Dienerin und Beschützerin des Menschen eine wunderbare, ihr vom Schöpfer zugedachte Funktion: Wir sollten ihr mit großer Achtung begegnen. Aber sie war nie dazu bestimmt, eine Göttin zu sein, und unsere Fürsorge für sie sollte sich auch nicht in eine Religion verwandeln. Wann immer der Mensch die Natur zu einer Göttin gemacht hat, hat sie den Menschen, den »König der Erde«, auf die Ebene eines Sklaven naturgegebener Instinkte herabgezogen, sodass er letztlich weniger Bedeutung hat als die materielle Welt und die Kräfte des Universums, die ihn kontrollieren.

Zweitens war da seine Einschätzung des Verhaltens der Christen. Hier befand er sich auf heiklem Terrain, denn zweifellos hatte Paulus viele Male gepredigt, dass von Menschen gemachte Götter gar keine Götter sind, und die Menschen aufgefordert, sich von ihrem Götzendienst abzuwenden und sich zum wahren Gott zu bekehren. Die Umsätze der Silberschmiede waren nicht grundlos gesunken. Die Folgen dessen, was Paulus predigte, waren für Artemis fatal.

Andererseits war der erste Teil der Aussage des Stadtschreibers durchaus zutreffend: »... diese Männer ... [sind] ... weder Tempelräuber ...« (19,37). Darin geben Paulus und seine Freunde uns ein bleibendes Beispiel. Wenn Christen Götzen verabscheuen, rechtfertigt diese Haltung nicht, dass ein Christ den heidnischen Tempeln etwas anderes als Höflichkeit und Respekt entgegenbringt. Wenn ein Mensch, der Christ wird, seine persönlichen Götzen zerstört, ist das gut und richtig. Aber ein Christ hat kein Recht, die Tempel und Götzen der Religionen dieser Welt respektlos zu behandeln.

Und auch der zweite Teil der Aussage des Stadtschreibers war in gewisser Weise richtig: »... die weder ... noch unsere Göttin lästern« (19,37). Paulus hatte regelmäßig gegen den Götzendienst im

Allgemeinen gepredigt. Aber er hatte weder Artemis noch irgendeine andere heidnische Gottheit öffentlich in anstößiger Weise gebrandmarkt. Das sollten wir ebenfalls nicht tun.

Und schließlich erinnert uns der Hinweis des Schreibers auf die Gerichte und die ordentlich einzuberufende Volksversammlung daran, dass ein zivilisiertes, wahrhaft menschliches Leben dort unmöglich wird, wo man dem niederen menschlich-tierischen Instinkt erlaubt, Vernunft, Moral und das Gesetz mit Füßen zu treten. Die Religion appelliert zweifellos an tief sitzende menschliche Gefühle. Aber hier handelte es sich um eine Religion, die ihre Anhänger dazu ermutigte, zivilisierte Gesetze zu missachten. Diejenigen, die sie mit ihrem Verhalten herausgefordert hatten, sollten gejagt werden, als wären sie Freiwild. Sie mögen sie nennen, wie Sie wollen – jede Religion, die so handelt, ist nichts anderes als der alte heidnische Artemiskult in einem anderen Gewand. Wenn sie sich selbst verteidigt, erscheint sie unglaubwürdig, denn sie richtet das zugrunde, was den Menschen vom Tier unterscheidet.

Der Fall des jungen Mannes, der aus einem Fenster im dritten Stock fiel

Der zweite Teil von Satz 1 besteht aus drei Hauptpunkten:

1. Die detaillierte Reiseroute des Paulus von Ephesus nach Milet (über Mazedonien, Griechenland, Mazedonien [darunter Philippi], Troas, Assos, Mitylene und Samos). Dazu gehören eine Liste seiner Reisegefährten und ein Bericht über die wunderbare Auferweckung des Eutychus in der letzten Nacht des einwöchigen Aufenthalts des Paulus in Troas (20,1-16).

2. Die Ansprache des Paulus an die Ältesten der Gemeinde in Ephesus, die er zu sich nach Milet rufen ließ (20,17-38).

3. Die detaillierte Reiseroute des Paulus von Milet nach Jerusalem (über Kos, Rhodos, Patara, Tyrus, Ptolemais und Cäsarea). Dazu gehören eine Notiz hinsichtlich seiner Reisegefährten (21,16) und ein Bericht über die Warnungen des Heiligen Geistes vor der Verfolgung und Gefangenschaft, die ihn erwarteten, während seines einwöchigen Aufenthalts in Tyrus und dann erneut in Cäsarea (21,1-16).

Im Mittelpunkt dieses Teils des Satzes steht daher die Ansprache des Paulus an die Ältesten von Ephesus, in der es um die Verteidigung der Gemeinde Gottes sowie um die Motive und Methoden dieser Verteidigung geht.

Doch betrachten wir zunächst den Fall des jungen Mannes Eutychus in Troas. Am letzten Abend des Aufenthalts von Paulus in Troas sprach Paulus sehr ausführlich zu der Gemeinde, denn er erwartete nicht, sie wiederzusehen. Die Gemeindeversammlung fand in einem Raum im dritten Stock statt, und Eutychus saß auf einem Fensterplatz. Durch die Hitze der Öllampen und die vielen Menschen, die sich in dem Raum dicht gedrängt versammelt hatten, wurde es immer heißer. Eutychus war müde. Die Predigt zog sich hin. Die Natur nahm ihren Lauf. Eutychus schlief ein – und fiel aus dem Fenster drei Stockwerke tief auf den Boden. Er wurde tot aufgefunden, sagt Lukas (20,9), aber Paulus ging hinunter, umfasste ihn und verkündete: »… seine Seele ist in ihm« (20,10). Dann ging er wieder hinauf, brach das Brot und redete weiter bis zum Tagesanbruch. Und als Paulus abreiste, brachten sie den jungen Mann lebendig zurück und wurden sehr getröstet.

War es ein Wunder? Manche bejahen dies, denn wenn Lukas als Arzt berichtet, dass der Junge tot aufgefunden wurde, muss er tot gewesen sein. Seine Rückkehr ins Leben war dann ein Wunder. Andere sind sich da nicht so sicher. Sie verweisen auf die Bemerkung des Paulus, die sie so verstehen, dass er sagte: »… sein Leben ist *noch* in ihm.« Sie meinen, dass der junge Mann bewusstlos war und dass seine Atmung aussetzte, als Lukas und Paulus ihn erreichten. Als Paulus ihn umfasste, habe er jedoch seine Atmung wieder in Gang gebracht. Es wäre schwierig, sich zwischen den beiden Interpretationen zu entscheiden, denn in jenen längst vergangenen Tagen hätte man das Aufhören der Atmung wahrscheinlich als Zeichen des Todes und die Wiederaufnahme der Atmung daher ohnehin als ein Wunder angesehen.

Wir halten aus dem erwähnten Grund jedoch daran fest, dass es ein Wunder war. Außerdem sollten wir anmerken, dass sich in der Geschichte, so wie sie dasteht – bewusst oder nicht –, ein Widerhall aus der vorhergehenden Geschichte findet, den wir dann auch in den folgenden Geschichten vernehmen. Die Anbeter der Artemis hatten ein »Bild, das vom Himmel gefallen war«, ein Stück eines alten Meteoriten; und sie hatten einen riesigen Tempel erbaut, in dessen Umfeld ein sehr einträglicher Tourismus entstanden war. Wir können uns gut vorstellen, was sie mit einem jungen Mann gemacht hätten, der in den Tod stürzte und dann wieder zum Leben erwachte. Die Touristen hätten Schlange gestanden, um den »Wundermann« für eine Drachme pro Stück zu sehen. Demetrius und die örtliche Handelskammer wären begeistert gewesen.

Das Bemerkenswerte an dem, was Lukas über das Wunder berichtet, ist dagegen die Tatsache, dass Übertreibungen hier völlig fehlen und der Sinn für das rechte Maß gewahrt wird: Das Wunder wird einfach als eine kurze, vorübergehende Unterbrechung der Haupttätigkeit der Gemeinde behandelt. Die Gläubigen hatten sich versammelt, um das Brot zu brechen, das heißt, um zum Mahl des Herrn zusammenzukommen (20,7). Paulus hatte stundenlang gepredigt; als Eutychus stürzte, stieg Paulus hinunter, und dann folgte die Totenauferweckung. Danach kam er sofort wieder herauf und setzte das Mahl des Herrn fort. Er hatte mit den anderen Gläubigen Tischgemeinschaft und predigte weiter bis zum Tagesanbruch (20,11).

Zweitens wird die Geschichte durch alles, was im weiteren Verlauf des Satzes folgt, in das richtige Verhältnis gesetzt. Dort sehen wir, dass Paulus, der kurz zuvor zahlreiche außergewöhnliche Wunder vollbracht hatte (19,11-12), mit wiederholten Warnungen vor drohender Verfolgung und Gefangenschaft konfrontiert ist. Er lässt sich allerdings nicht entmutigen und setzt seinen Weg fort – in der Erwartung und in der vollkommenen Bereitschaft, für den Herrn und das Evangelium zu sterben (20,23-24; 21,12-13). Seinen Glaubensgeschwistern will es fast das Herz brechen, als sie das hören. Aber er lässt sich in seinem Entschluss nicht beirren und versucht auch nicht, mithilfe eines Überlegenheitsgefühls sich selbst Mut zuzusprechen. Er behauptet nicht, dass Gott ihn durch Wunder vor dem Tod retten oder – sollte er sterben – ihn wieder zum Leben erwecken wird. Er weiß, dass der Preis für seinen Dienst früher oder später der Tod sein wird. Er ist bereit, ihn zu zahlen, und er wappnet sich auch in körperlicher Hinsicht, um dem Tod entgegentreten zu können (21,13).[238]

238 A. d. H.: Damit ist hier gemeint, dass er den Weg von Troas bis Assos zu Fuß zurückgelegt hat.

Die Verteidigung der Gemeinde Gottes

Die Ansprache des Paulus an die Ältesten von Ephesus ist insofern bemerkenswert, als dass seine Ermahnung, die Gemeinde Gottes zu verteidigen, kaum mehr als vier Verse einnimmt. Das von ihm beschriebene Modell im Blick darauf, wie man dabei vorgehen sollte, nimmt jedoch mindestens 13 Verse ein. Das Modell, das er vorstellt, bezieht sich natürlich auf seinen eigenen Lebensstil und sein Verhalten gegenüber der Gemeinde in den Jahren, in denen er bei ihr war. Wenn wir uns dieses Modell näher ansehen, wird der Gegensatz zwischen ihm und der Methode des Demetrius, die Religion der Artemis in derselben Stadt zu verteidigen, in jeder Beziehung offensichtlich sein.

Das Modell umfasste die gesamte Zeit, die Paulus in Ephesus verbrachte, vom ersten Augenblick seiner Ankunft bis zu seiner Abreise. Dieser Zeitraum wurde bereits in 19,1-20 beschrieben; und wenn das der einzige Bericht darüber wäre, könnte man den Eindruck gewinnen, dass es sich um zwei Jahre und drei Monate der konsequenten öffentlichen Predigt eines eindrucksvollen Verkündigers handelte, der außergewöhnliche Wunder vollbrachte und triumphale Erfolge erzielte. Die vorliegende Ansprache zeigt jedoch noch eine ganz andere Seite der Dinge auf. Hier sieht man, wie die Arbeit im Dienst des Herrn wirklich aussah, und hier sieht man einen Mann, der zu seiner wahren Identität gefunden hat und der diese Arbeit wirklich tat: geprägt von Demut, oft unter Tränen, weil die Juden ihm wiederholt nachstellten (20,19.31) und weil er fortwährend von Prüfungen bedrängt war.

Aber sehen Sie sich seinen Mut im Umgang mit Menschen und seine Großzügigkeit an: »… wie ich nichts zurückgehalten habe von dem, was nützlich ist, dass ich es euch nicht verkündigt … hätte«, erklärt er in Vers 20; und wiederum in Vers 27: »… denn ich habe nicht zurückgehalten, euch den ganzen Ratschluss Gottes zu verkündigen.« In dem zweimal gebrauchten Verb »ich habe nicht zurückgehalten« verbirgt sich ein ziemlich deutlicher Hinweis auf die oft entmutigende Arbeit und die überwundene Angst. Zwei Jahre lang täglich zu predigen, wie Paulus es in der Schule des Tyrannus tat, wäre für so manchen Menschen an sich schon eine große Aufgabe gewesen. Aber Vers 20 lässt erkennen, was wir aus Kapitel 19 nicht vermutet hätten: Paulus hat diese öffentliche Lehre durch ständige Unterweisung im kleinen Kreis ergänzt, indem er Einzelpersonen und Familien in ihren Häusern belehrte. Die Arbeit war ungeheuer groß, aber wenn etwas für euch nützlich war, so Paulus, scheute ich mich nicht, es weiterzugeben. Und er nahm auch kein Honorar oder Gehalt dafür (20,33-34). Die Zeit, die ihm neben der öffentlichen Weitergabe biblischer Lehre und der privaten Unterweisung blieb, musste er größtenteils für seinen Beruf aufwenden, um das Geld für seine eigenen Ausgaben und die seiner Mitarbeiter aufzubringen.

Und dann wandte er sich unterschiedslos an alle. »... indem ich sowohl Juden als auch Griechen die Buße zu Gott und den Glauben an unseren Herrn Jesus Christus bezeugte« (20,21). Genau hier hätte die Furcht Einzug halten können. Nur wenige Menschen haben Probleme mit einer Buße, die ausschließlich darin besteht, dass sie die eine oder andere Verfehlung bereuen und sich von ihr abkehren müssen. Aber Paulus glaubte an die Notwendigkeit einer viel radikaleren Umkehr, als ein derartiger Schritt es nahelegt. »Buße zu Gott«, das war Teil seiner geistlichen Erfahrung (Phil 3,1-9). Sie bedeutete, zu erkennen und zu bekennen, dass die allerbesten religiösen, moralischen und geistlichen Maßstäbe, die wir erreichen können, unseren geistlichen Bankrott erkennen lassen: Sie zeigen, dass wir erschreckend weit hinter Gottes Anforderungen zurückbleiben. Wir müssen eingestehen, dass wir völlig verloren und bankrott sind, und die Erlösung, die nur Gott geben kann, als Geschenk unverdienter Gnade annehmen. Dies muss unter denselben Bedingungen geschehen, die auch für den schlimmsten Sünder gelten. Versuchen Sie, dies einem stolzen Pharisäer zu sagen, wie es Paulus vor seiner Bekehrung war, und sehen Sie, ob Sie nicht manchmal eine empörte, feindselige Antwort auf Ihre »moralisch pessimistische« Botschaft erhalten. Versuchen Sie darüber hinaus, jemanden – ob Jude oder Grieche – darauf hinzuweisen, dass man das Heil nur durch den Glauben an den Herrn Jesus Christus erlangen kann. Prüfen Sie dann, ob Ihnen nicht manchmal der Vorwurf der engstirnigen Frömmelei gemacht wird. Es wäre so viel einfacher, eine allgemeine Botschaft über die Liebe Gottes zu predigen, oder über die Rechte der Armen oder über etwas, worüber sich alle einig sind. Aber es ist ein »Skandal«, die wahre Botschaft des Evangeliums zu verkündigen, wie Paulus es selbst erfahren hatte, als er in Korinth war (1Kor 1,18–2,5). Aber »ich habe nicht zurückgehalten, [es] euch ... zu verkündigen«, sagt Paulus zu den Ephesern. Welch ein tapferer und treuer Mann, wenn man bedenkt, dass er in Ephesus wahrscheinlich die gleichen Ängste hatte, die er nach eigenem Bekunden auch in Korinth verspürte, und trotzdem standhaft blieb.

Und nun verlässt er die dortigen Glaubensbrüder, und natürlich will er sie ermahnen, von ihm die Aufgabe zu übernehmen, die Herde Gottes zu weiden und zu schützen. Doch bevor er dazu kommt, diese Ermahnung auszusprechen, hat er noch etwas anderes über sein eigenes Verhalten zu sagen: die drängende Kraft und die ethischen Maßstäbe, die Triebkraft seiner ganzen Arbeit gewesen sind.

»Und nun siehe«, sagt er, »gebunden in meinem Geist[239] gehe ich nach Jerusalem, ohne zu wissen, was mir dort begegnen wird, außer dass der Heilige Geist mir von Stadt zu Stadt bezeugt und sagt, dass Fesseln und Bedrängnisse mich erwarten« (Apg 20,22-23). Warum geht er dann? Für Paulus geht es nicht um ein Getriebenwerden als solches. Es sind vielmehr die gnadenreichen Impulse des Heiligen Geistes und die auf ihn zurückgehenden Wegweisungen, die ihn leiten. Zugleich wird er nicht in blinder Unkenntnis des Ergebnisses vorwärtsgedrängt. Derselbe Geist, der ihn vorwärtsdrängt, warnt ihn ausdrücklich vor den bevorstehenden Leiden.

Warum dann weitermachen? Die Antwort darauf – so erklärt Paulus – ergibt sich, wenn man Werte miteinander vergleicht. Der Herr Jesus hatte ihm eine Aufgabe gestellt, die er erfüllen musste. Das allein war in seinen Augen die höchste Ehre, die jemandem zuteilwerden konnte – ganz gleich, wie der Lauf oder die Aufgabe aussehen mochte. Den Lauf zu vollenden und die Aufgabe zum Wohlgefallen des Herrn Jesus zu erfüllen, war dabei die höchste Freude, die ein Mensch je erfahren konnte!

Aber bedenken Sie auch die Aufgabe. Sie bestand darin, das Evangelium der Gnade Gottes zu bezeugen und zu verkündigen (20,24). Die majestätische Größe dieser Gnade war für Paulus ein fortwährender Antrieb und eine Quelle, aus der er ständig seine Kraft zum Handeln nahm. Natürlich brauchen wir hinsichtlich unserer Rettung genauso Gottes Gnade, wie er sie zu seinem Heil benötigte. Der Unterschied

239 Die NIV bezieht sich hier sicher berechtigterweise auf den Heiligen Geist (A. d. H.: d. h. mit der Formulierung »in dem Geist« [vgl. Fußnote der Elb 2003]).

besteht darin, dass er das Wunder und die Herrlichkeit der Gnade nie vergaß (Eph 3,7-8; 1Tim 1,12-14). All das veränderte seine Wertvorstellungen. Das Leben hatte für ihn keinen Wert mehr, wenn er nicht für Christus lebte und arbeitete. Wenn er, um die Aufgabe zu erfüllen, die Christus ihm gestellt hatte, das Leben selbst hingeben musste, hatte das keinerlei Bedeutung für ihn: Er wollte es gern hingeben.

Und dann war da noch ein anderer Wert, der Paulus zu seiner Aufgabe drängte: der Wert der Menschen. Und jetzt denken wir natürlich nicht an die Bankguthaben der Menschen oder an die Rentabilitätsprognosen der Wirtschaft. Den Kunsthandwerksbetrieb des Demetrius haben wir längst hinter uns gelassen. Wir denken an das, was die alten puritanischen Prediger den Wert einer Seele nannten. Was bedeutet es für einen Menschen, der ursprünglich im Bild Gottes erschaffen wurde, verlorenzugehen, Qualen ausgesetzt zu sein (Lk 16,23) und die ewige Strafe zu erleiden (Mt 25,46), wie der Heiland es formulierte? Es wäre ein überaus großes Vergehen, seine Mitmenschen körperlich sterben zu lassen, indem man nichts tut, um zu ihrer Rettung beizutragen, obwohl sie hätten gerettet werden können. Was ist dann von Predigern zu halten, die es unterlassen, das Evangelium zu predigen, durch das allein Menschen gerettet werden können? Oder es sogar unterlassen, die Menschen nachdrücklich darauf hinzuweisen, dass sie vor dem kommenden Zorn gerettet werden müssen? Wir wissen, was Gott dazu zu Hesekiel gesagt hat: »Wenn ich zum Gottlosen spreche: Gottloser, du sollst gewiss sterben, und du redest nicht, um den Gottlosen vor seinem Weg zu warnen, so wird er, der Gottlose wegen seiner Ungerechtigkeit sterben, aber sein Blut werde ich von deiner Hand fordern« (Hes 33,8). Vor diesem Hintergrund des ungeheuer großen Wertes einer menschlichen Seele wollte Paulus darauf hinweisen, dass er alles für ihre Rettung getan hatte: »Und nun siehe, ich weiß, dass ihr alle, unter denen ich, das Reich predigend, umhergegangen bin, mein Angesicht nicht mehr sehen werdet. Deshalb bezeuge ich euch an dem heutigen Tag, dass ich rein bin von dem Blut aller; denn ich habe nicht zurückgehalten, euch den ganzen Ratschluss Gottes zu verkündigen« (Apg 20,25-27).

»Nicht zurückgehalten«: Hier taucht die entsprechende Wendung wieder auf, und sie lässt uns an die Last denken, die auf Predigern, Lehrern und Ältesten liegt, sowie an die Versuchung, die sie bedrängt, sich damit zu begnügen, einen Teil des Willens und des Ratschlusses Gottes zu verkündigen, aber eben nicht unbedingt alles weiterzugeben. Das ist keine neue Versuchung. Jesaja wusste Jahrhunderte zuvor, was es heißt, mit Menschen konfrontiert zu sein, die nicht bereit waren, auf die Weisungen des Herrn zu hören. Sie sagten zu den Propheten: »Schaut uns nicht das Richtige, sagt uns Schmeicheleien, schaut uns Täuschungen! Weicht ab vom Weg, biegt ab vom Pfad; schafft den Heiligen Israels vor unserem Angesicht weg!« (Jes 30,10-11). Aber was wird der Erzhirte zu den ihm unterstellten Hirten sagen, die es versäumt haben, die Schafe vor dem gefährlichsten aller Feinde zu warnen? Die nur darauf hingewiesen haben, wie grün das Gras ist, aber nie die Schafe vor den Wölfen gewarnt haben? Die die Schafe sogar mit dem Gedanken getröstet haben, dass der umherstreifende und brüllende Löwe im Grunde nur ein Mythos ist?

Jetzt hat Paulus aufgehört, sein eigenes Beispiel anzuführen. Nun beginnt er mit seiner Ermahnung, wobei er allerdings schon bald wieder dazu übergeht, das Weitergegebene anhand seines eigenen Beispiels zu veranschaulichen. Eine Ermahnung wird immer leichter angenommen, wenn der Ermahnende immer wieder verdeutlicht, wie sein persönliches Beispiel in dieser Beziehung angemessen ist.

»Habt acht auf euch selbst und auf die ganze Herde, in der euch der Heilige Geist als Aufseher gesetzt hat« (Apg 20,28). Unablässige Wachsamkeit ist die grundlegende Anforderung an die Hirten. Und dabei geht es zuerst um Wachsamkeit gegenüber sich selbst. Ein Hirte, der in Bezug auf sein eigenes geistliches Leben, sein moralisches Verhalten und sein Studium der Heiligen Schrift nachlässig wird und kein Verlangen hat, Gott immer besser zu erkennen, eignet sich nicht für die Leitung der anderen.

»… die Versammlung Gottes zu hüten, die er sich erworben hat durch das Blut seines Eigenen« (20,28).[240] Damit haben wir es mit der Triebfeder aller wahren Verteidigung der Gemeinde und der Wahrnehmung des Hirtendienstes in ihr zu tun: mit dem Preis, um den Gott sie erkauft hat. Dieser Preis war das Blut seines Eigenen, d.h. seines eigenen geliebten Sohnes, der allezeit sein Wohlgefallen fand. Dieses Heilsgeschehen hat immer noch die Kraft, die Grenzen unserer Vorstellungskraft zu sprengen. Denn hier geht es nicht um das Bild eines

240 Vgl. die Formulierung in Kolosser 1,13: »der Sohn seiner Liebe« (d.h. »sein geliebter Sohn«).

Gottes, der vom Himmel gefallen ist, sondern um Gott selbst, um den wahren Gott, der bewusst herabgekommen ist und Mensch wurde. Vater und Sohn haben in heiligem Zusammenwirken den Preis bezahlt, den nur Gott ermessen konnte, damit die Buße, der Glauben und die Liebe von Menschen, wie wir es sind, möglich wurden. Wie wertlos ist das Silber der Heiligtümer des Demetrius im Vergleich dazu! »… ihr (seid) nicht mit vergänglichen Dingen, mit Silber oder Gold, erlöst worden …, sondern mit dem kostbaren Blut Christi« (1Petr 1,18-19). Hier ging es nicht um Artemis, die die Tierjungen und die Neugeborenen der Menschen beschützte und die Übergriffe auf die Natur mit ihren todbringenden Pfeilen rächte. Hier ging es nicht um die Göttin der Natur, die tat, was naheliegend war, und den Feind in Stücke riss, um ihr eigenes Leben zu retten. Vielmehr ging es hier um den Schöpfer der Natur, der bewusst, seinem Vorsatz gemäß und aus freiem Willen sein eigenes Leben für uns, seine sündigen Geschöpfe, hingab (Joh 10,15-17). Hier ging es nicht um die Natur, die zwar wunderbar geschaffen, aber durch den Fall des Menschen in Mitleidenschaft gezogen worden ist. Vielmehr finden wir hier die unermesslich große, heilige Gnade Gottes.

Der Hirte, der den Gläubigen in allem Vorbild ist, hat das Muster für die Verteidigung der Schafe vorgegeben (Joh 10,7-13): Jede wahre Verteidigung des Evangeliums und der Gemeinde muss seinem Beispiel folgen. Wie könnte man dem Hirten jemals so untreu werden, dass man versuchen sollte, das Evangelium oder die Gemeinde entweder mithilfe des Pöbels oder durch den Einsatz des Schwertes gegen ihre Feinde zu schützen?

Aber die Gemeinde muss geschützt werden, auch wenn wir so sehr leiden sollten, dass von uns selbst der Blutzoll gefordert werden würde. Es gibt dabei zwei Hauptgefahren, eine von außen und eine von innen kommende. Reißende Wölfe, so warnt Paulus, werden zu euch hereinkommen und die Herde nicht verschonen (Apg 20,29). Er verweilt nicht dabei zu beschreiben, welche Arten von Wölfen er meint. Aber vielleicht sind diejenigen, die man hauptsächlich dazu zählen kann, solche Männer, von denen Judas später spricht: »… Gewisse Menschen haben sich nebeneingeschlichen, … Gottlose, die die Gnade unseres Gottes in Ausschweifung verkehren und unseren alleinigen Gebieter und Herrn Jesus Christus verleugnen« (Jud 4). Petrus fügt seine Sichtweise zu diesem Thema hinzu: »… die Verderben bringende Sekten nebeneinführen werden und den Gebieter verleugnen, der sie erkauft hat« (2Petr 2,1). Nie sind die Verwüstungen in der Gemeinde und die Verwirrung für die Schafe so groß, wenn Männer, die sich als Hirten ausgeben, die Schafe lehren, dass der Oberste Hirte nicht der menschgewordene Gott gewesen sei. Sie lehren, dass er nicht von einer Jungfrau geboren worden sei, dass er sich in einigen seiner Lehren (insbesondere hinsichtlich der Wiederkunft) geirrt habe und dass er nicht als Sühne für die Sünde gestorben und nicht leiblich von den Toten auferstanden sei. Solche Menschen sind keine wahren Hirten. Sie sind nicht einmal Schafe im schriftgemäßen Sinne. Sie sind von außen kommende Wölfe, vor denen uns der Hirte selbst gewarnt hat: »Hütet euch vor den falschen Propheten, die in Schafskleidern zu euch kommen, innen aber sind sie reißende Wölfe« (Mt 7,15).

Die andere Art von Menschen, vor denen sich die Hirten in Acht nehmen müssen, kommt von innen, vielleicht aus den Reihen der Aufseher selbst. Ihr Kennzeichen besteht zunächst darin, dass sie die Wahrheit verdrehen und seltsame, verzerrte, bizarre Lehren ersinnen – was natürlich an sich schon schlimm genug ist. Aber schlimmer als das, was sie tun, ist ihr Motiv: Ihr Ziel ist es – auch wenn sie es nicht zugeben –, die Jünger abzuziehen[241] hinter sich her (Apg 20,30). Unter dem Vorwand, die Schafe zu führen, wollen sie diese beherrschen. Sie scheinen zu vergessen, dass die Schafe nicht ihnen gehören, sondern dem, der sie erkauft hat: Es ist die Herde Gottes, über die sie nicht verfügen können. Sie sind in Kirchen und Gemeinden jene Männer vom Schlage eines Diotrephes (vgl. den 3. Johannesbrief), die bereit sind, in boshafter Weise über andere Diener Gottes zu lästern, um sich immer mehr als Tyrannen über die Herde aufspielen zu können.

»Darum wacht …«, sagt Paulus – und damit führt er wieder seine eigene Praxis als Beispiel dafür an, wie man sich verhalten sollte. »… und denkt daran, dass ich drei Jahre lang Nacht und Tag nicht aufgehört habe, einen jeden mit Tränen zu ermahnen« (Apg 20,31).

Aber wenn er sie nun verlässt und nicht mehr selbst den Hirtendienst unter ihnen wahrnehmen kann, welche Hilfsquelle werden sie dann haben? Es geht um eine Hilfsquelle in zweifacher Hinsicht: Gott

241 Der Ausdruck »Jünger« in der NIV (A. d. H.: ohne Artikel) anstelle des Begriffs »die Jünger« ist ungenau.

und das Wort seiner Gnade (20,32). Zuerst natürlich Gott, der lebendige Gott, nicht ein bloßes Regelwerk. Aber dann nicht Gott allein, sondern das Wort, das seine Gnade offenbart und erklärt. Unser Temperament mag uns dazu verleiten, Gott oder seinem Wort mehr Gewicht beizumessen oder uns sogar in eine Entweder-oder-Haltung zu bringen. Aber sowohl Gott als auch sein Wort sind notwendig, und beide zusammen sind ausreichend, um sowohl die Hirten als auch die Schafe zu erbauen und jedem das Erbe unter allen zu geben, die geheiligt sind (20,32).

Man könnte meinen, dass Paulus mit diesem geistlichen Höhepunkt schließen würde. Aber die Hirten oder Ältesten einer wahrhaft christlichen Gemeinde haben mehr zu tun, als sich um den geistlichen Zustand der Gemeinde zu kümmern. So führt Paulus einmal mehr seine eigene Praxis als nachahmenswertes Vorbild für die Ältesten in Ephesus an: Er hatte seine geistliche Arbeit nicht in der Absicht getan, Geld oder bessere Kleidung zu bekommen. »… meinen Bedürfnissen«, sagte er, »und denen, die bei mir waren, (haben) diese Hände gedient« (20,34). Paulus rühmte sich nicht und stellte sich auch nicht als besonderen Helden dar. Er arbeitete bewusst in einem weltlichen Beruf, um den Ältesten in der Gemeinde ein Beispiel dafür zu geben, worin ihre Pflicht bestand. »Ich habe euch in allem gezeigt, dass man, so arbeitend, sich der Schwachen annehmen … müsse« (20,35). Lehrer und Älteste können so leicht zu bloßen Theoretikern werden, die anderen Menschen einfach sagen, was sie tun sollen. Aber was nützt die Theorie, wenn sie nicht durch das praktische Beispiel untermauert wird? Es geht nicht um einen Zusatz zur normalen Verantwortung eines Lehrers, sondern um einen integralen Bestandteil seines Dienstes – um ein »Muss«, wie Paulus sagt: Er arbeitet hart, um genug Geld zu haben, damit er seinen Lebensunterhalt bestreiten und den Schwachen helfen kann (20,33-35).

Natürlich ist es wahr, was Paulus an anderen Stellen darlegt: Ein Evangelist hat ein Recht, von seiner Verkündigung zu leben. Apostel wie Petrus und sogar bestimmte Älteste haben ein gottgegebenes Recht, von der Gemeinde unterstützt zu werden (1Kor 9,1-14; 1Tim 5,17-18). Es ist klar, dass weder diese Bibelstellen noch die Bemerkungen des Paulus gegenüber den Ältesten von Ephesus als starre, unveränderliche, absolut geltende Aussagen gedacht sind. Es soll das getan werden, was in der jeweiligen Situation für das Werk des Herrn am besten ist. Aber selbst dann haben wir das Thema verfehlt, wenn wir einfach auf unsere Rechte pochen. Paulus verzichtete oft auf seine Rechte, um die höhere Glückseligkeit zu genießen, anderen finanziell und materiell, aber auch geistlich helfen zu können. Das ist gewiss der mehr Segen bringende, der glücklichere Weg; dazu haben wir die maßgeblichen Worte des Herrn Jesus. Ja, und die Ältesten haben die Pflicht, so Paulus, sich an seine Worte in diesem Punkt zu erinnern (Apg 20,35).

Die Verse 36-38 schildern eine sehr bewegende Szene, die man eher nachempfinden als erklären sollte. Was für Freunde hatte Paulus in Ephesus gewonnen! Er würde sie auf Erden nie wiedersehen, aber eines Tages würden sie ihn in die ewigen Hütten aufnehmen (Lk 16,9).

Den Lauf vollenden

Der Rest von Satz 1 ist weitgehend mit den geografischen Einzelheiten gefüllt, während Paulus seine Reise nach Jerusalem fortsetzt (Apg 21,1-10). Von besonderem Interesse sind die beiden Botschaften des Heiligen Geistes an Paulus, eine in Tyrus (21,4) und die andere in Cäsarea (21,11). In Tyrus sagten die Jünger Paulus durch den Geist, er solle sich nicht nach Jerusalem begeben; und in Cäsarea nahm ein Prophet namens Agabus den Gürtel des Paulus, fesselte seine eigenen Hände und Füße damit und sprach: »Dies sagt der Heilige Geist: Den Mann, dem dieser Gürtel gehört, werden die Juden in Jerusalem so binden und in die Hände der Nationen überliefern.« Doch Paulus ließ sich nicht beirren.

Einige sind daher zu dem Schluss gekommen, dass Paulus sich hier in übergroßem Eifer törichterweise weigerte, auf die Stimme des Geistes zu hören, und ihm nicht gehorchte. Das hatte zur Folge, dass er seine Freiheit verlor, obwohl er sie hätte behalten und so wirksamer für den Herrn hätte Zeugnis ablegen können.

Bevor wir dieser äußerst einseitigen Sichtweise zustimmen, sollten wir ein wenig nachdenken. Es entsprach nicht der normalen Gewohnheit des Paulus, wissentlich und vorsätzlich etwas zu missachten, was er für ein kategorisches Verbot des Heiligen Geistes hielt. Müssen wir also annehmen, dass er bei diesen beiden Gelegenheiten die ihm übermittelte Botschaft als absolutes Verbot erkannte und ihr nicht gehorchte, was für ihn ganz untypisch war? Das scheint ziemlich unwahrscheinlich zu sein.

Vielleicht dachte er, dass die Jünger in Tyrus und der Prophet Agabus irgendeine Eingebung fälschlicherweise für die Stimme des Geistes gehalten hatten. Aber wenn dem so gewesen wäre, erwähnt Lukas das nicht.

Lassen Sie uns noch einmal nachdenken. Als Paulus anfangs beschloss, Ephesus zu verlassen, plante er »im Geist«[242], nach Jerusalem zu reisen. So viel sagt uns Lukas (19,21; vgl. 20,22), ebenso deutlich wie er uns später berichtet, dass die Jünger in Tyrus Paulus durch den Geist dazu drängten, nicht nach Jerusalem zu gehen (21,4). Wir haben kein Recht anzunehmen, dass in einem der Fälle oder in beiden eine falsche Sichtweise vorlag.

Andererseits war Agabus nicht der Erste, der Paulus warnte, dass die Juden in Jerusalem ihn binden und dann den Heiden ausliefern würden. In jeder Stadt, die er auf seinem Weg nach Milet bereist hatte, hatte ihm der Heilige Geist dasselbe gesagt (20,23). Aber er verstand das nicht als Verbot weiterzugehen, sondern als deutlichen Impuls – als Impuls des Heiligen Geistes, den Weg fortzusetzen. Der Herr Jesus hatte seinen Lauf festgelegt; der Heilige Geist drängte ihn, diesen zu vollenden (20,22-24).

Die Menschen in Tyrus und noch mehr diejenigen in Cäsarea waren Jerusalem viel näher. Als sie daher hörten, dass Paulus nach Jerusalem reisen würde, konnten sie sich lebhaft vorstellen, was ihm dort widerfahren würde. Dennoch warnte Agabus ihn lediglich vor dem, was er erleiden würde. Er verbot ihm nicht, dorthin zu gehen. Es waren die anderen Gläubigen, die – als sie die Prophezeiung des Agabus hörten – ihn anflehten, nicht zu gehen. Paulus tadelte sie dafür, dass sie versuchten, ihn von dem Entschluss abzubringen, den der Heilige Geist in ihm hatte heranreifen lassen: Er war bereit, um des Herrn willen in Jerusalem Gefangenschaft und – wenn nötig – den Tod in Kauf zu nehmen (21,12-13). Paulus war ein Mann, der viele Tränen über die geistlichen Probleme anderer Menschen vergoss (20,19.31), aber er hatte keine Zeit für Tränen, die in ihm Selbstmitleid hervorrufen und seinen

242 A. d. H.: Vgl. Schlachter 2000 zu der angegebenen Bibelstelle.

Willen brechen würden, die Aufgabe zu erfüllen, die der Herr ihm übertragen hatte.

Es bleibt also ein einziges Beispiel, nämlich dasjenige von Tyrus, bei dem der Geist scheinbar verbot, nach Jerusalem zu gehen. Es besteht keine Notwendigkeit, dies als falsche Botschaft oder als Widerspruch zu dem lange gefassten Entschluss des Paulus zu verstehen. Wenn eine Frau zu ihrem Mann sagt, dass sie ihm zum Geburtstag die allerneueste Musikanlage kaufen will, kann er vielleicht antworten: »Nein, das solltest du nicht tun; gib das Geld lieber dafür aus, dir einen neuen Mantel zu besorgen.« Aber wenn sie ihm an seinem Geburtstag die Musikanlage schenkt, tadelt er sie nicht für ihren Ungehorsam, sondern bewundert sie dafür, dass sie ihre Bedürfnisse völlig freiwillig zurückstellt, damit sie ihm eine große Freude machen kann. Es kommt also sicherlich ein Punkt, an dem Gott selbst Vorkehrungen dafür trifft, dass unser Opfer und unsere Hingabe freiwillig sind.[243] Es war der Heilige Geist, der Paulus gedrängt hatte, nach Jerusalem zu gehen und sich um des Namens des Herrn willen den Leiden zu stellen, vor denen er ihn gewarnt hatte. Er überließ die Angelegenheit schließlich der freien Entscheidung des Paulus: Er musste nicht gehen, wenn er Vorbehalte hatte. Viele von uns hätten die Botschaft von Tyrus gern als absolutes Verbot und als Argument dafür verstanden, den Leiden zumindest vorübergehend ausweichen zu können. Paulus hat sie anders gedeutet. Aber dann fällt es uns vielleicht leichter, etwas als Führung des Herrn zu deuten, was uns vor Leid bewahrt. Auch könnten wir dann die Führung des Herrn leichter infrage stellen, wenn sie uns in Schwierigkeiten bringen würde. Es ist ein Zeichen für die Hingabe des Paulus gegenüber Christus, dass er die dortige Botschaft nicht unbedingt für ein Verbot hielt, nach Jerusalem zu reisen. Er war sogar der Meinung, dass die Verteidigung des Evangeliums eine Aufgabe ist, die einen Menschen das Leben kosten kann.

243 Das Nasiräer-Gelübde ist dafür ein Beispiel (4Mo 6); 1. Korinther 7,26-35 ist ein weiteres.

SATZ 2

Das Evangelium wird nach seinem Respekt vor dem Gewissen beurteilt (21,17 – 23,11)

Satz 1 hat mit einem Aufstand zur Verteidigung des Artemis-Tempels in Ephesus begonnen; Satz 2 beginnt mit einem Aufstand zur Verteidigung des Tempels des Herrn in Jerusalem. Es ist bedrückend zu sehen, dass die Menschen zum Schutz des Hauses des Herrn die gleichen Methoden anwenden wie die Heiden zum Schutz ihrer Religion. In 21,28 lesen wir, was sie Paulus vorwarfen und was den Aufruhr auslöste: »Dies ist der Mensch, der … auch Griechen in den Tempel geführt und diese heilige Stätte verunreinigt« hat. An den Eingängen des Tempels hingen Tafeln mit Aufschriften in griechischer und hebräischer Sprache, die die Heiden davor warnten, den Innenhof zu betreten, denn darauf stand die Todesstrafe. Die Juden besaßen das von der römischen Obrigkeit gewährte Recht, sogar einen römischen Bürger hinzurichten, wenn er sich nicht daran hielt. Nichtjuden hätten einwenden können, dass das Verbot engstirnig oder sogar rassistisch sei. Aber das ging am Kern der Sache vorbei: Niemand verpflichtete sie, überhaupt in den Tempel zu gehen, wenn sie das nicht wollten. Und wenn sie es doch taten, wurden reichlich Vorkehrungen getroffen, um sie im äußeren Hof der Heiden unterzubringen.

Aber Paulus war kein Heide. Er war in den Überzeugungen erzogen worden, aufgrund derer es Heiden ausnahmslos verboten war, den inneren Vorhof zu betreten. Es ging um nichts Geringeres als darum, dass der allmächtige Gott sich herabließ, sich im Innersten des Tempels zu offenbaren, das aufgrund dessen als das Allerheiligste bezeichnet wurde. Nur der Hohepriester Israels war berechtigt, es zu betreten, und das auch nur einmal im Jahr. Außerhalb des Allerheiligsten befand sich ein Raum, der »das Heilige« (oder »das Heiligtum«) genannt wurde. Dennoch durften nur die geweihten Priester Israels, nicht aber die allgemeine jüdische Öffentlichkeit, diesen Raum betreten. Um das eigentliche Tempelgebäude her befand sich der Innenhof, der zwar mehr Menschen zugänglich war, aber dennoch nur unter Auflagen betreten werden durfte. Kein Nichtjude durfte ihn betreten, sondern nur Israeliten, und selbst diese nur nach entsprechender Reinigung.

Dafür gab es mehrere Gründe. In erster Linie glaubten die Angehörigen des Volkes Israel, dass sie ein heiliges Volk waren, wie dies auf kein anderes Volk zutraf. Sie waren von Gott berufen und dazu bestimmt worden, »ein Königreich von Priestern und eine heilige Nation« zu sein (2Mo 19,6). Priester, die stellvertretend für alle Völker der Welt wirken sollten, aber denen deshalb eine Heiligkeit der Stellung und des Amtes und eine Nähe zu Gott geschenkt worden war, die kein anderes Volk besaß. Entsprechend ihrer priesterlichen Stellung[244] mussten sie in ihrem täglichen Leben besondere Heiligkeitsvorschriften einhalten. Jeder männliche Israelit musste sich beschneiden lassen, die Waschungen und die Speisegesetze mussten eingehalten werden; und es war ihnen streng verboten, sich am Götzendienst zu beteiligen. Natürlich war ihnen auch das Essen von Speisen untersagt, die man zuvor Götzen geopfert hatte. Schließlich gab es ein Verbot der Teilnahme an sexuellen Perversionen, die unter den Heiden üblich waren.

Paulus war in diesem Glauben erzogen worden. Ihm war beigebracht worden, den Tempel und die besondere Rolle Israels in Verbindung mit ihm wertzuschätzen. Jetzt, so seine Ankläger, lehre er »überall jedermann … gegen das Volk und das Gesetz und diese Stätte [d. h. den Tempel]« (Apg 21,28 [Schlachter 2000]). Welch ein Vergehen, dass er nun gegen das lehrte, was das Alte Testament festgelegt hatte! Welch eine Unverschämtheit, dass er überall, wo er hinkam, sein eigenes jüdisches Volk angriff, in dessen Mitte er im wahren Glauben erzogen worden war! Aber warum konnte er sich nicht wenigstens vom Tempel fernhalten? Wieso musste er kommen und die Heiligkeit des Tempels mit Füßen treten, indem er Heiden in den Innenhof brachte und er selbst ihn als zeremoniell Unreiner betrat?

Die Anschuldigungen trafen natürlich nicht zu, aber für den Moment sollten wir seinen Anklägern zugutehalten, dass sie aufrichtig glaubten, dass Paulus das getan hatte, was sie ihm vorwarfen. Als sie ihn aus dem Innenhof zerrten und die Türen zuschlugen (21,30), kämpften sie um nichts weniger als darum, die Heiligkeit des allmächtigen Gottes vor Entweihung zu schützen.

---

244 A. d. H.: Hier ist ihre priesterliche Stellung als Volk in seiner Gesamtheit gemeint. Daneben gab es natürlich die Priester von Amts wegen.

Wie das Verhalten des Paulus im Tempel heute kritisiert wird

Aber die Juden aus der Provinz Asia, die den Pöbel gegen Paulus aufbrachten (21,27-29), sind nicht die Einzigen gewesen, die ihn wegen dieses Vorfalls kritisiert haben. Viele Bewunderer von Paulus' Darlegung der Rechtfertigung durch den Glauben an das Sühneopfer Christi haben ebenfalls an seinem Verhalten im Tempel großen Anstoß genommen: »Was hatte er überhaupt im Tempel zu suchen?«, fragen sie. Glaubte er nicht im Grunde seines Herzens, was Stephanus schon vor langer Zeit erklärt hatte, dass nämlich aufgrund des Werkes Christi der Tempel, sein Priestertum, seine Opfer und seine Reinigungen überflüssig waren? Dieser Mann, der die durch ihn Bekehrten gelehrt hatte, überall zum Mahl des Herrn zusammenzukommen, hatte doch noch vor Kurzem in Troas an diesem Mahl teilgenommen und in angemessener Form daran erinnert, dass Vergebung nur durch das Opfer Christi auf Golgatha geschehen ist! Was tat dieser Mann, der sich nach den zeremoniellen Riten des Tempels reinigte und sich an der Darbringung von Tieropfern auf dem entsprechenden Altar beteiligte?

Ihr Verständnis davon, wie diese (für sie) unheilvolle Sache ihren Lauf nahm, sieht ungefähr folgendermaßen aus: Die Christen in Jerusalem, die sich über das Verhältnis des Evangeliums zum Judentum nicht hundertprozentig im Klaren und kleinmütig darauf bedacht waren, den Juden in ihren Überzeugungen keinen Anstoß zu geben, schlugen Paulus einen Weg vor, die Einwände ihres Volkes gegen den christlichen Glauben öffentlich zu entkräften. Es gab vier christliche Männer, die ein Nasiräer-Gelübde abgelegt hatten und nun kurz davor standen, es zu erfüllen. Es wurde vorgeschlagen, dass Paulus mit diesen Männern in den Tempel gehen, an den notwendigen Reinigungsriten teilnehmen und die Kosten für die Opfer, die zur Beendigung des Gelübdes nötig waren, übernehmen sollte.

Paulus, so wird behauptet, sei fälschlicherweise auf diesen Vorschlag hereingefallen und habe so – höchst bedauerlich und untypisch für ihn – das Evangelium kompromittiert. Aber wie alle Kompromisse führte auch dieser Vorschlag nicht zum Ziel, denn er beeindruckte genau diejenigen Menschen nicht, die er beeindrucken sollte, sodass das Ganze in einer Katastrophe endete. Das Ergebnis war, dass er die nächsten vier Jahre gezwungen war, das Evangelium, in Ketten zu predigen – so gut es eben ging. Wenn er keinen Kompromiss eingegangen wäre, hätte er es demgegenüber wie zuvor weiter in Freiheit predigen können.

Genau genommen sind diese beiden Kritiken an Paulus schon in ihren grundlegenden Annahmen falsch; die erste in der Annahme, Paulus habe Griechen in den Tempel gebracht: Er achtete in Wirklichkeit sehr darauf, nichts dergleichen zu tun. Wenn er es getan hätte, erhebt sich die Frage: Warum hat die Menge diese Griechen nicht ebenso verhaftet wie Paulus? Die Juden aus der Provinz Asia, die den Aufruhr ausgelöst hatten, konnten ihre Anschuldigungen bei den anschließenden Ermittlungen und Prozessen nie beweisen. Ja, dass sie nicht einmal vor Gericht erschienen waren (24,18-19), war ein Eingeständnis ihrer Unfähigkeit.

Aber auch die andere Kritik ist zumindest in diesem Punkt falsch: Sie geht davon aus, dass Paulus und die Ältesten der Gemeinde in Jerusalem versuchten, die Juden insgesamt zu beschwichtigen und zu befrieden, obwohl etliche von ihnen schließlich den Aufstand anzettelten. Dieser Kritik zufolge ging es um irgendeine Lösung des Falls vor dem Hohen Rat, der anschließend versuchte, aus der ganzen Angelegenheit Kapital zu schlagen, um Paulus hinrichten zu lassen. Weder Paulus noch die Ältesten haben etwas Derartiges beabsichtigt. Die Ältesten wussten ganz genau, welcher Gruppe sie helfen wollten: nicht den ungläubigen Juden, sondern den Gläubigen. »Du siehst, Bruder, wie viele Tausende es unter den Juden gibt, die *gläubig geworden sind*« (21,20). Sie waren es nicht, die den Aufruhr verursachten, Paulus verhafteten und versuchten, ihn zu töten! Vermutlich hat ihnen das, was er getan hat, sehr geholfen. Ihr Gewissen, das noch schwach war, wurde wahrscheinlich davor bewahrt, ein weiteres Mal Anstoß zu nehmen. Und als sie die rohe und brutale Behandlung des Paulus durch diese Juden und seine gewaltsame Entfernung aus dem Tempel sahen, mag dies ihr Gewissen gestärkt haben, den Tempel und seine Riten letztendlich aufzugeben.

Nach Ansicht der Ältesten war Folgendes geschehen: Diesen nach Tausenden zählenden Juden, die gläubig waren und sich zu Christus bekannten, hatte man gesagt, dass Paulus alle unter den Heiden lebenden Juden lehren würde, sich von Mose abzuwenden. Er würde ihnen sagen, sie sollten aufhören, ihre Kinder zu beschneiden oder nach den jüdischen Bräuchen zu leben (21,21). Diese Information enthielt genug Wahrheit, um sie plausibel erscheinen zu lassen, aber wie wir aus früheren Kapiteln der Apostelgeschichte (siehe S. 325-328) und aus den Paulusbriefen wissen, war sie in Wirklichkeit falsch. Paulus hatte von den christusgläubigen Juden nicht verlangt, die mosaischen Bräuche in vollem Umfang aufzugeben.

Was er gelehrt hatte und nie zu verbergen versuchte – ob er nun im entlegenen Paphlagonien[245] oder in Jerusalem selbst war – bestand in Folgendem: Die Beschneidung war für die Erlösung nicht notwendig und trug auch nichts zur Erlösung bei. Und wenn die Beschneidung nicht dazu beitrug, so galt das auch für die rituellen Waschungen, das Reinigungswasser, die Tieropfer, die Opfergaben für den Tempelschatz und die von den Priestern oder ihrem Hohenpriester durchgeführten Zeremonien. Zu dieser grundlegenden Heilslehre standen übrigens nicht nur Paulus, sondern auch Petrus, Jakobus und alle anderen Apostel und Ältesten in Jerusalem mit großer Entschiedenheit. Erinnern wir uns an das berühmte Bekenntnis des Petrus, das er einige Jahre zuvor (15,11) in Jerusalem abgegeben hatte: »… wir [die Juden] glauben, durch die Gnade des Herrn Jesus in derselben Weise errettet zu werden [und nicht durch die Beschneidung oder irgendeine andere vom mosaischen Gesetz vorgeschriebene Zeremonie] wie auch jene [die Heiden].« Wir erinnern uns auch daran, wie er die Haltung aller scharf brandmarkte, die Heiden oder sogar Juden lehrten, dass die Beschneidung oder irgendein anderer vom mosaischen Gesetz vorgeschriebener Ritus für die Errettung eines Menschen notwendig sei oder dazu beitrage: »Nun denn, was versucht ihr Gott, indem ihr ein Joch auf den Hals der Jünger legt, das weder unsere Väter noch wir zu tragen vermochten?« (15,10).

So klar sie sich auch über die Beziehung der Beschneidung zum Heil waren, lehrten weder Paulus noch einer der anderen Apostel und Ältesten, dass alle jüdischen Gläubigen umgehend aufhören müssten, ihre Kinder zu beschneiden. Im Alten Testament hatte Gott allen Israeliten befohlen, ihre Söhne beschneiden zu lassen. Viele Judenchristen fühlten sich daher noch immer an das Gewissen gebunden,

245 A. d. H.: Im Neuen Testament nicht erwähnte, relativ kleine Landschaft bzw. römische Provinz an der Südküste des Schwarzen Meeres. Sie grenzte direkt an Pontus (vgl. Apg 2,9; 18,2) an. Der Hauptort war wohl Sinope.

diesen Ritus beizubehalten – nicht, um das Heil zu erlangen oder zu bewahren, sondern einfach, um dem Herrn zu gefallen. Sie erwarteten nicht, dass nichtjüdische Gläubige ihre Söhne beschnitten: Nirgendwo im Alten Testament hatte Gott den Nichtjuden geboten, sich beschneiden zu lassen – es sei denn, sie wollten Juden werden. Dabei waren sich die Judenchristen darüber im Klaren, dass Nichtjuden nicht zum Judentum übertreten mussten, um gerettet zu werden. Auch mussten sie nach der Bekehrung nicht als Juden leben.[246] Aber viele von ihnen – nach dem, was die Ältesten Paulus sagten, sogar Tausende – vertraten folgende Ansicht: Jüdische Gläubige seien noch immer verpflichtet, die im Alten Testament für Israeliten festgelegten Riten zu beachten. Sie waren »Eiferer für das Gesetz« (21,20). Es war für sie eine Gewissensfrage, die sich auf das Wort Gottes, wie sie es verstanden, stützte. In ähnlicher Weise ist die Einhaltung des Sonntags als Ruhetag auch heute noch für Tausende – vielleicht sogar Millionen – von nichtjüdischen Gläubigen eine Gewissensfrage. Sie würden allerdings nicht im Traum daran denken zu sagen, dass das Halten des Ruhetags für das Heil notwendig sei.

Nirgendwo in der Apostelgeschichte oder in den Briefen finden wir, dass Paulus sich über eine derartige Gewissenshaltung hinwegsetzte. Ganz im Gegenteil. Unter Juden war er bereit, als Jude zu leben (1Kor 9,20). Unter Heiden war er persönlich ebenfalls bereit, als Heide zu leben (1Kor 9,21). Das bedeutete aber nicht, dass er von allen christusgläubigen Juden verlangte, als Heiden zu leben. Wenn das Gewissen ihnen sagte, dass sie weiterhin als Juden leben sollten, respektierte er ihre Haltung. Ja, wir erinnern uns daran, wie der junge Judenchrist Timotheus zu der Missionarsgemeinschaft stieß und Paulus ihn beschneiden ließ (Apg 16,1-3; siehe S. 325-328). Paulus wählte diese flexible Strategie ganz bewusst, um es den Menschen – ob Juden oder Heiden – zu erleichtern, das Evangelium zu hören, es anzunehmen und gerettet zu werden (1Kor 9,19). Und er hatte noch einen weiteren Grund, doch bevor wir diesen betrachten, müssen wir uns mit anderen schwerwiegenden Einwänden befassen.

Der erste lautet wie folgt: Es war für Paulus in Ordnung, den christusgläubigen Juden zu erlauben (oder sogar einige von ihnen wie

246 Allerdings forderten sie die Heidenchristen auf, das Gewissen ihrer jüdischen Glaubensbrüder zu respektieren und ihm gegebenenfalls entgegenzukommen. Siehe 21,25; 15,28-29 und die Ausführungen zu diesen Versen auf S. 319-322.

Timotheus zu ermutigen), die Praxis der Beschneidung fortzusetzen, solange sie klar verstanden, dass die Beschneidung nichts zu ihrem Heil beitrug. Aber in Jerusalem ging Paulus noch weiter, unannehmbar weiter. Auf Anraten der Ältesten, die es besser hätten wissen müssen, reinigte er sich nach den Riten des Gesetzes (Apg 21,24.26; 24,18) und leugnete damit indirekt die Hinlänglichkeit der Heiligung durch Christus, die durch dessen ein für alle Mal geschehenes Opfer ermöglicht wurde (Hebr 10,10.22). Indem Paulus bereit war, für die vom Gesetz für die Erfüllung des Nasiräer-Gelübdes vorgeschriebenen Brand-, Sünd- und Friedensopfer zu bezahlen und sich den Betreffenden anzuschließen (4Mo 6,13-21), leugnete er erneut stillschweigend die Hinlänglichkeit des Opfers Christi. Und schließlich brachte er zwar keine Heidenchristen in den Innenhof des Tempels und entging so dem Vorwurf, den die Juden aus Asia gegen ihn erhoben – aber nur um den Preis, dass ein weiterer Vorwurf gegen ihn erhoben wurde: Er stimmte damit der Aufrechterhaltung jener »Zwischenwand der Umzäunung« zwischen Juden und Heiden zu, von der sogar er (später) schrieb, sie sei in Christus abgebrochen worden (Eph 2,14).

Dies sind sehr ernste Anschuldigungen. Ihnen zufolge scheint derselbe Paulus, den Gott gesandt hat, um das Evangelium zu verteidigen und zu bestätigen, die Heilsbotschaft kompromittiert zu haben, statt sie zu verteidigen. Aber die Anschuldigungen können nicht wahr sein, denn als die erste, aus Angriffen und der Selbstverteidigung des Paulus bestehende Abfolge der Ereignisse[247] mit seinem Erscheinen vor dem Hohen Rat beendet war, war es der Herr selbst, der Paulus in der folgenden Nacht für die Art und Weise lobte, wie er sich bei der Verteidigung des Evangeliums in Jerusalem als sein Zeuge erwiesen hatte: Der Herr stand bei Paulus und sagte: »Sei guten Mutes! Denn wie du von mir in Jerusalem gezeugt hast, so musst du auch in Rom zeugen« (Apg 23,11).[248] Der Herr hätte nicht so sprechen können, wenn Paulus die Glaubwürdigkeit des Evangeliums in Jerusalem tatsächlich gefährdet hätte.

247 A. d. H.: Sie besteht im Wesentlichen aus Satz 2 in Abschnitt 6.

248 Die liberalen Kritiker haben eine ganz andere Art, Paulus zu entlasten. Sie bestreiten die Historizität dieser ganzen Episode in der Darstellung des Lukas: Paulus habe nie das getan, was er den Aussagen des Lukas zufolge im Tempel getan haben soll. Die von ihnen vorgeschlagene Lösung ist nicht nur schlimmer als der Vorwurf, sie ist auch unnötig: Der oben dargestellte Vorwurf ist unberechtigt.

Lassen Sie uns also eine Frage stellen: Warum war es für Paulus in Ordnung, den Judenchristen zu erlauben, den Ritus der Beschneidung beizubehalten, während es für ihn falsch war, mit ihnen an den Riten des Tempels teilzunehmen? Weil, so wird man sagen, die Opfer im Tempel Sinnbilder und Schatten des Opfers Christi waren. Wer weiter an den Bildern und Schatten festhielt, nachdem die Wirklichkeit gekommen war, leugnete damit indirekt die Hinlänglichkeit der Wirklichkeit.

Aber der Ritus der Beschneidung war ebenfalls ein Sinnbild, ein Typus, ein Schatten! Keiner wusste das besser als Paulus, wie wir aus seinen Ausführungen in Kolosser 2,11 ersehen: »… in dem ihr auch beschnitten worden seid mit einer nicht mit Händen geschehenen Beschneidung, in dem Ausziehen des Leibes des Fleisches, in der Beschneidung des Christus.« Paulus bezieht sich in diesem Vers eindeutig nicht auf die christliche Handlung der Wassertaufe, denn diese wird unbestreitbar »von Menschenhand vollzogen«. Er spricht vielmehr von dem tief greifenden, inneren, moralischen und geistlichen Vorgang, der in den Tiefen des Herzens eines Menschen vollzogen wird, wenn dieser Mensch Buße tut und dem Erlöser vertraut. Paulus verstand und lehrte ganz klar, dass die körperliche Beschneidung ein Sinnbild war. Dennoch sah er keine Schwierigkeit darin, den jüdischen Gläubigen zu erlauben, ihre äußerliche Praxis fortzusetzen, wenn ihr Gewissen es von ihnen verlangte. Es gab allerdings eine Voraussetzung: Sie mussten verstehen und zustimmen, dass die körperliche Beschneidung jenes tief greifende rettende Wirken, das nur die Beschneidung des Christus herbeiführen konnte (vgl. auch Gal 6,15), weder hervorbrachte noch zu ihm beitrug oder ihm Beständigkeit verlieh.

Und wenn das für das Sinnbild der Beschneidung galt, dann traf das auch auf alle anderen Bilder zu, die mit dem Tempel verbunden waren. Alle Judenchristen in Jerusalem kamen ständig zum Mahl des Herrn zusammen, bei dem fortwährend verkündigt wurde, dass die Vergebung durch das Opfer und den Tod des Herrn Jesus erfolgt, und zwar nur durch dieses Opfer. Kein jüdischer Gläubiger, Ältester oder Apostel – und schon gar nicht Paulus – war der Meinung, dass das Opfer Christi durch die Fortführung von Tieropfern im Tempel ergänzt werden müsse, um die Vergebung der Sünden zu gewährleisten oder beizubehalten. Aber einige von ihnen waren der Meinung, dass sie diese Sinnbilder und Symbole vorerst weiter verwenden sollten.

Es war also kein Widerspruch zum Evangelium, was Paulus tat, als er sich mit den vier Judenchristen an den Opfern beteiligte, die für die letztendliche Erfüllung ihres Nasiräer-Gelübdes vorgeschrieben waren. Wir können uns natürlich fragen, warum sich Menschen aus Gewissensgründen verpflichtet fühlen sollten, weiterhin auf Sinnbilder zurückzugreifen, wenn sie sich nun über die Realität freuen konnten. Sicherlich würden wir die Augenbrauen hochziehen, wenn wir einem Piloten eines modernen Jumbo-Jets begegnen würden, der in seiner Freizeit weiterhin mit dem Modellflugzeug spielt, mit dem er sich als Junge vielfach beschäftigt hat. Gefährlich würde sein Spiel aber erst dann, wenn er anfinge zu glauben, dass dieses Modellflugzeug wirklich imstande sei, irgendjemanden auf die andere Seite des Atlantiks zu bringen, und diesen Glauben anderen Menschen beibringen würde.

Hier liegt auch die Antwort auf den Vorwurf, dass die Judenchristen durch den Besuch der Gottesdienste im Tempel die »Zwischenwand der Umzäunung« zwischen Juden und Heiden aufrechterhielten, die Christus abgebrochen hatte. Im Kreis der christlichen Gemeinden und auch in der Gemeinschaft der Gläubigen untereinander war diese Mauer verschwunden. Wenn tatsächlich manchmal einige Judenchristen in dieser Hinsicht inkonsequent waren, tadelte Paulus sie streng, wie er dies im Falle von Petrus in Antiochien tat (Gal 2,11-21). Aber die Praxis der christlichen Gemeinden konnte nicht in den jüdischen Tempel zurückgetragen werden. Die christusgläubigen Juden waren nicht frei – selbst wenn sie dazu geneigt gewesen wären –, die Mauer abzubrechen, die den inneren Tempelhof vom Hof der Heiden trennte. Sie konnten nicht einfach die Tieropfer abschaffen, den Vorhang niederreißen und sich als christliche Gemeinde zusammen mit ihren heidnischen Glaubensbrüdern im Allerheiligsten versammeln! Die christusgläubigen Juden waren nämlich erstens nicht für den Tempel zuständig. Dafür waren der Hohepriester sowie die ihm unterstellten Priester und Leviten verantwortlich, und diese waren – das muss man wohl kaum sagen – keine Christen. Und zweitens mussten, solange der Tempel bestand, alle seine Einrichtungen den strengen Vorschriften des Alten Testaments entsprechen. Man konnte nicht einen Teil davon nach christlichen Grundsätzen verändern und den Rest beibehalten – ein Fehler, in den die Christenheit später verfiel. Man musste das Ganze beibehalten oder das Ganze aufgeben; es gab keinen Mittelweg.

Und hier kommt der allergrößte Einwand gegen das, was Paulus tat: Hätten dann nicht alle christusgläubigen Juden den Tempel und alles, was damit zusammenhing, nicht längst hinter sich lassen müssen? Dies nicht getan zu haben, war ein klarer und direkter Verstoß gegen die eindeutige Lehre des Hebräerbriefs.

Es besteht kein Zweifel daran, dass der Hebräerbrief alle jüdischen Gläubigen dazu aufruft, den Tempel und alle seine Riten und gottesdienstlichen Handlungen aufzugeben, und lehrt, dass deren Beibehaltung den Kern des Evangeliums des Herrn Jesus Christus angreifen würde. Aber es ist keine Untergrabung der Lehre dieses Briefs, darauf hinzuweisen, dass er noch nicht geschrieben war, als Paulus sich mit den vier Männern zusammentat, um ihr Gelübde im Tempel zu erfüllen.[249] Auch ist es keine bloße Entschuldigung für ihr Verhalten. Die Zeitspanne zwischen der Kreuzigung unseres Herrn und der (von unserem Herrn vorausgesagten) Zerstörung des Tempels im Jahr 70 n. Chr. ist entscheidend für die Angelegenheit, die wir hier erörtern. Ja, aufgrund des Todes, der Auferstehung und der Himmelfahrt des Herrn Jesus würden der Tempel, sein Priestertum und seine Opfer überflüssig werden – und das war auch schon geschehen. Stephanus hatte das zu seiner Zeit bereits erkannt; und Paulus, der als Saulus von Tarsus in seinen Tod eingewilligt hatte, wusste es inzwischen ganz gewiss auch. Aber Gott verlangte nicht am Pfingsttag und auch nicht beim Tod des Stephanus, dass alle christusgläubigen Juden den Tempel und seine gottesdienstlichen Handlungen sofort aufgeben und für immer hinter sich lassen sollten. Er würde schließlich dafür sorgen, dass dies geschah. Als der Hebräerbrief geschrieben wurde, tat er es. Und als unter seiner Zulassung die Römer im Jahr 70 n. Chr. den Tempel zerstörten, zwang er nicht nur die christusgläubigen Juden, sondern auch alle anderen Juden, ihn zu verlassen. Aber Gott selbst ließ bewusst eine Zeitspanne zu, in der der Übergang vom Judentum zum Christentum allmählich und schrittweise erfolgen sollte und nicht sofort *in vollem Umfang* durchgesetzt wurde.

Warum also hat Gott dies getan? Die Antwort auf diese Frage wird uns zu zwei Grundprinzipien im Umgang Gottes mit den Menschen

249 Einige sind der Meinung, dass er während des Aufenthalts von Paulus in Cäsarea geschrieben wurde (A. d. H.: d. h. etwa zwischen 58 und 60 n. Chr.). Ein wahrscheinlicheres Datum ist 64 n. Chr.

führen. Beide stehen im Mittelpunkt der Verteidigung des Evangeliums in diesem zweiten Satz des sechsten Abschnitts, und beide sind von dauerhafter Gültigkeit.

Zeit für Buße – und das Eingeständnis der Schuld

Als Israel den Messias, den Sohn Gottes, ans Kreuz brachte und den Sohn des Besitzers aus seinem eigenen Weinberg hinauswarf, war dies eine ungeheuerliche, abgrundtief böse Tat. Sie würde, wie Christus persönlich die Angehörigen des Volkes warnte, unweigerlich zur Zerstörung des Tempels führen (Lk 13,31-35; 19,45–20,20; 21,5-6.20-24). Doch zwischen der Ankündigung dieser bevorstehenden Zerstörung und dem tatsächlichen Eintritt dieses Ereignisses gewährte Gott in seiner Barmherzigkeit dem Volk einen Zeitraum von 40 Jahren als Zeit der Buße. Und zwar nicht nur dem Volk im Allgemeinen, sondern insbesondere auch den Bürgern Jerusalems und vor allem den für den Tempel Verantwortlichen: dem Hohenpriester aus den Reihen der Sadduzäer, den anderen Angehörigen der führenden Priesterklassen und den Ältesten.

Schließlich waren es der Hohepriester, die anderen führenden Priester und die sadduzäische Laienaristokratie, die die Hauptverantwortung für den Tod des Herrn Jesus trugen. Sicherlich waren viele führende Pharisäer ihre Helfershelfer, wobei es ihnen schließlich gelang, die Menge so zu manipulieren, dass sie seine Kreuzigung forderte. Aber die sadduzäischen Hohenpriester, die für den Tempel verantwortlich waren, waren die Rädelsführer. Sie waren es, die den Tempel entweiht hatten; es war ihr fortwährender Hass, den der Herr durch die Tempelreinigung hervorgerufen hatte. Es war ihr Tempel, von dem er prophezeit hatte, dass er zerstört werden würde. Auch ihnen, vielleicht vor allem ihnen, wurde Zeit zur Umkehr gegeben.

Die allerersten Jünger Christi hatten sich natürlich nicht dem Schrei der Volksmenge angeschlossen, die die Kreuzigung forderte. Aber im Falle derjenigen, die damals mitgeschrien hatten, war Gott bereit, ihnen zuzugestehen, dass sie in Unwissenheit gehandelt hatten, sowohl die Obersten als auch das Volk (Apg 3,17). Es gab also für sie Barmherzigkeit, wenn sie Buße taten. Wie die christlichen

Ältesten Paulus soeben berichtet hatten, hatten Tausende von ihnen Buße getan und Jesus als Messias angenommen (21,20). Aber die Mehrheit der Jerusalemer Bewohner und insbesondere diejenigen, die als Sadduzäer zur aristokratischen Führungsschicht gehörten, waren unbußfertig geblieben.

Dennoch hatte Christus selbst gesagt, dass Gott vor der Zerstörung der Stadt und des Tempels ihnen Zeugen senden würde, insbesondere in Gestalt der Christen. Diese würden verfolgt werden, sei es vor ihrem Hohen Rat oder vor den heidnischen Gerichten (Lk 21,12-15). Und dann ließ Gott genau das geschehen: Zuerst kamen Petrus und die anderen Apostel und verkündigten die Auferstehung Christi. Die Sadduzäer versuchten, ihnen Einhalt zu gebieten. Sie hätten sie hingerichtet, wenn nicht der Pharisäer Gamaliel eingegriffen hätte (Apg 5,34-40).

Dann kam Stephanus und erklärte offen, dass Christus den Tempel und seine Riten überflüssig gemacht habe und dass der Tempel eines Tages zerstört werden würde. Aber weder er noch die Christen in Jerusalem behandelten den Tempel mit etwas anderem als Respekt. Sie versuchten nie, die entsprechenden Vorschriften zu übertreten oder seine Heiligkeit zu missachten. Sie ignorierten ihn nicht einmal, wie es die Sondergemeinschaft von Qumran tat. Aber der Hohepriester und die anderen Ratsmitglieder hatten Stephanus dennoch gesteinigt.

Schließlich sandte Gott Paulus, der nun im Anschluss an seine Rückkehr nach Jerusalem auch im Tempel war. Diejenigen, die zum hohenpriesterlichen Geschlecht gehörten, wussten ziemlich gut über ihn Bescheid. Obwohl er ein Pharisäer war, hatte er sich ursprünglich der Unterstützung eines früheren Hohenpriesters versichert, um den Christen massiv Einhalt zu gebieten. Natürlich hatte er sich später bekehrt, und sie hatten von seiner Evangeliumsverkündigung in den Synagogen der Zerstreuung und von der Gründung christlicher Gemeinden gehört, die von den Synagogen getrennt waren und aus Heiden und Juden gleichermaßen bestanden. Das hat ihnen zweifellos missfallen. Nur zu gern glaubten sie den Behauptungen der Juden aus Asia. Aber dennoch waren sie falsch: Paulus hatte sich gegenüber dem Tempel in jeder Beziehung korrekt verhalten und alle alttestamentlichen Vorschriften buchstabengetreu befolgt. Die Hohenpriester und die Angehörigen der sadduzäischen Aristokratie wussten, dass sie ihm in dieser Hinsicht nichts vorzuwerfen hatten, wie Lukas in der folgenden Erzählung überdeutlich herausstellt. Sie hatten also keine Entschuldigung für ihre fortwährende Ablehnung Christi und die Verfolgung des Evangeliums.

Aber aufgrund dieser Angelegenheit stand Paulus erneut dem Hohenpriester und den anderen Angehörigen des Hohen Rats unmittelbar gegenüber. Einmal vor der obersten jüdischen Instanz (23,1-10), einmal in der Gerichtsverhandlung vor Felix (24,1-23) und ein weiteres Mal im Gerichtsprozess vor Festus (25,1-12),[250] insgesamt dreimal bezeugte Paulus ihnen, was wirklich auf dem Spiel stand (im Gegensatz zu den erfundenen Anschuldigungen, die sie gegen ihn erhoben): Es ging um die Auferstehung Jesu, den sie getötet hatten. Weil sie bewusst unbußfertig waren, waren sie entschlossen, die Römer unter allen Umständen dazu zu bringen, ihn hinzurichten, so wie sie diese unter Druck gesetzt hatten, Jesus zu kreuzigen.

Aber jetzt lief die Zeit für die Buße ab; dem Tempel war keine weitere Zeit mehr beschieden. Die Angehörigen des Mobs in Jerusalem hatten einen Tumult angezettelt in ihrem Bemühen, ihren Tempel zu verteidigen. Dabei hatten sie den letzten Zeugen Gottes, Paulus, ergriffen, ihn aus dem Innenhof gezerrt, die Tore hinter ihm zugeschlagen und versucht, ihn zu Tode zu prügeln (21,30-31). Indem sie dies taten, war der Punkt erreicht, an dem es kein Zurück mehr gab. Und als der Hohepriester und seine Mitstreiter (23,12-15; 25,2-3) aufgrund ihrer Verschlagenheit Paulus schließlich dazu zwangen, sich auf den Kaiser zu berufen, besiegelten sie damit ihren Untergang als Priesterordnung, was auch die Zerstörung ihres Tempels einschloss.

Es verwundert also nicht, dass Gott im Jahr 64 n. Chr. (nach Meinung einiger Ausleger etwas früher) den Hebräerbrief schreiben und in Umlauf bringen ließ, in dem er die Judenchristen überall dazu aufrief, die mit dem Tempel verbundene gottesdienstliche Ordnung aufzugeben, die inzwischen zum Zentrum und Ausdruck der unbußfertigen Verwerfung des Herrn Jesus geworden war. Sechs Jahre später wurde der Tempel zerstört, und die aus Sadduzäern bestehende Priesterklasse verschwand – aber erst, nachdem es für ihre Schuld keine mildernden Umstände mehr gab.

250 A. d. H.: Diese Formulierung geht darauf zurück, dass der amtierende Hohepriester und andere führende Juden mit Sicherheit bei der Verhandlung vor Felix zugegen waren (vgl. 24,1) und höchstwahrscheinlich auch an dem vor Festus geführten Prozess teilnahmen (vgl. 25,1-5.7).

Das Evangelium und die Integrität des Gewissens des Einzelnen

Aber es gab noch einen anderen Grund, warum Gott nicht verlangte, dass alle christusgläubigen Juden unmittelbar nach Pfingsten oder unmittelbar nach dem Tod des Stephanus alle mosaischen Riten, Rituale und Zeremonien aufgeben sollten. Und der Grund bestand darin, dass Gott das menschliche Gewissen respektierte.

Die christusgläubigen Juden befanden sich in einem Umbruch von nie gekanntem Ausmaß. Es ging um zeremonielle, rituelle und Speisegesetze, für die viele von ihnen eher ihr Leben gelassen hätten, als sie zu übertreten – weil sie glaubten, dass diese Gesetze von Gott inspiriert waren. Die Zeit war gekommen, diese Gesetze außer Kraft zu setzen. Gott selbst würde diesen Prozess nicht übermäßig beschleunigen, sondern dem Gewissen der Menschen Zeit geben, sich auf die neue Ordnung einzustellen. Es ging natürlich nicht darum, dass das Gewissen die letzte Instanz sein durfte, die entschied, was wahr und was Gottes Wille war. Diese Rolle kam und kommt allein der objektiven Offenbarung Gottes in seinem Wort und durch dieses Wort zu. Das Gewissen muss lernen und bereit sein, sich an diesem Wort zu orientieren, und darf sich nicht eine Autorität anmaßen, die es nicht besitzt. Meine kleine Armbanduhr ist nicht die letzte Instanz für die Exaktheit der Greenwich-Zeit!

Andererseits spielt Gott nicht mit dem menschlichen Gewissen, noch behandelt er es tyrannisch oder willkürlich. Er respektiert die Mechanismen, mit denen es sich zurechtfindet, und er weiß, dass dies Zeit braucht. Nachdem er das Gewissen der Israeliten über viele Jahrhunderte hinweg im Alten Testament dazu erzogen hatte, auf der strikten Einhaltung der mosaischen Riten zu bestehen, würde er nicht verlangen, dass sich seine Grundeinstellung sofort änderte und es all dies über Nacht aufgab. Er würde ihrem Gewissen Zeit einräumen, um zu erkennen, dass derjenige Gott, der diese alttestamentlichen Gesetze ursprünglich gegeben hatte, sie selbst aufhob. Dann würde es ihr Glaube sein – und nicht Ungehorsam oder Nachlässigkeit –, der sie hinter sich ließ.[251]

251 Wir sollten diesen Grundsatz nicht missbrauchen, indem wir ihn als Vorwand benutzen, um mit Praktiken fortzufahren, die weder vom Alten noch vom Neuen Testament her biblisch begründet werden können und die im Grunde im Widerspruch zu dem stehen, was die Heilige Schrift ausdrücklich sagt.

Das Gewissen der Schwächeren würde langsamer vorankommen als das der Stärkeren, die sich schneller anpassen konnten. In der Zwischenzeit konzentrierte sich Gott darauf, sie alle – ob schwach oder stark – dazu zu bringen, das Gewissen der anderen nicht zu überfordern. Jeder Einzelne sollte die Gewohnheit entwickeln, diese Dinge individuell im Licht der unmittelbaren persönlichen Verantwortung gegenüber dem auferstandenen Herrn Jesus zu durchdenken (Röm 14,1-23). Und diese Gewohnheit musste, nachdem man sie sich einmal angeeignet hatte, ständig auf eine Vielzahl von Fragen angewandt werden, lange nachdem Gott die besonderen Fragen in Zusammenhang mit dem mosaischen Ritus zuerst durch den Hebräerbrief und dann durch die Zerstörung des Tempels entschieden hatte.

Schließlich gab es noch ein weiteres wichtiges Element in dem Vorschlag, den die Ältesten Paulus unterbreiteten, obwohl weder Lukas noch die Ältesten besonders darauf hinwiesen. Die vier Männer hatten ihr feierliches Gelübde vor Gott abgelegt, bevor Paulus eintraf. Auf die Frage, ob sie ihr Gelübde erfüllen sollten oder nicht, hatte Paulus zweifellos die Pflicht zu antworten. Der Verkündigung des Evangeliums zufolge geschieht die Erlösung zwar aus Gnade, aber wenn die Erfüllung eines Gelübdes als solches nicht gerade mit sündhaften Praktiken verbunden ist, wird das Evangelium darauf bestehen, dass feierliche Gelübde Gott gegenüber erfüllt werden müssen. Anderenfalls würde das Evangelium für schuldig befunden werden, das Sittengesetz geradewegs verworfen zu haben. Es ist falsch für einen Gläubigen, eine Ungläubige zu heiraten (1Kor 7,39). Aber angenommen, eine solche Ehe ist bereits geschlossen und mit einem feierlichen Gelübde vor Gott besiegelt worden. Dann wäre es eine Verzerrung des Evangeliums der Errettung aus Gnade, wenn man sagen würde, dass der christliche Partner dieses Gelübde brechen darf – ja, sogar brechen muss.

Die Verteidigung des Paulus vor dem Mob in Jerusalem

Die römischen Behörden waren natürlich nervös wegen der religiösen Unruhen in Jerusalem, die hätten dazu dienen können, im ganzen Land einen Flächenbrand zu entfachen. Als der Oberste erfuhr, dass es in der Stadt Unruhen gab, nahm er einen Trupp Soldaten, begab sich in aller

Eile die Stufen der Burg Antonia hinunter in den Tempel, rettete Paulus aus den Händen des Pöbels und verlangte zu erfahren, was der Grund für die Unruhen sei. Die Verwirrung war jedoch so groß, dass er keine schlüssige Antwort erhielt. So befahl er seinen Männern, Paulus in die Burg hinaufzubringen. Das taten sie dann, wobei sie von allen Seiten durch die wütende Menge bedrängt wurden, die wie eine Meute wilder Hunde nach dem Blut des Paulus gierte.

Oben auf der Treppe zur Burg Antonia bat Paulus den Obersten um die Erlaubnis, sich an die Menge zu wenden. Er sprach Griechisch, und diese Tatsache brachte die Erklärung der Angelegenheit, die sich der Oberste zurechtgelegt hatte, durcheinander. Einige Jahre zuvor hatte ein selbst ernannter ägyptischer »Prophet« eine Schar von Leuten auf den Ölberg geführt und ihnen versprochen, dass Gott ein zweites Jericho herbeiführen und die Mauern Jerusalems zum Einsturz bringen würde, damit sie dann die Stadt stürmen und die Angehörigen der römischen Garnison niedermetzeln könnten. Das war natürlich nicht geschehen. Die römischen Behörden schlugen den Aufstand nieder, töteten einige und verhafteten andere, während der Anführer selbst auf raffinierte Weise entkam.[252] Der Oberste, dessen Erinnerung an den Vorfall etwas verworren war, kam zu dem Schluss, dass es sich bei Paulus um diesen Ägypter handeln musste. Er hatte es gewagt zurückzukehren – sehr zum Unmut der Menge, die er in die Irre geführt hatte.

Nachdem der Oberste seinen Irrtum hinsichtlich der Identität dieses Juden erkannt hatte, erlaubte er Paulus, zur Menge zu sprechen; vielleicht würde er aus der Rede des Paulus herausfinden, worum es bei dem Aufruhr ging.

Aber warum, so könnte man fragen, hielt Paulus es für sinnvoll, überhaupt zu versuchen, zu dem Mob zu sprechen? Er war übel zugerichtet worden und befand sich in einem mitleiderregenden Zustand. Vorerst war er in römischer Hand sicher. Was konnte er noch ausrichten, wenn er sich an die Leute in der Menge wandte, die am Fuß der Treppe stand und sein Blut forderte?

Die Antwort lautet: Er liebte sie. Was er im Tempel getan hatte, war geschehen, um den gläubigen Juden zu helfen, denn er liebte sie.

---

252 A. d. H.: Einigen Quellen zufolge lieferte er einen Teil seiner Anhänger den Soldaten des Felix aus, bevor er selbst fliehen konnte.

Nun stand er vor der brodelnden Masse der ungläubigen Juden, und er liebte sie ebenfalls. Sie waren sein eigenes geliebtes Volk. Sie waren durch die Behauptung in Wut versetzt worden, er habe unter allen Menschen überall Lehren verbreitet, die gegen die Juden gerichtet seien (Apg 21,28). Aber das stimmte nicht und war ein Ausdruck der Verleumdung. Er lehrte die Heidenchristen, nicht nur die christusgläubigen Juden, sondern die Juden im Allgemeinen zu lieben (siehe Röm 11,17-32). Außerdem verstand er sie. Als sie dort in ihrer wilden Wut standen, dachten sie, sie würden die Ehre und Heiligkeit Gottes schützen. Wäre der Oberste nicht eingeschritten, hätten sie Paulus zu Tode geprügelt, aber sie hätten es in der Vorstellung getan, Gott einen Dienst zu erweisen. Aus seiner Freundlichkeit heraus war er bemüht, sie von dieser Vorstellung abzubringen. Was in ihren Herzen vorging, hatte mit einer Ansammlung von Mordgedanken zu tun, genährt von nationalem Stolz, verletztem Eigennutz, Unwissenheit und umfassender Sündhaftigkeit des nichtwiedergeborenen Menschen. Weit davon entfernt, Gott zu dienen, hätten sie den menschgewordenen Gott ermordet, wenn sie ihn hätten fassen können. Was in ihren Augen Eifer für Gott war, war nur ein Ausdruck der nicht erneuerten, unerlösten menschlichen Natur. Wie leicht und wie oft verführt die Religion die Menschen zu der Annahme, dass sie Gott verteidigen, während es doch Artemis ist, die ihre Triebkraft ist und deren Verteidigungsmethoden sie anwenden!

Paulus verstand das alles sehr gut. Er hatte sich einst genauso gefühlt wie die Menschen in der Menge jetzt. Er hatte geglaubt, dass er seiner Nation gegenüber seine Treue beweisen konnte, indem er christusgläubige Juden verfolgte, verhaftete, einkerkerte, bestrafte und hinrichten ließ. Er hatte alles getan, was möglich war, um den Namen Jesus von Nazareth zu bekämpfen. Und er hatte es mit gutem Gewissen getan, weil er überzeugt war, dass er Gott diente und seine Ehre schützte. Aber die ganze Zeit über war es nicht Gottes Ehre, sondern sein eigener pharisäischer religiöser Stolz, den er beschützte, und zwar mit der Wut, der Bosheit, der Gehässigkeit und der Grausamkeit eines nichtwiedergeborenen Menschen. Die Bekehrung zu Christus hatte ihm die Augen geöffnet, um die Realität zu sehen: Er sah, wie der Gott, dem er zu dienen glaubte, wirklich war und worin die wahre Natur seines eigenen, vermeintlich religiösen Eifers bestand. Die Bekehrung zu Christus hatte nicht nur seine Überzeugungen verändert, sondern auch seine Methoden, sie zu verteidigen. Es ist ein hässlicher Anblick, wenn bei der Bekehrung zu Christus das eine geschieht, aber das andere unterbleibt.

Paulus verstand also, was die Menschen in der Menge bewegte, und er liebte sie, auch wenn sie ihn ohne Weiteres umgebracht hätten. Ihnen mussten dringend die Augen geöffnet werden. Sie mussten von ihrem eingebildeten Eifer für Gott abgebracht werden, weil dies anderenfalls dem Verdammungsurteil für ihre Seelen gleichkommen würde. Er würde zu ihnen sprechen. Es war sinnlos, Paulus gegenüber einzuwenden, dass es hoffnungslos sei, sie zur Bekehrung führen zu wollen. Das Gleiche hätte man einst über ihn gesagt, und doch hatte er sich bekehrt. Als wahrer Evangelist, der er war, beschloss er, ihnen die Geschichte seiner eigenen Bekehrung zu erzählen.

Er war ihnen gegenüber im Vorteil: Sie waren weitgehend schriftunkundig, während er zu Füßen des berühmten Bibelgelehrten Gamaliel ausgebildet worden war – und zwar hier, wo die Schriftstudien am intensivsten betrieben wurden, in Jerusalem selbst (Apg 22,3). Sie waren »Eiferer für Gott«, aber nicht so, wie er es gewesen war. Ihr Aufruhr war lediglich ein spontaner Ausbruch von Emotionen, während er damals als Verfolger überlegt, systematisch, gründlich und unerbittlich vorging – ausgestattet mit schriftlichen Vollmachten, die vom damaligen Hohenpriester ausgestellt worden waren. Was konnte ihm einer aus der Menge über den Eifer für Gott beibringen? Oder über den Schutz der Privilegien Israels oder die Heiligkeit des Tempels?

Dann hatte er eine Erscheinung vom Himmel selbst erhalten und in ihrem unwiderstehlichen Licht die Realität erkannt, dass Jesus von Nazareth, den er verfolgte, tatsächlich der auferstandene und verherrlichte Messias war. Wie konnte das als Treulosigkeit gegenüber der Nation seinerseits betrachtet werden? Hatten nicht Moses und Jesaja und andere Propheten ähnliche Visionen von Gott erhalten? Warum musste er von vornherein als Glaubensabtrünniger abgelehnt werden, weil er eine Erscheinung hatte?

Aber vielleicht hatte er sich hinsichtlich der Erscheinung geirrt oder sie falsch gedeutet?

Nein, das war nicht der Fall. Die Erscheinung war ihm von einem Mitglied der örtlichen jüdischen Gemeinde in Damaskus gedeutet worden, einem, der als Frommer das Gesetz hielt und bei allen dort lebenden Juden hoch angesehen war. Er war kein Abtrünniger. Und doch waren es gerade seine Worte, die von Gott selbst beglaubigt wurden, da er von ihm bevollmächtigt war, die körperliche Blindheit zu beseitigen, die bei Paulus durch den übernatürlichen Glanz der Erscheinung hervorgerufen worden war: »Der Gott unserer Väter hat dich dazu bestimmt, seinen Willen zu erkennen und den Gerechten zu sehen und eine Stimme aus seinem Mund zu hören. Denn du wirst an alle Menschen ein Zeuge sein von dem, was du gesehen und gehört hast« (22,14-15).

Es war auch keine Glaubensabtrünnigkeit, die darin bestanden hätte, den einen wahren Gott zu leugnen, den Israel von den Patriarchen her kennengelernt hatte: Es war der Gott ebendieser Patriarchen, der Paulus für seine besondere Mission ausgewählt hatte. Er sagte Paulus, dass Jesus von Nazareth der Gerechte war, und Paulus hatte nun den göttlichen Auftrag, allen anderen genau dies weiterzusagen. Er war nicht der Betrüger, für den ihn manche im Volk gehalten hatten.[253] Ja, er hatte die Wahrheit gebracht, und sie hatten sich geirrt. Er war nicht nur ein gerechter Mann, er war *der* Gerechte, der Messias Gottes.

Das war eine überaus große Zumutung für die Menge, und es ist vielleicht ein Wunder, dass sie Paulus an diesem Punkt nicht unterbrochen hat. Aber dann machte er, indem er all dies als Teil seiner Bekehrungsgeschichte erzählte, deutlich, dass er nicht behauptete, den Menschen in der Menge überlegen zu sein. Er behauptete nicht, dass sie schuldig waren und er sich als unschuldig erwies. Er teilte ihre Schuld. Ja, als er Jesus von Nazareth verfolgte, hatte er noch größere Schuld auf sich geladen, war er noch wütender als sie gewesen. Er hatte seine Schuld eingestanden und Vergebung gefunden: Das war auch für sie möglich.

Aber – und hier begann er, sich auf sehr heikles Terrain zu begeben – warum war er nicht in Jerusalem geblieben und hatte über die Privilegien und den Tempel Israels weiterhin eifrig gewacht, statt zu den Heiden zu gehen und dort an den Rechten Israels Abstriche zu machen? Weil er sich im Anschluss an seine Rückkehr von Damaskus nach Jerusalem im Tempel aufhielt, als ihm der Herr erneut erschien und ihm

253 A.d.H.: Dies galt besonders für die führenden Juden (vgl. z.B. Mt 27,63).

sagte, er solle Jerusalem schnell verlassen. Die Jerusalemer Bewohner würden nämlich sein Zeugnis von Jesus nicht annehmen (22,17-18).

Zumindest diese Prophezeiung hatte sich bewahrheitet: Das Verhalten der Menge selbst war der Beweis dafür. Aber es muss sie wirklich tief getroffen haben, als er sagte, dass das Urteil des Herrn hinsichtlich der Bewohner Jerusalems so erschreckend ausgefallen war.

Doch Paulus, der sich wie immer für die Menschen einsetzte, hatte dem Herrn gegenüber beteuert, dass es um sie nicht so schlimm bestellt sei. Sie seien für vernünftige Argumente offen, meinte er. Sie wussten, wie ungestüm er die Christen verfolgt hatte. Sie wussten, wie er bei der Menge gestanden und sie angefeuert hatte, als man Stephanus hinrichtete. Sicherlich würden sie verständig sein und ihm als jemandem zuhören, der immer für sie gekämpft hatte. Sie würden ihn nicht blindlings abweisen.

Aber der Herr wiederholte einfach seinen Befehl: »Geh hin, denn ich werde dich weit weg zu den Nationen senden« (22,21).

Die Menge hatte bisher ruhig zugehört, aber jetzt brach sich ihre Wut Bahn, und der Punkt, an dem der Abszess aufbrach, zeigte die wahre Ursache der Entzündung. Es war schon demütigend genug zu erfahren, dass dieser Jesus, den sie abgelehnt hatten, der Messias sei. Doch der Gedanke, dass Gott aufgrund ihrer Verwerfung des Messias Israels sein Erlösungsangebot nun an die Heiden gerichtet hatte und dass die Heiden diesen Messias annahmen, war unerträglich. Sie glichen einem naiven Jungen, dem die Mutter ein schönes Spielzeug geschenkt hat. Aber aus irgendeinem Grund lehnt er es ab und weigert sich, damit zu spielen. Dann geht die Mutter hin und bietet es einem anderen Kind an, das sich sehr darüber freut, es zu bekommen. Daraufhin gerät der naive Junge in Wut. Bei dem Eifer der Jerusalemer Bewohner für Gott ging es in Wirklichkeit nicht um den Schutz der Interessen und der Heiligkeit Gottes; es war vielmehr der Eifer für den Schutz der Privilegien, die sie weiterhin in egoistischer Weise für sich beanspruchten. Das brachte sie dazu, sich einzubilden, sie hätten Heiden gesehen, die in ihren heiligen Tempelhof eingedrungen seien, obwohl in Wirklichkeit keine Heiden in Sicht waren.

Auch Paulus erkannte dies. In ihrer gegen die Nationen gerichteten Eifersucht hatten sie gerade versucht, ihn zu ermorden. Doch in seinem Herzen keimte Hoffnung auf. Es war noch nicht alles verloren. Eines

Tages würde Gott genau diese Eifersucht gebrauchen, um viele aus dem Volk zur Buße zu führen. Dann würden sie wie unzählige Heiden ihren wahren Herrn, Jesus, als Gottes Messias annehmen (Röm 11,11-16).

Der Befehl des Obersten, Paulus zu verhören

Die Ansprache des Paulus an die Menge hatte dem Obersten wahrscheinlich nicht viel geholfen, denn Paulus hatte auf Aramäisch gesprochen (22,2). Aber er war entschlossen, der Sache auf den Grund zu gehen. Er war verantwortlich für die Wahrung von Recht und Ordnung in dieser Stadt, in deren aufgeladener Atmosphäre Religion und Politik eine höchst brisante Mischung darstellten und in der das plötzliche, unbesonnene Auftreten irgendeines Hitzkopfes genügte, um in der ganzen Stadt einen Flächenbrand auszulösen. Außerdem war er einigen sehr strengen und manchmal uneinsichtigen Vorgesetzten gegenüber verantwortlich. Er wollte, dass der Gerechtigkeit Genüge getan wurde, aber bei der Verteidigung von Recht und Ordnung war Zurückhaltung fehl am Platz. Das Gesetz gab ihm das Recht, verdächtige Störenfriede zu geißeln und zu verhören, und er beschloss, von diesem Recht Gebrauch zu machen. Er befahl, Paulus mit Riemen festzubinden, damit er gegeißelt werden konnte (22,24).

Er wusste nicht, dass Paulus ein römischer Bürger war – er hätte sich vorher erkundigen sollen –, und es war streng verboten, Paulus auf diese Weise festzubinden und zu geißeln. Nachdem Paulus es ihm mitgeteilt hatte, ließ der Oberste sofort davon ab. Dieser war jedoch überrascht, als er feststellte, dass eine so unscheinbar aussehende Person wie Paulus tatsächlich ein römischer Bürger war. »Ich habe für eine große Summe dieses Bürgerrecht erworben«, gestand er. »Ich aber bin sogar darin geboren«, antwortete Paulus (22,28).

Nun war also eine weitere, bisher geheime Sache bekannt geworden: Die Summe, die der Oberste für die römische Staatsbürgerschaft gezahlt hatte, war in Wirklichkeit eine Bestechung und damit illegal; obwohl natürlich Tausende von Menschen solche Bestechungsgelder zahlten und viele Leute in den höheren Rängen viel Geld damit verdienten. Aber in welchem Land konnte man sich darauf verlassen, dass alle »Verteidiger von Recht und Ordnung« selbst über Korruption erhaben waren? Und als er schließlich seinen Bericht an den Statthalter Felix schrieb, gelang es ihm, sein Verhalten in dieser Angelegenheit in einem etwas besseren Licht erscheinen zu lassen und die Tatsache zu vertuschen, dass er einen römischen Bürger hatte fesseln lassen, um ihn zu geißeln und zu verhören. Und Paulus – da können wir sicher sein – hat dies nie gegen ihn verwendet.

Der Oberste lässt Paulus vor dem Hohen Rat vernehmen

Am nächsten Tag war der Oberste immer noch entschlossen, den Unruhen auf den Grund zu gehen, damit die Stadt befriedet werden konnte. Deshalb befahl er, den Hohen Rat zu versammeln, und ließ Paulus vorführen. Paulus ergriff zu Beginn der Verhandlung das Wort, indem er die Mitglieder des Rats direkt ansah und erklärte: »Ich habe mit allem guten Gewissen mein Leben vor Gott geführt bis auf diesen Tag« (23,1). Damit prahlte er nicht in arroganter Weise und beabsichtigte auch nicht, die Mitglieder des Hohen Rats bloßzustellen. Er wusste, dass sein Verhalten seit seiner Bekehrung sie alle erzürnt hatte; in ihren Augen war er ein gefährlicher Verräter und Abtrünniger. Er bot ihnen eine aufrichtige Erklärung an: So unglaublich es für sie auch klingen mochte, er hatte immer aus einem guten Gewissen heraus gehandelt, damit sein Tun dem entsprach, was Gott von ihm wollte. Wollten sie als verantwortliche Mitglieder des höchsten religiösen Gerichts des Volkes nicht alle nach demselben Prinzip leben? Gab es nicht wenigstens dieses Minimum an Gemeinsamkeiten zwischen ihm und ihnen? So sehr sie auch mit dem, was er tat und lehrte, nicht einverstanden waren, so konnten sie ihm doch zugestehen, dass er aus einem aufrichtigen Gewissen heraus vor Gott handelte. Was für eine Debatte, was für eine Diskussion, was für eine faire Untersuchung war möglich, wenn eine Seite nicht bereit war, zumindest zu Beginn davon auszugehen, dass für die andere Seite ein aufrichtiges, wenn auch irregeleitetes Gewissen maßgebend war? Wenn das Gericht zu dem Schluss kam, dass er ein vorsätzlicher religiöser Betrüger war, war jede Diskussion beendet. Und dasselbe gilt auch heute noch. Es wäre falsch, so zu tun, als seien Differenzen bezüglich der Grundlagen des Glaubens gleichgültige Angelegenheiten, hinsichtlich derer wir uns alle gegenseitig unterschiedliche Ansichten zugestehen, während wir dennoch vereint bleiben können. Aber wir müssen sicher davon ausgehen, dass diejenigen, die auf der anderen Seite stehen, ungeachtet ihrer Identität – soweit sie wissen – aus einem aufrichtigen Gewissen heraus handeln.

Aber auf die einleitende Bemerkung des Paulus hin befahl der Hohepriester, der diesem höchsten jüdischen Gericht vorstand, denjenigen, die in seiner Nähe standen, ihn auf den Mund zu schlagen. Das veranlasste Paulus sofort zu einer verbalen Reaktion: »Gott wird dich schlagen, du getünchte Wand! Und du sitzt da, um mich nach dem Gesetz zu richten, und gegen das Gesetz handelnd befiehlst du, mich zu schlagen?« (23,3).

Lehnstuhlkritiker haben Paulus ein unchristliches Verhalten vorgeworfen, als er so reagierte. Aber Christus selbst protestierte (wenn auch mit mehr Zurückhaltung), als der Diener eines anderen Hohenpriesters ihn ebenfalls ins Gesicht schlug und ähnlich ungerecht handelte (Joh 18,22-23). Es war schlichtweg ungeheuerlich, dass der Hohepriester das Gesetz ausgerechnet an dem Ort offen missachtete, an dem er es zu verteidigen und durchzusetzen hatte. Moralischer Verfall im religiösen Bereich ist die allerschlimmste Art dieses Verfalls: Er wird zu Recht mit den schärfsten Worten getadelt.

Doch da protestierten die Männer, die neben Paulus standen: »Schmähst du den Hohenpriester Gottes?« (Apg 23,4). Sofort entschuldigte sich Paulus dafür, dass er unwissentlich gegen das Gesetz verstoßen hatte, das er zitierte: »Die Richter sollst du nicht lästern, und einen Fürsten deines Volkes sollst du nicht fluchen« (2Mo 22,27). Wie konnte es dazu kommen, dass Paulus den Hohenpriester nicht als denjenigen erkannte, der den Befehl gegeben hatte, ihn auf den Mund zu schlagen? Dies ist nie zur Zufriedenheit aller geklärt worden, obwohl es verschiedene Erklärungen gibt. Aber der ganze Vorfall lieferte den offenkundigen Beweis dafür, dass hier ein Mann war, der es ernst meinte mit der Behauptung, mit einem guten Gewissen vor Gott zu leben. Dieser Hohepriester war – vielleicht mehr, als Paulus aufgrund seiner langen Abwesenheit von der Stadt wusste – ein absoluter Schurke, wie uns die Geschichte berichtet. Er war bereit, Angehörigen der niederen Priesterschaft die ihnen zustehenden Abgaben vorzuenthalten und sie zu ermorden, wenn es seiner Sache dienlich war.[254] Auch in diesem Fall hatte er eklatant gegen das Gesetz verstoßen. Dennoch entschuldigte sich Paulus, indem er auf das Amt des Hohenpriesters – wenn auch nicht auf ihn selbst – Bezug nahm. Paulus kannte das biblische Gesetz; sein Gewissen würde niemals ruhen, wenn er es übertrat und sich dann nicht entschuldigte – ungeachtet dessen, ob es unabsichtlich geschah und oder unter welchen Umständen es erfolgte.

Aber der Hohepriester hatte mit seinem Befehl sein wahres Wesen erkennen lassen. Was für eine Anhörung, welche Gerechtigkeit konnte Paulus von einem solchen Gericht erwarten? Die Anschuldigungen, mit denen die Juden aus der Provinz Asia den Aufruhr angezettelt hatten, waren falsch; und sie waren ohnehin nicht der eigentliche Grund dafür, dass die Mitglieder des Hohen Rats ihm feindlich gesinnt waren. Paulus hatte den Hohen Rat in seinen früheren Tagen gut gekannt, weil er insbesondere mit schriftlichen Vollmachten eines früheren Hohenpriesters zu der Verfolgung der Christen in Damaskus aufgebrochen war. Er wusste natürlich auch, warum seine Mitglieder schon früher versucht hatten, den Aposteln massiv Einhalt zu gebieten, und sie alle hingerichtet hätten, wenn nicht sein Lehrer Gamaliel sie zu einer weiseren Vorgehensweise gedrängt hätte. Natürlich waren sie seit seiner Bekehrung wütend auf ihn; und der wahre Grund bestand in nichts anderem als darin, dass er die Auferstehung Jesu verkündigte.

Aber wie sollte es für Paulus möglich sein, in einem Gericht voller Sadduzäer hinsichtlich der Beweise für die Auferstehung Jesu jemals in gerechter Weise angehört zu werden? Wie Lukas erklärt (Apg 23,8), akzeptierten die Sadduzäer nicht einmal die Möglichkeit der Auferstehung – von niemandem, geschweige denn die Auferstehung Jesu. Sie glaubten nicht an Engel oder gar an das Weiterleben des menschlichen Geistes nach dem Tod. Die mächtigsten Mitglieder des Rats waren also von Grund auf voreingenommen, und infolge ihrer Voreingenommenheit stand das Urteil schon vorher fest. Die anwesenden Pharisäer, die an die Möglichkeit der Auferstehung glaubten und für eine begründete Darstellung der Beweise zugunsten der Auferstehung

254 A.d.H.: Obwohl der jüdische Geschichtsschreiber Flavius Josephus, von dem zweifellos die wichtigsten Informationen über Ananias stammen, diesen etwas positiver darstellt, gibt es andere jüdische Quellen, die durchaus dem von Lukas gezeichneten Bild dieses Hohenpriesters entsprechen.

Jesu offen waren, würden nämlich überstimmt werden. Der römische Oberste musste auf jeden Fall imstande sein, eine faire Einschätzung der Ergebnisse dieses Gerichts vorzunehmen – und davon hätte das Leben des Paulus abhängen können. Daher war es von entscheidender Bedeutung, dass die grundlegende, zu 50 Prozent oder mehr bestehende Voreingenommenheit der Angehörigen des Gerichts aufgedeckt wurde.

Und Paulus entlarvte diese Tatsache. In der Gerichtsverhandlung rief er aus: »Brüder, ich bin ein Pharisäer, ein Sohn von Pharisäern; wegen der Hoffnung und Auferstehung der Toten werde ich gerichtet« (23,6). Aufgrund dessen entstand ein Zwiespalt unter den Mitgliedern des Hohen Rats. Diejenigen unter den Pharisäern, die sich im Alten Testament besonders gut auskannten, wollten den Sadduzäern nicht das Feld überlassen. Sie begannen, vehement zugunsten des Paulus zu argumentieren: Er habe nichts Falsches getan, wobei er ein Recht auf seine grundsätzliche Meinung habe. Sie ließen sogar die Möglichkeit zu, dass er bei seiner Erscheinung auf der Straße nach Damaskus eine echte Offenbarung durch einen Engel oder einen Geist empfangen hatte (23,9).

Schließlich wurde der Aufruhr so heftig, dass der Oberste um die Sicherheit von Paulus fürchtete. Er schickte die Truppe hin und ließ Paulus in die Kaserne zurückbringen. Aber die Strategie des Paulus hatte das lobenswerte Ziel erreicht, den Obersten mit eigenen Augen sehen zu lassen, was wirklich im Gange war. Sein Bericht an den Statthalter lautete schließlich: »Und da ich den Grund wissen wollte, weshalb sie ihn anklagten, führte ich ihn in ihr Synedrium [in ihren Hohen Rat] hinab. Da fand ich, dass er wegen Streitfragen ihres Gesetzes angeklagt war, dass aber keine Anklage gegen ihn vorlag, die des Todes oder der Fesseln wert wäre« (23,28-29).

Das wahre Urteil

Auch hier haben viele Lehnstuhlkritiker Paulus für seine Strategie verurteilt, als ob sie irgendwie hinterhältig gewesen wäre und absichtlich die eigentliche Frage verschleiert hätte. Sie bestand ihrer Meinung nach nicht darin, ob es eine allgemeine Auferstehung aller Menschen geben würde, sondern darin, ob es in Bezug auf Jesus den speziellen

Fall einer Totenauferstehung gegeben hatte. Vermutlich wäre es ihnen ganz recht gewesen, wenn der Hohepriester ein negatives – ja, sogar ein vernichtendes – Urteil gegen Paulus und damit gegen das Evangelium gefällt hätte, ohne dass der Oberste jemals erfahren hätte, wie sehr die Voreingenommenheit von mindestens dem halben Gericht Ausdruck der Ungerechtigkeit war. Wo bliebe da die Gerechtigkeit?

Aber zumindest Paulus brauchte sich keine Sorgen zu machen. In dieser Nacht verkündete der Herr das einzige Urteil, das von Belang war. Er freute sich über die Art und Weise, wie Paulus in Jerusalem für ihn Zeugnis abgelegt hatte, und teilte ihm mit, dass er dasselbe in Rom tun würde (23,11).

SATZ 3

Das Evangelium wird nach seiner Einstellung zu Moral und Gesetz beurteilt (23,12 – 24,27)

Die Verschwörung der Attentatsplaner

Der Oberste im Dienste des römischen Militärs sollte bald entdecken, was er vielleicht schon vorher wusste: Die Religion fühlt sich nicht immer verpflichtet fühlt, eine strenge Moral zu befolgen, wie es die gewöhnlichen Sterblichen tun sollten. Wenn sie sich selbst verteidigen oder einen Feind vernichten will, kann sie sich einreden, dass die Verteidigung der Wahrheit es rechtfertigt, die Moral ganz zu missachten. So kam es, dass am Tag nach der Sitzung des Hohen Rats mehr als 40 Juden beschlossen, die Ehre Gottes und die Heiligkeit des Tempels zu verteidigen, indem sie sich mit einem feierlichen religiösen Eid vor Gott verpflichteten, nichts zu essen, bis sie den römischen Obersten mit ihrer Bitte betrogen, das Gesetz gebrochen und einen Mord begangen hätten (23,12-13)! Natürlich haben sie sich nicht so ausgedrückt, denn die Religion kann Begriffe finden, die ein Verbrechen als heilig und edel erscheinen lassen. Aber es war ein Verbrechen, das sie im Namen Gottes zu tun beabsichtigten; und ihr Plan beinhaltete die bereitwillige Mitarbeit des Hohenpriesters und der Ältesten, die den Obersten bitten sollten, Paulus erneut vor den Hohen Rat zu bringen. Das sollte unter dem Vorwand geschehen, dass sie mehr Informationen über seinen Fall wollten, damit die Mordwilligen auf dem Weg zum Gericht einen Hinterhalt legen und ihn töten konnten. Und dieser Hohepriester und diese Ältesten waren genau diejenigen Männer, die später vor dem Gericht des Felix standen und gegen Paulus die schwerwiegende Anklage vorbrachten, das Gesetz gebrochen zu haben!

Irgendwie sickerte die Nachricht von der Verschwörung zu einem Verwandten von Paulus durch, der sie Paulus und (auf Anraten von Paulus) dem Obersten erzählte (23,16-18). Dieser, ein vernünftiger

Mann, beschloss, die ganze Sache aufgrund eigener Überforderung in andere Hände zu geben. Er war dafür verantwortlich, das Leben eines römischen Bürgers zu schützen, bis der Gerechtigkeit Genüge getan war. Wenn das oberste jüdische Gericht im Lande zu derartigen Machenschaften bereit war, um Paulus zu ermorden, dann war es an der Zeit, die ganze Angelegenheit an den Statthalter der Provinz zu verweisen, bevor die Situation völlig außer Kontrolle geriet. Und so kam es, dass Paulus unter militärischem Schutz nach Cäsarea geschickt wurde, damit er sich vor Felix verantworten konnte. Der Oberste schickte auch den bereits erwähnten Brief mit, in dem er die bisherigen Einzelheiten des Falls erläuterte. Felix vergewisserte sich, dass Paulus aufgrund seiner Heimatstadt der eigenen Gerichtsbarkeit unterstellt war (23,34), und traf dann die Vorbereitungen für einen formalen Prozess.

Der Prozess vor Felix

Das Gericht des Statthalters war – zum Glück für Paulus – nicht der Hohe Rat. Dieses Gericht, die höchste jüdische Rechtsinstanz, stützte seine Gesetze auf das Alte Testament, das von einem sowohl aus Sadduzäern als auch aus Pharisäern zusammengesetzten Gremium so einvernehmlich wie möglich ausgelegt wurde. Wehe dem, der in diesem Gericht eine andere Meinung als die Sadduzäer und Pharisäer hatte, was die Auslegung des Alten Testaments betraf! Felix stand einem römischen Zivilgericht vor, in dem die religiösen Überzeugungen eines Menschen keine Rolle spielten, solange sie nicht mit den Gesetzen des Staates in Konflikt gerieten.

Als der Oberste Paulus vor dem Hohen Rat erscheinen ließ, war die entsprechende Sitzung eine Untersuchung und kein formaler Prozess. Den Vorsitz hatte der Hohepriester, der selbst der Hauptgegner des Paulus war, inne. Es wird nicht erwähnt, dass andere unabhängige Ankläger oder Zeugen anwesend waren. Der Zweck des Prozesses bestand darin, dass der Oberste herausfinden sollte, was der Hohe Rat gegen Paulus in der Hand hatte. Aber die Sitzung im Gerichtsgebäude des Felix war ein formeller Prozess. Felix war der (angeblich) unparteiische Richter, vor dem die Anklage konkrete Anschuldigungen vorlegen musste, die für dieses Zivilgericht relevant waren; und die Personen, die die in der

Anklage enthaltenen Anschuldigungen erhoben, mussten persönlich im Gericht anwesend sein, damit der Angeklagte wissen und sehen konnte, wer ihn beschuldigte.

Zu dem Kreis der Ankläger vor Gericht gehörten der Hohepriester und einige Älteste, von denen einige Pharisäer gewesen sein müssen, wie Paulus später erwähnt (24,15). Die Anklage wurde von Tertullus, einem Redner, vertreten, der in der Antike einem Anwalt entsprach. Er eröffnete seinen Fall mit den üblichen (aber in diesem Fall etwas übertriebenen) Komplimenten an den Richter (24,2-3) und erhob dann vier Anklagepunkte gegen Paulus:

1. Er sei eine »Pest« (24,5). »Pest« (oder »Unruhestifter«) war ein nicht eindeutig definiertes, aber wirkungsvolles Schimpfwort, das man benutzte, wenn man dem Angeklagten eine verräterische Tätigkeit gegenüber dem Kaiser unterstellen wollte, aber nicht genau sagen konnte, worin diese verräterische Tätigkeit bestand. Da es sich um eine unbewiesene Behauptung handelte, die kein konkretes Beispiel enthielt, ignorierte Paulus sie, als es darum ging, sich selbst zu verteidigen.

2. Er habe »unter allen Juden auf dem Erdkreis Aufruhr erregt« (24,5).

3. Er sei »ein Anführer der Sekte der Nazaräer« (24,5).

4. Er habe versucht, »den Tempel zu entheiligen; den wir auch ergriffen [d.h. verhaftet] haben« (24,6).

Der letzte Vorwurf erfordert einige Vorbemerkungen. Der ursprüngliche Vorwurf der Juden aus der Provinz Asia lautete, dass Paulus tatsächlich Griechen in den Innenhof geführt habe (21,28). Wenn diese Anschuldigung stimmte, dann hatte Paulus nicht nur versucht, den Tempel zu entweihen: Dann *hatte er* ihn entweiht. Doch nun ließ die Anklage vor dem Gericht des Felix diesen Anklagepunkt fallen und ersetzte ihn durch den Vorwurf der »versuchten Entweihung«. Und die Bedeutung ihrer nächsten Bemerkung, »den wir auch ergriffen [d.h. verhaftet] haben«, scheint darauf abzuzielen, dass sie ihn verhafteten, bevor ihm der Versuch gelang. Welche Form die beabsichtigte Schändung angenommen hätte, wenn sie durchgeführt worden wäre, wird nicht angegeben.

Zu der Aussage »den wir auch ergriffen haben« muss ebenfalls etwas angemerkt werden. Tatsächlich war Folgendes geschehen: Der Pöbel ergriff Paulus, zerrte ihn aus dem Innenhof und begann, ihn mit Schlägen übel zuzurichten, bis der römische Oberste eintraf und diese »Festnahme« mithilfe seiner Soldaten beendete (21,30-33). Beanspruchten der Hohepriester und die Ältesten über ihren Anwalt nun die Verantwortung und das Verdienst für diese »Festnahme«?

Leider ist der griechische Text an dieser Stelle unsicher. In den meisten Handschriften fügt der Anwalt einfach hinzu: »... wenn du ihn [d.h. Paulus] verhört hast,[255] (kannst du) über dies alles Gewissheit erhalten ..., wessen wir ihn anklagen« (24,8). Die Mehrheit der Gelehrten geht daher davon aus, dass dies der ursprüngliche Text des Lukas ist.

Es ist jedoch erwähnenswert, dass der westliche Text der Apostelgeschichte an dieser Stelle einen Zusatz enthält, der das Ende der vierten Anklage in eine Beschwerde gegen das Einschreiten des römischen Obersten verwandelt:

> ... den wir auch ergriffen haben und nach unserem Gesetz richten wollten. Lysias aber, der Oberste, kam herzu und führte ihn mit großer Gewalt aus unseren Händen weg und befahl seinen Anklägern, zu dir zu kommen; von dem [d.h. von Lysias] du selbst, wenn du es untersucht hast, über dies alles Gewissheit erhalten kannst, wessen wir ihn anklagen.[256]

Dieser Zusatz stellt also die Anklage so dar, dass sie das Recht beanspruchte, einen Tempelschänder vor ihrem eigenen Gericht, dem Hohen Rat, verurteilen zu können. Das entsprach der Wahrheit. Außerdem behauptete sie, dass sie genau das vorhatte, bis der Oberste eintraf – was nicht zutraf. (Wenn Lysias Paulus nicht gerettet hätte, wäre Paulus nie vor ein Gericht gestellt worden: Er wäre durch Lynchjustiz ums Leben gekommen.) Dann folgte die nächste Behauptung, der zufolge der römische Oberste kein Recht hatte, sich einzumischen – was wiederum nicht stimmte. (Er hatte sehr wohl das Recht einzuschreiten,

---

255 A.d.H.: Vgl. Fußnote in der Elb 2003.

256 Dieser Zusatz wurde hier von der KJV übernommen, aber auch von Hodges und Farstad ausgelassen (Z.C. Hodges und A.L. Farstad, *The Greek New Testament According to the Majority Text*, Nashville: T. Nelson, 1982, S. 459). Siehe ebenso die Diskussion in: Bruce M. Metzger, *A Textual Commentary on the Greek New Testament*, corrected edition (verbesserte Auflage), London/New York: United Bible Societies, 1975, S. 490. A.d.H.: Die deutsche Wiedergabe wird hier nach der Elb 2003 zitiert.

um einen Bürger – insbesondere einen römischen Bürger – zu verteidigen. Er war befugt sicherzustellen, dass es einen Anscheinsbeweis gegen ihn gab, bevor er ihn dem Hohen Rat – und nicht dem Pöbel – für einen angeordneten Prozess übergab.) Und schließlich folgte als letzte Behauptung, dass der Oberste übermäßige Gewalt angewendet habe, als er ihnen Paulus entriss: Wenn man dies so bezeichnete, wie hätte man dann ihr Vorgehen nennen sollen, als sie dabei waren, Paulus zu Tode zu prügeln?

Unabhängig davon, ob der Zusatz im westlichen Text im Original zu finden ist oder nicht, sollten wir zwei Dinge beachten: Erstens kündigte Felix schließlich an, dass er sein Urteil aufschieben würde, bis Lysias nach Cäsarea käme (24,22). Zweitens – und das ist noch wichtiger –, wenn sich die Anklage tatsächlich bei Felix über das Einschreiten des Lysias beschwert hatte, so ging das Paulus nichts an: Er musste einfach auf die gegen ihn erhobenen Anschuldigungen antworten.

Die Verteidigung des Paulus vor Felix

Die einleitenden Bemerkungen des Paulus waren notwendigerweise ein Kompliment an den Richter – das war die übliche Form –, aber sie waren auch für den Fall des Paulus von Bedeutung. Felix hatte, wie Paulus betonte (24,10-11), langjährige Amtserfahrung: Er war etliche Jahre lang Statthalter von Judäa gewesen und kannte die politisch-religiöse Situation in Jerusalem, die Gepflogenheiten der Sadduzäer und Pharisäer und auch die jüdische Religion, denn seine Frau war Jüdin (24,24). Außerdem war er bereits mit dem Christentum und seinen Werten vertraut (24,22). Die vage Unterstellung der Anklage, das Christentum sei verräterischer Art, brauchte Paulus nicht zu beantworten.

Paulus wandte sich daher sofort dem ersten Hauptvorwurf zu (Nr. 2 auf unserer obigen Liste). Sie lautete, dass er unter den Juden in der ganzen Welt Unruhen geschürt habe (24,5). Nun war es sicherlich richtig, dass es an vielen Orten zu Unruhen gekommen war, weil Paulus in den Synagogen gepredigt hatte – Thessalonich und Beröa sind nur zwei Beispiele dafür. Aber es hätte, wie wir bereits gesehen haben, keine Unruhen geben müssen. Alles hätte ruhig und geordnet ablaufen können, wie es anfangs in Beröa der Fall gewesen war. Die Konflikte rührten vielmehr von denjenigen Juden her, denen die Lehre des Paulus missfiel, die auf die Straße gingen und die begannen, Tumulte anzuzetteln. Sie folgten Paulus von einer Stadt zur anderen, um absichtlich Unruhe zu stiften.

Paulus entschied sich jedoch nicht dafür, diese Fälle noch einmal zu verhandeln. Die Ereignisse hatten sich außerhalb der Gerichtsbarkeit von Felix zugetragen und konnten nicht vor seinem Gericht verhandelt werden. Außerdem hatte Gallion, der römische Statthalter in Korinth, bereits zugunsten des Paulus geurteilt. Paulus antwortete also auf den Vorwurf des »Aufruhrs unter den Juden«, der sich auf sein Verhalten bezog, da er sich im Zuständigkeitsbereich von Felix befunden hatte. Es hatte dort keinen Aufruhr gegeben, bis er nach Jerusalem kam. Die Fakten über sein Verhalten in der Stadt waren folgende:

> … du kannst erkennen, dass es nicht mehr als zwölf Tage sind, seit ich hinaufging, um in Jerusalem anzubeten. Und sie haben mich weder im Tempel mit jemand in Unterredung gefunden noch bei der Anstiftung eines Volksauflaufs, weder in den Synagogen noch in der Stadt; auch können sie dir das nicht beweisen, wessen sie mich jetzt anklagen (24,11-13).

Eigentlich wäre Paulus im Recht gewesen, wenn er im Tempel, in den Synagogen oder auf der Straße theologische Auseinandersetzungen mit Menschen geführt hätte. Aber er hatte bewusst darauf verzichtet. Es war vernünftig, dass er seine Ansichten in einer Synagoge in – sagen wir, Antiochien oder Korinth – vortrug. Dort konnte er erwarten, von der Mehrheit auf zivilisierte Weise angehört zu werden, auch wenn einige Hitzköpfe schließlich gewalttätig wurden. Aber in Jerusalem war er ein gezeichneter Mann, und die Juden aus der Provinz Asia beobachteten jeden seiner Schritte und warteten darauf, Unruhe zu stiften. Hätte er predigen wollen, wäre das nicht nur nutzlos, sondern auch kontraproduktiv gewesen. Hätte er versucht, mit irgendjemandem eine öffentliche Debatte zu führen, hätte das sofort eine fanatische Reaktion und öffentliche Unruhe hervorgerufen. Er hatte den gesunden Menschenverstand gehabt, dies nicht zu tun. Er hatte nirgendwo öffentlich gepredigt, gelehrt, debattiert oder diskutiert. Der Aufruhr im Tempel ging nicht auf ihn zurück.

Der nächste Vorwurf lautete, er sei der Anführer der Nazaräer-Sekte (24,5). Der Begriff, der mit »Sekte« übersetzt wird, ist ein zweideutiger Ausdruck; wie man ihn inhaltlich füllt und was man dabei empfindet, hängt davon ab, wer ihn für wen verwendet. In 5,17 wird er zur Beschreibung der Sadduzäer verwendet, aber manche Übersetzer tendieren dazu, ihn mit »Partei« zu übersetzen. Die Sadduzäer waren Aristokraten von vornehmer Herkunft, und der Hohepriester und die anderen Angehörigen der führenden Priesterklassen waren, wie wir schon mehrfach festgestellt haben, Sadduzäer und bildeten die führende Gruppe im Hohen Rat. Es würde sehr seltsam klingen, sie als »Sekte« im modernen deutschen Sinn des Begriffs zu bezeichnen. Andererseits ging im Falle kleiner religiöser Gruppen, die sich vom Hauptteil des Judentums abspalteten – wie es bei den Christen damals der Fall war – die Tendenz dahin, dass sie als Sekten in unserem modernen Sinne betrachtet wurden. Wie heute wurde dieser Bezeichnung eine schlechte Bedeutung beigelegt. Sie neigte auch dazu, auf die zusätzliche Bedeutung »abtrünnige Sekte« hinzudeuten. In diesem Sinne reicht es oft aus, eine Gruppe als Sekte zu bezeichnen, um sie zu verurteilen; und die Anklage wollte Paulus sicherlich verdammen, indem sie ihn als Rädelsführer einer aus ihrer Sicht sehr unheilvollen kleinen Sekte bezeichnete.

Paulus antwortete, indem er die Anschuldigung zugab! Nicht, dass er einräumte, ihr Rädelsführer[257] zu sein, aber er gehörte sicherlich zu ihren Mitgliedern und Führern. »Aber dies bekenne ich dir, dass ich nach dem Weg, den sie eine Sekte nennen, so dem Gott meiner Väter diene ...« (24,14). Doch dann fuhr er fort, den Glauben dieser sogenannten Sekte zu definieren. Es war »der Gott meiner Väter«, den er verehrte – keine seltsame, absonderliche, fremde Gottheit. Außerdem sagte er: »... ich (glaube) an alles ..., was im Gesetz und in den Propheten geschrieben steht« (24,14 [Schlachter 2000]). Was könnte der Rechtgläubigkeit mehr entsprechen? Das ließ natürlich die Frage nach der richtigen Auslegung der Heiligen Schrift offen. Es ist jedoch eine merkwürdige Tatsache, dass viele kleine Gruppen dazu neigen, an alles zu glauben, was in der Heiligen Schrift steht. Sie tun es in einer Weise, die bei denjenigen, die sie als »Sekten« bezeichnen, manchmal nicht zu

257 A. d. H.: Vgl. Wortlaut der Konkordanten in 24,5.

finden ist. Aber kann man es mit Recht als »sektiererisch« bezeichnen, wenn man an die ganze Schrift glaubt?

Außerdem, so Paulus, »(habe ich) die Hoffnung zu Gott ..., die auch selbst diese erwarten«, womit er zweifellos die Pharisäer unter den Anklägern meint, »dass eine Auferstehung sein wird, sowohl der Gerechten als auch der Ungerechten« (24,15). Und wer könnte als rechtgläubiger angesehen werden als die Pharisäer? Zweifellos könnte man sie als eine Partei bezeichnen und die Sadduzäer als eine andere, weil sie sich in vielen Dingen und insbesondere in dieser Frage der Auferstehung heftig miteinander stritten, aber niemand wäre damals auf die Idee gekommen, die Pharisäer als Sekte zu verdammen.[258]

Aber ob nun unschöne oder wohlklingende Bezeichnungen für bestimmte Gruppen verwendet wurden – für Paulus war es unerheblich, ob ihm unfreundlich gesinnte Menschen die Christen als Sekte bezeichneten oder nicht. Was in diesem Moment zählte, war die Relevanz der Anklage für das Zivilgericht. Was Felix wissen wollte, war: Wie wirkten sich die Überzeugungen dieser Sekte auf die Haltung ihrer Mitglieder gegenüber der Obrigkeit und ihren Gesetzen aus? Und dieser Punkt war es, auf den sich Paulus nun konzentrierte. Im Mittelpunkt seines Glaubens stand die Überzeugung, dass es eine Auferstehung sowohl der Gerechten als auch der Gottlosen geben würde; und das war keine bloße Theorie, sondern beherrschte alles, was er sagte und tat: »Darum bemühe ich mich auch, allezeit ein Gewissen ohne Anstoß zu haben vor Gott und den Menschen« (24,16).

Beachten Sie die letzten beiden Worte. Vor dem Hohen Rat hatte Paulus erklärt, dass er mit allem guten Gewissen sein Leben vor Gott geführt habe (23,1). Aber das war vor einem religiösen Gericht geschehen. Jetzt stand er vor dem römischen Statthalter, der eine zivilgerichtliche Verhandlung einberufen hatte. Als Paulus erklärte, für welche Bereiche sein Gewissen maßgebend war, waren seine Worte »vor Gott *und den Menschen*« keine bloße Rhetorik. Der Gott, vor dem

---

258 A. d. H.: Den oben befindlichen Ausführungen sei hinzugefügt, dass zu einer biblischen Definition des Begriffs *Sekte* auch Folgendes gehört: Man stellt neben das maßgebliche Wort Gottes andere normative Inhalte, die die gleiche und manchmal sogar eine höhere Bedeutung als die Schriftaussagen haben. Im Falle der Pharisäer würde das etwa bedeuten, dass die Überlieferungen der Ältesten (Mt 15,2) einen unangemessen hohen Stellenwert gegenüber dem Alten Testament hatten. In dieser Hinsicht kamen die Pharisäer gemäß biblischer Definition dem Wesen einer Sekte zumindest gefährlich nahe.

er bei der Auferstehung würde stehen müssen, hatte – so glaubte und lehrte er – die Obrigkeit eingesetzt. Dies waren zum Zeitpunkt der Gerichtsverhandlung die von Rom eingesetzten Amtsträger. Sich gegen sie aufzulehnen, bedeutete daher, sich Gott zu widersetzen. Sie waren nämlich Gottes Diener – eingesetzt, um der Gerechtigkeit Geltung zu verschaffen und die Übeltäter zu bestrafen. Deshalb müssen sich alle Christen der Obrigkeit unterordnen, nicht nur der Strafe wegen, sondern auch *um des Gewissens willen* (Röm 13,1-2.4-5). Wer das geltende Gesetz des jeweiligen Landes übertrat, sündigte gegen Gott – es sei denn, dieses Gesetz stand im Widerspruch zum Gesetz Gottes selbst. Christen, die aufrichtig an die Auferstehung sowohl der Gerechten als auch der Gottlosen glaubten, konnten sich nicht einfach über das im Römischen Reich geltende Gesetz hinwegsetzen. Vielmehr sollten sie versuchen, es gewissenhaft zu befolgen und so das Evangelium vor der Obrigkeit zu empfehlen.

Der Hohepriester und die ebenfalls zu den Sadduzäern gehörenden Ältesten glaubten nicht an eine Auferstehung der Gerechten und der Gottlosen. Was sie dazu veranlasste, sich so zu verhalten, blieb natürlich ihnen überlassen. Aber man hätte ihnen nur dringend raten können, den Glauben der Christen (und der Pharisäer) an eine solche Auferstehung anzunehmen. Dies hätte sie vielleicht sogar davon abgehalten, sich mit einer Gruppe von Verschwörern zusammenzutun, die das römische Gesetz missachten, eine kleine Gruppe römischer Soldaten in einen Hinterhalt locken und Paulus ermorden wollten – und das alles nur, um die Heiligkeit des Tempels Gottes zu verteidigen! Natürlich hat Paulus vor Felix keine derartige Bemerkung gemacht. Aber vielleicht hatte er das auch gar nicht nötig: Felix hatte den Brief von Lysias gelesen (siehe 23,30.34). Aber wenn wir in unserer Zeit uns vor die Aufgabe gestellt sehen, wie Paulus das Evangelium vor der weltlichen Obrigkeit zu verteidigen, dann ist es offensichtlich, dass wir dieselbe Haltung zu ihr haben müssen wie er. Wir müssen uns (mit Ausnahme des oben genannten Falls) ebenfalls darin üben, ihre Weisungen und Gesetze gewissenhaft zu befolgen – um des Gewissens willen, um des Evangeliums willen, um Gottes willen.

Die letzte Anklage, die die feindlich gesinnten Juden gegen Paulus erhoben, lautete, er habe versucht, den Tempel zu entheiligen (24,6).

Der Teil der ursprünglichen Anklage, in dem behauptet wurde, er habe Griechen in den Tempel gebracht, wurde stillschweigend fallen gelassen: Kein Grieche war im Innenhof gefunden oder verhaftet worden. Das Gleiche gilt für den Teil der Anklage, in dem behauptet wurde, er habe unter den Menschen überall Lehren verbreitet, die gegen die Juden gerichtet seien. Ebenso gilt das für denjenigen Teil, der ihn beschuldigte, gegen das Gesetz und den Tempel zu lehren (21,28). Es war klug von der Klägerseite, diese Punkte fallen zu lassen, denn nach römischem Recht mussten die Ankläger vor Gericht anwesend sein, um ihre Anschuldigungen vorzubringen. Die Juden aus der Provinz Asia hatten ursprünglich die Menge zum Aufruhr angestachelt, indem sie diese Anschuldigungen erhoben, als sie Paulus im Tempel begegneten, doch jetzt waren sie eben nicht vor Gericht zugegen (24,18-19). Was die verbleibende Anschuldigung betrifft, er habe versucht, den Tempel auf nicht näher bezeichnete Weise zu entweihen, sei angemerkt: Tatsache war, dass er nach seiner Ankunft in Jerusalem Gaben für die Armen in seinem Volk überbracht hatte und dann im Tempel die erwähnten Opfer gefolgt waren. Er befand sich in einem Zustand zeremonieller Reinheit; es war keine Menschenmenge bei ihm, und er hatte nirgendwo Unruhe gestiftet (24,17-18).

In Abwesenheit der Juden aus der Provinz Asia ließ sich die einzige Anklage, die der Hohepriester und die Ältesten gegen ihn erheben konnten, aus den Ergebnissen der Untersuchung herleiten, die sie im Hohen Rat in Anwesenheit von Lysias durchgeführt hatten.[259] Und was konnten sie anderes berichten als die Tatsache, dass er ausgerufen hatte: »Wegen der Auferstehung der Toten werde ich heute von euch gerichtet« (24,21)? Und was war das für ein Verbrechen oder eine Straftat? Alle Pharisäer im Hohen Rat (und überall sonst) glaubten an die Auferstehung. Würden der Hohepriester und seine Amtsbrüder auch alle Pharisäer von den Römern hinrichten lassen?

Nachdem Felix beide Seiten des Falls gehört hatte, vertagte er die Verhandlung. Er hatte, wie Lukas sagt, »genauere Kenntnis von dem Weg« (24,22) und muss gesehen haben, dass die Anklage gegen Paulus nicht nur unbewiesen, sondern auch absurd war. Warum hat er Paulus

259 A.d.H.: Manche Bibelübersetzungen (vgl. z.B. Menge) deuten darauf hin, dass Lysias bei der Verhandlung vor dem Hohen Rat sich zumindest ganz in der Nähe aufhielt, um im Notfall sofort eingreifen zu können.

dann nicht gleich freigesprochen? Als Grund gab er an, er müsse warten, bis Lysias nach Cäsarea komme, um ihn persönlich zu befragen, bevor er sein Urteil fällen könne (24,22).

In der Zwischenzeit nahm er Paulus in Gewahrsam, gewährte ihm jedoch erhebliche Freiheiten und Vergünstigungen. Aber entweder kam Lysias in der Folgezeit nicht nach Cäsarea, oder Felix vergaß anderenfalls, mit ihm Rücksprache zu nehmen. Denn zwei Jahre später, als Felix sein Amt niederlegte, war Paulus noch immer in Haft. Wir werden jetzt sehen, warum.

Die Fortsetzung

Felix' dritte Frau, Drusilla, war eine jüdische Prinzessin. Sie war die Frau des Königs von Emesa gewesen, und das Gerücht im Blick darauf, wie sie zu Felix' Frau wurde, würde der Klatschspalte eines jeden Magazins der Boulevardpresse neue Nahrung geben. Einige Tage nach dem Prozess war seine Frau zugegen, und bei dieser Gelegenheit »ließ [er] Paulus holen und hörte ihn über den Glauben an Christus« (24,24). Es ist oft so, dass Menschen ihres Ranges, die sich unter ihresgleichen bewegen, hinter den Kulissen eine gewisse Faszination für diejenigen empfinden, die einen tiefen persönlichen und offensichtlich echten Glauben an Christus haben. Dies hebt sich deutlich von dem Verhalten einiger prominenter religiöser Führer des offiziellen Judentums ab, denen sie zwangsläufig begegneten, weil sie Personen des öffentlichen Lebens waren. Dazu gehörte der jüdische Hohepriester, für den Religion kaum mehr bedeutete als Macht, Reichtum und (oft schmutzige) Politik. Und das Christentum könnte für Felix und Drusilla durchaus eine neue Religion mit einer ungewöhnlichen, neuartigen Anziehungskraft gewesen sein.

Aber Paulus war ein kluger Menschenkenner. Darauf, was er ihnen über Christus erzählte, geht Lukas nicht näher ein. Aber offenbar drehte sich das Gespräch um das Thema »Gerechtigkeit und Enthaltsamkeit und das kommende Gericht« (24,25). Welchen Sinn hatte es, ihnen Jesus als Retter vorzustellen, wenn sie sich nicht zuerst mit den ernsten moralischen und geistlichen Folgen ihres bisherigen und derzeitigen Lebenswandels auseinandersetzten?

Irgendwann im Laufe des Gesprächs regte sich das Gewissen des Felix, und er begann sich zu fürchten. Und diese Reaktion löste plötzlich eine weitere Befürchtung aus, denn er erkannte, wohin weitere Gewissensregungen im Grunde führen konnten. Daher bewahrte er nach außen hin die Fassade eines gleichmütig auftretenden Gesprächspartners und brach den Austausch ab, obwohl er sich in der Folgezeit noch oft mit Paulus traf. Aber er ließ es nie so gefährlich weit kommen wie beim ersten Mal, denn er hatte ganz andere Gründe, sich für Paulus zu interessieren und den Kontakt zu ihm aufrechtzuerhalten. Paulus hatte bei der Verhandlung erwähnt, dass er mit einem großen Geldbetrag nach Jerusalem gekommen war, den er von den christlichen Gemeinden in aller Welt für die jüdischen Armen in Jerusalem gesammelt hatte (24,17). Und anderenfalls wäre Felix dies ohnehin durch Gerüchte zu Ohren gekommen. Vielleicht war das Geld bereits ausgezahlt worden. Wer wusste das schon? Aber wenn Paulus es eilig hatte, aus dem Gefängnis zu kommen, und Felix überreden wollte, den Fall aufzuklären und ihn freizulassen, konnte er sicherlich eine angemessene Menge an Überredungskunst aufbringen, um die entsprechende Angelegenheit zu erledigen.

Aber hier ging es um das Evangelium, das Paulus in der Öffentlichkeit verteidigte, indem er von der Auferstehung, dem Gericht, der Gerechtigkeit und dem Gehorsam gegenüber den bestehenden Gesetzen um des Gewissens willen sprach. Dies erlaubte es ihm nicht, das Gesetz im Privaten zu missachten und sich mithilfe von Bestechung aus dem Gefängnis zu befreien – nicht einmal, wenn der oberste Vertreter des römischen Gesetzes in Gestalt des Statthalters bereit war, sich daran zu beteiligen. Felix hat sein Bestechungsgeld nie bekommen.

Und dann wurde Felix nach Rom zurückgerufen, wobei eine weitere Überlegung ihn beschäftigte. Die Art und Weise, wie er mit den jüdischen Angelegenheiten jüngst umgegangen war,[260] hatte ihn bei den Juden in große Ungnade fallen lassen. Hätte sein Verhalten dem Hohen Rat weiterhin missfallen, indem er Paulus aus dem Gefängnis entlassen hätte, wäre es möglich gewesen, dass ihm äußerst unangenehme Beschwerden bis nach Rom gefolgt wären. Felix hielt es daher für klug, den Juden bei seinem Abschied einen Gefallen zu tun: Er ließ Paulus im

260 A. d. H.: Damit ist z. B. gemeint, dass er Unruhen in Cäsarea niederschlagen ließ.

Gefängnis (24,27). Schließlich war die fortgesetzte Inhaftierung eines Unschuldigen ein kleiner Preis dafür, dass derjenige, der als Verteidiger der Gerechtigkeit galt, nicht selbst in Schwierigkeiten geriet, oder etwa nicht?

SATZ 4

Das Evangelium wird nach seiner Botschaft für den Kaiser und die Welt beurteilt (25,1–26,32)

Der Prozess vor Festus

Bei seinem Amtsantritt machte es sich der neue Statthalter der Provinz, Festus, zur Aufgabe, so bald wie möglich mit den führenden Bürgern Judäas Kontakt aufzunehmen. Kaum waren drei Tage nach seiner Ankunft in Cäsarea vergangen, reiste er nach Jerusalem hinauf (25,1).

Bei ihrem Treffen brachten die Hohenpriester und die Vornehmsten unter den Juden die Angelegenheit des Paulus zur Sprache und verlangten, dass er nach Jerusalem gebracht und der Fall geklärt werden sollte. Festus, der sich mit den Verhältnissen in der Provinz noch nicht auskannte, wusste natürlich nicht, dass sie noch immer eine Gruppe von Mordwilligen gedungen hatten, die darauf bedacht waren, Paulus unterwegs zu überfallen und zu töten, falls man jemals ihrem Ansinnen nachkommen würde (25,3). Weil er noch unerfahren war und sich wie ein Neuling an das Protokoll hielt, bestand Festus darauf, dass die Ankläger des Paulus zum Sitz des Statthalters kommen und Paulus dort anklagen sollten (25,5).

So fand schließlich ein weiterer römischer Prozess in Cäsarea statt, diesmal mit Festus als Richter. Der Prozess verlief zweifellos nach demselben Muster wie der erste, wobei Lukas es diesmal unterlässt, ihn so ausführlich zu beschreiben wie den ersten. Es taucht jedoch ein wichtiges neues Detail auf. Unter den vielen schwerwiegenden, aber unbewiesenen Anschuldigungen, die die Anklage gegen Paulus vorbrachte (25,7), muss es diesmal eine oder zwei weitere gegeben haben: Man beschuldigte ihn ausdrücklich einer Handlung oder einer Lehre, die einem Hochverrat und damit einem Vergehen gegen den Kaiser gleichkam, denn Paulus wies in seiner Verteidigung den Vorwurf des Hochverrats ausdrücklich zurück: »Weder gegen das Gesetz der Juden noch gegen den Tempel, *noch gegen den Kaiser* habe ich mich versündigt« (25,8).

Wir können uns nur vorstellen, wie die Anklage im Einzelnen lautete, aber aller Wahrscheinlichkeit nach folgte sie der gleichen Argumentation, die die Juden in Thessalonich vorgebracht hatten: Paulus vertrete mit seiner Predigt vom Reich Gottes und dem Herrn Jesus als König in Wirklichkeit eine Form des politischen Messianismus und schüre Unruhen, die schließlich zu einem Volksaufstand gegen das römischen Imperium führen sollten. Das war, wie wir bereits gesehen haben, eine fadenscheinige Anschuldigung. Sie war einen Versuch wert und konnte einen unsicheren römischen Statthalter beeindrucken, der nur allzu gut wusste, wie leicht die Religion der Juden von politischen Aktivisten zur Aufwiegelung genutzt werden konnte. Solche messianischen Aufstände hatte es schon früher gegeben, und es würden weitere folgen.

Gleichzeitig war es für einen römischen Statthalter, insbesondere für einen neuen Amtsinhaber, schwierig, mit dieser Anklage umzugehen. Festus war, wie wir aus seinen späteren Bemerkungen gegenüber Agrippa (25,18-19) und anhand seiner Aussage bei der Befragung (25,25) wissen, der Meinung, dass Paulus in Bezug auf Hochverrat völlig unschuldig war. Das galt auch für die anderen einschlägigen Anschuldigungen, die gegen ihn erhoben wurden, sodass die Erfolgsaussichten der Anklage nach dem Urteil des Festus erheblich geschmälert waren. Andererseits bestand die Gruppe der Ankläger aus dem Hohenpriester und den führenden aristokratischen Mitgliedern des höchsten jüdischen Gerichts im Land. Ein neuer Statthalter konnte es sich nicht leisten, so früh in seiner Amtszeit bei ihnen in Misskredit zu geraten. Sollte er dies dennoch tun, konnten sie ihm ernsthafte Probleme bereiten. Hätten sie als die maßgeblichsten Vertreter des jüdischen Volkes in Rom verlauten lassen, Festus habe gegen ihren Willen einen Mann aus dem Gefängnis entlassen, von dem sie wussten, dass er ein politischer Aufwiegler gegen den Kaiser war, hätte Festus in sehr große Schwierigkeiten geraten können. Ein früherer Hoherpriester hatte Pontius Pilatus auf diese Weise erpresst, um ihn dazu zu bewegen, Jesus Christus wider besseres Wissen zu kreuzigen (Joh 19,12).[261] Etwas Ähnliches könnte sich durchaus wiederholen.

261 A.d.H.: Die Einzahl (»ein früherer Hoherpriester«) spielt hier vermutlich auf Johannes 19,11 an. Der Hohepriester zu diesem Zeitpunkt war Kajaphas, dessen Schwiegervater als ehemaliger Amtsinhaber im Hintergrund nach wie vor rücksichtslos seine Macht ausnutzte, um seine Ziele zu erreichen (vgl. Joh 18,13).

Bevor er sein Urteil fällte, beschloss Festus daher, den Juden mit einer Geste des guten Willens entgegenzukommen. Er erkundigte sich, ob Paulus bereit wäre, nach Jerusalem zu gehen und sich dort vor ihm wegen derselben Anklage zu verantworten (Apg 25,9). Doch Paulus erkannte sofort, dass eine erneute Reise nach Jerusalem – abgesehen von der Gefahr eines Anschlags – ihm und dem Evangelium leicht Schaden zufügen konnte. Hätte sich die Anklage mit dem Vorwurf der Missachtung des jüdischen Gesetzes und der versuchten Entweihung des Tempels begnügt, dann wäre Jerusalem, der Ort der angeblichen Verbrechen, vielleicht der geeignete Ort für den Prozess gewesen. Doch nun hatte die Anklage den ausdrücklichen Vorwurf des Hochverrats gegen den Kaiser hinzugefügt; und im Gegensatz zu den anderen Vorwürfen bezog sich dieser nicht nur auf sein Wirken in Jerusalem, sondern auf seine Taten im ganzen Römischen Reich. Es ging nicht nur um das, was er angeblich getan hatte, als man ihm vorwarf, den Tempel im Zustand zeremonieller Unreinheit betreten oder Heiden in den Tempel geführt zu haben: Es ging vor allem um das, was er lehrte, um den eigentlichen Kern des Evangeliums. Er hatte keinen politischen Messianismus gepredigt; es wäre eine ungeheuerliche Verzerrung der Wahrheit, ihn dessen zu beschuldigen. Allerdings hatte er tatsächlich gepredigt, dass Jesus der messianische König ist.

Der Ort, an dem eine Anklage wegen Hochverrats verhandelt wurde, war also ein römisches Gericht, das der Autorität des Kaisers unterstellt war. Paulus musste sich bereits vor einem solchen Gericht im Hauptquartier der römischen Provinzverwaltung verantworten. Es ergab keinen Sinn, das Verfahren nach Jerusalem zu verlegen. Festus hatte – wie Paulus sehen konnte – bereits begriffen, dass er unschuldig war, was die Anklagen gegen das jüdische Gesetz, den Tempel und das Volk betraf (25,10). Aber ihn nach Jerusalem zu bringen, um ihn wegen Hochverrats gegen den Kaiser vor Gericht zu stellen, würde einem gerechten Urteil im »Fall Paulus« in gefährlicher Weise abträglich sein. Denn dort würde Festus unter enormen Druck seitens der Hohenpriester, der anderen führenden Priester und der übrigen sadduzäischen Aristokratie geraten. Es waren diese Juden – nicht irgendein römischer Beamter, Konsul, Prätor, Oberster oder Richter –, die diese Anklage wegen Hochverrats formuliert hatten. Dabei hatten sie es nicht getan, weil sie wirklich daran glaubten oder weil sie wirklich um die Interessen des

Kaisers besorgt waren. Vielmehr konnte dies ein sehr wirksames Mittel sein, nicht nur Paulus Einhalt zu gebieten, sondern auch die von ihm verkündigte Botschaft zu unterdrücken, dass Jesus von Nazareth aus den Toten auferstanden war. Hier ging es um eine Reihe hochrangiger Juden – um führende und maßgebliche Mitglieder des höchsten jüdischen Gerichts (und nicht nur um irgendeinen jüdischen Pöbel wie in Thessalonich). Wenn sie daher einen Juden des politischen Messianismus beschuldigten, konnte das sehr überzeugend klingen für einen neuen Statthalter, der die Männer, mit denen er es zu tun hatte, noch nicht kannte.

Als römischer Bürger hatte Paulus das Recht, sich auf den Kaiser zu berufen, und wenn er das tat, hatte das zur Folge, dass die Angelegenheit nicht mehr vor dem örtlichen Gericht irgendwo in der Provinz verhandelt werden würde. Das konnte ein riskantes Unterfangen sein. Die Justiz an Neros Gericht war nun wirklich kein Inbegriff richterlicher Unvoreingenommenheit, aber zumindest konnte Nero nicht auf die gleiche Weise unter Druck gesetzt werden wie ein kürzlich eingetroffener Provinzstatthalter in Jerusalem. Paulus versuchte nicht, der Todesstrafe zu entgehen, wenn er sie verdiente (oder wenn Nero entschied, dass er sie verdiente, was damit nicht identisch war). Aber er akzeptierte nicht, dass das römische Provinzgericht im Grunde den Vorurteilen und dem Druck des Hohenpriesters und der Aristokratie in Jerusalem nachgab. Er weigerte sich, auf dieser Grundlage ein Urteil entgegenzunehmen, das sowohl ihn als auch das Evangelium im Namen der römischen Justiz verurteilte. Römische Gerechtigkeit soll deren Rechtsgrundsätzen entsprechen und nicht Ausdruck sadduzäischer Vorurteile sein, die sich unter diesem Namen tarnten (25,10-11). Und selbst wenn Paulus in Jerusalem von Festus freigesprochen werden würde, wäre die Sache damit nicht erledigt: Die Juden würden in anderen Provinzen die gleiche Anklage gegen ihn erheben, wie sie es in Thessalonich in der Provinz Mazedonien getan hatten. Wenn er dagegen in Rom ein günstiges Urteil erwirken könnte, wäre die Sache im ganzen Reich erledigt.

Paulus berief sich also auf den Kaiser, wobei ein maßgeblicher Grund für seine Vorgehensweise die Erscheinung gewesen war, die er zwei Jahre zuvor gehabt hatte: Der Herr selbst hatte ihm gesagt, dass er in Rom für ihn Zeugnis ablegen sollte, wie er es in Jerusalem getan hatte (23,11).

Festus besprach sich mit seinen Beratern und beschloss, der Berufung stattzugeben (25,12).

Festus berät sich mit König Agrippa II.

Die Berufung des Paulus auf den Kaiser brachte Festus in Schwierigkeiten. Er hatte den Fall der Anklage durchschaut und erkannt, dass es in dem entsprechenden Streit im Kern um religiöse Überzeugungen des Judentums ging (25,18-19), die diesem zugrunde lagen. Die Anklage wegen Hochverrats war nicht stichhaltig. Aber genau diese Erkenntnis brachte ihn in große Verlegenheit. Als Paulus schließlich zum Prozess nach Rom geschickt werden musste, hatte Festus einen Bericht über seinen Fall für Nero zu schreiben. Aber was sollte darin stehen? Worum ging es in dem Fall, den der Kaiser verhandeln sollte (25,26-27)?

Für Festus war es ein glücklicher Umstand, dass um diese Zeit König Agrippa II. und seine Frau Bernice zu einem Höflichkeitsbesuch nach Cäsarea kamen, und Festus konnte Agrippa zu diesem Thema befragen. Aber allein die Tatsache, dass sich Festus in diesem Dilemma befand und dass Lukas es für angebracht hielt, die Erklärung von Festus gegenüber Agrippa detailliert aufzuzeichnen (25,13-22), ist für uns von großer Bedeutung. Wenn Festus auch nur den leisesten Verdacht gehabt hätte, dass Paulus auf politische Subversion abzielende Lehren verbreitet hatte, hätte er keinerlei Zweifel im Blick darauf gehabt, was er in seinem Bericht an Nero schreiben sollte. Seinen geringsten Verdacht in dieser Richtung nicht zu erwähnen, hätte in Rom als verräterische Nachlässigkeit oder sogar als Komplizenschaft gewertet werden können. Wenn er aber schreiben musste, dass der Mann seiner Meinung nach keinen Hochverrat begangen hatte, stellte sich die Frage: Warum schickte er dann Paulus überhaupt nach Rom? Er konnte sich doch nicht an Nero wenden, um einen theologischen Streit zwischen Juden schlichten zu lassen. Was das nicht abwegig?

Agrippa II. stand in dem Ruf, sich in allen Fragen der jüdischen Religion und der jüdischen Gebräuche auszukennen (26,3); und als Festus ihm die Situation darlegte, äußerte dieser den Wunsch, Paulus selbst zu hören (25,22). Und so wurde für den nächsten Tag eine öffentliche Anhörung anberaumt.

Die Untersuchung vor König Agrippa II. und Bernice

Festus informiert die bei Gericht Anwesenden über den Fall

Indem Festus die bei Gericht Anwesenden offiziell über den Fall des Paulus informiert, erkennen wir eine Reihe wichtiger Punkte:

1. *Der Fall bis jetzt.* Die Vertreter des Judentums hatten in ihrer Gesamtheit wegen einer Reihe von Anschuldigungen die Todesstrafe gegen Paulus beantragt (25,24).

2. Die bisherigen *Feststellungen des Festus.* Obwohl es nicht möglich gewesen war, ein formelles Urteil in dem Prozess zu fällen (weil Paulus dem Verfahren durch eine Berufung auf den Kaiser eine neue Wendung gegeben hatte), verkündete Festus nun öffentlich, dass er persönlich alle Anklagepunkte für unbewiesen hielt: Paulus habe nichts getan, was den Tod verdient hätte (25,25).

3. *Die Berufung auf den Kaiser.* Paulus hatte von seinem Recht Gebrauch gemacht, sich an den Kaiser zu wenden, und Festus hatte dieser Berufung stattgegeben (25,25).

4. *Die Art der augenblicklichen Anhörung.* Es handelte sich nicht um eine Fortsetzung des Prozesses: Dieser war durch die Berufung des Paulus beendet worden. Das Ganze hatte auch nichts mit einem neuen Prozess zu tun: Dieser würde vor dem Kaiser stattfinden. Es ging vielmehr um eine Untersuchung (25,26). In deren Verlauf konnte kein offizielles Urteil gefällt werden: Dies musste dem Kaiser überlassen werden.

5. *Der Zweck der Untersuchung.* Indem Festus die Berufung des Paulus auf den Kaiser zuließ, hatte er sich verpflichtet, den Kaiser über den Fall zu unterrichten, der vor dem kaiserlichen Gericht verhandelt werden musste. Die Untersuchung diente dazu, von Paulus zu erfahren, was er tatsächlich glaubte, lehrte und predigte und wie er sich verhielt. Der Kaiser konnte daher, nachdem Festus die entsprechenden Informationen an ihn weitergeleitet hatte, entscheiden, ob es sich dabei um eine Bedrohung der Obrigkeit oder um Hochverrat gegen ihn selbst handelte.

So wichtig es für alle Anwesenden war, genau zu verstehen, was das Ziel der Untersuchung war, so bedeutsam war es auch für Paulus. Er musste sich nicht mehr mit den erfundenen Anschuldigungen der versuchten Tempelschändung auseinandersetzen. Es ging nicht mehr darum, zugunsten der Gewissensfreiheit des Einzelnen innerhalb des Judentums zu argumentieren, wie es in der Untersuchung vor dem Hohen Rat der Fall gewesen war. Er musste nicht mehr argumentieren, wie er es in der Verhandlung vor Felix getan hatte. Damals hatte er gesagt, dass er weder gegen bestimmte Vorschriften des Tempels noch gegen Gesetze der Obrigkeit verstoßen hatte und dass die Grundüberzeugungen des Christentums alle Christen verpflichteten, sich an solche individuellen Gesetze zu halten. Jetzt musste er vielmehr nichts Geringeres tun, als das Herzstück und den Kern des christlichen Evangeliums darzulegen und zu zeigen, dass das Evangelium selbst keine Form des Hochverrats gegen den Kaiser oder die römische Obrigkeit umfasste. Und als er das Evangelium vor diesem Zuhörerkreis erläuterte, musste er sich dessen bewusst sein, dass er nicht nur König Agrippa und Statthalter Felix darüber informierte, wofür das Christentum wirklich stand, so enorm wichtig das auch war. In gewissem Sinne wandte er sich damit auch bereits an den Kaiser, denn das, was er jetzt sagte, würde die Grundlage für den Brief des Festus an den Kaiser bilden. Durch Paulus sollte die Botschaft des Evangeliums nun bis zum Kaiser gelangen und weiter in die Welt hinausgetragen werden.

Die Verteidigung des Evangeliums durch Paulus

Indem sich Paulus an die Grundsätze der Höflichkeit hielt – und die entsprechenden Formen wahrte –, begann er seine Verteidigung des Evangeliums mit einem Kompliment an König Agrippa, der bedeutendsten Persönlichkeit unter den Anwesenden, auf dessen Wunsch hin die Verhandlung anberaumt worden war (25,22). Aber die Komplimente des Paulus (26,2-3) waren von Herzen gekommen, und zwar aus zwei Gründen. Erstens war der Vorwurf, das von Paulus verkündigte Evangelium sei Ausdruck des Hochverrats, nicht von den Römern, sondern von den Juden gegen ihn erhoben worden. Zweitens wollte er argumentieren, dass das von ihm verkündigte Evangelium, über das der

Kaiser zu urteilen habe, in Wirklichkeit nichts anderes umfasse als die traditionelle Hoffnung Israels. Was er und die anderen Christen darunter verstanden und wie sie es ausgelegt haben, mag manchem Juden nicht geläufig gewesen sein, beinhaltete aber dennoch im Grunde und im Wesentlichen die Hoffnung Israels. Daher war es für Paulus mit einem Trost und einer Ermutigung verbunden, das christliche Verständnis dieser Hoffnung einem hervorragenden Kenner der jüdischen Traditionen und Angelegenheiten (26,3) darlegen zu können, der dennoch nicht voreingenommen war, weil er sich nicht durch die Ansicht der Minderheit der herrschenden Sadduzäer in Jerusalem und deren Interessen beeinflussen ließ.

In Übereinstimmung mit seiner Absicht, sich als Bewahrer der traditionellen Hoffnung Israels darzustellen, begann Paulus mit der Darstellung seines geistlichen Lebenslaufs. Was er vorweisen konnte, war tadellos. Geboren, aufgewachsen und erzogen inmitten seines Volkes, gehörte er von Jugend an zu der strengsten der größeren religiösen Parteien, nämlich zu den Pharisäern (26,4-5). Diese prägenden Jahre seines Lebens waren mit den Namen der Städte Tarsus und Jerusalem verbunden. Das war unter den Juden allgemein bekannt. Und niemand war bis dahin auf die Idee gekommen, die Lehren der Pharisäer als Hochverrat zu bezeichnen!

Als Jugendlicher hatte er sich die traditionelle Hoffnung des Volkes zu eigen gemacht, wie er sie von den Pharisäern gelernt hatte, doch pikanterweise wurde er von den Juden vor Gericht gestellt, weil er an dieser Hoffnung festhielt und sie verkündigte:

> Und nun stehe ich vor Gericht wegen der Hoffnung auf die von Gott an unsere Väter ergangene Verheißung, zu der unser zwölfstämmiges Volk[262], unablässig Nacht und Tag Gott dienend, hinzugelangen hofft; wegen dieser Hoffnung, o König, werde ich von den Juden angeklagt (26,6-7).

Worin bestand nun diese Hoffnung? Es war unbestreitbar die messianische Hoffnung Israels. Niemand, der etwas über die alttestamentlichen

262 Dies entsprach natürlich dem üblichen Sprachgebrauch, aber die Formulierung »zwölfstämmiges Volk« betont bewusst die Tatsache, dass die Hoffnung von allen Teilen des Volkes getragen wurde.

Propheten oder das zeitgenössische jüdische Denken und die Sehnsüchte Israels wusste, würde oder könnte dies in Abrede stellen. Verschiedentlich mochte die Hoffnung innerhalb des Volkes Israel unterschiedlich interpretiert werden, aber es ließ sich nicht leugnen, dass sie im Grunde auf das Kommen des Messias und auf die Errichtung des messianischen Zeitalters gerichtet war, in dem der Einfluss und die Aktivitäten Satans beseitigt werden würden und in dem das Böse ausgerottet, die allgemeine Gerechtigkeit gewährleistet und der universale Friede allen zugänglich gemacht werden würde. Es war nicht nur Ausdruck von Ironie, sondern auch von Tragik, dass die Juden Paulus vor dem römischen Kaiser beschuldigten, die Hoffnung Israels zu vertreten und zu verbreiten. Dies war die Hoffnung, die Israel von allen anderen Nationen und Religionen unterschied. Andere Völker und Religionen hatten Gesetzeswerke ethischen Charakters und Moralphilosophien. Nur Israel hatte diese Botschaft der Hoffnung. Es war die Hoffnung, nach der sich die ganze Welt unbewusst sehnte. Es wäre tragisch gewesen, wenn Israel sie jetzt verleugnen würde.

Das wahre Christentum hält an dieser Hoffnung fest, und zwar aus dem einfachen Grund, weil sie – wie wir gleich von Paulus hören werden – das Herzstück des christlichen Evangeliums ist. Wir rauben dem Evangelium Herz und Seele, wenn wir den christlichen Glauben lediglich als eine Sammlung von moralischen Vorschriften darstellen, die durch einige religiöse Zeremonien ergänzt wird und die Menschen lehrt, sich so angemessen wie möglich zu verhalten, weil eines Tages in den dunklen Schatten jenseits des Todes möglicherweise ein Gericht stattfinden wird. Das wahre Christentum bekräftigt und predigt noch immer die jahrhundertealte Hoffnung auf das Kommen des Messias Gottes, der nun leibhaftig von den Toten auferstanden ist, um das Böse auszurotten, die Welt in Gerechtigkeit zu richten und über ihre Angelegenheiten zu wachen und seine Herrschaft der allgemeinen Gerechtigkeit und des Friedens aufzurichten.

Natürlich können wir verstehen, warum einige Zeitgenossen des Paulus im Judentum die messianische Hoffnung Israels herunterspielen oder ganz leugnen wollten. In einigen Kreisen gab es eine hartnäckig bestehende und selbstmörderische Tendenz, die Hoffnung im Sinne politischer Vorstellungen zu interpretieren und sich den Messias als einen mächtigen militärischen Führer nach Art der Makkabäer vorzustellen, der Israel bewaffnen und in die Schlacht führen würde, um die Herrschaft der Römer über das Land zu brechen und die verhassten Anhänger des Kaisers zu vertreiben. Aber es war ungeheuerlich, den Christen diesen Anstrich zu verpassen. Deren zentrale Lehre bestand darin, dass das Alte Testament einen Messias verkündigte, der bewusst in den Tod ging, ohne Widerstand zu leisten. Er würde durch die Hand der Römer und seines eigenen Volkes sterben. Bei seiner Wiederkunft würde er dann seine messianische Herrschaft errichten und dabei nicht als ein militärischer oder politischer Machthaber unter vielen auftreten, sondern in der Herrlichkeit Gottes mit den Engeln Gottes kommen, um Gottes eigene allumfassende Herrschaft zu errichten.

Die zu den Sadduzäern gehörenden Priester hatten, wie wir wissen, ihre eigenen Gründe, um sogar diese (christliche) Interpretation der Hoffnung Israels abzulehnen: Sie wollten Paulus hinrichten lassen und das christliche Evangelium unterdrücken. Da war zum einen die grundsätzliche Überlegung, dass ihre Amtsvorgänger Jesus, den Paulus für den Messias hielt, hingerichtet hatten. Aber zweitens hatten sie sich mit den Römern arrangiert. Sie waren die herrschende Klasse in Israel und übten die gesamte politische Macht aus, die man Israel zugestanden hatte. Sie hatten das Hohepriestertum und auch die anderen führenden Stellungen in der Priesterschaft inne und verfügten über enormen Reichtum aus den Tempeleinnahmen, die auf das weltweite Judentum zurückgingen. Sie hatten nicht die Absicht, kampflos aufzugeben und zuzulassen, dass Paulus ein Evangelium predigte, das ihre Autorität letztendlich untergraben würde. Sie waren sehr zufrieden mit den Dingen, wie sie waren. Wer wollte da schon ein messianisches Königreich?

Doch schon wenige Jahre später war ihr Tempel verschwunden. Damit einher ging der Verlust ihres Amtes, das religiöse und politische Ziele miteinander verband; sie selbst versanken allmählich in der Bedeutungslosigkeit. Sie hatten dem fortbestehenden Judentum wenig oder so gut wie nichts zu bieten, während sie der Welt insgesamt an Bewahrenswertem überhaupt nichts hinterließen. Und auch heute noch ist das Einzige, was Israel gegenüber der Welt an wirklich Wertvollem vorweisen kann, nicht seine Ethik – so edel sie auch sein mag – und noch weniger seine Politik, sondern seine messianische Hoffnung.

Doch nun muss Paulus Agrippa offen und ausdrücklich die Frage nach der Auferstehung des Herrn Jesus stellen. Sie war nicht nur der

Schlüssel und das Herzstück der christlichen Auslegung der messianischen Hoffnung Israels, sondern sie war auch das Element, das ohne jeden Zweifel zeigte, dass das christliche Evangelium keine politische Botschaft und kein Hochverrat gegen den römischen Kaiser war.

Aber Paulus war sich der unwillkürlichen Reaktion bewusst, die die Erwähnung der Auferstehung des Herrn Jesus bei Agrippa auslösen würde: Ungläubigkeit. Es war schon immer so, und es ist bis heute so geblieben: Den Menschen der antiken Welt fiel es nicht leichter, an die leibliche Auferstehung des Herrn Jesus zu glauben, als den Menschen der modernen Welt. Aber die instinktive Reaktion des Unglaubens muss als das gesehen werden, was sie ist: eben einfach eine instinktive Reaktion. Es gab Zeiten, in denen die große Mehrheit der Menschen glaubte, die Welt wäre eine Scheibe. Und als damals die Vorstellung aufkam, dass die Erde rund sei, lehnten die Menschen (und zwar sehr nachdenkliche Menschen) dies instinktiv ab. Das hätte ihren Worten zufolge bedeutet, dass es auf der anderen Seite der Welt Menschen gäbe, die auf dem Kopf stünden und sich demzufolge auch so fortbewegen würden. Instinktiv empfanden sie diese Vorstellung als lächerlich. Aber am Ende siegten die gewonnenen Fakten über den Instinkt.

»Warum wird es bei euch für unglaubhaft gehalten«, sagte Paulus zu Agrippa, »wenn Gott Tote auferweckt?« (26,8).

Er gebrauchte absichtlich den Plural »Tote«. Die Pharisäer, die die führende religiöse Partei im Land waren, glaubten ja an eine Auferstehung der Gerechten. Sie glaubten natürlich an das kommende messianische Zeitalter. Die Heilige Schrift lehrte dies. Aber sie sahen eines ganz klar: Wenn es keine Auferstehung geben würde, dann würden alle Generationen der Gottesfürchtigen – mit Ausnahme der letzten – nicht an den Freuden und Segnungen dieses Zeitalters teilhaben. Immerhin hatten sie ja auf sein Kommen gewartet und gehofft, sich danach gesehnt und dafür gebetet, und viele von ihnen hatten in Zeiten der Verfolgung ihr Leben in Treue zu Gott hingegeben. Welche Hoffnung gab es da noch? Aber dann lehrte die alttestamentliche Schrift ausdrücklich, dass eine Auferstehung der Toten dem messianischen Zeitalter vorausgehen und es einleiten würde (z. B. Dan 12,2).

Aber wenn dem so war, wie konnte es dann noch für unglaublich gehalten werden – zumindest von denen, die die Schrift akzeptierten (Apg 26,27) –, dass Gott den Messias selbst von den Toten auferwecken würde? Oder gar, dass er ihn bereits auferweckt hatte, sozusagen als Erstling, als Prototyp der Auferstandenen, um der Hoffnung auf die kommende herrliche Auferstehung aller Erlösten eine feste Grundlage und den Betreffenden die nötige Zusicherung zu geben (26,23)?

Nun, das würde in erster Linie davon abhängen, ob der Messias sterben sollte und tatsächlich gestorben ist. Haben die Propheten wirklich einen solchen Heilsplan für den Messias vorausgesagt? Ja, genau das war der Fall. Das entsprach der christlichen Behauptung, wie Paulus im Folgenden darlegen würde (26,22-23). Agrippa hatte die Möglichkeit, dies zu untersuchen.

Aber Paulus würde dies in seiner Rede nicht als Erstes ansprechen. Was würde das bringen, wenn er gegenüber Agrippa nicht beweisen könnte, dass der Herr Jesus tatsächlich schon von den Toten auferstanden ist? Welche Beweise würde er dann anführen?

Er beschloss, Agrippa die Geschichte seiner Bekehrung zu erzählen, so wie er sie zwei Jahre zuvor der rasenden Menge auf den Stufen zur Burg Antonia in Jerusalem erzählt hatte (22,2-21). Wie anders war jetzt die Atmosphäre, und wie sehr unterschied sich das Publikum von den damaligen Zuhörern! Dies würde eine etwas andere Ausrichtung und Betonung der Darstellung erfordern. Aber es wäre die gleiche Geschichte. Die Bekehrung des Paulus aufgrund seiner direkten Begegnung mit dem auferstandenen Herrn auf der Straße nach Damaskus war und ist ein wichtiger Teil des historischen Beweises für die Auferstehung Christi (1Kor 15,4-11). Aber die Art dieses besonderen Nachweises war für die Anhörung vor Agrippa doppelt relevant. Der Charakter des christlichen Evangeliums stand auf dem Spiel und wurde infrage gestellt. War es für den Kaiser verräterisch, oder war dies nicht der Fall? Und war es darüber hinaus ein Evangelium, für das vernünftige Argumente sprachen und das eine glaubwürdige Hoffnung für die Welt darstellte? In diesem Zusammenhang konnte der Charakter der christlichen messianischen Hoffnung, die auf der Auferstehung des Herrn Jesus beruhte und sich darauf konzentrierte, zu Recht anhand der Wirkung beurteilt und bewertet werden, die sie auf Paulus hatte. Dabei ging es um die Veränderung, die sie in seiner Einstellung und seinem Verhalten bewirkte, und um die Wirkung, die sie wahrscheinlich in vielen Regionen des Römischen Reiches auf diejenigen hatte, die seiner Predigt glaubten.

»Ich meinte freilich«, so Paulus, der König Agrippa direkt ansah, »bei mir selbst, gegen den Namen Jesu, des Nazaräers, viel Feindseliges tun zu müssen« (Apg 26,9).

Paulus hatte sich an die Menschen in Jerusalem gewandt, die vor lauter eingebildetem (wenn auch mörderischem) Eifer für Gott mit Wut erfüllt waren. Er hatte sie wissen lassen, dass er genau verstand, wie sie sich fühlten: Auch er war einst von demselben Eifer erfüllt gewesen, Gottes Ehre und die Heiligkeit des Tempels zu schützen. Ja, er war viel weiter gegangen als sie: Er hatte die Christen systematisch verfolgt. Nun wandte er sich an einen geachteten, weltgewandten, erfahrenen, auf Gerechtigkeit bedachten, nachdenklichen, vernünftigen und verantwortungsbewussten Monarchen. Er kannte genau den Unglauben, den Agrippa jetzt bei der Erwähnung der Auferstehung Jesu empfand, und er wollte ihn wissen lassen, dass auch er einst den gleichen Unglauben erlebt hatte – und zwar in viel stärkerem Maße als Agrippa.

Er hatte die Christen fortwährend mit rücksichtsloser Härte und Strenge verfolgt. Dies hatte er nicht getan, weil er ihr Zeugnis hinsichtlich der Auferstehung Jesu von den Toten nicht gehört hatte, sondern gerade, weil es ihm zu Ohren gekommen war. Er hielt ihre Geschichte nicht nur aufgrund ihres Wundercharakters für unmöglich, sondern angesichts dessen, was Jesus vor seinem Tod getan und behauptet hatte, auch für moralisch und geistlich unglaublich. Die Tatsache, dass diese Christen hinsichtlich ihres Charakters und ihres Verhaltens heilig waren (26,10), hinderte ihn nicht daran, sie zu bestrafen. Die Geschichte von der Auferstehung Jesu, die sie verbreiteten, war in seinen Augen schlimmer als unglaublich: Sie war in religiöser, theologischer und politischer Hinsicht in seinen Augen eine bösartige Lüge, die gotteslästerliche Auswirkungen auf den Charakter und die Wesensart des einen wahren Gottes hatte. Er hatte versucht, sie zu zwingen, den Namen Jesu zu lästern, um ihre Seelen vor der Lästerung zu bewahren, die mit dem Glauben an seine Auferstehung und der entsprechenden Verkündigung verbunden war (26,11).

Reiner Wahnsinn, sagen Sie. Ja, es war Wahnsinn, wie Paulus einräumt.[263] Aber es war ein Wahnsinn – Agrippa und die anderen Zuhörer

263 26,11: »… ich wütete maßlos gegen sie« (Luther 1984); »… wie besessen verfolgte ich sie« (NIV).

sollten daran erinnert werden –, den die Hohenpriester und sonstigen Angehörigen der führenden Priesterklassen gebilligt und gutgeheißen hatten, weil das Ganze einer klugen, geschickten, praktischen Vorgehensweise entsprach, um die bewährte Ordnung im Gemeinwesen und den Stellenwert der Rechtgläubigkeit sowie die wahre religiöse Autorität des Hohen Rats zu bewahren (26,10).

Was hatte Paulus also verändert? Er begegnete dem auferstandenen Jesus, oder – besser gesagt – der auferstandene Jesus erschien ihm persönlich und stellte sich ihm entgegen. Nicht ein Argument oder eine Reihe von Argumenten brachte ihn zur Bekehrung, sondern die Realität. Man könnte auch sagen, dass es die Verkörperung der ihresgleichen suchenden himmlischen Realität war – Jesus selbst, gegen den Widerstand vergeblich war (26,14).

In den Berichten über seine Bekehrung (und vor allem in diesem) ging es bei dem überwältigenden Eindruck, den sie auf ihn hinterließ, um die Erfahrung des Lichts – Licht in jedem Sinne des Wortes: in übernatürlicher, wenn auch äußerlich wahrnehmbarer Hinsicht, aber auch metaphorisch, moralisch, intellektuell, emotional und geistlich.

Der Wahnsinn war für immer vorbei. Natürlich erlitt er von diesem Moment an eine so schwere Verfolgung, dass sie ihn längst das Leben gekostet hätte, wenn ihm nicht die Verheißung göttlicher Bewahrung gegolten hätte (26,17). Doch nie wieder verfolgte er jemanden, und er schlug auch nicht zurück, wenn er selbst verfolgt wurde.

Gleichzeitig trat an die Stelle des ihm von den Hohenpriestern gegebenen Auftrags ein ganz anderer Auftrag, nämlich derjenige des auferstandenen Herrn, der nicht nur seinen Verstand erleuchtete, sondern auch seinen geistigen Horizont dramatisch erweiterte: An die Stelle seiner zwanghaften, auf die eigene Volksgruppe bedachten Sorge um Israels Rechte und Privilegien trat eine Liebe – eine Botschaft, die so umfassend war, dass sie Israel und die ganze heidnische Welt einschloss (26,17).

Dies war also die Botschaft, und dies war ihr Ziel (26,18) – Agrippa sollte beurteilen, was daran – wenn überhaupt – verräterisch war:

1. »… um ihre Augen aufzutun, damit sie sich bekehren von der Finsternis zum Licht« – dieser Wechsel des Zustands entspricht einem allgemein anerkannten Bedürfnis. Wir sehnen uns nach Licht in Bezug auf unsere psychischen und sozialen Probleme, für unsere moralischen

und geistlichen Fragen, für das Leben an sich, für die Frage nach seinem letztendlichen Sinn und für unsere Welt. Wir fragen, ob Gerechtigkeit und Rechtschaffenheit eine Illusion aus längst vergangenen Kindheitstagen sind, ob wir uns am Ende nicht in der Schlinge des von uns selbst forcierten Fortschritts verfangen, und ob die einzig logische Haltung ein rational begründeter Pessimismus ist angesichts der Tatsache, dass unsere Welt eines Tages zerstört werden wird.

2. »… damit sie sich bekehren … von der Gewalt des Satans zu Gott«. Es ist klar, dass das Problem des Bösen weit mehr ist als ein individuelles Problem. Es ist auch nicht einfach das, was entsteht, wenn sich viele Menschen in Vereinen, Gruppen oder Staatenbünden zusammenschließen. Keiner von uns hat seine angeborene Neigung, Unrecht zu tun, erfunden. In unserer Welt ist eine übermenschliche Macht des Bösen am Werk. Das heißt nicht, dass die Sünde des Menschen entschuldigt oder die menschliche Verantwortung geleugnet werden soll. Aber es wäre herzlos und überaus unangemessen, würde man die Diagnose stellen, dass Männer und Frauen gleichermaßen allein für die Tiefen der Blindheit und Perversität verantwortlich sind, die unsere Welt mit Ungerechtigkeit und Grausamkeit erfüllen und sie mit Blut und Tränen tränken. Doch selbst wenn Satan existiert und aktiv ist, hat Gott immer noch die Macht, vor Satan zu retten und eine Befreiung zu bewirken, die der Mensch aus eigener Kraft nicht zu erreichen vermag.

3. »… damit sie Vergebung der Sünden empfangen«. Echte Schuld – nicht das, was Psychologen aus falschen Motiven an ihre Stelle setzen – bleibt die Wurzel der menschlichen Unruhe. Wenn der Betreffende keine wahre Vergebung findet, die allein aufgrund des Opfers Christi erkauft wurde, wird sein Seelenfrieden zugrunde gerichtet, werden alle anderen Werte zerstört, bleibt die Zukunft unbereinigt. Wir brauchen Vergebung mehr als unser tägliches Brot.

4. »… und ein Erbe unter denen, die durch den Glauben an … [Christus] geheiligt sind«. Was ist schließlich die einzige Errungenschaft im Leben, die volle Genüge bereithält? Ist es nicht ein ewiges Erbe, an dem die wahrhaft Heiligen teilhaben und dessen Besitz und Inanspruchnahme jetzt in diesem Leben beginnt und ewig währt? Es wird durch den Glauben an Christus zugeeignet.

»Daher, König Agrippa, war ich dem himmlischen Gesicht nicht ungehorsam« (26,19). Paulus sang kein Loblied auf die eigene

Frömmigkeit. Er erklärte vielmehr sein Verhalten – die Motivation, die seine Triebkraft auf seinen langen Predigtreisen war. Es ging ihm um die Autorität, die hinter seiner Aufforderung an alle Menschen überall stand, umzukehren, sich Gott zuzuwenden und ihre Buße durch ihre Taten zu beweisen (26,20). Wie konnte selbst Nero die Verkündigung einer solchen Botschaft als verräterisch ansehen? Und doch gilt: Als es darauf ankam, war es die Verkündigung dieser Botschaft, aufgrund derer die Juden nach den Worten des Paulus ihn im Tempel ergriffen und versuchten, ihn zu töten (26,21). Nur Gottes Hilfe habe ihn bewahrt und ihn als Zeugen für das Evangelium Christi erhalten (26,22).

Und was war schließlich derart gegen die Rechtgläubigkeit gerichtet, was war so gotteslästerlich an der Botschaft, die er verkündigte, dass es die mörderische Feindschaft der Juden gegen ihn auf sich zog? Es war keine Botschaft, die er sich selbst ausgedacht oder gar in einer Vision erträumt hatte. Er sagte nichts anderes als das, was die Propheten und Mose – die alle tadellos rechtgläubig waren – vorausgesagt hatten: Der Messias würde leiden müssen und als Erster von den Toten auferstehen, um seinem Volk und den Heiden das Licht zu verkündigen (26,22-23; vgl. Jes 53 und 61).[264]

Festus unterbricht Paulus

An diesem Punkt der Verhandlung verkündete Festus mit einer Stimme, die im ganzen Gerichtssaal zu hören war: »Du bist von Sinnen, Paulus! Die große Gelehrsamkeit bringt dich zum Wahnsinn« (26,24).

Wie seltsam ist das! Man konnte die Gladiatorenshows in Rom genießen, wie es die Reichen und Adligen sowie die Massen gleichermaßen taten, und mit Vergnügen zusehen, wie Männer sich gegenseitig derart übel zurichteten, dass sie ihren Verletzungen erlagen – und wurde nicht des Wahnsinns bezichtigt. In neueren Zeiten konnte man so fanatisch die kommunistische Theorie verfolgen, dass man bewusst Millionen von Menschenleben auslöschte – und wurde trotzdem nicht als

264 Es ist ein interessanter Einblick in das Missionsleben des Paulus, dass die Syntax des von Lukas gebrauchten Satzes hier diejenige Wendung festhält, deren Dreiteilung Paulus oft verwendet hat, wenn er seine Vorträge hielt und sich an Diskussionen beteiligte: »Musste der Messias leiden?«, »War der Messias dazu bestimmt, als Erster von den Toten aufzuerstehen?«, »Sollte der Messias derjenige sein, der seinem Volk und den Nationen Licht verkündigen würde?«.

verrückt bezeichnet. Aber wer energisch ans Werk gegangen war, um die Erneuerung der Moral des Römischen Reiches einzufordern, wer die Menschen zur Umkehr und zur Suche nach dem lebendigen Gott aufrief, wer eine Botschaft der Vergebung, des Friedens und der Hoffnung predigte – der wurde von Festus als wahnsinnig bezeichnet, und dies ist bei vielen anderen bis heute so geblieben. Die Beurteilung dessen, was Wahnsinn ist, fällt offensichtlich sehr differenziert aus.

Aber Festus hatte nicht miterlebt, dass aus einem verstörten Medium eines bösen Geistes in Philippi ein selbstbeherrschter Mensch geworden war. Und er kannte nicht diesen einen Satz aus dem vor Kurzem geschriebenen Brief des Paulus an die Christen in Rom (geschweige denn den ganzen Brief): »Da wir nun gerechtfertigt worden sind aus Glauben, so haben wir Frieden mit Gott durch unseren Herrn Jesus Christus« (Röm 5,1). Er wusste nicht, dass dieser eine Satz unzähligen Menschen im Laufe der Jahrhunderte bis in die heutige Zeit hinein Seelenfrieden, geistliche Freiheit sowie geistige und geistliche Standfestigkeit bringen sollte. Andererseits wusste er nichts über die hebräischen Propheten, und die Ansprache des Paulus hatte ihn völlig aus der Fassung gebracht. Seine Anschuldigung des Wahnsinns entsprang seiner eigenen tiefen Unwissenheit, wie es bei derartigen Anschuldigungen üblich ist.

Aber Agrippa kannte die Propheten (Apg 26,27) und wusste – da war sich Paulus sicher – alles über den Herrn Jesus, seine Kreuzigung und die christliche Behauptung, er sei von den Toten auferstanden. Diese Dinge waren nicht im Verborgenen[265] geschehen (26,26). Es ging um Folgendes – und Paulus hatte nun fast vergessen, dass er hier vor einem Gremium stand, das ihn befragen wollte –: Der Evangelist in ihm hatte das Gesicht des Königs beobachtet. Hier war ein Mann, der durch den Glauben an Christus Frieden mit Gott finden musste. Er wusste, was die Propheten sagten; er kannte sich aus, was den traditionellen Glauben Israels betraf. Er konnte sehen, in welch umfassenden Maße die Prophetien mit Jesus in Erfüllung gegangen waren. Die Frage war nur: Hat er ihnen geglaubt?

»König Agrippa«, sagte Paulus, sich nach der unangemessenen Bemerkung des Festus direkt an den König wendend und seine

265 A.d.H.: Vgl. Vers 26 (Schlachter 2000).

Aufmerksamkeit auf die Notwendigkeit lenkend, sich nicht damit zu begnügen, hinsichtlich der jüdischen Angelegenheiten Bescheid zu wissen. Vielmehr ging es vor allem darum, die Botschaft der Propheten ernst zu nehmen und ihr persönlich zu glauben. Er sagte: »Glaubst du, König Agrippa, den Propheten? Ich weiß, dass du glaubst« (26,27).

Der König erkannte das Ziel des Paulus. Aber dies hier war eine öffentliche Anhörung, und er entgegnete der Frage des Paulus, die auf seinen Herzenszustand abzielte, mit einer launigen, aber freundlichen Erwiderung: »In Kurzem überredest du mich, ein Christ zu werden« (26,28).

Und Paulus antwortete: »Ich möchte wohl zu Gott beten, dass über kurz oder lang nicht allein du, sondern auch alle, die mich heute hören, solche würden, wie auch ich bin, ausgenommen diese Fesseln« (26,29).

Hier stand der größte Evangelist Europas – und der Welt –, der zugleich der Botschafter Gottes war. Er hatte im Namen Jesu Christi, des Erlösers der Menschen, den Anwesenden (darunter Agrippa, Bernice und Festus) sein Herz geoffenbart. Letztlich hatte seine Botschaft Nero und der ganzen Welt gegolten. Und das Gericht verstummte.

Dann erhoben sich die anwesenden Persönlichkeiten und Würdenträger, und Festus geleitete sie aus dem Gerichtssaal hinaus.

Die Schlussfolgerung

Alle drei – Festus, Agrippa und Bernice – kamen zu dem Schluss, dass der Mann offensichtlich nichts getan hatte, was den Tod oder eine Gefängnisstrafe verdient hätte (26,31). Außerdem hätte Paulus, wie Agrippa gegenüber Festus bemerkte, freigelassen werden können, wenn er sich nicht auf den Kaiser berufen hätte (26,32).

SATZ 5

Die Stürme der Natur und die königliche Herrschaft Gottes (27,1 – 28,31)

Der Sturm

Und nun, im letzten Satz des sechsten Teils, sind wir wieder bei der Natur. Nicht bei der lebenserhaltenden und schützenden »Mutter Natur«, wie die Epheser sie verstanden und die von ihnen unter dem Namen »Artemis« verehrt wurde, sondern bei der unbelebten Natur mit ihren gigantischen Kräften, die in ihrem Wüten keine Rücksicht auf das menschliche Leben nimmt, sondern die Erdenbewohner mit voller Wucht trifft, unterschiedslos Zerstörungen anrichtet und immer potenziell tödlich ist. Die Natur lässt den Menschen erbärmlich klein aussehen; Hirn und Muskeln des Menschen treten in einem ungleichen Ringen mit den Kräften der Natur an, denn es geht für ihn nur um eines: um das Überleben.

Satz 5 wird beherrscht von der langen, detaillierten und anschaulichen Schilderung des Sturms. Paulus reiste an Bord eines Schiffes nach Italien, um vor Nero zu erscheinen. Währenddessen kam dieser Sturm auf, der das Schiff um Haaresbreite zum Sinken brachte. Da die Reise des Paulus nach Rom von so großer geistlicher Bedeutung war, wirft das Aufkommen dieses fast todbringenden Sturms große Fragen auf. In Rom angekommen, predigte Paulus weiterhin regelmäßig über sein immer wieder aufgegriffenes Thema – das Reich, die Königsherrschaft Gottes (28,23.31). Aber wir könnten fragen: Welche Beziehung besteht zwischen der Königsherrschaft Gottes und den Stürmen der Natur, die Paulus fast ertrinken ließen, seine Predigten vorübergehend zum Schweigen brachten und seine gesamte Pionierarbeit für das Evangelium offensichtlich beendeten?

Die Länge, die Ausführlichkeit sowie die fachliche und geografische Genauigkeit des Berichts sind zweifellos der Tatsache geschuldet, dass Lukas ein Mitreisender von Paulus war und alles aus erster Hand beobachtet hat.[266] Aber wir können sicher sein, dass Lukas all diese Einzelheiten nicht aufgenommen hat, um Paulus als eine Art Übermenschen darzustellen, der die Natur durch eine spektakuläre Reihe von Wundern beherrscht und unterwirft. Von dem Moment an, als die Betreffenden an Bord des entsprechenden Schiffes gingen, bis zu dem kalten, stürmischen Morgen, an dem es vor der Küste von Malta zerschellte, gab es kein Wunder. Keine göttliche Macht beruhigte das Meer, so wie sich einige Jahrzehnte zuvor der Sturm in Galiläa auf das gebietende Wort des Herrn Jesus hin gelegt hatte. Keine Engelsmacht brachte das Schiff unversehrt in den Hafen. Alle Passagiere und die Besatzung wurden gerettet, aber das geschah erst nach mehr als zwei Wochen großer Leiden und Ängste und dadurch, dass sie sich schwimmend oder sich an Brettern und sonstigen Wrackteilen festklammernd durch die Brandung ans Ufer retteten.

Bei alledem gehen wir davon aus, dass Paulus der von Gott selbst berufene Apostel und Botschafter war, der gesandt wurde, um das Evangelium von Gottes eingeborenem Sohn vor der höchsten Autorität auf Erden zu bezeugen. Außerdem wissen wir, dass Gott der Herr ist, der die Natur erschaffen hat und sie beherrscht und von dem es heißt: »Du beherrschst das Toben des Meeres; erheben sich seine Wogen – du stillst sie« (Ps 89,10). Und genau hier findet sich eine große Frage: Warum hat dann Gottes königliche Herrschaft dem Mittelmeer nicht befohlen, seinem Botschafter eine sanftere Überfahrt zu ermöglichen, anstatt ihn zwei Wochen lang schwer leiden zu lassen und ihn dann wie einen halb Ertrunkenen an den Strand zu werfen?

Die Bedeutung der Natur, wie sie ist

Wie auch immer die Antwort auf unsere Frage lauten mag – aus der vorliegenden Geschichte und der fast 2000-jährigen christlichen Missionsarbeit geht hervor, dass Gott niemals die Absicht hatte, die Abläufe der Naturprozesse zu verändern, um die Verbreitung des Evangeliums zu erleichtern. Natürlich hat es Wunder gegeben, und zweifellos gibt

266 Siehe die berühmte Studie von: J. Smith, *The Voyage and the Shipwreck of St. Paul*, London: Longmans Brown Green, 1848, 4. Auflage. Vgl. außerdem: Bruce, *Acts*, NICNT, a.a.O. S. 474-499; und C.J. Hemer, *Acts*, a.a.O., S. 132-158.

es sie noch immer. Aber sie sind definitionsgemäß die Ausnahme. Das Normale ist, dass die Prozesse in der Natur weiterhin so ablaufen wie bisher. Blitz und Hagel, Schnee und Wolken und stürmische Winde, die seit Urzeiten in den großen kosmischen Prozessen unserer Welt und unseres Universums den Willen des Schöpfers erfüllen (Ps 148,8), gibt es weiterhin. Ihnen wurde keine andere Funktion zugewiesen, oder ihnen wurde gewöhnlich auch nicht Einhalt geboten, um allen christlichen Missionaren ein sicheres Durchkommen zu garantieren. Die Natur wurde in ihrem bisherigen Zustand belassen, der bis zu der Wiederherstellung aller Dinge Bestand haben wird. Die Stürme tobten weiterhin; die Missionare mussten wie alle anderen Menschen lernen, sie zu meiden oder zu überstehen; und es gab nie eine Garantie dafür, dass ein auf Gott vertrauender Missionar nie ertrinken würde.

Nehmen wir uns – indem wir kurz vom Bericht des Lukas abschweifen – einen Moment lang Zeit und denken wir an die bedeutenden Vorteile, die die Natur, so wie sie ist, der Menschheit gewährt. Gerade die Notwendigkeit, gegen ihre Mächte zu kämpfen, um zu überleben, hat dazu beigetragen, einige der erstaunlichen Potenziale der Menschheit hervorzubringen und zu entwickeln. Dazu gehören Mut, Verwegenheit, Einfallsreichtum und Intelligenz. Schon sehr früh entdeckte der Mensch, dass man sich die Natur zunutze und dienstbar machen kann. Derselbe Wind, der womöglich ein Haus zum Einsturz bringt, kann auch genutzt werden: Man kann ihn dazu gebrauchen, die Flügel einer Windmühle anzutreiben und das Korn des Betreffenden zu mahlen. Die Wellen, Gezeiten, Strömungen und Winde, die Ihnen den Weg versperren, können ausgenutzt werden, indem man ein Segelschiff baut und es als Transportmittel verwendet, das Sie an Ihr Ziel bringt. Es geht z. B. auch um das Gesetz der Schwerkraft, die uns auf der Erde festhält, wenn z. B. eine Raumsonde beim Verlassen der Erdumlaufbahn und bei ihrem Flug zum nächsten Planeten, den wir erforschen wollen, genau diese Schwerkraft überwinden muss.

Darüber hinaus sind neue, kühne Fortschritte bei der Nutzung der Natur im Dienste des Menschen am Ende oft selbst zu alltäglichen Notwendigkeiten für das Überleben des Menschen geworden. Zu der Flotte der (für damalige Verhältnisse) großen Getreideschiffe, die auf dem Seeweg zwischen Alexandria in Ägypten und Rom verkehrten, gehörte jenes Schiff, mit dem Paulus zunächst segelte (auch wenn es vor Malta zerschellte). Diese Flotte war zu einer unabdingbaren Notwendigkeit für die wirtschaftliche Versorgung der Bewohner Roms geworden. Ohne die Vorräte, die diese Schiffe transportierten, hätte die riesige Bevölkerung der Hauptstadt nicht ernährt werden können. In ähnlicher Weise könnte unsere moderne, hochentwickelte Welt ohne Flugverkehr, Rundfunk, Radar, Fernsehen usw. kaum noch funktionieren. Mehr noch, die Aufgabe der Christen, das Evangelium zu verbreiten, wurde durch diese Errungenschaften enorm erleichtert, vor allem in den letzten 50 Jahren. Die Vorstellung mancher Pietisten, dass all diese Fortschritte unnatürlich – um nicht zu sagen, gottlos – sind, ist offensichtlich falsch.

Insofern können wir uns sowohl für die weitere Menschheitsgeschichte als auch für die Evangelisierung der Welt nicht wünschen, dass die Natur anders ist, als wir sie vorfinden. Natürlich ist sie potenziell sehr gefährlich: Elektrizität tötet einen in einem einzigen Augenblick, wenn man die entsprechenden Sicherheitsmaßnahmen missachtet. Da kann schon ein einziger Verstoß dagegen tödlich enden. Sie nutzen sie, wenn sie Ihr Mittagessen auf den Elektroherd stellen, oder sie versetzt Ihnen ohne Rücksicht auf Verluste einen Stromschlag. Bei der Elektrizität geht es wie bei allen anderen Kräften in der Natur um unpersönliche, unterschiedslos wirkende Phänomene. Sie sind alle weitaus mächtiger als der Mensch und müssen mit Respekt behandelt werden. Auch hat Gott die Art und Weise, wie diese Kräfte wirken, nie geändert (und er wird sie in dieser gegenwärtigen Zeit normalerweise auch nicht ändern), um Christen oder Missionaren einen besonderen Gefallen zu tun. Der Christ, der von der Zinne des Tempels springt, wird feststellen, dass Gott das Gesetz der Schwerkraft nicht aufgehoben hat. Unrealistische Tollkühnheit ist kein Glaube.

Aber die Natur ist nie gezähmt, geschweige denn unterworfen worden.[267] Der Kampf zwischen Mensch und Natur bleibt ein ungleiches Ringen. Die besten modernen Schiffe können noch immer in heftigen Stürmen sinken; Flugzeuge stürzen noch immer bei widrigen Witterungsverhältnissen ab. Wir tun daher gut daran, uns realistisch

267 A. d. H.: Dies widerspricht nicht Jakobus 3,7. Dort geht es um die Tierwelt, hier um die unbelebte Natur.

mit den Bedingungen auseinanderzusetzen, unter denen Gottes Diener hinausgehen, um die Welt zu evangelisieren. Es wäre töricht, Gottes Fähigkeit oder Bereitschaft zu leugnen, auf wundersame Weise einzugreifen, um seine Diener zu bewahren, wenn es ihm gefällt. Es würde von Unglauben zeugen, das schützende Wirken der Engel zu leugnen (Hebr 1,14). Es wäre Ausdruck der Undankbarkeit, die Augen davor zu verschließen, dass uns Gott in Hunderten oder Tausenden, von uns bemerkten Fällen in seinem vorausschauenden Wirken bewahrt hat. Auch sollten wir sein gnadenreiches Handeln in Tausenden weiteren, die wir nicht bemerken, nicht in Abrede stellen. Dennoch sind wir gut beraten, angesichts der tatsächlichen Zusicherungen, die uns gegeben werden, realistisch zu sein. Es wird uns nirgendwo versprochen, dass kein Missionar jemals im Meer ertrinken wird. Wir haben keine Garantie dafür, dass kein Evangelist jemals bei einem Flugzeugabsturz ums Leben kommen wird. Es wird uns nicht gesagt, dass Gottes Liebe uns davor bewahren wird, jemals Trübsal, Angst, Hunger, Gefahr oder Tod zu erleben. Uns wird vielmehr zugesagt, dass keine der potenziell todbringenden Mächte der Natur (und auch nicht die Mächte Satans oder die der Menschen) uns jemals von der Liebe Gottes trennen kann – weder Höhe noch Tiefe, weder Tod noch Leben noch irgendein anderes Geschöpf (Röm 8,38-39). So schrieb Paulus ein oder zwei Jahre, bevor er an Bord des Getreideschiffes ging, das im Mittelmeer fast unterging und vor Malta zerschellte.

Lehren aus der Geschichte des Sturms

Viermal, so berichtet Lukas, griff Paulus mit einer bedeutsamen Bemerkung in den Verlauf der Reise ein, und wir sollten sie nacheinander betrachten.

Zunächst gibt er eine Warnung vor dem Eingehen unangemessener Risiken weiter. Natürlich kommt man im Umgang mit der Natur nicht umhin, Risiken einzugehen. Der antike Bauer, der im Frühjahr seine Saat ausstreute, musste das Risiko eingehen, dass schlechte Witterungsbedingungen die Saat im Boden verfaulen ließen und alle Aussichten auf eine Ernte und entsprechende Nahrung für das nächste Jahr zunichtemachten. Kolumbus hätte niemals die Neue Welt entdeckt, und

David Livingstone wäre nie bis Zentralafrika gekommen, wenn keiner von ihnen bereit gewesen wäre, enorme Risiken einzugehen.

Der Glaube erschließt sich neue Bereiche, wenn er um Gottes willen Risiken eingeht, aber es kommt ein Punkt, an dem das Risiko nicht mehr gerechtfertigt ist. Würde man es dann eingehen, wäre dies nicht mehr Glaube, sondern Anmaßung. Paulus war bereit, um des Evangeliums willen zu sterben, aber das bedeutete nicht, sich ohne Not in Todesgefahr zu begeben. Er war kein erfahrener Seemann, aber es war eine allgemein anerkannte Weisheit, die auf jahrelanger Erfahrung in der nautischen Welt beruhte, dass die Schifffahrtssaison in diesem Jahr bereits vorbei war. So spät im Jahr von Schönhafen aus in See zu stechen, bedeutete, ein enormes und törichtes Risiko einzugehen (Apg 27,9-11). Der Zweck des erneuten Auslaufens bestand darin, einen günstigeren Hafen zu erreichen, in dem man den Winter bequemer und angenehmer verbringen konnte. Aber einen Schiffbruch mit dem Verlust der Ladung und vor allem der 276 Menschenleben an Bord zu riskieren, nur um einen etwas besseren Hafen als den zu erreichen, den sie bereits angelaufen hatten, war aus Sicht des Paulus töricht, sodass er seine Meinung entsprechend äußerte. Doch der Kapitän und der Schiffseigner wollten dieses Risiko eingehen. Menschen mit Fachwissen und langjähriger Berufserfahrung haben oft ein unangemessenes Selbstvertrauen, wobei der für Paulus zuständige Hauptmann eher ihrem Rat als demjenigen des Apostels folgte.

Dennoch ist es lehrreich, die Haltung des Paulus zur Kenntnis zu nehmen. Sein Glaube war nicht so beschaffen, dass er argumentieren würde: »Ja, nehmt nur Risiken auf euch, wie ihr wollt. Ich bin der Sonderbotschafter Gottes. Gott wird nicht zulassen, dass ich ein Unglück erleide. Wenn nötig, wird er ein Wunder tun und die See ruhig bleiben lassen, bis wir den nächsten Hafen erreichen.« Es war nicht so, dass er nicht an Wunder glaubte oder daran, dass Gott bereit war, sie zu tun, wenn es absolut notwendig war. Aber es war nicht unbedingt erforderlich, dass sie den nächsten Hafen anliefen. Und unnötige Risiken einzugehen und dann darauf zu vertrauen, dass Gott in der Natur Wunder tut, um eine Katastrophe zu verhindern, ist kein Glaube, sondern Anmaßung. An diesem Punkt erscheint Paulus in den Aufzeichnungen des Lukas also nicht als ein supergeistlicher Held, sondern als ein Mann, dessen demütiger, aber echter Glaube seine Grenzen kannte.

Hoffnung über die natürlichen Gegebenheiten hinaus

Sehr bald gerieten sie in entsetzliche Schwierigkeiten. Alles, was die erfahrenen Seeleute zu tun wussten, das taten sie (27,17-19), aber alles war vergeblich. Die Natur ließ sie ihre Ohnmacht spüren, nahm ihnen die Orientierung (27,20) und versetzte sie in ihrem Wüten in große Furcht (27,17). Je mehr sie sich auskannten, desto besser wussten sie, dass sie bei der nächsten Welle direkt in den Grund gebohrt werden konnten. Jede Hoffnung auf ein Überleben war dahin.

Es sind Situationen wie diese, in denen die unbelebte Natur all dem angesammelten Wissen und Können des Menschen trotzt, all seine Bemühungen zunichtemacht, seinem Fortschritt spottet sowie ihn und seine Erfindungen beiseitewirft, als wären sie zerbrochene Strohhalme vor dem Sturm. Es sind derartige Situationen, die die quälende Frage des Lebens aufwerfen: Ist das menschliche Leben nichts weiter als ein letztlich unbedeutender Teil des geschlossenen Systems der Natur, hilflos gefangen in ihren endlosen, sinnlosen Zyklen trügerischer Ruhe und Phasen, in denen ein Sturm blindlings wütet? Oder gibt es eine Zweckbestimmung für den Menschen, die über die immer wiederkehrenden Abläufe der Natur hinausgeht? Sind die Natur und ihre Jahreszeiten sowohl die Bühne als auch das ganze Drama, das sich auf ihr abspielt? Oder ist die Natur nur eine vorübergehende Bühne, auf der wir Menschen unseren Teil des Dramas spielen, der uns als Akteuren zugedacht worden ist, bevor wir weiterziehen, um das Drama auf einer anderen Bühne zu seinem herrlichen und triumphalen Abschluss zu bringen?

Dank sei Gott für die Antwort, die laut und zuversichtlich durch den heulenden Sturm und den strömenden Regen kam, als alle andere Hoffnung entschwunden war:

> O Männer! Man hätte freilich auf mich hören und nicht von Kreta abfahren sollen, um dieses Ungemach und den Schaden nicht zu ernten. Und jetzt ermahne ich euch, guten Mutes zu sein, denn kein Leben von euch wird verloren gehen, nur das Schiff. Denn ein Engel des Gottes, dem ich gehöre und dem ich diene, trat in dieser Nacht zu mir und sprach: Fürchte dich nicht, Paulus! Du musst vor dem Kaiser erscheinen; und siehe, Gott hat dir alle geschenkt, die mit dir

fahren. Deshalb seid guten Mutes, ihr Männer! Denn ich vertraue Gott, dass es so sein wird, wie zu mir geredet worden ist (27,21-25).

Zweifellos war das Beispiel des Paulus ein Sonderfall, aber nur dahin gehend, dass er für die allgemeine Wahrheit gilt, die der Erfahrung des ganzen Volkes Gottes zugrunde liegt. Es existiert ein Gott, der schon da war, als er die Natur noch nicht erschaffen hatte. Er ist zugleich der Gott, der noch da sein wird, wenn die Natur in ihrer jetzigen Erscheinungsform nicht mehr bestehen wird, und der über sie wacht. Und jeder Gläubige kann ihn ebenso wie Paulus als »(den Gott), dem ich gehöre und dem ich diene« beschreiben. Wir sind sein Eigentum – sein kostbares Eigentum –, das er, wie Paulus die Ältesten der Gemeinde in Ephesus erinnerte, mit dem Blut seines eigenen geliebten Sohnes erworben hat (vgl. 20,28). Selbst wenn alle Naturgewalten sich vereinen würden – nicht einmal sie könnten zusammengenommen Gott diesen kostbaren Besitz rauben. Und jeder Gläubige kann mit Paulus hinzufügen: »… (dem Gott) … dem ich diene«. Ob der Dienst nun groß oder klein, öffentlich oder privat ist, die Kräfte der unbelebten, vom ihm geschaffenen Natur werden niemals die Absicht dessen vereiteln, der alles geschaffen und uns diesen Dienst zugewiesen hat. Gottes Wetter kann Gottes Werk nicht behindern.

Im Rahmen seines allgemeinen Auftrags hatte Paulus zu dieser Zeit eine besondere und konkrete Aufgabe erhalten: Er sollte vor dem Kaiser in Rom für Christus und das Evangelium Zeugnis ablegen. Das war ihm schon vorher gesagt worden (23,11). Nun wurde der Engel gesandt, um ihn daran zu erinnern und ihm zu versichern, dass nicht nur er, sondern alle, die ihn an Land bringen mussten, gerettet werden würden. Mochten auch alle Kräfte der Natur noch so wüten – dies würde geschehen, weil das Gottes Absicht war (27,24-25).

Es war Paulus nicht immer gegeben, mit solcher Sicherheit und Gewissheit zu wissen, dass er nicht sterben würde, bevor eine bestimmte Aufgabe beendet war.[268] Noch weniger ist es uns notwendigerweise gegeben. Aber in Bezug auf eines können wir sicher sein: Soweit es Gott betrifft, wird er es nie zulassen, dass wir von den Mächten der

268 Die Ungewissheit, die sich unterschwellig in seinem Denken fand, zeigte sich schon in Philipper 1,18-30 und besonders in den vorangegangenen Kapiteln dieses Abschnitts (20,23-24; 21,13). Dort dachte er, dass er möglicherweise in Jerusalem getötet werden könnte.

unbelebten Natur überwältigt werden, bevor er das Ziel erreicht hat, das er im Sinn hatte, als er uns unsere Aufgaben gab.

Die Macht des Glaubens über Panik und rücksichtslosen Egoismus

Wir sollten anmerken, dass die Verheißung des Engels, Paulus und alle anderen Passagiere würden gerettet werden, nicht durch ein (scheinbares) Wunder in Erfüllung ging.[269] Es bedurfte immer noch aller Navigationskenntnisse und Erfahrungen der Experten, um das rettende Ufer zu erreichen. Selbst das Wissen, wie man das Schiff auf den letzten paar Hundert Metern durch die Brandung steuern und wie man es in möglichst großer Ufernähe stranden lassen musste, erforderte jedes Quäntchen Können, das sie aufbringen konnten. Als sich das Schiff in der Dunkelheit dem Land so weit wie möglich genähert hatte und sie es am Heck verankert hatten, um bei Tagesanbruch ans Ufer gelangen zu können, gerieten die Matrosen offenbar in Panik. Da sie ihre eigene Sicherheit über die der Passagiere stellten, versuchten sie heimlich, das Beiboot des Schiffes herunterzulassen und sich selbst zu retten.

Aber Paulus sah, was sie vorhatten. Er wies den Hauptmann darauf hin und bestand darauf, dass die Seeleute auf dem Schiff blieben (27,30-32). Paulus war verheißen worden, dass alle Menschen gerettet werden würden, aber menschliche Mittel, Fähigkeiten und Anstrengungen blieben dabei nicht außen vor. Sein Glaube entschuldigte keine egoistisch motivierte Panik und verließ sich nicht auf Wunder. Vielmehr konzentrierte sich der Glaube wachsam auf die praktischen Notwendigkeiten und wies den rücksichtslosen Egoismus und die Panik in die Schranken. Aufgrund dessen hatte der Hauptmann das nötige Rückgrat, um die Situation zu meistern. Und das zahlte sich aus, als die Soldaten beabsichtigten, alle Gefangenen (darunter auch Paulus) zu töten, um ihre Flucht zu verhindern (27,42). Wären die Gefangenen geflohen, hätte man die Soldaten anschließend hingerichtet. Es muss viel Autorität erfordert haben, um sie davon abzuhalten, die Gefangenen zu töten. Aber der Hauptmann tat es um des Paulus willen (27,43).

269 Vgl. zum Beispiel das Wunder in Johannes 6,21.

Die Macht des Glaubens über Angst und Verzweiflung

Zwei Wochen lang hatten Passagiere und Besatzung kaum etwas gegessen. Das verwundert nicht: Unter Deck herrschte wahrscheinlich Chaos, wobei vielleicht auch Wasser eingedrungen war. Außerdem war den Menschen in ihrer Angst und ihrem Elend nicht nach Essen zumute, selbst denjenigen nicht, die noch einigermaßen seefest waren. Aber einmal mehr nahm der Glaube des Paulus die konkrete Situation an Bord in die Hand. Er stand auf und wandte sich an alle 275 seiner Mitreisenden. Er erinnerte sie an Gottes Versprechen, dass sie alle sicher an Land kommen würden, und forderte sie auf, etwas zu essen (27,34). Sie konnten nicht erwarten, dass Engel sie auf wundersame Weise ans Ufer tragen würden. Vielmehr würden sie jedes Quäntchen Energie für ihren letzten Kampf mit den tosenden Wellen und dem gefährlichen Sog brauchen. Also gab er ihnen ein Beispiel. Er ließ offen das Geheimnis seiner Ruhe und Zuversicht erkennen: Er nahm Brot, dankte Gott vor allen, während der Sturm noch tobte, aß und ermutigte sie alle, dasselbe zu tun (27,35-36).

Beachten Sie daher die Rolle des Glaubens in dieser ganzen Angelegenheit. Paulus glaubte nicht einfach, dass Gott ihn und alle anderen trotz des Sturms sicher durchbringen würde, weil Gott ihm ein Werk in Rom zugedacht hatte. Vielmehr war es der Glaube des Paulus als Antwort auf Gottes Verheißung, dass er überleben würde, um seinen Auftrag des Zeugnisgebens zu vollenden. Dieser befähigte ihn, die psychologisch schwierige Situation in den Griff zu bekommen und dafür zu sorgen, dass alle notwendigen praktischen Schritte unternommen wurden, um das Schiff über Wasser zu halten und die Passagiere so gut wie möglich ans Ufer zu bringen.

Letztlich brauchen Menschen einen Glauben, der über das äußerlich Wahrnehmbare hinausgeht, und ein Ziel, das auf die Ewigkeit hin ausgerichtet ist. Nur so haben sie die Kraft und den Mut, angesichts der Stürme der Natur festzubleiben und am Leben festzuhalten, wenn es aus anderen Gründen den Anschein hat, dass alle Hoffnung verloren ist. Ja, warum sollte Gott selbst angesichts der Stürme der Natur nicht sein Werk fortführen, wenn er nicht wunderbare und ewige Ziele jenseits all ihres Wütens hätte? Deshalb gilt: Selbst wenn wir den letzten Kampf mit der Natur verlieren und wir durch den irdischen Tod gehen müssen, werden wir mehr als Überwinder sein durch den, der uns geliebt hat (Röm 8,37).

Heidnische Fehldeutungen der Vorgänge in der Natur

Zu den Überlebenden gesellten sich bald die Inselbewohner, die sehr freundlich zu ihnen waren und ein Feuer für sie anzündeten (Apg 28,2). Paulus, wie immer ein praktisch veranlagter Mensch, sammelte einen Haufen Reisig, doch als er ihn auf das Feuer legte, biss sich eine Schlange, die von der Hitze vertrieben wurde, an seiner Hand fest. Daraufhin waren die Inselbewohner schnell mit einer Deutung dieses Ereignisses zur Hand: »Jedenfalls ist dieser Mensch ein Mörder, den Dike[270], obwohl er aus dem Meer gerettet ist, nicht leben lässt« (28,4).

Sie verfielen einer Reihe von Irrtümern, denen abergläubische – um nicht zu sagen, religiöse – Menschen auch heute noch verfallen können. Sie nahmen an, dass alle Naturkatastrophen, die die Menschen heimsuchen, ihrer Sünden wegen über sie hereinbrechen. Hinsichtlich eines jeden Menschen – ob Mann oder Frau – war es im Falle einer Naturkatastrophe ihrer Meinung nach sicher, darauf zu schließen, dass er insgeheim eine abscheuliche Sünde begangen haben musste. Das galt für sie selbst dann, wenn es keine anderen Beweise dafür gab.

Aber zunächst einmal fällt der unbelebten Natur mit ihrem Wirken nicht die Aufgabe des Richters über den Menschen zu. Ihre Prozesse als solche sind nicht Ausdruck moralischer Bewertungen. Eine Halsentzündung ist kein Beweis dafür, dass der Patient gelogen hat.[271] Manchmal benutzt Gott Naturkatastrophen, um sein großes Missfallen zum Ausdruck zu bringen, und die Wirkung ist für alle sichtbar. Die Wirkung des Feuers, das Sodom und Gomorra zerstörte, setzte dem Verhalten der Bewohner, das verheerende körperliche und soziale Auswirkungen hatte, ein Ende. Aber sie waren schon lange vor der Katastrophe für ihr überaus sündiges Verhalten bekannt.

---

270 A. d. H.: Griechische Göttin des Rechts und der Vergeltung (vgl. Fußnote der Elb 2003).

271 Andererseits muss man die Prozesse in der Natur respektieren. Wenn man die Elektrizität in der falschen Weise gebraucht, kann man sich einen tödlichen Stromschlag zuziehen oder andere verheerende Folgen herbeiführen. Wenn man die Ozonschicht schädigt, kann man den Planeten zerstören.

Doch nicht alle Naturkatastrophen sind notwendigerweise Ausdruck von Gottes Gericht, so wie dies bei dem Untergang von Sodom (und den anderen Städten der Ebene) der Fall war (2Petr 2,4-9; Jud 6-7). Eine schwarze Dienstlimousine könnte einen Drogenbaron ins Gefängnis bringen, wo er auf seinen Prozess wartet. Aber eine schwarze Dienstlimousine könnte auch einen Nationalhelden zum Tee an den Königshof bringen. Manch eine Naturkatastrophe hat geistlich gesinnte Gläubige in die Gegenwart des Herrn geführt.

Wenn wir eine allgemeine Lehre aus dem Zusammenhang von Naturkatastrophen, »göttlichen Taten« und Gräueltaten bestimmter Menschen ziehen wollen, dann sollte es die Lehre sein, die Christus selbst weitergegeben hat: Seinen Worten zufolge sollen wir nicht davon ausgehen, dass die Menschen, die deren Opfer werden, unbedingt besonders sündig waren und insgeheim große Schuld auf sich geladen haben, während dies bei den ihnen Entkommenden nicht der Fall ist. Alle Menschen sind Sünder. Naturkatastrophen sollen vielmehr als Mahnung dienen, dass alle Buße tun müssen (Lk 13,1-5).

Paulus schüttelte die Schlange ab und warf sie ins Feuer; und als er keinen Schaden erlitt, zogen die Inselbewohner den gegenteiligen Schluss, dass er ein Gott sein müsse (Apg 28,5-6). Nehmen wir an, es handelte sich um ein einfaches Wunder. Dann erinnert ihr Irrtum uns allerdings daran, dass selbst Wunder falsch gedeutet werden können. Wunder sind keine Beweise für vorher gezogene Schlussfolgerungen; sie sind vielmehr Machterweise, die sorgfältig interpretiert werden müssen. Der Mensch der Sünde selbst wird auf überaus beeindruckende Weise darangehen, Naturprozesse zu manipulieren, aber diese Scheinwunder werden nicht beweisen, dass seine Behauptungen, an Gottes Stelle zu sein, wahr sind (2Thes 2,3-4.9-12). Und das Verhalten der Bewohner von Malta warnt uns davor, ein echtes Wunder als Untermauerung für eine theologisch falsche Annahme zu interpretieren.

Von Malta nach Rom

Der Hauptmann blieb nicht länger auf Malta, als er dazu gezwungen war. Zum frühestmöglichen Zeitpunkt der neuen Schifffahrtssaison brach er mit seinen Gefangenen zur nächsten Etappe ihrer Reise nach Rom auf (Apg 28,11).

Dennoch betrug die erzwungene Wartezeit drei Monate; und während dieser Zeit befähigte Gott Paulus in seiner Gnade, Heilungswunder zu vollbringen, die nicht nur den Inselbewohnern zugutekamen, sondern sie auch für ihre Freundlichkeit und die Kosten entschädigten, die sie für die Bewirtung dieser unerwarteten und ungebetenen Besucher aufwenden mussten. Und als Paulus und seine Freunde schließlich abreisten, versorgten sie diese für die Reise (28,10).[272]

Während der Reise nach Rom durfte Paulus sieben Tage lang bei den Christen in Puteoli bleiben (28,13-14) und konnte so möglicherweise mit ihnen am Mahl des Herrn teilnehmen, wie er es mit den Gläubigen in Troas und wahrscheinlich auch in Tyrus während seiner früheren Reise von Ephesus nach Jerusalem getan hatte (20,6-7; 21,4).

Dann kam der letzte Abschnitt der Reise. Wir können nicht wissen, welche Gefühle im Herzen des Paulus aufkamen, als er sich schließlich der großen Stadt näherte, in der er seiner lästigen Verantwortung nachkommen und vor Nero selbst erscheinen musste, der als Tyrann und Gewaltherrscher bekannt war. Aber wir können sie erahnen. Als er sah, wie er von den Christen aufgenommen wurde, die ihm bis Appii-Forum entgegenkamen, »dankte er Gott«, sagt Lukas. Dann fügt er hinzu: »… und fasste Mut« (28,15 [vgl. auch KJV]). Der große Paulus, der als Einzelner Glauben und Charakterstärke unter Beweis gestellt und der Besatzung sowie den Passagieren des untergehenden Schiffes Mut eingeflößt hatte, fand in einem bedrückenden Moment nun selbst neuen Mut durch die brüderliche Gemeinschaft der namentlich nicht genannten Mitchristen (28,15).

272 Die Krankheit, an der der Vater des Publius litt, scheint das Maltafieber gewesen zu sein, das durch eine Mikrobe in der Ziegenmilch verursacht wurde. Um sie zu heilen, ist heutzutage nicht unbedingt ein Wunder erforderlich. Demgemäß wird derjenige, der als Vater oder Mutter einem Zweijährigen die Schnürsenkel zubindet, das nicht unbedingt auch für einen 16-jährigen Jungen tun.

Paulus unterrichtet die Führer der jüdischen Gemeinde in Rom

In Milet hatte Paulus die Ältesten der Gemeinde in Ephesus zu sich gerufen, damit sie sich mit ihm treffen konnten (20,17-38). In Anerkennung ihrer Verantwortung, diese Gemeinde zu schützen und zu leiten, hatte er sie vor falschen Propheten von außen und falschen Lehrern von innen gewarnt, die der Gemeinde schaden würden. Bald nach seiner Ankunft in Rom lud er die Führer der jüdischen Gemeinde ein, zu ihm zu kommen und sich mit ihm zu treffen (28,17). Er respektierte ihre Verantwortung, ihre Synagogengemeinden in der Stadt zu schützen und zu leiten. Möglicherweise hatten sie vom Hohen Rat in Jerusalem einen Bericht über ihn erhalten. Auf jeden Fall konnte es sie nur mit Besorgnis erfüllen, einen gelehrten und schriftkundigen jüdischen Theologen, der sich zum Christentum hingewandt hatte, in der Stadt vorzufinden. Dazu kam, dass er seinen Fall – worin auch immer dieser bestehen mochte – vor dem Kaiser vortragen sollte. Unter Claudius waren infolge von Streitigkeiten, die zwischen Christen und Juden in der Stadt ausgebrochen waren, alle Juden vorübergehend aus Rom verbannt worden (18,2). Welche Unruhe würde dieser zum christlichen Glauben bekehrte Theologe dann wohl in der jüdische Gemeinde stiften?

Paulus wollte sie beruhigen, indem er ihnen die Tatsachen so schilderte, wie er sie sah. Die wichtigste Tatsache war folgende: Er wollte ihnen versichern, dass er mit der Anrufung des Kaisers niemals die Absicht hatte und auch jetzt nicht verfolgte, das jüdische Volk anzuklagen oder zu beschuldigen (28,19). Ja, er wäre nie auf die Idee gekommen, an den Kaiser zu appellieren, wenn die Juden in Judäa ihn nicht dazu gezwungen hätten. Sie hatten ihn beschuldigt, gegen das Volk und die überlieferten Bräuche verstoßen zu haben, was nicht der Fall gewesen war, und durch ihr Verhalten war er in die Hände der Römer geraten. Die Römer, deren Gerechtigkeitssinn und deren Bemühungen um einen fairen Prozess offenkundig waren, wollten ihn freilassen, weil er unschuldig war (28,18). Damit hätte die Angelegenheit erledigt sein können. Aber die Juden in Judäa wollten ihr Urteil nicht akzeptieren und zwangen ihn, sich auf den Kaiser zu berufen, um sein Leben zu retten.

Dennoch hatte er nicht die Absicht, die Juden vor dem Kaiser anzuklagen. Er würde vor dem Kaiser als Vertreter und Verfechter »der Hoffnung Israels« (28,20) auftreten und dafür plädieren, dass diese Hoffnung nicht verräterisch oder obrigkeitsfeindlich war. Damit wollte er, wenn möglich, eine positive Beurteilung der Hoffnung Israels durch den Kaiser erreichen.

Da sprach ein Christ, wie es ihn noch nie gegeben hatte: Die Juden in Judäa hatten mehrfach versucht, ihn zu ermorden. Als das nicht gelang, hatten sie versucht, die Römer dazu zu bringen, ihn hinzurichten. Aber für Paulus waren sie immer noch »mein Volk«, wie er sie nannte (28,19 [Schlachter 2000]). Er liebte sie immer noch mit ganzer Treue; und so wie er die christlichen Ältesten ermahnt hatte, auf die Gemeinde achtzugeben, so würde er selbst sein Möglichstes tun, um darauf zu achten, dass sein Volk Israel nicht diskreditiert wurde.

Es stellte sich heraus, dass die Ältesten der jüdischen Gemeinden in Rom (noch) keinen Bericht über Paulus aus Jerusalem erhalten hatten (28,21). Sie wussten nur, dass diese christliche »Sekte« in allen jüdischen Gemeinden in Misskredit gebracht wurde; und sie begrüßten die Gelegenheit, dass sie kommen konnten, damit ihnen deren Glauben erklärt wurde. Also setzte Paulus einen Termin fest (28,22-23).

Die letzte Warnung des Heiligen Geistes an das Judentum

Am festgesetzten Tag erschienen die Juden in noch größerer Zahl als beim ersten Treffen, und Paulus sprach zu ihnen ausführlich über das Thema des Reiches Gottes. Dabei ging es ihm darum, »ausgehend von dem Gesetz Moses und von den Propheten«[273] die Schriften auszulegen, die für den Anspruch Jesu, der Messias Israels zu sein, relevant waren. Einige waren so beeindruckt, dass sie gläubig wurden, andere lehnten die Lehre ganz und gar ab. Schließlich verließen sie die Versammlung und stritten miteinander (28,23-25).

Doch bevor sie aufbrachen, sprach Paulus eine sehr feierliche Warnung aus, die nicht in seinen eigenen Worten, sondern in den Worten

273 A. d. H.: Vgl. 28,23 (Schlachter 2000).

des Heiligen Geistes durch Jesaja an das alte Israel formuliert war. In den weit zurückliegenden Tagen der Vergangenheit Israels hatte Gott den Propheten Jesaja den König sehen lassen (Jes 6,1-5), den einzigen König, der sie jemals von ihrer Sünde als Einzelne und ihrem Unheil als Volk erlösen konnte. Gott hatte Jesaja beauftragt, den Angehörigen des Volkes Israel diese Schau von ihrem König zu verkündigen. Im gleichen Augenblick, als er ihm den Auftrag gab, hatte Gott Jesaja jedoch gewarnt, dass seine Verkündigung für sie von geringem Nutzen würde. Denn immer dann, wenn die gefallene und sündige Natur die Menschen in ihrem Stolz und ihrer sündigen Selbstgenügsamkeit dazu gebracht hat, ihr Gewissen in Unbußfertigkeit zu unterdrücken, sich von ihrem Geist her abzuschotten, nicht hören zu wollen und ihre Augen zu verschließen, kommt der Punkt, an dem sogar die Verkündigung des Evangeliums den Zustand eher verschlimmert, als ihn zu heilen (28,25-27; vgl. Jes 6,9-10).

Dennoch blieb ein Beweis übrig, den selbst Menschen in ihrem Zustand nicht leugnen und infrage stellen konnten und der für immer unbestreitbar sein würde. Erstens, so Paulus, sei dieses Heil von Gott zu den Heiden gesandt worden: »Gesandt« in dem Sinne, dass es nach Gottes Ratschluss und Plan zu den Heiden gesandt werden sollte (28,28). Jesaja hatte in seinen wiederholten und ausdrücklichen Ankündigungen unmissverständlich verkündet, dass Gott seinen Messias auferwecken würde, um die Heiden zu sammeln, zu erleuchten und zu erretten (Jes 42,6; 49,6). Zweitens hatte der Prophet gesagt, dass die Heiden auf den Messias hören würden, nachdem Gott ihn auferweckt hatte, weil ihm auch an den Heiden gelegen war. Schon als Paulus in Rom zu seinen jüdischen Mitbürgern sprach, hatten Hunderte von Heiden im ganzen Römischen Reich zugehört und positiv auf das Heilsangebot reagiert. Tausende weitere würden folgen.

Die Jahrhunderte haben es bewiesen. Als sie das Evangelium Jesu Christi hörten, kamen Millionen von Heiden zum Glauben an den Gott Israels. Einige »natürliche Zweige« wurden wegen ihres Unglaubens ausgebrochen. Aber unzählige Heiden wurden gegen die Natur allesamt »eingepfropft«. Eines Tages werden auch die natürlichen Zweige wieder in ihren eigenen Ölbaum eingepfropft werden (Röm 11,17-24).

Damit schließt Lukas seine geschichtliche Darstellung ab. Sie sollte nie eine vollständige Aufzeichnung hinsichtlich der Entstehung und der fortschreitenden Ausbreitung des Christentums sein. Aber es sollte ein repräsentativer Bericht darüber sein, worin das Christentum bestand und wie seine Anfänge waren – oder vielmehr, was der auferstandene Herr zu tun begann und wie er dies weiterführte. Die vollständige Aufzeichnung dessen, was er damit erreichen würde, konnte natürlich nicht geschrieben werden. Aber zu dem Zeitpunkt, als Lukas seine Feder niederlegte, waren Paulus – wenn auch in Ketten – und das Evangelium von der Königsherrschaft Gottes unaufhaltsam am Wirken, trotz menschlicher Widerstände oder der Stürme der Natur (Apg 28,31).

ANHANG 1

Ist das Christentum von seinem Wesen her antisemitisch?

Einige werden der Meinung sein, dass die Betonung der Unterschiede zwischen Christentum und Judentum, wie wir sie in diesem Buch vorgenommen haben, leider nicht im Einklang mit einem Großteil des modernen Denkens über die Beziehung zwischen diesen beiden bedeutenden Glaubensrichtungen steht. Die jahrhundertelange Beschäftigung mit der Kreuzigung des Sohnes Gottes durch die Juden hat dieser Argumentation zufolge den berüchtigten Antisemitismus geschürt, der die Geschichte des Christentums so entehrt hat und der in unserer Zeit in Hitlers Gaskammern seinen Höhepunkt fand. Nach dem Holocaust wäre es völlig abwegig, wenn Christen versuchen würden, Juden zu bekehren. Vielmehr sollte zugegeben werden, dass das Judentum ein ebenso maßgeblicher Zugang zu Gott sei wie das Christentum. Zumindest sollten Christen nichts über das Judentum sagen, was man nicht auch mit einer angemessenen Haltung in Auschwitz und Dachau sagen könnte.

Da ich also für dieses Buch verantwortlich bin, darf ich vielleicht in der ersten Person sprechen und erklären, in welchem Geist es geschrieben wurde.

Erstens scheint es mir ungerecht, das ganze Volk des alten Israel für den Tod Jesu verantwortlich zu machen. Natürlich können wir die Taten der Geschichte nicht ungeschehen machen. *Es steht fest*, dass die Führer des Volkes die Drahtzieher des Mordplans waren, der zu seiner Kreuzigung durch die Römer führte. Die Menschenmenge in Jerusalem, die bis in die letzten Tage seines Erdenlebens hinein Jesus wohlgesonnen war, ließ sich – wie es wankelmütige Menschen tun – dazu hinreißen, seinen Tod zu fordern. Aber Tausende und Abertausende von Juden, die damals in der Zerstreuung lebten, erfuhren von der Kreuzigung erst Monate oder gar Jahre später, als sie schon geschehen war. Man kann nicht behaupten, dass sie für die Tat als solche verantwortlich waren. Außerdem verkündigten die Apostel im Auftrag Gottes, dass selbst die priesterlichen Führer und die Jerusalemer Menge bei dem, was sie taten, in Unwissenheit handelten (Apg 3,17); und deshalb wurde ihnen Gnade angeboten, wenn sie Buße taten.

Zweitens glaube ich wie alle wahren Christen, dass Jesus, als er starb, für meine Sünden und ihretwegen gestorben ist. Die jüdischen Führer und die Menge waren in ihrer Feindseligkeit unfreiwillige Erfüllungsgehilfen von Gottes Plan, dem zufolge sein Sohn für die Sünden der Welt sterben sollte (2,23; 3,17-18). Es macht mich demütig und dankbar, dass ich infolgedessen sagen kann: »Jesus hat meine Sünden an seinem Leib auf dem Holz getragen« (vgl. 1Petr 2,24); »Ich habe die Erlösung durch sein Blut, die Vergebung der Vergehungen« (vgl. Eph 1,7). Und dann darf ich wissen, dass Vergebung und Erlösung unter diesen Bedingungen allen angeboten werden – Juden und Heiden, ohne Unterschied (Röm 3,22-24). Ich würde nicht auf die Idee kommen, einen Juden für den Tod Jesu Christi verantwortlich zu machen, es sei denn in dem Sinne, dass auch meine und seine Sünden die Ursache für den Tod des Messias waren. Aber gleichzeitig glaube ich, dass es für keinen Mann und keine Frau auf der Erde einen anderen Grund für Vergebung und Annahme bei Gott gibt als das Werk Jesu am Kreuz. Deshalb muss ich und werde ich auch weiterhin die Ansicht vertreten, dass die Ablehnung des durch Christus vollbrachten Opfers und der durch ihn geschehenen Erlösung für einen Juden die gleichen ernsten und ewigen Konsequenzen hat wie für einen Heiden.

Drittens halte ich von ganzem Herzen an Gottes nachdrücklicher Aussage fest, dass er »sein Volk, das er zuvor erkannt hat, nicht verstoßen hat« (d. h. das Volk Israel im wörtlichen Sinne; vgl. Röm 11,1-2). Eines Tages wird »ganz Israel« (d. h. das Volk Israel im buchstäblichen Sinne) gerettet werden (Röm 11,26). Die Gnadengaben Gottes und seine Berufung sind unbereubar (Röm 11,29). Die Angehörigen des Volkes, denen er einst eine besondere Stellung in der Welt zugedacht hatte, werden erneut einen ehrenvollen Auftrag für Gott übernehmen. Dies wird nicht geschehen, weil sie ein Anrecht darauf haben, und sie haben auch jetzt noch nicht Anteil daran. Vielmehr wird dies an dem Tag geschehen, da das Volk Buße tut und sich mit Gottes Sohn, seinem Messias, versöhnen lässt. Dies steht noch aus, wird aber in Erfüllung gehen. Zusammen mit Professor C. E. B. Cranfield und vielen anderen Christen bedaure ich »die hässliche und unbiblische Vorstellung, dass Gott sein Volk Israel verstoßen hat und an dessen Stelle einfach die christliche Kirche treten ließ«[274]. Ich bedaure außerdem die Tatsache, dass große Teile der Christenheit über viele Jahrhunderte hinweg und bis in die Gegenwart hinein genau derjenigen Arroganz verfallen sind, vor der Paulus uns Heidenchristen warnte. Er meinte damit die Vorstellung, dass es für Israel als solches keine Zukunft gebe (Röm 11,18.20.25). Aber mir scheint, wenn wir uns von der schändlichen Behandlung des Judentums durch die Christenheit in der Vergangenheit wirklich abkehren wollen, müssen wir uns ernsthaft fragen, wie es dazu gekommen ist.

Meine frühere Kollegin, Professorin E. Mary Smallwood, erklärt dies in einer Antrittsvorlesung mit dem sehr treffenden, aber sehr traurigen Titel »Vom heidnischen Schutz zur christlichen Unterdrückung«. Nachdem sie darauf hingewiesen hat, dass alle heidnischen Herrscher Roms seit Julius Cäsar besondere Gesetze zum Schutz der Juden erlassen oder beibehalten haben, fährt sie folgendermaßen fort:

> Konstantins Hinwendung zum Christentum im Jahr 312 bedeutete unweigerlich eine Änderung der offiziellen Haltung Roms gegenüber dem Judentum. Kirche und weltliche Obrigkeit wurden fast über Nacht[275] von erbitterten Feinden zu Verbündeten. Anders als das heidnische Rom hatte die Kirche einen theologischen Streit mit dem Judentum, und sie befand sich nun in einer politischen Machtposition. Die Tochter des Judentums hatte sich ihr ganzes Leben lang mit ihrer Mutter gestritten, aber bis dahin war ihre einzige Waffe das verbale Schwert der Predigt und der schriftlichen Abhandlung gewesen. Jetzt hatte sie die Waffe der Gesetzgebung in der Hand, die sie nach Belieben einsetzen konnte.[276]

274 Cranfield, *Romans*, a. a. O., Bd. 2, S. 448.

275 A. d. H.: Selbst wenn Konstantins Wende in der Religionspolitik in der Tat rasch erfolgte, dauerte es noch einige Jahrzehnte, bis aus der »zugelassenen christlichen Religion« die »Staatsreligion des Christentums« unter Theodosius I. (gest. 395 n. Chr.) wurde.

276 Smallwood, *From Pagan Protection*, a. a. O., S. 7. A. d. H.: Auch wenn das Bild von Mutter und Tochter in Bezug auf diese beiden Glaubensrichtungen nicht auf die Bibel zurückgeht, drückt es doch wie das in Römer 11 gebrauchte Bild vom Ölbaum etwas von der wesensmäßigen Verbindung zwischen beiden aus, die es trotz aller Unterschiede gibt.

Und später:

> Was unter Konstantin als Versuch begonnen hatte, das Christentum vor dem Judentum zu schützen und gleichzeitig die den Juden gewährten religiösen Rechte zu wahren, hatte sich zur Zeit Justinians zum Beginn einer ernsthaften Unterdrückung des Judentums durch die Obrigkeit im Namen des Christentums entwickelt.[277]

Das Problem begann demnach, als die Kirche sich mit der weltlichen Obrigkeit verband. Natürlich waren Israels religiöse Autoritäten in alttestamentlichen Zeiten, als Israel im Grunde eine Theokratie war und seine Könige »die Gesalbten des Herrn« waren, von Gott angewiesen, die Obrigkeit zu nutzen, um Götzendiener und Abtrünnige zu züchtigen und, wenn nötig, zu beseitigen (5Mo 13,12-18; 17,2-7). Und noch in neutestamentlicher Zeit, als die führenden Juden in Jerusalem die Kontrolle über die Obrigkeit verloren hatten, freuten sie sich dem Bericht des Lukas zufolge (Apg 12,1-3), als ein Vertreter der Dynastie der Herodier seine obrigkeitliche Macht einsetzte, um die Gemeinde der frühchristlichen Zeit zu verfolgen.

Aber das Christentum sollte sich vom Judentum unterscheiden. Die Christen folgten einem König, dessen Reich nicht von dieser Welt war und ist. Er verbot seinen Jüngern, bei der Verbreitung oder Verteidigung des Evangeliums das Schwert zu benutzen (Joh 18,36-37; Mt 26,52; 2Kor 10,4). Niemand sollte jemals unter Androhung zivilrechtlicher Strafen gezwungen werden, Christ zu werden, oder von der Obrigkeit diskriminiert oder verfolgt werden, weil er kein Christ ist.

Es war daher eine Katastrophe, als sich die Christenheit dazu herabließ, sich weltliche Macht anzueignen und ein religiös bestimmtes Gemeinwesen zu schaffen. Ein derartiges Gemeinwesen hatte es im alten Israel gegeben. Und nun waren führende Vertreter der Christenheit ihren eigenen Vorstellungen zufolge berechtigt, weiterhin im Sinne des irdischen Israel zu handeln. Sie bildeten sich ein, sie hätten das Recht, ja, sogar die gottgegebene Pflicht, wie Israel die Obrigkeit zur Unterdrückung und Beseitigung von Ketzern, Abtrünnigen und Ungläubigen

277 Smallwood, a. a. O., S. 24. A. d. H.: Justinian I. regierte von 527 bis 565 n. Chr. und residierte in Konstantinopel (Übergang vom Oströmischen zum Byzantinischen Reich).

einzusetzen. Dieser Rückfall in alttestamentliche Verhältnisse führte zu politischer Diskriminierung im Namen des Christentums, zu Kreuzzügen gegen Ungläubige, zu Inquisitionen und Massakern an Ketzern, zu Strömen von Blut und Tränen im Namen Jesu.

Wir haben im vorliegenden Werk untersucht, wie Lukas den beabsichtigten Unterschied zwischen Christentum und Judentum in der Apostelgeschichte hervorhebt. Wenn dieses Studium dazu beiträgt, uns davor zu bewahren, jemals wieder in diesen Fehler zu verfallen, wird unsere Beschäftigung damit nicht umsonst gewesen sein.[278]

278 In Bezug auf weitere Lektüre siehe: Menachem Benhayim, *Jews, Gentiles and the New Testament Scriptures: A study of the charges of alleged anti-Semitism in the New Testament*, Jerusalem: Yanetz, 1985.

ANHANG 2

Wenn die Apostelgeschichte ein sorgfältig strukturiertes literarisches Werk ist, kann sie dann noch als historisch zuverlässig angesehen werden?

Warum nicht? Diese Darstellung geht auf jeden Fall von der festen Überzeugung aus, dass dies der Fall sein kann. Es stimmt, dass wir nicht darauf bedacht gewesen sind, die Historizität der Apostelgeschichte zu beweisen. Diese Zielsetzung findet man in den Werken anderer Autoren in großer Ausführlichkeit, und zwar meines Wissens nach nirgendwo ausführlicher als bei C.J. Hemer in seinem Werk, auf das in diesem Band mehrfach Bezug genommen wird, *The Book of Acts in the Setting of Hellenistic History*. Es enthält umfangreiche Hinweise auf die Ergebnisse der Tätigkeit anderer Wissenschaftler, die auf diesem Gebiet gearbeitet haben und noch arbeiten, sowie eine ausführliche Diskussion der Argumente, die zur Unterstützung der gegenteiligen Ansicht vorgebracht werden. In der vorliegenden Darstellung wurde es daher nicht als notwendig angesehen, all die überaus detaillierten Argumente zu wiederholen, die andere für die Historizität der Apostelgeschichte vorgebracht haben. Sie hat vielmehr diese Historizität angenommen und ist auf dieser Grundlage zum nächsten notwendigen Schritt im Verständnis des Buches übergegangen: Es hat sich um eine Untersuchung des Materials gehandelt, das Lukas für die Aufnahme in seine geschichtliche Darstellung ausgewählt hat. Außerdem ist es um die Art und Weise gegangen, wie er die von ihm ausgewählten Elemente zusammengestellt hat, um den Gedankenfluss, den seine Anordnung der Darstellung erzeugt, und darum, was uns dies über die Hauptthemen des Buches sagen kann.

Wenn Lukas aber tatsächlich, wie wir vorgeschlagen haben, seine historische Darstellung von der Gliederung her in sechs Abschnitte unterteilt und das Material in jedem Abschnitt so ausgewählt und angeordnet hat, dass es ein Hauptthema oder mehrere dieser Themen vorstellt, erhebt sich die Frage. Verwirkt dieses Verfahren nicht automatisch jeden Anspruch auf strenge Historizität?

Nein, natürlich nicht! Warum sollte es auch? Während ich schreibe, habe ich ein historisches Werk von Professor A. J. P. Taylor mit dem Titel *The Struggle for Mastery in Europe 1848–1918*[279] vor mir. Das Werk ist in 23 einzelne Abschnitte unterteilt; nur bezeichnet das Werk selbst sie nicht als Abschnitte, wie ich die Unterteilungen des Lukas genannt habe: Es nennt sie vielmehr Kapitel. Niemand, so denke ich, würde Prof. Taylors Werk als unzuverlässige Geschichte bezeichnen, nur weil er seinen Bericht über die Ereignisse von 70 bzw. 71 Jahren in Abschnitte unterteilt hat!

Aber es kommt noch schlimmer. Obwohl sich seine Schilderung der Ereignisse dieser Zeit an eine chronologische Abfolge hält, sind die einzelnen Kapitel sehr ungleich hinsichtlich der Zeitspanne, die sie abdecken: Einige umfassen drei, vier oder fünf Jahre, andere nur ein Jahr. Auf den ersten Blick wirkt die Aufteilung also sehr willkürlich. Schlimmer noch, diese ungleiche Aufteilung der Chronologie in willkürliche Abschnitte wurde offenbar so vorgenommen, dass die für die einzelnen Abschnitte ausgewählten Inhalte ein gemeinsames Thema darstellen sollen. Kapitel 1 zum Beispiel behandelt nur ein Jahr (1848) und soll nach dem Titel, den Prof. Taylor ihm gegeben hat, das Thema »Die Diplomatie der Revolution« darstellen. Kapitel 2 behandelt die Ereignisse von zwei Jahren (1849–1850), sodass es das Thema »Die Diplomatie der Reaktion« darstellen kann (und bei diesen beiden aufeinanderfolgenden Titeln ist es sehr naheliegend, daran zu denken, dass ihm an einer symmetrischen Darstellung gelegen ist!). Und Kapitel 17 deckt vier Jahre ab (1899–1902), um das Thema »Das Zeitalter der Weltpolitik« darzustellen.

Nun mögen nicht alle Historiker unserer Zeit Prof. Taylors Interpretationen der Ereignisse, die er auswählt und beschreibt, akzeptieren. Ich bin auf historischem Gebiet nicht kompetent genug, um das zu wissen. Aber wer unter uns, der bei klarem Verstand ist, würde Prof. Taylors Werk jeden Anspruch auf eine seriöse historische Darstellung absprechen? Wer würde behaupten, dass er jeden Anspruch auf eine zuverlässige Geschichtsschreibung verwirkt hat, weil er nicht jedes

279 A. d. H.: Svw. *Der Kampf um die Vorherrschaft in Europa 1848–1918*.

einzelne Ereignis, das sich in Europa von 1848 bis 1918 zugetragen hat, aufgenommen hat? Außerdem hat er die von ihm ausgewählten Ereignisse in Abschnitte oder Gruppen unterteilt, wobei die Ereignisse innerhalb einer Gruppe seiner Meinung nach ein gemeinsames Leitthema haben. Sollte das Anlass zur Kritik sein? Und wenn Prof. Taylor nicht jeden Anspruch darauf verwirkt hat, eine zuverlässige historische Darstellung verfasst zu haben, warum sollte man dann Lukas dies vorwerfen? Auch er hat seine geschichtliche Darstellung in Abschnitte unterteilt und dann den Inhalt jedes Abschnitts so ausgewählt, dass sie ein gemeinsames Thema oder gemeinsame Themen beinhalten. Wenn überhaupt, dann könnte man meinen, dass Lukas im Vergleich mit Prof. Taylor der zuverlässigere der beiden ist, da er über seine Aufzeichnung der Fakten hinaus nur so wenig wie möglich an interpretierenden Kommentaren hinzugefügt hat. Er hat nicht einmal Überschriften für seine Abschnitte erfunden. Und was das notwendigerweise interpretierende Element bei der Abfassung der Apostelgeschichte angeht, so hatte er die Autorität des Heiligen Geistes, der ihn inspirierte.

Ja, aber Lukas hat sein Werk nicht einfach in Abschnitte unterteilt und jeden Abschnitt nicht nur mit sorgfältig ausgewähltem Material zu einem oder mehreren Hauptthemen gefüllt. Er hat das Material vielmehr in jedem Abschnitt in symmetrischer Form angeordnet – oder zumindest hat er das nach der vorangegangenen Darstellung getan. Und das – so könnte jemand argumentieren – muss bedeuten, dass sein Werk historisch nicht korrekt ist, denn man kann die historische Wirklichkeit nicht in die Zwangsjacke einer literarischen Symmetrie zwingen, ohne sie zu verfälschen.

Nein, das ist nicht möglich. Man müsste dann nämlich unter »historischer Wirklichkeit« einen Bericht über alles verstehen, was jeder gesagt, getan und erlebt hat, sowie über alles, was im Laufe eines bestimmten Zeitraums geschehen ist. Meines Wissens nach hat aber noch niemand versucht, eine solche Geschichte zu schreiben; das könnte ohnehin nur Gott tun.

Aber nehmen wir an, irgendein Historiker beschließt, eine kurze Monografie über den Zweiten Weltkrieg zu schreiben, und baut seine Darstellung in fünf Teilen so auf:

1. Die Ursachen, die zur Kriegserklärung führten;
2. Die Zeit der Überlegenheit der Achsenmächte;
3. Das Blatt wendet sich;
4. Die Zeit der Überlegenheit der Alliierten;
5. Der Waffenstillstand und die unmittelbare Nachkriegszeit.

Die Form seiner Monografie würde symmetrisch sein. Das würde aber nicht bedeuten, dass der Historiker den Ereignissen des Krieges eine willkürliche symmetrische Struktur auferlegt hätte. Seine Struktur würde lediglich ein Muster widerspiegeln, das sich aus dem Verlauf der Ereignisse selbst ergibt. Auch hätte er die Fakten der Geschichte nicht durch unangemessene Selektivität verzerren müssen, damit die ausgewählten Ereignisse dieses Muster erkennen lassen.

Und so ist es auch bei Lukas. Die beiden großen Reisen, von denen eine im ersten und eine im letzten Satz des sechsten Abschnitts zu finden ist, sind beispielsweise Teil einer offensichtlichen Symmetrie. Aber Lukas hat weder die eine noch die andere Reise erfunden, um eine symmetrische Struktur zu schaffen. Paulus hätte nicht von Ephesus nach Jerusalem kommen können, wenn er keine lange Reise unternommen hätte. Auch musste er zu einer weiteren Reise aufbrechen, um von Cäsarea nach Rom zu gelangen.[280]

Zugegebenermaßen war Lukas sehr selektiv in dem, was er aufgezeichnet hat (siehe S. 28). Aber er erhebt nirgends den Anspruch, eine erschöpfende Darstellung der Entstehung und der Ausbreitung des Christentums geschrieben zu haben, und wir können ihn nicht dafür kritisieren, dass er etwas nicht getan hat, was er nie vorhatte. Das Problem vieler ist, dass sie, bevor sie die Apostelgeschichte lesen, davon ausgehen, Lukas müsse die Absicht gehabt haben, eine umfassende Geschichte der Ausbreitung des Christentums zu schreiben. Dementsprechend beurteilen sie sein Werk. Wir hingegen sollten die Apostelgeschichte unvoreingenommen zur Hand nehmen und uns durch das, was Lukas tatsächlich geschrieben hat, durch seine Auswahl des Materials und die Proportionen, die er ihm gegeben hat, ein Bild von dem machen, was er beabsichtigt und was er tatsächlich getan hat.

280 Siehe auch die Erörterung der scheinbaren Dubletten im ersten Abschnitt, S. 35-41.

Oder nehmen wir die Art und Weise, wie sich der erste und der letzte Satz des fünften Abschnitts die Waage halten: Beide sprechen ausführlich über den Heiligen Geist, der erste über seine Führung, der letzte über seinen Empfang. Beide berichten ausführlich über einen von einem Dämon besessenen Menschen, der erste über die Austreibung des betreffenden Dämons durch Paulus, der letzte über den Versuch der Austreibung des bösen Geistes durch einige umherziehende jüdische Exorzisten. Hier können wir sozusagen Lukas bei seiner Arbeit beobachten und sehen, wie er eine Symmetrie herstellt. Unmittelbar vor der Begebenheit mit den umherziehenden Juden berichtet er, dass durch den Dienst des Paulus in Ephesus viele böse Geister von ihren Opfern ausfuhren (Apg 19,12). Aber er gibt keine detaillierte Beschreibung dieser Austreibungen durch Paulus. Warum sollte er das auch tun? Er hat bereits im ersten Satz (16,16-18) ausführlich beschrieben, wie Paulus erfolgreich einen bösen Geist ausgetrieben und zu welchen Ergebnissen dies geführt hat. Im letzten Satz beschreibt Lukas ausführlich den erfolglosen Versuch der jüdischen Exorzisten, einen bösen Geist auszutreiben, und die Folgen, die sich daraus ergaben. Die Tatsache, dass beide Berichte ein gemeinsames Thema haben und sich dennoch der offenkundige Unterschied zwischen beiden zeigt, verdeutlicht die daraus resultierende Symmetrie.

Es lässt sich also nicht in Abrede stellen, dass Lukas sehr genau darauf geachtet hat, Symmetrie herzustellen. Er hat sich gefragt, was er für eine ausführliche Beschreibung auswählen und was er nur in zusammengefasster Form erwähnen sollte. Aber das braucht man nicht zu leugnen, denn es stellt die Historizität der von ihm detailliert beschriebenen Ereignisse nicht infrage. Lukas hat eine grundsätzlich chronologische Abfolge beibehalten – genau wie Prof. Taylor (erinnern Sie sich?). Dann aber hat er zugegebenermaßen – wie ein Juwelier, der eine Halskette aus Edelsteinen verschiedener Farben und Größen zusammenstellt – Ereignisse im Verlauf dieser chronologischen Abfolge ausgewählt, die sinnvolle Symmetrien bilden. Aber inwiefern ist das an sich schon ein Grund, die Historizität seiner Erzählung infrage zu stellen?

Angenommen, er hätte eine andere Methode gewählt. Nehmen wir an, er hätte sich dafür entschieden, seine Geschichte in thematischer Form vorzustellen, statt einer grundsätzlich chronologischen Abfolge zu folgen. Dann hätte er ein Kapitel mit folgender Ankündigung beginnen können: »In diesem Kapitel beabsichtige ich, eine repräsentative Auswahl von Ereignissen zusammenzufassen, die die Haltung der Apostel gegenüber dem Spiritismus und dem Exorzismus erkennen lassen, wobei ich den Gegensatz zu der Haltung des Heidentums gegenüber dem Spiritismus und seinen Methoden des versuchten Exorzismus herausstellen will.« Ein solches Kapitel hätte dann auch die erfolgreiche Austreibung des bösen Geistes durch Paulus aus dem Medium in Philippi und den erfolglosen Versuch der umherziehenden Juden in Ephesus, einen Dämon auszutreiben, enthalten können. Niemand würde sich wohl darüber beschweren, dass diese beiden Ereignisse unhistorisch seien, weil Lukas sie aus einer Fülle anderer Ereignisse ausgewählt hat, um sie in dieses Kapitel aufzunehmen. Aber warum sollte die andere Erzählmethode, der Lukas tatsächlich gefolgt ist, Zweifel an der Historizität dieser beiden Begebenheiten aufkommen lassen, während das bei der Methode der thematischen Anordnung nicht der Fall ist?

Manche Menschen haben zugegebenermaßen ein berechtigtes Vorurteil dagegen, in einer Erzählung wie der Apostelgeschichte Strukturen, insbesondere symmetrische Strukturen, zu sehen: Sie schränken aus ihrer Sicht ihre Auslegungsfreiheit zu sehr ein. Um ein Beispiel zu nennen: Warum, so fragen sie, sind wir gezwungen, die ersten sechs Verse von Kapitel 6 mit ihrem Hinweis auf Stephanus als letzten Teil einer sorgfältig konstruierten Symmetrie zu lesen, die Kapitel 1,1–6,7 umfasst (was in dieser Darstellung der Apostelgeschichte vorgeschlagen wurde)? Warum können wir 6,1-6 nicht als den Beginn des Dienstes des Stephanus lesen, der dann in 6,8ff. ausführlich fortgesetzt wird? Die Antwort ist, dass es keinen erfindlichen Grund gibt, warum man 6,1-6 nicht als Beginn des Dienstes des Stephanus lesen sollte, wenn man das möchte. Wenn ein Autor den Strom von Ereignissen in genau definierte Abschnitte unterteilt, hebt das nicht die Tatsache auf, dass diese Ereignisse ein integraler Bestandteil des lückenlosen Zusammenhangs der aufeinanderfolgenden Entwicklungen und Geschehnisse sind, die wir als »historischen Kontinuum« bezeichnen. Apostelgeschichte 6,1-6 ist der Bericht über ein historisches Ereignis. Die Tatsache, dass Lukas selbst diese Verse als letzten Punkt des ersten Abschnitts dargestellt haben mag, nimmt dem Bericht nicht die Eigenschaft, die alle wirklich historischen Ereignisse haben: Es geht nämlich darum, dass es dem Leser freisteht, jede beliebige Schlussfolgerung zu ziehen (die legitimerweise daraus gezogen werden kann). Eine derartige Schlussfolgerung würde natürlich möglicherweise über den Hauptzweck hinausgehen, den der Autor mit der Aufzeichnung verfolgt haben mag.

Nehmen wir das Beispiel einer zermürbenden 18-stündigen Fahrt auf einer fremden Straße nach vielen vergeblichen Versuchen, endlich ein Hotel zu finden, in dem noch ein Zimmer frei ist. Angesichts dessen kann es für den betreffenden Reisenden so bedeutsam sein, dass er dies als letztes Ereignis dieses anstrengenden Tages in sein Tagebuch einträgt. In seinem Tagebucheintrag für den nächsten Tag wird er vielleicht nicht erwähnen, dass er am Morgen von demselben Hotel aufgebrochen ist, da diese Tatsache dem Reisenden selbst nicht so bedeutsam erschienen ist wie das Auffinden des Hotels am Vorabend. Es gäbe jedoch keinen Grund, warum ein Leser des Tagebuches nicht zu Recht zu dem Schluss kommen könnte, dass der Reisende tatsächlich am Morgen von diesem Hotel aus aufgebrochen ist, und in dieser Tatsache eine interessante Bedeutung für die im Tagebuch beschriebene weitere Reise sehen könnte.[281]

Dies bringt uns zu einem weiteren Merkmal der Darstellung des Lukas. In den vorangegangenen Ausführungen habe ich mich auf die Hauptstrukturen des Buches konzentriert, d.h. auf seine sechs Abschnitte, in die er es gliedert, und auf die symmetrische Strukturierung des Materials innerhalb der Abschnitte. Ich habe dies getan, weil es diese Art von Struktur ist, die den Gedankenfluss der fortlaufenden Erzählung steuert und erkennen lässt. Dies ist auch dadurch bedingt, dass wir die Apostelgeschichte in erster Linie Detail für Detail bzw. Vers für Vers als eine fortlaufende Geschichte lesen müssen. Über andere Muster habe ich nur wenig gesagt. Aber natürlich gibt es solche Muster. Es ist vielleicht unvermeidlich, dass in jedem längeren Werk bestimmte Gedanken- oder Ereignismuster wiederkehren, und eine genaue vergleichende Untersuchung dieser Muster kann sehr fruchtbar und lehrreich sein.

281 Hinsichtlich einer weiteren Diskussion über die Beziehung zwischen den literarischen Methoden des Lukas und der Historizität der Apostelgeschichte siehe: I. Howard Marshall, »The Present State of Lucan Studies«, *Themelios* 14:2 (1989), S. 52-57; derselbe, *Luke: Historian and Theologian*, Exeter: Paternoster Press, 1970; Hemer, »Acts and Historicity« (Kapitel 1 seines mehrfach im vorliegenden Buch erwähnten Werkes *The Book of Acts in the Setting of Hellenistic History*, a.a.O.); und meine eigene Arbeit *According to Luke*, S. 357-362 (A.d.H.: deutsche Ausgabe: David Gooding, *Das Evangelium nach Lukas. Botschaft, Aufbau und Ziel*, Bielefeld: CLV, 2012, S. 431-440).

In der Apostelgeschichte gibt es zum Beispiel drei Geschichten über die Flucht aus dem Gefängnis:

Erster Abschnitt	Ein Engel befreit die zwölf Apostel auf wundersame Weise aus dem Gefängnis (5,17-32).
Dritter Abschnitt	Ein Engel befreit Petrus auf wundersame Weise aus dem Gefängnis (12,5-10).
Fünfter Abschnitt	Ein Erdbeben öffnet die Türen des Gefängnisses, in dem Paulus und Silas festgehalten werden, und löst ihre Ketten (16,25-28).[282]

Wenn man die Botschaft des Buches als Ganzes erkennen will, kann eine derartige Untersuchung einer Reihe von Ereignissen als Diagnose-Instrument von unschätzbarem Wert sein. Sie ermöglicht erstens eine Differenzialdiagnose[283], bei der zunächst die Gemeinsamkeiten aller drei Ereignisse untersucht werden. Zweitens sollte es – was noch wichtiger ist – um die bedeutsamen Unterschiede gehen und drittens um die Art und Weise, wie die besonderen Merkmale jeder ansonsten ähnlichen Episode in den Kontext des Abschnitts passen, in dem die Episode auftritt.

Solche Muster sind jedoch nicht unbedingt Teil der Grundstruktur des Buches – auch wenn sie natürlich nicht im Widerspruch zu ihr stehen. Struktur und Muster sind zwei verschiedene Dinge, wie man daran erkennen kann, dass Elemente, die zu ein und demselben Muster gehören, hinsichtlich ihrer Zuordnung nicht notwendigerweise oder regelmäßig mit den Grundstrukturen des Buches übereinstimmen. Nehmen wir zum Beispiel das berühmteste Beispiel für ein Muster in der Apostelgeschichte, aus dem alle möglichen Schlüsse gezogen wurden: Man ist darauf gestoßen, dass Lukas offenbar in ausgewogener Weise einerseits über die Aktivitäten des Petrus und andererseits über das Wirken des Paulus berichtet.

282 Diese Beobachtung und viele andere hilfreiche Erkenntnisse verdanke ich Dr. R. S. Matthews.

283 A. d. H.: Dieser ursprünglich aus der Medizin stammende Begriff meint hier die Inhaltsbestimmung durch eine unterscheidende, abgrenzende Gegenüberstellung mehrerer Muster mit ähnlichen Merkmalen.

Teilt man das Buch strukturell in zwei Hälften (Kap. 1–12 und Kap. 13–28) mit drei Abschnitten in der ersten und drei in der zweiten Hälfte, so kann man im Allgemeinen sagen, dass Petrus in der ersten Hälfte und Paulus in der zweiten überwiegt. Aber es gibt Ausnahmen. Petrus kommt im zweiten Abschnitt nur selten vor. Stephanus, Philippus und Saulus (Paulus) stehen alle im Vordergrund, aber Petrus selbst kommt nur in elf Versen vor (8,14-24; und noch weniger, wenn man nur die Verse zählt, in denen er ausdrücklich erwähnt wird). Andererseits treten Petrus und Jakobus im vierten Abschnitt bei der Zusammenkunft und Beratung in Jerusalem notwendigerweise mehr in den Vordergrund als Paulus (15,6-29).

Auch hier ist es interessant und lehrreich zu beobachten, dass Petrus einen Lahmen heilt (3,1-10), einen Magier zurechtweist (8,18-24), eine Tote auferweckt (9,37-41) und aus dem Gefängnis befreit wird (12,5-10). Paulus heilt ebenfalls einen Lahmen (14,8-10), weist einen Magier zurecht (13,8-12), weckt einen Toten auf (20,8-12) und wird aus dem Gefängnis befreit (16,25-28). Wenn man aber die Stellen, an denen solche Ähnlichkeiten auftreten, gegenüberstellt, ergibt sich folgendes Bild:

Petrus heilt einen Lahmen (Kap. 3)	Abschnitt 1	Paulus heilt einen Lahmen (Kap. 14)	Abschnitt 4
Petrus verteidigt sich vor dem Hohen Rat (Kap. 4 und 5)	Abschnitt 1	Paulus verteidigt sich vor dem Hohen Rat (Kap. 23)	Abschnitt 6
Petrus weist einen Magier zurecht (Kap. 8)	Abschnitt 2	Paulus weist einen Magier zurecht (Kap. 13)	Abschnitt 4
Petrus erweckt eine Tote (Kap. 9)	Abschnitt 3	Paulus erweckt einen Toten (Kap. 20)	Abschnitt 6
Petrus wird aus dem Gefängnis befreit (Kap. 5 und 12)	Abschnitte 1 und 3	Paulus wird aus dem Gefängnis befreit (Kap. 16)	Abschnitt 5

Aus all dem geht hervor, dass die Struktur und die symmetrische Anordnung des Materials innerhalb jedes Abschnitts nicht dasselbe sind wie diese weitreichenden Muster. Beide sind wichtig und zutiefst bedeutsam; sie schließen sich nicht gegenseitig aus, sondern ergänzen sich. Sie werden uns am meisten bereichern, wenn wir sie nicht miteinander verwechseln, sondern jedem seine besondere Funktion innerhalb der Gesamtheit des reichhaltigen Werkes des Lukas zugestehen, das in seiner großen Vielfalt einer Bildwirkerarbeit gleicht.

Aber lassen Sie uns nun am Ende dieser langen Studie zur Belohnung eine einfache, aber auffallende Reihe von Entsprechungen zwischen der ersten und der zweiten Hälfte der Apostelgeschichte betrachten. Sie können uns dazu dienen, die das ganze Buch durchdringende Botschaft zusammenzufassen. Zunächst dies:

Erster Abschnitt	**Vierter Abschnitt**
Der Herr Jesus – der Sohn Davids, des Königs – ist dazu bestimmt, auf Davids Thron zu sitzen (2,29-35).	Der Herr Jesus – der Sohn Davids, des Königs – wurde als Retter auferweckt (13,22-26).
»… du wirst … nicht … zugeben, dass dein Frommer Verwesung sehe. … dass er nicht im Hades zurückgelassen worden ist noch sein Fleisch Verwesung gesehen hat« (2,27.31).	»Dass er [Gott] ihn aber aus den Toten auferweckt hat, damit er nicht mehr zur Verwesung zurückkehre, hat er so ausgesprochen: ›Ich werde euch die zuverlässigen Gnaden Davids geben.‹ Deshalb sagt er auch an einer anderen Stelle: ›Du wirst nicht zugeben, dass dein Frommer die Verwesung sehe.‹« … Der aber, den Gott auferweckt hat, sah die Verwesung nicht« (13,34-37).

Die Ähnlichkeiten hinsichtlich der Gedanken, Formulierungen und alttestamentlichen Zitate sind offenkundig. Hier wird der Herr Jesus daher als der König verkündigt, der niemals die Verwesung gesehen hat und der nun in der Herrlichkeit thront. Ein Unterschied ist von seiner Bedeutung her überaus angemessen: Der erste Abschnitt beschreibt den Herrn Jesus als den Heiligen Gottes (hebr. *hasîd*; griech. *hosios):* Er konzentriert unsere Aufmerksamkeit auf die Treue Christi zum Vater (siehe S. 90-93). Der vierte Abschnitt hingegen hebt hervor, dass der Vater in seiner Treue auf das Werk Christi antwortet, indem er seine Verheißung zitiert: »Ich will euch die heiligen [hebr. *hasdê, griech.*

hosia] [Gnaden-]Güter Davids geben, die zuverlässig sind« (Schlachter 2000). Dann noch Folgendes:

Zweiter Abschnitt

»Aber der Höchste wohnt nicht in Wohnungen, die mit Händen gemacht sind, wie der Prophet spricht: ›Der Himmel ist mein Thron und die Erde der Schemel meiner Füße. Was für ein Haus wollt ihr mir bauen?, spricht der Herr … Hat nicht meine Hand dies alles gemacht?‹« (7,48-50).

Fünfter Abschnitt

»Der Gott, der die Welt und alles darin gemacht hat, dieser, der der Herr des Himmels und der Erde ist, wohnt nicht in Tempeln, die mit Händen gemacht sind« (17,24).

Im zweiten Abschnitt wendet sich Stephanus an die Juden, im fünften Abschnitt Paulus an die Heiden, doch ob durch Stephanus oder Paulus, ob an Juden oder Heiden – die Botschaft ist dieselbe. Aber die Relevanz all dessen für das Thema, das wir gerade verfolgen, wird deutlich, wenn die beiden Redner zum Ende ihrer Ansprachen kommen.

Hier spricht Stephanus zu seinen Zuhörern: »Als er [Stephanus] aber … unverwandt zum Himmel schaute, sah er die Herrlichkeit Gottes, und Jesus zur Rechten Gottes stehen; und er sprach: Siehe, ich sehe die Himmel geöffnet und den Sohn des Menschen zur Rechten Gottes stehen!« Er sah den Herrn Jesus als seinen Sachwalter, als seinen Rechtfertiger vor dem höchsten Gericht, und als die Juden ihn steinigten, rief er ihn im Vertrauen an: »Herr Jesus, nimm meinen Geist auf!« Und voller Mitleid mit seinen Feinden fügte er hinzu: »Herr, rechne ihnen diese Sünde nicht zu!« (7,55-56.59-60).

Paulus spricht beim Höhepunkt seiner Rede von dem auferstandenen Herrn als Richter: »Er [Gott] (gebietet) jetzt den Menschen, dass sie alle überall Buße tun sollen, weil er einen Tag festgesetzt hat, an dem er den Erdkreis richten wird in Gerechtigkeit durch den Mann, den er dazu bestimmt hat, und er hat allen den Beweis davon gegeben, indem er ihn aus den Toten auferweckt hat« (17,30-31).

Zum Schluss Folgendes:

Dritter Abschnitt

Petrus wird von König Herodes Agrippa I. eingekerkert, kann aber mithilfe eines Engels entkommen (12,1-10).

Sechster Abschnitt

Paulus verteidigt sich in Ketten vor König Herodes Agrippa II. und wird für nicht schuldig erklärt (26,1-32).

Noch bedeutsamer als dieser einfache historische Vergleich sind die Folgen dieser beiden Ereignisse, die nicht nur das Ende der jeweiligen Abschnitte, sondern auch jeder Hälfte des Buches bilden. Am Ende des dritten Abschnitts erfahren wir, dass König Herodes Agrippa I. in seinen königlichen Gewändern auf dem Thron saß und in törichtem Stolz dem Volk erlaubte, ihn wie einen Gott zu ehren. Sogleich schlug ihn ein Engel: Er wurde von Würmern zerfressen und starb (12,21-23). Die erste Hälfte der Apostelgeschichte beginnt also mit der Vorstellung des Königs, der keine Verwesung gesehen hat und nun zur Rechten Gottes erhoben worden ist, um auf dem Thron Gottes zu sitzen und sich als Herr und Christus zu erweisen. Und sie schließt mit einem sterblichen, sündigen König, der – indem er göttliche Ehren entgegennahm – in die abscheulichste und erniedrigendste Verderbnis geriet.[284]

Am Ende des sechsten Abschnitts wird berichtet, dass Paulus die Führer der jüdischen Gemeinde in Rom auf die Königsherrschaft Gottes ansprach und versuchte, sie anhand des Gesetzes von Mose und der Propheten von Jesus zu überzeugen. Aber viele wollten nicht glauben. Paulus zitierte deshalb die feierliche Warnung Gottes durch Jesaja, dass der Unglaube der Angehörigen des Volkes Israel schließlich ihre Augen blenden, ihre Herzen verschließen und die Erlösung für sie unmöglich machen würde. So beginnt die zweite Hälfte der Apostelgeschichte mit der erneuten Vorstellung des Königs, der keine Verwesung gesehen hat und dazu bestimmt ist, nie wieder zu sterben, und der von Gott als Retter Israels auferweckt wurde. Und sie endet mit den Worten Gottes an Jesaja, die ihm bei jener Gelegenheit gegeben wurden, als Jesaja den König sah: Er saß auf hohem und erhabenem Thron, und seine Herrlichkeit erfüllte den Tempel – der König, dessen Herrlichkeit so viele in Israel leider nie sehen würden (Jes 6,1-10; Apg 28,23-28).

284 A.d.H.: Im Original findet sich hier in beiden Fällen das Wort »corruption«, das sowohl »Verwesung« als auch »Verderbnis« bedeuten kann.

Abkürzungen

A. d. H.	Anmerkung des Herausgebers
ad loc.	svw. wie *ad locum* (lat. [»am Ort«, »zum Ort«])
A. d. Ü.	Anmerkung der Übersetzerin
Anm.	Anmerkung
Bd.	Band
ed.	edition (svw. *Auflage*)
Elb 2003	*Elberfelder Übersetzung*, Hückeswagen: CSV, 2003.
ERV	English Revised Version
ESV	English Standard Version
fig.	in übertragener Bedeutung für …
griech.	griechisch
hebr.	hebräisch
Hrsg.	Herausgeber
Jg.	Jahrgang
JPS	Jewish Publications Society
KJV	King James Version (Authorised Version)
Konkordante	*Konkordantes Neues Testament mit Stichwortkonkordanz*, Pforzheim: Konkordanter Verlag.
Luther 1984	*Die Bibel nach der Übersetzung Martin Luthers*, Deutsche Bibelgesellschaft, Stuttgart (Bibeltext in der revidierten Fassung von 1984).

Menge	*Die Heilige Schrift Alten und Neuen Testaments*, übersetzt von Dr. Hermann Menge, Berlin, 1960.
NASB	New American Standard Bible
NICNT	New International Commentary on the New Testament
NIV	New International Version
RELB	*Elberfelder Übersetzung*, revidierte Fassung, Wuppertal: R. Brockhaus Verlag.
RSV	Revised Standard Version
Schlachter 2000	*Die Bibel*, übersetzt von F. E. Schlachter (Version 2000), Genf.
svw.	so viel wie

David Gooding

Das Evangelium nach Lukas

Botschaft, Aufbau und Ziel

448 Seiten, Hardcover

ISBN 978-3-86699-313-6

Dass sich Lukas als brillanter Historiker erwiesen hat, dürfte vielen Bibellesern bekannt sein. Weniger bekannt scheint jedoch, dass Lukas im gleichnamigen Evangelium historische Genauigkeit mit einem damals üblichen Stilmittel – der literarischen Symmetrie – verbunden hat.

David Gooding war Professor für alttestamentliches Griechisch. Er weist im vorliegenden Standardwerk überzeugend nach, dass Lukas bei seiner Auswahl des Stoffes erstaunlich systematisch vorging, und begründet auch, warum er sich dieses Stilmittels der Symmetrie bediente.

Dieser Kommentar der besonderen Art legt den Schwerpunkt auf Jesus als den Sohn des Menschen und sein Vorbild in den verschiedenen Facetten. Wertvolle und aufschlussreiche Hintergrund-Informationen erleichtern das Verständnis. Sowohl der lehrmäßige Gehalt als auch die Umsetzung in die Praxis werden berücksichtigt, während auf Spekulationen verzichtet wird.

Ein Werk, das Freude daran weckt, im Wort Gottes auf Entdeckungsreise zu gehen …

Eine Leseprobe dieses Buches finden Sie auf den folgenden Seiten.

TEIL ZWEI

Das Hingehen

Die Eigenart der Reise

Wir haben den Wendepunkt im Evangelium erreicht. Bis jetzt hat Lukas das Kommen unseres Herrn Jesus Christus in die Welt beschrieben. Doch hier tritt eine sehr bedeutungsvolle Wende ein: An dieser Stelle beginnt das Weggehen unseres Herrn, wobei die ganzen restlichen Kapitel im Evangelium der Beschreibung seines Weggehens gewidmet sind. Zunächst wird der Wendepunkt sehr deutlich markiert: »Es geschah aber, als sich die Tage seiner Aufnahme erfüllten, dass er sein Angesicht feststellte, nach Jerusalem zu gehen« (siehe 9,51). Dann erinnert uns Lukas im Verlauf der ganzen nachfolgenden Berichterstattung immer wieder daran, dass Christus unterwegs ist (9,52.57; 10,1.38; 13,22.33; 17,11; 18,35; 19,1.11.28-29.37.41.45; 24,50-51).

Wir sollten uns gut merken, was als Ziel der Reise genannt wird. Aufgrund von 9,51 behauptet man zuweilen, dass das Ziel dieser Reise Jerusalem gewesen sei. Aber das stimmt nicht. Die Reise unseres Herrn führte gewiss über Jerusalem als *Zwischenstation*, aber das Ziel der Reise war nach den Worten des Lukas *»seine Aufnahme«* (Hervorhebung hinzugefügt). Der Ausdruck hat die gleiche Bedeutung wie in 1. Timotheus 3,16. Dort zitiert Paulus einen Hymnus der ersten Christen, wo es von Christus heißt: »… geglaubt in der Welt, *aufgenommen in Herrlichkeit*« (Hervorhebung hinzugefügt). Mit anderen Worten: Wenn Lukas von »seiner Aufnahme« spricht, bezieht er sich auf die Himmelfahrt Christi. Das (und nichts Geringeres) war das Ziel der Reise.

Diese Feststellung ist wichtig. Eine Reise von Galiläa nach Jerusalem braucht nichts weiter zu sein als eine geografische Reise im wörtlichen Sinne; aber eine Reise von Galiläa in den Himmel kann keine rein geografische sein. Wenn wir zudem bedenken, was das Ziel der Reise war, dann ist es offenkundig, dass der Hauptgrund, warum die Reise über Jerusalem als Zwischenstation führen musste, ebenfalls nichts mit Geografie zu tun hatte. Jerusalem ist dem Himmel in geografischer Hinsicht nicht näher als irgendein anderer Punkt auf dem Globus. Der Grund, über Jerusalem zu reisen, war in erster Linie in historischen Gegebenheiten zu suchen. Jerusalem war die Hauptstadt des Volkes Israel, zu dem nach Gottes Verheißung der Messias kommen sollte. Es war die Hauptstadt der Könige von Juda, die zu den irdischen Ahnen des Messias gehörten und ihn in gewisser Weise vorschatteten. Gott hatte sich herabgeneigt, um im Tempel jener Stadt gegenwärtig zu sein. In keinem anderen irdischen Tempel hatte er sich auf diese Weise geoffenbart. Jener Stadt hatte Gott eine lange Reihe inspirierter Propheten gesandt, die immer mehr Einzelheiten in Bezug auf das Kommen des Messias vorausgesagt hatten. Jerusalem war mithin die Stadt des Messias, wo er ein Recht darauf hatte, angenommen, bejubelt und auf den Thron gesetzt zu werden. Um sich als König Israels vorzustellen, musste er sich, wie Sacharja 9,9 angekündigt hatte, in Jerusalem präsentieren.

Aber der Grund, warum die Reise Christi von der Erde in den Himmel über Jerusalem führen musste, reichte über historische Gegebenheiten hinaus; er umfasste auch moralische, geistliche und Heil bringende Sachverhalte. Jerusalem war eine Stadt, die von Gott mehr Gnadenerweise und Vorrechte empfangen hatte als jede andere. Sie hatte die Propheten getötet und diejenigen gesteinigt, die Gott ihr gesandt hatte (siehe 13,34). Wenn Christus gekommen war, um die menschliche Sünde aufzudecken und das dadurch verursachte Problem zu lösen, dann musste er nach Jerusalem reisen. Dort würde er die schlimmste Form des Aufbegehrens gegen Gott antreffen, welche die Sünde je hervorgebracht hat: nicht die Rebellion offener, verschworener, erklärter und ehrlicher Feinde, sondern den Widerstand von Leuten, die bekannten, in Bezug auf Frömmigkeit dasjenige Volk auf Erden zu sein, das am meisten erleuchtet und Gott am innigsten ergeben war. Christus hat selbst dazu bemerkt: »Doch ich muss heute und morgen und am folgenden Tag weiterziehen; denn es geht nicht an, dass ein Prophet außerhalb Jerusalems umkomme« (13,33).

Und als schließlich die Juden in Jerusalem den Messias umbrachten, wurde dieser Mord nach dem weisen und von Liebe geprägten Ratschluss Gottes zu jenem Sühneleiden Christi, das die Erlösung für Israel und die Welt ermöglichte. Genau dies war auch der Grund dafür, dass Jerusalem als der Ort bestimmt war, von dem das Evangelium in die ganze Welt ausgehen sollte: »So steht geschrieben, dass der Christus leiden und am dritten Tag auferstehen sollte aus den Toten und in seinem Namen Buße und Vergebung der Sünden gepredigt werden sollten allen Nationen, angefangen von Jerusalem« (24,46-47).

Wie wir bereits festgestellt haben (S. 197f.), rief Christus kurz vor Antritt seiner Reise von der Erde in den Himmel jeden Bereitwilligen auf, ihm zu folgen (siehe 9,23). Er sollte der »Urheber« der »Errettung« für all die vielen Söhne werden, die er nach Gottes Vorsatz zur Herrlichkeit führen sollte (Hebr 2,10). Es ist damit offenkundig, dass auch hier gilt: Der Weg, auf dem die Jünger eingeladen sind, Christus zu folgen, muss in einem doppelten Sinn verstanden werden. Für einige Jünger der damaligen Zeit bedeutete Jüngerschaft, dass sie Christus auf einer Straße im wörtlichen Sinne nach Jerusalem folgten, indem sie durch Israel zogen. Aber sogar das Reisen auf dieser buchstäblichen Straße war mit täglichen Erfahrungen verbunden, welche die Betreffenden auf der Straße der Jüngerschaft im übertragenen Sinne voranbrachten. Für alle, die Christus seither gefolgt sind, bedeutet Nachfolge jedoch nicht notwendigerweise, dass sie auf einer Straße im wörtlichen Sinne reisen. (Es sei denn, dass sie aufgrund ihres Dienstes umherreisen müssen.) Vielmehr geht es ganz und gar darum, dass sie in moralischer und geistlicher Hinsicht auf einem Weg vorankommen, der zur Herrlichkeit führt.

Die Reise Christi von Galiläa in den Himmel mit Jerusalem als Zwischenstation muss also sowohl im buchstäblichen als auch im übertragenen Sinne verstanden und sowohl unter geografischen als auch geistlichen Aspekten gesehen werden. Diese Tatsache hat natürlich erhebliche Auswirkungen auf die Art, in der Lukas die Reise beschreibt. Damit wir, wenn wir auf diese Auswirkungen stoßen, nicht verwirrt sind, konstruieren wir eine einfache Analogie. Die Analogie ist natürlich nicht ganz exakt, aber doch exakt genug, um unseren Absichten dienen zu können.

Nehmen wir an, ein amerikanischer Bürger schafft den Aufstieg aus einem Hinterhofdasein zum Präsidenten der Vereinigten Staaten. Später schreibt er dann seine Lebensgeschichte. Er gibt ihr den Titel »Meine Reise von einer Blockhütte ins Weiße Haus«. Und irgendwann schenkt uns jemand dieses Buch zu Weihnachten.

Welche Art von Reise erwarten wir in diesem Buch? Eine buchstäbliche Reisebeschreibung der Route vom Geburtshaus des Betreffenden zum Weißen Haus in Washington? Oder eine Reise im übertragenen Sinne, d.h. den Weg von Armut zu Reichtum, von einem Hinterhofdasein zur Berühmtheit, von politischer Bedeutungslosigkeit zum Rang des mächtigsten politischen Führers in der Welt? Die Antwort ist, dass wir uns nicht auf einen der zwei Schwerpunkte beschränken, sondern beide erwarten würden. Es wäre wahrlich ein langweiliges Buch, beschriebe es nur die geografische Reise. Die Reise im übertragenen Sinne wäre andererseits zwar bei Weitem wichtiger und spannender, aber es wäre unmöglich, sie zu beschreiben, ohne auf die geografische Reise einzugehen. Daher erwartet der Leser, dass im Laufe der Schilderung von Zeit zu Zeit Hinweise auf die geografische Reise vorkommen.

Als Nächstes wollen wir (auf die Gefahr hin, dass man an unserem Verstand zweifelt) uns fragen, ob wir die Ausdrücke »Blockhütte« und »Weißes Haus« im Buchtitel als buchstäbliche Wohnungen auffassen sollen, deren geografische Koordinaten man auf der Karte angeben könnte. Oder müssen wir sie als Sinnbilder des bescheidenen Hinterhofdaseins bzw. des Lebens im Rampenlicht politischer Macht verstehen? (Wir könnten die gleichen Fragen an den Bericht des Lukas stellen, wo er schreibt, dass Jesus »in einer Krippe« und »in der Stadt Davids« geboren wurde.) Die Antwort besteht natürlich wieder darin, dass es nicht um ein Entweder-oder, sondern um ein Sowohl-als-auch geht: Die Lektüre wird zeigen, dass die Blockhütte selbstverständlich ein buchstäbliches, geografisch zu ortendes Häuschen ist, gleichzeitig ist das Wort »Blockhütte« eine emotionsgeladene Metapher. Ebenso der Begriff »Weißes Haus«: Er ist einerseits nur ein anderes Wort für »Präsidentschaft der Vereinigten Staaten«, aber er bezeichnet im wörtlichen Sinne auch ein sehr elegantes und komfortables Gebäude.

Nun räumen einige Exegeten zwar ein, dass man die Reise unseres Herrn in der Berichterstattung des Lukas sowohl im buchstäblichen als auch im übertragenen Sinne begreifen könne. Dennoch sind sie der Meinung, das Ganze sei nichts anderes als ein künstliches literarisches Gebilde. Sie argumentieren wie folgt: Nachdem Lukas dargelegt hat, dass unser Herr sich entschlossen auf den Weg nach Jerusalem machte, zeigt er, wie Christus Galiläa verlässt und nach Samaria weiterzieht. Aber als sich Christus schließlich Jerusalem nähert, lässt Lukas ihn von Jericho her anreisen, und das hätte er nicht getan, wäre er auf dem direkten Weg durch Samaria nach Judäa gereist. Sodann verweisen sie darauf, dass nach Abschnitten, die das Wirken unseres Herrn in Samaria beschreiben, Passagen kommen, die annehmen lassen, er sei wieder in Galiläa. Sie folgern daraus, dass Lukas offensichtlich die Geografie Israels nicht recht gekannt habe, denn sonst hätte er gezeigt, wie unser Herr auf geradem Weg von Galiläa nach Jerusalem reiste. Lukas mache Bemerkungen, aus denen ersichtlich werde, dass Christus nicht etwa entschlossen auf Jerusalem zugestrebt, sondern kreuz und quer durch das ganze Land gezogen sei. Ihrer Meinung nach seien die geografischen Unstimmigkeiten aber belanglos, denn die angeblich geografische Reise wolle ja gar nicht historisch sein; sie sei nur eine kunstvolle literarische Schöpfung, und diese diene Lukas lediglich als Mittel, um die große Menge an Sondergut unterzubringen, die er in diesen Teil seines Evangeliums einfüge.

Unsere Autobiografie des Präsidenten kann uns helfen, die Stichhaltigkeit von Argumenten dieser Art zu bewerten. Wir nehmen einmal an, die Blockhütte liege etwa 1600 Kilometer westlich von Washington. Wenn die Reise des Politikers eine rein geografische wäre, würden wir erwarten, dass er eine Route wählte, die mehr oder weniger geradlinig ostwärts führte. Aber wir stellen schon im Voraus fest, dass die Reise mehr als eine bloß geografische ist; es handelt sich um die Reise, die eine politische Karriere beschreibt. Wir sind deshalb nicht überrascht, wenn wir beim Lesen des Buches feststellen, dass die eine Reise von der Blockhütte zum Weißen Haus aus Hunderten von Reisen in alle Richtungen quer durch sämtliche US-Bundesstaaten und aus Dutzenden von Reisen bestand, die ihn als Kongressabgeordneten und später als Senator von seinem Wahlbezirk nach Washington und dann wieder zurück führten! In welche Himmelsrichtung er seine Reise zu einem gegebenen Zeitpunkt auch unternahm, so verstehen wir doch mühelos, dass er den kürzesten Weg wählte, den er sich denken konnte, um ins Weiße Haus zu kommen. Wir würden uns als Kritiker öffentlich blamieren, wenn wir an der Autobiografie aussetzten, dass der Verfasser dieses Buches sich in der Geografie der Vereinigten Staaten nicht auskenne. Nachdem er einleitend erklärt habe, er wolle von seiner Reise aus der Blockhütte im Mittleren Westen in östliche Richtung zum Weißen Haus berichten, beschreibe er etwas später, wie er eine Rede in San Francisco hielt, wo doch jeder wisse, dass das nicht im Osten, sondern weit im Westen der Blockhütte liegt.

Unsere Analogie kann uns auch helfen, eine andere Schwierigkeit zu überwinden, die viele mit dem Bericht des Lukas gehabt haben. Obwohl es im zweiten Teil seines Evangeliums mehrere Hinweise auf die Reise Jesu von Galiläa nach Jerusalem gibt, sind diese recht spärlich, gemessen an der Tatsache, dass die Beschreibung der Reise insgesamt mindestens 400 Verse umfasst. Überdies trägt der Inhalt des zweiten Teils im Lukasevangelium nicht viel zum Reisemotiv bei. Wir stoßen auf Predigten und lesen von Wundern, die Christus auf seiner Reise nach Jerusalem tat, aber deren Bedeutung und Botschaft scheinen wenig damit zu tun zu haben, dass er nach Jerusalem unterwegs war. Das verweist deshalb eher darauf, dass wir nicht zu viel aus dem angeblichen Reisemotiv in der zweiten Hälfte des Evangeliums machen sollten.

Bevor wir jedoch diesen Einwand akzeptieren, schauen wir uns noch einmal die Autobiografie des Präsidenten an: Aufgrund der Aussagen des Buches können wir zwar insgesamt darauf schließen, dass der Betreffende häufig umherreiste, aber die entsprechenden Hinweise tauchen im Bericht verhältnismäßig sparsam und in unregelmäßigen Abständen auf. Es wird viel Aufhebens um eine buchstäbliche Reise nach New York in der Frühphase seiner Laufbahn und um den Konfetti-Regen während eines Umzugs durch New Yorks Straßen gemacht. Danach wird sehr wenig von buchstäblichen Reisen berichtet, bis jenes Kapitel folgt, das die erste Reise eines amerikanischen Außenministers[47] nach China und durch das Reich der Mitte enthält. Danach hören wir über mehrere Kapitel hinweg nichts mehr von Reisen, und das überrascht nicht: Buchstäbliche Reisen sind nur von untergeordneter Bedeutung gegenüber dem Hauptthema des Buches, der einen großen Reise im übertragenen Sinne.

47 A.d.H.: In der Neuzeit gibt es genügend Beispiele dafür, dass Politiker, die das Amt des Außenministers innehatten, später Präsident bzw. Premierminister wurden. Natürlich hat es auch den umgekehrten Fall gegeben.

David Gooding

In der Schule des Meisters

Eine Betrachtung der Lehren Christi über Heiligkeit – Johannes 13–17

288 Seiten, Paperback
ISBN 978-3-86699-263-4

Ein heimtückischer Verrat, eine völlig ungerechtfertigte Festnahme und eine grausame Hinrichtung. Doch unmittelbar davor lud Jesus seine Jünger zur Feier des Passahmahls in ein gemietetes Zimmer. Und dort lehrte er sie das Kernstück des christlichen Glaubens. Dabei ging es um die Qualität und das Wesen ihrer fortwährenden Beziehung zu ihm und die Umgestaltung ihres Charakters und ihrer Persönlichkeit. So würden sie seine Herrlichkeit zunehmend widerspiegeln.

Als sie das Gastzimmer verließen, hatte Jesus seine Lehren noch nicht beendet. Die finsteren Straßen Jerusalems waren voller Menschen, die ihn hassten. Er aber setzte seine Lehren fort und sagte seinen Jüngern, wie er sie dazu befähigen würde, ihn in einer Welt zu bekennen, die auch sie oft hassen wird.

Er war der Lehrer, sie waren seine Schüler. Und so werden auch wir ermutigt, uns dieser Schule anzuschließen und wichtige Lektionen mit ihnen zu lernen.

David Gooding, M.A., PhD, war Professor für alttestamentliches Griechisch an der Queen's University Belfast und Mitglied der Royal Irish Academy sowie ein gefragter Bibellehrer.

David Gooding / John Lennox

Schlüsselbegriffe der Bibel

160 Seiten, Paperback
ISBN 978-3-86699-250-4

Niemand kann sich als wirklich gebildet betrachten, wenn er nicht eine gewisse Kenntnis der Bibel besitzt. Die Bibel war das erste größere Buch, das jemals gedruckt wurde – und kein anderes Buch wurde von mehr Menschen gelesen, keines in mehr Sprachen übersetzt. Ein großer Einfluss auf die Denker der Welt ist unbestritten, und sie ist weiterhin von großer Bedeutung.

Beim Lesen der Bibel stoßen wir allerdings auf Ausdrücke und Gedanken, die zwar in gewissem Sinn gebräuchlich sind, aber doch auch als Fachausdrücke verwendet werden. Es ist wie in jedem anderen Fachbereich: Wenn wir die Fachausdrücke der Bibel richtig deuten, werden wir selbst ein tieferes Verständnis ihrer Botschaft erlangen. Gleichzeitig werden wir in der Fähigkeit wachsen, anderen ihre Bedeutung zu erklären, ihnen Einblick zu geben in die Konzepte, auf welchen die Bibel aufbaut – und ihnen so ein »Fenster« in eine neue, faszinierende Welt zu öffnen …